第五届全国中小学实验教学

说课活动优秀作品集

（上册）

中国教育装备行业协会　编

知识产权出版社
全国百佳图书出版单位

图书在版编目（CIP）数据

第五届全国中小学实验教学说课活动优秀作品集/中国教育装备行业协会编. —北京：知识产权出版社，2018.10
ISBN 978-7-5130-1247-8

Ⅰ. ①第… Ⅱ. ①中… Ⅲ. ①说课—课堂教学—教学研究—中小学 Ⅳ. ①G632.421

中国版本图书馆CIP数据核字（2018）第236317号

责任编辑：石陇辉　　　　　　　　责任校对：谷　洋
封面设计：智兴设计室·索晓青　　　责任印制：刘译文

第五届全国中小学实验教学说课活动优秀作品集（上册）
中国教育装备行业协会　编

出版发行：知识产权出版社有限责任公司	网　　址：http://www.ipph.cn
社　　址：北京市海淀区气象路50号院	邮　　编：100081
责编电话：010-82000860转8175	责编邮箱：shilonghui@cnipr.com
发行电话：010-82000860转8101/8102	发行传真：010-82000893/82005070/82000270
印　　刷：三河市国英印务有限公司	经　　销：各大网上书店、新华书店及相关专业书店
开　　本：720mm×1000mm　1/16	印　　张：51.25
版　　次：2018年10月第1版	印　　次：2018年10月第1次印刷
字　　数：900千字	定　　价：178.00元（上、下册）
ISBN 978-7-5130-1247-8	

出版权专有　侵权必究
如有印装质量问题，本社负责调换。

第五届全国中小学实验教学说课活动指导委员会

主　任：马嘉宾
副主任：李　平　李兴植
委　员：(按姓氏音序排列)
柴旭津　范义虎　傅小军　傅兴春
郭晋保　梁桂华　马旭光　乔玉全
施建国　王德如　徐俊峰　闫明圣
杨　权　喻　进　张　权　张思峰
张　曦　赵　梦　竺建伟

第五届全国中小学实验教学说课活动评审委员会

主　任：李　平
副主任：王长毅
委　员：(按姓氏音序排列)
黄丹青　黄贤群　贾　欣　兰　瑛
梁雪梅　刘　林　刘向永　卢新祁
孙佩雄　孙　旭　吴举宏　曾小龙

《第五届全国中小学实验教学说课活动优秀作品集》编委会

主　编：夏国明

副主编：朱俊英

编　委：景维华　宋利云　王东亮　王　瀛

前　言

《国家中长期教育改革和发展规划纲要（2010—2020）》中提出："着力提高学生的学习能力、实践能力、创新能力，教育学生学会知识技能，学会动手动脑""开发实践课程和活动课程，增强学生科学实验、生产实习和技能实训的成效"。《国家教育事业发展"十三五"规划》提出："强化学生实践动手能力""推进优质教育资源共建共享"。《教育部关于全面深化课程改革　落实立德树人根本任务的意见》要求："强化教学的实践育人功能""整合和利用优质教育教学资源"。全国中小学实验教学说课活动很好地践行了上述文件精神。

自2013年至今，全国中小学实验教学说课活动已成功举办五届，累计吸引了全国各地两万多名中小学教师参与，调动了广大教师开展实验教学探究的积极性，推动了教师们对实验方法和实验仪器的改进创新，有力地促进了中小学实验教学水平的提升，增强了实验教学的育人效果，取得了良好的社会效益，获得了广泛的关注和好评，现已发展成为全国中小学实验教学领域的品牌活动。

连续五届说课活动，已形成一批可共享的优质中小学实验教学资源，涵盖小学、初中、高中三个学段，科学、物理、化学、生物等多个学科的实验课程。活动主办方筛选出1000多节优质实验课，将其视频及文本发布在"全国中小学实验教学平台"（网址：http：//www.ceeia.cn/"实验在线"栏目）上，供全国中小学校师生免费使用。同时，由中国教育装备行业协会组织编撰的《第二届全国中小学实验教学说课活动获奖作品集》《第三届全国中小学实验教学说课活动优秀作品集》《第四届全国中小学实验教学说课活动优秀作品集》的相继出版，也对促进这些优质教育资源的推广应用发挥了重要作用。

第五届全国中小学实验教学说课活动由教育部基础教育司组织实施，教育部教育装备研究与发展中心、中国教育装备行业协会提供专业支持。活动于2017年7~12月在全国范围内举行。与往届说课活动相比，本届说课活动在内容上有所创新，除了小学科学、中学物理、中学化学、中学生物四个组，还专门设立了一个"综合"组，目前涵盖了数学、地理、通用技术、综合实践活动、创客教育等学科和课程，这使得本活动的学科和课程覆盖面更为广泛。本届说课活动主要包括两个环节：一是各地遴选推荐实验教学说课案例，二是现场展示。在第一个环节中，各省、自治区、直辖市和计划单列市教育部门举办活动遴选本地区的实验教学说课案例，共推荐431个案例，由专家经综合评议遴选出149个优秀案例进入现场展示环节。现场展示环节于2017年12月在广州举行，为期两天，并进行网络直播。各位教师的现场说课堪称精彩纷呈，各位评审专家的现场点评也都切中肯綮，让到场观摩和通过网络观摩的各地师生受益匪浅。

与往届作品集相比，《第五届全国中小学实验教学说课活动优秀作品集》在内容上更为充实，分为上下两册，收录了本届说课活动中获得金奖的149个说课作品，其中综合13个、小学科学33个、中学物理33个、中学化学34个、中学生物36个，较为全面地反映了近年来国内中小学各个学科实验教学的新理念和新成果。相信本书及光盘的编辑出版，能为中小学实验教学工作提供良好的参考资料，为广大中小学教师提供借鉴和指导。

在此，向对本届说课活动给予指导的教育部基础教育司，给予支持和协助的各地基教、教研、教育装备等部门表示感谢！向本届说课活动评审委员会的各位专家，向参与和协助组织活动的广大教师和工作人员表示感谢！希望全国中小学实验教学说课活动获得全社会更多的关注，为促进我国中小学实验教学工作水平的提升作出更大的贡献！

中国教育装备行业协会会长
2018年8月

目 录

第一部分 综合

测量不规则物体的体积 …………………………………………… 贾瑜 / 3
有趣的定格动画 …………………………………………………… 钱世伟 / 11
黄土高原的水土流失实验探究 …………………………………… 倪敏 / 15
光的折射 …………………………………………………………… 金漪芸 / 20
近视的形成原因及矫正 …………………………………………… 李岚 / 25
探究液体对容器底部的压力 ……………………………………… 陈良阳 / 29
梁式桥的承重测试 ………………………………………………… 谷科 / 40
结构的稳定性 ……………………………………………………… 韩英魁 / 47
结构的稳定性及其定量测评方法探究 …………………………… 林震苍 / 53
创意收纳盒的设计与制作
　　——基于激光切割技术 ……………………………………… 普静 / 57
闭环控制系统的工作过程 ………………………………………… 刘平 / 64
可穿戴户外安全系统设计 ………………………………………… 漆俊 / 68
见识饮料中的甜蜜
　　——直接滴定法测量还原糖 ………………………………… 刘佳 / 72

第二部分 小学科学

雨下得有多大 ……………………………………………… 赵秋燕　林宏宇 / 83
降水量的测量 ……………………………………………………… 潘伟锋 / 87
探索土地被侵蚀的因素 …………………………………………… 杨秀冬 / 90

探索土地被侵蚀的因素	吴逢高 林咏梅 /	94
蚯蚓的选择	赵君丽 /	96
有趣的食物链		
——拯救松树林	赵昱 /	100
我们是怎样听到声音的	潘昌明 /	108
探索尺子的音高变化	刘俊良 /	110
小孔成像	郭莹莹 /	112
照镜子	毛维佳 /	115
光和影	姚武荣 /	120
光和影	任亚伟 吴重霞 /	125
光和影	李娟 /	127
影子为什么会变化	李彩云 /	135
穿越激光网		
——光反射的运用与操作	李菁 /	143
研究透镜	何星源 高翔 /	149
摆	常宇华 /	158
钟摆的秘密	李毓 /	161
摆的组合创新实验	黎泽斌 /	167
轮轴	沈文炎 /	171
找拱形	康玉婵 /	177
在斜坡上	段宝华 /	181
用控制变量法探究影响小车运动快慢的因素	张保 /	184
黑板擦为什么会吸到黑板上	李丹 /	189
降落伞下降的秘密	袁萍萍 /	192
改变物体在水中的沉浮	任婷婷 /	196
液体的热胀现象	陈滔 /	199
探究热在空气中的对流		
——暖和的房间	罗炜 /	203
热传导	张凌燕 /	209
太阳能热水器	苑少梅 /	213
怎样得到更多的光和热	童含 /	219
能量的控制	马宁 /	223
模拟月相变化	高黎英 /	228

第三部分　中学物理

▶ 初中物理

看见声音
　　——声音的产生与传播 ······ 巩昊 / 233
声音的特性 ······ 罗砚馨 / 237
光沿直线传播 ······ 孔涛 / 242
光的折射 ······ 姚小勇 / 245
光的色散 ······ 郭艳辉 / 250
用电流表准确测量水透镜焦距及其应用 ······ 赵宁　曹志华 / 255
电流的测量 ······ 毕记朋 / 258
家庭电路 ······ 孙强 / 265
电动机 ······ 谢芳 / 269
摩擦力 ······ 王锋 / 273
探究物体不受力时怎样运动 ······ 廖安康 / 275
空气的"力量"
　　——托里拆利实验的改进 ······ 李应亮 / 280
大气压强实验创新 ······ 李磊 / 283
阿基米德 ······ 文亚龙 / 285
简易汽油机 ······ 侯兆军 / 289

▶ 高中物理

力的分解
　　——三角支架悬物拉力的分解 ······ 纪梅清 / 293
超重和失重 ······ 王毅 / 297
"平抛运动"创新实验教学设计 ······ 徐忠岳 / 305
生活中的圆周运动 ······ 齐放 / 309
向心力 ······ 和晓东 / 312
探究向心力 ······ 徐翠香 / 322
探究功与速度变化的关系 ······ 高晓楠 / 330
探究动能定理 ······ 江秀云 / 333
外力作用下的振动 ······ 蔡姝 / 337
查理定律 ······ 贾静 / 342

光的衍射 ………………………………………………………… 张凯 / 348
光电效应实验设计 ……………………………………………… 陆光华 / 354
电容器和电容 …………………………………………………… 闫芳 / 358
电势差与等势面 ………………………………………………… 郑健 / 365
探究带电粒子在电场中的偏转 ………………………………… 杨海娇 / 369
描述磁场的方向和强弱 ………………………………………… 刘静 / 373
磁感应强度 ……………………………………………………… 韦清漓 / 377
安培力大小的定量研究实验 …………………………………… 李静 / 382

第四部分　中学化学

▶初中化学

测定空气中氧气的含量 ………………………………………… 任竟昕 / 391
再探过氧化氢溶液的催化分解 ………………………………… 韩露 / 395
"氧气的实验室制取与性质"实验改进 ……………………… 刘建敏 / 401
水的净化 ………………………………………………………… 杨艳伟 / 406
燃烧的条件 ……………………………………………………… 温桂兰 / 415
燃烧条件的探究 ………………………………………………… 叶婉 / 423
探究燃烧条件的"3+X" ……………………………………… 刘亮荣 / 428
蜡烛及其燃烧的观察与研究 …………………………………… 王洪亮 / 433
粉尘燃烧及其爆炸
　　——易燃易爆物的安全知识 ……………………………… 韩冬 / 442
木炭还原氧化铜 ………………………………………………… 王震 / 448
二氧化碳收集方法再探究 ……………………………………… 胡德辉 / 450
探究二氧化碳与氢氧化钠溶液的反应 ………………………… 魏凡博 / 456
形数合一，让化学更美
　　——以氢氧化钠和二氧化碳反应为例 …………………… 朱青 / 460
中和反应 ………………………………………………………… 陈磊 / 466
手持式电解质试剂导电演示仪测试剂导电性 ………………… 赵全丽 / 472

▶高中化学

二氧化硫的制备及性质的一体化微型实验 …………………… 王伟 / 476
氨的制备与性质组合创新实验 ………………………………… 傅宏霞 / 482

碳酸钠和碳酸氢钠溶解性差异的创新实验设计	林丹 / 486
基于数字化实验对影响盐类水解因素的探究	邓阳洋 / 491
探究外界条件对化学反应速率的影响	李欢 / 495
铁的性质	曾德琨 / 500
探究氢氧化亚铁的制备	陈起香 / 504
铜与硝酸反应实验装置改进	崔莉 / 508
银镜洗涤方案优化	矫可庆 / 511
金属的电化学腐蚀	王杰 / 514
探索提升原电池的综合性能	杨明华 / 517
电解饱和食盐水的实验改进	张亚文 / 523
电解实验拓展	于菲 / 527
应用电化学原理降解某些污染物	王姝玮 / 535
实验室重金属废弃物的毒性探究及污染处理	刘娜 / 540
烷烃的取代反应	申妮 / 551
乙烯的实验室制法及性质检验	王晓 / 557
乙醇化学性质	贾莹 / 561
谁吹大了"棉花糖"？	张莲 / 568

第五部分 中学生物

▶初中生物

水分在植物体内的运输途径	殷登秀 / 575
植物的蒸腾作用	于宏清 / 579
气孔开闭实验改进	王星月 / 591
探究植物呼吸作用释放二氧化碳	张曹悦 / 596
探究绿色植物呼吸作用的过程	吴呈香 / 603
模拟胸部呼吸运动的实验	田玉贞 / 612
探究肺与外界气体交换的过程和原理	王丽 / 616
血液循环	王培 / 621
模拟血型鉴定	朱航雨 / 624
观察小鱼尾鳍内血液的流动	段龙凤 / 629
观察鸡卵的结构	高燕 / 635
探究蚯蚓适应土壤生活的特征	袁莉莉 / 641

探究影响普通卷甲虫分布的非生物因素 ……………………………… 颜承祐 / 646
光对黄粉虫的影响 …………………………………………………… 朱巍巍 / 656
失恋的果蝇也酗酒吗？
　　——动物的行为探究实验 ………………………………………… 程兆洁 / 659
酒精对水蚤心率的影响 ………………………………………………… 景小军 / 665
模拟探究水污染对生物的影响以及生物的净化作用 ………………… 黄春晓 / 671

▶ **高中生物**

植物细胞的吸水和失水实验的探究和改进 …………………………… 易沭彤 / 678
探究植物细胞液渗透压与植物抗寒性的关系 ……………… 刘微涓　曾璐 / 685
关于"膜透性"的探究实验 …………………………………………… 范世一 / 690
细胞大小与物质运输的关系 …………………………………………… 高华清 / 693
细胞呼吸 ………………………………………………………………… 李婷婷 / 698
探究酵母菌细胞呼吸的方式 …………………………………………… 周彤 / 701
探究培养液中酵母菌种群数量的变化 ………………………………… 乔玄 / 704
"探究培养液中酵母菌种群数量变化"改进实验 …………………… 杨丹燕 / 711
探究 pH 对酵母菌发酵的影响 ………………………………………… 姜珊 / 721
探究 pH 对酶活性的影响 ……………………………………………… 寇晓洁 / 726
STEM 视野下的实验教学
　　——探究影响酶活性的条件 ……………………………………… 吴书玥 / 731
利用"DIY+DIS"系统自主探究过氧化氢的分解 ………………… 向阳 / 736
"绿叶中色素的提取和分离"实验改进及拓展 …………………… 廖永梅 / 745
探究环境因素对光合作用的影响 ……………………………………… 田华 / 755
探究环境因素对光合作用强度的影响 ………………………………… 陈昌园 / 761
探究生长素类似物促进插条生根的最适浓度 ………………………… 苏晓燕 / 763
压榨+蒸馏
　　——橘皮精油提取的改进探究 …………………………………… 李庆媛 / 770
基于核心素养的探究实验
　　——设计实验鉴定转基因大肠杆菌 ……………………………… 张静 / 775
调查厦门鳌园海滩招潮蟹的种群密度及其分布特点 ………………… 汪会喆 / 780

附录　第五届全国中小学实验教学说课活动优秀作品名单 …………………… 789

第一部分

综 合

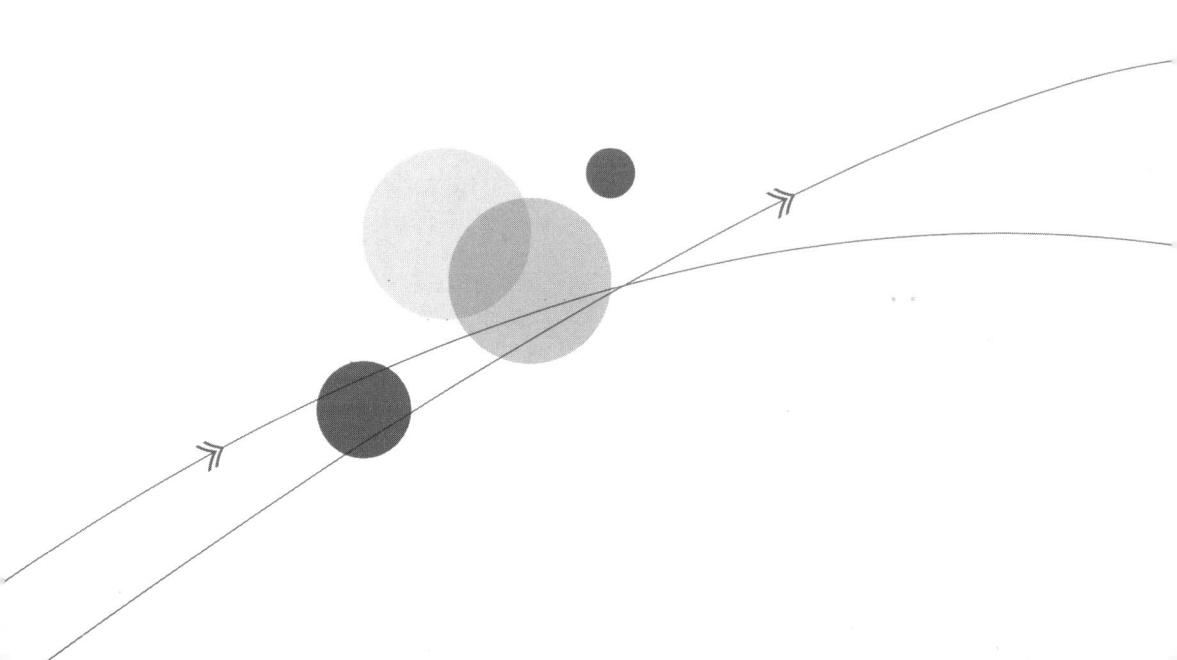

测量不规则物体的体积

合肥一六八玫瑰园学校　贾瑜

一、使用教材

本课是人教版小学《数学》五年级下册的内容。

二、实验教学内容

这是一节综合实践活动课。在此之前，学生已经学习了长方体和正方体的体积计算。教材安排的是测量橡皮泥和梨子的体积。但是我在备课时，多次实验，发现有的梨能完全浸没水中，有的会浮在水上，而土豆不存在这个问题。为了排除实验干扰，我将梨更换为土豆。在教学中，我引导学生从实际问题出发，利用收集的或自制的实验器材，探究橡皮泥和土豆的体积，体验数学理论与实际操作之间的关系。

三、实验器材（见图1）

（一）自制器材

学生自制的压板，教师自制的透明容器、压板及刻度条。

（二）常规器材

橡皮泥、土豆、细绳、烧杯、滴管、溢水杯、盆、尺子、生活中各种的容器。

(a) 自制器材 　　　　　(b) 常规器材

图1　实验器材

四、实验教学目标

（1）探究不规则物体体积的测量方法，在实验的过程中，体会实验越精细，结果越接近真实值。

（2）综合运用所学数学知识，解决实际问题，培养学生的实践能力和探究精神。

（3）体验探究带来的乐趣，感受数学实验的魅力，感悟等量代换的思想。

五、实验教学过程

我把本次实验分为课前实验初探、课上深入研究和课后拓展延伸三个环节。

（一）课前：实验初探

问题一：怎样求出橡皮泥的体积?

看到橡皮泥，学生感到很亲切，虽然它不规则，但可以变形。在已有知识的基础上，学生自然想到把橡皮泥捏成长方体或正方体。这种方法实际上就是把橡皮泥转化成规则的图形，再测量计算。

问题二：怎样求出土豆的体积?

说到土豆的体积，受橡皮泥的影响，有学生说可以把土豆捣烂，变成土豆泥。很快有学生质疑，这样做，还是原来土豆的体积吗?我告诉学生，由于水分和空隙的原因，土豆捣烂后，体积会有一点点变化，测量不够准确。有其他方法吗?这时，有学生想到乌鸦喝水的故事，联想到可以把土豆放进装有水的容器里，根据水位的变化，测算出土豆的体积。

讨论结束后，学生自主设计实验方案，课余进行实验，并填写实验报告单。图2是我们共同设计的实验报告单，鼓励学生寻找多种方法。我还告诉他们，课余时间老师都在实验室，并准备了相关实验器材，供大家选用。

《测量橡皮泥的体积》实验报告单

姓名：________

实验材料	
实验过程	方法一：
	方法二：
	方法三：
实验结果	
我的发现	

《测量土豆的体积》实验报告单

姓名：________

实验材料	
实验过程	方法一：
	方法二：
	方法三：
实验结果	
我的发现	

图2　与学生共同设计的实验报告单

（二）课上：深入研究

在学生亲历实验的基础上，课堂上展开了进一步的实验研究。学生结合实验报告单汇报实验情况。

（1）实验一：测量橡皮泥的体积。

方法一：把橡皮泥捏成长方体或正方体，量出棱长，算出体积（见图3）。这个方法很多同学都用过了，然而当大家的作品一起呈现时，新的问题出现了：我们很难捏成规则的长方体和正方体，怎么办呢？

同学们想到了长方体和正方体的特征。有的说可以用尺子把每个面压平，因为长方体和正方体每个面都是平的；有的说可以用三角尺的直角比一比，要把每个角都捏成直角才行；还有的说，要判断它是不是规则的长方体或正方体，还可以量一量每组棱的长度，看是不是相等。

图3　学生用手捏橡皮泥

方法二：把橡皮泥塞入规则可测的容器中，实现了方法的优化。

有学生找到这类不透明的盒子，把橡皮泥塞入，做成长方体（见图4）。量出长、宽、高，计算出体积。这里的高要用盒子的高度减去露出的部分。有学生提醒，盒子是有厚度的，长、宽、高都要从内部测量。

有的找到这类透明的盒子，可以直接从外部测量（见图5）。首先，零刻度线要找准位置。读数时，眼睛要平视，尽量减少误差。在图5中测量出长大约是13.45cm。

图4　把橡皮泥塞入不透明的盒子 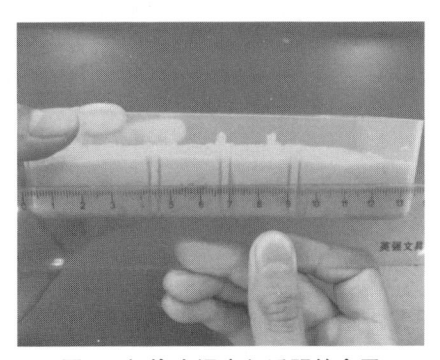　　图5　把橡皮泥塞入透明的盒子

还有同学非常善于从生活中寻找素材，把家里舀米的、喝药的量杯都用上了（见图6）。不用计算，直接观察刻度，就能得到橡皮泥的体积。

图6 把橡皮泥塞入舀米的量杯

然而这些操作也存在问题，不管是用手压还是用尺子压，都受到形状和尺寸的限制，橡皮泥表面很难压平整。有同学制作了图7这样的压板，虽比较简易，但较好地解决了这个问题。受学生的启发，我制作了这样的器材，像这样压一压，很容易得到规则的图形。

图7 自制的压板

接着引导学生回顾实验过程，通过观察、比较，发现虽然同学们的方法各异，但都是把橡皮泥转化成规则的图形，再测量、计算。转化后，橡皮泥的形状变了，体积不变。在实验的过程中，学生体会到橡皮泥的体积很难通过这样转化的方法准确测量。只有通过不断改进实验，做得越精细，结果越接近真实值。

（2）实验二：测量土豆的体积。

方法一：测量土豆的体积时，一些同学是这样做的，先在烧杯里盛一定量的水，记录水位的高度，然后把土豆轻轻地放进烧杯，再次记录水位的高度，算出上升部分水的体积就是土豆的体积（见图8）。

图8 学生测量上升部分水的体积

在实验操作中，同学们发现了几个要点：①要使土豆完全浸没水中，开始盛的水量要适宜，如果太多，土豆还没完全放进去，水就会溢出来了；太少的话，土豆就会有部分露出水面。②为了减少误差，初始水位尽量在整刻度上，可以使用滴管进行调整。③读数据时，要平视刻度线，如果不在整刻度上，还要进行估读。像图8这样，此时水位在770mL和780mL之间，中间偏上一点，大约是776mL。估读对学生来说有一定的难度，所以我特地制作了更加精细的刻度条，供他们选择使用。

方法二：有的同学是逆向思维，先把土豆放进烧杯，再加水，完全淹没土豆后，记录水位的高度。然后把土豆拿出来，再次记录水位的高度，算出下降部分水的体积就是土豆的体积（见图9）。拿出土豆时要尽量把水沥干，以减少误差。

图9 学生测量下降部分水的体积

方法三：还有同学想到了这种方法，把土豆放进盛满水的烧杯，水溢出流到盆里，将盆里的水倒进烧杯，直接观察刻度就能得到土豆的体积（见图10）。但学生发现倒水时水容易洒出来，盆里总有残留的水，数据存在明显误差。

图10 学生用盆盛溢出的水

方法四：我介绍了溢水杯的用法后，他们再次实验，先把水倒进溢水杯，再用滴管把水位调整到与溢水口齐平的位置，然后把土豆轻轻地放进溢水杯，直接读取刻度，溢出部分水的体积就是土豆的体积（见图11）。

图11 学生用溢水杯盛溢出的水

小结时，我启发学生思考：这几种方法有什么共同点？经过交流，得出：把土豆的体积转化为水的体积后，土豆的体积就是其排开水的体积，这种实验的方法就是排水法。

（三）课后：拓展延伸

学生在总结收获的同时，也提出了新的问题：橡皮泥是否可以用排水法测量体积呢？苹果、乒乓球这样浮在水面的物体，冰、盐这样溶于水的物体，又该怎样测量它们的体积？实验没有终止，研究没有终止。同学们带着新的问题，走上了新的探究之路！

六、实验原理

本次实验使用的是等量代换的原理。橡皮泥可以变形，变形后体积不变。将不规则的橡皮泥转化成长方体、正方体等规则图形，转化后物体的体积，就是橡皮泥的体积。土豆不能变形，只能采用间接测量体积的方法。通过计量排开水的体积，得到土豆的体积。

七、实验创新要点

本次实验有两处创新。

(一) 调整实验对象

将容易浮出水面的梨更换为土豆（见图12）。

图12　将梨更换为土豆

(二) 改进实验器材

自制透明容器及压板，使实验更加精准（见图13）。
自制刻度条，解决烧杯刻度过于稀疏，分度值大，不便读数的问题（见图14）。
借助溢水杯测量土豆的体积，减少误差，方便操作（见图15）。

图13　自制透明容器及压板　　图14　自制刻度条

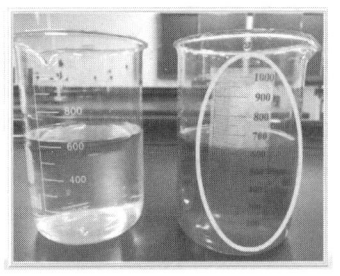

图15　使用溢水杯测量土豆的体积

八、实验效果评价

（一）学生经历实验研究体验"做"数学的过程

这节课是数学综合实践活动课，与物理、化学、生物等实验课的观察实验行为不完全相同，重在学生动手操作，积累数学活动经验和感悟数学思想。我把实验分为课前实验初探、课上深入研究、课后拓展延伸三个环节，各有所侧重。

课前，我引导学生发现并提出问题，给予方法指导，并提供实验条件保障，让每位学生都能明确实验思路，进行自主实验。课上，学生深入交流实验方法、结果和困惑。孩子们带着思考进行实验，在实验过程中会遇到问题，问题解决了，又会出现新的问题，问题越来越深入、越来越细致，一步步将实验探究活动延伸到课外。这样的过程是"做"数学的过程，有利于激活学生思维，有利于培养学生的实践能力和创新意识。

（二）培养学生严谨的实验作风和实事求是的科学态度

本节课以探究橡皮泥、土豆的体积为载体，引导学生经历解决问题的全过程。在传统的小学数学教学中，容易把它上成理论层面的实验课，就是说理论上相等就视为相等。而我在设计这节课时，为学生提供了充分操作、思考和探究的时间和空间，让学生真正做实验。学生在实验的过程中，发现了很多新的问题，虽然有些问题还比较稚嫩，但对于小学生来说都是难能可贵的。例如想到利用滴管控制原始数据减少误差，怎样才能判断是不是规则图形等？通过反复尝试，他们真切地感受到实验理论和实验操作之间的存在差距，物体真实的体积是很难测量准确的，只有不断提高实验的精细度才能让结果更接近真实值。这样的过程，渗透了极限的思想、辩证的思想。学生在实验探究的过程养成了理性思考问题的习惯和热爱科学、尊重事实的科学精神，发展数学核心素养。

有趣的定格动画

宁波市北仑区绍成小学　钱世伟

一、使用教材
学校拓展课程自编教材。

二、实验器材
平板电脑、软件、蜡笔、彩纸、超轻黏土等。

三、实验创新要求/改进要点
通过该课程，同时发展学生创意、科技、艺术、手工、音乐和表演等多方面能力。

通过项目式学习，在动手做中体验定格动画的制作过程。

改进：材料可以多样化，提高废旧物品改造能力，随时可做，简单易学。

四、实验原理/实验设计思路
（1）制作正反面两副图片鸟和鸟笼，快速循环滚动展现笼中鸟效果，了解视觉暂留原理：人类具有视觉暂留的特性，就是说人的眼睛看到一幅画或一个物体后，在 1/24s 内不会消失。利用这一原理，在一幅画还没有消失前播放出下一幅画，就会给人造成一种动作连续的视觉效果。并通过行走的小狗在电脑上进行视觉暂留原理实验。

（2）通过平板电脑，逐格地拍摄用超轻黏土制作的角色，然后连续放映，从而产生仿佛活了一般的人物形象，配上旁白和音乐，这就是定格动画。

五、实验教学目标
（1）了解常见的动画形式，掌握视觉暂留原理。

（2）利用卡片制作笼中鸟实验效果，利用"行走的小狗"PPT测试视觉暂留原理。

（3）选择合适的软件用平板电脑制作简单的定格动画。

（4）提高角色造型动手制作能力，激发对定格动画的兴趣。

六、实验教学内容
（1）自制笼中鸟卡片；

（2）"行走的小狗"PPT体验视觉暂留的原理；

（3）在手机或平板上安装一个定格动画软件；

（4）制作一个简短的定格动画视频。

七、实验教学过程

（一）欣赏定格动画视频

欣赏创意泥塑动画：《24小时的地球生命演化》（见图1）❶。动画看完了，你看到了什么？你有什么感受？

图1 用超轻黏土制作的角色造型

（二）自制小动画

在一张彩色卡纸的正反两面分别画上一只鸟和一个鸟笼，当快速循环翻转卡纸的正反两面时，在我们的眼里就呈现出鸟在笼中的映像（见图2）。动手做过小动画后现在有什么体会？

图2 笼中鸟

（三）视觉暂留原理

人类具有视觉暂留的特性，就是说人的眼睛看到一幅画或一个物体后，在1/24s内不会消失。利用这一原理，在一幅画还没有消失前播放出

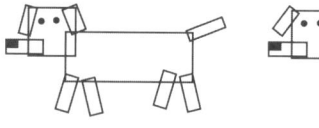

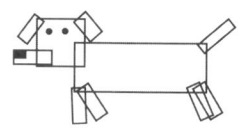

图3 奔跑的小狗

下一幅画，就会给人造成一种动作连续的视觉效果。类似跑马灯、留影盘等。利用PPT"行走的小狗"体验视觉暂留原理（见图3）。

---

❶ http://v.youku.com/v_show/id_XNTQzMjI3NTU2.HtmL.

（四）定格动画原理

信息时代我们可以借助电脑技术来拍摄制作会动的画：通过平板电脑或摄像头，逐格地拍摄用超轻黏土制作的角色，然后使之连续放映，从而产生仿佛活了一般的人物形象，配上旁白和音乐，这就是定格动画了。这种动画形式的历史悠久古老，与手绘动画、电脑动画共同构成了现代动画的 3 大门类。

定格动画可以 1s 拍 24 张做成连贯效果，也可以 1s 拍 8~12 张做成一格一格的效果。当然，逐帧创作想想也是个费时费力的活计。但是，只要有一个有趣的创意，身边的任何东西和人，例如尺子、橡皮、文具盒、外套、同学等，都能作为定格动画的道具，都能拍成定格动画（见图 4）。神奇有趣，短小精练，这就是创意定格动画的风格。

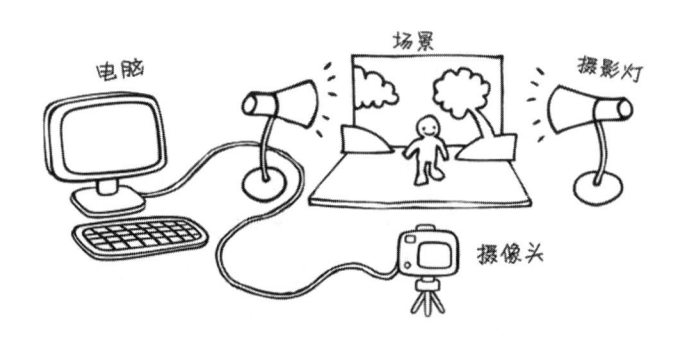

图 4　定格动画拍摄示意

（五）自制定格动画

（1）手机平板端容易上手的制作软件有：定格动画工作室（IOS 系统）和摆拍定格动画（安卓系统）。电脑端配上一个摄像头，易上手的有 SAM Animation，它是免费的，有 Mac 版和 Windows 版本，另外杭州相人偶动漫有限公司出品的"相人偶"软件，也是非常容易操作使用的，可以到官方网站下载试用。也可以使用相机或摄像机来拍摄连续的画面，导入到电脑里用软件进行合成制作。后期随着我们的制作水平和动画精彩程度的提高，可以使用绘声绘影、Flash（入门级）软件，或者加入一些动画特效，采用 AE、premiere 和 Edius 等非编软件（专业级）来制作（见图 5）。

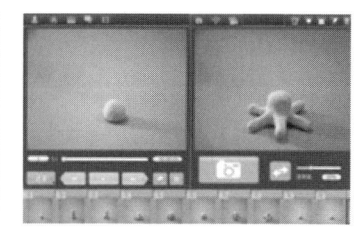

图 5　定格动画拍摄软件

（2）通过微课视频，学生一起感受定格动画制作的过程。
（3）在手机或平板上安装一个定格动画软件。

（六）动手创意实践

（1）发挥创意制作一个简短的定格动画视频（见图 6）。
（2）准备角色造型，布置好场景道具。
（3）定格动画的拍摄方法很简单，关键要求动作自然，效果连贯。

图 6　用摆拍法拍摄定格动画

（七）欣赏学生作品，学会评价作品

注意：同一场景中的道具要固定好，角色动作不要过大，要自然连贯。
（1）一定要有脚架，镜头要稳定。拍照出来不连贯，串起来就很奇怪。
（2）光线要稳定。第一张和第二张光线亮度不一样，串起来也很奇怪。
（3）记得不要出现穿帮的镜头哦。

八、实验效果评价

（1）动手能力提升，学生在做中掌握视觉暂留原理。
（2）对定格动画制作兴趣浓厚，激发动手能力和创意想象力。
（3）评价能力有提高：作品是否有创意，造型制作是否精良，动作画面是否自然连贯。
（4）精致的定格动画需要后期进一步处理。

黄土高原的水土流失实验探究

安徽省安庆市开发区实验学校 倪敏

一、使用教材

人教版初中《地理》八年级下册第六章北方地区第三节"世界最大的黄土堆积区——黄土高原"。

教材用四个框题阐述了以下内容：文明的摇篮、风吹来的黄土、严重的水土流失以及水土保持。本节课选取的教学内容源自"严重的水土流失"这一框题。

二、实验器材

（一）水土流失实验装置

主要包括3个部分（见图1）。

模拟降水装置：铁架台、底部开孔塑料杯、塑料杯。

模拟地表装置：可调节坡度手机支架、自制透明塑料盒、地垫。

收集水沙装置：烧杯。

（二）其他实验材料

塑料杯、黏土、沙土、草皮、自制刮土板。

三、实验创新要点/改进要点

（1）实验装置的制作巧妙利用生活中的材料，简单易得，可推广性强。

（2）实验装置的设计科学、操作简洁，可以准确控制实验条件，严谨实验结果。

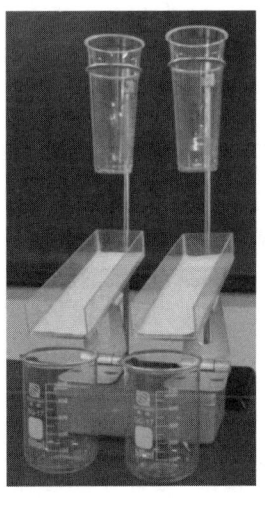

图1 水土流失实验装置

1）降水强度可控。铁架台可以固定底部开孔塑料杯，使实验中模拟的降水稳定保持在相同位置。调整塑料杯底部开孔数量的多少、大小及倒入的水量多少，可以模拟相同或不同的降水强度。

2）地面坡度可控。模拟地表装置中，可以根据需要调整支架坡度，改变装土的透明塑料盒的角度，从而模拟相同或不同的地面坡度。

3）土层厚度可控。利用自制刮土板来回反复刮动，可使透明塑料盒内的土层厚度保持一致、分布均匀。

(3) 一具多用，拓展实验，激发学生的创造性。在研究影响水土流失因素的实验基础上，增加一些小配件，例如塑料泡沫制作的大坝，拓展到治理水土流失的实验——打坝淤地。让学生探索水土流失治理措施，既为后面水土流失的治理措施学习打下基础，又激发了学生的创造性。

四、实验原理/实验设计思路

(1) 植被有保护土壤不被侵蚀的作用，植被覆盖率越高，保持水土能力越强。

(2) 土质越疏松，土壤颗粒间空隙越大，渗水性越强，更易被侵蚀。

(3) 造成水土流失的降雨，一般是强度较大的暴雨。暴雨的降水量多，对地面冲击力大，对土壤的侵蚀作用强。

(4) 地面坡度越陡，地表径流的速度越快，对土壤的冲刷侵蚀力就越强。

五、实验教学目标

（一）知识与技能

学生通过实验能直接体验到水土流失，感受到植被、土质、坡度、降水强度的不同对水土流失的影响，理解水土流失的原因，逐步培养地理实践能力。

（二）过程与方法

引导学生观察实验现象，分析实验结果，自主作出合理解释，得出实验结论，并利用实验结论分析黄土高原水土流失的原因，让学生在实验中主动获取知识。

（三）情感态度与价值观

学生理解地理要素间是相互作用和相互影响的，树立科学的人地观。

六、实验教学内容

(1) 了解黄土高原的水土流失。

(2) 实验探究植被、土质、降水强度、坡度对水土流失的影响。

实验一：植被对水土流失的影响。

实验二：土质对水土流失的影响。

实验三：降水强度对水土流失的影响。

实验四：坡度对水土流失的影响。

(3) 分析黄土高原水土流失的原因，并理解地理要素间的相互影响、相互作用。

七、实验教学过程

教学环节	教学活动	学生活动	设计意图
创设情景导入新课	展示黄土高原的影像资料 同学们，你们知道视频展示的是哪里的景观吗？这里的景观有什么特点？为什么会形成这样的景观呢	观看视频并回答老师的问题。通过视频了解黄土高原水土流失严重的状况	激发学生的学习兴趣
设问启发引导聚焦探究问题	哪些因素会影响水土流失呢 请同学们先阅读课本 29 页的活动题，通过问题来发现、总结一下	自主完成教材内容的学习，通过教材内容的阅读，初步了解影响水土流失的因素主要有土质、植被、降水、地形坡度等	教师设问引导，聚焦探究的问题
实验求证探究解读	为了更加直观地感受这些因素与黄土高原水土流失间的关系，我们接下来进行四组对比实验，来分别探究植被、土质、地面坡度、降水强度的关系		
	（一）设计实验方案，确定实验条件 请同学们思考、填写手中的实验记录表，明确每组实验中，哪些实验条件相同，哪些不同。并对实验结果作出自己的猜想	填写实验记录表中实验条件和实验猜想两栏	确定实验条件的"同"与"不同"，引导学生控制实验变量的科学意识；提前猜想实验结果，是为了调动学生结合已有生活经验，先进行思考、推理
	（二）指导实验操作，观察实验现象 展示实验器材，说明使用方法，指导学生进行实验操作，引导学生观察、记录实验现象 实验一：有植被、无植被的水土流失对比 实验二：黏土与沙土的水土流失对比 实验三：暴雨与小雨的水土流失对比 实验四：陡坡与缓坡的水土流失对比	参与实验并观察实验现象，及时记录并思考	通过对比实验，直观感受各因素对水土流失的影响

续表

教学环节	教学活动	学生活动	设计意图
实验求证 探究解读	（三）交流实验现象，总结实验结果 引导学生交流实验观察到的实验现象，总结实验结果，讨论土质、植被、坡度、降水强度对水土流失的影响	总结实验结果：没有植被，水土流失更严重；沙土比黏土水土流失严重；降水强度大水土流失更严重；陡坡比缓坡水土流失严重	通过交流讨论，培养学生地理学科语言的规范表达
	（四）分析实验现象，解读实验结果 指导学生对实验结果进行解读，明白造成水土流失差异的原因	解读实验结果：植被的叶、冠可以起缓冲作用，降低雨水对地面的冲力，根系可以保持水土，植被对土壤有保护作用；沙土比黏土土质疏松、土壤颗粒间孔隙大，渗水性强，易被侵蚀；暴雨的降水量多、力度大，对地表冲刷强；陡坡比缓坡水流速度快，对地表冲刷强	引发学生思维碰撞和深入思考，知其然还要知其所以然
	（五）利用实验结果、分析黄土高原水土流失原因 回归教材，将实验结果进行知识迁移，通过阅读黄土高原的图文资料，分析黄土高原水土流失的原因	黄土高原水土流失原因：黄土土质疏松，多孔隙；地表植被稀少；夏季多暴雨；地面破碎，沟壑纵横，多沟谷斜坡	活学活用，利用实验结论，发展迁移运用的能力
	（六）探究黄土高原水土流失原因，理解地理要素间的相互作用、相互影响 历史上的黄土高原也曾山清水秀，引导学生进一步思考：引发黄土高原水土流失的直接原因是什么？引起水土流失的原因之间有何联系呢	地表缺乏植被的保护是水土流失的直接原因，而植被的稀少则与人类的破坏、不合理的开发利用密切相关 夏季多暴雨 植被稀少 → 水土流失 ← 土质疏松 ↓ 地表破碎，千沟万壑	引导学生深入思考，理解地理要素间相互作用、相互影响，树立正确的人地观
总结反思 拓展延伸	了解了黄土高原的水土流失原因后，同学们有什么样的感受呢？我们可以做些什么呢	学生交流感想：黄土高原的生态环境脆弱，各地理要素间相互影响、相互作用，我们要保护植被、植树造林、退耕还林还草等，防止水土流失 实验模拟水土保持措施：打坝淤地	帮学生树立环保意识和科学的人地观。感受人们在治理水土流失中的智慧，激发学生参与环境保护的热情

八、实验效果评价

（1）化抽象为具体，学生理解更容易。将自然界中的宏观现象搬进课堂，学生在实验中直观感受水土流失，化抽象为具体，打通了实验与教材、与学生生活经验间的联系，帮助学生理解水土流失的相关知识。

（2）提升了学生的分析、归纳、逻辑思维能力。引导学生观察实验现象，分析实验结果，自主作出合理解释，得出实验结论，并利用实验结论分析黄土高原水土流失的原因，让学生在实验中主动获取知识、提升能力。

（3）改进实验装置，准确控制变量，严谨实验结果。实验装置的改进，实验操作的规范，培养了学生严谨的科学态度。

（4）激发学生创新能力。对实验装置进行了巧妙改造，一具多用，培养、激发了学生的创新能力。

光的折射

宁波东海实验学校　金漪芸

一、使用教材

2013年华师大版《科学》八年级下册第二章第二节。

二、实验器材

自制光的折射演示仪：带刻度板的圆形储水容器、支架、可调节水平底座、金属转动杆、激光笔、线光源生成磁性外壳。

畅言平板交互系统：利用畅言智慧教育平台实现实验数据共享和互动教学。

三、实验创新要求/改进要点

（一）实验创新

（1）自制的光的折射演示仪中，带刻度的圆形储水容器中注入水至90°刻度处，可清晰地区分界面、法线。将点光源的前端加一小玻璃柱，能将点光源改变成线光源，使光路呈现更加清晰，借助背景板上的刻度，能直观地读出入射角、折射角的度数。

（2）金属转动杆可以让磁性激光器吸在上面，方便地实现角度改变，更直观地呈现角度变化时的规律。

（3）利用平板交互系统，可以将学生实验的数据全班共享从而得出普遍规律，更好地激发学生对课堂活动的参与，同时体现科学实验的严谨性。交互系统还能让学生将自己的探究活动通过录课的形式呈现，打破传统课堂的局限性，使现代教学技术充分为科学课堂服务。

（二）实验不足

自制光的折射演示仪受到演示台面的影响，若台面不水平，水面就将倾斜导致光路传播发生偏离。

（三）实验改进

在自制的光的折射演示仪的底面上打4个孔，用螺杆来调节不同点的高度，从而实现在不同的实验台面上操作时，均能调节到水平。

四、实验原理/实验设计思路

该实验的设计主要是针对教材实验设计（见图1）中存在的明显的缺陷：光

路呈现不清晰，效果不明显（见图2），不利于课堂教学的展开，不利于学生实施真正有价值的探究。改进后的实验教学很好地解决了以下问题：

（1）点光源的激光笔的光路在空气、水中都很难呈现轨迹，现象不明显，改用线光源以后，轨迹呈现清晰。

（2）实验器材中缺少参照物，很难准确地确定入射角和折射角，增加背景板，使得结果一目了然。

（3）传统的教学手段，学生实验时只有组内合作，缺乏组间交流，这对学生合作和交流意识的培养，分析试验过程中的一些特殊情况都是不利的。互动平台的引入，目的是让学生小组合作实验后的数据共享，得出普遍规律，且能在探究活动中自行录制微课，实现更多元的交流方式。

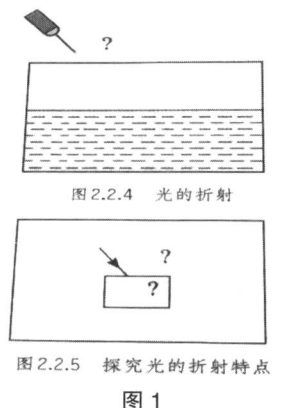

图1　图2.2.4 光的折射　图2.2.5 探究光的折射特点

图2

五、实验教学目标

（一）知识与技能

（1）知道光从空气进入水（玻璃）中或从水（玻璃）进入空气中的传播规律。

（2）知道光在射到透明介质表面时，不仅会发射折射现象，也会发生反射现象。

（3）感知全反射现象。

（二）过程与方法

（1）通过观察和实验，知道光的折射规律，从而培养学生主动参与研究问题的能力。

（2）利用平板交互系统，培养学生学会使用现代教学技术，用更多元的方式进行合作与交流。

（三）情感、态度与价值观

（1）通过探究光的折射现象的学习活动，激发学生主动探究的热情，培养学生理论联系实际的能力。

（2）通过现代教学技术的使用，使学生增强合作与交流的意识，同时也感知技术发展对科学研究的促进作用。

六、实验教学内容

（1）从游戏中产生质疑，初步感知光在穿过透明介质时，传播路径会发生改变。

（2）设计简单探究实验，初步得出光的折射规律。

（3）折射现象的分析、解释。

七、实验教学过程

（一）环节一：游戏设疑，引入新课

在引入新课环节，让学生做一个小游戏：在桌上站着两个小人，在两个小人前放一个装满水的盒子，在盒子的另一侧请同学放第三个小人，使得三个小人在一直线上。放完后移开盒子，发现三个小人并没有在一直线上。这是为什么呢？引发学生思考，是因为光在通过水时传播路径发生了改变，从而很自然地引入课题，进入探究活动。

（二）环节二：巧妙点拨，实验探究

遮住自制演示仪的下半部分，一束光从空气射入水中，请同学们猜一猜，进入水中的光线是怎样的？

揭示现象，呈现光路发生偏折，同时明确界面、法线、入射光线、折射光线、入射角、折射角。

问题：当以不同的角度使光线从空气进入水中时，折射角与入射角的变化呈现什么规律？

学生借助小型的自制光的折射演示仪对问题进行探究，并将实验数据记录在平板的数据表格中，实验完成后将数据上传。

问题：若将水改成玻璃，现象一样吗？

利用演示仪器实验，并记录现象。

（三）环节三：对比梳理，归纳总结

分析各组数据，得出普遍规律。

（1）当光从空气斜射入水（玻璃）中时，折射光线将靠近法线偏折。

（2）入射角变小，折射角也变小。

(3) 当入射角不断减小，直至光垂直水面射入水（玻璃）中时，光的传播方向不变。

(四) 环节四：敢于质疑，大胆创新

问题：光从水中进入空气又会怎样？

学生提出猜想—动手实验探究—得出结论—交流实验过程中是否有新的发现？（学生将探究活动录制成微课后，进行展示交流。）

初步认识：

(1) 当光从水中斜射入空气中时，折射光线将远离法线偏折。
(2) 入射角增大，折射角也增大。
(3) 当入射角增大的一定程度的时候，折射光线消失了（全反射现象）。
(4) 光在水和空气的界面上不仅会发生折射现象，还会发生发射现象。

(五) 环节五：实践应用，关注生活

(1) 解释新课引入时的游戏中，为什么3个小人最后不在一直线上。
(2) 解释为什么杯中的筷子看上去会发生偏折（见图3）。

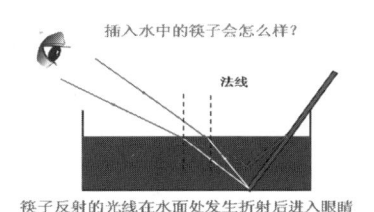

图3

(3) 怎样才能准确地叉到水中的鱼（见图4）？

图4

八、实验效果评价

本节课最大的亮点就是利用自制的光的折射演示仪，使探究实验直观、稳定、全面。

（1）直观。将点光源改成线光源，可以更清晰的呈现光路，解决了原来实验中光路不清晰的问题；利用背景的刻度，可以清晰地找到界面、法线，从而更好地明确折射光线与入射光线的关系。

（2）稳定。在传统实验的基础上，也有进行过其他方式的改进，例如在水中加入少量面粉、在玻璃盒内利用发烟饼产生烟雾将光路呈现出来，这些做法都比较麻烦而且光路呈现不稳定，固定后的装置实验更加稳定。

（3）全面。传统实验一般只能研究光从空气斜射入水中的现象，要让光从水中斜射入空气就非常不方便，也很难实现。改进后不仅可以实现，而且能够方便地改变入射角度，从而进一步研究折射现象发生时伴随着反射现象，以及感知到全反射现象的发生。

我们知道科学是一门以观察和实验为基础的学科，许多知识都是通过观察实验总结出来的。俗话说"百闻不如一见，百见不如一做"，实验器材的改进，不仅可以大大提高课堂效率，也使学生有了更多课堂参与的机会。当今社会，技术迅速发展，互联网和智慧交互系统在课堂上的应用，一方面培养了学生的多元智能，另一方面也使学生从小学会用技术辅助学习，学会合作与交流，从而获得学习的成就感，激发学习的原动力。

作为一名一线教学工作者，我将继续上下求索，设法为学生搭建更有效的学习平台，努力促进学生全面科学素养的提升。

近视的形成原因及矫正

上海市兴陇中学　李岚

一、使用教材
牛津上海版初中七年级《科学》（上海远东出版社）第十一单元"感知与协调"中第二节"视觉"第5课时。

二、实验器材
"模拟眼球成像实验仪"套件（含不同厚度的凸透镜、矫正用透镜、光源等）。

三、实验创新要点/改进要点
上海版七年级《科学》在学习了凸透镜对光的会聚作用之后就直接通过两段话和两张光路图来描述近视的成因与矫正（见图1）。对于七年级学生，在没有凸透镜成像原理知识储备的情况下，来理解近视的成因与矫正是极其困难的。为此研究开发了"模拟眼球成像实验仪"（见图2），将抽象的光路成像原理转变为可视的光学现象，并直观地建立起物体远近、晶状体厚薄、清晰成像于视网膜上这三者的关系。

利用这个模拟眼球成像实验仪，一是能从直观的成像特点（实验现象）中获取正常视觉形成中晶状体厚度改变的证据；二是找到近视看远物时清晰的像所成的真实位置。这两个证据有力地支持学生去探究和理解近视形成的原因和矫正方法。

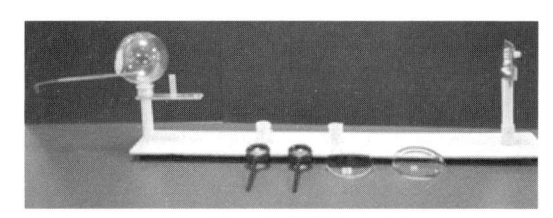

图1　教材截图　　　　图2　模拟眼球成像实验仪

四、实验原理

模拟眼球成像实验仪应用了凸透镜成像原理进行开发与制作。实验仪包含底座、球形瓶、凸透镜插孔位、光源近处和远处插孔位，以及不同厚度的凸透镜、矫正用凸透镜和凹透镜、光源（发光字牌）等配件。

视网膜成像与凸透镜成像相似。较厚和较薄的两块凸透镜模拟晶状体，球形瓶后壁模拟部分的视网膜，光源模拟物。光源置于远处和近处位时，视网膜成像都满足物距大于2倍焦距（$u>2f$），像距小于2倍焦距且大于1倍焦距（$f<v<2f$），视网膜上成倒立、缩小的实像（见图3）。

图3 视网膜成像

五、实验教学目标

近视的形成原因是本课时教学重点，亦是难点。《上海市初中科学课程标准》中要求"能够说明造成近视的原因，提出预防近视的方法"，为 C 级学习水平，但不涉及凸透镜的成像规律。教材安排在了解光的直线传播现象、针孔相机成像原理，及认识眼主要结构及其功能的基础上，进而探究和理解眼球成像原理，是视觉形成的重要一环。

在前一课时解剖猪眼的实验中，学生观察到晶状体具体弹性，且周边附着有环形睫状肌，通过挤、压晶状体，初步认识眼球成像与晶状体厚薄有关。同时学生会从实验中获取和描述证据，会运用证据推理或解释现象，具备从体验认知向思维认知过渡的基本能力。

确定教学目标如下：

（1）利用模拟眼球成像实验仪观察正常视力远近物体成像清晰时"晶状体"的厚度，认识视网膜上清晰成像的原因。

（2）设计并探究较厚的晶状体看远物模糊的原因，寻找近视眼看远物时清晰成像的位置，并找出矫正近视的方法。

（3）通过对前一个实验现象的分析，说明近视形成的原因，提出保护视力防治近视的方法。

六、实验教学内容

（1）比较远近物体在视网膜清晰成像时的晶状体。

（2）探究近视眼球的成像。

（3）寻找矫正近视的方法。

七、实验教学过程

以回忆在猪眼解剖实验中观察晶状体所获得其形态和特征的感性认识为起点，引出观察并比较远近物体在视网膜上清晰成像时的晶状体，从而建立对正常视力看远近物体都清晰原因的正确认识。在此基础上，为探究"近视眼看远物模糊的原因是什么"的答案，经历发现问题—形成假设—设计方案—记录现象—得出结论的科学探究过程，移动"视网膜"寻找清晰像的位置，并通过尝试加装凹、凸两种不同的矫正镜片的方法，找出矫正近视的方法，分析并说明近视形成的原因，提出保护视力防治近视的方法（见图4）。

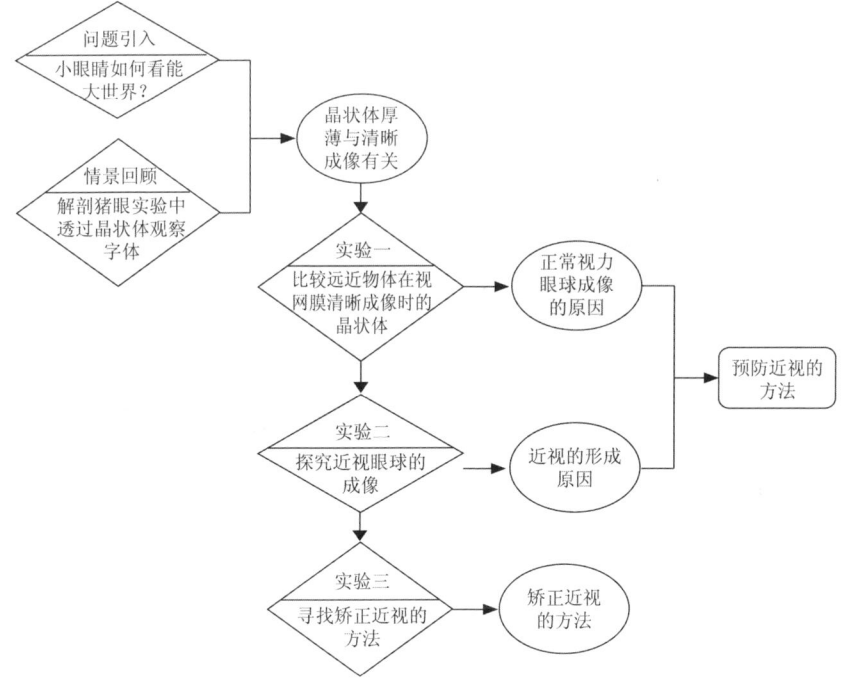

图4 实验教学过程

（一）实验一：比较远近物体在视网膜清晰成像时的晶状体

实验目的：利用模拟眼球成像实验仪观察远近物体在"视网膜"上清晰成像时"晶状体"的厚度；结合视频了解睫状肌对晶状体厚度的调节作用，认识正常视力眼球清晰成像的原因。

（二）实验二：探究近视眼球的成像

实验目的：设计实验方案探究近视眼球观察远物时的成像特点；用"模拟眼球成像实验仪"进行实验，说明近视形成的成因。

（三）实验三：寻找矫正近视的方法

实验目的：用加装凹透镜和凸透镜后比较观察的方法，找到矫正近视的正确方法；分析生活中不良的用眼行为，认识预防近视的方法，形成科学用眼、护眼的意识。

八、实验效果评价

利用模拟眼球成像实验仪，实验现象明晰可见，无论是认识成像清晰、成像模糊这类基本现象，还是理解晶状体厚度与视网膜上成像清晰的关系这类难点知识，学生都是基于感性体验迈向理性思维的路径达成，知识习得过程直观、明了。

实验的三个组成部分内容先后衔接，引领学生的认知和思维层层展开。通过比较远近物体在视网膜清晰成像时的晶状体，认识正常视力看清远近物体的原因，同时引发问题：近视眼为什么看不清远处物体？顺利进入第二部分"探究近视眼球的成像"（见图5）。在找到近视形成的原因后，顺理成章地会想去寻找矫正近视的方法，知识的发生、发展水到渠成，一气呵成。

图5　近视看远物模糊，清晰的像成在"视网膜"前

实验的三个部分在类型上不尽相同。第一部分为观察实验，通过比较观察快速发现远物、近物在视网膜上清晰成像时对应厚薄不同的晶状体。第二部分为探究实验，以近视眼真实感受的现象为基点提出问题，以第一部分实验结论为依据作出合理假设，根据第一部分实验操作体验设计实验方案，最后实施实验获取证据，得出结论。第三部分虽然也是观察实验，用比较观察的方法找到可用于矫正近视的镜片（见图6）。但这部分涉及两组对象的比较观察，一为观

图6　矫正近视

察像由模糊变清晰，二为观察镜片形状的差异以正确分辨凹透镜和凸透镜，并将两组观察的结果组合形成结论。在完成这三个部分的实验过程中，学生的比较观察能力、实验设计能力、证据分析能力均有提高，同时经历自我评价与完善、评价他人与学习的良性学习过程，在积极心理主导下主动地获得成功体验，优化学习效果。

探究液体对容器底部的压力

杭州市文海实验学校　陈良阳

一、使用教材

浙教版初中《科学》七年级下册第三章第七节"压强——液体压强"。

二、实验仪器

（一）引入实验

分液漏斗、橡皮导管、玻璃导管、自制单孔橡皮塞、小气球。

（二）探究实验

PC 板（直板和弯曲板）、电子秤、塑料膜、小水杯、水槽、红墨水、夹子。

三、实验创新要点/改进要点

（一）基于教材，围绕课标，创设探究，帮助学生深入思考

课标对本节课的要求是：知道液体内部存在压强，了解影响液体压强大小的因素，是学生在探究学习了固体压强之后紧接着要进一步探究的课程。教材中学生通过图 1 中的两个实验，体验到了液体对容器的底部和侧壁都会产生压强，液体的深度越大压强越大。在此之后，书本中借用液体压强计，探究液体内部压强的存在，让学生体验了液体压强随深度的增大而增大，但是学生并没有深入思考。

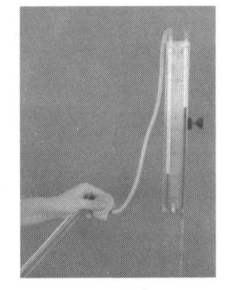

底部压强　　　　侧壁压强　　　　压强计

图 1　书本实验

而在本实验中，学生经历了完整的科学实验探究过程。从假设的提出、方案的制定到动手实验、分析数据，以及最后的结论得出，过程中不断激发学生的积

极思考与分析，为学生搭建一个更加深入思考的平台，达到边思考、边动手应用的层面，体现STEM工程设计理念。

（二）突破书本"定性体验"，帮助学生"定量探究"

书本实验中，学生的探究基本停留在定性的体验上，说服力比较弱，也不能给学生思维上的冲突。而在创新实验中，通过引入新载体——电子秤，从书本的定性体验走向定量测量，大大激发学生的好奇心与求知欲，学生通过对自己实验数据的思考与分析，得出液体压强的影响因素，体现科学的本质。

（三）突破液体与容器侧壁相互作用的"隐蔽性"

七年级的学生还处于思维方法的养成阶段，压强本身就是一个比较难以理解与体会的概念，刚刚学完固体压强马上又要理解液体压强对学生本身是一种挑战。对他们而言，在实际问题的分析中，液体对容器侧壁的压强存在隐蔽性，学生并不能意识到液体对侧壁存在压强并且这个压强会由于力的相互性，影响液体对容器底部的压强与压力。

本实验中，在改变侧壁位置时，学生可以清晰地感受到，越是往内侧转动，手上的力越大。多次体验，激发学生思考，通过观察装置的特点自然就能理解液体与侧壁之间的相互作用力，会影响液体对容器底部压强的影响。

（四）帮助学生区分前概念，建构知识

在固体压力与压强的分析中，若无外力干扰，物体的重力等于物体对水平地面的压力，而液体重力恰恰是液体压强产生的原因，这对学生造成负迁移。根据建构主义理论分析，以及教学实践发现，学生会把固体压强中通过增大物体重力来增大压强的知识方法出于本能的迁移到液体压强中，认为液体对底部的压强与液体重力有关，液体重力越大对容器底部压强也越大，即错误地把液体重力与液体对容器底部的压力总是看作相等。

创新实验装置清晰地展示出液体对容器底部的压力与液体重力之间的关系，直击学生最易出错的思维点，突破造成学生学习的难点。

四、实验原理/实验设计思路

从书本书本实验出发，引"猜想"，重"探究"。

整个过程结合STEM理念，把科学、技术、工程、人文、数学自然地融合到教学中。

通过网络互动平台，剖析学生前概念，通过实验现象，引发认识冲突，引导学生从冲突中找突破，建立假设，应用各种技术材料，设计出实验仪器，进行探究实验，通过电子秤读出底部压力，应用压强公式得出底部的压强，实验过程中

通过不断地改变PC板的位置，体验液体对侧壁的压力，过程中不断挖掘问题深度，设计改善方案，最后数据处理分析得出实验结论，用探究突破学生的思维难点（见图2）。

观察现象 产生疑问 ▶ 基于知识 大胆假设 ▶ 设计实验 探究真伪 ▶ 构建新知 拓展探究

图2　实验思路

通过引导学生思考，进行拓展探究，动手制作实验器具，像科学家一样进行科学实验与探究。

五、实验教学目标

（一）知识与技能

（1）通过实验探究，体验并认识不同重力的液体，也能对容器底部产生相等大小的压力。

（2）通过实验探究与分析，体验并认识液体对容器底部的压力可以等于液体中重力，也可以小于甚至大于液体重力。

（3）通过实验数据分析与计算，得出液体压强与深度的正比关系，体会液体对容器侧壁压力方向的变化，以此来解释一些常见的生活现象。

（二）过程与方法

（1）通过实验教具的研究与制作，培养学生动手动脑学科学的基本素养。

（2）经历探究过程中的小组合作与分工，锻炼学生思维、培养合作意识与团队精神。

（三）情感态度与价值观

（1）通过引导学生的思维，进行拓展实验，探究液体压强与液体密度的正比关系，渗透勇于思考，动手动脑探究的科学素养。

（2）通过对一些与压强相关的常见生活现象的解释，渗透用科学去研究自然的科学本质。

六、实验教学内容（见表1）

表1　实验教学内容设计

教学环节	教师	学生	设计意图
认知冲突 引发思考	小实验"判断真假" 引导学生猜想 $G_{液} \neq F_{压}$	观察思考，作出猜想	引导学生思考，产生认知冲突，重力并不能完全决定液体压力

续表

教学环节	教师	学生	设计意图
大胆猜测 勇敢实验	让重力不同的同种液体对容器底部（底面积不变）产生相同的压力 液体压强与深度的关系：同种液体压强与液体深度有关，深度不变压强不变	根据器材设计实验，探究猜想，得出初步结论	帮助学生尝试新情景中的科学实验探究，为学生解决问题搭建平台 直击错误前概念——重力越大压力越大，帮助学生建构思考平台
深入探究 挖掘真知	让重力相同的同种液体对容器底部（底面积不变）产生不同的压力 液体重力并不总等于液体对容器底部的压力，液体对容器底部的压力可以小于等于甚至大于液体重力	根据器材设计实验，探究猜想	引导学生进一步探究，体验并应用了液体深度越大液体压强越大，体验科学家不断探索思考的科学过程，增加学习信心
数据分析 构建新知	明确压强压力重力深度之间的正比关系		
学以致用 巩固新知	尝试解释教师一开始演示的"小魔术"		
仪器分析	总重力与底部容器底部压力的区别 容器侧壁对液体的作用力	感受液体压强容器底部，感受侧壁对水的压力	通过破析仪器制造原理，进一步理解实验原理，体会液体对侧壁的压强
拓展探究	拓展一：探究普遍规律 改变液体的密度进行实验，比如用植物油、酒精、盐水等密度不同的液体进行实验，以得到上述实验更为普遍的规律 拓展二：压强与密度的定量关系 相同深度的不同液体对容器底部压力即压强并不相同，引起了学生的思考，通过定量的计算与分析得出了液体压强与液体密度正比的关系 拓展三：自主创新，排除侧壁形状干扰 学生实验装置的设计巧妙之处在于侧壁的设计，学生对此颇有兴趣，尝试自己制作与创新，通过波浪形的PC板，发现PC板的形状并不影响深度、密度与液体压强的关系		

七、实验教学过程

在实验教学内容设计基础上，把教学过程分为几个环节，环节中穿插着学生的实验任务，实验教学开展情况如下。

（一）环节一：观察现象，产生疑问

相同重力的液体，对底部产生的压力一定不变吗？在容器底部接上气球，用气球的形变程度反应压力大小，展示一段视频。

"火眼金睛"判断现象的真假：分液漏斗底部用导管链接了一个气球，容器内水的质量不变，举高分液漏斗，气球大小不变，举得再高一些，气球大小还是不变，继续抬高分液漏斗，气球大小仍然不变。这是真的吗？

通过真假的判断引发学生的思考，产生思维的碰撞。接着我们一起来揭秘，让学生对已有知识产生认知冲突，液体对容器底部产生的压力可以改变（见图3、图4）。

图3　气球较小 　　　　　图4　气球膨胀

策略分析：学生受到固体压强的影响，认为重力越大的液体对底部产生的压力越大。找准学生的思维错误点，直击学生的错误认知，调动学生的积极性的，同时激发学生进行思考，提高同学们探究的热情。

（二）环节二：基于知识，大胆假设

同学们在独立思考之后，进行小组合作谈论，为了探究液体重力与液体对底部压力之间的关系，从魔术的角度出发最易想到的实验假设如下。

假设一：不同重力的液体，可对底部产生相等的压力。

然后，基于实验过程分析，引导学生进一步探究，建立更加深入的假设。

假设二：相同重力的液体，可对底部产生不等的压力。

策略分析：基于学生的前概念，引导学生大胆建立颠覆以往认知并具可探究的假设，自然而然地为学生构建一个新的探究情景中，然后逐步引导学生进入更加深入的实验探究中来，让学生体验真实的、富有科学素养的实验探究，无形中激发学生对科学探究的欲望，培养良好的科学探究素养。

（三）环节三：设计实验，探究真伪

接着与学生一起构思实验设计方向，关键在于如何直接测量容器底部的压力，展示电子秤、可活动的 PC 板，帮助学生思考与设计（见图 5~图 7）。

图 5　PC 主框架　　　　图 6　电子秤　　　　图 7　器材组合

学生设计好实验方案与记录的表格之后，根据设计进行实验。

（1）探究一：基于假设"不同重力的液体，可对底部产生相等的压力"。

实验方法：通过增减水，保持相同的页面高度，观察底部电子秤的示数，完成后将数据记录于表 2 中。图 8~图 10 为示范测量的一组实验。

图 8　h=17cm，m=3.698kg　　图 9　h=17cm，m=3.652kg　　图 10　h=17cm，m=3.619kg

数据记录见表 2（g 取 9.8N/kg，秤盘面积 0.0225m²）。

表 2　不同重力的液体产生相等的压力

组别	侧壁朝向	水的重力/N	深度 h/cm	秤示数/kg	压力/N
1	向内	小于竖直	15	3.365	32.98
	竖直	33.08		3.327	32.61
	向外	大于竖直		3.304	32.38
2	向内	小于竖直	16	3.546	34.71
	竖直	35.28		3.527	34.56
	向外	大于竖直		3.501	34.31
3	向内	小于竖直	17	3.698	36.24
	竖直	37.49		3.652	35.79
	向外	大于竖直		3.619	35.47

（2）探究二：基于假设"相同重力的液体，可对底部产生不等的压力"。

保持液体重力不变，改变容器形状，观察底部电子秤的示数，完成后将数据记录于表3中。图11~图13为示范测量的一组实验。

图11　h=12cm，m=2.434kg　　图12　h=15cm，m=3.328kg　　图13　h=17cm，m=3.698kg

表3　相同重力的液体产生不等的压力

组别	液体重力	侧壁朝向	向外	竖直	向内
1	33.08N	深度 h/cm	12	15	17
		秤示数/kg	2.434	3.328	3.698
		压力/N	23.85	32.61	35.47
2	35.28N	深度 h/cm	13	16	18
		秤示数/kg	2.823	3.527	3.968
		压力/N	27.67	34.56	38.89
3	28.67N	深度 h/cm	10	13	15
		秤示数/kg	2.166	2.881	3.365
		压力/N	21.23	28.24	32.98

探究二中，学生观察到的是一个连续的动态变化过程，台秤的数据随着PC板的变化，实时的变化，PC板向内侧移动，h变大，数据变大，压力变大；PC板向外侧移动，h变小，数据变小，压力变小。让学生突破思维的局限，把问题分为3大类，即侧壁向外、侧壁向内与侧壁竖直，其中前两种情况的侧壁在任意角度下，都具有对应的大小特点。与此同时配合学生手部的用力情况，让学生充分感受到侧板在实验过程中对液体作用力的变化，为后面理论分析提供宝贵的实验体验。

数据解析：实验所测数据与理论计算值约差1N，不到3%，这为后面进行定量分析液体压强与深度的关系提供了可能性。与此同时，向学生介绍仪器的改进过程，之前的误差甚至达到了10N左右，通过改进误差变为原来的十分之一，渗透STEM中工程科学的理念，培养学生严谨的科学态度与实事求是的科学精神，同时也让同学们感受到科学实验误差不可避免，在科学探究的路上并不是一帆风顺的，培养学生勇于探究的科学精神。

策略分析：新情景的探究本身存在一定的难度，激发学生探究欲望的同时也要很好地保护学生的好奇心，所以教师的引导与辅助是必不可少的。基于现有器材的实验探究，很好地帮助学生设计探究的方案与表格，降低实验的难度，但又有效地帮助了学生逐渐养成勇于进行科学探究的精神。

（四）环节四：归纳总结，拓展实验

通过实验数据分析，得出液体对容器底部的压力由液体压强以及容器底面积决定，与液体的重力无直接关系，而同种液体的压强由液体深度决定，深度越大压强越大，反之，深度越小压强越小（见图14）。结合实验数据同时引导学生尝试用自己的探究结论去解释之前演示的小魔术，学以致用。

同种液体：
- G改变，H不变，压力（压强）不变
- G改变，H与压力（压强）成正比

图14　总结

（五）器材剖析

紧接着让学生观察探究的实验器材。侧板对电子秤并没有力的作用，侧板完全由底边上PC板支撑，侧板形状不同，容器对侧壁的压力也不相同：可以沿水平方向、斜向上或者斜向下（见图15）。那么根据力的相互性，侧壁对液体就可以产生向下的压力与向上的支持，如此一来，电子秤上收到液体的压力力也随之增大或减小，这就是科学的奥秘所在。

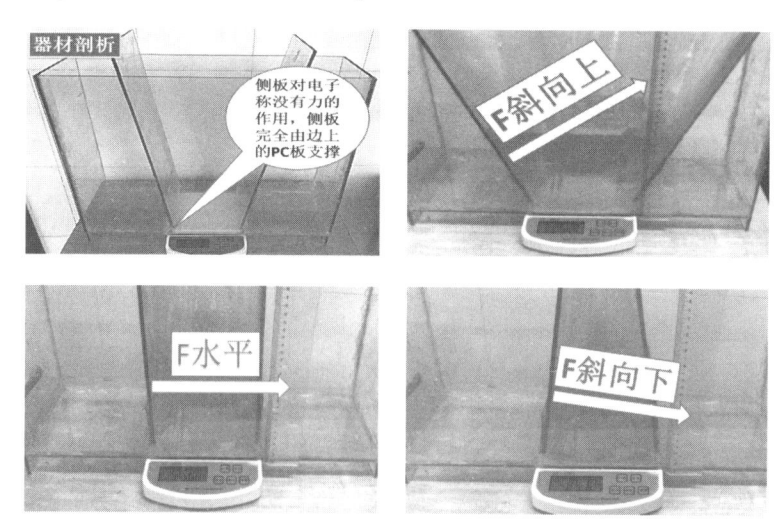

图15　器材剖析

学生可以用仪器摆出任意角度容器形状进行上述个实验的探究，可以得到较为普遍的科学结论，体现科学知识的普遍适用性（见图16）。

图16 侧板任意位置展示

策略分析：实验让学生展示自己的探究成果，验证自己的观点，每组之间进行生生互评，通过动手和语言总结得出液体对容器底部压力的决定因素，同时又剖析了自己易错的原因。这个环节主要采用师生交流，引导对话，总结的方法。

采用这样的教学策略和方法，即把课堂抓在手上，又把课堂还给了学生，因为只有师生之间的，生生之间的互动才能让这节课堂延续下去，也只有这样才能帮助学生实现新情境下的自我探究，体验科学家不断探索思考的科学过程，提高全体学生科学知识和探究素养。

（六）实验拓展

（1）拓展一：探究普遍规律。改变液体的密度进行实验，比如用植物油、酒精、盐水等密度不同的液体进行实验，以得到上述实验更为普遍的规律。

（2）拓展二：压强与密度的定量关系。在实际的教学过程中，学生们在改变液体密度时，发现相同深度的不同液体对容器底部压力即压强并不相同，引起了学生的思考，通过定量的计算与分析得出了液体压强与液体密度正比的关系。

基于假设"液体深度相同时，液体压强与液体深度成正比"。

保持液体深度不变，改变液体种类，以及侧壁的方向，观察底部电子秤的示数，完成后将数据记录在表4~表6中。酒精密度为 $0.8 \times 10^3 kg/m^3$；水密度为 $1 \times 10^3 kg/m^3$；盐水密度为 $1.12 \times 10^3 kg/m^3$。

表4 侧板竖直探究密度与压强的关系

组别	侧壁朝向	液体种类	深度 h/cm	秤示数/kg	压力/N
1	竖直	酒精	15	2.69	26.38
1	竖直	水	15	3.327	32.61
1	竖直	盐水	15	3.701	36.26
2	竖直	酒精	16	2.833	27.77
2	竖直	水	16	3.527	34.56
2	竖直	盐水	16	3.921	38.43
3	竖直	酒精	17	2.958	28.99
3	竖直	水	17	3.652	35.79
3	竖直	盐水	17	4.053	39.73

表5 侧板向外探究密度与压强的关系

组别	侧壁朝向	液体种类	深度 h/cm	秤示数/kg	压力/N
4	向外	酒精	15	2.722	26.68
4	向外	水	15	3.307	32.41
4	向外	盐水	15	3.710	36.36
5	向外	酒精	16	2.823	27.67
5	向外	水	16	3.516	34.46
5	向外	盐水	16	3.911	38.33
6	向外	酒精	17	2.938	28.79
6	向外	水	17	3.662	35.89
6	向外	盐水	17	4.074	39.93

表6 侧板向内探究密度与压强的关系

组别	侧壁朝向	液体种类	深度 h/cm	秤示数/kg	压力/N
7	向内	酒精	15	2.712	26.58
7	向内	水	15	3.301	32.35
7	向内	盐水	15	3.716	36.42
8	向内	酒精	16	2.815	27.59
8	向内	水	16	3.507	34.37
8	向内	盐水	16	3.907	38.29
9	向内	酒精	17	2.930	28.71
9	向内	水	17	3.653	35.80
9	向内	盐水	17	4.068	39.87

数据分析：拓展探究一、二是学生对之前探究的一个由学生好奇心与科学素养共同驱使的自发的探究活动，确实也起到不错的效果，学生结合固体压强公式算出底部液体压强，即发现液体密度与液体压强成正比。

（3）拓展三：自主创新，排除侧壁形状干扰。

学生实验装置的设计巧妙之处在于侧壁的设计。学生对此颇有兴趣，尝试自己制作与创新，通过波浪形的 PC 板，发现 PC 板的形状并不影响深度、密度与液体压强的关系（见图 17）。

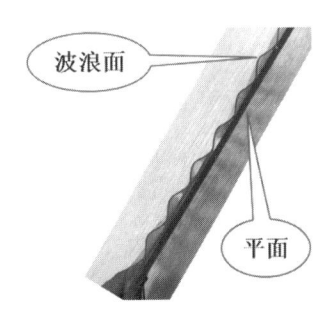

图 17　探究侧板形状

八、教学效果评价

实验让学生展示自己的探究成果，总结得出液体对容器底部压力的决定因素，同时又剖析了自己易错的原因。这样的教学策略和方法，既把课堂抓在手上，又把课堂还给了学生，帮助学生实现新情境下的自我探究。

（1）得出液体对容器底部压力，可以等于液体重力，也可以小于甚至大于液体重力。

（2）通过定量测量，深入理解液体压强与液体深度、密度之间的正比关系。

（3）通过新情景探究（仪器的制造、修正），渗透 STEM 中工程科学的理念，培养学生实事求是的严谨科学态度，以及用于探索创新的科学精神。

（4）科学之路离不开探究，引导学生，在探究过程中自主建构用新情境的探究，培养学生的知识迁移能力。

梁式桥的承重测试

上海市敬业初级中学　谷科

一、使用教材

校本教材《STEM 桥梁设计》，适合初中八、九年级的学生使用，16 课次，共 1 册。

二、实验器材

（一）应变片传感器实验

应变片、静态电阻应变仪、电阻、有机玻璃桥梁模型、重物、导线。

（二）工程软件辅助分析实验

工程软件 Autodesk Inventor 2015 以及软件梁式桥模型。

三、实验原理

（一）应变片传感器实验原理

将应变片顺着形变方向贴好，应变片就会被带着一起发生形变，长度和横截面积就会发生变化，根据电阻定律，应变片电阻就会发生变化，将贴好的应变片接入应变仪电路中，根据欧姆定律，电阻变化，电路中电流就会发生变化，从而测出形变量。

（二）工程软件辅助分析实验原理

根据结构力学原理和高等数学等相关知识，利用计算机强大的计算能力，对桥梁或建筑进行有限元分析，推演出桥梁内部内力分布等信息。

四、实验改进要点

（一）实现"看不见"到"看得清"

传统中学桥梁拓展课程中，没有理论基础，学生无法认识桥梁内部力学世界。而现在这节课实验设计中，木质桥板在负荷超载情况下的断裂部位，以及有机玻璃桥模型桥板轻微形变难以观察，却可以通过应变片传感器明显看见，通过应变片传感器实验实现了形变量数据采集，为学生真正打开通往桥梁设计的大门。

（二）实现"损毁一次测试"到"安全多次测试"

实践教学中要进行承重测试，学生花费很长时间做好的桥梁模型，仅有1次测试机会，测试完后桥梁模型就失去了价值。而软件中桥梁模型只要制作好，就可以反复利用。如何研究桥跨长度对于桥板最大承重的影响，需要不断控制桥跨长度，再测桥板中最薄弱位置的应力。而改变1次长度，利用应变片传感器就需要制作不同长度的桥梁模型，不但效率低下，而且成本高。利用软件修改模型桥跨长度，仅仅需要修改1个数据即可。

（三）实现"熟悉环境下探究"到"陌生世界探究"

通过探究任务"基于工程软件探究一座梁式桥，在荷载固定时，桥板最不利位置的最大内部力随跨度变化的规律"，使得学生完全在陌生环境中探究有趣的规律，激发学生的兴趣，锻炼学生的探究能力。

（四）实现"单一学科实验研究"到"跨学科项目式实验研究"

整合了工程、物理、数学、信息技术等学科，让学生学会在真实环境中融合新旧知识综合性解决问题。

五、实验教学目标

（一）知识与能力

（1）知道电阻定律，理解力是物体对物体的相互作用，知道力可以使物体发生形变，理解部分电路欧姆定理。

（2）知道可以用应变传感器测量物体形变量，从而得到桥梁内部受力大小情况。

（3）知道工程学中的基础环节：包括目标用户分析、工程设计基本流程、手绘草图等等，能正确使用工程分析软件分析桥梁模型受到内力情况。

（二）过程与方法

（1）通过观察分析实验，学生学会基于客观事实进行大胆猜想，合理假设。

（2）通过实验来检验假设，学会实验对比、分析检验假设的方法。

（3）运用工程设计软件，探究梁式桥板跨度改变对桥板中央最大内力的影响，学会控制变量的研究方法及忽略次要因素，抓住主要因素的科学方法。

（三）情感态度价值观

（1）通过实验活动，经历研究性学习，提高数据记录、数据分析、对比等研究能力，养成良好的研究习惯。

（2）通过实验探究养成规范的实验操作习惯，通过真实的实验实践过程，形成实事求是的研究态度。

六、实验教学内容

本设计包括3个环节。

（一）第一环节

解决一个任务。从学生身边桥梁限载场景引入桥梁载重问题——如何测量梁式桥承重大小？在木制桥梁模型上实践基础上思考梁式桥的承重方案并与同伴交流，发现定性分析桥梁载重不能满足设计需求。

（二）第二环节

验证一个猜想。通过应变片传感器实验的原理学习以及演示实验验证前面的猜想，让学生体验工程中如何实现整合学科知识，满足工程测量需求的，而测量工具的改进是实现定性分析到定量分析跨越的关键。

（三）第三环节

探究一个规律。在工程软件辅助下探究：同一梁式桥，荷载相同，桥跨不同，桥板中间最大内力的变化情况。搭建好的桥梁模型只有一次测试机会，如何提高效率和降低成本成为现实需求，而工程应用软件能很好地解决这个问题。学生通过探究任务"同一梁式桥，荷载相同，桥跨不同，桥板中间最大内力的变化情况"，不但亲身体验了工程软件的可靠高效以及工程设计流程，也在数据记录分析过程中实现跨学科知识的整合，综合能力得到锻炼。

七、实验教学过程

（一）教学流程（见图1）

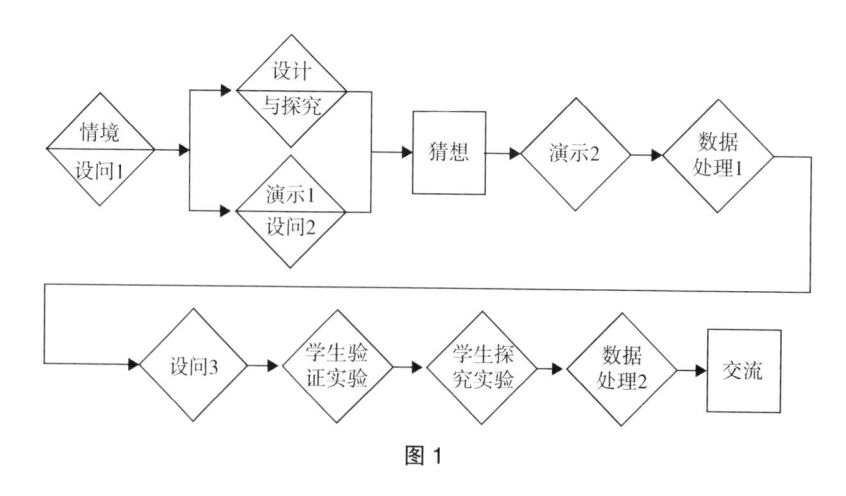

图1

（二）教学活动说明（见表1~表11）

表1　情境设问1

活动内容	活动设计意图	活动照片
情境：观看桥梁一侧铭牌 设问1：交通标志什么含义	引入"梁式桥承重测试"课题	

表2　设计与探究

活动内容	活动设计意图	活动照片
如何测量一个简易木制梁式桥模型的最大载重	培养学生面对结构不良问题时解决问题的能力	

表3　演示1设问2

活动内容	活动设计意图	活动照片
演示1：把重物放置木制桥梁模型上 设问2：最下面的桥板没有受到外力，为什么会发生形变，甚至断裂	通过木制桥梁载重实验，提出内力的概念	

表4　猜想

活动内容	活动设计意图	活动照片
猜想木制桥板下5个均匀分布点形变大小关系	基于客观事实的猜想	

表5　演示2

活动内容	活动设计意图	活动照片
演示2：应变片演示实验	通过应变片原理学习，体验力学量是如何转变为一个电学量，将形变量量化，对桥梁的载重研究从看不清到看得见	

表6　数据处理1

活动内容	活动设计意图	活动照片
记录形变量数据，并验证猜想	通过真实实验，来验证前面同学们自己的猜想，体会定性分析到定量分析的跨越	

表7　设问3

活动内容	活动设计意图	活动照片
应变片传感器实验必须要有桥梁实体才能测量，进行测试仅有一次机会，不能满足设计师防患于未然的需求，设问3：那怎么克服这个问题呢	引入工程软件虚拟实验，避免一次性摧毁实验，可重复可修改，方便使用	

表8　学生验证实验

活动内容	活动设计意图	活动照片
对虚拟有机玻璃模型进行内力分析，与应变片传感器实验比对	与真实实验对比，验证工程软件的可靠性，同时再次熟悉软件操作	

表 9 学生探究实验

活动内容	活动设计意图	活动照片
在 Inventor 软件中，利用控制变量法探究：同一梁式桥，荷载相同，桥跨不同，桥板中间最大内力的变化情况	（1）利用工程软件，探究陌生环境中的某些规律 （2）体会工程软件几乎无成本进行"安全多次测试"的优点 解决问题	

表 10 数据处理 2

活动内容	活动设计意图	活动照片
将最大内力与跨度数据关系，绘图在直角坐标系里，拟合出一次函数关系	学会在综合问题中处理数据的能力	

表 11 交流

活动内容	活动设计意图	活动照片
归纳总结探究成果，并和其他小组进行交流分享	学生学会表达，学会分享，分析数据并进行科学分析的好习惯	

八、实验教学反思

（一）在一个陌生环境中，学生进行规律探究

在相对陌生的环境中特别能体现学生的能力。在桥梁测重实验过程中让学生进行规律探究，是基于学生已有的知识基础，包括物理知识（静力学、电阻定律、欧姆定律等）、数学知识（平面直角坐标系、一次函数等）、桥梁知识（桥梁的分类、桥梁结构等）、信息技术技能（工程应用软件基础操作等），学生很

好地完成了探究任务。

（二）实现真实实验向虚拟实验的过渡，体验工程设计的真实流程

从粗略的木质桥最大承重测试到精确应变片传感器实验，学生能得到真实体验。再将应变片实验中的真实有机玻璃模型数据输入工程软件中，建立虚拟模型，通过比较验证了虚拟实验的可靠性验证，让学生体验了工程设计的真实流程。

（三）整合学生物理、数学、工程知识

"梁式桥的承重测试"强调同一学科中不同知识模块的整合，传感器基本都是把其他量转化为电学量，而这节课的应变片实验就是把力学量转化为电学量的实验装置。"梁式桥的承重测试"还强调跨学科知识的整合，通过桥梁承重测试这节课，让学生体验各种学科知识在工程应用中的融合，成为基础教学的有益补充，为学生终生学习打下基础。

结构的稳定性

北京师范大学附属实验中学　韩英魁

一、使用教材

地质出版社 2014 年出版的《技术与设计 2》第一章第三节"结构的稳定性"。

二、实验器材

自制三角形、四边形结构稳定性的系列对比实验学具，自制重心高低影响结构稳定对比实验学具，自制倾斜测试平台，自制（3D 打印）重心投影与支撑面关系影响结构稳定性实验学具，结构倾倒重心投影位置实验器材等。

三、实验创新要点/改进要点

（一）自制"可自由组合的框架结构"，实验演示结构形状对结构稳定性的影响

结构形状是影响结构稳定性的因素之一，学生能够理解同种材料和连接方式下，三角形结构比四边形结构稳定，教材仅简单分析了三角形和四边形结构的稳定性。但如果结构形状比较复杂，学生理解应用起来就比较困难，我设计自制了一组可自由组合的框架结构（见图 1），能够实现多种形状变换，可供学生探究、教师演示。

图1　自制结构形状对稳定性影响对比实验器材

（二）自制对比实验学具，对比结构重心高低对结构稳定性的影响

结构重心的高低是影响结构稳定性的因素，对于知识点本身，学生理解起来难度不大。教材没有设计实验，仅仅用案例说明，但是学生对知识的理解往往停留在表面。结构重心的高低对结构稳定性影响的程度到底有多大，不容易对比展示。因为影响结构稳定性的因素有多种，需要采用控制变量法，对比时要保证对比结构的重心高低不同，而其他因素是相同的。为此，我设计并自制了实验器材：利用 3 个相同的空矿泉水瓶，中间对穿放置相同丝杠，将 3 个重螺母（图中涂成红色）调整到高、中、低 3 个位置，这样结构只有重心高低不同，其他因素是相同的（见图 2）。将 3 个对比瓶放置在可倾斜的测试平台上，

通过倾斜平台，观察瓶子倾倒的顺序，可以直观地对比看出重心高低对结构稳定性的影响程度。

图2 自制结构重心高低对稳定性影响实验器材

（三）3D打印实验学具，探究重心投影与支撑面的位置关系对结构稳定性的影响

重心投影与支撑面的位置关系也是影响结构稳定性的因素，教材没有设计实验，采用了案例说明。我围绕教学内容和项目载体，设计了趣味性强的探究式实验学具：利用3D打印机打印了W形的沙漏架。通过3组实验，让学生去探究，分析原因，再利用结构倾倒重心投影位置实验器演示结构倾倒临界状态时重心投影与支撑面的位置关系，帮助学生科学、直观的获取知识，加深对于知识的理解。

四、实验原理/实验设计思路

影响结构稳定性的因素有多种，如结构的形状、支撑面的大小、重心的高低、重心投影与支撑面的位置关系等。在教学中，如果只是简单教授知识，可利用的实验器材有很多，但如果要进行科学、直观的对比实验，则需要精心设计，采用控制变量法，保证对比结构的其他因素相同，只有一个因素不同，通过演示、探究等方法展开实验教学。

五、实验教学目标

（一）知识与技能

（1）理解结构稳定性的概念。
（2）理解影响结构稳定性的因素。
（3）能应用结构稳定性知识设计结构作品。

（二）过程与方法

经历演示、探究等实验过程，体验结构形状、支撑面、重心等因素对结构稳定性的影响。

(三) 情感态度与价值观

养成科学、严谨的探究习惯，感受科学知识在生活中的应用。

六、实验教学内容

（1）利用自制三角形、平行四边形结构稳定性实验学具，实验探究结构形状对结构稳定性的影响。

（2）利用自制结构重心高低影响结构稳定性对比实验学具，演示重心高低对结构稳定性的影响。

（3）利用自制（3D打印）重心与支撑面关系影响结构稳定性探究实验学具，探究重心投影与支撑面关系对结构稳定性的影响。

（4）利用结构倾倒重心投影演示器，实验演示重心投影与支撑面位置在结构倾倒临界状态时的位置关系。

七、实验教学过程

(一) 创设"真"情境，课题引入

（1）教师展示往届学生作品（见图3），过程中"不小心"碰到桌子，发现桌子上有的沙漏架翻倒。提出问题：什么是结构的稳定性？

图3　往届学生作品：创意沙漏架结构

（2）教师组织讨论，明确结构稳定性的概念，进而提出新的问题：影响结构稳定性的因素有哪些？

(二) 探究加演示、建构新知

（1）"玩一玩"：结构形状对结构稳定性影响实验。

1）学生探究实验，对比三角形、四边形结构稳定性，总结实验结论。

2）提出改进要求，改变四边形结构稳定性，学生动手尝试，通过不同形式

的结构形状变化，体验结构形状对结构稳定性的影响（见图4），加深实验结论。

（2）"猜一猜"：结构重心高低对结构稳定性影响实验。

1）教师介绍实验器材组成：3组相同的空矿泉水瓶、螺母、丝杠。组装好后用纸筒围挡，学生通过摇晃等简单手段判断3个瓶子的结构差别，然后放在测试平台上，猜测翻倒顺序。然后由学生抬高测试平台一端，倾斜平台，做翻倒实验，观察水瓶翻倒顺序。

图4 形状不同的结构稳定性实验

2）教师揭晓答案，引导学生重点观察：3个相同的空矿泉水瓶，中间对穿放置相同丝杠，将3个重螺母（图中涂成红色）拧到高、中、低3个位置，结构只有重心高低不同，其他因素是相同的。总结结论，对比结构重心高低对结构稳定性的影响程度。

师生共同总结：结构的重心越低，结构越稳定。

（3）重心投影与支撑面位置关系对结构稳定性影响实验。

1）学生探究实验：W形沙漏架案例1，无论沙漏处于W哪一端位置，都不能稳定，观察分析（见图5）。以小组为单位，探究其结构不稳的原因，设计提高其稳定性的改进方案。

图5 W形沙漏架案例1稳定性实验

2）学生探究实验：W形沙漏架案例2，当沙漏处于W一端位置时可以稳定，放到另一端时翻倒，观察分析（见图6）。以小组为单位探究其结构不稳的原因，设计提高其稳定性的再改进方案。

图 6 W 形沙漏架案例 2 稳定性实验

3) 学生实验：W 沙漏架案例 3，沙漏处于 W 两端位置时都可以稳定，观察分析原因（见图 7）。

图 7 W 形沙漏架案例 3 稳定性实验

结论：结构重心投影与支撑面的位置关系对结构稳定性有影响，重心投影应落在支撑面内，结构才稳定。

4) 演示结构倾倒实验：教师展示实验器材，引领学生观察结构重心投影位置，组织实验，验证刚刚得到的结论，重点展示结构重心投影与支撑面在结构倾倒临界状态时的位置关系，加深实验结论（见图 8）。

图 8 结构重心投影与支撑面在结构倾倒临界状态时的位置关系实验

通过探究和演示实验，得出最终结论：结构重心投影落在支撑面内，结构才稳定，当结构重心投影位于支撑面边缘时，结构即将倾倒。

（三）实践活动、学以致用

教师组织学生进行设计实践，综合稳定性的知识，设计自己的沙漏架作品。

要求：沙漏架结构能稳定放置桌面，能实现沙漏的正立和倒立，打印时间不超过 8 小时。

（四）交流展示、巩固提升

（1）教师组织学生将三维设计模型进行交流展示、评价改进，修改后的设计模型进行 3D 打印。

（2）展示生活中的用品，分析结构是否稳定，分析稳定性因素的考虑情况，找一找设计的不足并提出改进建议，找一找生活中有没有利用结构不稳定的案例。

八、实验效果评价

本节课设计了多组实验来提高学生的兴趣和学习的积极性，使学生能够准确理解并应用影响稳定性的因素，具体效果如下述。

（一）实验科学、效果明显

结构重心高低对结构稳定性影响的对比实验，科学严谨，现象简单明确，说服力强，不仅使学生明白重心高低可以影响结构稳定性，可以直观地看到影响程度，而且培养学生科学严谨的实验态度和精神，学习科学实验方法。这种培养对学生的成长往往更加重要，对学生的影响是长期的、深远的。

（二）趣味探究、突出主体

整个教学过程，以学生为主体，突出其主体作用，提高其学习兴趣，设计了一系列趣味性强的探究实验。

结构重心投影与支撑面的位置关系对结构稳定性的影响探究实验中，采用 W 形作品作为案例分析，让学生自己发现问题。沙漏结构相似，有稳定也有不稳定的情况，通过对比探究的方法，使不容易获得的知识点得有层次、有台阶，学生愿意去探究。案例 1"W"作品，沙漏芯在两端结构都不稳定性，案例 2 放在一端稳定，另一端不稳的，案例 3 两端都稳定。通过这个趣味性很强的探究实验，让学生把 3 个案例对比，一步步探究结构稳定或不稳的原因，并在小组内讨论，不仅理解了知识，而且还锻炼了学生的观察、分析能力和创新设计能力。进而采用师生共同实验，得到结构要倾倒临界状态时，结构重心投影与支撑面的确切位置关系，使学生更加深刻的理解知识，养成学生科学严谨的实验态度。

（三）围绕载体、学以致用

本节课围绕项目载体 3D 打印沙漏架引入，通过多种实验建构知识，再将知识应用到 3D 作品的设计中，学以致用，设计自己的沙漏架作品，提升了学生的物化能力，直接巩固了知识的学习。在提升阶段，引入生活中案例，扩展了视野，培养了学生的技术意识和工程思维，将技术知识应用到生活中，将通用技术学科要求的核心素养落到实处。

结构的稳定性及其定量测评方法探究

厦门实验中学　林震苍

一、使用教材

苏教版高一《技术与设计2》第一单元第二节"结构与稳定性"。

二、实验器材

(1) 朗威DISLab拉力传感器与配套软件。
(2) 由轻质细绳、铁架台、固定夹、刻度板等构建的实验装置主体。
(3) 以自制的变形塔结构作为被测对象。

三、实验创新要点/改进要点

(1) 能对被测对象施加定量荷载,并全程动态记录实验结果。
(2) 直观呈现荷载作用对结构稳定性的影响。
(3) 基于数据的比较,精准、客观地评判结构的稳定性。

四、实验原理/实验设计思路

依据"结构稳定性"的定义设计试验装置,它包括两个部分:测试装置和被测对象。测试装置应能对被测对象施以可变荷载,用于模拟"荷载的作用",并且能通过DIS拉力传感器定量测量和动态记录荷载变化。被测对象可以是学生制作的结构作品,也可以是用于教师演示实验的"变形塔"。

五、实验教学目标

(一) 知识与技能

理解结构稳定性的概念,认识影响结构稳定性的3个因素。

(二) 过程与方法

体验基于数据的技术试验过程与方法。

(三) 情感态度与价值观

培养学生严谨的科学态度、基于实证的探究精神、团结协作的意识。

六、实验教学内容

以"变形塔"为被测对象,使用自己开发的"基于DIS拉力传感器的结构稳定性测试实验及演示装置"(见图1)进行实验教学:其一,探究影响结构稳定性因素;其二,测试评价学生作品的结构稳定性。

依据"结构稳定性"的定义设计试验装置，它包括两个部分：测试装置和被测对象。测试装置应能对被测对象施以可变荷载，用于模拟"荷载的作用"，并且能通过 DIS 拉力传感器定量测量和动态记录荷载变化。DIS 拉力传感器是一种新型的检测设备，能够精确测量微小的力，以及力的变化，并通过计算机辅助软件自动分析测量数据。

被测对象可以是学生制作的结构作品，也可以是用于教师演示实验的"变形塔"。

变形塔是一种自制的特殊结构体。主体由木质构造、中间立柱装有可调节位置高低的配重螺母，底座是可替换的不同形状和大小的组件。因此"变形塔"是重心高低，支撑面大小和形状都可以单独改变的结构。

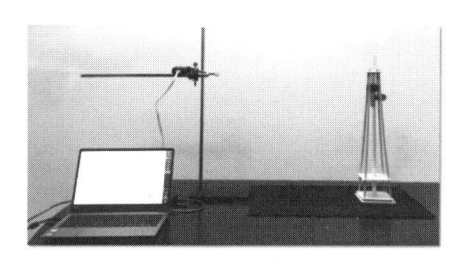

图1 基于 DIS 拉力传感器的结构稳定性测试及演示实验装置全貌

七、实验教学过程

（一）通过对变形塔的测试探究影响结构稳定性因素

（1）探究重心位置高低对结构稳定性的影响。将"变形塔"放在讲台桌上，将配重螺母调节至最高处，此时，"变形塔"重心位置最高。在"变形塔"的顶部系上轻质细绳，细绳的另一端水平悬挂在拉力传感器的挂钩上，我们打开 DIS-Lab 软件，并沿水平方向缓慢地移动传感器，此时，"变形塔"因为顶部受拉而产生倾倒的趋势，传感器记录下了在整个过程中塔顶所受拉力的动态数据，自动生成直观的数据图像，如图2所示。

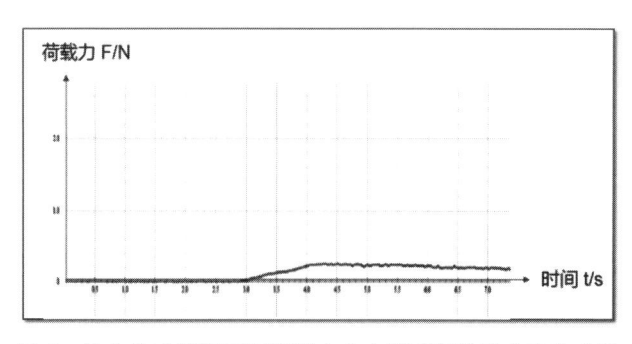

图2 拉力传感器记录下荷载力大小随时间的动态变化曲线

当到达倒塌的临界状态时,传感器所受的拉力为零,塔倒塌,此时停止移动传感器,传感器的移动距离就是荷载力作用的距离。我们可以从软件的图像上读出拉力峰值的大小、从刻度板上读出荷载力作用的距离,并作好实验数据记录。结合"荷载力的大小"与"荷载力作用的距离"这两个维度对被测对象进行稳定性的综合评价。

下面调节螺母的高度改变结构的重心位置,采用相同的方法测试并记录下多组数据,得到表1。

表1 改变重心高度测试结构稳定性情况

	高	中	低
拉力峰值大小/N	0.25	0.25	0.25
位移距离/cm	9.5	12	20
稳定性综合评价	最差	好	最好

(2)探究支撑面的改变对结构稳定性的影响。支撑面的改变,包括面积大小的改变和形状的改变。我们给"变形塔"装上不同规格的底座,进行多次测试,从而探究支撑面的大小和形状对结构稳定性的影响。通过比较得到结论:支撑面越大稳定性越好(见表2);支撑面的形状会影响结构在不同方向的稳定性(见表3)。

表2 改变支撑面面积测试结构稳定性情况

	12cm×12cm	20cm×20cm	30cm×30cm
拉力峰值大小/N	0.25	0.48	0.84
位移距离/cm	9.5	17.5	20
稳定性综合评价	最差	好	最好

表3 改变支撑面形状测试结构稳定性情况

	20cm×20cm	12cm×33.3cm	33.3cm×12cm
拉力峰值大小/N	0.48	0.9	0.26
位移距离/cm	17	19	10
稳定性综合评价	好	最好	差

通过对多组数据的分析,我们有了新的发现:评价结构的稳定性好坏,不能只看荷载力的大小,还要看力作用的距离。我们可以结合这两个维度对被测对象

进行稳定性的综合评价。进一步分析，我们自然会想到：力的大小、力的作用距离，这两个量的乘积就是"力所做的功"，那么是否可以认为"荷载的作用"就是指"荷载力所做的功"呢？这个问题需要进一步探究。

（二）对学生的作品进行测试与评价

布置学生分组制作塔的结构模型。使用3根截面5cm×5cm、长度为500cm的桐木条，热熔胶等材料，搭建一座垂直高度不低于30cm的塔形结构。然后，用我们自行开发的试验装置进行测试或者比较，评判其结构稳定性。

八、实验效果评价

通过教学实践中的实际应用，证明我们开发的基于DIS拉力传感器的结构稳定性测试方法以及相应的实验装置，确实能够达到直观呈现、定量测评、基于数据、客观比较的设计目标，很好地解决了这一节教学内容中"结构稳定性无法定量测评""荷载作用不直观不明确"的教学难点。

创意收纳盒的设计与制作
——基于激光切割技术

乌鲁木齐市第十九中学　普静

一、使用教材

苏教版高中《技术与设计1》第六章第一节、第二节、第三节。

（一）说教材

主要内容有：机械加工图、草图的绘制、正等轴测图、三视图及其尺寸标注和计算机辅助制图。其中三视图及其尺寸标注，是全书的重点之一。

从设计的过程来看，常见的技术图样是设计交流的必备工具，技术用图的绘制和识别，都是学生在技术设计中要用到的，它贯穿于设计过程的始终，是技术设计的重要组成部分和重要环节。通过对本章的学习，学生能绘制简单的三视图并标注尺寸，了解和绘制简单的机械加工图，培养学生细致、严谨的态度和提高学生规范作图能力。"计算机辅助制图"是第六章第三节的内容，虽然是选学内容，但它能够将产品的设计、试制和量产结合起来，这有助于学生主动地理解计算机辅助制图技术，萌发探索计算机辅助制图技术的愿望，相信随着计算机技术的发展，计算机辅助制图会发生着越来越重要的作用。

（二）说课程标准

通用技术课程标准要求通用技术教学应紧密联系学生的生活实际选择课程内容，努力反映先进技术和先进文化，应注意从学生现实生活中接触的技术向现代化技术和高新技术延伸，让学生有机会接触到所能理解的最新发展成果和技术信息，这也是技术课程所追求的理想之一。因此，在本项目教学中把激光切割技术引入进来。

课程标准对本实践教学涉及的内容的要求：能识读一般的机械加工图等常见图样；能绘制简单的三视图；能根据设计方案和已有条件选择加工工艺，并能正确安全地操作。

课时安排见表1。

表1

内　　容	课时	共计
机械加工图的绘制	2	6课时
激光切割软件的学习和激光切割操作	2	
收纳盒组装	1	
分享展示	1	

二、实验器材

三角尺、铅笔等作图工具、A4白纸若干、电脑、激光切割机、激光切割软件SmartCarve4.1、3mmPVC板若干、热熔胶枪、胶棒若干。

三、实验创新

制作对象来源于生活需求，例如班级讲桌上有粉笔、板擦、笔等物品，如何收纳使之使用便捷？家庭厨具如何存放更卫生、方便？家庭中个人衣物如何存放更节省空间？

加工设备向现代化技术和高新技术延伸，让学生有机会接触到所能理解的最新发展成果和技术信息，例如用计算机辅助制图，用激光切割机精确加工。

四、实验设计思路

创设问题情境—讨论技术问题—讨论解决问题的做法—从思考分析、讨论、实践中体验机械加工的乐趣。根据布鲁纳的认知发现说理论，整个教学过程以学生为中心，教师只是辅助者、合作者、启发者。采用的启发引导法、教师示范、实物展示、动画引导等教学方法。整个教学过程奥苏贝尔的认知同化说理论为依据进行设计。

五、实验教学目标

通过实践项目的学习把已有的技术知识和技术经验互相迁移，达到学以致用的目的。

（一）知识与技能

（1）能绘制简单的三视图，并学会标注简单的三视图的尺寸。

（2）了解一般的机械加工图，能绘制一般的机械加工图。

（3）通过案例，了解计算机辅助制图的作图方法。

（二）过程与方法

（1）经历三视图的简单绘制和尺寸的标注的学习过程，让学生学会利用技术图样来表达设计思想和意图。

(2) 经历图样的识读，让学生体验到技术图样作为技术语言的一种形式，在技术交流中更方便、正确地表达物体的形状结构。

(3) 通过计算机实践，让学生切身感受计算机辅助制图的方便。

(三) 情感态度与价值观

(1) 培养学生细致、严谨的工作态度。

(2) 培养学生的技术交流能力，提高学生图样表达和物化的技术素养。

六、说实验重点、难点

(一) 实验的重点、难点

(1) 三视图的绘制及尺寸标注。

(2) 用正等轴测图的方法绘制草图。

(二) 攻克重点难点的方法

(1) 采用实物讲解和动画展示的方式，按照学生的认知习惯从简单到复杂攻克草图和三视图的绘制。

(2) 采用教师先演示，学生后练习和学生先尝试，教师后归纳的教学方法由易到难尝试三视图的绘制，使学生绘图能力得到提升，强化学生对三视图的掌握。

(3) 让学生以自主探究方式对典型案例纠错分析，进一步加深对三视图的掌握及应用。

七、实验教学内容

学生学习规范的机械加工制图，掌握三视图、草图的绘制方法并能准确标注尺寸，培养工程思维；能够把学习到的理论知识应用到自己的创意方案中，通过三视图、草图准确呈现自己的想法，并掌握计算机辅助制图的方法；正确掌握激光切割机的操作步骤，安全使用激光切割机制作加工创意收纳盒，培养学生的技术交流能力，提高学生图样表达和物化的技术素养。

八、实验教学过程

整个教学过程从杜威的"思维五步"理论和奥苏贝尔的认知同化说理论为依据进行设计，创设问题情境—确定疑难的所在—提出解决疑难的做法—从做中体验—总结巩固。

以课程的标准相关内容为依据，结合实际情况，进行教学设计。

教学构思如下：

环节	教学内容	设计意图	课时
问题导入	如何整理凌乱的东西	生活中遇到的问题入手，引发对收纳盒设计的思考	
	结合学生目前实际，探讨我们如果要设计一个美观实用的收纳盒需要哪些步骤和器材	引出图纸的绘制和激光切割机的使用	
新知识讲授	机械加工图的组成	从学生的学情出发，对机械加工图的内容进行改进。将机械加工图的组成以图片的形式展示给学生，引入到草图的学习	2课时
	正等轴测图法绘制草图	用PPT演示+教师亲身示范的方式讲解草图的绘制	
	三视图形成	用动画演示的方法帮助学生直观认识三视图的形成	
	用流程图的方式展示三视图绘制的步骤 a、分析物体的形状、大小、位置关系 b、确定主视方向 c、根据三等关系画出俯视图和左视图 d、加粗可见轮廓线，擦去辅助线		

续表

环节	教学内容	设计意图	课时
新知识讲授	案例1 本案例中含有暗线，学生容易忽略	通过教师先讲解，学生后尝试的方式，让学生初步体会三视图的绘制	2课时
	案例2 本案例中含有暗线，学生容易忽略	能力提升：学生先尝试，教师后归纳的方式，由易到难尝试三视图的绘制，使学生绘图能力得到提升，强化学生对三视图的掌握	
	位置关系错误 容易忽略的暗线错误 投影规律的错误	通过对典型案例的纠错分析，进一步纠正学生的错误	
	三视图中尺寸的标注	小组合作：观察图片分析汇总尺寸标准的方法	
	活学活用：尝试给已经绘制的两个收纳盒的三视图进行尺寸标注	巩固学生对尺寸标注的理解和运用，激发学生自主探究的意识，提升学生动手实践的能力	

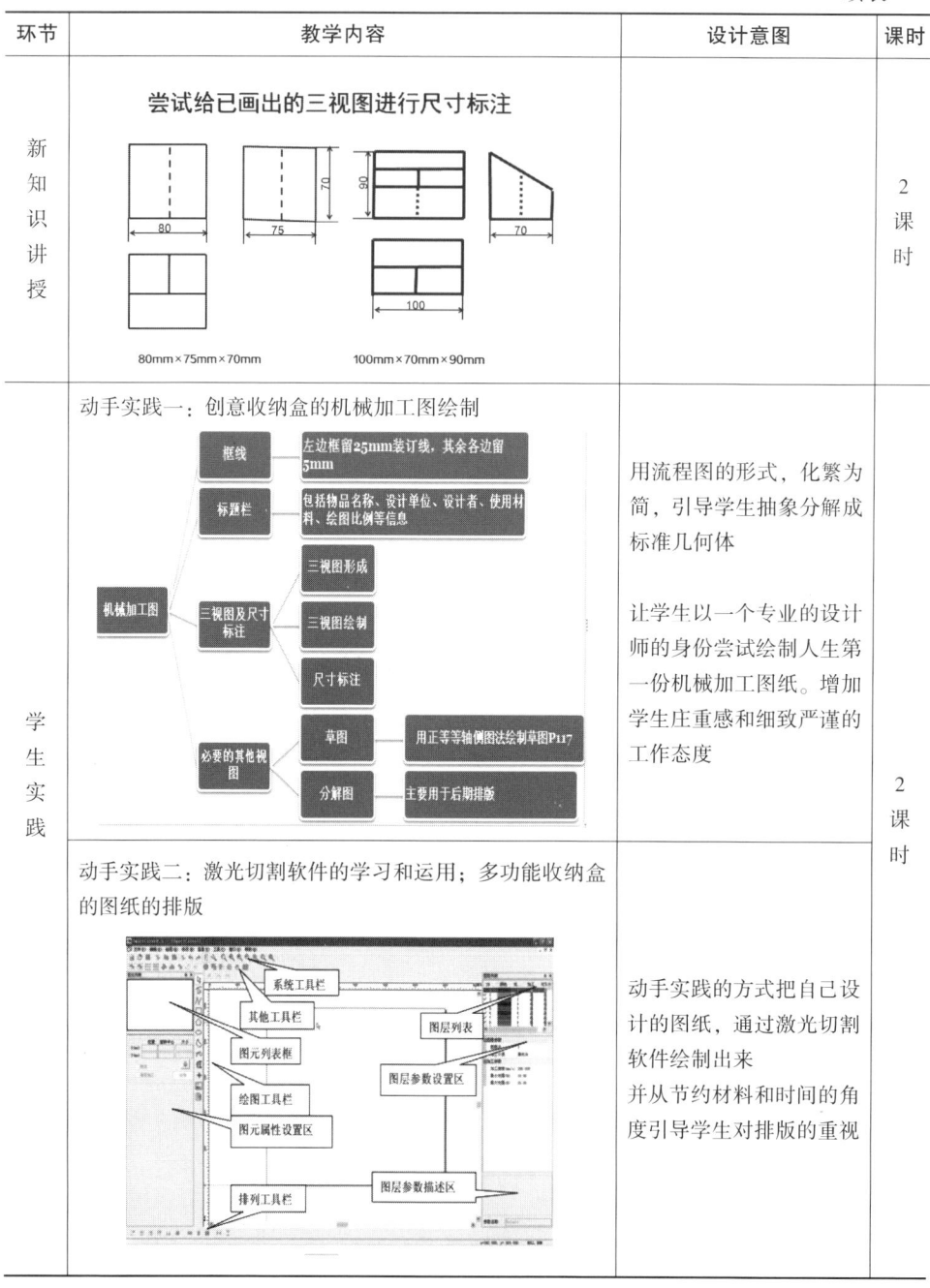

续表

环节	教学内容	设计意图	课时
新知识讲授	尝试给已画出的三视图进行尺寸标注 80mm×75mm×70mm　　100mm×70mm×90mm		2课时
学生实践	动手实践一：创意收纳盒的机械加工图绘制 （机械加工图流程图：框线、标题栏、三视图及尺寸标注、必要的其他视图；三视图形成、三视图绘制、尺寸标注；草图——用正等轴侧图法绘制草图P117；分解图——主要用于后期排版）	用流程图的形式，化繁为简，引导学生抽象分解成标准几何体 让学生以一个专业的设计师的身份尝试绘制人生第一份机械加工图纸。增加学生庄重感和细致严谨的工作态度	2课时
	动手实践二：激光切割软件的学习和运用；多功能收纳盒的图纸的排版 （软件界面：系统工具栏、其他工具栏、图元列表框、绘图工具栏、图元属性设置区、排列工具栏、图层列表、图层参数设置区、图层参数描述区）	动手实践的方式把自己设计的图纸，通过激光切割软件绘制出来 并从节约材料和时间的角度引导学生对排版的重视	

续表

环节	教学内容	设计意图	课时
学生实践	动手实践三：激光切割机的使用 开机步骤：打开总开关→打开水冷机→打开伺服控制器（启动按钮）→打开电脑（按钮）	现场示范激光切割机的使用方法，让学生对激光切割机有更加直观的了解通过老师的示范，规范学生的操作，培养学生的安全意识	2课时
	动手实践四：创意收纳盒的拼装	通过理论设计转化为实物的过程，将产品的设计、试制结合起来，让学生进一步了解计算机辅助设计在各行各业中的使用和自身的巨大价值 小组合作完成收纳盒的拼装，既提升了学生的动手能力，又培养了学生的合作意识	1课时
汇报展示	收纳盒实物展示	通过作品的实物展示，引导学生相互交流信息、评价、归纳，为今后设计总结经验，奠定基础	1课时

九、课后反思

（一）不足

（1）小组的团队合作没有很好地发挥，教师介入太多，对学生表达观点导向性太过强烈。

（2）这次项目学习主要是经历和体验先进技术，而且在前期的学习中学生已经对如何对物品进行创新有所了解，所以本次项目教学中对如何进行收纳盒的创新没有引导。

（二）亮点

（1）根据项目的需要重新调整教材顺序，激发学生学习的积极性。

（2）激光切割机的使用，使学生的作品呈现速度快、精确度高、美观性强，使学生的实践能力得到进一步发展。

闭环控制系统的工作过程

福建省永安市第三中学　刘平

一、使用教材

苏教版普通高中课程标准实验教科书《通用技术必修2》第四章第三节"闭环控制系统的干扰与反馈"。

二、实验器材

自制教具：电热饮水机工作模型（利用废弃鱼缸、塑料瓶、温控开关、水阀、PVC管、灯泡、若干电线，通过钻孔、拼接等，按照示意图加工组装制作而成）。

三、实验创新要求/改进要点

（一）实验创新点

（1）教具贴近学生生活，把饮水机的工作过程透明化、可视化、与教材单纯采用"电冰箱的温度控制系统""供水箱水位自动控制系统""加热炉温度自动控制系统"电路图示意图相比，学生兴趣高、教学效果更佳。

（2）教具融合了教材中多个案例，适用"系统设计、控制手段、反馈干扰、开环闭环系统等多个章节内容的学习，可重复使用，水位调节和温度调节系统也可分开或组合使，灵活性好。

（3）教具通过一个切换器，实现开环与闭环系统的集成和简单切换，利于学生对比学生开环与闭环系统。教具还集成了水位自动调节、水温控制等两个闭环控制系统，恰好用于说明生活中控制系统往往是综合了多个系统的设计理念。

（二）改进要点

可把教具精细化，还可利用工厂精良的工艺把教具迷你化，做成学生分组实验，更利于学生体验与实践。

四、实验原理/实验设计思路

教师演示电热饮水机的通电—设定水温—烧水—取水接水—自动补水—继续加热等过程，学生通过观察，了解电热饮水机的控制系统，理解比对开环控制系统和闭环控制系统。

（一）开环控制系统

如果没有启用温控，或取出水温检测仪，这是开环还是闭环系统？通过教师演示，如已经达到设定的温度（30℃），还在继续加热（红灯一直亮），说明输出量不对系统的控制产生任何影响，这是开环系统。直观形象地帮助学生了解输出量与输入量和控制的关系。同时，引导学生分析开环系统工作过程，知道"执行器—加热丝"，被控对象是水箱中的水，并画出系统框图。

（二）闭环控制系统

启用温控，放入水温检测装置，形成反馈，构成闭环控制系统。教师演示其工作过程，并引导学生观察分析，学生得出整个工作过程中有两个闭环控制系统在作用。即温度自动控制系统和水位自动调节系统。

启用温控，例如设定为60℃，放入水温检测仪，开启电源，绿灯和红灯同时亮，说明此时已通电，并且电热丝正在工作发热，使水温不断上升，当水温检测仪把检测到的水温信息反馈到温控开关，与设定值进行比较，达到60℃时，温控开关断开，电热丝停止工作，红灯熄灭，只亮绿灯。与生活中的饮水机水水已烧开的情形类似。此时，如果打开水阀，取走2杯热水，发现水箱水位下降，浮球检测到液面发生变化并与原始给定水位比较，水位低了，通过连杆打开进水阀门，开始补水，水位逐渐回升到给定值后，通过连杆关闭进水阀门，由于补进来的水是冷水，又影响了水箱中的水温下降，水温检测仪检测到水温低于设定值，温控开关闭合，电热丝电源导通，红灯亮，开始加热，水温不断上升。整个系统通过检测装置不断循环检测，达到稳定。演示试验正好模拟了饮水机的工作过程。

（三）教具示意图（见图1）

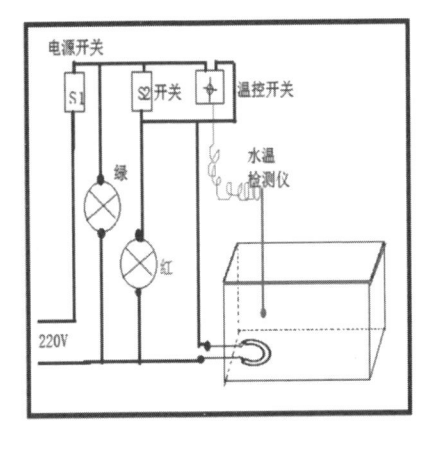

图1

五、实验教学目标

（一）知识与技能

了解闭环控制系统中反馈环节的作用，并学会用控制系统框图来帮助分析、理解闭环控制系统的工作过程。

（二）过程与方法

通过"电热饮水机"自制教具教师演示试验和"制作创意暖手套"学生分组试验，帮助学生更加直观地探究、了解闭环控制系统中反馈环节的作用，分析闭环控制系统的工作过程、同时为后续控制系统的设计与实施作好知识储备，把抽象枯燥的理解知识变得生动有趣，激发学生的学习与探究系统的兴趣。

（三）情感、态度、价值观

激发学生的学习与探究控制系统的兴趣，感受控制系统在生活中的应用。

六、实验教学内容

整合优化了教材案例，设计了一个教师演示试验和一个学生分组试验。

教师演示试验：演示电热饮水机的工作过程，了解电热饮水机的控制系统，理解比对开环控制系统和闭环控制系统。

学生分组试验（4~6人/组）：制作创意暖手套，亲历一个简单系统的设计过程，对比开环与闭环系统，通过实践感受控制的魅力。最后，进行作品展示与交流，引导学生说出暖手套的工作过程，并画出系统方框图。

七、实验教学过程与实施

（1）情境导入：展示学生从饮水机中取水的照片，让学生说说饮水机是怎样工作的，有几个指示灯，如何表示有热水，是怎么控制的，引出本节内容——探究电热饮水机的控制系统。

（2）通过教师自制教具演示实验，引导分析电热饮水机的工作过程、了解其反馈装置的作用。

（3）参照教具说说控制器、执行器、被控对象、检测装置、画出控制系统方框图。

（4）设计学生分组试验（4~6人/组），制作创意暖手套，亲历一个简单系统的设计过程，对比开环与闭环系统，通过实践感受控制的魅力。

（5）进行作品展示与交流，引导学生说出暖手套的工作过程，并画出系统方框图，对本节课和重点与难点内容进行总结梳理。

八、实验效果评价

（1）通过自制教具授课可以极大地提高教师的动手能力，同时无形中传递通用技术动手实践的学科思想，让老师成为动手实践的榜样，激发学生动手创作欲望。本教具制作不难，取材容易，成本低，可有效解决山区学校通用实验器材不足的问题。

（2）教具贴近学生生活，把饮水机的工作过程透明化、可视化、与教材单纯采用电冰箱的温度控制系统、供水箱水位自动控制系统、加热炉温度自动控制系统电路图示意图相比，学生兴趣高，教学效果更佳。

（3）教具融合了教材中多个案例，适用系统设计、控制手段、反馈干扰、开环闭环系统等多个章节内容的学习，可重复使用，水位调节和温度调节系统也可分开或组合使，灵活性好。

（4）教具通过一个开关，实现开环与闭环系统的集成和简单切换，利于学生对比学生开环与闭环系统。教具还集成了水位自动调节、水温控制等两个闭环控制系统，恰好用于说明生活中控制系统往往是综合了多个系统的设计理念。

（5）制作创意暖手套分组实验，同样成本低，易操作，好实现，又贴近学生活，控制系统简单，学生通过亲历控制系统的设计过程，加深学生对控制系统理解与应用，可以有效促进三维目标的达成。

可穿戴户外安全系统设计

南昌市第二十三中学　漆俊

一、使用教材

自编校本教材《创客作品设计与制作》（高一年级）第七课"智能穿戴"。该校本教材已由广东教育出版社正式出版。

二、实验器材

Arduino UNO 开发板/Microduino Mcookie 开发板及 I/O 扩展板；Arduino 兼容传感器（超声波、声音、光线、温湿度、红外避障）；Arduino 兼容输出装置（LED 灯、蜂鸣器）。

三、实验创新要点/改进要点

实验的主题是针对现实场景，自主探究，发现问题，进行创新设计。

以团队协作的方式进行项目式学习。

采用开源的智能硬件和软件，并将实验成果进行开源分享。

四、实验原理/实验设计思路

用传感器感知外界环境数据并输入 Arduino 开发板，通过图形化编程软件 Mixly 进行编程来处理输入数据，并控制输出装置实现设计功能。学生需要小组分工合作才能在有限的时间内完成从创意到设计和制作测试的全过程。

五、实验教学目标

（一）知识与技能

掌握传感器和 Arduino 编程知识在实际生活场景中的应用，能通过模块化设计的理念来提高产品设计和制作的效率，并能较好地解决将智能产品可穿戴化这个核心难点问题。

（二）过程与方法

逐步熟悉项目式学习的流程"创意—设计—制作—测试—形成项目文档—分享发布"，培养学生观察、分析、动手能力，提高学生团队协作的能力。

（三）情感态度与价值观

鼓励学生主动去发现现实中的问题，探究解决方案，在合作解决问题的过程中培养团队精神和集体荣誉感，通过展示和分享作品的设计和源代码，体会创客精神和开源运动的魅力。

六、实验教学内容

学生组成 2~4 人的团队，在 4 个课时内协作完成可穿戴户外安全系统的设计、制作、测试、发布的完整项目流程。

重点：产品的模块化设计理念。即在产品的设计过程中把整个产品分解为一个个功能子模块来设计制作并分别测试，功能模块设计应先实现主要功能再实现次要或附加功能，最后把成熟的子模块纳入整个作品框架中形成综合性的作品形态。

难点：产品功能的实现需要满足可穿戴这个目标，需要学生在产品外形设计、人机工程设计上花费更多时间，甚至比产品功能本身难度更高。

七、实验教学过程

（一）头脑风暴

首先确定本课程中创意部分的探究方向：解决户外活动时可能遇到的安全问题。然后各个小组分别讨论，用头脑风暴的形式来产生解决问题的创意（见图1）。

图 1　分组讨论，寻找创意

（二）作品设计和制作

根据本小组的创意制定设计方案形成项目小组，小组成员（3~4）人进行合理分工，一般有设计者（制定方案画出设计图）、程序员（主要编程工作）、工程师（元器件组装和外形制作），还可以增加负责文档撰写、视频制作、作品展示的成员，组长负责整个项目的进度和协调成员的工作以及和老师的沟通（见图2）。

图2 设计和制作

（三）测试与改进

按主要功能模块—次要功能模块—附加功能模块的优先级进行各个模块的独立测试，各个模块测试成功后组装整个作品，然后进行实地测试，反馈测试结果，进行改进和优化，通过若干次的迭代来完成最终作品。

（四）撰写项目文档

从项目流程的开始到结束，要有全过程的日志性记录（包括文字、照片、视频）、程序各个版本的备份以及最后的总结和汇报。

（五）展示与分享

各个团队将自己的作品在全班进行讲解和演示（见图3），每个团队的用时控制在5分钟，作品资料包括设计方案、源代码、设计图都形成数字化文件并在班级共享平台（QQ空间、微信群、班级论坛）发布。发布者和成果使用者都必须了解并遵守开源协议即开放产品设计和源代码、使用者修改或衍生的成果也必须无偿开放。

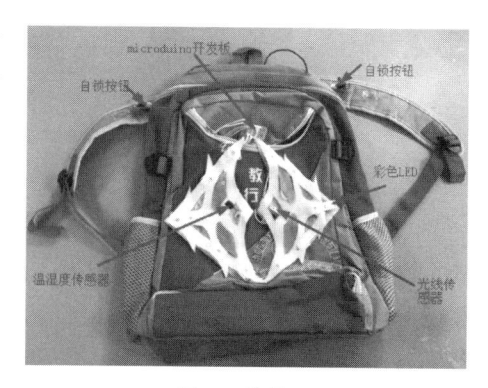

图3 作品

八、实验效果评价

（一）项目式学习评价（见表1）

表1　项目式学习评价表

作品成绩		团队成绩	
创意	40	项目计划	20
功能	30	过程协作	50
外形	30	展示设计	30

整个项目式学习过程的评价分为作品和团队两部分，各100分，其中作品成绩由老师评审（70%）和学生投票（30%）共同产生，团队成绩由老师按照项目进行的全过程中的团队表现来打分，属于过程性评价。

（二）反思

整个实验项目过程以学生自主探究为主要学习方式，多个学生组成团队针对实际问题进行项目式学习，这种模式能很好地激发他们的兴趣，提升他们的动手能力、协作能力和团队精神。产品制作和智能化技术相结合可以让学生接触到现下科技发展的成果，感受技术对生活带来的影响，而创客提倡的开源精神则为这堂课注入了无私、分享、共同提高的精神内核。

学习过程中始终以学生活动为主体，老师不是直接给出问题的解决方案，而是协助学生完善思路，鼓励他们去尝试创新，在一次次的试错过程中积累属于自己的经验。在整个项目实施过程中，从团队到个人都在不断地完善和提高，最终每个团队交出的作品都与众不同，各有特色，这种成就感是传统教育中很难体会的。

见识饮料中的甜蜜
——直接滴定法测量还原糖

北京市第二十五中学　刘佳

一、使用教材

综合实践活动自主选题，参考《食品安全国家标准　食品中还原糖的测定》（GB 5009.7—2016）。

二、实验器材、试剂

（一）器材

天平、4个量筒（10mL）、4个滴管、1个烧杯（50mL）、1支酸式滴定管（25mL）、2支玻璃棒、1个容量瓶（100mL）、1个锥形瓶（100mL）、滴定架、电热炉（500W）、石棉网、防爆珠、试管刷。

（二）试剂

硫酸铜、亚甲蓝、酒石酸钾钠、氢氧化钠、亚铁氰化钾、葡萄糖、盐酸、蒸馏水。

（1）试剂配制。

碱性酒石酸铜甲液：称取15g硫酸铜及0.05g亚甲蓝，溶于水中并稀释至1000mL。

碱性酒石酸铜乙液：称取50g酒石酸钾钠及75g氢氧化钠，溶于水中，再加入4g亚铁氰化钾，完全溶解后，用水稀释至1000mL贮存于橡胶塞玻璃瓶内。

标定用盐酸溶液：量取盐酸50mL，加水50mL。

标定用葡萄糖标准溶液：准确称取1.0000g经过（96±2）℃干燥2h的纯葡萄糖，加水溶解后加入5mL盐酸，并以水稀释至1000mL。此溶液每毫升相当于1.0mg葡萄糖。

（2）材料：水溶C100饮料等常见含糖饮料。

三、实验创新要点、改进要点

参考北京农学院食品检测专业老师的建议，考虑高中的硬件条件、药品安全、实验时长、实验效果，兼顾科学性与生活性，进行创新实验探究。

根据学生课题探究需求，开发课本以外的实验，将定性实验延伸成定量实验，水到渠成的增加学生学习经历与体验，强调学生主体探究、教师过程指导的新学习模式。

依据高中实验条件进行实验改造，弃用还原糖测量的高锰酸钾滴定法，避免使用易制爆药品高锰酸钾。弃用工业生产所用的折光仪测量法。改良直接滴定法所用试剂，使用亚甲蓝、酒石酸钾钠和亚铁氰化钾，不使用刺激性强的冰乙酸、很少使用的乙酸锌，达到同样的科学实验要求，简化实验流程，使定量实验在正常教学课时要求下完成（见表1）。

明确实验意义，落实教学的情感态度价值观目标，避免资源浪费，不进行高成本的社会科研检测，低成本、高效益地开发中学实验内容。

表1 实验创新点

比对项目	高中课本	实验创新
教材	课本教材（人教社）	参考《食品安全国家标准 食品中还原糖的测定》（GB 5009.7—2016）
原理	生物组织溶液中的还原糖与斐林试剂发生化学反应，生产砖红色沉淀，证明溶液中含有还原糖（定性实验）	二价铜全部被还原后，稍过量的还原糖把亚甲蓝还原，溶液由蓝色变为无色，即为滴定终点，根据样液消耗量可计算还原糖含量（定量实验）
材料	葡萄糖（梨汁）纯度高	日常生活学生常饮用的含糖饮料
目的	学习生物体的物质组成	关注生活来源、人体健康，研究性学习探究需求

（一）关于实验材料的选择

器材和试剂都是高中可以找到、使用的。改进是不仅有硫酸铜和氢氧化钠，还添加了其他试剂，达到不仅是定性溶液中含有还原糖的结果，还可以实现学生所说的定量测量预期。

（1）课题小组的同学前期进行"班级垃圾桶饮料瓶调查"发现，中学生常饮用的饮料品种多样，可以选择几个大的分类进行实验比较，如运动饮料、茶饮料、果汁饮料、碳酸饮料。待测液的选择充分体现了研究性学习的选题特点：关注生活，调动学生探究兴趣。

（2）对于不同的材料需要进行前期处理，如茶饮料中的颜色、碳酸饮料中的二氧化碳、果汁饮料中的固形物，可用不同方法进行处理：

1) 茶饮料的样本经过更大倍数的稀释。
2) 碳酸饮料在水浴锅中微加热搅拌除去二氧化碳。
3) 固形物用干燥滤纸进行过滤，取滤液使用。

（二）实验原理的学习

本部分内容较为复杂，并不要求同学记忆，会分析、接受实验终点的现象判断就可以，就是要培养学生学会学习。

（三）关于碱性酒石酸铜溶液的标定

（1）中学生对于溶液标定的意义还没有接触。

（2）可以利用"尺子"的概念进行讲解。

标定，就是精确测出某溶液的浓度，一般这种溶液在接下去的实验中要作为标准溶液。这就是测量还原糖含量的"尺子"。用葡萄糖标准溶液来标定碱性酒石酸铜溶液，方法是：吸取碱性酒石酸铜甲乙液各 5.0mL，置于 150mL 锥形瓶中，加水 10mL，加入玻璃珠 3 粒。从滴定管滴加约 9mL 葡萄糖标准溶液，控制在 2min 内加热至沸，趁热以每 2 秒 1 滴的速度继续滴加葡萄糖标准溶液，直至溶液蓝色刚好褪去为终点。记录消耗葡萄糖标准液的总体积，平行操作 3 份，取其平均，按 $C×V_1$（C：葡萄糖标准溶液的浓度，mg/mL；V_1：标定时消耗葡萄糖标准溶液的总体积，mL），计算出 10mL 碱性酒石酸铜溶液相当于葡萄糖的质量。标定的工作由老师带领部分同学实验准备时完成。

（四）实验结果现象的判断

高中生物有关于还原糖检测的实验，但只是定性实验，没有定量分析，所以只是根据氧化亚铜沉淀现象出现与否进行判断。本实验是定量实验，如果进行颜色深浅的比色，结果有较大的人为影响因素，所以改用颜色消退的现象进行终点结果的判断。

（五）实验条件的要求

（1）高中的显色鉴定实验是 50~65℃水浴 2min，而定量实验要求的反应条件更为苛刻。滴定必须在沸腾条件下进行，其原因一是可以加快还原糖与二价铜离子的反应速度，二是亚甲蓝变色反应是可逆的。还原型亚甲蓝遇到空气中氧时，又会被氧化为氧化型。此外，氧化亚铜也极不稳定，易被空气中的氧所氧化。保持反应沸腾可防止空气进入，避免亚甲蓝和氧化亚铜被氧化而增加耗糖量。

（2）因溶液沸腾温度较高，增加安全性，添加了防爆沸玻璃珠，并且强调小组合作，有人滴定，有人读数。

四、实验原理

将一定量的碱性酒石酸铜甲、乙液等量混合，立即生成天蓝色的氢氧化铜沉淀，这种沉淀很快与酒石酸钾钠反应，生成深蓝色的可溶性酒石酸钾钠铜络合物。在加热条件下，以亚甲蓝作为指示剂，用样液滴定，样液中的还原糖与酒石酸钾钠铜反应，生成红色的氧化亚铜沉淀，在碱性酒石酸铜乙液中加入了少量亚铁氰化钾，红色氧化亚铜与亚铁氰化钾生成可溶性的复盐，待二价铜全部被还原后，稍过量的还原糖把亚甲蓝还原，溶液由蓝色变为无色，即为滴定终点。根据样液消耗量可计算还原糖含量。利用思维导图的形式，总结如图1所示。

生成天蓝色的氢氧化铜沉淀
1　$Cu^{2+} + 2OH^{-} = Cu(OH)_2 \downarrow$

此沉淀与酒石酸钾钠反应迅速生成深蓝色酒石酸钾钠铜络合物：

2　$Cu(OH)_2 + K^{+} \ ^{-}OOC-\underset{OH}{C}-\underset{OH}{C}-COO^{-} \ Na^{+} \longrightarrow$ 酒石酸钾钠铜络合物

可溶性的酒石酸钾钠铜络合物，在加热条件下与 $C_6H_{12}O_6$ 反应：

3　$2Cu^{2+} + [CH_2OH-(CHOH)_4-CHO] \longrightarrow CH_2OH-(CHOH)_4-COOH + Cu_2O \downarrow$

红色的氧化亚铜沉淀与亚铁氰化钾 $[K_4Fe(CN)_6]$ 形成可溶性浅黄色络合物。

4　$Cu_2O + K_4Fe(CN)_6 + H_2O = Cu_2K_2Fe(CN)_6 + 2KOH$

5　二价铜被还原后，稍过量的 $C_6H_{12}O_6$ 还原亚甲基蓝，使溶液蓝色消失

图1　实验原理思维导图

五、实验教学目标

（一）知识目标

（1）能概述直接滴定法测量还原糖的原理与方法。

（2）通过实验的过程和结果，能说出常见的饮料中的还原糖含量情况。

（二）能力目标

（1）能独立完成直接滴定法测量还原糖的实验。

（2）运用本实验中的操作技术，尝试探究解决相关问题的能力。

（三）情感目标

（1）得出实验结果，享受成就感。

（2）愿意合作，并且发现合作的重要性与乐趣。

（3）乐于把所学知识联系、贯彻到实际健康生活的选择中。

（4）发现能够通过多种方式解决生活问题，激发了再探究的愿望。

主要是情感目标，落实科学精神、学会学习、健康生活、实践创新四大核心素养的培养。

六、实验教学内容

（一）学生情况背景

学习了一定生物、化学知识，关注个人健康，但在生活消费中忽视细节，缺少对所学知识的应用。具备了一定动手实践的能力，愿意探究，愿意合作，但传统课堂教学这种机会并不多。

（二）学校硬件背景

考虑实验安全性和科学性，注重实验结果的呈现、实验时长的控制，完成还原糖的定量测量。

（三）教学内容

通过前期小组调查，同学们关注饮料中还原糖含量的问题。结合所学化合物显色反应实验，对实验探究还原糖在饮料中的含量有浓厚兴趣。教师引导学生利用大学专业知识背景，结合高中实验硬件条件，组装实验仪器、设计合理步骤并合作完成实验操作，对常见饮料中还原糖的含量进行测量，获得一手数据，交流实验结果，分析误差原因，填写实验报告，进行小组评价。

七、实验教学过程（见图2）

图2 教学过程

（一）实验引入10分钟
（二）实验设计15分钟
（三）实验操作10分钟
（四）分享交流5分钟
（五）拓展延伸5分钟

（一）实验引入（见表2）

表2 引入环节师生活动

学生活动	教师活动
（1）发现问题，使用文献法解决了概念问题。提议大家关注生活细节，选择健康生活方式 （2）对实验探究充满兴趣	（1）组织一个小组进行班级调查汇报 （2）用文献法、访谈法、调查法等研学方法，从不同角度深入课题研究 （3）结合学科知识和学校实验条件，选择测量饮料中还原糖的含量

首先，请前期提出实验想法的小组进行调查展示，用文献法解决实验中科学概念"NRV"的含义（见图3），很好地带动其他同学的行动。

见识饮料中的甜蜜——直接滴定法测量还原糖

图3 学生展示文献法"NRV"概念

教师鼓励、表扬同学们关注生活细节，提出还可以用文献法、访谈法、调查法等研学方法，从不同角度深入课题研究，选择健康生活方式。

然后根据学科知识和学校实验条件，明确课题——用直接滴定法测量饮料营养成分标签中的碳水化合物中的还原糖含量。

（二）实验设计

首先分析定量测量的实验原理（见图4）。用思维导图的形式化繁为简，培养学生学会学习。然后梳理出实验步骤（见图5）。

图4 实验原理

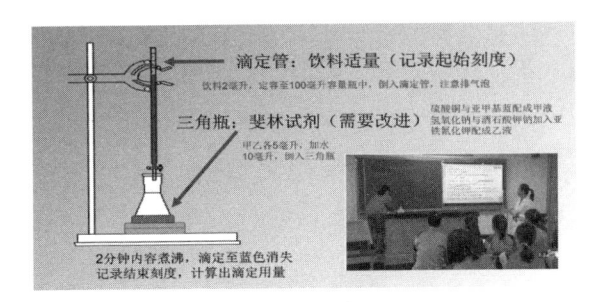

图5 实验步骤

学生绘制实验装备图并组装。教师讲解滴定管的作用、防爆珠的作用、电炉

· 77 ·

使用安全。加强学生信息提取、归纳、总结能力的训练。理解科学实验条理性的重要价值，作好实验操作准备。

（三）实验操作

学生合作完成实验操作（见图6）。某饮料2mL，定容至100mL容量瓶，倒入滴定管，排气，记录初始刻度。酒石酸铜甲液和乙液各5mL，加入10mL蒸馏水，倒入锥形瓶，放防爆珠。组装滴定设备。C 石棉网，电炉，加热，滴定速度，管口位置防可逆反应，观察颜色从蓝至无色变化，小组合作，记录终点刻度。

教师巡视，解决问题。

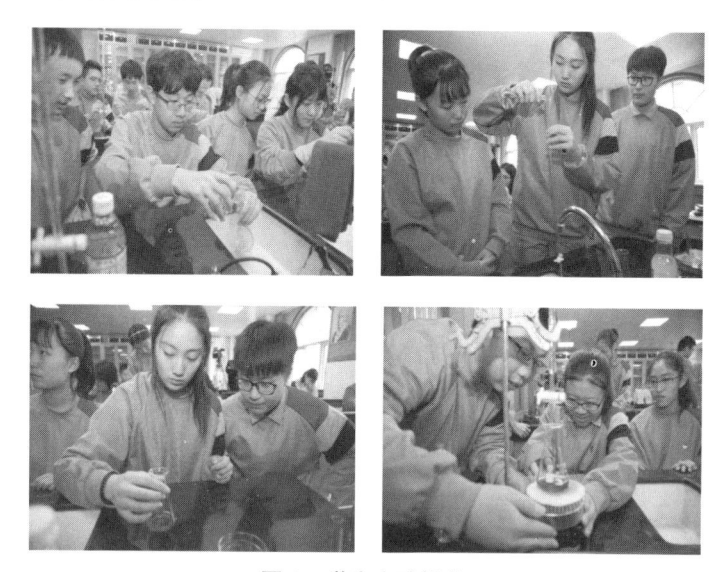

图6 学生实验操作

（四）分享交流

学生分享自己的实验数据，通过计算得出结果（见图7）。共有50名同学测量了5种常见饮料，每种饮料作了5次重复，测量出V_2值（见表3），进行误差分析，两次独立测定结果的绝对差值不超过算术平均值的5%，数据符合要求。同时，同学们能够指出实验标定的重要意义，领会实验需要对比、重复的原则。填写实验报告，分析可能造成实验误差的原因。比对饮料间的差异，关注结果带来的饮食习惯的变化。组长进行组员评价。体会科学精神需要严谨与完整，享受成就感。乐于把所学知识联系、贯彻到实际健康生活的选择中。

结果表述

$$X = \frac{(C \times V_1 \times V)}{(m \times V_2 \times 1000)} \times 100$$

式中：
X——样品中还原糖的含量(以葡萄糖计)，%；
C——葡萄糖标准溶液的浓度，mg/ml；
V_1——滴定10 ml斐林溶液消耗葡萄糖标准溶液的体积，ml；
V_2——测定时平均消耗样品溶液的体积，ml；
V——样品定容体积，ml；
m——样品质量，g；

图7　结果计算公式

表3　结果数据

项　　目	V_2/mL	X/%
果汁类饮料 A	6.3	7.94
果汁类饮料 B	6.8	7.35
果汁类饮料 C	7.5	6.67
茶饮料	6.5	7.69
运动饮料	43.3	1.15

最后，介绍生产实际的延伸：折光仪和本实验不能解决的问题，如饮料中非还原糖蔗糖的情况。引起同学再探究的兴趣，推进课题的后续发展。

八、实验效果评价

（1）分析能力的提升。通过引导学生回忆高中实验操作，培养学生发现问题并指出解决问题的思路。根据老师提供的资料，对信息进行分析整合，提出合理的实验步骤建议。

（2）操作能力的提升。整个实验操作使同学认识到定量实验操作严谨性的必要，需要考虑的问题逐渐增多，使用的仪器、操作步骤更多，操作能力提升的空间很大。

（3）本实验现象明显，实现把所学知识联系、贯彻到实际健康生活的选择中，落实科学精神、学会学习、健康生活、实践创新四大核心素养的培养。

（4）学生发挥主体作用，教师发挥主导作用，确定实验方案，前期培养个别同学，实验过程中控制实验安全，组织学生进行实验评价，课题延伸，分析实验误差和不足，推进后续课题探究的进展。

第二部分

小学科学

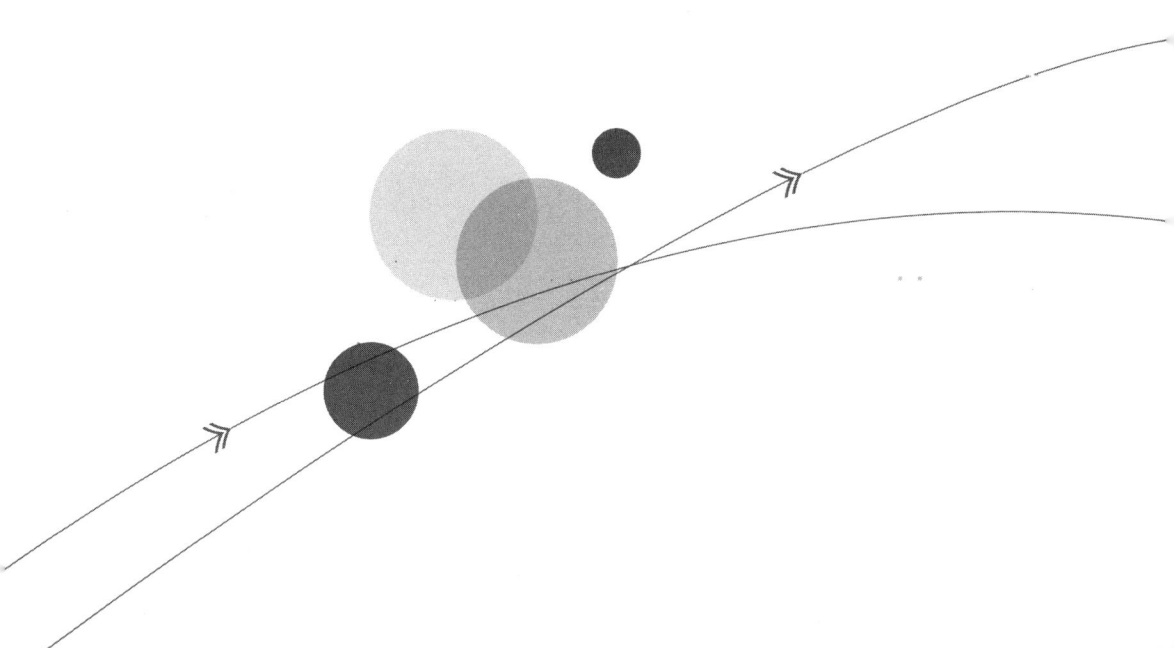

雨下得有多大

厦门市云顶学校　赵秋燕
厦门市松柏小学　林宏宇

一、使用教材

苏教版小学《科学》三年级下册第四单元"关心天气"第 3 课"雨下得有多大"。

二、实验器材

（一）改进前

学生自制雨量器、喷壶、水源、盛水容器、抹布。

（二）改进后

学生自制雨量器、多功能降雨模拟装置（见图1）、水源、抹布。

图1　多功能降雨模拟器

三、实验创新要点/改进要点

（一）原理科学

利用雾化喷头"能较快、较均匀地制造分散水滴"这一特点，代替教材中的喷壶模拟降雨，解决实验中因学生手持不稳、喷壶出水不均、喷洒范围不稳定等各种不可预测的情况所产生的无关变量，造成实验结果无明显规律，学生难以建构"降雨量"的科学概念或混淆其计量单位等教学实践中的难题。

（二）高效便携

透明封闭的空间，方便学生全方位观察，现象直观有趣，同时避免水花四溅，适合课堂分组实验探究。实验盒入水管采用万用接头，可根据实验室配备外接普通水龙头、倒U形管、手压桶装水泵等水源。实验完毕后，回收贮水盒里的水，擦拭干净后折叠收拾，简洁易打理，解决了教材实验中卫生难打理、课堂难组织的难题。

（三）一物多用

实验盒可拓展搭配地表模型、激光笔、平面镜等，满足学生开放性探究"不同土壤的渗水性""水土流失""光的传播"等其他课题的需求。

四、实验原理/实验设计思路

本实验装置将喷头采用8字形互通连接，且位于同一水平高度，根据伯努利原理，每个喷头的水压相同，流量相同，能够较均匀地制造分散的水滴模拟降雨，仅在开关打开和关闭瞬间存在由中心向外的衰减，故而只要将雨量器对称摆放，其接收到的水量可视为"同一场雨"，可利用开关实现定量控制。

五、实验教学目标

教学重点：制作一个相对准确的简易雨量器。

教学难点：知道口径不同的雨量器所测量的降雨量一样。

（一）科学知识

（1）知道毫米是降雨量的计量单位。

（2）知道同一时间、同一地点测得的降雨量一样。

（3）知道口径不同的雨量器所测量的降雨量一样。

（二）科学探究

（1）能够制作简易雨量器。

（2）能够使用简易雨量器测量降雨量，并使用恰当的计量单位进行记录。

（3）在教师的引导下，能依据证据运用分析、比较、推理、概括等方法，分析结果，得出结论。

（三）科学态度

面对有说服力的证据，能调整自己的观点。

（四）科学、技术、社会与环境

了解科学技术对人类生活方式和思维方式的影响。

六、实验教学内容

（1）自制雨量器。

（2）模拟降雨，测量降雨量，发现自制雨量器的不足。

（3）利用改进的雨量器，再次测量降雨量。

七、实验教学过程

（一）初次模拟降雨，引出研究问题

自制雨量器。利用新装置模拟降雨，连续 3 次测量降雨量。汇总实验数据，通过对比数据发现误差。第一次模拟降雨测得的降雨量实验数据见表1。

学生质疑：为什么"同一场雨"测得的数据非柱状的雨量器高度差别大，柱状雨量器测得的高度差不多。

表1 第一次模拟降雨测得的降雨量实验数据

雨量器	形状	口径/mm	1 min 降雨量/mm	2 min 降雨量/mm	3 min 降雨量/mm
1	圆柱	83	12	23	35
2	方柱	61	11	22	33
3	圆台	51	6	14	23
4	圆柱	55	12	24	35
5	圆柱	100	12	23	35
6	圆柱	63	12	24	36
7	圆柱	65	13	25	37

（二）聚焦实验问题，探究自制雨量器存在的不足

学生展开讨论交流，猜测自制雨量器的形状、纹路、口径大小可能影响测量的结果。根据讨论结果尝试提出改进自制雨量器的方法，并进行改进。

（三）利用改进后的雨量器再次测量，验证猜测

学生分组实验，重复测量降雨量。通过多次测量，将实验得出的数据汇总到表格中，对比改进雨量器后的数据。第二次模拟降雨测得的降雨量实验数据见表2。

表2 第二次模拟降雨测得的降雨量实验数据

雨量器	口径/mm	花纹	1 min 降雨量/mm	2 min 降雨量/mm	3 min 降雨量/mm
1	63	无	11	22	33
2	83	无	11	22	33
3	63	浅	11	22	34
4	65	深	12	23	35

通过实验对比、分析，师生共同总结归纳得出：①同一时间、同一地点测得的雨量一样。②柱状雨量器更便于观察，口径不同的柱状雨量器收集到的雨水量不同，但高度相同，从而学生不仅理解了为什么以毫米作为降雨量的计量单位，更攻克了"口径不同的雨量器测得降雨量大小一样"这一难题。

（四）拓展延伸，课后自制雨量器

当学生掌握制作雨量器的技巧后，课后让学生再制作"完美雨量器"，作好课外探究。

八、实验效果评价

（一）探究取实证，突破重点、难点

新的教学设计，符合学生的探究需求，体现了"以学生为本"的理念。学生自主完成实验后，发现雨量器制作的科学性会影响降雨量测量的准确性，既完成教学目标，又突破教学重点、难点。

（二）定性改定量，强化数据意识

通过引导学生收集、整理、对比数据，培养学生数据意识，用事实说话的科学精神和态度，推动学生思维不断向前发展。

（三）创新促高效，拓展课后探究

实验原理科学、装置便携、操作简便、现象明显，为学生建构概念提供了直观的依据，充分满足了课堂上分组实验的要求，并有效提升学生课后持续性探究的兴趣。

总而言之，"雨下得有多大"一课的创新不仅自制了教具，更重构了教学设计，达到了更好的教学效果。

降水量的测量

浙江省宁波市余姚市第一实验小学　潘伟锋

一、使用教材
教科版小学《科学》四年级上册"天气"单元第五课。

二、实验器材
模拟降雨器、3个口径不一的直筒玻璃杯、烧瓶、锥形烧瓶、抹布、水。

三、实验创新要点/改进要点
　　模拟降雨实验在实验室里有一定操作难度，一般老师采用最多的方法就是利用洒水壶来模拟降雨，这样出现的问题一是洒水面积会比较大，容易使地面湿滑，操作比较麻烦；二是洒水壶降水容易造成降水不均匀，受水情况会产生比较大的偏差，导致缺少直观的观察现象作为理论解释的支持；同时小学生由于年龄特点，其抽象思维正处于发展阶段，在缺少现象支持的前提下，要理解降水量的测量为什么要测量收集来的水的高度，为什么要用毫米作为单位，学生是有困难的。

　　为解决实验操作不便，突显实验现象，在课堂中设计、使用了自制的模拟降雨器。利用控制自如的模拟降雨器，是本堂课实验教学中的一个亮点，它既解决了模拟降雨实验操作上的难度，提高实验的效率，同时又能做到实验现象明显，为破解教学中的难点、达到教学目标提供了强有力的保障。

四、实验原理/实验设计思路
　　模拟降雨器由贮水器、开关、支架和降雨喷头4个部分组成。一定高度的贮水器，再加上多孔的增压密集型花洒淋浴喷头，保证了出水均匀，可以最大限度地真实模拟自然界的降雨，使直筒容器接受的水位高度尽可能保持一致，从而帮助学生从实验现象上更好地理解测量降水量为什么要用高度作单位。通过在模拟降雨器上增加开关，也可以实现方便地控制降水的目的，使实验更具操作性。同时，降雨喷头的尺寸也可以让模拟降雨控制在一定的范围内，方便雨水接收，增加实验的可操作性。

五、实验教学目标

（一）科学知识
知道降水量的多少可以用雨量器来测量。

（二）科学探究

会制作简易的雨量器，并学会用简易雨量器测量降水量，完成"天气日历"的记录。

（三）科学态度

保持对天气现象观测的浓厚兴趣，培养认真仔细的观察习惯，能在课后持续地进行降水量的观测。

（四）科学、技术、社会与环境

让学生经历测量降水量的工具（雨量器）产生和改进的过程，了解雨量器原理及其对人们的作用。

六、实验教学内容

本课是教科版小学《科学》四年级上册"天气"单元的第五课。降水作为天气的一个基本特征，从本单元第一课开始，学生开始尝试用他们的感官来观察并判断降水情况。本课教材旨在让学生知道气象学家是怎样测量、记录和确定降水量的，并且亲自做一个雨量器来记录降水量，进一步激发学生观测天气的浓厚兴趣。

七、实验教学过程

（一）设疑导入，明确探究主题

通过在生活中经常会遇到下雨、下雪这样的天气，导出降水是天气观测中的一个重要特征，并从"我们怎样才能准确地知道雨下得有多大"这一中心问题，引出降水量的测量这一研究主题。

（二）模拟降雨，明白降水量测量原理

（1）小组实验，利用自制模拟降雨器模拟下雨，通过用不同形状的杯子来收集降水，观察水位的高低和水量的多少，发现降水的多少不能通过收集到的水的多少来测量，初步发现应该用水位的高度作为测量标准。

（2）教师示范实验，通过用口径相同的直筒玻璃杯接受降水，发现水位高低差不多，从而帮助学生进一步明白降水量的测量为什么要用毫米作单位的原因。

（三）制作简易雨量器，明确雨量等级标准

（1）讨论制作简易雨量器的方法和器材。

（2）小组合作自制简易雨量器。

（3）用自制雨量器再次模拟降水，测量降水量的多少。

(4）收集各组测量数据，介绍雨量等级标准，判断并统计各小组的降雨等级。

（四）巩固小结，拓展提升

（1）统计一个地区一个月份里的降水情况，认识到通过测量记录降水量可以帮助我们更好地了解一段时间内的天气情况。

（2）介绍专业的雨量器内部结构。思考：这样的雨量杯与我们自己制作的有什么不同的地方？为什么要这么设计？

八、实验教学效果与评价

便捷：对实验材料的改进，对实验细节的优化，使实验操作环节更加便捷。

高效：由于操作便捷性提高，大大提高了课堂效率，学生可以有更多的时间开展研讨、活动，促进了思维的发展和概念的内化。

深入：通过细致的实验环节、直观的实验现象，更加形象地让学生内化了科学概念，对降水量测量原理有了初步了解，使实验走向了深处，解决了老师们的难处，也大大激发了学生制作使用雨量器的热情，也使我们的课堂更具科学味。

探索土地被侵蚀的因素

广西柳州市德润小学　杨秀冬

一、使用教材

教科版小学《科学》五年级上册"地球表面及其变化"单元第6课"探索土地被侵蚀的因素"。

二、实验器材

混有少量砂石的湿润土、有植物生长的土、小铲子、水、自制模拟雨水对土地侵蚀装置。

三、实验创新要点/改进要点

（一）原实验器材的不足

在本实验课中，模型设计的科学性对实验探究过程的影响很大，在教学实践中，我和同学们发现课本中实验器材存在以下不足。

（1）实验器材繁杂，操作烦琐，变量不易控制。

（2）实验功能单一，只能完成一个实验，不能直观对比。

（3）实验中土壤和水资源消耗大，造成资源的浪费。

（二）实验创新点

（1）我利用水龙头、花洒、亚克力板、水泵等器材自制的实验装置是一个整体，结构简单，便于学生集中注意力观察实验现象（见图1）。

（2）花洒下面对应的是两个底盘，用于装泥土，模拟土地。接通电源后，水泵抽水，通过塑料水管把水输送到两个花洒，可以使实验组和对照组实验同时进行，并且方便直观控制实验中的变量，操作简便，实验现象十分明显，学生能够快速作出比较，得出结论（见图2）。

（3）我在自制实验装置的水槽上设计了一个滤网，增加了水过滤循环使用功能，只需要用很少的水就能完成实验，从而培养学生节约资源的环保意识（见图2）。

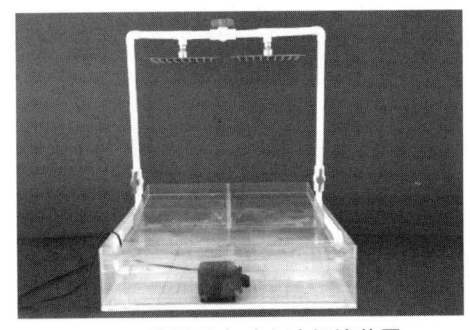

图1　模拟雨水对土地侵蚀装置 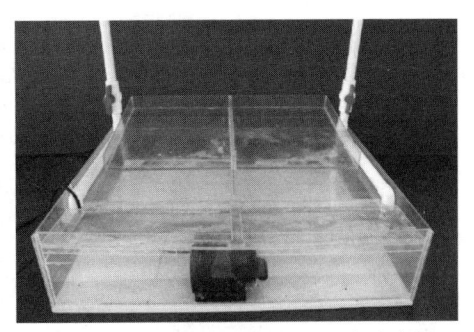　　　　图2　模拟装置中的底盘和泥沙过滤网

四、实验教学目标

学生修改完善好实验方案，通过实验探究，分析雨水对土地的侵蚀过程中，"土地坡度的大小""有无植物覆盖""降雨量的大小"这三个因素对土地被侵蚀程度的影响，认识到保护生态环境的重要性。

五、实验教学内容

本节课实验教学的主要内容是探索土地被侵蚀程度和哪些因素有关。

六、实验教学过程

我将实验教学过程设计为以下4个环节。

（一）回顾旧知识，提出问题

上一课时我们通过模拟降雨实验，认识到雨水对土壤有侵蚀作用。在此基础上，进一步推测了土地被侵蚀的三个因素，并且设计了实验方案。

因此我们明确了本节课要解决的问题是：土地被侵蚀的程度和哪些因素有关。

（二）研讨交流，完善实验方案

各小组上节课已经从"土地坡度的大小""有无植物覆盖""降雨量的大小"三个影响土地被侵蚀程度的因素中，选择其中一个因素制订了研究计划，学生使用电子书包进行交流与分享（见图3）。

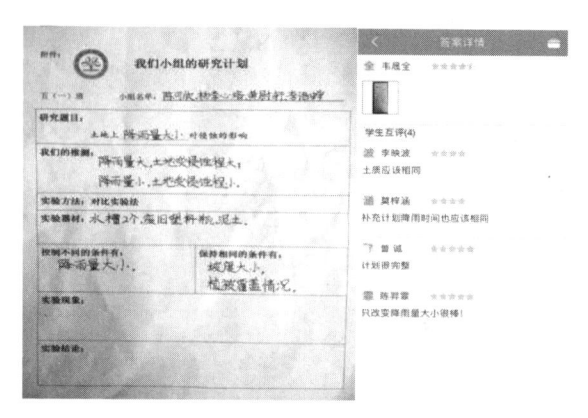

图3 电子书包交流评价

教师引导学生完善实验方案：只改变需要研究的某个因素，其他的因素必须保持不变。即用"控制变量法"进行实验探究。

（三）实验探究，形成结论

（1）微视频展示，掌握方法。教师播放操作演示的微视频，展示实验装置的操作方法。

（2）对比实验，观察现象。学生利用教师提供的实验装置，按照实验步骤，小组分工合作，完成实验（实验现象见图4~图6）。

图4 探究坡度大小的实验结果 　　图5 探究有无植被覆盖的实验结果

图6 探究雨量大小的实验结果

（3）验证猜想，形成结论。教师组织全班以小组为单位进行交流，得出以下结论：降雨量大比降雨量小对土地的侵蚀严重；无植被覆盖比有植被覆盖时侵蚀严重；土地的坡度大比坡度小侵蚀严重。

（四）联系生活，拓展应用

由实验现象联系生活实际，推测在自然界中什么地方最容易发生侵蚀？为减少雨水对土地的侵蚀，我们能做些什么？认识到减缓坡度、增加植被等方法可以减少土地的侵蚀，生活中我们还可以植树造林、恢复植被、绿色出行，为生态环境的保护贡献自己的一份力量。

七、实验效果评价

基于科学课程"全面提高每一位学生的科学素养"这一核心理念，在本课中，我用了新的教学设计，让学生自己设计实验方案、自主探究，体现了以学生为本的教学理念。为了突破教学重难点，我制作了全新的教具，使实验探究更方便、更直观、更环保，从而达成了本课的教学目标。

在本课教学中，呈现了以下亮点：

（1）教具创新自制，突破教学重点难点，提高探究效率。①自制实验装置，简化为单人操作，更简便。②实验组和对照组同时进行，更科学。③新装置有水过滤循环使用功能，更环保。

（2）新技术的应用扩大了交流平台。我将电子书包引入科学实验课堂，充分发挥每一个学生的主体地位，给学生更多的机会分享想法。

以生活中的科学逻辑为起点，拓展了实验空间。实验探究后，展示学生熟悉的自然环境，让源于生活的科学回归生活，让学生感受到科学的力量，体会到科学在生活中的价值。

探索土地被侵蚀的因素

四川省威州民族师范学校附属小学校（汶川二小）　吴逢高　林咏梅

一、使用教材

"探索土地被侵蚀的因素"是教科版小学《科学》五年级上册"地球表面及其变化"单元第6课。这节课是上节课的延续，让学生通过对比实验验证影响土壤侵蚀的因素有植物的覆盖、坡度的高低、降雨量的大小，拓展对侵蚀现象的认识，为后面如何减少对土地的侵蚀、保护生态环境奠定基础。

二、实验器材

（一）教材所用材料

有植物的土、混有少量沙石的土、水槽、降雨器（洒水壶）、接水容器（水桶）、电钻。

（二）改进实验所需材料

一个塑料桶、PVC水管、木条架、两个塑料瓶、两个玻璃杯，实验模型见图1。

三、实验创新要点

（1）实验材料的整合与装配使降水高度、降水量、坡度一致，确保了实验的精确。

图1　实验模型

（2）与原实验相比更加干净、卫生。

（3）烧杯的使用使数据量化（见图2），方便学生更深入地探究。

（4）为学生的进一步创新留下空间。

图2　量化对比图

四、实验原理

水土流失实验通过模拟雨量大小、坡度高低、植被情况对土壤的影响，得出结论：坡度的高低、雨量大小、植被的覆盖率都是影响土地被侵蚀的因素。

五、实验教学目标

（一）知识与技能

知道径流与雨水会把地表的泥土带走，坡度的高低、降雨量的大小、植被的覆盖率等会影响土壤被侵蚀的程度。

（二）过程与方法

通过模拟实验来探究影响土壤被侵蚀程度的因素。

（三）情感态度与价值观

关注自然界中的侵蚀现象，认识保护生态环境的重要性。

六、实验教学内容

知道径流与雨水会把地表的泥土带走，坡度的高低、降雨量的大小、植被的覆盖率等会影响土地被侵蚀的程度。

七、实验教学过程

（1）导入新课。

（2）交流讨论实验方案。

（3）做实验。

（4）得出结论：坡度的高低、雨量大小、植被的覆盖率都是影响土地被侵蚀的因素。

八、实验效果评价

T形管的使用能使降雨高度与降水量保持一致；较好地克服了原实验存在的课堂教学落实难度大、对比条件难控制等问题，烧杯的使用能使实验结果量化；让学生更易明白植物对保持水土的作用。

此实验设计旨在提高课堂时效性，把复杂的事变简单，让实验效果更加明显，使实验结果实现更精细的数据化，方便学生进一步探究，并为学生留下创新的空间。

蚯蚓的选择

新疆乌鲁木齐市第五十六中学　赵君丽

一、使用教材

教科版小学《科学》五年级上册第一单元第4课。

二、实验器材

（1）自制教具：四格实验盒（见图1）。

（2）遮光板、标签、蚯蚓、棉棒、小棍、同土质的干土和潮湿的土、记录单等。

图1　四格实验盒

三、实验改进要点

（一）原实验的问题

（1）教材安排的两个实验活动在实施教学中时间过长，难以完成。

（2）单组反复实验，蚯蚓容易由于环境的反复变化而变得敏感，影响实验效果。

（3）五年级学生已对蚯蚓的生活环境有所了解，过于简单的实验设计不能激发学生的探究欲，也限制了学生设计实验的思维空间。

（4）实验材料重复利用率不高，不便于延伸课堂，探索实验中蚯蚓出现的"异常选择"。

（二）新改进的要点

（1）自制实验教具——四格实验盒，分区分格制作，在学生探究"蚯蚓的选择"时操作更省时、更方便。

（2）利用四格实验盒设计探究实验更科学，更注重对蚯蚓幼小生命的关爱，将生物与环境的教育教学融合一体，帮助学生树立科学精神。

（3）贴近最新版课标中提倡的科学、技术、工程与社会环境相融合的理念，利用实验盒增加设计实验的挑战性，激发和保护学生探究欲；配套实时投影学生实验过程，增加实验课的即刻捕捉效果，方便呈现学生实验进展。

（4）四格实验盒可以反复利用，为学生探究关于蚯蚓生活环境的其他条件提供保障，真正起到延伸课堂、拓展实验的作用。如研究蚯蚓对不同温度土壤是否有选择（见图2a），研究蚯蚓对不同色光是否会敏感（见图2b），蚯蚓对不同程度的湿润土壤的选择（见图2c）。

(a)　　　　　　　　(b)　　　　　　　　(c)

图2　研究蚯蚓的生活环境

四、实验设计思路

从生活情境中引出对蚯蚓生活环境的猜测，借助学生对单组对比实验的设计经验，创设具体问题情境，即如何使用四格实验盒等材料设计验证实验。学生最终通过思考，挑战用四格实验盒同时设计四组对比实验验证蚯蚓对环境的选择，实施操作，观察实验结果得出结论。

当然，在较短的实验中会伴随其他问题的生成，比如个别蚯蚓选择环境时与其他蚯蚓不同，会有"问题数据"出现。那么，还有什么因素会影响蚯蚓的选择呢？学生展开思考，教师不公布答案，仅指导和鼓励孩子们用四格实验盒在课外积极设计新的拓展实验，验证猜测。真正落实科学课程宗旨，保护学生的好奇心和探索欲，把科学探索精神带入生活。

五、实验教学目标

（一）综合新课标理念、教材的特点和学生的实际，定位本节课的教学目标

（1）科学知识：知道动物生活需要一定的环境，通过实验知道蚯蚓喜欢的生活环境。

（2）科学探究：融合"工程"领域内容，发展学生思维能力，掌握对比实验方法，合理设计实验。

（3）科学、技术与环境：体验探究的乐趣、体会生物与环境的关系、体会自然事物间的联系，培养学生崇尚科学、尊重和珍爱生命的意识。

（二）重难点

（1）重点：设计对照实验、进一步掌握控制变量实验。

（2）难点：在探究过程中收集分析实验数据，生成新的拓展实验。

（3）落脚点：延伸课堂，发展学生对科学持久探究的能力。

六、实验教学内容

本课是学习设计对比实验，探究"种子发芽需要的条件"之后的一课。蚯蚓的生活环境学生不难猜测，关键是怎样设计合理的实验证明猜测。教学中通过新教具的应用，引领学生同时设计几组实验，让学生通过实验探究发现蚯蚓生活需要黑暗、潮湿的环境，从而让学生认识到动物生存都需要一定的环境条件。

七、实验教学过程

（1）问题情境引入：为了验证我们的猜想，出示四格实验盒，讨论思考如何使用现有材料设计几组对比实验，探究蚯蚓对环境的选择，见图3。

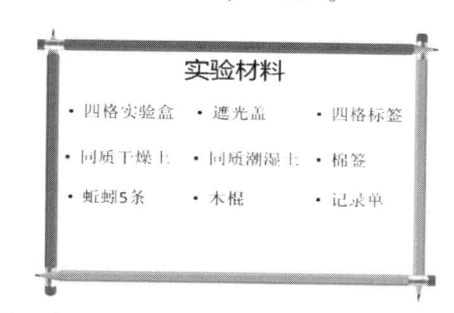

图3 讨论思考

（2）实验探究：利用所学知识，设计实验方案并验证蚯蚓喜欢黑暗、潮湿环境的猜想，见图4。

图4 实验探究

(3) 学以致用：探究观察，记录并汇报数据，解决情境问题，获得科学知识，见图5。

图5 学以致用

(4) 分析发现：分析数据，对"问题数据"的可能性作出分析，延伸出新的探究问题，鼓励课下继续设计探究，见图6。

图6 分析发现

八、实验效果评价

(一) 分析能力的提升

通过环节（1）和（2），指导学生观察分析四格实验盒特点，培养学生分析实际问题的能力，帮助学生梳理设计思路；通过活动（4）解决问题，最终通过分析"问题数据"提升学生思考能力，培养学生的科学精神。

(二) 操作能力的提升

从环节（1）到环节（3），需要学生具备的实验探究能力越来越高，需要考虑的问题越来越具体，操作步骤更精细，课堂延伸空间也更大。

(三) 思维方式的提升

环节（1）和（2）中学生能够想办法在一个实验盒中同时验证四组对照实验，用最简约、最便捷、最科学的方法解决问题，将复杂的问题简约化，提高学习效率。

有趣的食物链
——拯救松树林

西安新知小学　赵昱

一、使用教材

苏教版小学《科学》六年级下册第四单元第3课"有趣的食物链"。

二、实验器材

饲养盒、毛笔、昆虫盒、秒表、直尺、可视观察箱、有孔透明薄膜。

三、实验创新要点/改进要点

原教材的学习内容以教师的讲授与学生的自主阅读为主，学习过程较为被动，在实际授课中，大多数学生能够较为容易地完成知识的纳新。因此，根据新课程标准以及六年级的学生应该能达到的科学探究能力，我结合教材内容作了拓展设计。探究活动中，学生们亲历野外观察、查阅资料、设计实验、搜集与分析数据、得出结论、给出建议以及交流分享等过程，通过使用常见的器材作为实验用具，利用自己已掌握的探究技能，最终为松树的环境问题给出了创新、可行、科学合理的治理建议。

四、实验设计思路

环境问题已成为现今人类面临的重大问题之一。其中，滥用农药、滥施化肥带来的土壤重金属超标、动植物体内化学成分残留，使人类的健康受到威胁。通过本课的拓展探究设计，我希望能够使学生意识到使用生物方法治理环境问题的必要性，帮助学生从小树立起关注环境问题的责任心。综上考虑，我结合教材内容作了拓展设计。

五、实验教学目标

（一）科学知识目标

（1）了解松树的生存状态。

（2）知道松树、蚜虫、瓢虫之间的食物链关系。

（二）科学探究目标

（1）能基于小学阶段所学的知识，从松树的食物链关系等角度提出有针对性的假设。

（2）能通过对比实验观察不同树叶气味对瓢虫的诱导作用。

（3）能用科学语言、统计表格等方式记录整理数据。

（4）能运用分析、比较、概括等方法得出科学探究的结论，做到知识和方法的迁移与应用。

（三）科学态度目标

（1）关心并爱护动植物，认识到人类、动植物、环境的相互影响、相互依存关系，自觉采取行动保护松树林。

（2）能大胆质疑当下滥用农药的行为，认识到人类的不合理措施可能对环境造成更严重的影响。

（3）能从较全面的角度考虑问题，针对松树林的现象制定合理的可实施方案。

（四）科学、技术、社会与环境目标

（1）了解通过生物技术治理环境问题的必要性。

（2）了解人类只有采取合理的措施才能对环境产生正面的、长期有效的帮助。

六、实验教学内容

本课是六年级下册第四单元，在学生学习了"生物的家园""有利于生存的本领""有趣的食物链"的基础上，组织学生以松树当下面临的环境问题入手，利用松树、蚜虫、瓢虫之间的食物链关系和松树自身的特点，通过野外观察、查阅资料，设计对比实验寻找科学合理的方法解决实际环境问题的拓展探究活动。

七、实验设计与实施过程

拓展教材以几篇近期的新闻报道导入，抛出要研究的环境问题——松树病虫害现象日趋严重。

（一）探究确立主要研究对象

组织学生阅读资料，总结松树的主要害虫有松材线虫、松毛虫、松象甲、松蚜虫等。同时，我组织学生进行野外观察，观察地点是西安市大明宫国家遗址公园麟德殿外的松林。

本次观察共有两点主要收获。第一，松树特有的气味让学生们印象深刻；第二，在观察松树的树干时发现树皮下有松脂溢出，在松脂上还能找到被黏住的不同的小虫子（见图1~图3）。

在学生们惊叹松树的本领时，问题也产生了，难道新闻中啃食松树的害虫不怕松脂吗？针对松树主要害虫种类这一问题，我们再次查阅资料，发现松毛虫、松材线虫以及松象甲主要以啃食松树的树皮和树干为食，而害虫中的松蚜虫很特别，它们虽然很小，但是主要以松树多汁的针叶和须根为食，导致松树的水分传输中断，不能进行光合作用，营养无法形成，慢慢的松脂也停止分泌了。这样就可以解释为什么其他害虫（如松毛虫、松材线虫）能够堂而皇之地啃食树干和树皮了。由此，我们确定本次探究目标——治理松蚜虫。

图1 采集松脂 　　图2 松脂 　　图3 观察松脂

（二）治理松蚜虫的探究过程

（1）提出问题：如何治理松蚜虫。主要集中讨论两种观点：喷洒农药或者利用食物链请蚜虫的天敌帮忙。小组间讨论哪一种方法更加科学、合理、长治久效。经过讨论、分析，学生们一致认为喷洒农药不但会杀死蚜虫，同时还可能会威胁到这片树林里其他有益的昆虫和以松果为食的鸟类，也可能导致害虫产生耐药性，所以这种方法虽然短期见效快，但由它产生的危害却可能更大。利用蚜虫的食物链关系（松树—蚜虫—瓢虫），请它的天敌瓢虫来帮忙是比较科学的选择。查阅资料我们发现，蚜虫是一种常见害虫，因为瓢虫对环境无毒、无害，用瓢虫治理蚜虫已经开始被用于大棚蔬菜的种植中，可是没有数据显示这种方法被使用到松树林的治理中。

（2）查阅资料，可知瓢虫在幼虫期就开始取食蚜虫了，到成虫期，对蚜虫的取食量达到最大值，瓢虫在自己近80天的生命周期里可取食上万只蚜虫（见图4和图5）。

图4 瓢虫幼虫取食蚜虫 　　图5 瓢虫成虫捕食蚜虫

况且通过上次野外观察，发现松树林中的植物并不是单一的，瓢虫是否愿意在众多植物中优先帮助松树呢？松树特有的气味能不能吸引瓢虫呢？

（3）设计探究实验。

实验目的：探究松树的气味是否对瓢虫具有吸引力。

实验材料：瓢虫 50 只（昆虫养殖中心购买）、饲养盒、毛笔、昆虫盒、秒表、直尺、可视观察箱、松针、法国冬青叶、大叶女贞叶、菜椒叶等。

实验方法：将装有瓢虫的昆虫盒置于松针和另一种树叶中间，距离相等，树叶数量相等，打开昆虫盒，用秒表计时，观察瓢虫的选择并记录时间。学生手绘了实验方法设计（见图6）。

图 6　实验方法设计

1）实验一（室内）。

学生实验过程见图 7~图 9。

图 7　测量距离 　　　　图 8　准备瓢虫

图 9　实验观察

瓢虫数量：10 只。

树叶种类：菜椒叶、松叶。

实验记录见表1。

表1 实验记录1

实验次数	时间	结 果
1	10 s	爬向松针并停留
2	3 s	飞走
3	2 s	飞走
4	4 s	飞走
5	9 s	爬向菜椒叶并停留
6	3 s	飞走
7	8 s	爬向松针并停留
8	9 s	爬向松针并停留
9	7 s	靠近松针后飞走
10	8 s	靠近松针后飞走

实验数据分析：10次实验中有6次有效，4次因为瓢虫直接飞到窗户上而无效；5次瓢虫明显趋向松叶。

实验结论：两种树叶都有各自独特的气味，从实验结果来看，松树的气味更吸引瓢虫，或瓢虫较为喜爱松针的气味。

反思：10次实验有6次瓢虫都因趋光性飞到窗户上，所以我们在户外又做了同样的实验。

2）实验二（户外）。

我们将户外实验选择在我校种植园进行，实验过程见图10和图11。

图10 新知小学种植园　　图11 实验实施

瓢虫数量：5只。

树叶种类：菜椒叶、松叶。

实验记录见表2。

表2 实验记录2

实验次数	时间	结　　果
1	6 s	爬向松针并停留
2	5 s	爬向松针并停留
3	6 s	靠近菜椒叶后飞走
4	3 s	飞走
5	2 s	飞走

实验数据分析：两次实验，瓢虫的选择非常迅速和直接；两次因为直接飞走而无效。

实验结论：还是可以从3次有效的数据中看出瓢虫较为喜欢松叶的气味。

反思：在室外瓢虫受到周围环境干扰，无法较好地观察。因此，将实验转为观察箱操作。

3）实验三（观察箱）。

实验方法：将两种树叶放于观察箱中两侧，昆虫盒置于中间，距离相等。一次性放入待实验的瓢虫，实验开始后，取下昆虫盒盖，为箱子盖上透明薄膜，以防瓢虫飞走。观察并记录不同时间瓢虫的选择并记录，如图12和图13所示。

图12　实验三方法设计　　　　图13　观察箱

瓢虫数量：12只。

树叶种类：菜椒叶、松叶。

实验记录见表3。

表3 实验记录3

时　间	松针	菜椒叶	箱体	原饲养盒
8 s	1	0	2	7
17 s	2	0	3	5

续表

时间	松针	菜椒叶	箱体	原饲养盒
1 min 23 s	3	0	3	4
4 min 23 s	4	0	4	2
6 min 24 s	3	0	4	3
7 min 4 s	3	0	5	2
8 min	2	1	5	2
11 min	2	1	4	3
12 min	3	2	3	2
15 min	2	1	3	4
第二天，添加2只瓢虫	8	0	2	0
第三天	11	0	1	0

实验数据分析：当瓢虫爬出原饲养盒后有的因为趋光性选择了靠近透明塑料膜的箱体，但是随着时间的延长，箱体上的瓢虫最终几乎都选择了松叶。时间越长，受干扰因素的影响越小。我们认为这和瓢虫的饥饿程度也有关系，饥饿的瓢虫更容易趋向松叶。

实验结论：瓢虫喜爱松针的气味。

4）实验三的改进实验。

为了进一步证实我们的结论，切合松树林的环境，再一次进行实验三。

本次实验树叶均采摘自大明宫遗址公园的松林，实验过程如图14和图15所示。

图14 实验观察 　　图15 观察箱内

瓢虫数量：10只。

树叶种类：松叶、法国冬青叶和大叶女贞叶。

实验记录见表4。

表4 实验记录4

时间	松针	法国冬青叶	女贞子叶	箱体
5 min	5	1	0	4
10 min	7	1	0	2
15 min	9	1	0	0
20 min	7	2	1	0

实验数据分析：大多数瓢虫选择在松针上停留，其他两种树叶对瓢虫没有明显的影响。

综合四次实验的结果，我们认为：松针特有的气味对瓢虫是具有吸引力的。当瓢虫饥饿时，它们更喜欢在有特殊气味的松叶上寻找食物。

引用学生的陈述来总结本次的探究活动收获："瓢虫爱吃松蚜虫，松蚜虫爱吃松针，瓢虫又喜欢松树的气味，我们为什么不利用松树的这个本领，请瓢虫来帮着松树消灭虫害呢？把瓢虫投放在被松蚜虫侵害的松林里，对瓢虫而言，那是何等的美差呀！就此推论：'借瓢杀蚜'之计可行也。"

八、实验效果评价

本次拓展探究实验共用四课时，学生能够通过经历探究过程达到预期的学习目标，不但了解食物链之间微妙的关系，更体会到利用食物链在治理生物环境问题方面的重要性。也为下一课"生态平衡"的学习作了良好的铺垫。

后续学生们还研究了瓢虫对蚜虫不同生长阶段的取食量不同，得出在松蚜虫成卵时期投放瓢虫的幼虫，效果较好。学生们通过自己的实验为环境问题给出了可行性建议：可以将瓢虫卵卡挂在松蚜虫数量较多的松林中；对于瓢虫的自然繁殖方面，除了投放人工养殖的瓢虫以外，还可以借助松树的气味在健康的植被环境中吸引更多的瓢虫进行繁殖，以用于遭受蚜虫害的不同种类树林中。

为了宣传，学生们后期制作出了相关的展览作品，展示自己的实验，并在不同的活动中对探究成果进行交流与分享，如在"环球自然日"2016年度主题"谁是谁的谁"探究主题竞赛中，凭借本次探究实验获得金奖。同时在美国《国家地理》杂志发现版上投稿发表了自己的实验论文，希望能引起更多的重视。

从孩子们的眼中我看到了他们初尝收获的那种喜悦，与将自己的发现分享给更多人的社会责任感的萌发。基于教材，用于生活；面对问题，全面思考；合理设计，科学解决。这不就是我们使学生掌握实验探究能力的最根本目的吗？虽然在实验中还有一些需要改进的地方，但是我会不断地反思经验，坚持带着学生进行更多的实践探究。

我们是怎样听到声音的

武汉小学　潘昌明

一、使用教材

教科版小学《科学》四年级上册"声音"单元。

二、实验器材

自制教具：鼓膜和耳廓的实验装置。

三、实验改进要点

（1）通过自制鼓膜模拟装置，学生能直观感受耳的结构，明确鼓膜的作用。

（2）通过在鼓膜模拟装置上加装耳廓，来探究耳廓的作用。

（3）自制的模拟装置可量化实验，学生能获得数据，更准确地分析实验结果。

四、实验原理

声音是由振动产生，以声波形式传播。当物体发出声音时，鼓膜会发生振动，传到大脑，经过大脑加工后，我们就听到声音了。自制鼓膜模拟装置，模拟鼓膜接受到声音时的振动，并通过量角器量化实验结果。加装耳廓模拟装置，量化有无耳廓时鼓膜振动的结果并量化，明确鼓膜和耳廓的作用。

五、实验教学目标

（1）通过人耳的模型，认识人耳的内部结构。

（2）初步认识鼓膜的作用；初步认识耳廓收集声波的作用。

（3）培养细心观察、有实证意识的核心素养；意识到保护耳朵的重要性。

六、实验教学内容

（1）通过实验认识鼓膜的作用。

（2）通过实验认识耳廓收集声波的作用。

七、实验教学过程

（1）引入新课题，导入情景。

（2）观察耳朵的构造剖面图，认识人耳的结构并推测人耳各部分的作用。

（3）利用改进鼓膜模拟实验，带领学生探究鼓膜的作用。参考教材鼓膜和外耳道装置，但改圆筒横置，改气球皮为PVC膜。用小鼓做声音源，增设泡沫小球紧靠鼓膜。当声音到达时鼓膜振动，泡沫小球弹跳幅度大，能明显放大鼓膜的振动，实验效果明显。

（4）利用创新耳廓模拟实验，带领学生探究鼓膜的作用，用数据说话。用废旧塑料水壶上口做成耳廓模型。再用3D打印技术，做出外耳道与耳廓的连接环。这样的设计，完整地模拟了耳廓、外耳道和鼓膜的结构。

为了增强学生的实证意识，我还设置了量化装置。量角器和泡沫小球间的连线，可以在量角器上显现泡沫小球被鼓膜振动弹起的角度，能量化不同大小的声音引起鼓膜振动的幅度大小变化。辅助标尺和移动卡标，则是用来准确控制小鼓与耳膜之间的距离和声音的大小。

（5）阅读课文资料对人的内耳部分听音的原理进行学习。

八、实验教学反思与评价

实验装置的改进，较好地实现了鼓膜和耳廓实验装置的系统模拟。

实验装置直观地显现了鼓膜和耳廓的作用，实验效果清晰明显，高效地突破了教学重难点，达成了本课的教学目标。

通过实验改进，我们创新利用量角器、自制辅助标尺和移动卡标，实现了实验数据的准确量化，解决了以往实验中无法量化实验结果的不足。

改进、创新实验装置，让学生更好地掌握了证据，强化了实证意识，培养了观察能力，提升了科学素养！

探索尺子的音高变化

湖南省怀化市锦溪小学　刘俊良

一、使用教材
教科版小学《科学》四年级上册第三单元第 4 课。

二、教学内容
在本课中，学生通过进行探索尺子的音高变化实验，了解尺子音高与尺子伸出桌面的长度和尺子振动快慢之间的关系。

学生通过实验、观察和记录，并对记录的数据进行分析，从而培养学生的观察能力和思维能力。

三、实验教学目标
（1）知道尺子振动的频率受尺子延伸到桌子外的那部分长度的影响。那部分的长度会引起音高的变化：尺子伸出越长，音高越低；尺子伸出越短，音高越高。

（2）会探索和描述尺子伸出桌外不同长度在振动时发出的声音的变化情况，通过数据分析，将尺子不同长度的振动与其声音联系起来。

四、实验原理
（1）音高是由物体振动的频率决定的。物体振动的频率越快，声音就越高；物体振动的频率越慢，声音就越低。

（2）尺子振动的频率受尺子延伸到塑料筐外的那部分长度的影响。这部分的长度会引起音高的变化：尺子伸出越长音高越低，尺子伸出越短音高越高。

五、实验器材
我的实验器材包括做尺子音高变化实验所需的塑料筐、钢尺、按压装置，以及做橡皮筋音高实验所需的橡皮筋。

六、实验的创新之处
（1）原实验中，钢尺的顶端较尖锐，学生在实验过程中容易刮到手。改进之处：将钢尺前端尽量等量圆，防止在实验过程中造成学生刮伤。

（2）原实验中，学生在压住钢尺时比较吃力，不容易压稳，钢尺边缘容易拍打桌面，影响实验效果。改进之处：做一个按压装置，运用了斜面和轮轴的原理，起到了省力的作用，而且还非常稳定。

（3）原实验中，只用 1 根钢尺进行实验，学生不容易对钢尺的振动快慢和音高进行对比。改进之处：采用 3 把小钢尺进行对比，方便学生对尺子的振动快慢和音高变化进行反复对比，从而使判断和记录更加准确。

七、实验过程

首先进行实验一。通过实验探究伸出塑料筐边沿 7cm 的尺子的音高变化。松开一号旋钮，将一号旋钮下的钢尺伸出塑料筐 7cm，拧紧旋钮。拨动钢尺，观察它的振动快慢，倾听它的声音，并填写实验记录单。

接下来进行实验二。先预测伸出塑料筐边沿 8cm 的尺子的音高变化，填写好实验单。再进行实验，松开二号旋钮，将二号旋钮下的钢尺伸出塑料筐 8cm，拧紧旋钮。反复拨动两把钢尺，观察它们的振动快慢，倾听它们的声音，进行仔细比较，然后填写实验记录单。

最后进行实验三。先预测伸出塑料筐边沿 9cm 的尺子的音高变化，填写好实验单。再进行实验，松开三号旋钮，将三号旋钮下的钢尺伸出塑料筐 9cm，拧紧旋钮。反复拨动 3 把钢尺，观察它们的振动快慢，倾听它们的声音，进行仔细比较，然后填写实验记录单。

最后收好钢尺，拧紧旋钮，放好实验器材，结束实验。

八、实验结论

通过实验记录单可以很容易地得出实验结论：尺子伸出塑料筐越长，尺子振动的速度越慢，音高也越低；尺子伸出塑料筐越短，尺子振动的速度越快，音高也越高。

九、实验效果

使用"音高变化实验器"，与原实验相比，操作更简单，设计更合理，实验现象更明显，观察记录更准确。

十、自我评价

我设计的"探索尺子的音高变化"这堂实验创新课，紧扣教学实际，设计创新教具，改进实验方法，从而引领学生扎实地开展科学探究，自主地获取科学知识。同时这个实验器还改进了第 3 课的橡皮筋的音高变化实验（只要将橡皮筋一边放下来，就可以进行实验，要改变橡皮筋的松紧也很简单，将橡皮筋绕在螺丝上就可以了），效果明显、使用方便、一物多用。

小孔成像

南京外国语学校仙林分校　郭莹莹

一、教材分析

"小孔成像"这个实验出自苏教版《科学》五年级上册"光与色彩"单元的第1课"光的行进"。本课是以课程标准中"识别光源，知道光在空气中沿直线传播"为依据而建构的。虽然小孔成像实验是这节课的拓展阅读内容，但是我尝试通过器材的转变，更有效地帮助学生理解"光沿直线传播"的概念。

我将本课的学习目标制定为通过经验对比，建构光源的概念。通过分类研究，区分自然光源和人造光源。通过实验探究，初步感知光的传播路径。观察小孔成像，进一步验证光沿直线传播。

本节课的教学环节也由这四个部分组成，这里跟大家分享的是第四个环节。

二、学情分析

首先我们来看，学生对于小孔成像前测的结果。从之前圆孔卡纸实验继续思考，如果光源穿过的大孔变成小孔，在屏上会有什么现象？有67%的学生认为在屏上会留下一个小孔的光斑，部分认为没有像，几乎没有人提到光源的倒像。有趣的是，学生对小孔成像这个名词并不陌生，虽说不出其现象和原理，但是会质疑：生活中光穿过大孔后看到的是孔形的光斑，为什么穿过小孔后却会变化呢？大孔小孔之间有联系吗？

学生的质疑很有价值。要解决就要先来找找产生问题的原因。

如果将前测的结果称之为学生最初的概念，那么关于小孔成像的完整概念是从光源各个发光点发出的光线经过足够小的孔，由于光沿直线传播的现象，在屏上形成的光斑不会重叠，从而呈现物体清晰的倒像。我们的教学就是要引导学生由最初的概念走向完整的概念。而它们之间的根本冲突在于，学生生活中见到的光都是以光源为中心四散开来，他们认为光是三维的、立体的、多面的，脑海中没有"光束由一道道光线组成"这样的微观线性模型的概念，所以如何给学生建立"光线传播"的微观模型，就成为学生理解这一现象的核心任务。

三、实验分析

在此基础上我们来分析实验：传统的小孔成像采用的是一根蜡烛作为光源，一张带小孔的孔板和一个不透光的光屏，通过调整三者位置观察屏上的像。但是却存在以下弊端：①蜡烛光源小、光线弱且存在一定的安全隐患；②蜡烛光源近似椭圆形，呈现的倒像不易分辨，尤其是左右颠倒很难辨别；③纸屏上的像也不易观察；④直接给学生小孔的孔板也不符合学生的最初概念，使得这一模型的建构缺乏一定的基础，没有大小孔的转变也就无法突破"建构光线传播模型"的难点。

四、改进与创新

于是我对这个实验进行了大胆的改进。①改变光源：我用 LED 小电珠拼接成了一个 F 形光源，更大、更亮、更安全，又能明显看出其不对称性。②改变光屏：选择一个不透光盒，一面缺口，一面蒙上半透明的膜，这样可以方便多人同时观察。纸盒后面还连接软尺，可以精确测量物距和像距之间的关系，当然这更适合中学物理对小孔成像的研究。③改变孔：把一个小孔的卡纸转换成了多孔的孔盘，学生可以通过孔的变化来观察像的变化。

（一）实验演示与指导教学

具体的学习流程是这样的。

（1）猜测混合孔盘形成的像。出示光源、实验盒和混合的孔盘，让学生预测屏上会出现什么样的像。

（2）探究大小不同的圆孔形成。学生在前测的基础上，探究圆孔由大到小的孔盘。打开电源，将光线调到最亮，当光源穿过大孔时，屏上呈现的像就是圆形的光斑，这符合学生的前概念。接着轻轻地转动孔盘，孔逐渐变小，学生会看到圆形的光斑逐渐错开，且交错的重影越来越多。当光源穿过最小的孔时，屏上出现了一个"倒 F"的像。这样既符合学生观察的逻辑，又激发学生的思考。

（3）探究大小不同的三角形孔。只有圆孔是这样吗，三角形呢？从大三角形开始，屏上的像也由三角形的光斑逐渐变小且慢慢错开，最后也呈现了一个"倒 F"的像，和小圆孔相同。那其他形状呢？

（4）设计能产生倒像的孔。基于之前的认识，学生已经发现了大小孔之间的差异，但是形状对像有影响吗？继续思考设计各种不同形状的孔，观察屏上的像。

（二）实验小结

改进后的实验更安全、易操作、易观察、现象明显、结论清晰。

学生通过实验探究分析，找到孔和像的关系：光线穿过大孔时，屏上的像和孔的形状相同，孔逐渐变小，像逐渐由孔的形状变为物体的倒像，且与形状无关。引发深入思考，这是为什么呢？

作为一个分组实验，在教学中，学生的观察和记录往往就呈现了学生思考的过程，我们可以看到，学生在记录圆形光斑时，用了交错的重影，记录倒像时用线条连接。就此学生正式建立"光线"模型，而且也找到了光源与倒像之间的关系，孔较大时，每个光点发出的光线可以大量穿过，故屏上呈现孔的像，多点发光时孔的像也重叠较多，孔较小时光点发出的光线无法大量穿过，但因为直线传播，使得各点的像不重叠，所以屏上呈现物体的倒像。至此"光沿直线传播"的概念就完全清晰了。

五、总结与反思

现在我们来回顾一下小孔成像的探究过程，学生从自己的最初概念出发，通过3张圆孔卡纸，初步感知光的直线传播，通过孔盘观察像的变化，这是挑战学生的迷思概念，是模型建构的难点，通过光源的倒像建立光线的模型之后，形成"光沿直线传播"的完整概念。

小孔成像是一个经典的光学实验。我们希望学生能够在观察、实验、交流的过程当中，形成自己的理解，变传统的教师"教得"的方式为学生自主"习得"的方式。材料也由蜡烛光屏等固定材料，变成灵活变化的孔盘，既提高了实验的趣味性，丰富了学生的感性认识，也锻炼了学生自主探究的能力。

当然，这组实验器材不仅能控制孔的大小和形状，还能通过它来研究像的亮度、物距相距的关系等，就如我说课的主题——灵活控制变量、提高实验成效。

照镜子

扬州市广陵区滨江小学　毛维佳

一、使用教材

苏教版小学《科学》五年级上册第二单元第二节"照镜子"。

二、实验器材

自制教具：光线反射演示仪、光反射效果检测暗室、镜中物体成像数量测量底盘等。

激光笔、照度计、反光材料、前概念测查表、记录单等。

三、实验创新要求

自制教具材料易得、操作方便、效果明显，其显著优势在于用科学的数据阐释问题，也使科学实验由感官描述走向科学实证、由定性研究走向定量研究，且具有较好的科学性、实用性及市场推广价值。

四、实验目标分析

"照镜子"对应的新课标概念为：光在空气中沿直线传播（行进）；行进中的光遇到物体时会发生反射，会改变光的传播方向。在教材安排上，"照镜子"是本单元的第二课，通过第一课一系列的探究活动，学生已经基本建构起"光在空气中沿直线传播"的概念。

为了准确定位本节课的实验教学目标，笔者在课前对学生的前概念进行了测查，结果是这样的：①绝大多数学生认为镜子、水可以改变光的行进方向。②当让学生画出进入室内的光线时，约有60%的学生认为射入的光线与反射出的光线垂直，这个结果出人意料。③当问起身边物体的反光情况时，大部分学生可以列举出反光效果较好的材料，但不能认识到几乎所有的可见物都能反光。④学生无法概括出反光效果好的材料的共性。

基于以上认识，本节课的预设实验教学目标为：①知道光照射到物体表面会发生反射。②认识到不同物体反光效果不同。③通过实验发现镜子的成像特点。④意识到反射现象与人们生产生活存在密切的联系。

五、实验内容设计

通过对教材中列举的实验内容的分析，笔者发现可以较好地达成预期的实验目标，但在一线教学中也存在一些不足，如：①在做用镜子把阳光引入教室的实验中，学生不能观察到光路的变化。②在做蜡光纸反光实验时，反射效果不明显。③在做直立两面镜子成像实验时，缺乏角度标识，学生不便于操作。

针对以上问题，笔者对本课的实验内容进行了如下创新设计：①利用光线反射演示仪，认识光的反射方向和反射角度。②利用光反射效果检测暗室，探究不同物体表面的反光效果。③配合镜中物体成像数量测量底盘，发现平面镜成像特点。

六、实验教学过程

（一）建构光的反射概念

教材中试图通过用镜子把阳光引到室内、蜡光纸把脸照亮、以及玻璃幕墙和月亮的实例建构光的反射概念，这些实验材料的选择略显单薄，实验效果不够明显。

关于光的反射，方向、角度、效果应该成为概念建构的关键词，为此笔者设计制作了一套光的反射探究装置，可以帮助我们有效地解决这三个关键问题。

关键词一：反射方向。光线反射演示仪（见图1）由底座、镜面板、指针三部分构成，相对教材上利用镜子把光线引入室内的活动，它可以让学生清晰地观察到光照射到平面镜后行进方向的改变。为了防止激光射出伤害到学生眼睛，在顶部安装了遮光装置。

图1　光线反射演示仪

关键词二：反射角度。为了改变大部分学生认为射入光线与射出光线呈垂直关系的错误概念，还可以拨动演示仪后面的指针。借助演示仪上的刻度，就能清晰地观察到射入光线与射出光线的对称关系。该教具的使用可以弥补书本中对于光的反射角度概念的缺失，操作简单、效果明显，也为中学学习入射角、反射角作好铺垫。

关键词三：反射效果。所有的物体都能反光吗？哪些物体的反光效果好？学生对这两个问题的认识是模糊的。为了促进概念的建构，笔者设计了一个光反射效果检测暗室（见图2）。它外部覆盖遮光布，目的是减少外界光线的干扰；内部设有光源（小射灯）、反光区（被掏空的底板）、感光区（照度计传感器）等主要部分。当一束光照到反射区，会按一定的角度反射到感光区；此外还外接一个照度计主机，它可以很精准地呈现光照强度的数据，简称照度，单位为勒［克斯］（lx），数据越大，照度越强。

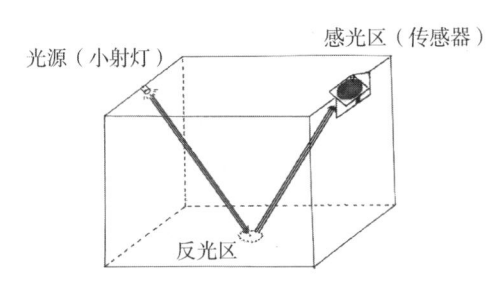

图2 光反射效果检测暗室内部设计

教师可以准备较为丰富的材料，为了凸显探究的层次性，教师精心准备了三组材料。第一组材料包括平面镜、玻璃片（光要透过玻璃，尽管材质相同，但它是透明的，读数明显下降）、吹塑泡沫、牛皮纸、砂纸、黑色遮光布、白色毛巾、颗粒泡沫等，旨在让学生发现诸多材料的反光性能。第二组材料包括反光纸、划痕反光纸、光滑铁片、磨损铁片、崭新的A4纸、褶皱的A4纸、平整锡箔纸、弯折锡箔纸，这些材料具有一定的结构性，试图通过同质对比发现反光效果好的材料的共性。第三组材料为白、黑、黄、橙、绿、蓝等各色卡纸，旨在引导学生发现不同颜色物体的反光效果不同。

学生对教师设计的光反射效果检测暗室很感兴趣，对引入的先进测量仪器非常好奇，他们可以有序地进行测量和记录，经过汇总，它们的光照强度如表1所示。

表1 物体（材料）反光情况一览表

材料	照度/lx	材料	照度/lx
平面镜	947	玻璃片	92
吹塑泡沫	17.1	牛皮纸	6.5
砂纸	1.3	遮光布	0.1
白色毛巾	16.5	颗粒泡沫	25.6
反光纸	667	划痕反光纸	256

续表

材料	照度/lx	材料	照度/lx
光滑铁片	419	磨损铁片	99
崭新 A4 纸	20	褶皱 A4 纸	18.2
平整锡箔纸	418	弯折锡箔纸	34
白色卡纸	16.6	黑色卡纸	6.3
黄色卡纸	11.5	橙色卡纸	10.6
淡绿色卡纸	10.2	深绿色卡纸	8.6
湖蓝色卡纸	11.7	天蓝色卡纸	8.8

（1）用这个装置可以探究哪些物体可以反光。通过对数据的分析发现，即使是防反光的遮光布也是可以反射光的，这说明几乎所有的物体都能反光。

（2）可以探究哪些物体反光效果好。这组材料具有一定的结构性，可以通过同质比较发现，不透明的（同质）物体表面越光滑，反射效果越好。

（3）可以拓展探究不同颜色材料的反光效果，以满足学生更深入的探究需求。

相对于教材上对蜡光纸的探究及玻璃幕墙、皎洁月亮的实例，本教具的显著优势在于用科学的数据阐释问题，也使我们的实验由感官描述走向科学实证、由定性研究走向定量研究。

通过这两个创新实验装置，学生就能轻松地建构起"光的反射"的科学概念：当光线照射到像镜子、玻璃幕墙等物体表面时，会按一定角度（两角相等）返回来，这种现象叫反射；几乎所有物体都可以反光，不透明的物体表面越光滑，反射效果越好。

（二）研究平面镜的成像特点

为了方便研究，笔者还赋予了这个教具多个功能，它的主体由镜面板制成，正面测量角度，反面研究平面镜成像特点：既可研究一面镜子的成像特点（两面镜子成180°），又可研究两面镜子的成像个数（两面镜子小于180°）。相对于教材上小汽车镜中成像个数的实验，成像蜡烛精巧易得、目标明确，测量底盘有角度标识，方便操作。通过对实验现象的分析，得出结论：两镜面角度越小，成像越多，见图3。

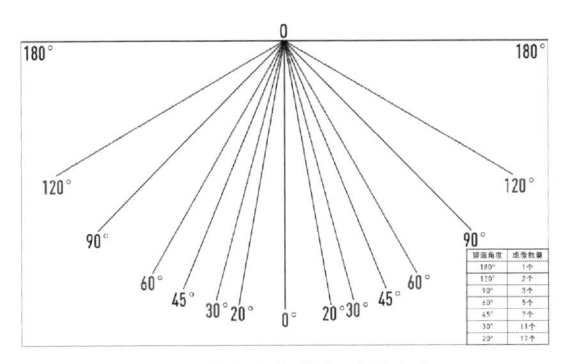

图3 镜中物体成像测量底盘

（三）了解装饰材料中的科学

学生通过对不同材质、不同光滑程度、不同颜色材料的对比实验，真切感受到它们反光效果的差异，意识到身边材料中的科学。此环节教师可以通过创设工业情境，借助一封公司来信，让学生探寻亮度较好的装饰材料，加深科学知识与实际应用之间的关联。

七、教学反思评价

在本节课的实验教学活动中，笔者通过实验教具创新凸显学生的概念建构的生活化、层次性、科学性等特征，较好地展现了实验教学与概念学习之间的关联过程，主要把握以下主题：①分解概念要点，建构科学完整概念；②创新实验教具，呈现直观清晰现象；③丰富问题情境，促进实验教学融合。

八、未来努力方向

对于此教具，笔者还将在中心轴的安装方法、暗室材料的选择、两教具合二为一的设想上作更多的思考和改进，使其科学性、实用性、推广性更强。

光和影

广西贵港市港南区木松岭学校　姚武荣

一、使用教材

教育科学出版社《科学》五年级上册第二单元第1课。

二、实验器材

自制教具万向光影仪、手电筒、纸、笔、小木块等。

三、实验创新要点

教科书列举的实验方法和图例在教学中存在操作困难，表现在：①单灯泡的手电筒较难找到；②手持手电筒不易掌握方向和均衡移动；③在墙面做实验不方便；④缺乏数据研究，学生不易推理。

根据教学过程出现的问题设计制作了教具万向光影仪，此仪器由三部分组成：第一部分由一个万向支架和旋转支架固定光源，可随意调节、旋转、移动，且光源稳定；第二部分由一个大角度量角器组成，可以准确测量光源照射的角度；第三部分由两块以厘米刻度的面板组成底板和墙面，可以对影子的长度大小进行准确测量，为实验的研究提供详细数据。

此仪器还可以作为后面3节课程的学习实验仪器，做到一器多用，见图1。

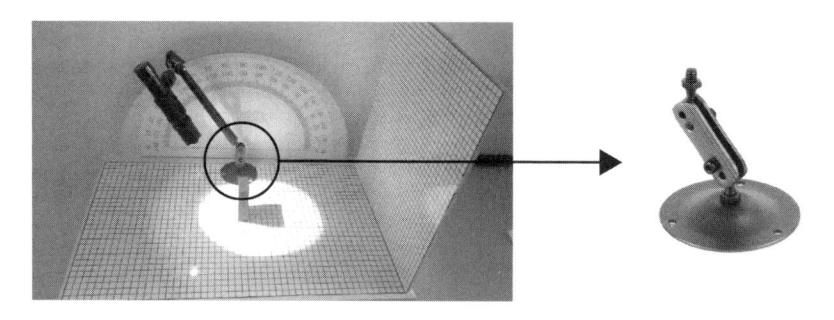

图1　万向光影仪

四、实验原理（实验设计思路）

（一）实验设计思路

从猜测一张相片拍摄的时间导入，激发学生探究的兴趣，利用自制的万向光影仪，探究影子的长短、大小、形状的变化特点，引出投影的概念，并介绍了投影在生活中的运用。

（二）实验原理

实验一：探究影子的长短变化，改变光源照射的角度，把遮挡物放在仪器的中心位置，移动光源分别从30°、60°、90°进行照射，并观察记录影子的长度，分析实验数据得出结论：影子的长短变化与光照射的角度有关，直射时影子最短，角度越倾斜影子越长，影子的方向总是在背光的一面。

实验二：探究影子的大小变化，改变遮挡物与光源之间的距离。固定光源，保持光源直射，遮挡物沿着木板中心的刻度移动，测量遮挡物距离光源5cm、10cm、15cm时影子的大小，通过数据分析比较，得出结论：遮挡物离光源越近，影子越大；遮挡物离光源越远，影子越小；影子的大小与遮挡物和光源之间的距离有关。

实验三：主要研究投影的概念，固定光源直射遮挡物不同侧面，画出遮挡物不同侧面的影子，分析比较发现影子的形状与光源照射遮挡物侧面的形状有关。

五、实验教学目标

（一）科学概念

（1）物体影子的长短、方向随着光源位置、方向的改变而改变；物体影子的大小与物体和光源之间的距离有关；物体影子的形状与光源所照射的物体侧面的形状有关。

（2）从不同侧面照射得到的物体的影子叫作投影，投影在我们生活中很有用处。

（二）过程与方法

（1）做光和影的实验，并将观察结果准确地进行记录。
（2）根据实验结果分析推理出光源、遮挡物、影子之间的关系。

（三）情感、态度、价值观

（1）认识到事物之间的变化是有联系的，也是有规律的。
（2）在实验观察中养成严谨、细致、实事求是的态度。

（四）教学重点

探究影子的变化特点。

（五）教学难点

根据实验结果，分析、推理出光源、遮挡物和影子之间的关系。

六、实验教学内容

（1）探究影子的长短、方向变化。

（2）探究影子的大小变化。

（3）探究什么是投影，并介绍投影在生活中的运用。

七、实验教学过程

（一）创设情境，大胆猜想

（1）老师出示照片，学生猜一猜。

老师：老师今天带来了一张相片，请同学们猜一猜，这张相片是老师早上拍的还是中午拍的？

（2）询问学生猜测的理由。

老师：你能告诉老师你猜测的理由吗？

学生：预设（影子比较短）。

（3）引入新课，板书课题。

老师：刚才同学们的猜测是根据老师影子的长短，影子长短的变化可能与哪些因素有关呢？影子还有哪些变化吗？这节课我们就来探究影子的变化特点，请同学们打开课本第 25 页。

（二）尝试实验，发现不足

（1）学生阅读课本实验方法和图例。

老师：请你用两分钟时间阅读课本中的 3 个实验操作方法，说说你准备了哪些实验器材？

（2）让学生简单介绍准备的实验器材。

老师：老师想问下大家，在这 3 个实验中，你准备用什么做光源？什么做遮挡物？什么做屏呢？

学生：手电筒、小木块、纸。

（3）学生分组初次尝试实验操作。

老师：请你用你准备的实验器材进行尝试实验，第一组尝试完成实验一，第二组尝试完成实验二，第三组尝试完成实验三。请开始。

（4）让学生说说自己尝试实验时在实验操作过程中遇到了哪些困难。

（5）老师总结同学们在实验过程中遇到的问题：手持手电筒不好掌握方向和均衡移动；在墙面做实验不方便；影子的长度和大小比较难测量。

（6）介绍自制教具万向光影仪。

（三）小组合作，探究实验

（1）利用自制教具探究影子的长短、方向变化，见图 2。

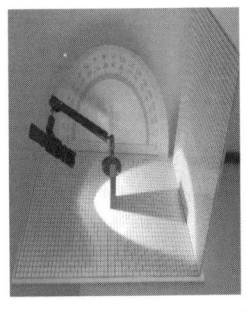

图 2　利用自制教具探究影子的长短、方向

(2) 学生分组实验，完成实验记录表。
(3) 小组汇报实验结果。
(4) 教师小结：影子随着光源位置的改变而改变。
(5) 利用自制教具探究影子的大小变化，见图 3。

图 3　利用自制教具探究影子的大小

(6) 学生分组实验，完成实验记录表。
(7) 小组汇报实验结果。
(8) 教师小结：影子的大小与遮挡物和光源之间的距离有关。
(9) 探究投影的概念，见图 4。

老师：我们把从不同侧面照射得到物体的影子叫作投影。

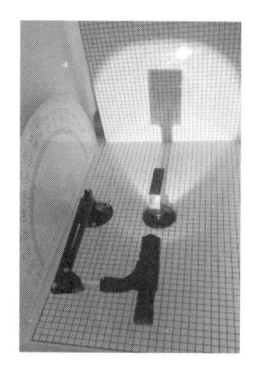

图4 利用自制教具探究投影的概念

（四）思维拓展，学以致用

（1）提问：投影在我们的生活中有很多运用，能举例说明吗？让学生自由说。

（2）图片出示投影在生活中的实例。

（3）课堂小结，回顾本节课，并解决课前提出的猜想。

老师：通过3个实验，我们认识了影子的变化特点，并知道了投影在生活中的运用，你现在能准确地猜出老师上课前的相片是在一天中的哪个时间段拍的了吗？

八、实验效果评价

（1）让学生猜相片充分调动了学生的好奇心和求知欲。

（2）发现教材实验操作不足，引导学生创新实验方法，探求新知。

（3）自制实验装置，整洁美观，结构合理，把3个探究实验有效整合，实验操作更加科学规范，实验效果显著。

（4）实验引进数据分析，培养了学生的观察能力、思维能力、收集和处理信息的能力，体现科学的实践性和综合性，有效完成课堂教学任务，为后面课程的学习打下坚实基础，养成爱科学、学科学的良好习惯。

光和影

甘肃省天水市建设路第二小学　任亚伟　吴重霞（指导教师）

一、使用教材

教科版小学《科学》五年级上册第二单元"光"第一课时"光和影"。

二、实验器材

自制教具、手电筒、小木块、玻璃。

三、实验创新要求/改进要点

自制了一个"简易观察仪"。这个观测仪有两大亮点：简易，学生可以自己制作；精确，利用观测仪上的数据可以准确地知道影子发生了哪些变化。通过对实验器材的创新，既增加了实验数据的准确性，又培养了学生严谨的科学态度。

四、实验原理/实验设计思路

从生活情境中引入，利用自制教具进行实验，一方面使学生清楚地观察到影子的变化与光源位置和距离之间的关系，突出了重点，突破了难点；另一方面由于它简单易做，鼓励学生自己动手制作，激发了学生的积极性，提高了他们的动手能力，让他们感受到原来生活中处处有科学，我们每一个人只要善于动脑、勤于动手，都能成为小小科学家。

五、实验教学目标

（一）科学概念

知道产生影子的条件；知道物体影子的长短和光源照射的角度有关；物体影子的大小与遮挡物和光源之间的距离有关；物体影子的形状和光源所照射的物体侧面的形状有关。

（二）过程与方法

利用科学教具探究，做光和影的实验，能根据实验结果分析推理出光源、遮挡物、影之间的关系，并将结论运用于新的情境中。

（三）情感、态度、价值观

从平常的游戏中发现科学奥秘，激发科学探索的好奇心。认识到事物之间的变化是有联系的，也是有规律的。在实验观察中养成严谨、细致、实事求是的科学态度。

六、实验教学内容

本课是教科版五年级上册《科学》第二单元"光"中的第一课。作为本单元的起始课，充分理解本课的内容，对于本单元的后几课关于光的传播与阳光和温度之间的关系的学习起着至关重要的作用。因此开课以情景导入，运用自制教具观察影子的变化与光源、障碍物距离之间的关系。

七、实验教学过程

（一）情境引入

课前通过预习案的形式，要求同学们利用周末的时间去天水的古民居南宅子欣赏皮影戏表演，感受光与影的奇妙之处。

（二）专项探究

学生运用自制教具观察影子的变化与光源、障碍物距离之间的关系。

（三）学以致用

利用所学知识，归纳影子变化的原因，并自己制作，观察生活中事物的影子变化。

八、实验效果评价

从生活情境中引入，利用自制教具进行实验，一方面使学生清楚地观察到影子的变化与光源位置和距离之间的关系，突出了重点，突破了难点；另一方面由于它简单易做，鼓励学生自己动手制作，激发了学生的积极性，提高了他们的动手能力，让他们感受到原来生活中处处有科学，我们每一个人只要善于动脑、勤于动手，都能成为小小科学家。

光和影

深圳市宝安区宝民小学　李娟

一、教材与目标分析

"光和影"是教科版小学《科学》五年级上册"光"单元的第一课。"课标"中明确指出：光是能量的一种形式，属于物质科学领域的核心概念。而该概念的内涵和外延，在小学科学包含传播特点和光与热两大方面，见图1。

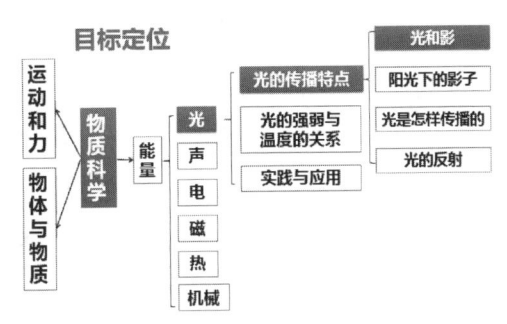

图1　"光和影"在小学科学物质科学领域中所处位置

从本节课一直到第四课将指导学生认识光的传播特点。新课标将三维目标变为四维目标，进一步强调了技术的重要性，并要求学生能够识别来自光源的光，知道光在空气中沿直线传播。以此为基础，明确课时教学目标：通过创新实验仪器和iPad教学，使学生知道影子产生的条件；了解光源、投影概念；通过实验知道影子与光源之间的关系。

教材主要采用了3个实验来分析光和影的问题。这些实验都是控制变量的对比实验，但由于学生手动、视觉的误差和物体固定不牢固等原因可能会导致变量不唯一，从而影响实验结果。同时，无论是实验仪器、实验结果处理方式和现代技术应用等方面，在培养学生实践创新等核心素养上都有所欠缺，见图2。

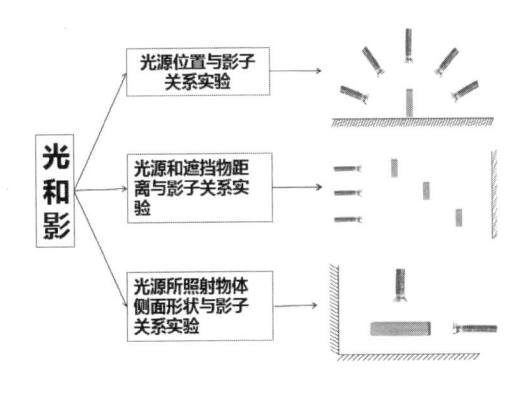

图2　教科书中"光和影"的3个实验

二、实验材料与方法创新

针对上述问题，利用木盒、木片、木条、弧形滑轨、小灯泡、刻度条、方格纸、量角器、G形光源、小镜子等材料，设计制作光的传播实验套盒，有效减少手动和视觉误差，可以完成"光和影""阳光下的影子""光是怎样传播的""小孔成像""光的反射"等系列实验，切实提高学生整体感知能力和综合素养，见图3。

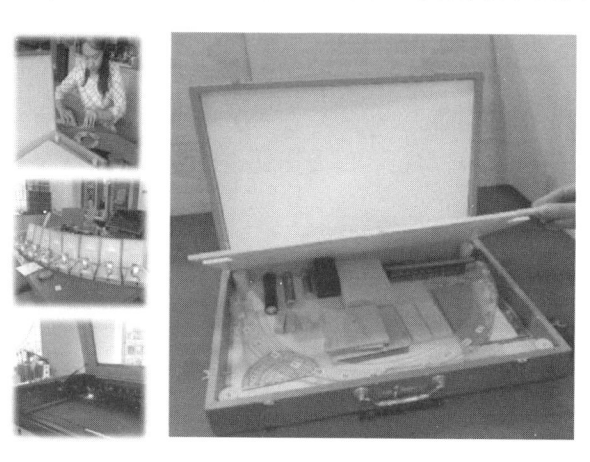

图3　光的传播实验套盒

（一）光影实验

小灯泡在滑轨上移动照射木条，做光源位置与影子关系实验。小灯泡照射不同位置木条，做光源与遮挡物间距离与影子关系实验。小灯泡照射木条不同侧面，做光源所照射物体侧面形状与影子关系实验。同时，创新数据处理方式：设计实验指南，将各影子画在可粘贴刻度条或方格纸上比较分析，直观明显。并利用 iPad 实时反映教学效果，检验所学。见图4。

图4　光和影实验装置

（二）阳光下的影子实验

依据滑轨模拟太阳运行轨迹，从左到右照射代表从早到晚的太阳照射情况，避免阴天影响。同时，滑轨可以调整，可模拟不同纬度太阳照射情况（角度计算得到），比较不同地域影子差异，见图5。

图5　阳光下的影子实验装置

（三）光是怎样传播的实验

用小灯泡照射与小孔在一条直线上的木片，观察情况；调整木片，使小孔不在一条直线，对比分析，得出光沿直线传播的结论，见图6。

图6　光是怎样传播的实验装置

（四）小孔成像实验

制作G形光源，照射小孔，在屏幕上显示倒立的图像，验证光沿直线传播，见图7。

图7　小孔成像实验装置

（五）光的反射实验

不改变光源位置，利用平面镜的反射原理照射不同位置的教科书，见图8。

图 8　光的反射实验装置

三、教学过程

（一）激趣导入，引发问题

通过观察、录制学生影子游戏，分析影子产生原因，知道影子产生的条件：光源、遮挡物、屏，见图 9。

图 9　手影实验

（二）概念解析，探究光源

学生自主阅读分析光源概念，明晰光源特点，根据概念辨析所展示各类物体是否属于光源，并用 iPad 答题检验，见图 10。

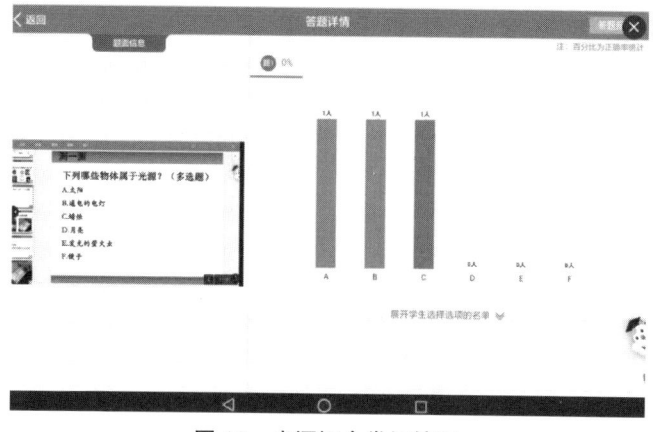

图 10　光源概念掌握情况

（三）实验探究，收集数据

（1）学生自主阅读实验指南，带着问题观看实验操作视频，见图11。

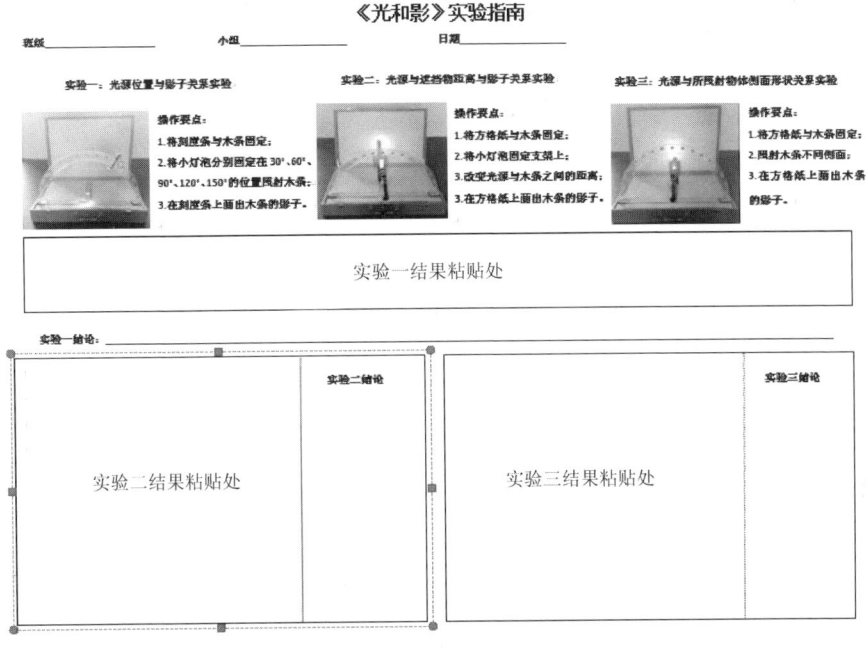

《光和影》实验指南

班级_____ 小组_____ 日期_____

实验一：光源位置与影子关系实验
操作要点：
1. 将刻度条与木条固定；
2. 将小灯泡分别固定在30°、60°、90°、120°、150°的位置照射木条；
3. 在刻度条上面画出木条的影子。

实验二：光源与遮挡物距离与影子关系实验
操作要点：
1. 将方格纸与木条固定；
2. 将小灯泡固定支架上；
3. 改变光源与木条之间的距离；
4. 在方格纸上面画出木条的影子。

实验三：光源与所照射物体侧面形状关系实验
操作要点：
1. 将方格纸与木条固定；
2. 照射木条不同侧面；
3. 在方格纸上面画出木条的影子。

实验一结果粘贴处

实验一结论：_____

实验二结论	实验三结论
实验二结果粘贴处	实验三结果粘贴处

图11　光和影实验指南

（2）全班分成8个组做小组实验，认真观察，记录数据。

（3）处理数据并自主得出结论，并将实验指南拍照上传，分享交流。

实验一光源位置与影子关系实验：分别将小灯泡置于30°、60°、90°、120°、150°位置，照射木条，在可粘贴刻度条上绘制木条影子轮廓并标注角度。

实验二光源与遮挡物间距离与影子关系实验：调整木条与小灯泡距离，在方格纸上绘制木条影子轮廓并标注位置。

实验三光源与所照射物体侧面形状关系实验：用小灯泡分别照射木条不同侧面，在方格纸上绘制木条影子。

我们发现，大部分学生可以得出影子的长短随着光源照射的角度改变而改变的结论。光源直射时，影子最短；随着斜射程度越大，影子越长。只不过学生表述的时候会说90°、正上方，斜射程度用两侧、一边表述。个别小组可以发现影子总在背光一面，例如光在左边影子在右边，只是表述得较为口语。

同时，我们发现，个别小组在同一照射角度下影子长度与其他小组存在差异，经过比较，发现木条长度存在差别，深化学生认知。

实验一结论：影子总在背光一面。影子的长短随着光源照射的角度改变而改变，光源直射时，影子最短，随着斜射程度越大，影子越长，见图12。

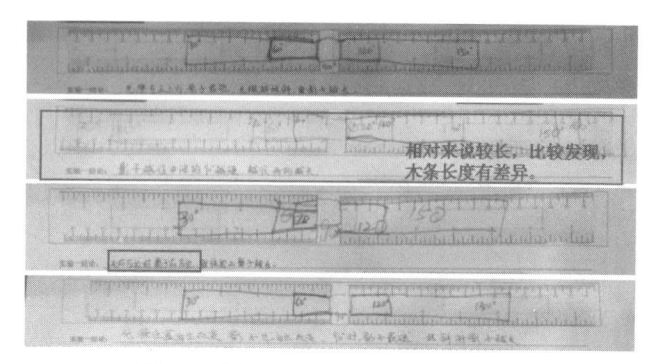

图12 光源位置与影子关系实验结果

实验二大部分学生可以得出影子大小与物体及光源距离有关的结论，且距离越远，影子越小；距离越近，影子越大。并得到一些其他结论，如数值与比例的关系问题等。同时，我们发现，个别影子偏离较大，学生分析：可能除改变距离外，木条位置发生了变化。进一步强调控制单一变量。

实验二结论：物体与光源距离越远，物体的影子越小；距离越近，物体的影子越大，见图13。

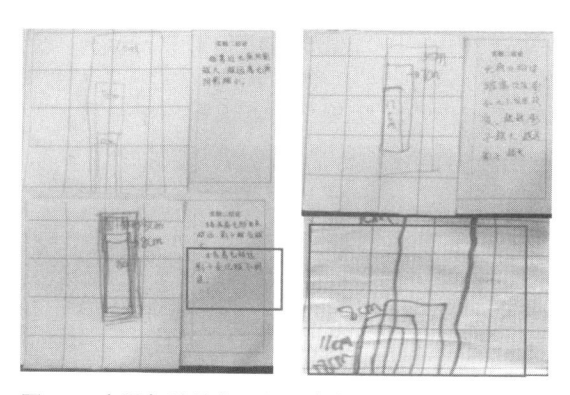

图13 光源与遮挡物之间距离与影子关系实验结果

实验三中，大部分小组有效控制单一变量，物体位置和大小没有出现明显差异，并得出正确结论：影子形状和光源所照射物体侧面形状有关，见图14。

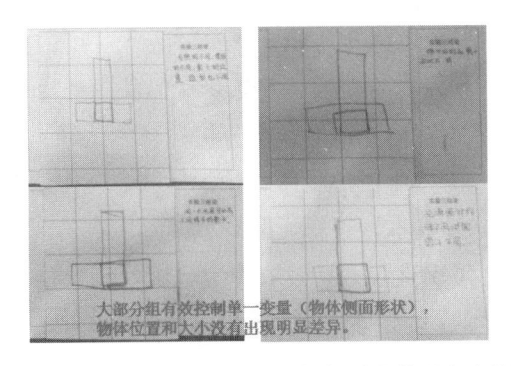

图 14　光源所照射物体侧面形状与影子关系实验结果

分析完实验结论后，利用 iPad 互动答题，检测所学，见图 15。

图 15　光和影相关知识学生掌握情况

（四）拓展分析，巩固所学

学生自主进行影子游戏，观察教室投影验证所学，并得出投影概念：从不同侧面照射得到的物体影子叫作投影，见图 16。

图 16　投影实验

四、反思评价

（一）系统规划，整体设计，构建学生核心概念

从整体把握教学，进行全方位的系统分析和教学设计，并设计制作光的传播实验套盒，有效完成光的传播路径系列实验，帮助学生构建完整认知结构，深入理解光相关概念的内涵和外延，构建核心概念。

（二）操作方便，准确直观，有效减少实验误差

（1）固定。两个小灯泡分别固定在弧形滑轨和侧面；刻度条、方格纸可固定。操作简便，有效避免人为操作误差。

（2）准确。弧形滑轨上有角度，刻度条、方格纸有刻度，使实验更精准和有规律。

（3）直观。实验现象明显，实验结果画图记录，更加生动直观。

（三）创新驱动，深度探究，充分拓展学生思维

创新实验器材和操作方式，创新实验数据处理方式，充分利用现代科技实现教学的有效互动，针对差异数据进行深度探究和分析，充分拓展学生思维。

同时，在其他系列实验中也广泛开展深度探究，例如在阳光下的影子实验中，可避免阴天影响，且滑轨的转动可引导学生比较不同地域（不同维度）影子情况等，例如，模拟了北京、深圳秋分日太阳的运动与影子的变化情况，发现北京影子长、方位变化幅度小，深圳影子短、方位变化幅度大，12时的影子都在正北方向，深化学生认知。

影子为什么会变化

宜城市南街小学　李彩云

一、使用教材

本实验是鄂教版《科学》小学四年级上册"旗杆和影子"单元的内容。

二、实验地位与作用

学生对物体的影子见得多，但认知却只是停留在表象上。我按照由现象到本质的认知规律，引导学生从观察影子的变化到探究影子为什么变化。作为今后研究太阳高度、四季变化等相关知识的基础，本实验的重要性是显而易见的。

因此，根据课程标准、实验内容及学生学情，我确立本实验的教学目标如下。

（1）认知目标：让学生知道太阳每天在天空中的运动模式，认识到一天中影子的变化与太阳的运动有关。

（2）能力目标：通过观察，总结出影子变化和太阳运动的规律，并在实际生活中学会运用规律判断时间及方向。

（3）情感目标：进一步认识自然事物和现象是相互联系、相互影响的，激发学生的探究兴趣，培养学生从小养成主动观察、认真思考、深入探究的科学精神。

实验重点：引导学生弄清一天中影子的变化与太阳的关系。

实验难点：指导学生能用恰当的语言准确表述对影子变化原因研究的过程及结果。

三、实验原型与不足

四年级学生初次接触模拟实验，迫切地希望得到老师及教材的指导。可是实际教学中，我们却发现教材实验存在以下不足。

（1）实验介绍指导性不强（见图1）。

图1 实验介绍指导性不强

（2）方位坐标不规范。平面图指示方向的规则是上北下南，左西右东，教材中却这样标示（见图2），与实际对比时容易出错，也不便于学生观察理解。

图2 方位坐标不规范

（3）手电筒移动太随意（见图3）。用手移动手电筒，没有一定的轨道，太虚拟，学生不容易看出太阳的运行轨迹。

图3 手电筒移动太随意

（4）条件受限。实验时，因条件不一致，每次演示结果有差异，不利于反复观察。

模拟实验要求形象、直观、科学。因此，我采用创设情境法、直观演示法、问题探究法对教材实验进行了改进与创新。

四、实验改进与创新

（一）自建模拟实验装置

用木板模拟大地、木棍模拟旗杆、不锈钢管模拟太阳的视运行轨迹、手电模拟太阳，自制了"影子变化演示仪"（见图4）。自制的教具有助于学生明白什么是模拟实验，为以后的探究性学习打下基础。

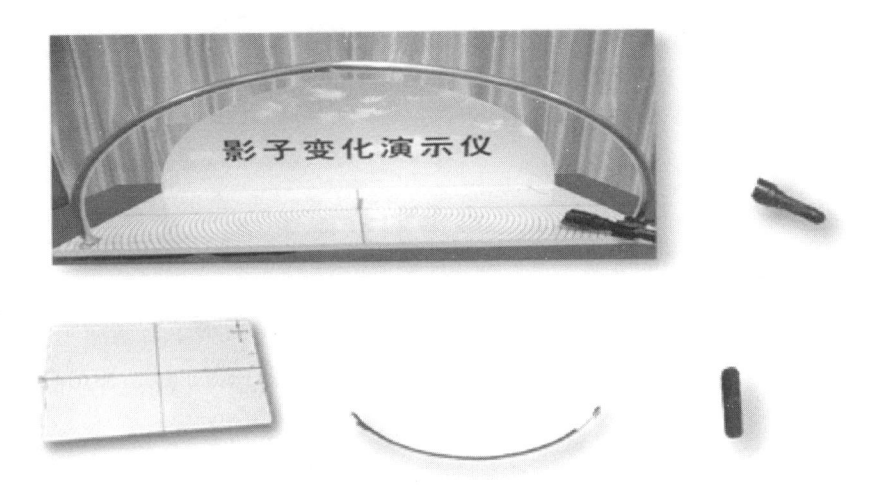

图4 自建模拟实验装置

（二）标注方位坐标

加入规范的方位坐标（见图5），帮助学生观察、判断影子的方向及方向的变化。

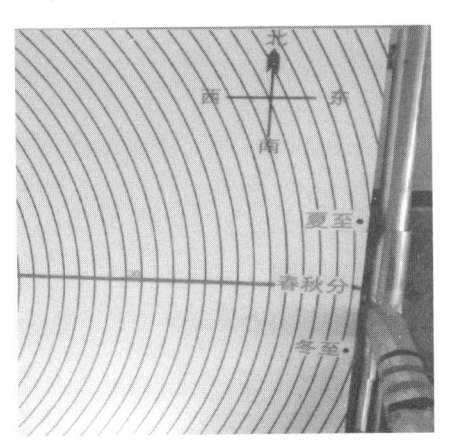

图5 加入规范的方位坐标

（三）模拟太阳的运行轨道

我国位于北回归线以北地区，根据太阳的运行轨迹图，我用滑动的套环推动不锈钢管模拟了太阳四季不同的运行轨道。由于地轴总是倾斜的，轨道也向南倾斜，与实际更贴合。用滑轮控制太阳的变化过程，帮助学生观察和测量（见图6）。

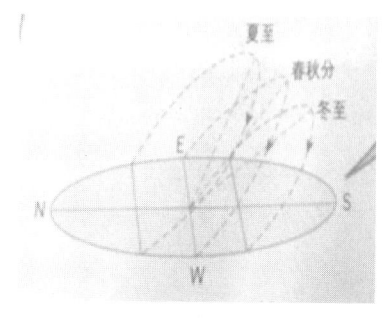

图6　模拟太阳的运行轨道

（四）测量更方便、准确

学生拿卷尺趴在地上测量（见图7），不方便，误差较大。自制演示仪木板上画上了半径间距为1cm的同心圆（见图8），测量数据一目了然，且误差较小。

图7　学生拿卷尺趴在地上测量 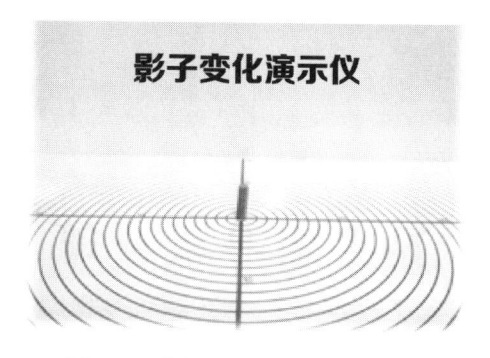　　图8　画半径间距为1cm的同心圆

（五）条件不受限

自制影子变化演示仪打破了天气、时空的限制，且实验条件可控，有利于反复演示，对比观察。同时，在"旗杆和影子""影子为什么会变化"这两课中都能使用，起到了一物多用的效果。

总之，实验改进创新后的优越性体现在：条件一致，操作方便，贴合实际，便于观察，现象明显。

五、教学过程及实验步骤

本课的教学我主要分三步推进:激趣—探究—应用。

(一)影片导入,激发兴趣

伟大的教育家孔子曾说过:"知之者不如好之者,好之者不如乐之者。"开课伊始,我让学生观看手影节目《逗趣》,调动学生的好奇心,再联系生活中所见到的影子场景,激发学生对影子进一步探究的兴趣。

(二)探究实验,得出结论

(1)创新的实验分两步进行。①发现规律实验,通过模拟实验让小组长操作实验过程,学生在认真观察的基础上发现影子变化的规律。②在此基础上,提出问题——影子为什么会变化,激发学生探究规律的兴趣,并借助模拟实验,引导学生将影子的变化与太阳的运动建立起联系,由现象到本质,层层递进。

(2)数据分析。真正的科学探究既要关注现象,又需数据验证。这样才能将感性认识上升到理性推理,激发学生的科学思维。在这个过程中,我通过两个表格(见表1和表2)让学生边观察边填空,降低了概括规律的难度。同时,数据呈递减式变化,帮助学生总结出影子变化规律。

表 1　观察到的现象 1

太阳照射的角度	影子长度	影子的长短变化
斜射 30°	(30) cm	最(长)
斜射 60°	(9) cm	变(短)
直射 90°	(4) cm	变(最短)

结论:影子的长短和太阳光照射的(角度)有关。

表 2　观察到的现象 2

时间	太阳的位置 方向	太阳的位置 高度	影子的方向变化	影子的长短变化
早晨	(东南)方	(低)	(西北)方	(短→长)
中午	(南)方	(高)	(正北)方	变(最长)
晚上	(西南)方	(低)	(东北)方	(长→短)

结论:影子的方向和太阳光照射的方向(相反),影子的长度和太阳位置的高度(相反)。

(3)通过手机传屏和光感传感器的配合应用,使实验现象一目了然,实验结论自然水到渠成,见图9和图10。

图9 手机传屏　　　　　　　　图10 光感传感器

（三）学科整合，思维碰撞

学科间有效的整合有助于学生建立系统的思维方式，体验知识之间的联系。基于此认识，我将本节课学习的内容与美术、音乐、体育等学科进行整合，为学生提供了大量的自主实践平台，使学生有机会将所学知识与实际生活发生连接，积累解决实际生活问题的经验和能力，全面培养核心素养。

（1）多变的影子（美术）：让学生发现影子的形态美，并用自己的画笔把它展示出来，见图11。

图11 画影子

（2）皮影表演（音乐）：通过学生亲自操纵皮影，来感知影子神奇的变化及这种变化带来的乐趣，见图12。

图 12 皮影表演

（3）踩影子、影子变变变（体育）：通过游戏的形式，帮助学生掌握影子方向变化的规律，激发对影子进一步探究的欲望，见图 13。

图 13 踩影子

· 141 ·

下面，我重点来为大家演示一下实验过程。

实验一，发现规律——影子怎样在变化。

学生操作实验过程，用手电筒模拟太阳，沿着模拟的太阳视运行轨迹自西向东缓缓移动。在自制的影子变化演示仪木板上，学生可以清晰地观察一天中影子的变化情况。短暂的时间里让学生直观地发现了一天中影子的变化规律，并将影子的变化与太阳的运动建立起初步的联系。

实验二，探究规律——影子为什么会这样变化。

我们来模拟秋季太阳运行轨迹（教师边演示边讲解）。早晨，太阳从东南方升起，影子在西北方。太阳位置低，影子很长。太阳慢慢升高，影子慢慢变短。正午，太阳最高，影子最短，且转到了正北方。下午，影子转到了东北方，影子随着太阳的西落，慢慢地变长。影子在秋季时是这样变化的，那春、夏、冬三季时是否也是如此？我们可以自如切换，模拟不同季节太阳的视运行轨迹，反复演示，学生很容易就理解了影子的这种变化规律是太阳的东升西落造成的，周而复始。实验效果明显，激发了学生在实际生活中持续探究的兴趣，事半功倍。

六、实验反思

课程的有效整合，拓宽了知识的获取空间，体现了以学生发展为本的理念。

教具和实验方法的改进与创新，化抽象的科学知识为直观的实验现象，学生更容易理解，有效地突破了教学的重难点。

模拟实验培养了学生的科学思维，激发了学生在生活中持续探究的兴趣。

穿越激光网
——光反射的运用与操作

佛山市顺德西山小学　李菁

一、使用教材

本课内容将粤教版小学《科学》六年级上册第四单元第28节"镜子"和第30节"光的反射现象"融合成一节课。

二、实验器材

光敏报警器模块、可调节镜片（含磁铁）、激光笔、铁制门形框架、夹子、喷水壶。

三、实验创新要点

（一）实验器材的创新

（1）大型的铁质门型装置坚固不易摇晃，可以让学生在真实地体验来回穿越阻挡光线的过程中避免碰撞。

（2）使用自制磁性可调圆镜，镜片位置和角度都可自由调节，准确地调节反射角度；光线采用绿色激光笔，安全好玩有趣。节省实验时间和经费。

（二）科学习惯培养

实验中创造性地使用光敏报警器，使孩子们方便地了解智能硬件的工作原理，触类旁通地了解其他传感器的使用方法。

（三）实验的适用性

设计的活动内容与需要解决的问题符合小孩愿意探险的年龄特征，有趣并富有挑战性。

四、实验设计思路

本节课的思路是：从学生熟悉的生活问题引出"照亮目标"活动，为了符合学生认知规律，设置的几个任务从易到难，从完成一次折射，到利用多次折射形成严密的激光网，最后完成破解激光网的任务。在此活动中观察反射现象，认识反射光的规律，然后列举并解释生活中光反射的事例。重点培养学生课上自主实验操作能力，通过观察、探究、实践等方法，理解光的反射及运用；课后主动搜集整理信息等科学课外探究能力。

五、实验教学目标

准确、易懂、可行的教学目标能使学生目标明确，从而选择正确的学习方法，进行有效的学习。我依据新课程标准的相关要求、教材内容和实际情况，制定了本节课的教学目标，包括以下三个方面。

（一）科学知识目标

（1）了解光遇到镜子时，会发生反射现象，光的传播方向会发生变化。
（2）光线变化可以被检测到，利用这一特性设计的产品改变人们的生活。

（二）过程和方法

（1）通过实验了解光遇到镜子会发生反射现象，光的传播方向会发生变化。
（2）通过观察现象，记录数据，了解光敏报警器工作的原理，会设计并制作激光防护网。

（三）情感态度价值观

意识到可以利用自然规律为人类服务。

六、实验教学内容

本课基于项目学习采用科学 STEM 教学模式，以任务驱动的方式，将学习光的反射和镜子转为 3 个不同难度的任务，先是提出让学生完成激光网的初步布设，其次是升级制作严密的激光网，最后是设计并实践穿越严密激光网的光线破解图。任务驱动将学生自主学习光的知识和光敏报警器的应用转化为学生内在驱动力，使学生对科学课有较高兴趣，并通过小组协作完成项目问题，过程中培养学生的自主学习能力和团队协作精神。

实验过程设计了如下 4 个环节。
（1）激发兴趣，分析装置工作原理。
（2）任务驱动，制作严密安全网。
（3）情景拓展，绘制光线破解图。
（4）技能提升，实践穿越激光网。

七、实验教学过程

（一）激发兴趣，分析装置工作原理

首先，导入接近真实环境的报警器工作情景，介绍光敏报警器工作原理，见图 1。

美国心理学家布鲁纳曾经说过："有效的学习开始于准确的引导。"在提出光的反射概念前，我先播放一组电影片段，让学生更加直观地感受光在现实生活

穿越激光网——光反射的运用与操作

中的运用，激发起大家的好奇心，进而探究为什么报警器会鸣叫，从而引出光敏报警器，介绍其工作原理。原来光就像是一位信息传递员，一旦这位信息员被阻截，报警器便会响起。

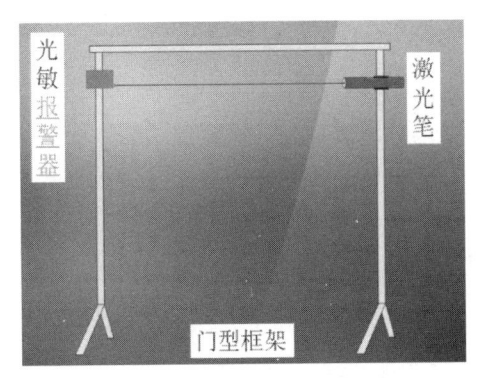

图1 光敏报警器工作原理

我们通过门形铁架、光敏报警装置、激光笔、磁性反光镜组成的实验模型来演练。实验中我们通过循循善诱的层次设计，让学生抽丝剥茧地去发现科学原理。那么实验将分三步走。

运用磁片将光敏报警装置固定于铁架一侧，激光笔固定于另一侧，调节光线照射路线，让光敏报警器停止报警，用手阻断光线，报警器便立刻嘶鸣。这里我们要探究光线的路线是怎样的。（PPT展示：原理探究——光沿直线传播，见图2。）

图2 光沿直线传播

如果我将光源和镜片放置于同一侧，同时给学生一个镜片，在有限的条件下如何让光敏报警器停止报警？（PPT展示：想一想，动动手——一个镜片，光源和光敏报警器同侧，如何让光敏报警器停止报警？见图3。）

· 145 ·

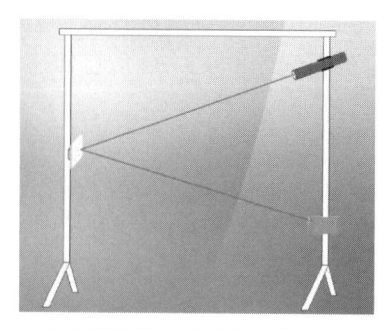

图3 在有限条件下让光敏报警器停止报警

利用喷雾器，我们在水珠的条件下，观察学生调节好后的激光路线，引导学生发现光遇到镜面会形成规则反射的原理。(PPT展示：想一想，动动脑——光遇到镜面会发生反射，见图4。)

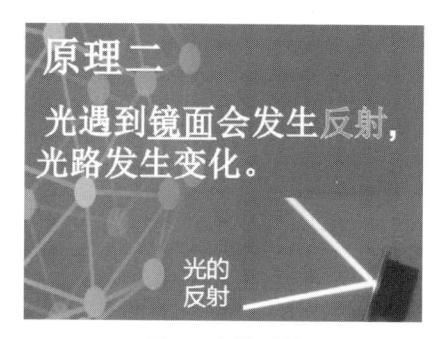

图4 光的反射

(二) 任务驱动，制作严密安全网

在完成前面操作的基础上，增加难度，我们设置了任务驱动：如何利用增加镜面，调节反射角度弥补报警器漏洞。(PPT展示：比一比——设计一个布防严密的安全网，见图5。)

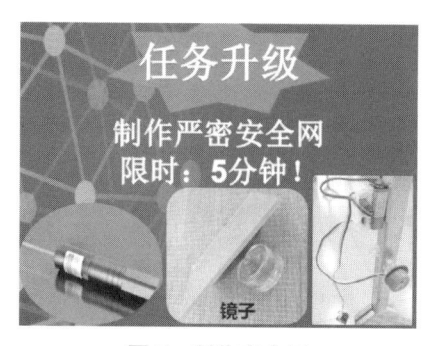

图5 制作安全网

(三) 情景拓展，绘制光线破解图

最后，增加难度提出目标，两个小组互相讨论思考，如何利用镜面反射原理，在不触发报警器的情况下设计光线反射路径，破解对方小组的安全网，并将光线反射图绘制出来。在这里我们通过情境设置的方式来布置任务，进一步激发学生的探索热情（PPT展示：穿越激光特工A计划。我国机密文件被敌方窃取并已布置严密激光网保护，请你们为特工们设计一个破解方案，让他们能穿越激光网，安全获取情报，见图6）。

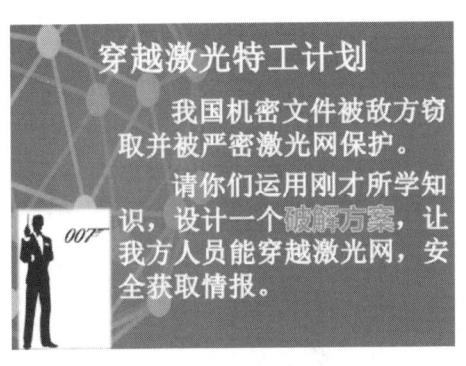

图6 破解安全网

(四) 技能提升，实践穿越激光网

小组讨论光线反射简图，动手操作，并检验是否可以安全穿越，见图7，任务单见表1。

图7 反射光穿越激光网示意

表1　任务单——穿越激光特工 A 计划

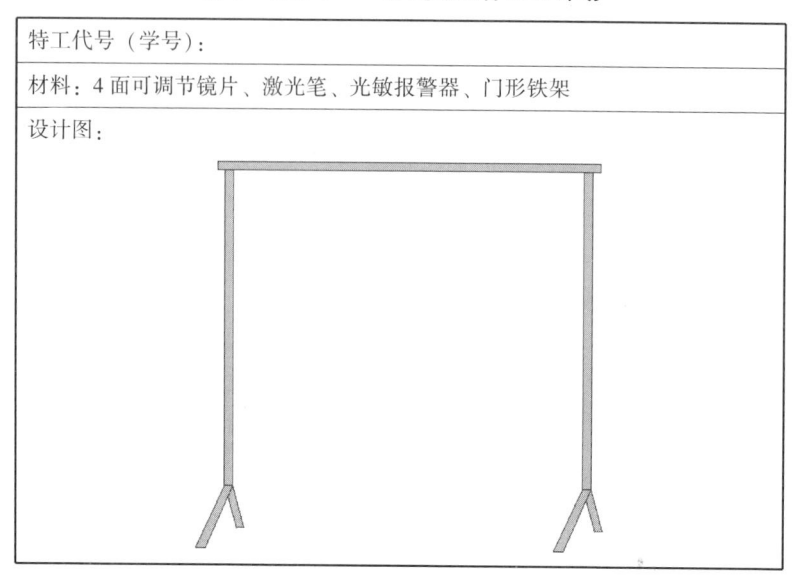

特工代号（学号）：
材料：4面可调节镜片、激光笔、光敏报警器、门形铁架
设计图：

八、实验效果评价

　　本节课以自制学具、学生实验为主，旨在利用学生的好奇心，因势利导地激发学生探索光的世界，理解光在现实中的运用，培养良好的科学态度。活动中让学生充分做到自主、合作、探究的融合，活动难度层层推进，巧妙地让学生在不知不觉中作出相应的变化，保护创新火花，激发奇思妙想，实现教学的有效性，使科学课堂充满生机与活力。教与学的过程也是我丰富自身知识、实现自我发展的过程，我会在此过程中不断学习，充实自己，最终实现教学相长的目标。

研究透镜

厦门市仙岳小学　何星源
厦门市思明区教师进修学校　高翔

一、使用教材

苏教版小学《科学》五年级上册第二单元"光与色彩"第3课"研究透镜"。

二、实验器材

（一）改进前

凸透镜1个、凹透镜1个、纸、太阳光。

（二）改进后

多功能透镜研究装置（见图1）（由凸透镜2个、凹透镜1个和指南针、水平气泡、减光片、数字测温器、对光十字准星、特殊设计的太阳高度量角器等巧妙组合而成）、印有战船的圆形纸片、太阳光。

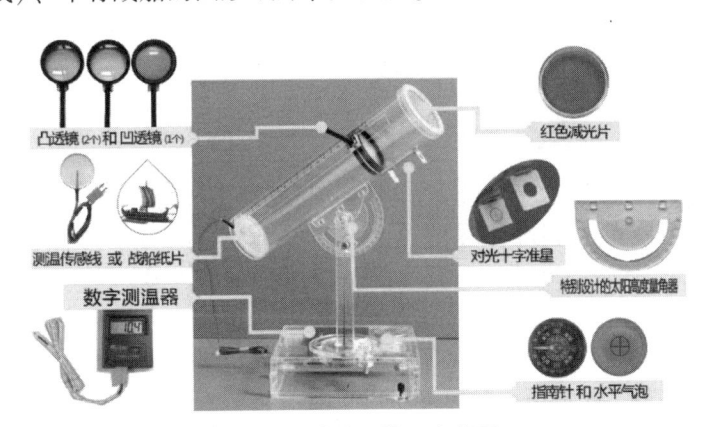

图1　多功能透镜研究装置

三、实验创新要点改进要点

经过精心设计，将零散的实验器材整合为多功能透镜研究装置，创新点体现在以下几个方面。

（一）巧妙设计对光易

实验要求让太阳光垂直透镜镜面，这对于五年级学生来说操作上存在难点，部分学生可能直接将凸透镜对着太阳，存在灼伤眼睛的安全隐患。通过创新设计的水平旋转和上下旋转结构，将圆筒口大致对准太阳，再辅以十字准星对光装置，快速解决太阳光垂直镜面的问题，对光快速、安全。

（二）透镜移动快又顺

圆筒状的外形，透镜可以方便嵌入，并自由平移，圆筒末端有放纸片的插槽，圆筒外壁有刻度，解决学生手持透镜不稳定、纸片容易被风吹走、透镜与纸的距离不固定等难题。

（三）减光护眼重安全

减光片的使用，避免学生长时间操作和观察过程中，强光对眼睛的伤害。综合几个方面的创新，化危险、低效的操作为安全、高效、有层次的探究学习过程。

（四）数字传感很震撼

实验装置底部放置数字测温器，将测温传感线放到聚光点的位置，即可实时显示光斑温度的变化。

（五）室内操作我能行

阴天等不良天气情况下，在室内也可以使用平行激光组套件，补充演示实验，光路明显，效果直观。

（六）拓展功能很丰富

多功能透镜研究装置拓展性强，搭配不同颜色的纸片、凹凸透镜组合等，可以拓展探究照相机、望远镜、太阳高度测量仪、颜色与吸热的奥秘等实验活动。

四、实验原理/实验设计思路

（一）实验原理

（1）光线经过空气和镜片两种不同介质时，传播方向会发生偏折，产生折射现象。

（2）太阳光可视为近似平行光，穿过透镜后产生折射，呈现凸透镜能聚焦、凹透镜不能聚焦的现象。

（3）光线聚焦的过程，光线的能量也在聚集，光斑最小、最亮时，在聚光点产生高温烧穿纸片。

（二）实验设计思路

转化低效、不安全的实验操作方式，抓住实验成功的关键，保持镜片与光线垂直，精准对光，使光斑最小、最亮，并能方便移动透镜镜片，固定透镜镜片位置。

（1）实现透镜与太阳光垂直：调整装置达到水平，根据太阳大致方向调整圆筒朝向。让太阳光穿过对光器的圆孔，打在十字准星上，便完成了太阳光线与圆筒开口方向一致，嵌入式的透镜与筒壁垂直。

（2）实现光斑最小、最亮（聚焦）：让嵌入式的透镜在圆筒内壁自由平移，改变透镜到纸的距离，观察纸面上的光斑大小变化，达到光斑最小、最亮。

（3）感受聚光点的温度：将带有数字测温传感线的圆盘插入圆筒末端，调整光斑到最小、最亮时，通过数字测温器实时显示聚光点的温度变化。

五、实验教学目标

（一）科学知识

（1）知道凸透镜能够聚光，凹透镜不能聚光。

（2）知道不同凸透镜聚焦的距离不同。

（3）知道平行光线经凸透镜折射后会聚焦，聚光点的温度很高。

（二）科学探究

（1）能用简单的实验器材初步探究凹、凸两种透镜的聚焦现象。

（2）能使用改进后的多功能透镜研究装置开展凹、凸透镜的聚焦实验，并进行实验现象和数据的记录。

（3）在教师的引导下，学生自主探究，以游戏方式推进教学，观察透镜聚光过程，记录实验数据，经过对比、分析归纳概括，最后得出结论。

（三）科学态度

（1）乐于探究的态度，积极参与实验。

（2）懂得实验安全的重要性。

（四）科学技术社会与环境

通过改进的实验装置的使用，体会精心设计的装置提升实验探究的有效性，也保证了实验人员的安全性，科学探究变得有层次，了解科学技术对学生实验方式和学习效率极大提升的作用。

教学重点：知道凸透镜能够聚光，凹透镜不能聚光。

教学难点：让阳光垂直透镜镜面，调节透镜与纸的距离，使光斑最小最亮。

六、实验教学内容

（一）第一部分

按照教材提供的方法，手持透镜，利用太阳光进行聚光烧战船游戏，发现聚焦现象。

（二）第二部分

在认识和了解多功能透镜研究装置的基础上，使用新装置进行凸透镜和凹透镜烧战船游戏，初步得出凸透镜能聚焦、凹透镜不能聚焦的结论。

（三）第三部分

使用新装置，利用不同凸透镜聚光烧战船游戏，得出凸透镜都能聚焦的结论，发现不同透镜聚光时，透镜与纸的距离不同。

（四）第四部分

用数字测温器，直观高效感受聚光点温度的变化。

七、实验教学过程

本实验采用学生自主探究模式进行教学，以游戏方式开展，观察透镜聚光过程，经过对比、归纳概括，最后得出结论，教学分为3个环节。

（一）故事引入，定义聚焦

（1）从阿基米德烧战船故事引入。人类战争史上曾发生过这样一件事情，在公元前215年，古罗马派船攻打古希腊，传说阿基米德命令几百名士兵手持凸面镜，所有的镜子一起向一艘战船反射去灼热的阳光，不一会儿，船烧着了，见图2。

图2　阿基米德烧战船

老师：阿基米德为什么能利用光线把战船烧毁呢？

学生：一面镜子反射的太阳光不怎么热，但是几百面镜子反射的光，集中在一条船上，温度就可能变得很高，所以船就烧着了。

（2）定义聚光点和聚焦。一面镜子反射的太阳光，温度是不高，但是所有的镜子反射的光汇聚到某一点，这个点，叫作"聚光点"，聚光点的温度可能很高，这个汇聚光线的过程，叫作聚焦。

（二）游戏探究：手持凸透镜烧战船（见图3）

图3　手持凸透镜烧战船

(1) 提问：除了阿基米德的方法外，还有其他聚焦的方法吗？

1) 引入课本的实验：在五年级科学第二单元"研究透镜"这一课，教材提供了一个实验，大家一起来看看课本上是如何介绍的，见图4。

图4　课本实验介绍

2) 学生学习实验要求：让阳光穿过凸透镜，观察聚焦情况。让镜面与太阳光线垂直，调节镜片与纸的距离，使光斑最小、最亮。

(2) 定义凸透镜和凹透镜。

1) 提出问题：什么是凸透镜，什么是凹透镜？

2) 学生观察透镜：请小组长拿出抽屉中的两面透镜，小组组员一起观察，可以看一看，摸一摸。学生观察汇报：两面透镜的玻璃不一样，一个是凸出来的，另一个是凹进去。

3) 定义概念：中间厚、边缘薄的透镜称为"凸透镜"；中间薄、边缘厚的透镜称为凹透镜，见图5。

图5 透镜

（3）进一步解读实验要求。

实验有两个要求：让镜面与光线垂直；调整镜片与纸的距离，使光斑最小、最亮，见图6。

图6 实验的两个要求

（4）手持凸透镜烧战船游戏。

1）学生实验操作尝试让太阳光穿过凸透镜，观察聚焦情况，教师巡视指导。

2）学生反馈实验情况，共同总结实际操作中存在的问题（见图7）：①镜面与光线难垂直；②镜片与纸的距离难固定；③光斑最小难实现；④长时观察伤眼睛。

图7 实际操作中存在的问题

（三）引入多功能透镜研究装置

（1）引入多功能透镜研究装置，见图8。

图8　多功能透镜研究装置

（2）教师介绍多功能透镜研究装置的特点和使用方法。

1）实验前仪器的调整。①仪器底部配有调整螺丝，可以根据地形调整仪器的水平状态。②根据太阳的大致方位，水平旋转和上下转动圆筒，使太阳光穿过圆孔并对准十字准星。③锁定水平旋转和上下旋转的螺丝后，便完成了实验的准备工作，见图9。

图9　实验前仪器的调整

2）将透镜插入圆筒内。实验前，在圆筒前端带上红色减光片，可以减少强光对眼睛的伤害。圆筒末端插入战船纸片，见图10。

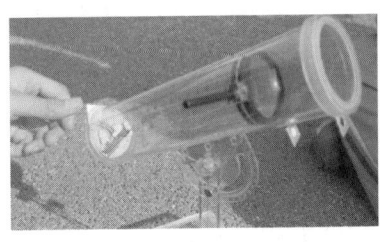

图10　将透镜插入圆筒内

3）移动透镜的位置，观察战船纸片上光斑的变化，读出透镜到纸的距离，并作实验记录，见图11。

图 11　观察情况并作实验记录

（四）采用新装置，在游戏中探究凹透镜和凸透镜

（1）实验前调整装置，将凸透镜插入圆筒内，圆筒前端带上减光片，末端插入印有战船的纸片。

（2）在游戏中学生自主探究凸透镜和凹透镜能否把太阳光汇聚成最小光斑，把印有战船的纸片烧穿。

（3）观察光斑变化以及光斑最小、最亮时透镜到纸面的距离，作好实验记录。

（4）学生汇报实验情况，得出结论：凸透镜能聚光，凹透镜不能；当形成最小光斑时，凸透镜与纸的距离是 8.5cm，见图 12。

图 12　在游戏中探究凸透镜和凹透镜

（五）游戏探究——不同凸透镜对比

（1）引导学生再拿出第二面凸透镜作实验观察，并作实验记录。

（2）两面凸透镜作对比，汇报实验情况，得出结论：凸透镜都能聚光，但是不同的凸透镜聚光形成最小光斑时，透镜与纸的距离是不同的，见图 13。

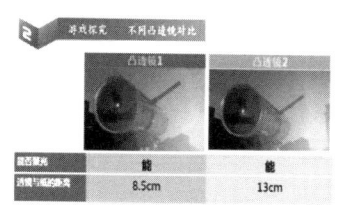

图 13　两面凸透镜对比

（六）拓展探究——感受焦点的温度

学生使用数字温度计，将测温传感线放到聚光点的位置，进行测量及实验记录，见图14。

图14 测量聚光点温度

（七）平行激光组穿过凹、凸两种透镜补充演示实验

如果遇到室外阴雨天气，在室内也可以使用平行激光组分别穿过凹、凸两种透镜进行演示实验，光路明显，效果直观，见图15。

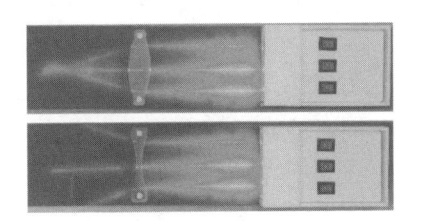

图15 演示实验

八．实验效果评价

经过教学实践可以看到，经典科学故事激发了学生探究的欲望，同时帮助学生理解聚焦的概念。使用改进后的多功能透镜研究装置开展游戏教学，学生自主探究发现凸透镜能聚光，凹透镜不能聚光的结论。再通过对比两次游戏的数据，得出不同凸透镜聚光时，透镜与纸张的距离是不同的结论。正因为使用优化设计的教具，避免了诸多干扰因素，为实验教学顺利开展奠定了基础，学生能专注于透镜探究，化操作困难为高效安全，教学变得富有层次感。

摆

内蒙古自治区乌兰察布市兴和县民族小学　常宇华

一、使用教材

苏教版小学《科学》四年级下册第三单元第5课"摆"。

二、实验器材

自制教具（塑料瓶、细铁丝、硬纸板、瓶盖、磁铁、铁片、废旧笔芯等）、记录表、秒表。

三、实验创新要点、改进要点

（1）细铁丝做摆线，克服了拉不直的问题，而且长短便于伸缩。

（2）瓶盖、磁铁、铁片做摆锤，更方便增减摆锤轻重。

（3）用硬纸板做成"摆专用量角器"，这样指示摆角更加明确，而且制作起来也非常方便。

（4）用塑料瓶做支架，装有一定容量的水做好配重，既经济又实用。最重要的是摆脱了磁力的干扰，同时培养了学生的环保意识。

（5）笔芯特制的轴承，克服了摆锤乱摆的现象，减小了摩擦，提高了实验的成功率。

四、实验设计思路

（1）学生自己猜想影响摆快慢的因素。

（2）小组讨论后开始设计实验方案（学会控制变量）。

（3）小组成员利用自制教具开始实验（出示实验注意事项），多次实验取其平均值。

五、实验教学目标

（一）科学知识目标

知道摆的组成部分，认识到"控制变量"是一种搜集证据的重要方法，通过实验得出摆的快慢与摆长有关这一结论。

（二）科学探究目标

自己设计摆的实验方案，通过实验培养学生分析问题、解决问题的能力，使学生学会使用对比、归纳、总结的研究方法，提高他们的观察能力、思维能力以及语言表达能力。

(三) 科学态度目标

通过实验，使学生获得自主、合作、探究的学习态度，培养学生探究科学的兴趣，树立实事求是、追求创新的科学精神，充分调动学生学习的积极性，并且乐于分享，建立良好、融洽的师生关系。

(四) 科学、技术、社会与环境目标

与具体实际联系，把摆运用到生活实际中，而且在制作教具时，注重废物利用，树立环保意识。

六、实验教学内容

(1) 知道摆由摆线、摆锤和摆角组成。

(2) 知道摆的快慢与摆线的长短有关（会设计控制变量）。

七、实验教学过程

(一) 情境引入（1min）

讲述伽利略发现教堂吊灯摆动的故事，使学生产生兴趣，引出课题"摆"。

(二) 提出目标（3min）

(1) 知道摆的组成部分：摆线、摆锤和摆角（或摆幅）。

(2) 能够测量在单位时间内摆动的次数（从出发点摆过去再摆回来算1次）。

(3) 知道摆的快慢与什么因素有关。

参照导学案，猜想摆的快慢与什么因素有关：摆线的长短，摆锤的轻重，还是摆角的大小？让学生自己设计一个实验，利用自制教具来进行实验论证。

(三) 分组实验（20min）

在实验开始前，教师必须强调实验注意事项（课件展示），然后让学生根据自己设计的实验方案进行分组实验。在这一过程中，注意把时间和空间还给学生，让学生拥有足够的时间去进行自主探究。

(四) 展示评价（10min）

实验完毕后，小组利用投影仪进行展示。师生共同评价，让学生真正体会到自己主人翁的地位，既展示出了学生的学习效果，又锻炼了学生归纳总结能力和语言表达能力。

(五) 整体回顾（3min）（课件展示）

做练习闯关，目的让学生们在头脑里对所学知识形成体系。

(六) 知识延伸 (3min)

让学生调节钟表的快慢，再一次引发学生的探究欲望，让学生意识到科学就是这样，永无止境，需要我们不断地去研究、去实践。

八、实验效果评价

(1) 时效性。

(2) 准确性。

(3) 创新性。

(4) 废物利用，帮助学生树立环保意识。

(5) 提高了学生学习科学的兴趣。

钟摆的秘密

郑州市金水区南阳路第三小学　李毓

一、选用教材

本课为大象版义务教育课程标准实验教科书《科学》五年级上册第二单元"时间的脚步"第二课"钟摆的秘密"。

"时间的脚步"这一单元属于"探究过程能力训练"单元，由"精确时间的步伐""钟摆的秘密""小水钟""小小钟表设计师"4 组相互联系、融会贯通的主题探究活动组成。二级目标是能对搜集到的众多资料和数据进行分析和整理。

"钟摆的秘密"是一节通过测量探究活动发现科学规律的课。教材从发现问题出发，通过观察分析钟摆是怎样工作的和摆在钟表里的作用，探究摆速与摆线和摆锤的关系，在实验中发现摆的快慢与哪些因素有关。实际上，摆的运动规律包含了地球引力、重力势能、动能转化、摩擦、阻力等大量知识点。对于小学阶段，不需要让学生掌握这些比较深奥的知识理论，只要学生能够通过实验知道"摆的摆动快慢和摆线长度有关，与摆锤轻重无关，与摆幅大小无关。同一个摆，摆线越长，摆动越慢；摆线越短，摆动越快"即可。

二、学情分析

四、五年级的学生经过两年的科学学习，基本了解科学探究的过程：假设猜想—实验探究—数据分析—得出结论。在之前的学习中，学生能够进行小组分工合作，完成简单的实验操作，进行实验记录，并根据实验数据作出分析判断。基于此，本节课采用学生自主实验探究的学习模式，通过动手操作，在实验中发现"摆的快慢与哪些因素有关"。

三、实验教学目标

(一) 科学知识目标

(1) 通过研究摆钟的构造，发现摆是摆钟的"控制核心"。

(2) 通过对比实验探究摆速与摆线、摆锤、摆幅之间的关系，验证摆的运动规律。

(二) 科学探究目标

(1) 能推测摆的摆动快慢与什么有关。

(2) 能设计并做实验进行研究。

（3）能对实验的数据进行分析推理，并根据有效数据得出科学的结论。

（三）科学态度目标

（1）初步意识到精确数据是需要反复测量的。

（2）认识到实验中团队合作、操作规范、发现推理是很重要的。

（3）对新问题有继续研究的愿望。

（四）科学、技术、社会与环境目标

明白人类的好奇和社会的需求是科学技术发展的动力。

四、实验教学重难点

（一）教学重点

（1）自主设计影响摆速因素的对比实验。

（2）通过对比实验探究出摆速与摆线、摆锤之间的关系。

（二）教学难点

对实验数据进行逻辑推理，根据有效数据得出科学结论。

五、实验器材和创新要点

本课是一节非常经典的实验教学课，通常在教学中是以铁架台作为实验器材（见图1），以单摆的形式进行，测量同一个摆在相同时间内摆动的次数是否相同，通过控制实验条件，改变摆线长度和摆锤轻重进行变量实验，从而找出影响摆速的因素。使用单摆进行对比实验有一定的局限，易产生误差。

传统实验器材

01 使用铁架台作为支架
02 悬挂单摆进行实验
03 借助直尺和量角器测量摆长和摆幅
04 人工计算摆动次数

图 1　传统实验器材

因此，我们对实验教具进行了创新性设计（见图2），使对比实验能够在近似条件下同时进行，尽量排除干扰因素，保证实验结果的科学性。这个教具的使用，能够降低学生动手操作的难度，控制实验的精确度，便于学生自主进行实验探究。

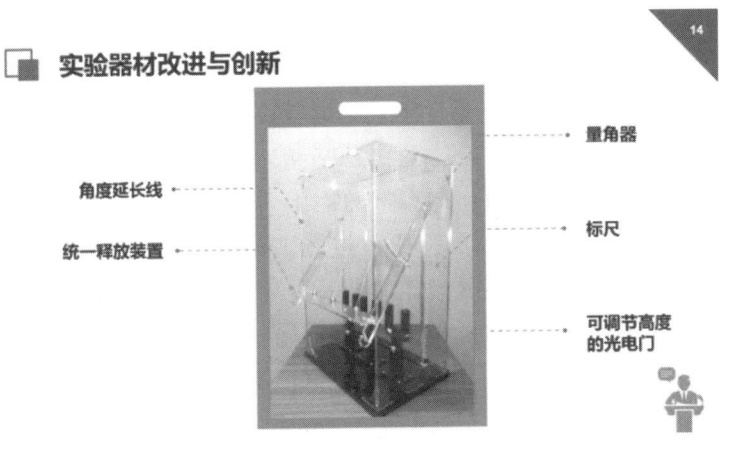

图2 自制教具：智能组合摆

教具创新设计如下：

（1）采用光电感应门。通过教具上的光电感应门实现摆动时自动计数，将数据传输到电脑上同步显示，有效地降低了人工计数的误差。光电门还可以测量摆动一次所用的时间，更准确地比较摆动快慢。

（2）单摆使用时，还可以电脑同步计时，省去了秒表手工计时的环节，进一步降低了误差。

（3）实验教具以多摆并列的架构呈现，减少了实验的次数，提高了实验的效率，3个不同变量的实验一次完成，对比实验的准确度大大提高，也让学生更加直观地对实验过程进行观察对比。

（4）实验教具采用统一释放装置，减少手工操作带来的误差。

（5）实验教具整合了量角器、摆绳长度测量装置，便于使用，进一步减少误差。

通过创新教具的使用，不同摆的对比实验同步完成，能够避免实验过程中人为因素的干扰造成的实验误差，学生可以借助实验教具，通过实验探究，进行数据分析，从而得出结论。这样的科学探究过程才能更具有科学性。

六、实验原理

实验用控制变量的方法进行。通过3组实验，验证摆速和摆长有关，与摆锤轻重无关，与摆幅大小无关；同一个摆，摆线越长、摆动越慢，摆线越短、摆动越快。

七、实验教学内容

教学过程共分为五个环节。

第一个环节为"创设情境，游戏导入"。首先老师进行游戏介绍："在上一课的学习后，同学们都选用不同的材料制作了自己的摆，今天我们就来一起玩一玩！我给你们计时，20s 的时间，数一数自己的摆摆动了多少次？"这样的游戏形式，能够迅速调动学生的兴趣。游戏结束后，询问学生："你们的摆都摆动了多少次？"由于学生自制的摆长短不一，20s 的时间，摆动的次数也不相同，由此引出问题："都是 20s，为什么大家的摆摆动的次数不一样？"学生交流时猜测，大家的摆有差异，长短不同，摆锤材质、形状不同，摆动幅度大小也不一样，这些因素可能导致了摆动次数的差异。此时老师并不对学生的猜测作评价，将学生猜测的因素板书后，告诉学生："我们通过实验来验证。"

第二个环节为"设计实验，验证猜想"。首先老师给学生介绍实验器材："这是智能组合摆，上面可以同时悬挂 3 个摆。侧面的量角器可以测量摆动的幅度；标尺可以测量摆线的长度；特别是下方的 3 个可调节高度的光电门，我们的摆从这里经过 1 次就计 1 次，同时还能在电脑屏幕上同步显示。"除了介绍功能，由于光电门计数与计算摆的次数方法不同，此时老师对这一点进行强调，避免学生在实验当中混淆。老师介绍："需要我们注意的是，我们计算摆的摆动次数是来回 1 次计作 1 次，光电门是通过 1 次计 1 次，所以电脑上显示的数据实际上是摆的摆动次数的两倍。实验中为了准确记录，我们按电脑显示数据来记录。"

接下来进行实验。实验共分三组，每组实验都需要学生先制定实验方案，再进行实验，实验完成后对数据进行分析，得出结论，并作好实验记录。三组实验都采用对比实验的方法，实验过程相似，所以老师着重指导学生进行第一组实验。在进行第一组实验时，老师指导学生使用智能组合摆的各项功能，适时提醒学生注意实验中控制好各项条件，实验数据才能更科学准确。特别是对于数据的处理分析，引导学生借助其他学科学过的柱状图、折线图的方法，使数据更加直观，同时也增强学生综合运用多学科知识学习的能力。通过第一组实验，学生已经基本能够熟练操作智能组合摆，第二、三组实验由学生自主完成。

第三个环节是"数据分析，得出结论"。实验记录表清晰明了（见表1）。表头记录每次实验的内容，"不同条件"一栏填写每次实验的变量，如摆线的长短、不同种类的摆锤。除了 3 次实验数据的记录，还设计了"合计"一栏。因为学生在操作实验时，计时会存在一定的误差，数据可能会出现一定的上下浮动，增加了"合计"栏，能够使实验数据更明晰，便于学生对数据进行分析。

表1 实验记录表：对摆速的影响

不同条件	30s 通过次数			
	第一次	第二次	第三次	合　计
摆1				
摆2				
摆3				
我的发现：				

实验完成后，学生小组讨论，借助 Excel 表格中的"条件格式"，利用数据条对实验数据进行处理（见图3），便于分析。通过3组实验的数据分析，学生能够探究发现：摆锤的轻重、摆幅的大小对摆速没有影响；影响摆速的是摆线的长度，在相同时间里，摆线长的摆动得慢，摆线短的摆动得快。老师适时告诉学生，这就是科学探究的过程：猜想假设—验证实验—数据分析—归纳整理。

实验记录表

___摆长___ 对摆速的影响

	长度	30s 通过次数		
		第一次	第二次	第三次	合　计
摆1	45cm	42	43	42	127
摆2	40cm	46	47	46	139
摆3	35cm	50	51	50	151

我的发现：摆长对摆速有影响，摆长越长、摆动次数越少，摆长越短、摆动次数越多

图3 填写后的实验记录

学生通过自主探究得出的结论让他们感到兴奋。而智能的实验教具不仅使他们实验的精确度大大提高，并且让他们更真切地体会到科技的力量，更加深了对科学学科的热爱。学生在轻松愉快"玩"的过程中解决了问题，学习了知识，掌握了规律。

第四个环节是"拓展实践"。拓展实践的任务是："请你用自己所学的知识，设计一个60s摆动60次的摆，看哪个小组做得最快，并且准确。"这个环节是学以致用，回归本单元教学内容，引导学生运用自己学习的知识来动手制作一个像

钟摆一样能计时的摆，知道知识来源于生活又服务于生活。

第五个环节是"情感升华"。让学生谈谈自己这节课的收获，从而达到科学、技术、社会与环境目标：明白人类的好奇和社会的需求是科学技术发展的动力。老师最后总结："善于观察、勇于尝试是科学家的发现的源泉，400多年前的伽利略在观察教堂的吊灯发现了摆的规律，另一个科学家惠更斯在伽利略理论的基础上发明了摆钟。同学们其实都具有科学家的潜质，只要你们也能够用科学的眼睛看世界，用科学的思维想问题，你们都是未来的科学家！"通过情感的升华，学生对科学更加有热情，对科学课也更加期盼、喜爱，这也是每个科学老师最期待的！

八、实验效果评价

这节课实验效果良好，这主要得益于实验器材的改进，提高了实验教学效率。3个实验同时进行，极大地节省了课堂时间；精确的实验条件控制，提高了实验的准确性；智能化设备的应用，锻炼了学生的动手能力，与时代接轨。同时，学生自主探究的学习方式提高了学生自主学习的能力。在自主探究的过程中，学生不断探索、尝试，构建解决问题的方法，提高了科学素养，真正成为学习的主人。

用科技的力量助力科学教学，"科学"学科的明天会更美好！

摆的组合创新实验

黔南州都匀市第二完全小学校　黎泽斌

一、使用教材

教育科学出版社小学《科学》五年级下册第三单元"摆的研究"、第四单元"证明地球在自转"。

二、实验器材

自制摆的组合创新实验装置如图 1 所示。

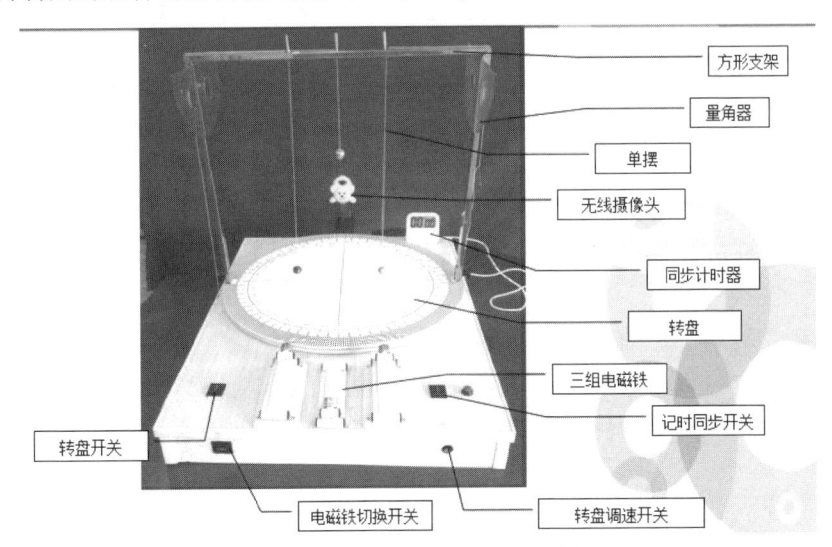

图 1　自制摆的组合创新实验装置

三、实验创新要点

（1）将相同时间内测次数改为测量相同次数的时间，科学性、准确性更高。
（2）改人工放摆为电子放摆，提高数据的准确性。
（3）两个摆同步运行，学生直观观察，加上精确数据，效果更好。
（4）摆动在中心转盘的中心轴上，方向更稳定。
（5）直观地呈现傅科摆的原理及发现过程，突破了教学难点。

四、实验设计思路

（一）摆的研究

（1）教学目标：认识摆的快慢与摆幅大小、摆锤轻重无关，与摆绳长短有关系，摆绳越长，摆动就越慢；摆绳越短，摆动就越快。

（2）原实验不足：①学生不容易固定摆；②摆绳长短不易调整；③更换螺母的方法调节摆锤轻重不严谨；④一个学生放摆，一个学生计时，学生放摆的时候存在不规范、不同步等，导致实验数据误差较大；⑤教材设计为测量15s内摆动次数，但常出现规定时间到了，摆没有正好完成一个来回的摆动周期，最后这次怎么记录常引发争论。

（3）实验改进：①创新，改规定时间测量次数为规定次数测量时间；②装置上方的支架钻孔与插销配合可以轻松地固定摆绳和调整摆绳的长短；③底座的电磁电可以实现人工放摆为电子放摆；④与电磁铁相连的同步计时器可以同步记录下摆摆动的时间。

（二）证明地球在自转

（1）教学目标：①认识摆具有摆动方向保持不变的特点；②再现傅科摆的发现过程；③用傅科摆来证明地球自转。

（2）原实验不足：①教材设计的摆不在转动的中心轴上，受离心力作用，摆动的方向会发生偏转。②用傅科摆来证明地球自转时只是用文字、图片来说明，学生理解是很困难的。

（3）实验改进：①在支架的正中钻孔，放下摆线，转盘下加装电机，电机带动转盘，转动中心轴与摆重合，克服了离心力的影响。②底盘上放上沙盘，摆的下方固定有钢针，转动底盘，钢针在沙上划出痕迹，再现傅科摆发现过程。③无线摄像头所在的不同位置来观察摆摆动的情况，引导学生认识地球的自转。

五、实验教学过程

（一）摆的研究

（1）摆幅大小与摆动快慢关系。相同条件：摆绳长度，摆锤重量。不同条件：摆角的大小。

调节升降装置，得到一个稍大的摆角，一个稍小的摆角，单击触发开关，两个摆同时摆动，计时器同步计时，学生通过直观观察、记录数据、分析数据，得出摆动的快慢与摆动的幅度大小无关的结论，见表1。

表1 摆幅大小与摆动快慢关系记录表（摆动15次用的时间）

相同条件：摆长长度相同，摆锤重量相同

	小角度/s	大角度/s	实验结论
第一次			
第二次			
第三次			

（2）摆锤重量与摆动快慢关系。相同条件：摆角大小，摆绳长度。不同条件：摆锤重量。

装上轻摆锤的摆（摆锤削掉一部分的金属，重量减轻了），单击开关，摆动与计时同步工作，学生直观观察、记录数据、分析数据，得出摆动的快慢与摆锤的轻重无关的结论，见表2。

表2 摆锤重量与摆动快慢关系记录表（摆动15次用的时间）

相同条件：摆幅相同，摆绳长度相同

	轻摆锤/s	重摆锤/s	实验结论
第一次			
第二次			
第三次			

（3）摆长长短与摆动快慢关系。相同条件：摆幅相同，摆锤重量。不同条件：摆绳长度。

先做1倍摆长的记录时间，再做2倍摆长的。单击开关，摆动与计时同步工作，学生直观观察、记录数据、分析数据，得出摆摆动的快慢与摆长有关，摆长越长，摆动越慢；摆长越短，摆动越快的结论，见表3。

表3 摆长长短与摆动快慢关系记录表（摆动15次用的时间）

相同条件：摆幅相同，摆锤重量相同

	原来摆长/s	两倍摆长/s	实验结论
第一次			
第二次			
第三次			

（二）证明地球在自转

（1）打开摄像头与显示器相连，单击开关，摆自由摆动，在显示器上看到，转盘转动后，摆的方向不会发生变化，见表4。

表4　摆动方向的研究记录表

	转盘没有转动	转盘转动后
摆动的方向（相对摄像头：观察者的位置）		
我们发现		

（2）在转盘上放上沙盘，放摆，摆自由摆动，在沙盘上留下一条直线，转动转盘后，看到沙上的划痕发生了偏转，再现了傅科摆的发现过程，见表5。

表5　傅科摆的发现记录表

	转盘没有转动	转盘转动后
摆动在沙上留下痕迹		
我们发现		

（3）把摄像头放在转盘，转盘转动后发现摆动的方向变了，引导学生认识是观察者（摄像头）的位置发生变化而造成看到摆动方向变化的，从而证明地球在自转，见表6。

表6　证明地球在自转

	转盘没有转动	转盘转动后
摆动的方向（相对摄像头：观察者的位置）		
我们发现		

六、实验效果评价

（1）改变相同时间内测次数为测量相同次数的时间，改人工放摆为电子放摆，克服离心力的影响，实验科学性、准确性更高。

（2）插销与圆孔配合，方便操作，两个摆的同步运行，实验效率高。可演示，也可学生自行探究，教学效果好。

（3）直观地呈现傅科摆的原理及发现过程，用傅科摆证明了地球的自转突破了教学难点。

（4）装置制作材料简单、常见，便于推广。

（5）装置制作精良、耐用，可长期使用。

轮轴

北京市通州区永顺镇中心小学　沈文炎

一、使用教材

首都师范大学出版社小学五年级《科学》第6册"机械与工具"单元第3课"轮轴"。

二、实验器材

见图1，截面半径约10mm的竹子1节、半径8mm的轴承1个、圆竹筷子1根、竹签8根、细线80cm长1根、7号胶塞1个、铁丝20cm长1节、铁架台、钩码、测力机。

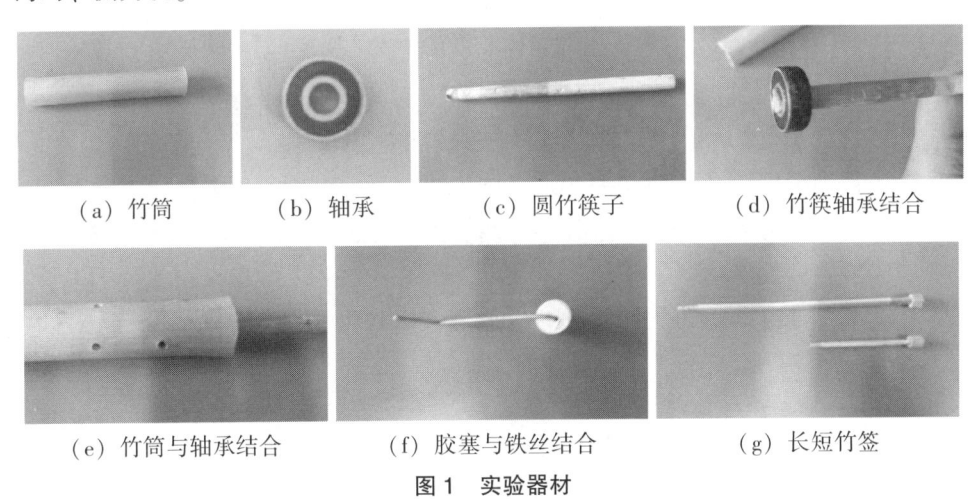

(a) 竹筒　　(b) 轴承　　(c) 圆竹筷子　　(d) 竹筷轴承结合

(e) 竹筒与轴承结合　　(f) 胶塞与铁丝结合　　(g) 长短竹签

图1　实验器材

三、实验创新要点/改进要点

自制教具与教材教具的对比见图2和图3。

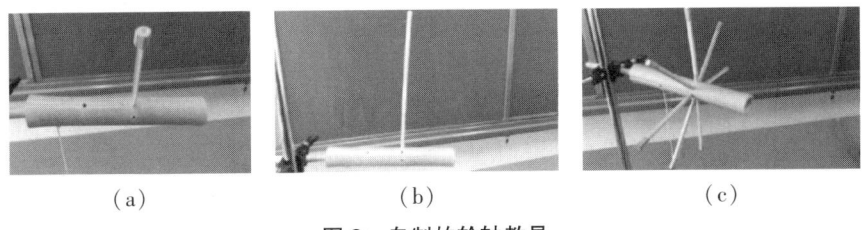

(a)　　(b)　　(c)

图2　自制的轮轴教具

· 171 ·

（d）　　　　　　　　　　（e）

图2　自制的轮轴教具（续）

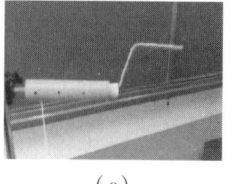

图3　教材中的轮轴教具

（1）以辘轳运行的"动态"与模型的"动态"情景相联系。

教学中辘轳产生过程的动态和辘轳自身运动的动态：不仅有"辘轳由一个竹筒提水到完整的辘轳提水的变化动态"，也有"辘轳运行的动态"。如"竹棍带动竹筒一起运动"的动态与学生建构轮轴运行的动态情景相联系，见图2。这样，在学生的头脑中就建构了一个动态的轮轴模型。

（2）以辘轳的具体事实资料抽取到模型的过程，培养学生的抽象思维的能力。

在做完辘轳实验后，教师引导学生总结，逐步把"竹筒""竹轮"的"竹"去掉，变成轴和轮，对原型进行抽象、简化，建构一个能反映原型本质联系的模型——轮轴。在这个过程中，培养学生的抽象思维能力。见图4。

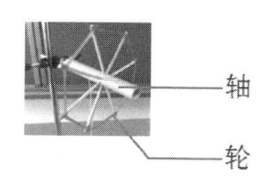

图4　去掉"竹"变成轴和轮

（3）将科学知识和工程技术融合，体现技术根据人类的需求不断改进的过程，见图5。

省力转动方便　　转动方便、省材料

图5　技术不断改进

（4）测力方式正确。

用自制教具测量力的方法解决了以往因为用测力计倒着使用而造成不科学的难点。渗透轮轴省力的原理——杠杆，见图6。

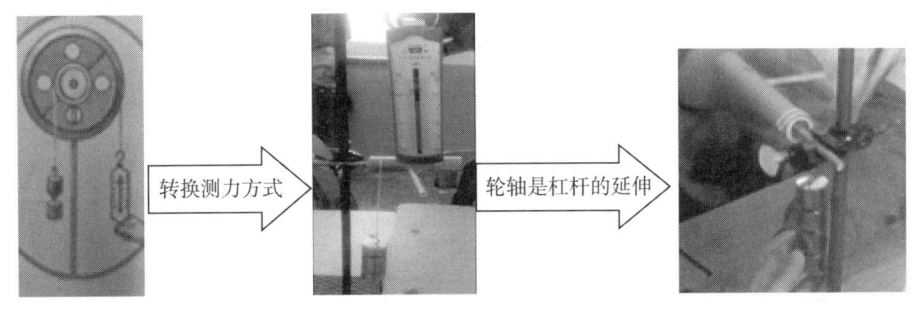

图6　转换测力方式

（5）自制教具的使用和学生的探究过程相一致，利于学生自主探究，具有开放性和主动性，见图7。

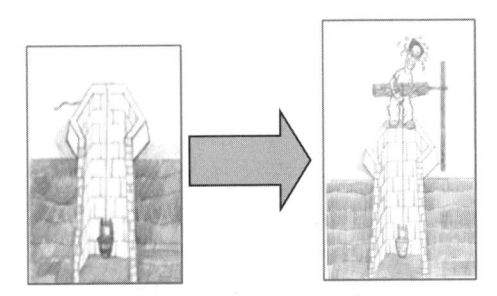

图7　自制教具的使用和学生的探究过程相一致

把教具和生活场景相联系，创设一种愉快的教学氛围，激发学生学习科学的兴趣、求知欲

四、实验原理/实验设计思路

（一）实验原理

轮轴在运行时，轮带动轴转动时省力，轮越大越省力。

（二）实验设计思路

本教具模拟古代人取水的场景，使轮轴的教学生动有趣，在探究省力、方便和节省材料的过程中，体会使用轮轴工具的魅力；通过建立轮轴模型来解释生活中的轮轴应用。

五、实验教学目标

（一）科学知识

建构轮轴的模型。由轮和轴组成，轮带动轴转时省力，轮越大越省力；运用轮轴模型判断、解释生活中的轮轴。

（二）科学探究

在探究辘轳的产生及作用的过程中，能够分析辘轳的组成、运行过程和实验数据，抽提概括出轮轴的结构和功能。

（三）科学态度

在一系列的活动中，保持并推高学生学习、探索轮轴的兴趣。

（四）科学、技术、社会与环境

了解科学技术的发展和应用受到现实生活需求的促进与制约。知道工具的发展要考虑省力还要考虑方便。

六、实验教学内容

建构轮轴模型，探究轮轴轮带动轴运动时省力，轮越大越省力；解释生活中轮轴的应用。

七、实验教学过程

（1）将本教具部件用双顶丝固定在铁架台形成，见图8。将短竹签（或长竹签）插到竹筒的孔里转动，形成运动路径式轮轴，见图9。

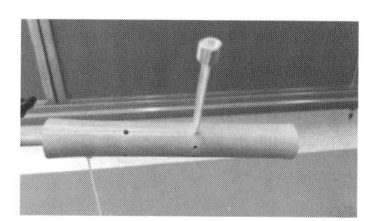

图8　固定教具　　　　图9　形成运动路径式轮轴

（2）在图9的基础上，学生知道用短竹签省力，继而测力（见图10）确定了学生的感知——省力。探究得知竹签越长越省力（见图11），更省力的同时，也会出现不方便操作（见图12）。

图10　测力　　　图11　竹签越长越省力　　　图12　操作不便

（3）在本教具图9的基础上，继续在竹筒上插竹签，转动竹签提升重物时，就形成了绞盘式轮轴，见图13。在图9的基础上，还可以形成双排杆式轮轴（见图14）。

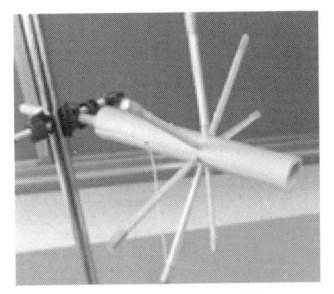

图13 绞盘式轮轴 　　　　图14 双排杆式轮轴

（4）继续转动绞盘式轮轴（见图13），其运动路径外延形成了一个影像式的轮，在此基础上把绞盘式轮轴的外延用线连接就形成了实物轮和轴，见图15。就此抽提出轮轴的概念，由轮和轴组成的装置是轮轴。

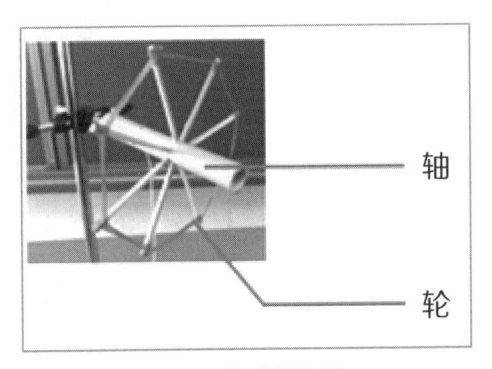

图15　标注轮和轴

（5）在图16所示原教具的基础上，我们在竹筒的一侧插上一个摇柄（见图17），利用摇柄转动把重物提升起来的过程中，形成运动路径式轮轴，体现轮轴的特点：省力、便捷、省材料。

图16　原教具 　　　　图17　教具改进

八、实验效果评价

本实验过程中学生经历了建模过程，建立了样式丰富的轮轴模型，能够很好

地解释生活、生产中的轮轴工具，见图18。

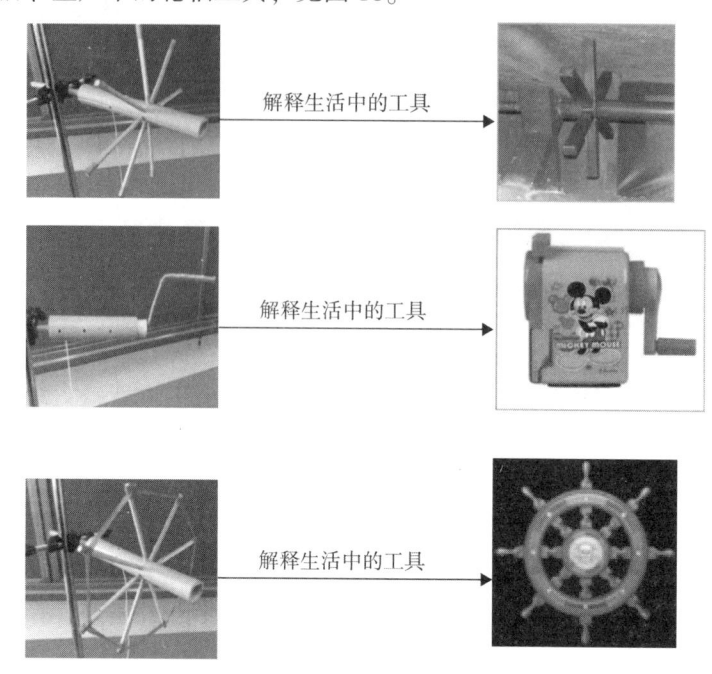

解释生活中的工具

解释生活中的工具

解释生活中的工具

图18　解释生活中的工具

找拱形

天津市河西区湘江道小学　康玉婵

一、使用教材

本课内容是教科版小学《科学》六年级上册第二单元"形状与结构"第四课"找拱形"。在研究了典型的拱形的特点后，本课进一步发展学生对于弧形结构的认识：认识圆顶形是具有拱形相似特点的弧形结构，了解圆顶形的承重特点。

二、实验器材

自制学具：纸条拼插型圆顶形（由6条拱形纸条组成），垫圈。

制作学具所需材料：硬卡纸、带刻度的直尺、剪刀、铅笔。

制作步骤：①准备一张硬卡纸，用直尺量好刻度距离，在硬卡纸上画出拱形。用剪刀剪出拱形并在拱足处剪出开口（3条开口向上，3条开口向下），并用铅笔把纸条弄成弯曲状。②拱形纸条直接拼搭成圆顶形。③拱足彼此相连。见图1。

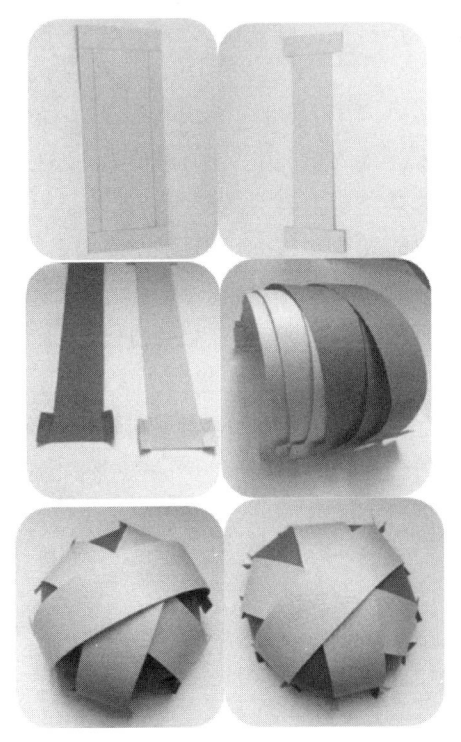

图1　拱形

三、实验改进要点及创新要求

本课的教学重难点是学生利用已有知识对圆顶形承受力的特点作合理解释。教材在这一环节是这样处理的：首先引导学生用手捏、压乒乓球，直接感受圆顶形承受压力大的特点。借助半个乒乓球分析圆顶形能够承受很大压力的原因。引导学生通过看图，想象圆顶形的结构特点"可以看成是若干拱形的组合"。但是在备课过程中，我发现这样的想象不能很好地帮助学生理解圆顶形的结构特点，建立圆顶形的科学概念。

通过反复的研究与尝试，我设计出了"圆顶形拼插"模型，辅助学生进行实验。借助模型，我将本实验的教学思路设计如下：通过对乒乓球的观察与思考，引导学生对圆顶形能承受很大压力的原因进行假设与推测。再通过建立"圆顶形"模型，观察实验现象，获得实验数据，验证自己的观点，在猜测与验证中不断完善自己对"圆顶形承受压力特点"的解释。

本模型的创新点主要有以下3点：

（1）突破了教材中让学生通过空间想象理解拱形与圆顶形之间结构联系的难点。改进后学生亲自把若干个拱形拼插成一个圆顶形，把两者之间的结构联系由前期的空间想象层面转化提升为可操作的实物模型，使学生的思维发展通过模型的操作得以实现。

（2）突破了圆顶形在承受压力时，无法看到力是如何传递的难点。学生亲自观察到圆顶形拱足在未连接的情况下，圆顶形在承受压力时拱足向四周展开的证据，从而推测出圆顶形承受压力时力的传递特点，进而推动学生进一步分析推测拱足是否相连是圆顶形能够承受很大压力的主要原因。

（3）突破了无法证明圆顶形拱足相连抵消拱足外推力的难点。通过对圆顶形模型拱足拼插前后承受垫圈数量明显不同的统计以及模型前后形状的变化，有效地证明了圆顶形的拱足相连是其可以承受很大压力的主要原因。

（4）通过圆顶形模型的拼插组装，体现了科学与工程技术密不可分的关系以及它们之间互相促进与转化的特点。为学生更好地理解三者之间的互动关系和它们与社会生活的联系进行了很好的铺垫与渗透。

四、实验原理

通过拼插模型，学生可以发现圆顶形与拱形之间的联系；在实验中，通过模型受力时的形状变化以及实验数据的收集，帮助学生了解了圆顶形的受力特点；学生借助模型，最终突破了圆顶形能够承受很大压力的主要原因：拱足相连，抵消外推力。

五、实验教学目标

根据课标和教材的要求，结合学生的实际情况，我将本课的教学目标制定为：

（1）理解圆顶形与弧形有相似的结构特点，可以承受很大压力，并能用已有知识对圆顶形的受力情况作出分析与解释。

（2）发展观察、思考、分析问题能力以及实际动手操作能力。

（3）体验实验探究带来的乐趣，感受科学知识在日常生活中的应用。

（4）体会工程技术在日常生活中的应用，体验工程与技术相结合给生活带来的便利。

六、实验教学内容

本课教学主要分为以下4个部分：

（1）观察建筑物，认识圆顶形。

（2）圆顶形受力情况猜测。

（3）拼搭模型，验证猜测。

（4）基于证据，进行解释。

七、实验教学过程

下面我将对这4个教学环节来进行说明。

（一）观察建筑物，认识圆顶形

以生活中的圆顶形图片的方式导入本节课的学习，学生自主发现这些建筑物的共同结构特点，激发学生对本节课的学习兴趣。

（二）圆顶形受力情况猜测

在这一环节中，让学生分成小组的形式进行探究，观察半个乒乓球的结构，并观看教师演示实验"半个乒乓球可以承受很大的压力"，直观感受到圆顶形承受压力的特点，思考圆顶形可以承受很大压力的原因。通过分析，学生作出以下假设：

（1）圆顶形可以看成许多拱形组合。

（2）圆顶形可以将受到的压力向四周分散。

（3）拱足相连，抵消外推力。

（三）拼搭模型，验证猜测

第一步，让学生利用拱形的纸条动手摆一摆、搭一搭，发现许多拱形纸条确实可以拼搭出圆顶形，证明了第一个猜测。第二步，加载重物，观察圆顶形的变化。往圆顶形的顶部放垫圈后，会发现圆顶形在承受10多个垫圈的重量后，顶部会离桌面越来越近，而且拱足也会向四周扩散。这个实验现象说明圆顶形可以像拱形那样，将受到的力向四周分散，从而验证了第二个猜测。第三个猜测我们又该如何利用学具来验证呢？连接拱足后，再次加载重物，往圆顶形的顶部放垫圈，发现圆顶形与之前相比能承载更多的垫圈数，能承载更大的力。而且拱足也不会向四周扩散，验证了第三个猜测。在这个过程中，学生通过不断修改自己的模型，再一次加深了对于建构知识的理解。

（四）基于证据、进行解释

学生在完成实验后，将数据写在黑板上。通过数据的比较，发现连接拱足后圆顶形确实可以承受更大的压力：承受的垫圈数量大大增加了。师生以实验中的实验现象以及实验数据为证据对结论进行解释，共同交流总结。最后展示生活中实际的圆顶形图片，加深了学生对于圆顶形受力特点的理解。

八、实验效果评价

作为"找拱形"一课中的重难点，这部分教学具的设计与使用可以很好地帮助学生认识、理解圆顶形和拱形之间的联系。通过模型建构、实际动手拼插、直观观察，以及实验数据的获得这一系列过程，学生验证了自己的猜测，更加明确了拱形与圆顶形确实存在着联系，并能解释圆顶形的受力特点。

本节课通过一个学具的引入，真正做到让学生独立思考、分析问题、提出猜测，从已有知识经验中寻找到答案。利用模型来分析解释、验证猜测，从而明白圆顶形承受力的特点。借助学具突破了本课的教学重难点，并且在这个过程中学生的分析、思考能力和动手操作能力都有所提高。

在斜坡上

牡丹江市立新实验小学　段宝华

一、使用教材
湘教版小学《科学》五年级上册第二单元第5课"斜面"。

二、实验器材
金字塔可建模斜面拓展探究装置、钩码、测力计、纸筒。

三、实验创新要点/改进要点

(一) 教材不足之处

(1) 重物：使用木块作为重物，其质量相对较轻，且表面粗糙、接触面积大、摩擦力大，测量数据不够明显。

(2) 支架：使用两个纸盒作为支架，高度只能为一个纸盒或两个纸盒，学生可探究得少。

(3) 斜面：用一块有刻度的木板作为斜面，在研究斜面长度不同对斜面省力情况的影响时，学生不好操作。

(4) 实验记录表：不能有效引导学生分析思考数据背后的启示，没有针对性。

(二) 创新与改进要点

(1) 教具盒的外观是胡夫金字塔的模型，可用于导入新课，激发学生学习兴趣。

(2) 通过一层一层打开"金字塔"，逐步推进教学内容，实现了改变斜面长度和高度的探究，又能模拟旋转楼梯、盘山公路等情景，拓展出生活中变形的斜面。

(3) 斜面探究装置可自由调节高度、长度和重物的重量，学生对比实验更加直观，探究活动更加多维。

(4) 将测力计装入重物箱，可任意改变质量，同时避免了测力计不与斜面平行的问题。

(5) 模拟多种生活场景，关注科技在生活中的运用，实现了科学、技术、社会、环境目标。

(6) 改进实验记录表。①增加"我们发现"一栏，培养了学生的数据分析和总结概括的能力，同时也使学生学会运用规范的科学术语描述实验结论。②拆分表格，让学生能够明确自己的研究方向及如何控制变量，这样改进使实验记录表更有针对性，易于进行数据分析。

四、实验原理

一是斜面具有省力的作用，二是斜面的坡度越小越省力。

五、实验教学目标

根据教育部 2017 年《义务教育小学科学课程标准》及教学内容，设定以下实验教学目标。

（一）科学探究目标

能设计简单的对比实验研究关于斜面怎样更省力的问题；能发现和分析生活中运用斜面的事例。

（二）科学知识目标

（1）认识斜面。

（2）知道斜面能省力。

（3）认识到斜面省力大小与斜面的坡度大小有关。

（三）科学态度目标

培养学生严谨认真、实事求是的科学态度和乐于探究、乐于合作的精神。

（四）科学、技术、社会、环境目标

关注科技在生活中的运用。

六、实验教学内容

包括"斜面能省力吗""怎样更省力""生活中的斜面"3 个板块活动和 3 个对比实验。根据教材特点和学生情况，预设的重点内容是引导学生发现斜面的作用和斜面省力原理的科学规律。其中，发现斜面省力原理的科学规律也是本课实验教学的难点。

七、实验教学过程

（一）情境导入，揭示概念

通过介绍埃及金字塔创设情境，激发学生主动思考的兴趣，引出课题"在斜坡上"，揭示斜面的概念。经过"情境—问题—猜想—质疑"这样一个过程，培养了学生的问题意识和科学的思维方式。

（二）自主实验，合作探究

实验一：感知斜面的作用。这一环节，学生利用实验器材以小组合作的方式

讨论并设计实验，动手操作，通过分析比较数据，得出结论——斜面能省力。

由于实验器材的改进，学生采用不同长度的斜面搭建在不同高度上会产生不同的测量数据，通过对各组数据的对比，使学生们在发现斜面能省力的基础上，又发现"同样是斜面，省力情况却不同"，引发学生思考。

实验二：研究斜面省力原理。学生分析数据，发现斜面省力情况不同，猜想原因，将影响斜面省力因素的斜面长度和斜面高度作为重点研究方向。通过实验，学生能够得出结论：当斜面长度相同时，斜面越低越省力；当斜面高度相同时，斜面越长越省力。再对比两组实验，找出相同之处，即斜面的坡度越小越省力。

学生是学习与发展的主体，教师是学习过程的组织者、引导者和促进者。在这个环节的教学中，用学生们感兴趣的问题引导他们自主创新设计实验，动手操作，发现数据规律，在实验探究中充分发挥学生的主体作用，不但促成学生科学能力、科学态度、科学习惯、科学方法等科学核心素养的养成，也实现了本课实验教学重点和难点的突破。

（三）强化新知，扩大认知

通过展开模拟螺纹的纸筒，使学生认识变形斜面，继而思考生活中有哪些斜面和斜面的变形，再通过展示模拟旋转楼梯、盘山公路，引导学生认识斜面虽然省力但是费距离。

（四）课堂总结，学以致用

通过这节课的学习，让学生谈一谈他们有什么收获，受到了什么启发，引导学生要善于思考，将所学知识运用到生活中去，逐步使学生认识到"学科学"是为了更好地"用科学"，体现了"从实践中来，到实践中去"的思想。

八、实验效果评价

（1）创新实验器材，改进实验记录表，使学生直观感受斜面和斜面的变形，体现了探究性、多维性、直观性的原则。

（2）自主探究教学法引导学生，使他们在思考、实践中真正了解科学知识，认识科学本质，建立科学思维框架，实现了学生"从感性到理性，从理性到实践"的两次飞跃。

用控制变量法探究影响小车运动快慢的因素

临朐县第一实验小学　张保

一、使用教材

苏教版小学《科学》四年级下册第三单元第4课"小车的运动"。

二、实验教学目标

本课是在学生已经学会识别运动、描述运动的基础上开始对具体运动问题的探究。教材首先提出了一个问题："一辆载重汽车行驶得快慢与哪些因素有关?"引导学生作出假设,然后用控制变量的方法设计对比实验验证假设,得出结论,体现了"问题—假设—实验—结论"的科学探究过程。内容贴近生活,四年级的学生能够对这一问题作出合理假设,但不能很好地理解"控制变量"这一实验方法以及如何应用设计对比实验。

基于以上教材与学情的分析,确定了以下教学目标。

（1）知识与技能：根据生活经验,能够对影响小车快慢的因素提出假设。

（2）过程与方法：经历影响小车运动快慢的探究活动,理解"控制变量"这一实验方法,并能设计探究小车运动快慢的对比性实验。

（3）情感态度与价值观：能对实验中出现的问题提出质疑,并在改进的过程中体会科学的严谨性与准确性。

其中,经历影响小车运动快慢的探究活动,理解"控制变量"这一实验方法,并尝试设计相关对比性实验是本节课的教学重难点。

三、实验内容设计

（一）教材实验

为帮助学生开展探究活动,教材提供了"小车运动的快慢与拉力大小有关"的实验范例,见图1。

用垫圈的重力做拉力,增加或减少垫圈的个数可以改变拉力的大小。定好起点和终点,使小车行驶的距离相同。

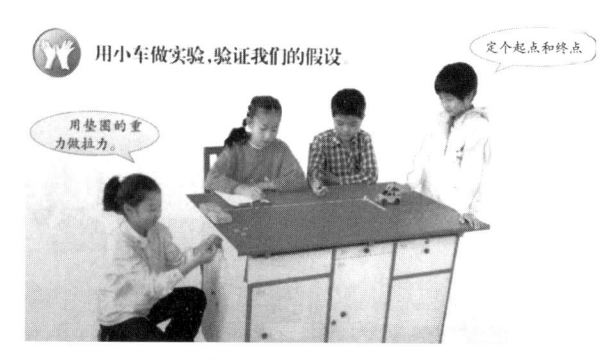

图1　"小车运动的快慢与拉力大小有关"实验范例

用秒表记录小车从静止开始运动,在拉力大小不同的情况下,通过相同距离所用的时间长短,来判断小车的平均速度($s=vt$),也就是小车整体的运动快慢情况。实验中,拉力大小改变3次,每次改变要实验多次求平均值,最后分析数据,得出结论,见图2。

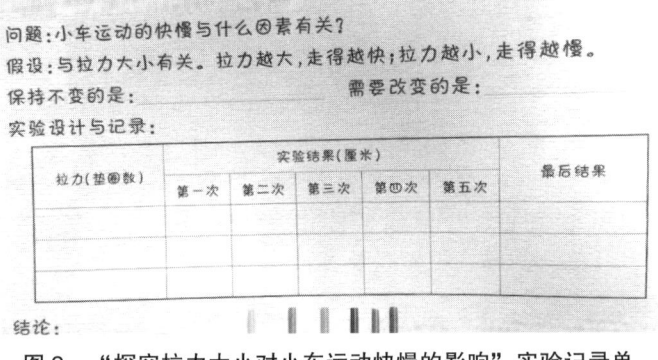

图2 "探究拉力大小对小车运动快慢的影响"实验记录单

(二)教材实验质疑

而通过多次课堂实验发现,这一实验的最大困难在于,教材只用了一辆小车,单一轨道。在学生对控制变量这一实验方法不够理解的情况下,要求变量多次改变并重复实验,学生易处于混乱无序的状态。同时,还存在以下几点不足:

(1)确定好起点终点,想当然地认为小车会从起点直线行驶到终点,而实际上往往会走"弯路"。小车行驶的距离并不完全相同,记录的时间没有参考性。

(2)小木块并不稳定,当拉力增大时,快速行驶的小车和小木块激烈碰撞,易把木块撞歪或撞掉,小车掉落,损毁实验器材。同时细线与小木块接触的部分也会产生不可忽视的摩擦力,影响实验结果的准确性。

(3)原实验没有非常清晰地展示如何改变垫圈的个数,许多教师让学生将垫圈穿过细线后打结。但是学生的手指还不够灵活,很难快速地打结和解开,操作麻烦,浪费时间。同时教材选用的垫圈重力偏小,当个数接近时,拉力大小变化不大,实验效果不明显。

(4)实验中最关键的一点,小车开始运动后,计时也要同时开始,但实际上学生之间的配合不够默契,往往出发和计时不同步,记录的时间并不精确。

(三)实验器材

基于以上问题对实验装置进行改进,设计了多轨道同步对比实验板,见图3。

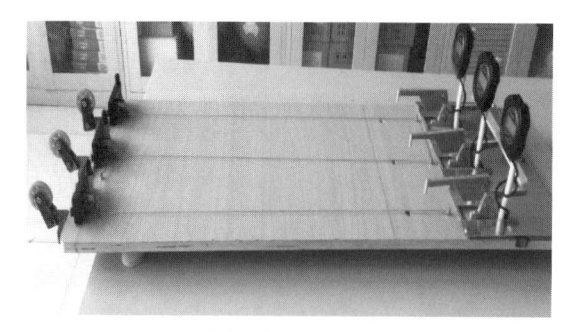

图3 多轨道同步对比实验板

需要用到的实验器材有：木板、小车、秒表、铜丝、定滑轮（自制）、S形钩、细线、闸刀开关、钩码、螺帽以及各种辅助性材料。

（四）实验创新要点

下面我们来详细看一下改进要点。

（1）在木板上固定3根铜丝，构建3条直线轨道。小车底部固定大头针，使小车沿铜丝直线行驶不脱轨。

（2）在木板末端安装3个自制定滑轮，两端是活动的螺帽，可以随意调整高度，同时减小与细线接触时的摩擦力。

（3）然后将细线一端连接小车，另一端增加S形钩，用稍重的螺帽代替垫圈，直接挂上。将细线绕过定滑轮，小车放置在轨道上。

（4）起点位置增加小车同步释放装置，用尖端的小棒阻挡住3辆小车，启动后，3根小棒同时抬起，同时释放小车。

（5）计时方面，突破原实验分别计时的方法，将3块秒表改装，实现起点处同步计时，秒表垂直固定，360°旋转，方便从不同的角度观察时间。而在终点处用闸刀开关结束计时。闸刀式开关可以避免小车反弹时二次碰撞影响计时。同时同步计时装置的开关安装在释放装置的下面，在释放小车的同时启动计时，使计时与释放同步进行。

（五）实验设计思路

实验时，调整定滑轮的高度使细线水平。启动装置，螺帽提供的拉力会使小车沿铜丝直线行驶，到达终点时分别碰撞开关，单条轨道计时结束。这样，利用3辆小车、3条轨道，不仅能够直观地看到变量与不变量，加深对实验方法的理解，同时一次实验就会得到3辆小车通过相同距离分别用的时间，操作简单，对比明显。

要注意的是：

（1）实验中的3辆小车要提前调试，尽量避免来自小车本身的干扰因素。

(2) 要综合考虑运动的距离和实验台的高度，确定合适的细线长度，同时对木板进行增高处理，避免实际教学环境中因实验台太矮使螺帽触地的情况。

（六）实验教学内容

主要有 3 个环节：提出假设、实验验证、总结应用。

(1) 提出假设。

以动画的形式直观展现载重汽车运动的画面，激发学生探究的兴趣。并引导学生提出假设：小车运动的快慢可能与载重、拉力、路况等有关。

(2) 实验验证。

1) 认识实验装置。实验时，有同学将钩码的重力当作拉力，螺帽模拟载重，这显然是不合理的。所以首先要认识实验装置，明确实验装置的使用方法。

2) 改良记录单。在教材原实验记录单的基础上进行改良，增加变量记录，更注重记录学生的思维过程，梳理实验思路，为实验操作作好准备，见表1。

表1 变量记录单

问题：小车运动的快慢与什么因素有关	
我们小组的假设：小车运动的快慢与（　　）有关	
变量/不变量	在选择因素下面画"√"
保持不变	拉力大小、载重量、路况……
需要改变	拉力大小、载重量、路况……
怎样改变	

3) 实验验证。除了教材中探究的拉力因素，又增加了载重这一因素，实验内容更加丰富，下面来详细看一下探究过程。

探究拉力因素时，载重，即钩码的个数不变，路面等情况也完全相同，只有拉力的大小变化。在 3 条轨道的 S 形钩上挂不同个数的螺帽，进行实验，见图4和图5。

图4　螺帽个数不同，表示拉力是变量　　　图5　钩码个数相同，表示载重是不变量

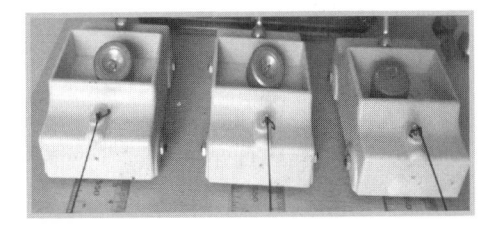

一次实验就可以得到一组精确的时间对比数据。重置清零后，可以重复实验并求平均值。从学生的实验记录单可以看出：小车从静止开始运动，拉力越大，

通过相同距离所用时间越短，小车整体运动要快一些，见图6。

"小车的运动快慢与拉力大小有关"实验记录表

（四）年级（二）班第（5）组

拉力（螺帽数）	小车运动的时间（秒）			
	第一次	第二次	第三次	三次平均值
1个	1.69	1.72	1.78	1.73
2个	1.25	1.5	1.28	1.34
3个	1.03	1.1	1.13	1.09

实验结论：拉力越大，小车用的时间越短，跑得越快。

图6 "小车运动的快慢与拉力大小有关"实验记录单

探究载重这一因素时，让学生尝试自主设计实验方案后班级交流，明确：载重要变化，即钩码的个数要不同，其他都不变，然后进行实验，见图7和图8。

图7 钩码个数不同，表示载重是变量　　图8 螺帽个数相同，表示拉力是不变量

通过改进前后的对比实验记录发现改进后得到的实验数据更加精确，从而得出：载重越大，通过相同距离的时间越长，小车整体运动得慢一些。

（3）总结应用。以上环节都从不同的角度让学生理解控制变量这一实验方法。及时总结，让学生对这一方法有更清晰的认识。然后尝试设计对比实验探究小车运动的快慢与路况之间的关系，加深对实验方法的理解。

（七）实验效果评价

（1）创新实验装置，优化实验过程。

本次实验创新实验装置，借助3辆小车、3条轨道，能够直观对比明确变量与不变量，加深对实验方法的理解。同时实现了小车释放与计时同步，优化实验过程，突破重难点。

（2）形象直观，符合学生的认知水平。

本次创新实验装置都是基于问题出发，简单明了，形象直观，符合小学生的认知水平。

黑板擦为什么会吸到黑板上

辽宁省营口市特殊教育学校　李丹

一、使用教材

校本教材。

二、实验器材

磁铁、自制教具、太空沙、盆、硬币、铁制品等。

三、实验改进要点

让科学课走进智障孩子的生活，进行简单的科学实践活动，发现科学奥妙，通过感官的充分运用与训练，用动手又动脑的方式来开发他们的智力。

四、实验原理

磁性。

五、实验教学目标

（一）知识与技能

感知磁性这一科学现象，并能简单应用。

（二）过程与方法

通过情境设计、学生观察、动手操作等活动，应用磁性解决问题。

（三）情感态度与价值观

感受到科学知识与生活息息相关，激发学生热爱生活，热爱科学的情感。

六、实验教学内容

本课选自科学课校本教材，掌握磁铁能吸引铁制品这样的科学性质。

七、实验教学过程

（一）问题设疑，激情导入

老师　再现学生向我提出的问题"黑板擦为什么会吸到黑板上"，板书课题。

学生　通过亲身实践，对比观察，发现黑板擦吸到黑板上的原因在于板擦背面的"小黑条"。

老师　揭示小黑条的名字叫作"磁铁"，并板书。

学生　朗读并熟记"磁铁"。

老师　出示U形磁铁、条形磁铁、圆形磁铁等。

学生　观察得出结论：磁铁不是只有一种形状，而是形状各异的。

老师　播放《黑板制作》视频。

学生　初步了解黑板表面是铁，所以黑板擦会吸到黑板上。

设计意图：良好的开端是成功的一半，新课伊始根据智障儿童的思维特点，亲手实践，对比观察，师生共同研究由学生自己提出的问题的形式导入新课，不仅扫除了学习新知的障碍，更重要的是激发了学生的探索兴趣，调动了学习科学的积极性。

（二）自主探究，获取新知

老师　出示实验用具，先让学生猜测哪些物品能被磁铁吸引，哪些不能。

学生　观察猜测。

学生　动手实践，证实猜测。

学生　小组讨论并总结出：能被磁铁吸引的物品都是铁制品。

老师　总结板书"磁铁能吸引铁制品——磁性"。

设计意图：通过让学生看一看、猜一猜、议一议、分一分、做一做，不但让学生形成了磁性这一概念，而且锻炼了他们分类放置物品的能力，提高了他们的观察能力、思维能力、动手操作能力及语言表达能力。

（三）创设情境，畅游课堂

老师　伴随着优美的儿歌《磁铁的磁性》，给学生分发动物头饰，创设学生受邀参加"森林趣味运动会"的故事情境。

设计意图：根据智障儿童身心发展的特征，设计了课中畅游。选取儿童歌曲《磁铁的磁性》，既愉悦了身心，又复习了前面所学内容，调整了情绪，为下一环节打下良好基础。

（四）应用新知，解决问题

老师　出示自制教具，创设"森林趣味运动会"的故事情境，邀请学生参加森林趣味运动会，并帮助小动物完成游戏。

（1）游戏：深井拾硬币。

学生　借助磁铁的长度，利用磁性，把硬币吸上来。

（2）游戏：沙堆找铁钉。

学生　利用磁铁在沙堆中吸出铁钉。

（3）游戏：趣走迷宫。

学生　利用带有磁铁的"魔法棒"控制自制小动物趣走迷宫。

设计意图：这样充满童趣的设计，学生们都能积极、主动地动脑思考解决的办法，帮助小动物获胜的过程实际上就是学生利用所学的磁性概念解决实际问题的过程。这样不但解决了教学难点，并且培养了学生乐于助人的品质。学生通过实验操作，产生认知和体验。既强化了新知，更激发了学生的学习兴趣，使他们获得愉快的学习体验。

（五）总结反思，拓展延伸

老师　同学们可以回家和爸爸妈妈一起研究一下：我们做的小动物为什么会走呢？生活中还有哪些这样的现象？

老师　通过这节课的学习，你有什么收获？

学生　对知识进行系统梳理，总结回答。

设计意图：把探究活动延伸至课外，引导学生对教学内容归纳小结，起到梳理概括、画龙点睛、提炼升华的作用，从而加深学生的印象。

八、实验效果评价

科学课程目标的重点在于培养学生的态度和能力，所以评价时，我没有过于看重学生能不能背下来科学概念，而是特别关注学生参与的态度、解决问题的能力，关注学习的过程与方法，关注交流与合作，关注动手实践以及所获得的经验。

降落伞下降的秘密

陕西省宝鸡市渭滨区经二路小学　袁萍萍

一、使用教材

苏教版小学《科学》四年级下册第四单元第五节"降落伞"。

二、实验器材

降落伞下降原理演示仪。

三、实验创新点

本节课大胆对传统教学方法进行改革，通过实验，学生切实感受到阻力的存在，采用学生熟悉的控制变量法，使用创新教具通过对比实验测试不同面积，不同悬挂物的重量的降落伞下降速度，对采集的数据定量分析，探究出影响降落伞下降的因素。

（1）该作品通过吹风机改装实验，吹风机的自耦变压器通过调压器上的旋转手柄改变与变压器线圈接入点调节输出电压值（将吹风机发热阻丝断开减少电吹风的功率），通过改变出入电吹风值改变电吹风转速而改变风速。

（2）器件模块化，便于维护修理，大多都是容易购买产品。

（3）该仪器制作简单，无安全隐患，实验效果非常明显，使学生能直观地观察到降落伞下降的过程，丰富了教学内容。

与传统的教法相比，可操作性强，更加具有趣味性和安全性。通过对比实验了解了伞下降的快慢与有关的原理后，学生对制作一个伞的活动就有了更加浓厚的兴趣，制作活动就更具有科学意义了。

四、实验原理/实验设计思路

（一）实验原理

器件模块化设计的送风装置让小降落伞在模拟的大气环境中降落。

（二）设计思路

测试不同伞面积、不同悬挂物在同等高度下降落的速度，通过对比实验分析数据探究出影响降落伞下降的因素。

五、实验教学目标

（一）知识目标

引导学生进一步认识空气阻力。

（二）能力目标

能够设计实验探究影响降落伞下降速度的因素。

（三）情感态度与价值观

感悟人类利用降落伞原理使人或物体在空中缓慢下落的智慧。

六、实验教学内容

（1）感知阻力的存在，通过实验一、实验二亲身体验阻力的存在。

（2）测量降落伞下降的时间。通过实验三、实验四的具体操作，采集数据，通过数据分析得到影响降落伞下降因素。

七、实验教学过程

（一）感知空气阻力的存在

（1）环节一：导入，观察。把塑料袋从高空抛下，发现塑料袋向上凸起，说明塑料袋受到重力的作用穿越空气的时候产生了空气阻力，这个力是与下降方向相反的。

（2）环节二：实验一。让学生携带大小不同的降落伞跑动，发现用伞面大的降落伞跑动时很费力，明显感受到了空气阻力的存在。用大小不同的降落伞进行实验，发现受到的阻力是不同的。

（3）环节三：实验二。放飞自制的降落伞，学生发现形状各异、材质不同的降落伞下降的速度是不一样的，学生的假设可能会很多，如挂绳长短、伞面积、重物等。在此基础上老师提出问题：降落伞下降的快慢能否通过对比实验控制研究的变量获得科学的结论？

（二）测量降落伞下降的速度

（1）环节一：实验仪器介绍。本节课的创新教具见图1。在原来作品的基础上精简设备原件，器件模块化设计的送风装置结构更加简单，学生方便操作，实验效果明显。

（2）环节二：实验三。探究降落伞下降的快慢和伞面积大小有关。

假设：降落伞下降的速度与降落伞伞面积有关。

保持不变的条件：降落伞的绳长、悬挂物的重量。

需要改变的条件是：伞面积的大小。

图1 创新教具

实验设计与记录见表1。

表1 实验设计与记录1

伞面大小/cm²	下降时间/s			平均用时/s
	第一次	第二次	第三次	
10	6.34	4.07	3.18	4.53
5	0.68	0.59	0.69	0.48

通过实验获得的数据得出结论：降落伞伞面积大，下降得慢，降落伞伞面积小，下降得快。

(3) 环节三：实验四。探究降落伞下降的快慢和悬挂物重量有关。

假设：降落伞下降的速度与降落伞悬挂物重量有关。

保持不变的条件：降落伞的绳长、伞的面积大小。

需要改变的条件是：悬挂物的重量。

实验设计与记录见表2。

表2 实验设计与记录2

悬挂重物/g	下降时间/s			平均用时/s
	第一次	第二次	第三次	
2	6.34	4.07	3.18	4.53
4	0.68	0.54	0.56	0.58

通过实验获得的数据得出结论：悬挂物重，下降得快；悬挂物轻，下降

得慢。

(4) 环节四：联系生活，了解降落伞的应用。

1) 出示降落伞在生活中应用事例的图片。

2) 引导学生综合运用"力"的概念，解决实际问题。

八、实验教学反思与评价

(1) 实验仪器结构简单、操作方便。通过实验学生直观地感受到影响降落伞下降的因素，实验效果明显。改变风速，方便学生探究风速对降落伞下降速度的影响。

(2) 设计对比实验，明确控制变量，使实验结果严谨。

(3) 经历了从信息中分析、归纳规律的过程，培养了学生利用实验数据总结规律的能力。

(4) 在探究活动中培养了相互之间的合作意识。

改变物体在水中的沉浮

西藏林芝市第二小学　任婷婷

一、教材分析

（一）教材的地位和作用

本课是冀教版《科学》三年级上册第三单元第九课"浮与沉"的第二课时。教材的设计只是让学生想办法改变瓶子和橡皮泥在水中的沉浮，而没有从大小、轻重方面具体分析。在实际教学中，教师抓住这个关键的知识点，从学生的生活出发，带领孩子猜测—质疑—验证—观察—对比，从中发现物体的大小、轻重或两者同时变化可以改变物体在水中的沉浮，对"浮与沉"这一课进行了很好的拓展，既渗透了"做中学"的科学理念，又为学生提供了必要的知识储备。

（二）学情分析

学生已经具备一定的科学素养和沉浮现象的相关知识，有一定的自主学习、合作学习能力，为本课奠定认知基础和探究能力。且他们对科学学习兴趣比较浓厚，为本课探索提供情感保障。因此，在本课教学中，教师要在学生已有的认知基础上，引导学生开展改变轻重、大小来改变物体沉浮的探究。

但学生对实验的具体操作和表达有一定困难。

（三）教学目标

（1）知识与能力。通过对漂浮的物体和装沙的气球在水中的沉浮探究，知道增减物体的重量、大小能改变物体在水中的沉浮。

（2）过程与方法。了解科学探究的基本方法，体会科学探究的乐趣。

（3）情感、态度和价值观。体会"玩中学"的探究乐趣和合作学习的快乐，并产生课后继续研究相关问题的兴趣。

（四）教学重难点

通过对物体沉浮探究，知道怎样改变物体在水中沉浮的方法。

二、教法学法分析

本课在课堂教学中，主要采取教师主导、学生参与的方式，引导孩子进行思索和探究，通过观看装沙的气球在水中沉浮的实验演示视频，让学生实验、对比、总结、分析出现这种现象的原因，并灵活应用归纳出来的规律，突破本节课的重难点。

教学准备：

教师：多媒体课件、自制视频、演示教具。

师生：测力计、装沙充气的气球、水槽、漂浮物和实验单等。

三、教学过程

教学环节	教学设计　师生活动	设计意图
知识回顾，新知铺垫	提问："上节课我们研究了有关物体在水中沉浮现象，谁能说说物体沉浮与哪些因素有关 当学生们说出与物体的大小、轻重有关后，给学生们给予鼓励	激活学生们的思维，为新知学习奠定基础
新课导入，激发兴趣	老师出示两个"一模一样"的小红球，学生们猜测它在水中的沉浮情况 教师现场演示，发现一个红球沉下去了，另一个红球浮了起来。学生们再次猜测老师怎么做到的 引出本节课的课题	激发学生们的探究欲望，让学生们经历先猜测再证实的科学探究过程，为探究活动埋下伏笔
分组合作，探究思考	（1）改变重量，改变沉浮 让学生大胆猜想。组织学生活动，证明自己的猜想，想办法将浮在水面上的物体在不改变大小的情况下沉下去。学生分组讨论、探究思考，分析总结出：一样大小的物体，可以通过改变它的重量使它沉下去 教师顺势板书：改变重量（在探究过程中，会因为各种原因出现物体"似沉非沉、似浮非浮"的现象，教师要及时说明"悬浮"的情况） （2）改变大小，改变沉浮 提出问题：怎样改变物体大小来改变物体在水中的沉浮呢？孩子们小组讨论，组长汇报初步结论 学生观看自制视频：装同样沙子的气球，由于气球大小的不同会在水中呈现不同的沉浮状态 让学生根据视频演示和实验单实验操作。归纳得出：重量一样的物体，改变它的大小可以使它沉起来 教师板书：改变大小	培养学生动手操作、独立思考、观察能力和大胆创新的能力 培养学生归纳、概括等能力，以及积极的科学探究精神
学以致用，归纳小结	引导学生们分组探索如何让橡皮、泡沫塑料改变其本来的沉浮状态。学生在试后，把结论与想法与同学们分享 教师不断质疑，学生们归纳概括出：改变物体在水中沉浮的因素是大小与重量	充分发挥学生的主观能动性、想象力和创造力，培养学生的实践应用能力和正确的科学学习观念
知识延伸，课后查阅	呈现关于潜水艇的资料，课后查阅死海的相关知识	科学探究并未结束，学生探究的兴趣依然高涨。从课内走向课外，获得意想不到的收获

续表

教学环节	教学设计　师生活动	设计意图
板书设计		

四、教学评价

本课教学中，我注重对学生"动手动脑"做科学的兴趣、技能、思维水平和活动能力进行评价，采取教师及时评价和学生互评的方法实现课堂评价的多元化。积极鼓励学生们大胆探索科学，从而对科学学科产生浓厚的兴趣。但由于学生们才接触科学，学生的动手实践能力还有待加强。学生们在利用准备材料探索改变大小、轻重改变物体的沉浮的实际操作中，会有突发状况，需要教师的及时指导。

液体的热胀现象

浙江省杭州市教育科学研究所附属小学　陈滔

一、使用教材

教科版小学《科学》五年级下册。

二、实验器材

双口烧瓶 1 个、打孔橡皮塞 2 个、玻璃细管 1 支、电子温度计 1 支，见图 1。

三、实验改进要点

通过双口烧瓶，能同时测量出液体温度和体积的变化，并不是单一观测液体体积的变化，利用定性的方法知道"热胀"现象，让学生用定量观测的方法感受到物体内能变化与形态变化之间的关系。

图 1　实验器材

四、实验原理

液体温度上升，体积变大。

五、教学现状

本节课改编自教科版小学《科学》五年级下册的"热"单元的第 3 课"液体的热胀冷缩"，这节课承接了前一课"给冷水加热"的内容，对液体热胀冷缩的性质进行研究，同时又为后面"空气的热胀冷缩"作好铺垫。

为此教材围绕液体的热胀冷缩，试图通过三个实验构建起液体热胀冷缩的概念。第一个实验探究水的热胀，改进实验装置明显地观察到水受热体积膨胀。第二个实验探究水的冷缩，放手让学生自主探究得出"水受冷，体积缩小"。最后一个实验是探究其他液体热胀冷缩的性质。

那么真实的教学中是怎样的效果呢？

（1）容量大，时间少。三个实验容量过大，在一节课中基本无法完成。

（2）目标空，论证缺。通过调查，大部分孩子课前对于热胀冷缩这个概念早已知道，本节课的几个实验活动只是让孩子们明显地观察到了这种现象，而对于水热胀冷缩的本质（也就是随着水温度的变化，形态发生改变）并没有进一步探究，学生在此概念上的向前发展甚少。

基于学生的发展需求和本课教学实践存在的问题，我将本课的教学目标设定如下。

六、教学目标

（一）科学概念

水的温度变化会引起其体积的变化，一般情况下，热量增加，水的体积会变大。

（二）过程与方法

（1）经历长时间探究水温度上升引起体积变化的过程，并能较准确地记录水温和体积的变化。

（2）能根据本次实验的数据得出客观、准确的具体结论。

（三）情感态度价值观

感受通过现象，发现问题，提出假设，实验求证的科学实践过程。

七、实验内容

为了达成以上教学目标，我以这样的时间比例设计3个教学内容：

（1）生活现象引入，聚焦问题。

（2）长时科学实践，用数据定量论证。

（3）学会研究方法后，自主研究水温变低时体积的变化，以及其他液体温度变化时体积的变化。

八、实验方法设计

（一）科学论证

从定性观测转变为定量观测。

（二）长时探究

个人论证、集体论证相结合。

九、教学过程设计

（一）基于观察到的现象提出能够进行调 的问题

学生现有的科学经验是学生学习科学的基础。老师利用加热双口烧瓶中的水来唤起日常生活中对于水加热时溢出来这一现象的经验，加热过程中，水位不断升高。学生通过这样的定性观测达成共识：水受热膨胀了，即随着水温度的升高，水的体积随之变大。

这时似乎没有继续研究的必要了，但其实真正探究现象本质的活动现在才开始。因为，从水受热体积增加到水本身的温度上升引起体积的增大的概念之间还

液体的热胀现象

是有一个很长的距离,不能凭感觉水被加热了,就能说明水温度上升了。

这时就必须提出一个在课堂中能够解决并且迫切需要解决的问题:水的体积变大时,水温真的升高了吗?

(二)选取合适的数据收集方法和工具合作开展定量观测

传统的烧瓶能做到测量水体积的变化的同时又能测量内部的水温的变化吗?用手摸,不科学,又危险。用温度计?无法做到同时测量。我为学生提供了双口烧瓶、带有刻度的玻璃细管,以及电子温度计这样在网上就能买到并且测量方便的工具。双口烧瓶一端插入温度计,另一端水的体积可以通过测量玻璃吸管水位的高度来达成。

拥有了这样的测量工具,学生们就能设计和实施同时测量水的温度变化和体积变化关系的实证过程,然后通过严谨的实验操作,将多组加热后的水温、水的体积的数据,与未加热之前进行对比。

(三)运用恰当的数学统计图标表现数据

数据的整理和分析对于概念的建构起到相当重要的作用,从下面两组记录相同数据的折线图和数据表的对比中,我们可以很容易地发现,用红色和绿色表示同一时间水的体积和温度的折线图,比传统的表格数据表更加直观和形象,学生能从中快速获得所需要的信息,比较二者的变化关系,更符合学生的身心特点,也是学生转变概念建构的一种更高的形式。

(四)有效论证描述变量之间的定量关系

有效的论证是建立在对实验数据的分析上的,此时,需要有这样一个有层次、有效率的论证过程。所以本课是这样操作的:

(1)经过个人思考,实验操作,将不直观的数字记录表转化为折线图,达成小组的共识。

(2)将各组的统计图贴到黑板上,寻找支持本组结论的统计数据,发现众多数据蕴含的信息,进行组间交流。

(3)在此基础上进行全班研讨,得出结论,提出新问题。

(五)得出准确的结论,继续研究

经过论证,全班得出了一个普遍而具有归纳性的结论:水的温度上升,体积也会随之变大。

学生此时对此结论深信不疑,但是,这时教师需要质疑:今天的实验数据真的能得出这样的结论吗?通过引导让学生发现我们实验中观测水的温度变化并不是水温的全部,超过40℃、低于20℃的水也有这样的变化吗?所以今天的实验能相对科学得出的结论是：水温在 20~40℃，随着水的温度上升，它的体积也随之变大。虽然只是在结论上加了一个前提，但对于学生科学素养的发展却是向前迈进了一大步。而且得出这样的结论之后，更能激发学生继续研究的兴趣，利用今天的方法定量观测其他温度的水是否也具有这样的性质，让科学实践走进孩子的心灵。

十、教学效果与自我评价

"水的热胀现象"实验设计的意图，是用定量观测让科学实践扎根课堂的操作路径：提出问题—设计实验—定量观测—基于数据的科学论证—得出准确的结论。

通过本课，我们希望通过确凿的证据，用定量观测来培养学生的科学论证能力，促进学生对科学概念的深入理解和应用，并指向课堂概念背后的大概念，提高学生的科学实践能力。

探究热在空气中的对流
——暖和的房间

北京市东城区和平里第四小学　罗炜

一、使用教材

本实验内容出自北京市首师大版《科学》第 6 册"热与生活"单元"暖和的房间"。

二、实验器材

（一）主要实验器材

（1）模拟房间实验箱。亚克力透明房屋的材料安全无气味，轻便易于师生搬运。非常美观、通透，有利于教师创设情境并激发学生的探究欲望。

（2）加热器。用暖手宝模拟房间里面的热源——暖气。选择家用的"暖手宝"作为主要实验材料的目的是：①方便加热：打开电源开关，2min 左右就能达到暖手宝的最高温度；②温度适中，便于安全操作，绝不会对学生造成烫伤。保障实验每个环节的安全；③加热时间长，充电 4h，能够持续放热 3.5h，基本保障 1 天的实验用电。

（3）烟雾发生器。借助香燃烧时放出的烟雾，将空气的流动状态表现出来，让空气"可视化"。

（二）辅助实验器材

arduino 控制板、温度传感器、笔记本电脑、打火机、蜡烛、电热棒。

三、实验创新点

（一）现用教材情况分析

（1）从液体对流类比气体对流现象。教材中利用液体进行实验，使学生直观看到热对流；而后再到空气，因为它们都是流体，具有相似的热学性质，学生在此作类比推理，推理空气导热的方式也是热对流。而空气对流现象很难观察到，科学原理抽象难以理解。科学探究强调实证，不能仅靠推理假设，要作进一步研究。

（2）用暖气验证空气对流现象不易观察。为了进一步研究验证，教材中在暖气各方分别放置点燃的香，观察烟移动方向，是运用实证验证推理。它的局限之处在于：①验证实验只是在房间中的局部位置，并不是整个房间的空气对流。

②在实际操作过程中，烟雾受点燃香的影响，几个位置的烟雾都是向上升的。③概念容易混淆：烟雾会向上升的主要原因是由于香燃烧的部位温度高于暖气温度，即使没有暖气烟雾依然会上升，因此在暖气各方分别放置点燃的香，观察烟移动方向，不能证明是暖气的作用。然而要是撤掉香，观察烟的移动轨迹又无法实现。

（3）学生利用循环管和其他材料自主设计实验，设计难度、跨度很大，导致实证环节缺失。教材中的前部分实验都是通过现象作类比推理，需要学生自主设计环节；而学生需要一个能够便于操作、便于设计的实验器材，供他们完成自主设计实验的活动要求。所以我们设计了现在这套实验器材。这个实验箱，既能够演示教材中不易看到的暖气的实验，又能支持设计难度大的学生自主设计实验环节。

（二）创新策略

（1）利用实验箱能够清晰地呈现空气对流现象。学生在用水作类比推理后，不需要用香在暖气上去实验推理热空气是如何传递的，而是使用实验箱，进行实验验证环节，解决实验现象不可视问题，使实验现象直观、清晰、可见，使抽象、难于理解的科学概念变得容易理解，从而使学生构建空气对流概念。

（2）突出学生主体地位，学生通过自主探究，模拟生活情境，深化学生对热对流概念的认识，从而解决生活中的实际问题，学以致用。暖气一般都会安装在窗户或墙壁的下方，学生难以运用建构的科学概念解释这一实际问题，因此，实验箱作了精心设计，利于学生通过自主探究，明白其中道理。

实验箱的一侧上、中、下开有3个抽屉，学生可以把"暖气"放在"房间"上、中、下不同位置，观察烟雾运动路线的不同，发现"暖气"放在高处，大部分的热空气会停留在高处，热空气和冷空气会形成一个小的对流；"暖气"放在低处，热空气和屋子里的冷空气会很快形成一个大的对流。从而理解家中暖气放置在屋子靠下方位置，房间会尽快暖和起来。

（3）通过温感器，收集数据，作量化处理。通过前一实验的探究，学生初步理解了暖气放置位置的问题。假如希望学生（例如部分小学生或者中学生）能够进一步理解，就可以利用下面的装置，利用温控装置测试出"暖气"在不同位置，让"室内"达到某个温度所用的时间，为学生提供更为有力的证据。

温度感应器要悬挂在"房间"与"暖气"位置相反且靠近"地面"位置，这里是"房间"中温度相对最低的，从而模拟了人生活的活动空间，如果此处提高2℃，那么其他位置均能达到甚至高于温度感应器显示的温度。

例如，"暖气"放在下面，"室内"提高2℃，需要3分钟左右；"暖气"放在中间，"室内"提高 2℃，需要 5 分钟左右；"暖气"放在上面，"室内"提高 2℃，需要 7 分钟左右。

为了在更短的时间内得到证据，我们选择用电热棒来模拟暖气。由于电热棒放热时温度很高，所以此实验活动为教师演示，将数据提供给学生。通过引导学生对数据进行分析，使学生掌握所学的实验原理。

四、实验原理及实验设计思路

（一）实验原理

当局部空气温度升高时，将这部分热空气看成一个整体，根据克拉伯龙方程 $pV=nRT$，这部分热空气体积增大，且又处在周围冷空气包围的环境中，这部分热空气所受冷空气给予的浮力大于自身重力，则这部分热空气上升。周围和上方的冷空气下降补充热空气上升留下的空位，从而形成空气的热对流现象。

这种发生在液体或气体中，较热部分和较冷部分之间的液体或气体通过循环流动使液体或气体空间的温度趋于热平衡的过程，称为热对流，简称对流。对流是液体和气体热传递的特有方式。

（二）实验设计思路

在学生通过实验获取液体的传递热的方式——热对流后，探究空气传递热的方式。

第一部分：初步获取空气传递热的方式：学生通过在模拟的房间里，利用烟雾的运动使冷热空气的循环流动可视化。

第二部分：探究房间里暖气安装位置对房间温度提升的影响，加深对科学概念的了解，解决生活中的实际问题。

五、实验教学目标

在新课标中，热属于物质世界中的能量部分。热可以改变物质的状态，以不同方式传递。

根据课标设定实验教学目标：

（1）学生利用模拟实验箱，开展探究活动，通过观察现象初步得出结论：空气是以对流的方式进行传递的。

（2）学生通过进一步探究暖气放置位置获取证据，分析得出结论：暖气放在房间下方热对流效果更好。

六、实验教学内容

（一）直观看到冷暖空气在房间的流动现象，从而构建热以空气对流形式传递的概念

（1）实验方法。香从实验箱子顶部插入，观察烟雾在实验箱中走向变化。

（2）实验现象及结论。由于空气无色透明，不易观察，学生很难对本课的科学原理进行推理。在学生猜想与假设的基础上，通过观察烟雾的流向，认识冷暖空气在房间的流动情况。实验直观形象地展示了空气流动的路线，从而使学生理解房间里空气的热对流。

（二）自主探究暖气放在房间哪个位置最利于空气的对流

（1）实验方法。学生可以自主将暖气放在"房间"的上、中、下不同位置，观察烟雾在"房间"内的走向的变化。

（2）实验现象及结论。学生通过收集事实认识到，暖气放在"房间"下方，最利于空气的对流。

七、实验教学过程

实验教学内容	教师行为	学生行为	实验目的
（1）直观看到冷暖空气在房间的流动现象，说出房间是怎样暖和起来的	天气冷时，打开暖气，一会儿整个房间都会暖和起来，这是为什么呢	三年级时学习过热空气，热空气比空气轻，热空气会向上升	利用实验箱，开展实验观察活动，直观、清晰看到冷暖空气在房间的流动现象，使抽象、难于理解的科学概念变得容易理解，从而能说出空气是以对流的方式进行传递的，构建空气对流概念
	空气无色透明，有什么方法，可以让大家清晰地看到空气流动的路线	用香，它燃烧会产生烟雾	
	实验箱模拟房间 暖手宝模拟暖气 实验中还要注意什么	香要从箱子顶部放入，这样可以减少点燃的香对实验的干扰。"暖气"在底部，把香放在"暖气"上方，看烟运动的路线	
	引导学生观察烟雾流动的方向是如何循环的	实验并记录	
	实验小结：暖气上方的空气受热上升，并沿着房顶向对面方向运动，旁边的冷空气过来补充，空气在房间里面流动起来，这样循环往复，房间就会慢慢暖和起来		

探究热在空气中的对流——暖和的房间

续表

实验教学内容	教师行为	学生行为	实验目的
（2）探究暖气放置在屋子什么位置，可以使整个房间尽快暖和起来	为什么暖气大都放置在房间靠下的位置，能用实验的方法来证明你的猜想吗	讨论，设计，实验，记录	突出学生主体地位，通过自主探究获取实证、分析实证，深化学生对热对流概念的认识，从而解决生活中的实际问题，学以致用
	引导学生观察烟雾流动的方向是如何循环的	实验1 暖宝放在盒子下方位置，点燃的香从盒顶小孔插入 暖气放在低处，热空气和屋子里的冷空气会很快形成一个大的对流	
	引导学生仔细观察实验2与实验1烟雾循环路线有何异同	实验2 暖宝放在盒子中间位置，点燃的香从盒顶小孔插入	
	引导学生仔细观察实验3与实验1、2烟雾循环路线有何异同	实验3 暖宝放在盒子上方位置，点燃的香从盒顶小孔插入 暖气放在高处，大部分的热空气会停留在高处，热空气和冷空气会形成一个小的对流	
	实验小结：因为热空气比空气轻，热空气会上升，所以暖气放置在屋子靠下方位置，房间会尽快暖和起来		
（3）通过温感器收集3种情况下的数据，作量化处理	为了进一步验证我们的结论，老师再来做一组实验 我们让房间内温度从22℃升高到24℃，暖气在房间上、中、下不同位置，各需要多长时间	暖气放在房间上方，"室内"提高2℃，需要7分钟左右 暖气放在房间中间，"室内"提高2℃，需要5分钟左右 暖气放在房间下方，"室内"提高2℃，需要3分钟左右	通过温感器收集3种情况下的数据证据，作量化处理，证据更充分
	实验小结：暖气放在房间高、中、低3个不同的地方，房间变暖的时间长短不同。暖气放置在屋子靠下方位置，房间会尽快暖和起来		

八、实验效果评价

（一）空气的流动可视化

在模拟房间中，空气对流从不可见到可见。通过烟雾的流动让空气传递热的过程变得可见，使学生直接收集到事实，易于学生对科学原理的理解。

（二）3个不同高度、可以自主探究的小抽屉

模拟实验接近学生的生活实际，并考虑了学生形象思维为主的特点。学生可以自主探究，3个由低到高放暖气的地方，充分调动了学生学习的积极性和主动性。

（三）使用温感器收集数据

在学生收集事实的基础上，再通过温感器收集3种情况下的数据，作量化处理，证据更充分了。

九、补充拓展实验

本实验装置可以就与空气相关的多个实验进行探究，可以解决三年级热空气流动形成风的实验，是一套组合教具，既避免了原来的试验箱对学生思维的限制，又节省了空间，一套器材多个用途。

（一）空气流动形成风的实验

新课标中三、四年级学习目标为：通过观察，描述热空气上升的现象。知道空气的流动是风形成的原因。

本实验箱空间宽敞。避免了对学生思维的限制。烟雾流动不再是刻意规定好的路线，从而更具有说服力。

（二）自主探究为什么空调要放置在墙壁上方

用冰模拟空调。

把"空调"分别放在"房子"一面"墙壁"的下方、中间、上方3个不同位置，观察空气流动路线有哪些变化，从而解释空调放置位置的问题。

（三）自主探究为什么冬天开窗户冷风会迅速吹进屋子里面来

在房子侧面安装窗户，模拟生活中开窗通风时风的流动情况。

用吹风机或者暖宝使"房子"里面变暖和。打开"窗户"，观察烟的流动路线，解释冷风迅速吹进屋子里来的原因。

热传导

上海市徐汇区徐汇实验小学　张凌燕

一、使用教材

上海科教版《自然》小学三年级第一学期第七单元"热传递与热胀冷缩"第一课时。

二、实验器材

（一）学生实验器材

涂有感温变色油墨的铝棒、铁棒、陶瓷棒、木棒、铁架台（带铁夹）、酒精灯、火柴、透明塑料杯、保温杯、打孔的塑料盖、实验任务单等。

（二）演示实验器材

涂有感温变色油墨的铝片、酒精灯、火柴、铁架台（带铁夹）等。

三、实验创新要点/改进要点

（一）实验创新要点

传统热传导实验大多利用凡士林粘上火柴棒，通过观察火柴棒掉落的顺序来观察热传递的过程。实验操作对于小学生而言比较复杂，所用凡士林量也影响实验成功率。有老师制作了蜡烛小圈挂在金属材料上，通过观察蜡烛的熔化看到热传递的过程，简化了学生的操作，但是老师在准备实验材料时比较烦琐，实验过程中难免有蜡油的滴落。有一次偶然的机会，我看到一种感温变色杯子，倒入热水，杯子外壁颜色会发生变化，使用的就是感温变色油墨。于是，我尝试把感温变色油墨运用到热传导的教学中。实验中，采用43℃感温油墨，可轻松、方便地让学生观察酒精灯加热金属棒、金属片等材料时热传导的过程；而当比较不同材料传热本项实验时，把28℃感温油墨涂抹在不同金属和非金属材料表面，借助热水就能看到各种材料热传导快慢，操作简单，现象易见，还突破了传统实验只能针对金属材料开展探究的局限。利用感温变色油墨代替传统的火柴棒，实验稳定性强，实验材料可以反复使用，能使教师准备实验器材轻松方便，减轻教师实验准备的负担。

（二）实验改进要点

"探究热传导的特点"实验中，本节课的教学设计采用的是涂油墨点的方法，也可以根据不同教学设计的需要灵活选择感温变色油墨的涂画方法。

"探究不同材料的传热本领"实验中，采用的是28℃变色的感温油墨。如果天气热，气温接近或高于28℃的情况下开展教学，需要选用变色温度更高一些的感温油墨。

感温变色油墨有多种颜色，在实验中采用什么颜色对比效果最佳，有待研究。

四、实验原理/实验设计思路

（一）实验原理

感温变色油墨含有可反复变色的微胶囊，其变色原理是在特定温度下因电子转移使微胶囊有机物的分子结构发生变化，从而实现颜色转变。

（二）实验设计思路

（1）探究热传导的特点。

探究热在金属棒中传递的特点时，我并没有用变色油墨将整根金属棒涂满，而只涂了几个点（见图1）。让学生猜测油墨点的变色顺序，激发思维的碰撞，通过对多种不同形状金属棒传热特点的探究，引导学生观察思考、解释、分析现象，总结归纳金属棒传导热的特点。探究热在金属片中传递的特点时，引导学生用绘画的方式画出自己对热在金属片中传导的猜测，再演示实验验证。最后运用类比推理法，讨论金属球中热的传导特点。从"线—面—球"逐步认识事物的探究活动设计，尊重学生的认知规律，充分激发学生的思维。

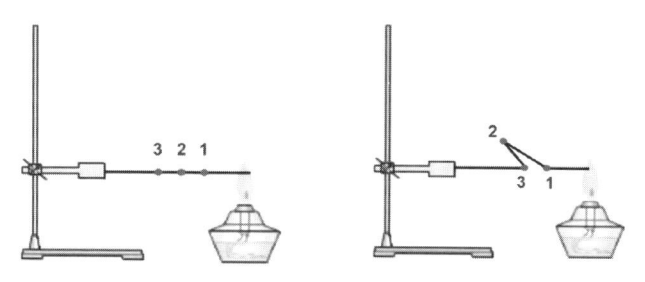

图1 "探究热传导的特点"实验所用部分器材及装配图

（2）探究不同材料的传热本领。

将28℃油墨涂抹在铝棒、铁棒、木棒、陶瓷棒表面（见图2），以"传热本领比赛"充满童趣的形式开展探究活动，学生通过观察油墨变色的快慢，比较得到不同材料传热本领的强弱，现象清晰、明了。实验的过程还能提高学生合作学习的能力。

图2 "探究不同材料的传热本领"实验所用器材与装配图

五、实验教学目标

通过对课程标准的细致研读、对教材的整体分析，依据学生的年龄特点和认知水平，确定了本节课的教学目标及教学重难点：

（一）教学目标

（1）通过观察感温变色油墨在直金属棒上的颜色变化，知道金属具有传热的本领，体验材料对科学研究的作用。

（2）通过"探究热传导特点"实验，知道热是沿着物体从温度高的部分传向温度低的部分，提高观察、比较、分析等能力。

（3）通过"探究不同材料的传热本领"实验，知道材料的传热本领不同，增强科学探究的意识，提高小组合作学习的能力。

（二）教学重点和难点

教学重点：热传导的特点。

教学难点：不同材料传热本领不同。

六、实验教学内容

实验内容分为两大部分："探究热传导的特点"和"探究不同材料的传热本领不同"。

（1）用酒精灯加热金属棒、金属片，学生经历"猜测假设—实验观察—分析总结"的学习过程，分析得到热传导的特点；激发学生想象热在金属球中的传导情况。

（2）通过各种材料传热本领的比赛，观察发现不同材料的传热本领不同。

七、实验教学过程

（一）激趣导入

通过触摸热水杯中的金属勺柄，以"勺柄为什么会发烫"引发学生思考，明确研究的主题。"怎样让我们看到热的传递"再次引发思考，引出新材料——感温变色油墨。通过加热直金属棒，体验了解新材料特性的同时，对热是如何传导的开展思考和猜测。

（二）探究新知

（1）利用感温变色油墨探究热传导的特点。首先，让学生猜测涂抹在弯曲程度不同金属棒上油墨点的变色顺序，开展实验操作，观察并分析交流，得出热传导的特点。接着，利用实验任务单，学生小组讨论，并用图示方式呈现热在金属片上传导的猜测，教师在分享学生猜测后演示实验，验证学生的猜测。最后，通过学生想象与交流，认识热在金属球中传导的特点，并最终得到热传递时热沿着物体从温度高的部分传向温度低部分的特点。

（2）利用感温变色油墨探究不同材料传热本领。根据小学生的年龄特点，教师设计了不同材料传热比赛的探究活动，激发了学生的探究兴趣，小组内的同学将几种材料同时插入倒有开水的加盖水杯中，观察油墨的变色情况。通过对实验现象的分析，得出实验结论。

（三）迁移应用

讨论活动"选择锅铲"，将科学知识与现实生活相联系，体会科学与生活密切相关。

八、实验教学效果评价

教学中，教师准备了丰富的活动材料，所有的活动设计都在凸显"体验"和"创新"这两个词。

本节课将抽象的学习内容，通过为学生创造丰富的体验机会和提供形象直观的表象支持，帮助学生进一步加深对热传导的理解，并学会利用科学原理解释生活中的现象，培养了学生的分析能力。

本节课充分利用感温变色油墨的特点，使实验现象直观、清晰、稳定，并突破了传统实验在材料选择和运用上的局限。材料准备简便，可以反复使用，减轻教师实验准备的负担，也使学生的认知更加完整，让学生体验到新材料的运用对于科学研究的作用，为学生的创新提供了示范。

太阳能热水器

石家庄市金马小学　苑少梅

一、使用教材

本实验的内容来自冀人版小学《科学》五年级上册第 15 课，原来的课题为"衣服的颜色"，我对教材内容进行了处理之后，将课题改为"太阳能热水器"。

首先我对教材和学情进行分析：本课位于"冷和热"单元，本单元主要研究热传递的各种方式，包括传导、辐射和对流。前两课已经研究了热传导，本课要研究热辐射，重点是指导学生通过实验观测不同颜色的物体吸热的多少，最后通过制作太阳能热水器，培养学生运用知识进行设计制作的能力。

由于五年级学生经验丰富，知识积累比较多，思维的逻辑性比较强，只研究颜色与吸热的关系，内容太简单，而且在设计制作太阳能热水器时，可发挥的空间不大，因此，不能满足多数学生发展的需要。

新课程标准基本理念指出，小学科学课程要面向全体学生，要为全体学生提供适合的、公平的学习机会。因此，我要对教材进行处理。由于太阳能热水器吸热多少不仅与颜色有关，还与光线照射角度、受热面积等有关，所以我决定以太阳能热水器为载体研究物体吸热与颜色、光线照射角度、受热面积等条件的关系，这样既增加了教学内容的多样性，又增加科学学习的探究性和趣味性。

新的教学内容的重点：通过实验探究太阳能热水器吸热多少与颜色、光线照射角度、受热面积等条件的关系。

二、实验器材

自制教具（模型框架）、盒子 4 个、电子温度计 4 个、秒表、100W 均匀散光的灯泡、漏电保护器。

三、实验创新点要点/改进要点

教材中的实验见图 1。教材中提供的实验材料和方法有以下缺点：热源放热少，受热物体体积大，受热慢；手拿温度计测量温度，不方便操作；温度计读数容易产生误差。

图1 教材中的实验

为了解决以上问题，我进行了多次研究和尝试，这是我尝试过的模型，见图2。

图2 第一次修改后的实验装置

它有一定的优点，比如：热源换成了100W灯泡，放热增多了；温度计被固定起来，方便操作；将底座倒过来放置可以遮光，避免刺眼；受热物体体积变小，受热快；而且还可以研究不同的条件：颜色、角度、受热面积。但是这个装置存在一些缺点，在使用过程当中，我发现有的小组得到的数据有问题，于是我们开始查找原因。经反复测试发现，可能是因为灯泡里面的灯丝形状不规则，导致四周光照不均匀，最终影响了实验结果。经过使用照度仪进行测试，发现四周的光照强度差别很大，从而进一步证明了我们的分析。还有就是使用这个装置每次只能研究一个条件，而且整个装置组装起来比较复杂。于是我继续改进，目前将实验装置改进成新的样子（见图3），它有以下几个优点。

图3 最新修改的装置

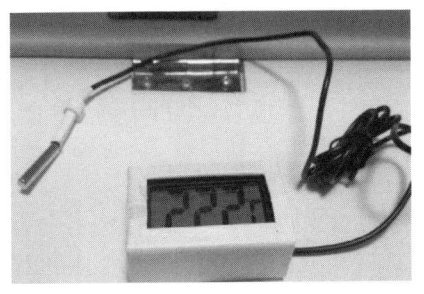

图3　最新修改的装置（续）

（1）热源改用能均匀散热的灯泡，我用照度仪测试了它周围4个摆放盒子的位置，光照强度基本相同；在导线上增加漏电保护开关，提高了整个装置的安全性。

（2）受热物体体积小，升温快。摆放受热物体时采用了磁性定位，方便控制受热物体到光源的距离；灯泡的四周都可以摆放受热物体，能同时研究多个条件对吸热的影响（颜色、光线照射角度、受热面积）。

（3）测温装置改用电子温度计，可固定，方便读数。

（4）使用结实的框架将实验装置各部分整合在一起，稳固，方便整理；整个装置安全性高，既可以避免学生的手接触到灯泡，也避免灯光刺眼。

四、实验原理/实验设计思路

物体吸收辐射热多少与物体的颜色、光线照射角度、受热面积等条件有关。颜色越深、光线照射角度越接近90°、受热面积越大，吸热越多。我采用模拟实验来研究太阳能热水器吸热与各个条件的关系，此实验是一个对比实验，控制好对比实验中的变量是实验的关键。

五、实验教学目标

（一）科学探究

（1）能正确组装实验装置，通过实验得到准确的实验数据。

（2）能通过实验观察、分析数据得出实验结论。

（二）科学知识

能说出物体吸热与颜色、光线照射角度、受热面积等条件的关系。

（三）科学态度

如实地记录实验数据，面对问题能主动分析原因。

六、实验教学内容

通过模拟实验探究影响太阳能热水器吸热多少的条件，利用改进后的装置研究太阳能热水器吸热与颜色、光线照射角度、受热面积等条件之间的关系。

七、实验教学过程

基于对课标、教材和学情的分析，为了更好地达成教学目标，我按照"原型—模型—原型"这一思路设计了如下教学过程。

（一）提出问题

我出示谜语，让学生通过猜谜感知本节课要研究的对象太阳能热水器。然后通过谈话提出问题"太阳能热水器吸热多少和什么有关"。

（二）猜想假设

我出示几种太阳能热水器图片，让学生通过观察、比较寻找相同点，通过相同点引导学生猜想影响热水器吸热的因素，最终作出假设：颜色越深、受热面积越大、光线照射角度越接近90°，吸热越多。

（三）实验观察

分三步进行：明确思路、掌握方法、实验验证。

（1）明确思路。

先引导学生设计实验模型，学生想到了用一些相似的材料模拟太阳和热水器，从而初步构建了实验模型。完成了由原型到模型的过渡。

接下来结合假设分析实验思路。以颜色为例，分析实验中如何控制对比实验的条件，见表1。

表1　实验思路示例

研究条件	改变条件	需保持相同的条件
颜色	颜色深浅	角度、面积

再让学生小组内分析研究照射角度、受热面积时如何控制条件，从而明确了实验的基本思路，见表2。

表2　学生分析实验思路

研究条件	改变条件	需保持相同的条件
光线照射角度	角度大小	颜色、面积
受热面积	面积大小	颜色、角度

（2）掌握方法。

通过播放实验视频让学生学习操作方法、明确实验步骤。然后分配任务：

1、2组研究"颜色",3、4组研究"角度",5、6组研究"面积",并给出提示,使用此装置可以同时研究多个条件对物体吸热的影响,各小组可以根据自己的能力,在完成规定任务的同时,选择其他条件进行研究。

这样做考虑到了学生的个体差异,既给能力强的学生提供了更多的发展空间,同时也能照顾到能力弱的学生,体现了教学的开放性和面向全体学生的教学理念。

(3)实验验证。

通过提供图文并茂的实验指导卡和实验记录单,给学生充分的时间进行自主探究。利用我制作的模型,学生只需要开灯两分钟就可以得到差距明显的数据,有的小组先后对不同的条件进行了研究,有的小组同时研究了多个条件。

（四）形成知识

学生做完实验后,先在小组内进行实验数据分析,得出自己的结论。然后组织学生进行全班交流,得出一致结论：颜色越深,照射角度越接近90°,受热面积越大吸热越多。我进一步引导学生根据实验结论进行推理：实际生活中,要想让太阳能热水器吸热最多,应该是黑色的,受热面积尽量大一些,光线照射角度始终与太阳能热水器垂直。从而完成了由模型到原型的过渡。

（五）运用知识

我引导学生发现太阳能热水器的不足,让学生根据所学知识对它进行改进,设计吸热更多的太阳能热水器。以下是学生改进的设计方案,见图4。

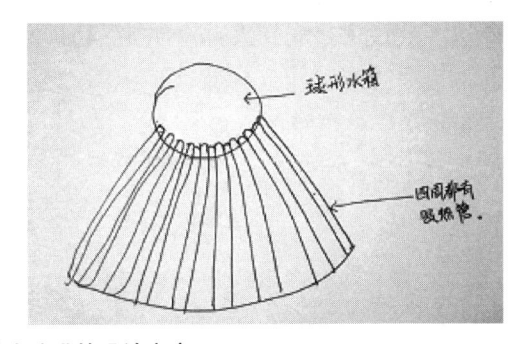

图4 学生改进的设计方案

我组织学生进行了展示和评价,并鼓励学生课下制作太阳能热水器模型,学生在选材时想到材质可能也会影响热水器吸热,于是他们又进一步研究了不同的材质对吸热的影响。

八、实验效果评价

教学完成后,我发放了小组评价表,组织学生对自己组的实验情况进行评价，表 3 是评价内容。

表 3 小组评价表

评价维度	评价题目
探究能力	1. 我们小组研究的条件个数是（　　）。 A. 1 个　　B. 2 个　　C. 3 个 2. 我们小组能同时研究（　　）条件。 A. 1 个　　B. 2 个　　C. 3 个 3. 我们组在完成实验数据分析时感觉（　　）。 A. 很顺利　　B. 一般　　C. 不顺利
科学态度	4. 我们尊重证据，如实地记录了实验数据（　　）。 A. ☺　　　B. 😐　　　C. ☹
科学知识	通过实验我们小组知道了（　　）等条件对物体吸热有影响
实验中发现的问题：	

　　通过对评价结果进行整理，我发现大部分学生学会了同时进行多组对比实验，实验能力得到提升。学生通过进行多组对比实验，分析每组实验中的变量控制，他们的逻辑思维能力得到锻炼；通过分析各组实验数据得出结论，学生的归纳能力进一步得到提升。

　　以上就是我对本节课实验教学的处理。本装置操作简单，现象明显，便于学生获取数据；综合性强，满足了不同能力的学生发展的需要；实验内容探究性强，促进了学生思维的发展。

怎样得到更多的光和热

宁波市海曙区镇明中心小学　童含

一、使用教材

教科版小学《科学》五年级上册"光"单元第六课。

二、实验器材

光和热实验操作台（一、二）、数字式电子温度计、白色纸、粉色纸、黑色纸、黑色蜡光纸、铝箔纸对折做成的纸袋、3个同样的黑色纸袋。

三、实验创新要点/改进要点

（一）改进一

用数字式电子温度计（见图1）代替传统的玻璃温度计，通过精确测定纸袋温度，发现物体的颜色与吸热本领有关系，深色物体比浅色物体吸热快，表面粗糙的物体比光滑的物体吸热快。

图1　数字式电子温度计

（二）改进二

用两个光和热实验操作台分别代替把纸袋放在地上的实验方法，通过精确控制纸袋摆放位置，发现物体受阳光照射角度与吸热本领有关系，物体与阳光垂直比倾斜吸热快，见图2和图3。

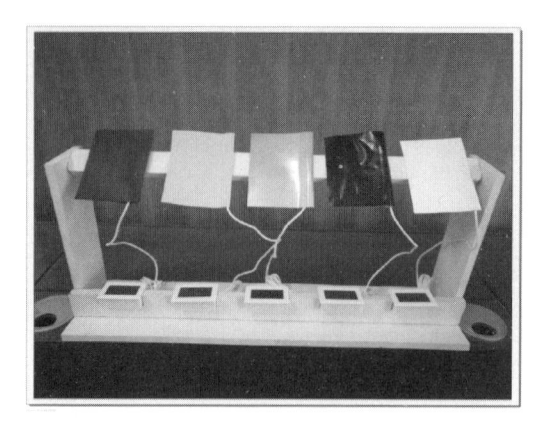

图 2　光和热实验操作台一

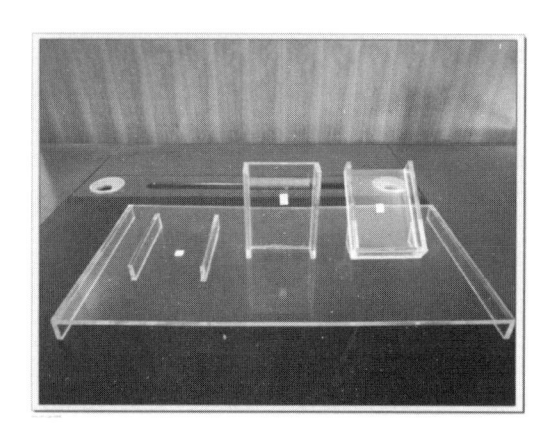

图 3　光和热实验操作台二

（三）改进三

根据本地平均气温高于北方大部分地区的实际，重新设置了折线图数值范围，并将纵轴刻度值从 2.5℃ 调整为 1℃，方便初学者进行绘图操作。

四、实验原理/实验设计思路

（一）设计一

运用数字化测量设备，激发学生浓厚的学习兴趣，化烦琐为简单。学生使用玻璃温度计进行实验之前，教师需要耗费大量时间进行挑选分组，以尽量减少不同温度计之间的误差给实验带来的影响。在测量过程中，学生要读取平放在地上的温度计数据比较困难，有时还会遮挡住阳光进而影响实验结果的准确性。数字式电子温度计误差小（精确到 0.1℃）、显示清晰、读取方便，更因为独有的科技感而深受学生喜爱，能够有效激发学生的学习兴趣。

(1) 物体的颜色与吸热探究活动中，4人小组通过分工（材料员、观察员、记录员、计时员）与合作取得实验数据，带有传感器（金属探头）的数字式电子温度计使用简单，学生能够迅速掌握使用方法并进行准确测量。在连续10min的观察和测量活动中，每隔2min进行拍照，能够更好地同步获取温度信息，对提高实验准确性有所帮助。

(2) 阳光直射、斜射与吸热探究活动中，4人小组根据纸袋摆放位置调整传感器（金属探头）安装方式，既促进了小组成员的合作，又培养学生解决问题的科学素养。

（二）设计二

开发标准化实验操作台，提高实验教学的实效性，化低效为高效。实验一，学生把5个纸袋平放在地上时，很难在摆放地点、方式和时间等方面保持一致；实验二，学生把3个纸袋分别按水平、与地面垂直、与太阳光垂直的角度摆放，要长时间扶着纸袋保持稳定，还不能遮挡阳光干扰实验效果，这是五年级孩子很难达到的要求。使用标准化实验台，能够顺利解决这些问题，方便学生集中注意力观察、记录和思考。

(1) 在光和热实验操作台一的底座安放5个数字式电子温度计，横杆上可以粘贴5个纸袋，并且能够自由调整角度。学生安装好传感器（金属探头）后，为避免手温对数据的干扰，要静止放置1min后再记录"刚开始的温度"。实验时，学生能够很方便地把整个实验操作台搬到室外进行测量。

(2) 光和热实验操作台二使用亚克力材料制作，设计美观、坚固耐用。水平、与地面垂直、与太阳光垂直的3个卡槽，方便学生摆放纸袋。考虑到不同地区的教学实际，如能把第三个卡槽设计成角度可调整，则更好。

（三）设计三

修改折线图细节，放大实验数据的区别，化模糊为清晰。教材中折线图纵轴上的数据范围是0~30℃，刻度值为2.5℃。根据实地测量，本地区目前测得的数据与课本图表存在明显差异，同时，为了进一步放大实验数据的区别，降低初次绘制折线图的难度，让温度变化的趋势能够更明显地通过折线图呈现给学生，将纵轴的数据范围调整为10~45℃，刻度值调整为1℃。

五、实验教学目标

（一）科学概念

(1) 太阳是地球最大的光源和热源。

(2) 物体的颜色与吸热的本领有关系，深色物体比浅色物体吸热快，表面粗糙的比光滑的吸热快。

（3）物体受阳光照射角度与吸热的关系，物体受阳光直射比斜射吸热快。

（二）过程与方法

（1）做探究物体的颜色与吸热本领关系的实验，并准确观察记录实验结果。

（2）做探究物体吸热与阳光直射、斜射关系的实验，并准确观察记录实验结果。

（3）将物体的颜色与升温情况的实验数据绘制成折线图。

（三）情感、态度、价值观

（1）在实验中能够严格按照实验要求进行操作，实事求是地记录观察数据。

（2）认识到自然事物的变化之间是有联系的。

（3）认同科技的发展能够促使人们更好地利用自然资源和自然规律的观点。

六、实验教学内容

（1）实验一：物体的颜色与吸热（传统实验与数字化实验相结合）。

（2）实验二：阳光直射、斜射与吸热（传统实验与数字化实验相结合）。

七、实验教学过程

（1）太阳是地球最大的光源和热源，人类很早就利用太阳散发的光和热来做事，可是，还有很多的光和热没有被利用起来。那么，我们还有什么办法能从太阳得到更多的光和热呢？导入本课实验教学。

（2）物体的颜色与吸热。学生讨论汇报对比实验的注意事项，小组分工，户外实验、记录。

（3）阳光直射、斜射与吸热。学生讨论汇报对比实验的注意事项，小组分工，户外实验、记录。

（4）整理实验信息。教师指导，学生绘制实验一折线图。

（5）分析实验数据。根据我们的折线统计图，什么颜色的物体吸热快？黑色蜡光纸和黑色无光纸，哪个升温快？为什么？铝箔纸的吸热本领如何？为什么？在第二组实验中，纸袋怎样放温度升得快？这又是为什么？

（6）总结与拓展。我们可以通过什么方法来得到太阳更多的光和热？举出生活中的例子（尽量得到更多的光和热的例子），请学生查阅关于太阳能热水器和太阳灶的资料。

八、实验效果评价

本课的实验教学设计，器材创新，操作简便，效果明显。数字化设备的使用有效激发了学生的学习热情，同时也为下一课教学内容"做个太阳能热水器"打下了扎实的基础。

能量的控制

河北省石家庄市育英小学　马宁

一、使用教材

冀人版小学《科学》六年级上册第13课"能量的控制"。

二、实验器材

（一）自制教具

"能量的控制"创新实验模型，采用模块化设计，主要由输入模块、控制模块和输出模块组成。

（二）输入模块

2节5号电池及相应电池盒、3节五号电池及相应电池盒、手摇发电机等。

（三）控制模块

自制水位监测装置、自制风力控制装置、自制振动报警装置、自制调光装置、自制温控装置、单刀开关等。

（四）输出模块

小灯泡、LED灯、蜂鸣器等。

三、实验改进要点

（1）改进原有教材中的调光装置和温控装置，缩短模型组装时间，便于学生操作，提高实验教学效率，见图1和图2。

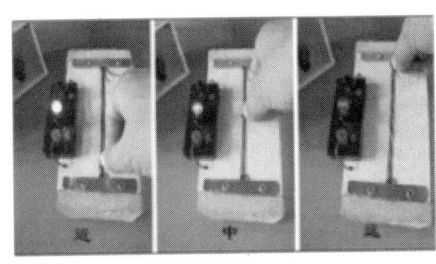

图1　调光装置 　　　　　图2　温控装置

（2）自制的系列化能量控制装置，解决了教材中实验模型单一化问题，能够有效增加实验的探究性，提高学生实验探究兴趣，见图3~图5。

图3 水位监测装置　　图4 风力控制装置　　图5 振动报警装置

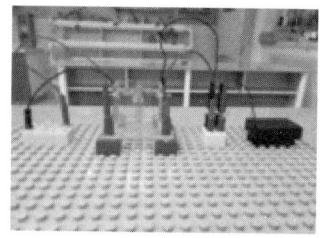

四、实验原理

（一）调光装置

输入模块可以为电池或手摇发电机，控制模块为调光装置，输出模块为小灯泡。当输入模块提供电能时，通过滑动控制模块中的导线，调节电流通过铅笔芯的电流大小，从而实现控制输出模块中灯泡的亮暗。

（二）温控装置

输入模块可以为电池，控制模块为温控装置，输出模块为灯泡或蜂鸣器。当输入模块提供电能时，通过加热控制模块中的金属螺丝，利用金属热胀冷缩的原理，从而实现电路闭合，控制输出模块中的灯泡或者蜂鸣器工作。

（三）水位监测装置

输入模块可以为电池，控制模块为水位监测装置，输出模块为发光二极管。当输入模块提供电能时，通过改变控制模块中水槽的水位，利用水能导电的原理，在不同水位接通不同的金属触点，使输出模块中相应位置的LED灯亮起来，从而达到水位监测的目的。

（四）风力控制装置

输入模块可以为电池，控制模块为风力控制装置、输出模块为发光二极管。当输入模块提供电能时，通过改变吹风机的风力，利用风有力量的原理，使控制模块中风力检测装置旋转到一定高度，同时带动金属弹片接通电路，从而点亮输出模块中的LED灯，实现风力控制。

（五）振动报警装置

输入模块可以为电池，控制模块为振动报警装置，输出模块为灯泡或蜂鸣器。当输入模块提供电能时，如果发生振动，则控制模块中的高灵敏度弹簧与金属螺杆之间不断发生碰撞，电路不断开合，从而实现输出模块中的灯泡不断闪烁或蜂鸣器发声。

五、实验教学目标

（一）科学知识目标

理解能量控制装置概念，并且能说出某些能量控制装置的工作原理。

（二）科学探究目标

能根据实验方法组装实验模型，并通过实验观察，探究能量控制装置的工作原理。

（三）科学态度目标

能与同学交流自己的实验方案和实验发现。

（四）STSE 目标

能将所获得的知识运用到实际生活中，解决实际问题。

六、实验教学内容

本课一共包括3个活动。活动1寻找能量控制装置，是为探究控制能量装置工作原理打下认知基础。活动2探究常见能量控制装置是怎样工作的，其目的是帮助学生通过不同的探究方法来认知其工作原理。活动3设计自控装置，其目的是培养学生的创新精神和实践能力。从知识点来看，本课主要包含两个知识点，即能量控制装置概念和一些能量控制装置的工作原理。

以下是本课的信息结构图（见图6）。

能量的控制 ｛ 提出问题
猜测可能引起能量控制的因素
设计实验组装能量控制装置（难点）
实验观察（重点）
通过实验结果归纳能量转化结论（重点）

图6 "能量的控制"信息结构图

七、实验教学过程

（一）情境导入，形成问题

本环节不是实验教学研究重点，因此不作过多阐述。

（二）掌握方法，实验探究

（1）运用图片，合理猜想。

为了培养学生发散思维，教师首先出示几幅图（见图7～图9）让学生简单思考灯为什么可以调节亮度？水位高低如何控制？人们通过什么装置可以实现对风力的检测？

图7　可调光台灯　　图8　水位控制装置　　图9　风力仪

（2）出示模型，掌握方法。

学生在简单思考后，教师引入了综合模块化的教具（见图10），让学生利用所学知识自主探究，自主选择能量输入模块以及能量控制模块（照片）在"玩"中获取知识。本环节分两步介绍实验方法，即组装模型和实验操作。

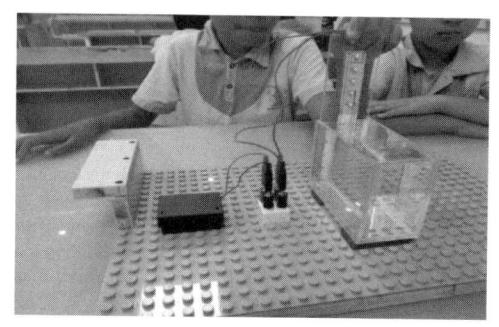

图10　学生操作模块化教具

（3）实验探究，观察记录。

在掌握方法后，学生进行探究实验，同时填写实验报告单（见表1），为后面总结归纳形成知识打下坚实基础。

表1　实验报告单　探究能量控制装置

实验记录	评价项目	评级
我选择的实验	能选择自己要研究的题目	
A. 振动装置实验 B. 风力控制实验 C. 水位控制实验	能动手操作实验装置	
观察到的现象	能发现实验装置的实验现象	
得到的实验结论	能与其他同学交流发现，形成初步科学事实	

说明：评比结果分为优、良、一般，优为☆☆☆，良为☆☆，一般为☆。

教学效果：本环节学生们探究兴趣浓厚，能够很轻松地通过实验操作观察到实验现象，通过小组交流掌握初步的科学事实，为进一步形成科学知识奠定基础。

（三）讨论交流、形成知识

在这一环节，教师引导学生进行全班交流，通过比较、分析、归纳、推理的思维过程建构知识。在这一过程，采用4个科学问题，形成一个问题链，以引导学生的思维过程：

（1）实验前后，实验装置有什么不同？即比较实验结果。

（2）这些不同说明了什么？即分析的过程。

（3）实验能够得出什么结论？即归纳的过程。

（4）推想生活中的装置内部构造可能是什么样的？是怎样工作的？即类比推理过程。

这样，有效的问题链使教学顺利过渡到下一环节。

（四）联系生活、拓展设计

在最后的创新实践环节，教师运用了引课时的问题，让学生们思考如何设计一套关于地震监测的能量控制装置。同时结合振动报警装置，让学生们利用三年级电学知识、五年级地震知识和本节课能量控制的知识，完成地震监测装置的设计。

八、实验效果评价

本课从实验模型、实验效果、实验评价全方位关注了2017版小学科学课程标准新的课程理念：面向全体学生；倡导探究式学习；保护学生的好奇心和求知欲；突出学生的主体地位。

（一）模型创新

这套模块化教具不但满足了孩子们探究欲望，弥补教材两个实验单一的问题，同时还可以不断拓展，突出了学生的主体地位，尽可能多的满足全体学生不同需求，学生课下结合查阅资料，自己补充模块内容，形成模块化思维，满足孩子们的求知欲。模块化实验模型学生操作更加简便，实验效果非常明显。

（二）实验效果

通过对实验模型的改进，学生的参与性更广、探究性更强，可以使不同层次的学生都能获得更多的学习机会。

（三）实验评价

本节课在学生实验探究过程中，采用评价量表与实验记录单相结合的方式进行过程性评价。星级评测方式，使学生更容易直观地了解自己达成了哪些目标。

模拟月相变化

浙江省绍兴市北海小学教育集团　高黎英

一、使用教材

本实验选自教科版小学《科学》六年级下册宇宙单元的第二课"月相变化"。

二、实验改进要点

月相的观察需要持续1个月的时间，无法在短时间完成观察活动。为了使学生直观了解月相的变化规律，教材中设计了这样一个体验活动：在教室或者一块空地的一端墙面上贴上太阳，在场地中间画上两个圆圈。几个同学站在小圆上，代表地球上的观察者；一名同学举一个一半被涂亮的球，代表月球，沿大圆转动1圈，表示月球绕地球运动1个月。让"月球"亮面始终朝向"太阳"，表示月球只能有一半被太阳照亮。当"月球"运行到1~8的位置时，画下我们所观察到的"月相"。这样设置实验，存在以下几个问题：①室内进行实验，场地过小，受到限制；室外实验，诸如纪律调控、学生安全等不可控因素过多，无法实现高效的课堂。②小组分组实验时，各个点的学生只是观察到了一个位置的月相，并没有形成月相变化的连续过程，过于抽象，不利于学生科学概念的正确构建。③实验过程中，一旦一个"地球上的观察者"画错月相，整个小组将无法归纳出正确的月相变化规律，更加加大了"月相变化"学习的难度。

为此，我设计并制作了一个"月相模拟仪"。用手机模拟地球，摄像头模拟地球上的观察者。运用两个电动机，使月球在自转的同时围绕地球公转，同时手机摄像头实时跟随月球转动。学生不仅可以通过手机的屏幕，也可以通过手机希沃助手将画面投影到屏幕上，观察到一个连续的月相变化过程。

三、实验器材

月相模拟仪的构造简单、成本低廉。主要由两个步进电动机、一块电动机驱动板、一块 Arduino uno 主板、若干条杜邦线组成。模拟仪的外壳由学校自备的激光雕刻机雕刻而成，而连接螺母的螺帽，则由我所带的3D社团学生自行设计、打印而成。通过 Mixly 的简单模块化程序编写，便能实现月球在公转的过程中亮面始终朝向太阳。小组合作实验时，只需要这样一个装置，便能让每个成员都能观察到月相在1个月中的连续变化过程。

四、实验原理

我将通过操作演示来介绍本实验的实验原理。课堂上，学生不光可以通过手机屏幕观察到月相在农历 1 个月中的连续变化过程，同时还可以通过手机连接教室多媒体，便于教师的教学。并且，装置上还安装了无线快门装置，可以捕捉月相的照片。

五、实验教学目标

为了有效达成实验的这一最终目标（月相变化是月球围绕地球公转过程中形成的，变化是有一定规律的），我设置了如下的实验教学目标（只出示课件）。

（一）科学概念

月相变化是月球围绕地球公转过程中形成的，变化是有一定规律的。

（二）过程与方法

通过月相模拟仪，经历观察月相持续变化的过程。

（三）情感态度价值观

（1）初步意识到宇宙是一个变化的系统。

（2）培养学生用于创新的科学精神。

"通过月相模拟仪，经历观察月相持续变化的过程"是本实验的重点，本实验的难点为"知道月相变化是有一定规律的以及月相变化形成的原因"。

六、实验教学内容

我设置了两个实验内容：

（1）教师利用"月相模拟仪"进行模拟实验，演示月相持续变化的过程。

（2）学生利用"月相模拟仪"，巩固月相变化的规律。

七、实验教学过程

根据上述教学内容，我将实验教学过程分为这样几个部分：引入、月相画法、模拟月相变化、学生动手实践、巩固知识。

课堂一开始，我出示了这样一幅图片，并通过"你知道这是什么天体吗""关于这个天体你知道些什么""除了这种形状的月球你还见到过别的形状吗"等一系列层层递进的小问题引出月相的概念。

在画月相的过程中，发现学生画得并不规范（图片出示），于是，便自然而然地进入了本堂课的第二课环节——月相的正确画法（图片出示一个正确的月相）。

画完月相，学生思考：农历 1 个月中月相到底是怎么变化的？月相的变化有规律吗？教师随后利用"月相模拟仪"向学生传授新知。通过本实验的装置，学生不难发现月相变化的规律，也能总结月相变化形成的原因。

了解了月相变化的规律以及月相变化形成的原因之后，学生自己通过月相模拟仪再次进行巩固。

八、实验效果评价

纵观整个实验教学过程，教师做到了以下几点：

（1）化抽象为具体。把抽象的宇宙空间转化为实体模型，便于学生理解。

（2）信息化与科学课相结合。把现代信息技术运用到科学课程的教学中，缩短月相的观察时间，不仅能实施高效的课堂教学，实现资源优化，也为同类型科学课程的教学奠定了基础。

（3）多媒体与教学相结合。现象清晰，有利于科学概念的建立。

（4）学科整合。体现 STEM 理念，有利于培养学生创新精神。

第三部分

中学物理

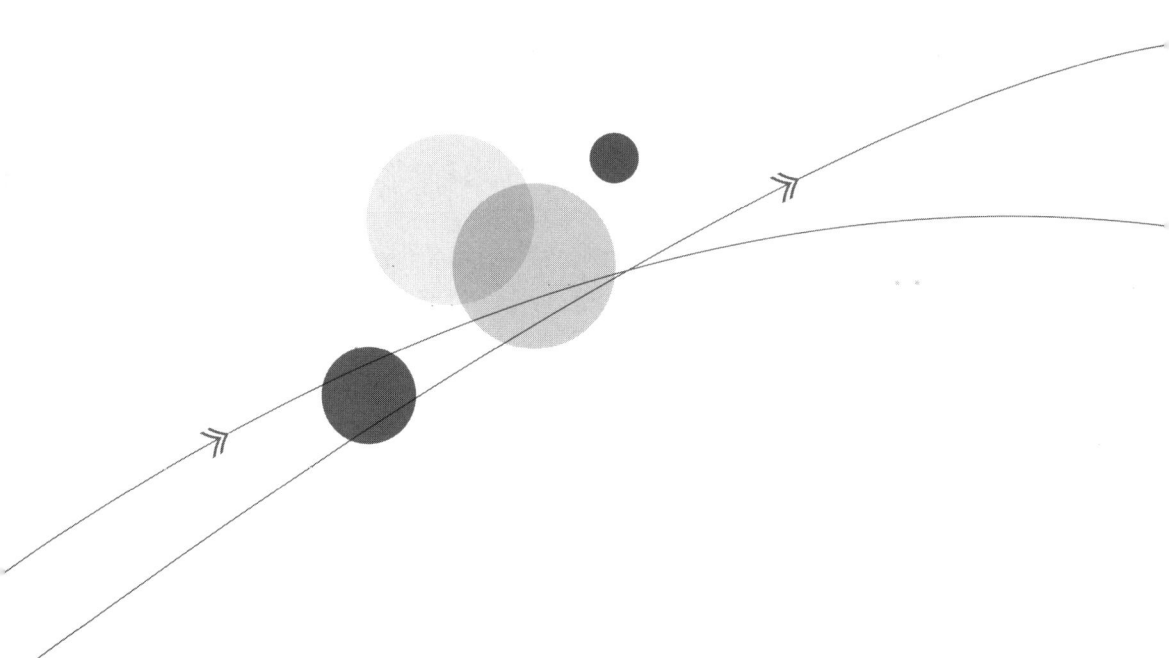

▶ 初中物理

看见声音
——声音的产生与传播

宁夏特殊教育学校　巩昊

一、教材分析

"声音的产生与传播"是人教版初中《物理》八年级上册第二章第一节，是声现象的入门和本章学习的基础。通过对本节内容的学习，要求学生知道声音产生的原因、声音的传播的条件、了解声速以及影响声速的因素。根据课标要求本节的重点是：声音的产生和传播；难点是：真空中不能传声。

二、学情分析

因为授课对象是听障学生，其中有一部分学生完全丧失了听觉能力，还有大部分学生是先天性耳聋，这直接导致学生对声音毫无概念。所以本节课要先给学生留下声音在视觉和感触方面的概念，再来借助这些概念完成教学目标。

由于手语表达的不完整性，听障学生在学习科学知识时尤为困难，所以在教学内容上，将声音的速度与回声的内容作为了解和记忆的内容。重点学习声音产生的原理和声音的传播，主要通过教学实验让听障学生感触到声音的存在，引导学生观察、探究声音传播现象。

三、教学目标

（一）知识与技能

知道声音是由物体的振动产生的，声音在气体、液体和固体中可以传播以及传播过程。知道声音的传播需要介质，真空不能传声。

（二）过程与方法

通过探究"声音是如何产生的""声音的传播"和"真空无法传声"的实验，锻炼学生初步的观察能力和研究问题的方法，培养学生运用物理知识解决实际问题的能力。

（三）情感、态度和价值观

激发学生的学习兴趣和对科学的求知欲望，使学生乐于探索自然现象和日常生活中的物理学道理。

四、教学重难点

（一）重点

理解声音产生的原理和声音的传播在不同介质传播的过程。

（二）难点

通过教学实验让听障学生感受到声音的存在，引导学生观察、探究声音可以在气体、液体和固体中传播。

五、实验仪器

手机或者平板电脑，示波器软件和电子乐器APP，常规实验器材（鼓、大功率音响、水槽、手机或者发声器、蜡烛、泡沫塑料、激光笔、真空罩和真空泵、弹簧、土电话装置等）。

六、实验原理

（1）利用手机示波器软件，达到看见声音和探测声音，再通过投频软件展现到大屏幕上，达到可视效果明显的效果。

（2）将细微现象放大化，清楚地看到气液固体传播振动和声音的现象。

七、实验思路

主要思路是把"听不到"转化为"看到、感触到"。

八、教学过程

（一）认识示波，形成概念

教师活动：手机对电脑投屏，展现手机示波器APP。

学生活动：同学们通过发声、敲击桌面等制造声音，引起示波器的波形变化。

通过这些互动，激发学生学习兴趣，同时让学生了解自己的声音，活跃课堂气氛，从而让学生明确：有声音就会有波形。

（二）教学声音的产生

主要通过敲鼓、拨动皮筋、手摸喉咙、体感大功率音响等方式，把声音产生的现象放大化、可视化和体感化。

（1）实验。

1）带领学生敲鼓，观察"耳朵"出现了波形，学生感触鼓面的振动；用手按压鼓面迫使鼓面停止振动，观察"耳朵"示波消失。

2）拨动张紧的橡皮筋（同理观察皮筋振动和示波器的示波）。

3）分别用手触摸正在说话和未说话时候的咽喉。

4）站在大功率音响前面，并播放流行音乐，感受音浪冲击身体带来的震感。

（2）学生讨论：学生说出亲身感受到的和看到的实验现象。

（3）归纳得出结论：声音是由物体的振动产生的，振动停止声音也停止。

（三）教学声音的传播

分别探究在气体、液体、固体中振动的传播和声音的传播（共设计4个实验和1个自主探究实验），贯穿声音振动就会有声音产生的概念。

（1）实验一：跳跃的火苗。

教师指导学生实验：将点燃的蜡烛摆在音响前（10cm以内），打开音响，观察火苗伴随音乐的节奏跳跃。示波器有波形出现。

学生讨论并总结：空气可以传播振动，空气可以传播声音。

（2）实验二：潜水的泡沫。

教师演示实验：将一小块泡沫用重物沉入水中，水槽放在音响旁边。打开音响，观察小泡沫有节奏的跳动，液面也可以看到振动。

（3）实验三：晃动的激光。

教师指导学生实验：保留实验二的仪器，去除小泡沫块。用激光笔照射水槽水面，打开音响，观察激光反射的光点伴随音乐的节奏晃动。

学生讨论并总结：空气可以传播振动，空气可以传播声音。

（4）实验四：水中听声。

教师指导学生实验：将两部手机（一部手机播放音乐作为声源，另一部手机示波）同时放入水槽内，观察示波手机示波器依然有波形出现。

学生讨论并总结：液体可以传播声音。

（5）实验五：固体传播振动。

教师演示实验：将一段软弹簧连接在音响纸盆上，随着播放鼓点，观察软弹簧如何传播振动。

（6）实验六：学生自主设计实验证明固体可以传声。

以土电话为提示，并改造实验方法。

（四）教学声音不能在真空中传播

实验演示：真空罩实验。

改进原有实验器材和实验细节，将手机示波器放入真空罩内，将无法传播声音的现象可视化，通过投屏放大化，这样更容易观察实验结果，更容易理解实验现象。

（1）一部手机播放音乐或被打电话，看到播放声音的界面，同时可以看到另一部手机出现波形（声音在正常传播）。

（2）逐渐抽去真空罩中的空气，学生观察示波器的变化，知道完全抽去空气变为真空。

（3）打开气门，重新充气，观察示波器的变化。

（4）总结：真空不能传声。

九、实验改进

（1）通过重新设计实验，找到更容易让听障学生理解和操作的实验方案，改变以往"声音的产生与传播"一课死板的使用教材实验的局面。

（2）应用简洁的手机 APP，代替笨重的计算机。

（3）分别观察和探究振动的传播与声音的传播，紧密结合了声音的产生与传播这两部分的知识。

（4）解决了以往的真空不能传声这一实验的效果不明显、现象不容易捕捉等问题。

声音的特性

深圳中学龙岗初级中学　罗砚馨

一、使用教材

人教版《物理》八年级上册第二章第二节"声音的特性"。

二、实验器材

自制机械示波器，自制发音齿轮电扇，学生自制乐器（可发出不同音调声音），学生自带乐器（吉他、尤克里里、电子琴、笛子等）。

手机应用：Oscillo（声音示波器），FreqCounter（频率计/示波器 APP），信号发生器 APP，相机，慢镜头。

三、实验创新要点

（一）探究实验创新

（1）用乐器当实验器材。摒弃了课本上发声不明显的探究实验，如钢尺、橡皮筋等，讲声音，我们就直接用生活中的乐器，学生将平时演奏的乐器和自己制作的乐器带到课堂，用这些来研究声音的特性。课堂里乐音环绕，每个学生都喜闻乐见，体现了本课"物理、音乐、生活的有机融合"。

（2）实验方法新颖。鼓励学生发散思维，用各种方法看清楚实验器材的振动，如放大法、转换法等。学生用手机慢镜头拍摄或用示波器显示吉他弦的声音波形。

（二）演示实验创新

（1）发音齿轮电扇实验：由于初中生对频率的理解有难度，我自制了发音齿轮电扇（见图1）做演示实验，学生们很容易就可以理解：改变转速即改变频率，而且齿轮刮硬纸片的声音响亮而稳定，不同挡位发出声音的音调差异也非常明显。因此学生可以毫无犹疑地得出结论：音调与频率有关。这个演示实验直观不拐弯，符合学生的认知水平。

（2）自制机械示波器实验：在初中物理教学中，一般是通过话筒用示波器描绘不同频率的音叉的振动现象，而学生往往会对示波器原理感到抽象，难以将

图1　发音齿轮电扇

波形与发生物体的振动对应起来。因此我自制了机械示波器，实验装置设计图见图2，实物图见图3。在敲打音叉发声的同时，旋转镜转动，调整转速，就可在屏上呈现振动图像。敲打不同大小的音叉，显示的波形不同，见图4、图5。

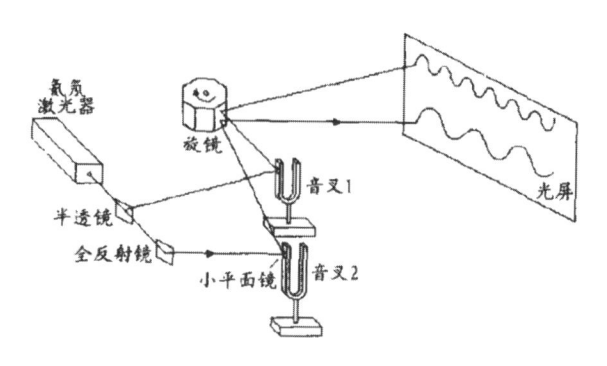

图2　机械示波器装置设计

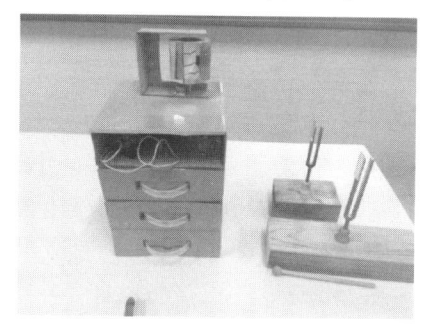

图3　机械示波器装置实物

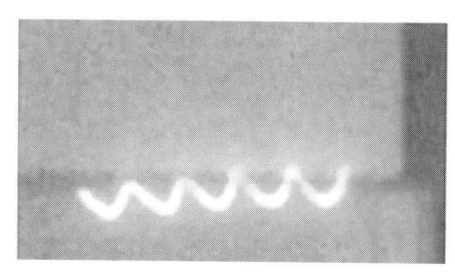

图4　大音叉振动的光波　　　　　图5　小音叉振动的光波

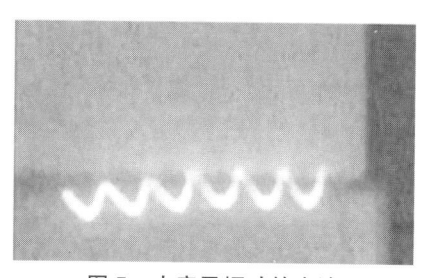

敲打不同频率的音叉，学生可以看见小音叉的波形更密，说明音叉的振动更快。通过本实验，学生可以条理清晰地建立起"声音—振动—波形"的联系。

(三) 教学手段创新

信息化时代，教学方法一定是不断革新的。曾经我们只能用声波的挂图来上课，后来可以用示波仪器来演示，而如今手机走入课堂，学生已经能使用手机的示波器 APP、慢镜头拍摄等来自己探究实验。同时结合教学工具蓝墨云班课，学生利用它完成教学任务，保证课堂一直运行在高效的轨道上。

四、实验原理

（1）利用电扇可调转速的特点制作发音齿轮电扇机。

（2）利用转换法和放大法，将不易观察到的音叉振动转换为光斑的运动轨迹。

（3）学生探究实验中，使乐器发出不同音调，同时使用手机慢镜头或者示波器 APP 观测乐器的振动频率，定性分析得出结论：发生物体振动频率越高，音调越高。

五、实验教学目标

（一）核心素养目标

（1）物理观念：学生能感知声音的特性，形成音调、响度、音色的概念；理解声音由物体的振动产生，初步认识振动的频率和振幅。

（2）科学思维：基于经验事实得出发声规律，通过分析实验科学推理出音调、响度与振动频率、振幅的关系。

（3）实验探究：学生具有实验探究意识，发现问题，提出合理猜测与假设；具有设计实验探究方案和获取证据的能力，能使用各种科技手段和方法收集信息；具有合作与交流的意愿与能力，能准确表述、反思实验过程和结果。

（二）教学重难点

教学重点：能对生活中音乐的三个特性进行辨别，认识音调、响度、音色的概念及其相关因素，探究决定音调、响度的因素。

教学难点：探究决定音调的因素；认识声音的波形图。

六、实验教学内容

板块一：通过教师演唱、学生演奏自制乐器感性体验音调高低。

板块二：演示实验探究决定音调的因素。

板块三：学生设计实验探究音调与发声体振动频率的关系。

七、实验教学过程

（一）感性体验音调高低

（1）教师演唱一段旋律：1——2——3——4——5——6——7——i——。同时投影手机示波器，将声音可视化。

（2）引出音调概念后，请学生用自带乐器发出不同音调的声音。

（3）提问：一般什么物体发出音调更高？

学生总结规律：短、小、细、紧、薄的物体发出的音调更高。

（二）演示实验探究影响音调的因素

（1）提问：音调高低与什么有关？

（2）演示实验：展示发音齿轮电扇机（见图1），打开不同挡位改变齿轮的转速，用硬纸片刮出声音，档位越高转速越高，硬纸片发出的声音音调也越高。

学生根据实验现象推测：音调高低与发声物体的振动频率有关。

（3）验证实验：通过机械示波器（见图3）展示不同音叉的振动波形（见图4、图5），通过对比两道波形再一次证明音调与频率有关，振动频率越高，音调则越高。并且通过此实验，学生了解发声体的振动与示波器波形的对应关系，为下面使用示波器APP做探究实验作好知识铺垫。

（三）学生自主探究音调与频率的关系

设计实验：学生小组讨论如何用自带乐器探究音调与频率的关系。

发现问题：乐器的振动频率难以观测。

教师点拨：可以采用放大法（如手机上的慢镜头）、转换法（如用示波器将振动转换为波形，再如在乐器出气口贴小纸条）、工具法（如测振仪等）等实验方法。

学生分组实验。

总结与反思：学生在手机的蓝墨云班课APP中分享与交流实验过程与结论，互相提问发现实验的不足并讨论改进方法。

（四）响度

（1）感性体验：请学生用乐器演奏出同音调不同响度的声音。

（2）探究影响响度的因素：用不同力度敲击同一个音叉，用机械示波器显示振动波形，学生可以得出规律——响度与振动幅度有关。

（3）自主设计实验探究响度与振幅的关系。

（五）音色

请三名学生分别使用不同乐器演奏歌曲，让学生感受不同乐器的音色。课堂在音乐声中接近尾声。

（六）应用与提高

投影教师手机的信号发生器APP（见图6），改变波形的频率、振幅、形状，从而发出不同音调、响度、音色的声音。学生在此环节中攻克了认识波形图这一困难，对本课知识的理解提升到更高层次。

（七）教学流程图

教学流程见图 7。

图 6　信号发生器 APP

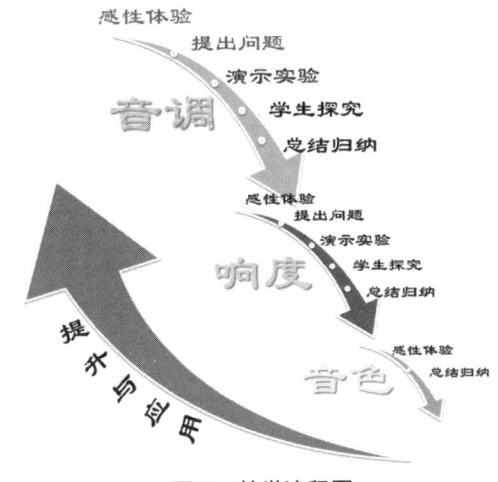

图 7　教学流程图

八、实验效果评价

（一）目标明确

学生通过本节课认识了声音的三个特性，通过探究实验总结出音调、响度与振动频率、振幅的关系。

（二）突破难点

学生不仅深入认识了音调及其相关因素，而且也能理解声音波形图与声音、振动的对应关系。

（三）高效有序

环节紧凑的教学过程和信息化的教学手段让课堂高效而有序。

（四）轻松愉悦

用乐器当实验器材，用手机当实验工具，学生在乐声、讨论声中轻松收获知识。

（五）拓展延伸

学生的好奇心在课堂上还未得到满足。课后，几个学生组成了一个小课题组，更深入地研究吉他弦的频率，运用传感器、示波器等现代化仪器，探究吉他弦长与频率、音调的关系。从定性分析到定量分析，学生的实验能力和分析论证能力更上一层楼。

光沿直线传播

吉林大学附中高新慧谷学校 孔涛

一、使用教材

选自人教版《物理》八年级上册第四章第一节。

二、教学目标

（一）三维目标

（1）知识与技能：①了解什么是光源。②知道光在同种均匀介质中沿直线传播。③知道光在真空中的传播速度。

（2）过程与方法：①通过实验与观察，培养学生初步的观察能力和实验设计能力。②经历"光是怎样传播的"，培养初步的科学探究能力。③经历头脑风暴，了解光在生活中的现象和应用的原理。

（3）情感态度与价值观：①领略到科学之美，科学就在我们身边，科学改变了我们的生活。②通过"先学后教"，课堂解决难点问题，增强自信和对物理的热情。

（二）教学重点

（1）探究光的直线传播。

（2）解释"光沿直线传播"的现象及其应用。

（三）教学难点

（1）探究光在同种均匀介质中的传播。

（2）"光沿直线传播"原理的应用——小孔成像。

（四）实验教学目标

（1）探究光在同种均匀介质中的传播。

（2）探究影子的变化与光的传播方向和角度的关系，尝试与光路图结合起来解释问题。

（3）探究小孔所成的像的特点和变化，尝试与光路图结合解释变化规律。

三、实验器材

激光笔、烧杯、水、牛奶、喷壶、加湿器、半透明精油皂、果冻、酒精、浅铁盆、火柴、鸡尾酒、影子变化探究器材、扎孔的硬木板、光屏、针孔相机模型。

四、教学设计

下面说说我的教学设计。吉林大学附中高新慧谷学校的教学理念之一是"先学后教",提倡学生主动学习。首先给学生下发"自学任务单",学生通过查找资料、网上搜索、家庭小实验观察,完成任务单上的内容,达到对课程的初步了解。学生带着疑惑到课堂,以小组合作探究的形式沟通交流、解决问题,教师要引导学生深入思考,提出深层次的思索,引发思维的碰撞,既能提高课堂容量,又能提高学生的参与度和探索的热情。

所以我的"引课"从任务单入手。首先小组成员沟通交流各自的任务单,补充完善思维导图中的知识框架,抽签抽出一个小组汇报对这节课知道了什么,其他小组补充,从而解决基础知识的建构:①什么是光源,光源的特点。②光沿直线传播。③光在真空中的传播速度是 $3×10^8$ m/s,其他介质中的光速小于真空中的光速。④光线及其光路图。⑤光沿直线传播在生活中的现象举 2~3 个例子。⑥光沿直线传播应用到生活中举 2~3 个例子。

这种实效性很强的课堂用 10 分钟时间通过学生的交流基本解决了简单的知识点,下面重点是通过实验探究解决学生自学过程中的问题,以任务单为脉络。

(1) 怎样在气体中显示光路?

学生选择的方案有很多,如喷水、喷烟、点香、撒碎纸屑等方法,我在演示实验时选择的是用加湿器,因为喷烟和点香不环保,撒碎纸屑和用喷壶喷水雾需要老师不断操作,缺少持续性,为后续实验带来麻烦。

而学生的分组实验可以采用小喷壶喷水显示空气中的光路是沿着直线的,液体和固体分别采用的是水加牛奶的乳浊液和半透明的精油皂,实验器材来源于生活,容易获取,亲切而具有趣味性。

(2) 如果不在同种介质,光还会沿着直线传播吗?

调制一杯鸡尾酒,显示光路,发现在不同介质的界面上发生弯折,而在同种介质中是显示直线光路的,得出光沿直线传播需要在同种介质中的结论。

(3) 如果介质不均匀光还会沿着直线传播吗?

在激光路径上点火,加热后发现光路在晃动,墙上的光点在晃动,我采用浅一些的、面积大一些的铁盆,下面垫上湿毛巾,盆内放入少量酒精,点燃,观察光路的变化,通过对比法得出在均匀介质中,光才会沿着直线传播的,为今后光的折射作好铺垫;没有选择调制密度不均匀的液体显示弯曲的光路的原因,一是可视性不强,二是不够震撼,当火焰熊熊燃烧,光点在剧烈晃动时,课堂掀起小高潮。

(4) 学生举例说明时基本上会有影子、日食和月食、日晷,我设计的这个器材整合了这些示例并且深入思考提出探究问题，这个装置底板钻出 9 个孔，每个孔都可以用铁架台的铁杆直立固定，可以调整光源的位置和高度。

用强光手电做光源，光射到不透明的物体时，在光达不到的区域形成了影子。

思考：如果人不动，光源升高了，影子长度如何变化？如果光源的方向和高度不变，人远离灯光移动，影子如何变化？如果人不动，光源是环形移动的，影子的方位如何变化？

画上角度，标注时间，演示日晷工作原理。用强光手电从其他方向照亮影子，影子消失了，这就是手术室无影灯的工作原理。放上地球仪，用乒乓球模拟月球，演示日食和月食的原理。

五、教学难点的突破

长春即使是在树叶最繁茂的季节都很难看到树下的圆形光斑，平时生活中基本没有小孔成像的现象，所以许多学生是带着怀疑的态度，认为这个现象不存在。我首先让学生制作针孔相机，先观察现象，然后在课堂上完成实验探究。普通的光源景物亮度不够，所以我们定做了大型的 LED 发光板，白天拉上窗帘，在室内可以清晰看到小孔成像的现象。依据锥形教具的思想，先在硬纸板上扎出大小合适的、不同形状的小孔，用光屏显示像，然后再探究像的大小变化与物距和像距的关系。传统的光屏缺点是面积小，透明度不合适，我尝试着用描红纸、各种不同透明度的塑料膜，最后发现印卷子的版纸成像效果非常好，而且平整，比塑料膜有型，裁剪成合适大小粘贴到框架上做成光屏。学生拿着小孔和光屏调整距离，探索像的大小随着物距减小，像距增大而变大——物近像远像变大。然后再拿着针孔相机的模型调整，体会从现象到原理到制作出真正的器材实物的过程。体会科学与科技发展的历程、打破科学的神秘感，是我钟爱锥形教具思想的理由之一。

六、体现新的教学理念

我这节课采用的教具和器材，取自于学身边常见的材料和废旧材料，降低成本，实用性强，希望把物理的观察和实验延伸到课上课下，通过物理教学，带领学生领略科学之美，从生活走向物理，从物理走向社会，轻松高效并智慧地学习。

光的折射

重庆市开州区德阳初级中学　姚小勇

一、使用教材

人教版初中《物理》八年级上册第四章第四节"光的折射"。

二、实验器材

自制教具：铁架台、刻度盘、亚克力容器、半圆形玻璃砖、凸透镜、小号收纳箱、加湿器、红光激光笔、绿光激光笔、假鱼模型、40cm长的竹签、装有观察孔的PVC板、手机、手机支架、SUB数据延长线、浓度适中的肥皂液、浓度不均匀的糖水。

三、实验创新要求/改进要点

利用加湿器向空气中喷出的大量水雾，稳定直观地显示出光在空气中的传播径迹，利用浓度适中的肥皂液显示出光在水中的传播径迹，从而探究光从一种介质射入另一种介质时的传播方向。刻度盘转动过程中形成的圆心角直观地表示出入射角和折射角及其变化过程。

利用生活中的手机摄像头代替人眼从特定视角进行观察、拍照记录、回放展示，便于实验之后的对比分析和归纳总结。

四、实验原理/实验设计思路

利用自制器材创设的特殊情景，再到生活中的熟悉情境引入。探究光从一种介质斜射和直射入另一种透明介质时的规律。进一步探究折射现象中光路是可逆的。最后从物理走向生活，通过"渔民叉鱼"的实验解释生活中的有关现象。

五、实验教学目标

（一）知识与技能

（1）认识光的折射现象。

（2）了解光从一种介质斜射入另一种介质中时的偏折规律。

（3）了解光在发生折射时，光路是可逆的。

（二）过程与方法

（1）通过"探究"的方法得出光的折射规律。

（2）体验由光的折射引起的视觉现象，能用光的折射知识简单解释自然中的现象。

(三) 情感、态度、价值观

(1) 领略美妙的折射现象，亲近大自然、热爱大自然。

(2) 尊重科学，培养实事求是的科学态度和浓厚的学科兴趣。

六、实验教学内容

探究一：光从空气斜射入水或玻璃中。

探究二：光从空气垂直射入水或玻璃中。

探究三：让光逆着折射光的方向从水或其他介质射入空气中。

七、实验教学过程

(一) 情境引入

在容器壁上贴有两张图片，一张是穿有红上衣的男生，另一张是穿有红裙子的女生（见图1）。慢慢地往容器中加水，观察加水后图片看上去有什么变化（见图2）。

图 1　加水前的容器壁 　　　　图 2　加水后的容器壁

播放自己录制的3个小实验的视频。在空碗中放入一枚硬币，将碗向后移动，直到刚好看不见硬币，然后向碗中慢慢加水，消失的硬币又重新出现（见图3）。将筷子放入盛满水的碗中，筷子看上去折断了（见图4）。将一块玻璃砖放在铅笔的上面，不管我们从什么角度观察，铅笔都不会有变化（见图5）。让学生利用相同的实验器材自己动手实验来寻找真相，激发学习的兴趣。

图 3　硬币重现 　　　　图 4　筷子折断 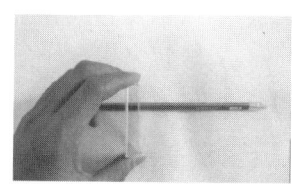　　　　图 5　铅笔不变

(二)实验探究

(1) 探究光从空气斜射入水或玻璃中。一部分小组做光从空气斜射入水中的实验并完成实验，记录入射角分别为 30°时（见图 6）、50°时（见图 7）、70°时（见图 8）的情形。另一部分小组做光从空气斜射入玻璃中的实验并完成实验记录表格（见表 1）。

表 1　实验记录

实验次数	入射角/°	折射角/°
1	30	
2	50	
3	70	

图 6　入射角为 30° 　　　图 7　入射角为 50° 　　　图 8　入射角为 70°

(2) 探究光从空气垂直射入水或玻璃中的现象。在折射现象中，入射角增大，折射角也增大。那么，入射角减小，折射角也会减小。如果入射角减小为 0°，也就是光从空气垂直射入水或玻璃中时，折射角为多少？从正面观察（见图 9），从左侧观察（见图 10），从右侧观察（见图 11）。

图 9　从正面看 　　　图 10　从左侧看 　　　图 11　从右侧看

(3) 让光逆着折射光的方向从水或其他介质射入空气中。当光逆着折射光

的方向射向空气中时，折射光与原来的入射光重合在一起，说明在折射现象中光路是可逆的（见图12）。如果增大水中的入射角，会出现空气中的折射光消失的情况（见图13）。

图12　光路可逆　　图13　折射光消失

（三）走进生活

利用光路图解释"筷子折断""硬币重现"以及"铅笔折断"的情形。请一名同学体验"渔民叉鱼"，通过观察孔能看见的鱼却叉不到（见图14），能看见鱼是因为鱼反射的光从水中斜射入空气发生折射后进入人眼（见图15），由于在折射现象中光路是可逆的，所以能用光照射到鱼（见图16）。

图14　看到的鱼叉不到　　图15　鱼反射的光进入人眼

图16　用光能照到鱼

八、实验效果评价

（一）激发学习兴趣

通过观察，体验生活中常见的却被我们忽略的物理现象，从中轻松、愉快地学习物理知识。

（二）提高动手能力

在探究活动中，学生主动参与，发挥了学生的主体作用，培养了学生的自学能力、合作探究的能力，对学生的终身发展有重要意义。

（三）培养思维能力

从看水中的物体入手，引出水下物体反射的光从水中斜射入空气中发生折射之后进入人眼，猜想光从空气斜射入水或玻璃中是否也会发生折射并通过实验探究折射规律。最后运用物理知识解释人眼是如何看到水下物体的。循序渐进又环环相扣，体现了从生活走向物理、从物理走向生活的新课程理念。

光的色散

厦门双十中学　郭艳辉

一、使用教材

沪科版《物理》八年级第四章第四节。

二、实验器材

白光色散与合成演示器，自制三基色合成筒，自制实验箱（内部有红、绿、蓝三色光源，可研究色光混合及不透明物体的颜色），激光笔，透光片等。

三、实验原理方法

对比法和实验推理法。

四、实验创新要点

（1）教材由白光通过三棱镜变成彩色，直接得到白光不是单色光的结论，并未设置与其他单色光的对比实验。本节通过补充实验弥补这一不足，且还在此基础上进行推理解释了色散的成因。

（2）教材对三基色和物体的颜色环节没有任何实验探究，本节通过自制教具，给予学生丰富的实验引导。

五、实验教学目标

（一）知识与技能

（1）了解色散现象，知道白光由哪些色光组成。

（2）知道光的三基色。

（3）知道透明体只透过相同的色光，不透明体只反射相同的色光。

（二）过程与方法

（1）通过观察实验现象，了解实验是研究问题的重要方法。

（2）通过自主探究实验，体验探究的过程和方法。

（三）情感态度价值观

（1）通过观察、实验以及探究活动，培养学生尊重实事求是的科学态度。

（2）体会现实世界的绚丽多彩，使学生更加热爱生活、热爱科学。

六、实验内容设计

（一）光的色散现象

(1) 学生自主探究：白光通过三棱镜，见图1a。

(2) 教师补充演示实验：红光和绿光通过三棱镜，见图1b和图1c。

(3) 对比图1b和图1c，推理得到光的色散原理。

(4) 教师演示光的混合实验，见图1d。

（二）光的三基色

(1) 教师演示实验：实验箱中三基色的混合，见图2a。

(2) 教师演示实验：合成筒中三基色的混合，见图2b。

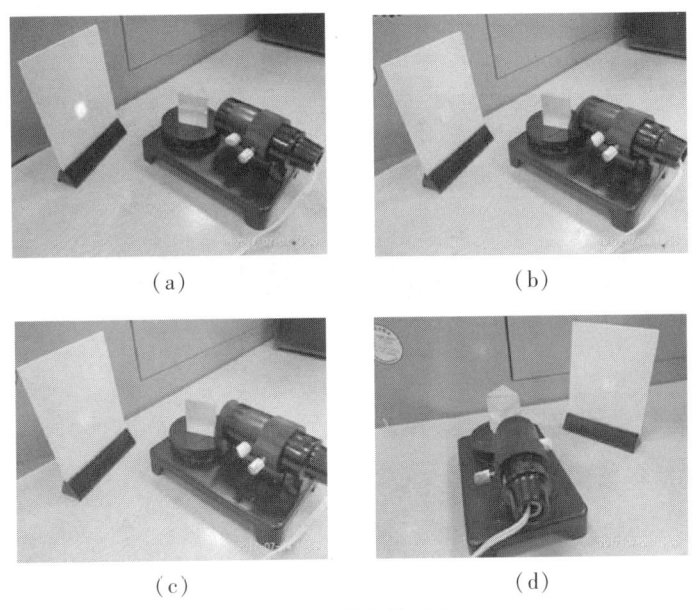

(a)　　　　　　　　(b)

(c)　　　　　　　　(d)

图1　光的色散现象

(a)　　　　　　　　(b)

图2　光的三基色

(三) 物体的颜色

(1) 不透明物体的颜色。将红、绿、蓝3种颜色的小花模型放入暗箱中。将光源分别调为红色、绿色和蓝色，观察3朵小花的颜色变化，如图3所示。

(2) 透明物体的颜色。教师演示实验：将绿色激光照在墙壁上，再分别透过绿色和红色透光片，观察墙壁上的现象，如图4所示。

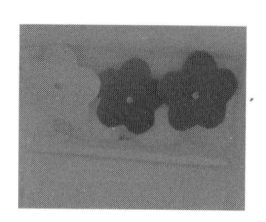

图3 不透明物体的颜色

图4 透明物体的颜色

七、具体教学流程

(一) 播放视频，引入课题

播放视频：金砖会议期间，厦门惊现双彩虹的胜景。

设计意图：结合时事热点，引起学生乐趣，从而引出课题。

(二) 光的色散现象

通过讲述牛顿的故事，提出问题：白光是不是纯净的光。引导学生实验光的色散。通过实验现象是不是就可以说明白光是混合光呢？接下来教师补充实验：分别演示红光和绿光通过三棱镜。从而说明白光与红光、绿光不同，白光不是单色光。引出光的色散定义。

设计意图：结合牛顿的故事，使学生了解到任何学问的探讨，都必须以严格的实验和观察为基础。

色散的原理是什么？再次以红、绿两种单色光为例，当它们以相同角度通过三棱镜时，通过作标记发现二者偏折程度不同。在此基础上进行合理推理，我们有理由认为：不同颜色的光折射时，它们偏折程度各不相同。

讲到这里，可以观看动画，了解天空中为什么会出现彩虹。

设计意图：渗透实验结合推理的方法，合理解释色散的原理。

（三）光的三基色

展示小魔灯，它也能发出七色光，这里面有什么玄机？

这是一个自制实验箱，也能达到一样的效果，显示出红橙黄绿蓝靛紫。这么多颜色，里面到底装了多少盏灯？其实跟小魔灯一样，它里面仅仅有 3 盏：红灯、绿灯和蓝灯，上面的旋钮可以改变光的强度。先打开红灯时，慢慢加入绿色，就看到橙色、黄色。关掉绿灯，再逐渐加入蓝色，又看到了紫红、浅紫、深紫色等。3 盏同时打开甚至还出现了白光。仅仅 3 种色光，为什么能变出这么多色彩呢？

为了更直观地了解其中的原因，我们请出三基色合成筒。这个教具是自制的，它最大的优点是可以很方便地拉开，改变光源和光屏的距离让 3 种色光分别叠加。为了让大家看得更清楚，我用摄像头把里面的情况投影到大屏幕上。可以看到色光叠加的部分出现了新的颜色，再调节光源强度，叠加区域的颜色就相应改变。因此，红、绿、蓝光按不同的比例进行不同的组合，会引起各种不同颜色的感觉，我们称之为光的三基色。

根据三基色混合的道理，观看视频，了解电视机的彩色画面的原理。

设计意图：利用多媒体手段，将演示实验更清晰、更直观地展现在学生面前，达到强烈的视觉震撼效果。

（四）物体的颜色

（1）不透明物体。

以自然界中的花儿为例。同样的太阳光照在不同的花儿上，为什么会呈现出各种各样的颜色呢？比如红花，为什么看起来是红色？因为它本来就是红的吗？真的是这样吗？

这里有一朵小花模型，为了排除其他光源的干扰，我们将它放入暗箱，利用摄像头观察内部情况。打开绿光，大家看到了什么？黑花！换成红光呢？又变成红花了！同样一朵花，为什么呈现出来不同的颜色呢？

内部的摄像头起到了人眼的作用，它用来接收光线。当把红花放在绿光下时，我们看到它变成了黑花。说明它并不能反射绿光，而是吸收了绿光，没有光进入人眼，看到的就是黑色。而在红光照射下，红花可以反射红光，反射的红光进入人眼，我们就看到它是红色的。所以红色不透明物体可以反射红光，不能反射绿光。那它能不能反射其他颜色的光呢？还有，其他颜色的不透明物体又是什么情况呢？

这里有红、绿、蓝 3 种颜色的小花模型，为了方便对比，它们的底座是黑色的。把它们同时放入暗箱中，将光源先调为红色，红花和背景马上融为一体，都变成了红色。而绿花和蓝花和底座颜色一致，都变成了黑花。再来换绿光，仅有绿花可以反射绿光，我们看到它还是绿色，而红花和蓝花变成了"黑花"。最后看蓝光，不出意外，除了蓝花，剩下两朵都变成了黑色。

根据实验现象，当 3 种颜色的光分别照在 3 朵花上时，红花只能反射红光，绿花只反射绿光，蓝花只反射蓝光。可见，不透明物体呈现出的是被反射的光的颜色。

那么，在混合的太阳光照射下，红花可以反射其中的红光，我们看到的就是红花。蓝花只反射蓝光，白花呢？应该是反射白光中的所有色光。而黑花不反光，它会吸收所有色光，所以黑花并不常见。

设计意图：步步引导，让学生体验探究的过程和方法，既感受了设计创新的乐趣，又培养了分析问题和解决问题的能力。

（2）透明物体。

先让学生分别通过红、绿、蓝三色透光片观察周围，结合戴墨镜的经验，通过讨论归纳出透明物体只透过相同颜色的光。

教师演示：绿光分别照在红色、绿色透光片上，会看到什么现象？进一步深化结论。

学生游戏：改编版《中国诗词大会》。不仅要找到其中的诗句，还要把诗句的字体进行调色，使同学们透过红色透光片时，能够只看到这句诗。

设计意图：贴近实际生活，凸显学以致用。不仅有效检验了综合运用的能力，还大大增加了本节的趣味性，课堂将再掀一波高潮。

八、教学反思与自我评价

在教学内容的安排上，首先学生自主探究认识色散现象，然后通过体验活动和教师演示知道光的三基色，最后通过实例分析、实验演示、游戏活动等学习物体的颜色。这样安排符合学生认知过程，思路比较顺畅，丰富的实验活动有助于更形象地理解知识。

在教学方法的设计上，借助体验活动和演示实验，使学生感受到世界的多彩和科学的魅力。通过演示实验的改进和创新，增强直观性和稳定性，给予学生视觉上的冲击和思维上的碰撞。

用电流表准确测量水透镜焦距及其应用

银川唐徕回民中学（宝湖校区）　赵宁
银川十五中　曹志华

一、使用教材

内容选自人教版《物理》八年级上册第五章"透镜及其应用"。

二、实验教学目标

（1）通过实验，初步了解水透镜成像的规律。理解近视眼、远视眼的成因及矫正。

（2）使学生在探究活动中学会提出问题和猜想，初步体验科学探索的过程和方法。

（3）学习从物理现象中归纳科学规律的方法，乐于参与观察、实验、制作等科学实践。

三、教学重难点

（一）重点

对水透镜成像规律的理解和认识。

（二）难点

（1）指导学生在探究过程中，建立起实验与物理模型之间的必然联系。

（2）通过探究活动，体验科学探究的全过程和方法。

四、教学内容设计

（一）实验器材

节能灯（平行光源）、F型光源、光具座、光屏（上面载有光敏电阻）、位移传感器、水透镜、凸透镜、电流表、开关、学生电源。

（二）传统实验中出现的不足

（1）不能随时改变凸透镜厚度判断不同透镜的折光能力。

（2）蜡烛在燃烧的过程中污染环境。

（3）确定凸透镜焦距的过程中产生误差。

（4）实验中不能准确确定像点的位置。

（5）不能形象地再现近视眼、远视眼成像规律。

（三）实验改进要点

（1）用电流表准确测量水透镜焦距。

（2）探究水透镜的薄厚对折光能力大小的影响。

（3）在探究凸透镜成像规律时精确找到像点。

（4）用位移传感器测量物距和像距的大小。

（5）用水透镜模拟人眼成像规律及其近视眼、远视眼的矫正。

注：水透镜可变焦，取材便利，制作简单，成本低廉，操作方便，既可以逼真地模拟眼中晶状体的改变，形象地模拟眼睛成像的过程，也能很好地模拟近视眼和远视眼的成因及矫正。

实验装置图见图1。

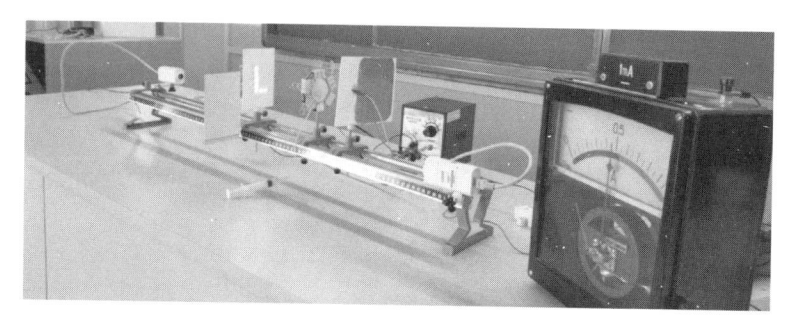

图1 实验装置图

五、实验原理

利用光敏电阻和位移传感器等现代教育技术。用电流表准确定位水透镜模糊的焦点，改变水透镜的薄厚，进而通过数据分析得出物距、像距和焦距之间的关系。

拓展应用：模拟人眼成像规律及其近视眼、远视眼的矫正。

六、实验教学内容和过程

（1）认识水透镜。

（2）用电流表准确地测量不同厚度水透镜焦距，进而确定水透镜的薄厚对折光能力大小的影响。

（3）探究水透镜成像规律。

实验数据见表1。

准确测量物距（u）和像距（v），验证物距、像距和焦距之间的关系。

通过实验得到：$1/f = 1/u + 1/v$。

（4）用水透镜模拟人眼成像规律及其近视眼、远视眼的矫正。

表 1 实验数据

物距 u/cm	像距 v/cm	焦距 f/cm	物距倒数 /cm^{-1}	像距倒数 /cm^{-1}	焦距倒数 /cm^{-1}	物距倒数与像距倒数之和/cm^{-1}
24.9	14.2	10	0.4016	0.070	0.1	0.111
15	29.3	10	0.0667	0.034	0.1	0.101
18	20.5	10	0.0556	0.049	0.1	0.104

七、实验效果评价

（一）评价

（1）可以准确测量水透镜的焦距，提高了测量的精度。

（2）利用光敏电阻和位移传感器等现代教育技术。

（3）可以实现一套实验器材演示多个实验。

（4）通过实验思考，应用生活实例，加深对凸透镜成像规律的理解。

（二）反思

整个教学过程，教师是一个引导者和参与者，课堂上要积极引导学生交流讨论，充分重视学生探究过程中各种能力的培养。

分组实验：

将全班学生分成若干个大组，各组实验所用水透镜焦距不同；每大组又分为4个小组，各大组中4个小组所用凸透镜完全相同。使他们不管用什么方法，分别在光屏得到一个清晰地放大的、缩小的、正立的及倒立的像，4小组分别命名为：放大组、缩小组、正立组和倒立组。

数据记录　　焦距：$f=$　　cm

分析数据，组内讨论。实验结果见表2。

表 2 实验结果

物距 u/cm	像距 v/cm	像的性质		
		正立或倒立	放大或缩小	虚像或实像
$u>2f$	$f<u<2f$	倒立	缩小	实像
$u=2f$	$u=2f$	倒立	等大	实像
$f<u<2f$	$u>2f$	倒立	放大	实像
$u=f$	不成像			
$u<f$	0 到无穷大	正立	放大	虚像

电流的测量

山东青岛第五十九中学　毕记朋

一、使用教材

人教版初中《物理》九年级"15.4 电流的测量"。

二、三维教学目标

本节内容是在学生刚认识简单的串、并联电路的基础上，引入电流的概念，学习电流表的使用方法。只有熟练使用电流表，才能为下节"探究串、并联电路的电流规律"作充分准备。九年级学生已经具备了一定的形象思维能力和实验探究能力，分析问题、解决问题的能力也进一步加强。根据课程标准对本节课的要求，结合学生的认知水平，确定本节课的三维教学目标如下。

（一）知识与技能

（1）知道电流强度的意义、符号、单位及其换算关系。

（2）会用电流表测电流。

（二）过程与方法

（1）培养学生动手操作能力，学会运用"类比—建构"的方法进行电流概念的建构。

（2）探究电流表使用规则，学会运用反证法和替代法进行实验探究与证明。

（三）情感态度价值观

（1）通过自主学习、小组合作提高学习能力。

（2）通过对安培个人的简介，培养和教育学生刻苦专心的学习精神。

（3）通过鼓励质疑，培养学生的质疑与创新精神。

三、实验内容设计

重点：运用类比的方法进行电流概念的建构。

难点：熟练运用反证法、替代法进行电流表使用方法的证明。

根据三维目标，为突出重点，突破难点，将本节课实验内容设计为两个板块，总计 8 个演示实验、6 个分组实验。两个板块分别为：电流的概念和电流表使用。

教法设计：运用情景教学，范例教学设计了 8 个演示实验。

学法设计：学生自主学习，合作探究设计了 6 个演示实验。

在教学过程中充分体现教师与学生的主导与主体作用。

四、实验方法设计

结构化的内容→设计直观，感知引导质疑→运用新器材提高演示效果→使用新技术创新实验。

下面分别说明 8 个演示实验的设计方法，并逐一进行演示，见表 1 和表 2。

表 1 教师演示实验

教师演示实验	实验名称	实验方法设计
演示实验 1	利用水流演示仪演示水流强弱变化	使用新技术创新实验
演示实验 2	将演示电流表并联在小灯泡两端	运用新器材提高演示效果
演示实验 3	将演示电流表换成导线并联在小灯泡两端	使用新技术创新实验
演示实验 4	将导线换成厨房锡箔纸并联在小灯泡两端	使用新技术创新实验
演示实验 5	用厨房锡箔纸代替演示电流表，证明短路的危害	使用新技术创新实验
演示实验 6	用口香糖锡箔纸代替演示电流表，证明短路的危害	使用新技术创新实验
演示实验 7	用灵敏电流计测量通过人体的电流（双手干燥）	运用新器材提高演示效果
演示实验 8	用灵敏电流计测量通过人体的电流（双手浸湿）	运用新器材提高演示效果

表 2 学生分组实验

学生分组实验	实验名称
分组实验 1	使同一灯泡电流发生变化
分组实验 2	用实验室电流表测量小灯泡的电流（小量程 0~0.6A）
分组实验 3	将实验室电流表并联在小灯泡两端
分组实验 4	将实验室电流表反接，使电流负入正出
分组实验 5	换量程测量通过小灯泡的电流（大量程 0~3A）
分组实验 6	交换电流表和小灯泡的位置，观察示数是否变化
分组实验 7	电流表调零

五、教学过程

将本节课整合以后，重新划分为以下三个环节：环节一，创设情境引入新课；环节二，合作探究建构新知；环节三，联系实际拓展应用。

（一）电流的概念

传统教学一般由教师讲授，不生动形象。为此，我设计了一个水流类比电流演示教具用于演示水流强弱变化。

演示实验1：水流类比电流演示教具，演示水流有强弱。

（1）演示教具的制作过程。

水流类比电流演示教具总共包含4个部分，即简易操作台、盛水容器、管道和透明塑料杯，装置结构见图1。

以硬纸盒为材料，经过合理剪裁和粘贴固定制成简易操作台，起到支撑盛水容器和固定管道的作用。对输液管进行剪切和拼接制成两条管道如图2所示。将两个输液管的排气管剪掉，用橡胶套堵塞构成密闭管道。沿着靠近滴壶的一端剪取20cm，在给每条管道接上20cm的不同粗细的管道。其中两条均接上20cm长的细管，以模拟阻碍作用相同的管道，记为A管道和B管道。在制作过程中确保管道连接处的接法一致并密封良好，保留原有的开关。

将250mL的塑料输液瓶的底部剪去作为盛水容器，用铁丝将输液瓶的瓶身固定在简易操作台的顶部，将3个已制作完成的管道同时插入输液瓶顶端的胶塞处，确保连接处密封良好无漏液情况。用胶带将管道固定在简易操作台上，使管道B和C管道的上下端口的高度差为40cm，A管道的上下端口的高度差为20cm，以模拟不同的水压。

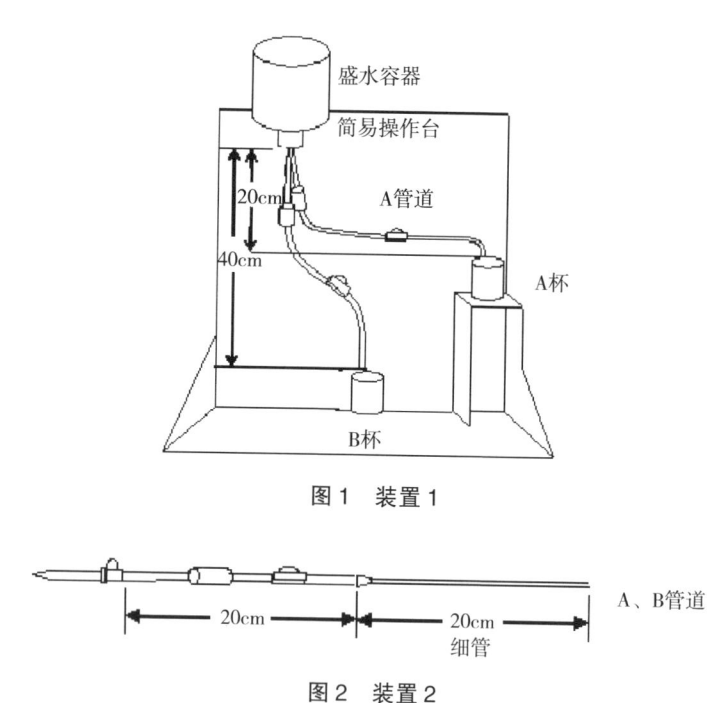

图1 装置1

图2 装置2

（2）演示教具的使用方法及实验结果。

首先将水流类比电流演示教具放置适当高处，以便演示操作和学生观察方便，确保简易操作台放置平稳，检查盛水容器和管道连接是否完好，向盛水容器中加入适量的着色的水。将两个管道的开关完全打开，挤压滴壶让水充分流入管道并把空气完全排净，关闭开关。向盛水容器补加入适量的着色的水，作好演示准备后向学生介绍水流类比电流演示教具的实验装置，即 A 管道和 B 管道相比，阻碍作用相同，但 B 管道比 A 管道中的水压大。然后开始演示实验，同时完全打开 A 管道和 B 管道的开关，让着色的水同时开始分别流入 A、B 透明塑料杯中。一段时间后，同时关闭 A 管道和 B 管道的开关，让学生观察比较 A、B 透明塑料杯中水的多少，引导学生得出水流有强有弱，而且还能感受到水流水压的大概关系，为以后学习电压打下基础。

接下来我会让学生运用类比迁移的方法，利用桌面上的器材进行分组实验 1：使用电器电流发生变化。

因为这节课前还没有学习滑动变阻器，启发学生通过更换电池节数，使桌面上的灯泡的亮度变化、电动机转速变化、电铃的响度变化，让学生进一步定性地感受电流的强弱，同时也使这部分知识不再抽象，增加学生的感官认识，也突出了教学重点。

（二）电流表的读数

出示刻度尺、温度计、天平，让学生回答他们分别是测量什么的工具，引出电流表，引导学生寻找这些测量工具的异同点，并提出以下问题。

问题 1：电流表为什么表盘双量程。①体现"组合法"。②为后面实验证明电流表必须选择合适量程埋下伏笔。

问题 2：实物电流表零刻线左侧有负值。①体现仪器保护设计，类似温度计。②为后面证明电流表必须正入负出埋下伏笔。

（三）电流表使用

对于这一部分传统教学一般采用师生共学，然后根据使用规则进行连接，缺少对使用方法的质疑和实验证明。

改进教法 2："电流表的使用"是本节的重点也是难点，对于这一部分，增加运用反证法进行实验证明的环节，鼓励学生大胆质疑，提高他们的质疑能力和实验能力。

课内学生自学课本第 46 页"电流表使用方法"，并进行方法提炼，然后进行分组实验 2：测量小灯泡的电流。

在分组实验 2 中，我会提出注意事项，让学生动手实验，做到学以致用，一般传统教学到这里就结束了，而我在这里会鼓励学生大胆质疑，并类比"二力平衡"，运用反证法进行实验证明。

必须串联那就并联试试（演示实验2）。

必须"正入负出"那就"负入正出"反接试试（分组实验3）。

必须选适当量程那就换量程再测一次，进行比较（分组实验4）。

不能直接接在电源两极那就直接接两极试试（演示实验3）。

分组实验3和4也是对前面的疑问进行回答，最后挑选两组上台展示，激发学生兴趣，强化教学效果。

演示实验2：将电流表并联在用电器两端。

当前实验室的电流表不理想，电阻较大，即使把电流表并联在小灯泡两端，也不能把灯泡短路，不利于学生理解电流表的实质，所以不适于学生分组。

下面我用我的新器材演示电流表，它的内阻很小，表盘很大，比较理想，适于演示，下面进行演示。

为保护电流表，应选择串联电路进行实验。我们发现将演示电流表与灯泡并联后灯泡不亮了，说明灯泡被电流表短路了。

演示实验3：将导线并联在用电器两端。

演示实验4：将锡箔纸并联在用电器两端。

在演示实验2、3、4的基础上进行总结，并再次埋下伏笔：①电流表相当于一根会测电流的导线。②所用锡箔纸相当于一条导线。

演示实验5：电流表直接接在电源两极（短路）。

根据以往经验，本实验虽然学生可以进行，但实际中不少同学易操作失误，损坏电流表。教师虽然可以用试触法进行演示，但也容易影响电流表的使用寿命。针对这一点我们结合"电流表相当于一根会测电流的导线，锡箔纸相当于与导线"设计了以下实验方案。

演示实验5（创新）：用锡箔纸模拟导线代替电流表，证明短路的危害，见图3~图6。

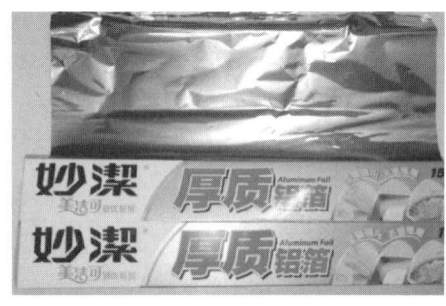

图3　创新1

图4　创新2

图5 创新3 　　　　　　　　　　　图6 创新4

演示实验6（再创新）：用口香糖锡箔纸模拟导线代替电流表，证明短路的危害，见图7~图10。

图7 再创新1 　　　　　　　　　　图8 再创新2

图9 再创新3 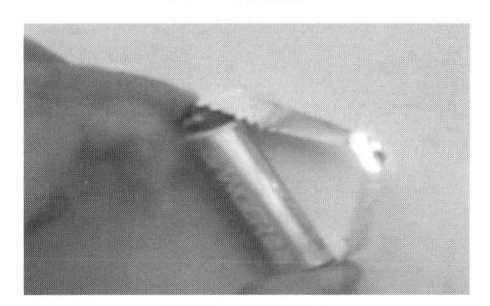　　　　　　　　　　图10 再创新4

以上实验结束后，收集学生在观察和使用电流表时的一些困惑，进行分组实验答疑。

分组实验5：调换电流表位置，观察示数是否变化。

分组实验6：电流表调零。

分组实验5为下一节探究串联电路电流规律，合理猜想与设计实验打下基础。分组实验6增加学生动手解决问题的能力。

演示实验7：运用灵敏电流计和两节电池测量通过人体的电流（双手干燥）。

演示实验8：运用灵敏电流计和两节电池测量通过人体的电流（双手浸湿）。

通过演示实验7、8让学生感受不能湿手碰电器,为后面学习安全用电常识作好铺垫,也能激发学生的学习兴趣。

六、创新点及反思与自我评价

(1)本节课原本不是一节典型的实验教学课,但是通过创新教学方法,鼓励质疑,大胆反证,大大增加了学生的参与度,调动了积极性,累计有6次学生分组实验,8次演示实验,且效果很好,有效地突出了教学重点,突破了教学难点。

(2)本节课所设计的实验,具有生活化、简易化、可视化强的特点,可广泛应用于平日的课堂教学。

家庭电路

大连市第三十九中学　孙强

一、使用教材

人教版初中《物理》九年级第十九章第1节"家庭电路"。

二、实验器材

自制的可视化建构型"家庭电路",其中包括12V验电笔、12V空气开关、12V灯泡、可漏电可增加地线的电炉子。

三、实验创新要点

(1) 让学生为电器添加零线,并探究漏电时零线的保护作用。

(2) 让学生探究验电笔的使用,并用验电笔检测故障。

(3) 现行的家庭电路演示版都是已经全部安装好的,而且比较封闭,学生只能观察正常工作,不能探究故障。而我创新的家庭电路的器材,是从最基本的火线零线基础上,逐步建构空气开关,建构地线。而且插座和插座都已经拆开一部分,可以让学生看见内部的原理。

(4) 实验器材用12V的电源,使学生在安全的前提下自主探究。

四、实验设计思路

(1) 用建构的思想来逐步探究家庭电路的组成。

(2) 把近几年来科技的进步引入课堂,用12V的空气开关和12V验电笔。

(3) 把验电笔的电阻换成小电阻,用金属板来代替大地,形成回路。

(4) 用12V的交流电代替220V家庭电压,为学生探究提供安全的电源。再探究漏电实验中,用9V的碱性电池做电源。

(5) 探究源于生活,应用于生活和社会。利用自制的器材可以探究生活中天天碰到但是又不能直接接触的家庭电路。

五、实验教学目标

(一) 知识与技能

(1) 了解家庭电路的组成部分及其各作用,有初步的安全用电常识。

(2) 了解验电笔判定火线和零线的方法。

(3) 了解三线插头与漏电保护器和安全用电的关系。

（二）过程与方法

（1）通过自主探究建构家庭电路，掌握家庭电路的组装方法。

（2）通过12V验电笔的使用过程，掌握火线和零线的特点，检测漏电故障。

（3）通过为用电器添加零线，掌握零线的安装方法和在漏电时起到的作用。

（三）情感、态度、价值观

通过家庭电路的建构，把本节课所学的知识和生活联系起来，克服学生对电的恐惧心理，具有安全用电的意识。

六、实验教学内容

（1）建构交流家庭电路。

（2）探究空气开关的作用。

（3）验电笔的结构和使用方法，火线和零线的区别和特点。

（4）漏电实验。

（5）探究接地线的作用。

七、实验教学过程

（1）问题引入：家用电器是怎样接入电路的？家庭电路由哪几部分组成？

（2）家庭电路的组成。

1）从只有电源、火线零线和用电器的最基本的家庭电路（见图1）开始，逐步建构、空气开关、三线插头、接地线，见图2。

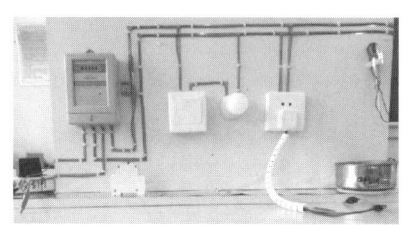

图1 最基本的家庭电路　　图2 改进后的电路

2）探究空气开关在短路时的功能（见图3）。

图3 空气开关在短路时的功能

（3）探究火线和零线验电笔的使用。

先使用模拟小人"使用"验电笔（见图4），探究验电笔的构造和原理，引入带导线的验电笔（见图5），为我后面的探究作准备。

图4　验电笔　　　　　　图5　带导线的验电笔

（4）三孔插座和安全用电。

1）探究漏电现象，让螺丝松动，使电炉子的电路部分和金属外壳连通，然后用验电笔检测金属外壳，见图6。

图6　用验电笔检测金属外壳

2）探究接地线作用，为漏电的用电器添加接地线，见图7，然后用验电笔检测金属外壳，探究三线插头、接地线在漏电时防止触电，见图8。

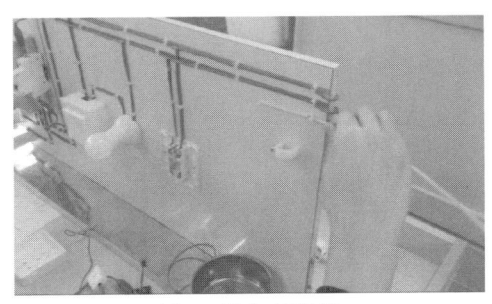

图7　添加接地线　　　　　　图8　检测金属外壳

八、实验效果评价

（1）学生对有一定温度的电炉子还是有恐惧感，在探究漏电时，要考虑把电炉子换成其他用电器。

（2）器材的位置有些偏高，使学生看黑板时略有不便。可以考虑再降低些高度，或者把器材设计成水平放在桌面上。

电动机

石家庄市第十九中学　谢芳

一、使用教材

人教版初中《物理》九年级第二十章第 4 节"电动机"。

二、实验器材

电动玩具、小电机、小扇叶、自制简易电动机、安培力演示器、学生电源、自制线圈、电池组、自制线圈转动模型、小小电动机、自制铅笔电动机、隧道小火车、锡箔纸电池直线电机。

三、实验创新要点

（1）改进：自制线圈代替课本的传统演示实验，成功地演示了线圈在磁场中的运动情况：平衡位置附近摆动，而不能持续转动。

（2）改进：自制线圈转动模型代替课本的立体图，形象直观地解释了线圈不持续转动的原因：在越过平衡位置后，动力变为阻力。

（3）补充：利用身边的物品制成铅笔电动机，既培养了学生的动手能力，又拉近了学生和物理之间的距离。

（4）创新：隧道小火车、锡箔纸电池直线电机等实验，把电动机从旋转电动机拓展到直线电动机，从而又拓展到磁悬浮，拓展了学生的视野，体现了从物理走向生活的理念。

四、实验原理

磁场对通电导体有力的作用。

五、实验教学目标

（1）通过实验，了解通电导线在磁场中会受到力的作用，知道力的方向与电流方向和磁场方向有关。

（2）了解电动机的构造和工作原理及其能量转化。

（3）通过分组实验和小制作培养学生动手能力和科学思维等学科核心素养。

六、实验教学内容

（1）分组实验：拆解小电动机，了解电动机的主要结构。

（2）演示实验：自制简易电动机演示磁场对通电导体有力的作用。

（3）探究实验：磁场对通电导线的作用以及通电导线在磁场中受力方向与

哪些因素有关。

（4）"自制线圈"演示线圈在磁场中的运动情况。

（5）分组实验："小小电动机"探究如何才能让线圈在磁场中持续在转动。

（6）"隧道小火车""锡箔纸磁铁电池"揭示电动机本质：电能转化机械能。

七、教学实验过程

（一）创设情景，引入新课

用生活中常见的电动玩具引入新课，从中拆解出小电动机并让电动机通电工作，这里通过增加小扇叶放大了电动机轴的转动。进一步让学生亲自动手拆解小电机，了解电动机的主要结构：线圈和磁铁。线圈是怎么工作的呢？通过自制简易电动机（见图1）将线圈简化为单匝线圈，再次激发学生兴趣并引发深入思考：线圈为什么会转？

（二）探究磁场对通电导体力的作用

通过探究实验一（见图2）得到结论：①通电导体在磁场中受到力的作用。②力的方向与磁场方向和电流方向有关。通过实验体会控制变量法。

应用结论分析线圈在磁场中的受力情况可知，线圈在磁场中会发生转动。

图1　自制简易电动机　　　　图2　探究实验一

（三）线圈在磁场中会一直转动下去吗？

用自制线圈（见图3）代替传统课本上的演示实验，演示线圈在磁场中的运动情况，通过观察实验可知：线圈会转过一个角度但是不会持续转动，引发学生认知冲突。

（四）为什么线圈不持续转动下去？

用自制线圈转动模型（见图4）代替课本立体图分析线圈的受力和运动情况，了解线圈不能持续转动的原因是当线圈越过平衡位置后，所受磁场力方向不改变，但是效果由动力变成了阻力。

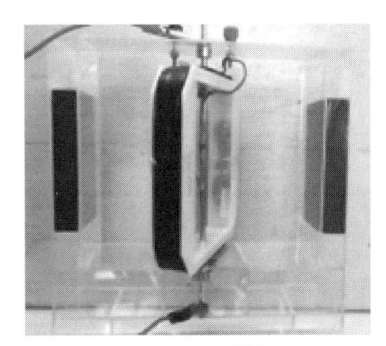

图3 自制线圈 　　　　图4 自制线圈转动模型

（五）怎样才能让线圈持续转动下去？

让学生展开讨论，制定实验方案，利用提供的器材（见图5）开展分组实验。要想让线圈持续转动下去可以有两种方案：①变阻力为动力。②去掉阻力靠惯性运动下去。

交流评估阶段：分析两种方案利弊，发现两种方案都存在弊端，引出换向器。

（六）电动机的结构

在了解了电动机的主要结构（线圈、磁铁、换向器）之后，利用身边的物品（铅笔、磁铁、铜导线、薄铜片、锡箔纸）制作铅笔电动机（见图6），既培养了学生的动手能力，又拉近了学生和物理的距离。

图5 提供的器材 　　　　图6 铅笔电动机

（七）拓展

前面所学习的电动机可以叫作旋转电动机，还有一类是直线电动机。直线电动机的结构和原理与旋转电动机相同。将旋转电动机的定子展开，其传动方式就由旋转变成了直线运动。旋转电动机和直线电动机的共同之处就是将电能转化为机械能。这也就揭示了电动机的本质。向学生介绍广州地铁4号线，这是我国第一次用直线电动机驱动的轨道交通。而直线电动机的进一步应用就是"磁悬浮"。

向学生展示自制的模型"隧道小火车"（见图7）、"锡箔纸电池电动机"

（见图8）。它们的原理依然是本节课的探究实验一（见图2）：磁场对通电导线有力的作用。直线电动机（见图7、图8）、探究实验一（见图2），这两组实验从形式到原理上看都相同，只不过电动机的定子、转子交换了一下，一个是磁铁动，一个是通电导线动。

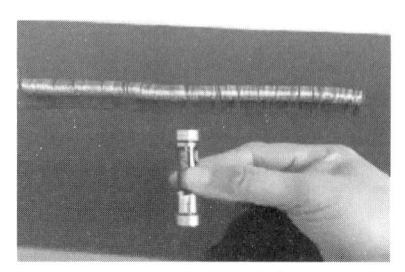

图7　隧道小火车

图8　锡箔纸电池电动机

八、实验教学反思

（1）通过一系列实验探究，重演了知识的形成过程，旨在培养学生的物理观念、科学思维等学科核心素养。

（2）从旋转电机到直线电机，多组实验共同揭示了电动机的本质：电能转化为机械能。

摩擦力

湖北省襄阳市宜城市郑集镇实验初级中学 王锋

一、使用教材

人教 2011 课标版初中《物理》八年级下册第八章第三节。

二、实验器材

自制教具：矿泉水瓶、棉线、铁丝、LED 灯、木板、棉布、导线、电池。
弹簧测力计、手机、电脑、投影仪等。

三、实验创新要求/改进要点

自制实验用品来源于生活，实验装置简约化：本节课的所有实验用品都来自生活中，成本低便于收集。利用手机和投影将实时数据记录放大便于观察分析。改进的摩擦力演示仪，可观察摩擦力方向，便于学生建立知识模型。利用电脑软件绘制摩擦力与时间的图像，便于准确分析。

四、实验原理/实验设计思路

测量滑动摩擦力时需要匀速拉动弹簧测力计，不易操作，误差大，改进是固定弹簧测力计便于读数；木板较短，示数变化快记录不准，利用数字视频记录实时数据，回放读数；利用相对运动自制摩擦力演示仪。

五、实验教学目标

（一）知识与技能

（1）理解滑动摩擦力，探究影响滑动摩擦力的因素。

（2）知道增大和减小摩擦的方法，并能应用于日常生活中。

（3）进一步熟悉弹簧测力计的使用方法；培养学生逻辑思维能力和利用知识解决实际问题的能力。

（二）过程与方法

经历探究滑动摩擦力与压力、接触面粗糙程度关系的过程，体会如何进行合理的科学的猜想，进一步理解控制变量法。

（三）情感态度与价值观

让学生经历科学探究的过程，培养对科学的求知欲，乐于探索自然现象和日常生活中的物理学道理，培养学生的探索精神。

六、实验教学内容

本节课主要探究影响滑动摩擦力因素，从生活中感受引入课题，利用信息技术手段使实验变得可操作、可观察，从而让学生自主完成探究实验。

（1）体验活动：感受摩擦力的存在。

（2）小组活动：判断摩擦力的方向。

（3）探究活动：测量滑动摩擦力的大小和研究影响滑动摩擦力大小的因素。

（4）学生自主探究：摩擦力的相关研究。

七、实验教学过程

（一）情境引入

"听话的瓶子"实验激发学生的求知欲；"书本拔河"让学生感知摩擦力。

（二）自主探究

学生设计实验方案并验证影响滑动摩擦力的因素（压力、接触面的粗糙程度、速度、接触面积等）。

（三）学以致用

利用所学知识，解决减小滑动摩擦力的方法。

八、实验效果评价

（一）分析能力的提升

通过观察分析实时视频数据，提升分析数据能力。

（二）操作能力的提升

对原实验的改进过程，提升改进实验操作的能力。

（三）思维方式的提升

通过验证自己的猜想，提升学生提出问题到解决问题的思维能力。

探究物体不受力时怎样运动

广西桂林市奎光学校　廖安康

一、使用教材

本节课的内容是沪粤版《物理》八年级下册第七章"运动和力"第 3 节"探究物体不受力时怎样运动"。

二、实验器材

（一）学生

电磁铁、导轨、刻度尺和斜面的实验板、小铁球、速度仪、麻布、棉布、透明胶。

（二）教师

自制气垫导轨、自制教具"惯性综合演示仪"、玻璃杯和丝绸等。

三、实验创新要点/改进要点

（1）改进课本第 50 页中活动 1：探究运动和力的关系。

1）用小球代替小车，在轨道上定向运动效果更好。

2）为让学生真正理解控制"相同的初速度"，应用速度仪测量小球沿斜面到达水平面时的初速度，证明同一斜面、同一小球、同一高度、静止释放，可以实现控制小球水平运动的初速度相同。

（2）创新实验：自制气垫导轨。

从实际探究的结果到理想状态的过渡，增设了一个创新实验创新：用低成本的水管（某个侧面打无数小孔）、电吹风，制成简易但对教学效果有很大改进作用的"自制气垫导轨"，自制一列（重心在轨道下方）"气垫动车"配用。

（3）创新实验：自制空气炮。

从固体具有保持原来运动状态的性质，过渡到液体、气体也有，即为后面牛顿结论中的"一切物体"铺垫。自制了一个"空气炮"（实为"烟雾炮"，可以间接反映空气不受力时的运动）。液体不受力时的运动，选用太空中失重状态下水滴的运动视频。

（4）创新实验：自制惯性综合演示仪。

能够演示在水平直线运动的体系中，物体的各个角度斜抛、自由落体、竖直上抛的落地点问题的研究。

四、实验设计思路

这节课是不可能让学生通过实验探究直接得出牛顿第一定律的内容的，因为它基于生活而又超出现实，需要学生经历实验后，发挥足够的想象力去体会。而对于初二学生，利用仅有的"力可以改变物体的运动状态"的知识，要真正理解"不受力的运动状态"谈何容易。

为上好这节课，备课过程中我常常在思考：我该如何让学生很自然地想到要探究运动和力的关系？又该怎样启发学生想到最好要用斜面来提供水平运动的初速度，而不用别的手段？怎么证明小车到水平面的速度是相同的？然后如何启发学生由现实中的运动和力的关系，推演过渡到不受力的理想状态下的运动？如何帮助学生更好地理解动态体系中惯性现象？如果我的教学设计都围绕着这些问题铺设，那么学生学习本节内容肯定就会很轻松了。

五、实验教学目标

基于教学设计的思考，依据课程标准、结合学情，我制定了如下实验教学目标。

（一）实验探究环节

探究运动和力的关系：利用改进的实验装置，培养学生更严谨的探究精神和实事求是的科学态度；同时体会控制变量法和转换法的应用。

（二）过渡实验环节

基于前面探究，归纳出"物体受阻力变小时怎样运动"的结论后，我增设了气垫导轨实验，激发他们更大的想象力，应用理想推理法研究，从而推演出"运动的物体如果不受外力，将一直运动下去"的重要结论，进而得出牛顿第一定律及惯性的概念。

（三）学以致用环节

利用自创教具，帮助学生突破"应用惯性知识解释生活中动态惯性现象"难题。其中同样体现了控制变量法的研究。

六、实验教学内容、实验教学过程

（1）首先，我想应用这样的生活情景：同一滑板车从同一斜面滑下来后，在水平面上停下的距离不同，代替教材中"理论争辩"的方式来引出问题，让学生知道为什么要探究运动和力的关系，它的意义就是要解决生活中这类问题。同时也是给接下来的探究实验准备一定的思考方向及思路（如用斜面提供速度）。

（2）接着进行实验探究：点评教材中实验仪器的优缺点。平时的教学中利用教材中的实验器材，学生很快就能做完实验。不过，也肯定有不少学生发现了

探究物体不受力时怎样运动

这些问题：

1）由于小车底盘过低，会导致下来的时候轮子脱离地面，甚至被毛巾表面卡住下不来。

2）即使换成高底盘的小车，因为四轮走动，很多时候也会跑偏轨道，导致测量水平距离的偏差。

3）更主要的是，实验中要求小车必须从同一高度、同一位置、静止释放，但是手动操作难免会有偏差。另外，怎样知道小车到水平面时的速度是多少？

（3）针对以上这些不足，我想到用这样的改进实验装置给学生探究，使之操作起来更加方便，现象更真实明显，学生更加感兴趣。仪器如图1所示。

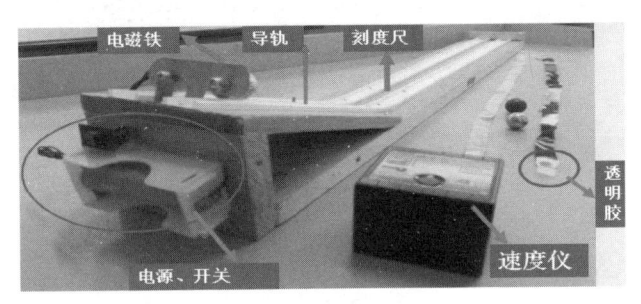

图1 实验仪器

1）利用小铁球代替小车，用轨道控制它的运动方向，利用电磁铁，能真正控制小球从同一位置静止释放。

2）为了让学生知道小车的速度情况，我加装了一个速度仪，我们就可以借用速度仪证实学生的猜想，看看小球从同一斜面、同一高度静止释放，下到水平面时的速度情况（视频"小球下来的速度——高处"），比如都是1.76 km/h。

3）接下来我们再看看小车下来的速度情况（视频"小车下来的速度"），分别是2.8km/h、2.68km/h、2.54km/h。

解析：这是常规操作，尽量控制小车同一位置静止释放，但还是有较大的偏差：相差0.2km/h的，意味着开始运动的1s内就有5.5cm的差距。这对实验无疑是一个比较大的影响，很明显实验不是很严谨。

这样看来，改进后的实验更严谨、更直观，更有说服力，同时也能说明就是斜面高度决定物体下来的速度，避免了在教学中强加"下来速度相等"的概念教学。这就是速度仪带来的魅力！

（4）下面是我的学生利用这套器材探究"运动和力的关系"的过程（视频"学生实验"）。

实验方法：控制小球每次都是从同一斜面、同一高度、静止释放，以保证小球在水平运动的初速度相同；然后改变轨道上不同的接触面，以改变小球水平运动时受到的摩擦阻力大小；记录小球水平运动的距离，并将数据填入表格。

分析得出初步结论：初速度相同时，水平接触面越光滑，小球受到的摩擦力越小，小球的速度减小得越慢，小球水平运动的距离就越远。

（5）如果单从学生实验探究得到的这些结论就迁移出牛顿第一定律的内容的话，跨越还是大了点，所以，在这里我增设了这么一个过渡实验：视频"气垫1，气垫2"。仪器如图2所示。

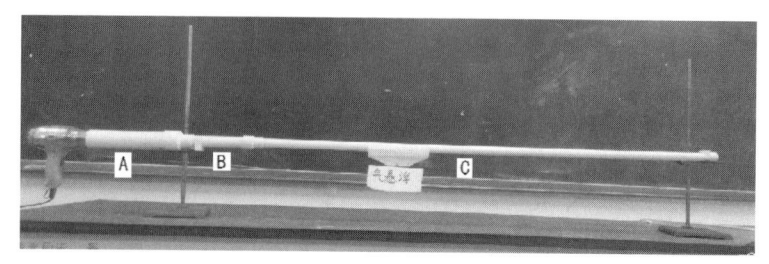

图2 过渡实验仪器

实验方法：左边导轨没有气流，右边有气垫所以阻力很小。

现象对比：控制初速度相同时，无气垫阻力大很快停下，而有气垫的一边，往返运动很远才停下。

激励学生理所当然地去想象：如果运动的物体不受外力，将会怎样运动呢？进而很顺利地推演出牛顿第一定律的内容。

（6）利用"空气炮"（打出烟团间接反映如图3所示）、"太空中运动的水滴"进一步说明：一切物体，在没有受到外力作用的时候，总保持匀速直线运动状态或静止状态。

（7）利用教材中这些有趣的小实验，能够让学生从牛顿第一定律过渡到惯性，知道"物体保持原来运动状态不变的性质，就是惯性"，也能比较轻松地运用惯性解释生活中一些简单的现象。但是，对于动态体系中的惯性现象，学生就很难解释了。如果借用Flash动画或人为模拟，都有作假的嫌疑。这其实是我们教学中的一个大难题。

图3 空气炮

为了突破教学难点，我历经5年摸索，最终创作了这套教具——惯性综合演示仪，将动态惯性的现象还原到课堂上进行研究分析。自制教具结构如图4所示：利用单片机控制同步电动机，拉动滑台，用于提供一个匀速运动的平台；再利用电磁铁，控制小球静止释放，利用过山车轨道保证小球每次飞出的速度大小和方向都是一样的；另外，特制了"遥控弹射装置"用于竖直发射并接收小球。

图 4　惯性综合演示仪

应用自制教具进行教学研究的过程及方法：

1）利用"飞机投弹"情景引出炸弹在下落过程及落地点的问题，进而利用自创的惯性综合演示仪进行"飞机水平匀速飞行投弹"演示并进行慢播状态下的惯性分析：空中下落的小球，水平方向上由于没有受到力的作用，仍然保持原来与飞机相同的水平速度飞行，所以总能跟上飞行，导致落点也都在飞机的正下方。

2）那么，如果飞机是水平减速飞行呢，炸弹的落点位置又是怎样的？
演示并慢播分析"飞机水平减速飞行投弹"（其实，变向飞行投弹也可以模拟演示、分析）。

3）知道了飞机投弹中惯性的道理后，同学们应该能很顺利地解决自己身边的一些现象了，如动车厢内行李的下落问题、动车厢内竖直上抛钥匙等物体的落点问题、船上或车厢内往各个方向同样起跳的落点问题。

有了实事摆在面前，学生理解起来就轻松多了。

七、实验效果评价

（一）改进、创新的实验教学方面

都是围绕着学生认知过程的需要而准备的，在教学中确实也能很好地帮助学生更好地达成知识。同时，教具的改进、创新，也会激发学生自制教具的热情，体现敢于想象和创新的精神。

（二）教具可以一材多用

突破动能与质量关系探究。另外，自创的惯性综合演示仪同样适用于高中的教学。

空气的"力量"
——托里拆利实验的改进

云南省昆明市第十中学 李应亮

一、使用教材

沪科版教材八年级《物理》第八章第三节。

二、实验器材

（1）在装有水银的密闭水银槽中接3根玻璃管。其中两根约1m长，直径分别为5mm和10mm，上端口为水银净化装置，距离上端口10cm处带阀门装置；另一根用来连接打气筒，并可以与大气相通，如图1所示。

（2）水银净化装置是在管子上方的漏斗中用包有硫磺的棉花填充，安装在3个管子口，如图2所示。

图1 实验器材　　图2 水银净化装置

（3）整套装置安装在一个可以自由转动的支架上，便于研究玻璃管倾斜时水银柱高度是否变化。整套装置如图3所示。

图3 整套装置

三、实验改进要点

（1）用打气加压的方法给玻璃管灌装水银，避免了教材方案中的3个问题：手直接接触水银；水银洒落污染环境；管内空气难排尽。

（2）安装水银净化装置。利用硫的氧化性，将单质汞氧化为硫化汞，避免了汞蒸气的污染，可以在教室进行演示。

（3）安装粗细不同的玻璃管，便于观察水银柱的高度是否与玻璃管的粗细有关。

四、实验原理

（一）测量大气压的原理

通过向密闭水银槽中打气加压，将水银柱压到玻璃管阀门上方5cm左右，关闭阀门就完成水银柱的灌装，避免了手直接接触水银。打开瓶子上的阀门，与大气相通，水银柱下降一定高度就不再下降了，测量出托住的水银柱的高度，利用液体压强计算公式就可以计算出大气压的大小。

（二）水银净化原理

利用硫的氧化性，将单质汞氧化为硫化汞，从而减少汞的污染起到环保的效果。

五、实验教学目标

（一）知识与技能

经历托里拆利实验，会根据实验数据计算大气压强的大小。

（二）过程与方法

通过"发现问题、分析问题、设计实验、观察现象、得出结论、总结反思"的研究过程来建构知识。

（三）情感、态度、价值观

通过观察，培养学生尊重客观事实、实事求是的科学态度。

六、实验教学内容

本实验的教学内容是托里拆利实验测量大气压的原理，同时用改进的实验方案让学生亲身经历方便、直观、安全环保的测量过程，并计算出大气压的大小。

七、实验教学过程

同学们在前面的学习中知道了大气压是客观存在的，现在大家一定很想知道大气压的大小，那大气压大小可以怎样测量呢？我们可以用这套改进的装置进行测量，具体的测量过程如下。

（1）灌装水银。打开两根玻璃管上方的阀门，用打气筒给密闭水银槽加压，两管中的水银柱上升并超过阀门5cm时关闭阀门。此时两玻璃管灌满了水银。

（2）获得真空。拔掉气筒，连接打气筒的玻璃管上再接上一个水银净化装置。缓慢打开与气筒相连的阀门，此时瓶内液面与大气相通，观察到水银柱下降，当下降到一定高度将不再下降，玻璃管上方形成真空。

（3）测量水银柱高度。测出水银槽中液面和玻璃管内的液面间的竖直高度差。

（4）计算大气压大小。将托起的水银柱高度代入到液体压强公式，算出大气压的值。

（5）观察水银柱高度是否变化。观察粗细不同、管子倾斜不同时会不会影响测量结果。支架上两根不同粗细的管子可以自由转动，能够一目了然地演示给学生观察，加深学生对大气压的理解。

八、实验效果与评价

（1）经过多次实际测量，在昆明大气压的值为61cm汞柱，与用课本上的方法测量结果相同，见图4和图5。

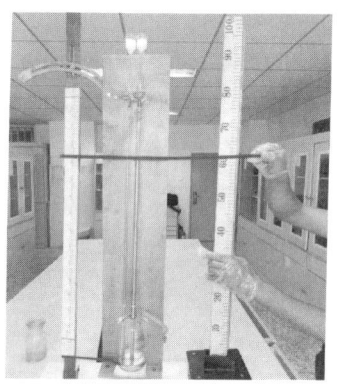

图4　测量结果1 　　　　图5　测量结果2

（2）本实验对气密性要求很高，为了确保良好的气密性，可以在几个阀门中垫真空纸，但不建议涂抹凡士林。

（3）学生能观察到实验的整个过程；能准确地测量出大气压的大小，使实验证据充分、可信；能方便地演示玻璃管倾斜时水银柱的高度不变，有利于学生加深对大气压的理解。更重要的是，由于减少水银污染，可以在教室演示。

（4）通过教学实践，实验效果显著，操作简单，安全环保，具有推广价值。

大气压强实验创新

石河子第十中学　李磊

一、使用教材

人教版《物理》八年级下册第九章第三节"大气压强"。

二、实验器材

饮料瓶、气球、胶带、美工刀、剪刀、烧杯、圆形玻璃水槽、水。

三、实验创新要求/改进要点

自制实验用品都来源于生活、实验装置简约化。

（1）材料、工具易获得。

（2）制作简单，学生可以自己动手制作。

（3）实验现象明显，趣味性高。

四、实验原理/实验设计思路

回顾大气压强相关知识，利用大气压强无处不在的特点，观察、解释实验现象的形成原因，并通过相关知识列举生活中的事例，解决生活中实际问题；为生活提供便捷。

五、实验教学目标

（一）知识与技能

（1）了解大气有压强及其测量方法。

（2）了解大气压强的大小和单位。

（3）了解抽水机的工作原理。

（4）认识生活中利用大气压强的现象。

（二）过程与方法

（1）观察跟大气压强有关的现象，感知大气压强是一种客观存在。

（2）观察演示实验，感知大气压强的大小和单位。

（3）通过观察感知人类是如何利用大气压强的。

（三）情感、态度、价值观

（1）培养实事求是的科学态度。

（2）通过对大气压强应用的了解，初步认识科技对人类生活的影响。

六、实验教学内容

本节课是证明大气压强存在的拓展探究。大气压无处不在，从生活情境中引入，利用自制创新实验作品，用鲜明的现象证明大气压强是存在的，并通过大气压强相关知识解决生活中的实际问题。

七、实验教学过程

（1）情境引入——马德保半球实验。

（2）性质探究。教师演示自制创新实验作品，学生观察实验现象，实验现象证明大气压强的存在。

（3）利用所学知识，想一想大气压强在哪些方面为人类服务。

八、实验效果评价

（1）关于大气压强的实验创新装置已有很多，如何能使设计的作品具有可操作性、可观性、趣味性，吸引学生动又动脑，这才是关键。

（2）学生在小组讨论制作阶段，参与面很广，学习积极性很高，在小组探索中提高了学习的兴趣。

（3）通过观察、比较、实验、探究等活动，帮助学生构建概念，培养学生总结概括能力、动手操作能力，并进行情感、态度和价值观的渗透。

阿基米德

重庆市第二十九中学　文亚龙

一、使用教材

人教版《物理》八年级下册第十章第二节"阿基米德原理"。

二、实验器材

自制教具：自制溢水杯、自制小桶、改装铁架台。普通弹簧、水、物块、升降平台。

三、实验创新要点

首先，贴近生活，就地取材。我用普通弹簧替代测力计，改装铁架台、自制溢水杯等实验器材，这样可以激发学生学会在生活中去进行物理小实验。

其次，定量关系的得出过程与原教材实验不同，不用具体的数据支撑，而是对实验现象的直观观察。普通的一根弹簧虽然不能读数，但可以让学生亲身体会弹簧缩短再变长的过程，并引导学生思考弹簧的长度变化正好反映了物块（包括小桶）的受力变化。这就是等效替代法和转换法在物理学中的完美应用。

四、实验设计思路

本节课的创新设计灵感主要来源于2012年天津中考的第21题。该题独特的设计思路在于没有用弹簧测力计这一主要器材对浮力和排开液体重力进行直接测量，而是将排开的水再倒入系统中，从而对比弹簧的长度变化来得出结论。为了便于操作和准确收集数据，我又采用了通过升降台调节溢水杯的高度来控制物体排开液体的体积，这得益于2012年重庆中考第18题的提醒。整个设计及探究过程正是物理学科核心素养中培养学生实验探究能力的体现。

五、实验教学目标

基于培养学生物理学科的核心素养，我设计了以下教学目标。

（一）培养学生的物理观念

优化教材中的经典实验，并掌握阿基米德原理。

（二）培养学生的科学思维和实验探究能力

从经典实验中提取精华，完成对创新实验的设计、进行、评估的完整流程。

（三）培养学生的科学态度与责任

增强学生交流与合作的能力。

六、实验教学内容

在第一节浮力的教学过程中，已经学习了称重法测浮力等相关实验，本节课将在此基础上继续探究。在从阿基米德的灵感引入新课后，引导学生利用生活中的物品自制或改装实验室器材，设计实验、进行实验探究，介绍等效替代法在物理学中的运用，最终得出定量关系。

七、实验教学过程

教学过程通过以下六个活动展开，重点阐述活动四和活动五。

（一）活动一：创设情景

由教材中阿基米德的灵感引入课题。首先给学生讲述阿基米德鉴定王冠的故事，直接引入新课阿基米德原理。通过此活动，能够烘托气氛，激发学生的学习兴趣。

（二）活动二：感受浮力，提出猜想

把一个易拉罐按入水中，越往下按越吃力，学生自己感受浮力与排开液体的关系。通过此活动，让学生初步感知浮力的大小可能与排开的液体的多少有一定的关系。

在此引导学生，浮力是一个力，它与排开的液体如果在数量上有关系，那么我们用物理量 $G_{排}$ 来表示排开液体的多少。

提出猜想：$F_{浮}$ 与 $G_{排}$ 在数量上有什么样的关系呢？

（三）活动三：初步设计，解决问题

根据活动二提出的问题和猜想，引导学生讨论下列几个问题：

（1）怎样测量浮力大小？

（2）怎样测出排开液体的重力？

（3）你的设计需要哪些实验器材？

在已经学习了上一节"浮力"的基础上，大多数学生都能回答利用弹簧测力计等器材测量浮力和重力的大小，然后进行比较。这时给学生提出：物理实验来源于生活，而又高于生活，今天我们不走寻常路，不利用实验室的主要器材也能完成这个实验。

通过此活动可以让学生温故而知新，并在此刻迅速抓住学生兴趣的激发点。

（四）活动四：创新设计、经典再现

对于初二的学生来说，把利用生活物品设计一个创新实验这么开放性的问题

抛给他们，他们的思维可能会很混乱，不知所措。这时我简单地帮他们把脑袋里混乱的思维进行整理，然后让他们进行分组讨论。在讨论到一定程度时，再提出引导性的问题。

（1）弹簧测力计的核心元件是什么？生活中有没有类似的物品？

因为前面学习了弹力和弹簧测力计，这时有学生能够回答是弹簧或橡皮筋。老师继续引导提问：

（2）普通弹簧虽然不能读数，但能否比较比较力的大小？

（3）物体受到浮力的作用，悬挂其弹簧的长度怎么变化？

（4）怎么收集排开的液体，并把其重力和物体所受的浮力进行比较？弹簧下的小桶有什么作用？

（5）给学生介绍升降平台，提出问题：合理的利用升降平台对本实验有何帮助？怎么使用升降平台？

带着这些问题，经过充分的讨论，让同学们形成书面的设计方案，老师巡视，寻找最佳方案。这时我会采用手机投影软件 AirPlayer 将同学们设计的较好的方案投影到电子白板上。师生再一起讨论，选择实验器材和确定实验步骤。接着就可以进行活动五的实验了。

通过此活动可以激发学生利用生活用品设计物理实验的兴趣，进而激发他们学习物理的兴趣。

（五）活动五：进行实验，得出结论

由学生自己根据前面讨论，组装溢水杯、带钩的小桶、安装弹簧、挂钩等。之后让学生自己进行实验操作，同时在旁边巡视解决他们在实验中遇到的问题。

学生完成实验操作后引导他们分析现象：弹簧缩短的长度等于弹簧再次伸长的长度。引导得出结论：浸在液体中的物体受到浮力等于排开液体的重力。

通过此活动可以培养学生观察和处理信息的能力，养成严谨的科学态度。同时培养他们团结与合作的精神。

（六）活动六：课堂小结

师生共同完成。

八、实验效果评价

（一）学生学习兴趣的提升

阿基米德原理是初中物理的经典课程，本次实验改进、创新设计最大限度地激发了学生的探究兴趣，避免了教学过程按照教材照本宣科。希望能从此改变很多学生靠机械的记忆和肤浅的感性认识学习物理的不良习惯！同时通过自制溢水杯、改装铁架台、利用普通弹簧，能激发学生去寻找生活中的物理实验资源。

（二）对于老师的提升

老师们关注中、高考，绝不能只是让学生做中、高考题。从考题中去寻找实验资源用于教学，将考题以新的形式带入课堂也是我们开发实验教学资源的一个思路。

简易汽油机

广东省东莞市桥头中学　侯兆军

一、使用教材

粤沪版初中《物理》九年级（上册）12.4"热机与社会发展"。

二、实验器材

简易汽油机、纯酒精、注射器。

三、传统教学的四个不足与引入实验的设想

（1）热机使人类进入了工业时代。在初中物理课标中，要求认识热机的工作进程。汽油机是热机的代表，是初中重点教学内容，其教学重点和难点是四冲程的辨别以及压缩和做功冲程中的能量转化。

（2）初中物理同等地位的教学内容，如"电动机""发电机""电磁铁"等，都有实物教具，汽油机没有。

（3）当前汽油机的教学方法主要是：①四冲程示意图（见图1）。②汽油机模型（见图2）。③电脑模拟动画（见图3）。这些方法都有一个很大的缺陷，就是不真实，属于纸上谈兵，学生是通过想象和推理来学习的，不能获得汽油机工作的真实体验，导致了教学内容抽象、难度大，有些学生甚至靠死记硬背。

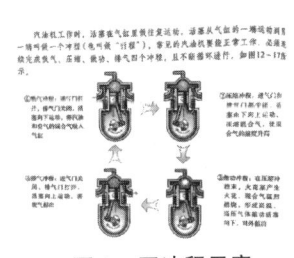

图1　四冲程示意 　　图2　汽油机模型 　　图3　汽油机模拟动画

（4）假如使用生活中真正的汽油机呢（见图4）？也不行，因为气缸不透明、转动快，是观察不清楚的。

于是我就创制了一种真实、透明、可分解的"简易汽油机"（见图5），来解决这个问题。

图 4　真正的汽油机 　　　　　图 5　简易汽油机

四、实验原理和设计制作思路

（一）实验原理

用电子打火机在塑料注射器内点燃酒精，燃气推动活塞做功。

（二）制作方法

（1）用塑料注射器做气缸和活塞。

（2）用电子打火机的火花头封入注射筒底做火花塞。

（3）用铜阀门嵌入注射筒底，做进气门和排气门。

（4）用锁扣和螺钉把注射器筒口朝下固定在不锈钢架台上（见图6）。

图 6　制作方法

（三）改进

通过反复测试，我又作了以下改进：

（1）用酒精代替汽油，没有黑烟、透明便于观察。

（2）在进气门上方连接过滤器，使酒精在吸气时缓慢进入，与空气混合均匀。

（3）在注射筒后方做深蓝背景，衬托电火花和火焰。
（4）用不锈钢杠杆做曲轴，将活塞的冲击传递到自行车轮做的飞轮上。
（5）活塞冲击力很大，设置下止横梁，确保安全。

五、实验教学目标

引入实验、使学生真实体验汽油机工作进程。具体目标如下述。

（一）知识与技能

认识汽油机构造和工作进程，能辨别汽油机 4 个冲程，理解压缩和做功冲程能量转化。

（二）过程与方法

参与观察、操作和体验汽油机的吸气、压缩、做功、排气冲程，理解"替代法""转换法"等科学方法。

（三）情感态度价值观

认识热机发展对人类社会的巨大作用，培养热爱科学、崇尚科技的思想，提高动手动脑、乐于创新的科学素养。

六、实验教学内容

（1）学习汽油机构造。
（2）操作汽油机 4 个冲程。
（3）体验压缩和做功冲程的能量转化。

七、实验教学过程

（一）吸气冲程

将活塞置于筒底，两个气门关闭，在过滤器内滴入酒精，然后打开进气门，缓慢向下拉动活塞，吸入酒精和空气混合物约 4/5 筒。

（二）压缩冲程

关闭进气门，缓慢推动活塞向上运动，约至 2/3 筒处，会感到压强增大，手摸筒壁可感到温度升高，说明机械能转化为内能；同时在弹簧作用下，杠杆升到活塞手柄下方，转盘铁片自动升到杠杆自由端下方。

（三）做功冲程

按动打火机开关，火花头产生电火花，酒精气体剧烈燃烧，产生火红光芒，同时"嘭"的一声，燃气膨胀做功，推动活塞向下运动，并通过杠杆推动转轮快速转动 3min 以上，活塞和杠杆被下止横梁阻止。这就说明酒精燃烧把化学能转化为内能，内能又通过做功转化为机械能。

（四）排气冲程

打开排气阀门，推动活塞向上运动，将废气排出（可视情况再请学生代表操作数次）。

（五）模拟火箭升空

若将注射器筒口向上正对室外天空，可将活塞"发射"约 8m 高。

八、实验教学效果与评价

（1）实验教具富于创新，设计科学先进，提供了更直观的教学方法，实现了汽油机体验式实物教学。

（2）实验操作简明规范，震撼视听，教学效果明显提高。

（3）用生活用品制作教具，简单易模仿，培养了学生的动手能力和创新精神。

（4）不足之处：本教具体积较大，不够紧凑美观，不能自动连续运转。希望同行和教学仪器厂家不断改进优化。

▶ 高中物理

力的分解
——三角支架悬物拉力的分解

山东省青岛第十七中学　纪梅清

一、使用教材

人教版高中《物理必修1》第三章第五节。

二、实验教学内容

力的分解的一个难点问题——三角支架悬物拉力的分解，其问题情境如下：

如图1所示，轻杆的一端 C 用铰链与竖直墙壁连接，它的另一端 O 用绳子连接到墙的 B 点，使轻杆保持水平，绳与轻杆的夹角为 θ。在 OA 绳上悬挂一个重物，使其产生一个向下的拉力 F：①拉力 F 产生哪两个作用效果？②两分力大小分别是多少？

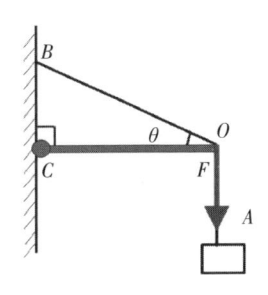

图1　三角支架悬物拉力的分解

三、实验创新要求/改进要点

教材中没有实验，在这却需要实验。这是因为三角支架悬物拉力的作用效果不明显。

如果不能解决这个问题，学生就不算真正掌握了力的分解；如果解决了这个问题，不但对教学有帮助，而且还具有广泛的现实意义：塔吊、斜拉桥、路灯都有类似的构造。

四、实验原理/实验设计思路

斜绳和水平轻杆受力后都会发生形变，但是不明显。可采用以下两种方案解决这一难点问题。

（1）将绳和杆换成容易形变的物体（如橡皮筋、海绵、注射器等），放大力的作用效果。

（2）在绳和杆的固定处加装拉力传感器和压力传感器，并配合使用 Arduino

板进行程序控制，精确地显示力的作用效果。

五、实验器材

（一）创新实验 1 和创新实验 2

海绵、注射器、橡皮绳、木板等。

（二）创新实验 3

Arduino 板、拉力传感器、压力传感器、显示器、细绳、金属杆、金属架等。

六、实验教学目标

（一）知识与技能

了解三角支架悬物拉力的作用效果，深入体会将力按效果分解的方法。

（二）过程与方法

让学生经历探究三角支架悬物拉力的作用效果的过程，培养学生的开拓创新能力、动手动脑能力、交流合作能力以及科学探究的方法，培养学生的多种核心素养。

（三）情感、态度、价值观

使学生在完成探究任务的过程中，体验探究的乐趣，增进对物理和现代科技的兴趣。

七、实验教学过程

（一）课前准备

（1）将要探究的问题作为一个任务，布置给学生。要求学生以小组为单位合作探究，设计实验方案。学生通过小组合作和老师的指导，课前共制作了 3 件比较有意思的产品。

（2）加强实验方法指导。

（3）制作收藏仪器证书，准备课堂颁发给学生。

（二）课堂教学过程

（1）提出探究问题：首先让学生简单谈一下课前探究的结果，引导他们运用"替代法"和"放大法"的科学的方法，进行理论分析。

（2）分组实验：要求每个人利用 1 根绳、1 支笔、1 只手，构造 1 个三角支架，体验三角支架悬物拉力 F 的作用效果。

（3）得出结论：教师引导学生得出结论，并在黑板上画出力的分解的示意图，明确两个分力的大小和方向。

（4）创新实验展示：精选3个小组的创新实验方案，逐一展示。

（5）对创新实验进行评价：总结问题和亮点。

（6）宣布收藏实验仪器：颁发收藏证书，鼓励学生继续探究创新。

(三) 3个创新实验

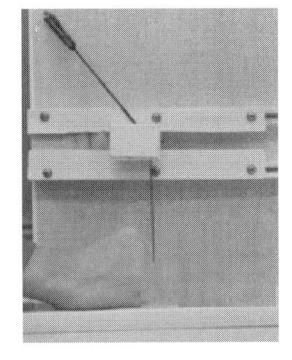

（1）创新实验1：如图2所示。

实验方法：用橡皮筋代替细绳，用海绵代替横杆。给竖直绳施加拉力，观察橡皮绳和海绵的变化。

实验现象：当施加力 F 时，橡皮绳被拉长，海绵被压缩。

实验结论：力 F 有沿绳拉绳和沿杆挤压杆的效果。

（2）创新实验2：如图3所示。

实验方法：用橡皮筋代替细绳，用注射器代替了横杆。给竖直绳施加拉力，观察橡皮绳和注射器的变化。

图2 创新实验1

实验现象：当施加力 F 时，橡皮绳被拉长，注射器向外喷水。

实验结论：力 F 有绳向下拉绳和沿杆向里挤压杆的效果。

（3）创新实验3（重点推荐实验）。

实验原理：传感器+Arduino板+显示器。如图4所示，在绳端安装了拉力传感器，它受拉力才有示数；而在杆的左端安装了压力传感器，它受压力才有示数。同时还安装了Arduino板和显示器。通过Arduino板的程序设置，将两个传感器的受力在显示器上定量地显示出来。

图3 创新实验2 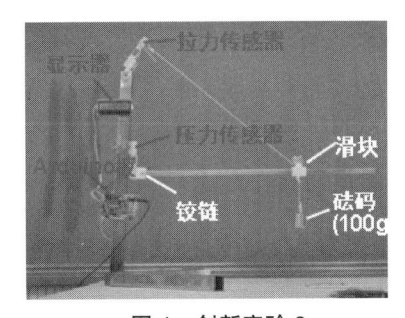　　　　图4 创新实验3

实验现象和实验结论：①定性实验：不给竖直绳加拉力，两个传感器的示数都是零；给竖直绳施加拉力 F，两传感器均出现读数，这就定性地说明力 F 有向下拉绳和沿杆向里挤压杆的效果。②定量实验：测量挂上100g的砝码，即 $F=0.98N$ 时，两个分力的情况。具体做法是先事先量好角度 θ，计算出两个分力的理论值，然后挂上砝码，观察实验读数。并将实验值与理论值进行对照。会发现

· 295 ·

理论值与实验值高度吻合。证明这套仪器精确度很高。③改变角度实验：调节横杆上的滑块，可以改变角度，重复步骤②，会发现在不同角度下，实验值和理论值都高度吻合，既证明了力的分解的正确性，又显示出仪器的可靠性。

八、实验创新点

（1）本节课的实验方案都是师生自主创新设计的，教材上没有，网上也没有。

（2）创新实验1和创新实验2的亮点是采用了"替代法"和"放大法"的设计思想，将斜绳和水平轻杆分别用橡皮筋、海绵和注射器来代替。具有实验现象明显、实验原理简单、实验器材常见、想象力丰富等优点。

（3）创新实验3是我们重点推荐的实验，它有如下优点：

1）构思巧妙，技术先进。使用了"传感器+Arduino板+显示器"做实验，可以很好地培养学生注意细节、严谨求实的态度，激发学生对现代科技的兴趣。

2）可以方便地改变角度。巧妙地在水平横杆上加装了滑块和紧固螺丝，从而可以方便地改变角度，很好地培养了学生动手动脑的能力。

3）可以进行定量测量。在这之前，几乎所有的传统实验都只是定性的探究拉力 F 的效果，不能测量两个分力的大小，这可以说填补了一项空白，实现了零的突破。

九、实验效果评价

（1）本节课的创新实验，化抽象为形象，顺利突破了教学难点，达成了教学目标。

（2）实验教学过程中用到了多种探究方法，针对同一个问题设计了多个探究方案，很好地培养了学生的发散思维，开阔了学生的眼界。

（3）所有实验都是师生自主原创。在原创过程中，充分挖掘出了学生的创新、质疑、自主、合作、动手动脑能力，让学生体验到了探究的成就感，感受了物理和技术的迷人。很好地培养了学生的核心素养。

总体来说，该实验教学设计理念先进，教学方法多样。前期充分调动学生探究的积极性，后期分层次在课堂上进行实验。既有传统实验，也有创新实验；既有有瑕疵的实验，又有原理完善的实验；既有"草根"实验，又有"高大上"的实验；很好地激发了学生的探究创新的热情。

超重和失重

河北省保定市第二中学　王毅

一、使用教材

人教版高中《物理必修 1》第四章第七节"用牛顿运动定律解决问题（二）"第二讲。

二、实验器材

自制支架、橡皮筋、定滑轮、绳子、整理箱、台秤、手机、电脑、传感器、饮料瓶、磁铁、医用润滑剂、蜡烛、气球、弹力圈等（见图1和图2）。

图1　实验器材1 　　　图2　实验器材2

三、实验创新要点/改进要点

本课实验改进的背景：生活中的超重失重现象往往转瞬即逝，难以观察。教材只是让学生回忆乘坐电梯时的感受。在以往教学实践中，也只是通过各种巧妙的实验，让学生间接感知超重和失重，学生不能直接观察到超重和失重现象（即物体对支持物的压力大于或小于物体所受重力的现象），增加了概念理解的难度。特别是对于学生最感兴趣的完全失重现象往往只能播放一些太空实验的视频。

根据新课程标准提出的"体验探究，倡导创新"的要求，我设计了创新实验装置，将转瞬即逝的物理过程"慢放定格"，做到超重和失重特别是完全失重过程的可视化，把太空舱里的完全失重实验搬到教室里来完成。从而使教学过程更直观，使理论教学水到渠成，使课堂教学更高效。

核心创新点：

（1）超重、失重特别是完全失重过程的可视化：利用高速摄影+追随摄影，即手机"慢动作"摄像结合与研究对象的同步运动，可以清晰地观察超重、失重、完全失重现象。

（2）实验结果的呈现做到实时化：利用网络技术+屏幕镜像技术，即利用无线网络（WiFi）和屏幕镜像软件，将手机屏幕上的内容实时展现到大屏幕上，把实验结果立刻呈现在学生面前，无需任何额外操作和等待，提高了课堂效率。

（3）利用同一平台，完成多种实验：用同样的实验方法，可以探究多种运动，特别是转瞬即逝的快速变化的运动。通过开展"寻找超重失重"活动，可以激发学生的研究积极性。这样以点带面，引导学生整合各类物理知识，设计综合性实验。

（4）利用普通生活中的常见物品及随身携带的手机就能完成一系列实验，且能观察到以往在太空实验室中才能看到的实验结果，从而培养学生的科学精神和实验设计能力。

四、实验原理/实验设计思路

利用手机慢动作摄影功能结合与研究对象的同步运动，可以清晰记录快速变化的物理现象。手机慢动作摄影就是高速摄影功能，以240帧/s拍摄画面，再以30帧/s的正常速率播放时，就可以看到细节清晰的慢动作视频了。结合配套装置，就可以将普通教室，变成"微重力实验室"。

模拟电梯运动过程，借助定滑轮，通过调整配重的质量，可以使模拟电梯仓处于超重或失重状态。模拟蹦极运动过程，原理为首先自由落体阶段处于完全失重状态，之后橡皮筋拉伸处于失重状态，超过平衡位置后处于超重状态。可以引导学生观察和分析不同阶段出现的现象。

利用本装置，引导学生利用已有的超重和失重知识并展开想象，进行拓展试验，将不同的研究对象放入装置中，使其处于不同的运动状态，分析、预测、讨论会发生的实验现象，并用实验验证，让学生体会到科学研究的乐趣和成就感。

五、实验教学目标

（一）知识与技能

（1）认识超重和失重现象。

（2）知道产生超重、失重现象的条件。

（3）能够运用牛顿第二定律和牛顿第三定律分析超重和失重现象。

（二）过程与方法

（1）参与实验观察、实例探究、讨论交流的过程，体验超重和失重现象。

（2）经历实验和理论探究过程，体会科学探究方法，领略运用牛顿运动定律解决问题方法。

(三) 情感态度与价值观

（1）观察生活中的超重和失重现象，生成"学以致用"的思想，激发学生的学习热情。

（2）自己设计方案，再用实验验证，激发学生对科学的兴趣和热情，培养创新意识。

（3）体验自主学习过程，养成乐于细心观察、勤于思考和相互交流的学习习惯和合作精神。

物理学科核心素养培养目标：提升实验探究（包括问题、证据、解释、交流等要素）的能力。

六、实验教学内容

（1）通过探究模拟电梯运动过程，指导学生分析匀加（减）速向上运动过程和匀加（减）速向下运动过程，并总结出超重和失重的概念和产生条件。

（2）通过探究模拟蹦极运动过程，引领学生应用本节所学知识，预测实验现象，并进行实验验证。结合力传感器和加速度传感器及数字化实验软件进行深入定量分析。

（3）安排学生设计实验环节，启发学生利用所学知识，灵活使用本节实验装置，激发学生的创造力，用同一套实验平台设计出多种有趣的、出人意料的实验，将普通教室变成"微重力实验室"。

七、实验教学过程

(一) 课堂引入环节

提出如何让有孔的水瓶不漏水的问题，创设情境，再播放课前利用自制教具所做的实验，激发认知冲突，引发悬念，从而引入新课，见图3。

图3　课堂引入环节

（二）实验探究环节

利用模拟电梯装置，创设向上加速以及向下加速等过程，并直观观察到台秤的示数变化，从而引出超重和失重的概念，并引导学生深入实验、思考、讨论，总结出超重和失重产生的条件，见图4、图5和表1。

图4　实验探究环节1　　　　图5　实验探究环节2

表1　实验探究环节

运动方向	V大小变化	a方向	超重、失重状态
向上	加速	向上	超重
向上	减速	向下	失重
向下	加速	向下	失重
向下	减速	向上	超重

（三）理论探究环节

结合实验现象，引导学生应用牛顿运动定律推导出超重和失重现象的动力学本质。至此，把本节课的知识框架搭建起来了。

（四）实验拓展环节

首先，引导学生应用所学知识探究蹦极运动，分组讨论，预测实验现象，并进行实验验证。结合力传感器和加速度传感器，利用数字化实验软件进行深入定量分析。探究蹦极过程见图6~图8。

图 6 　探究蹦极过程 1

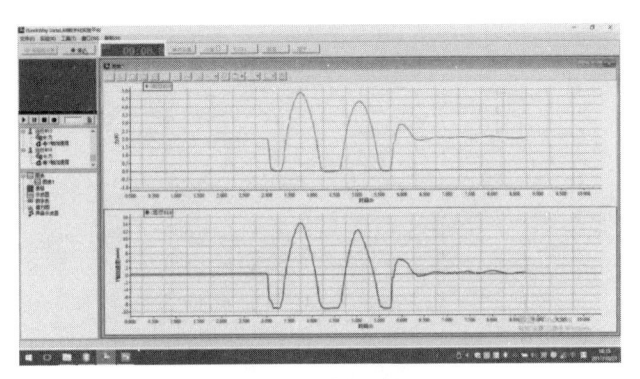

图 7 　探究蹦极过程 2

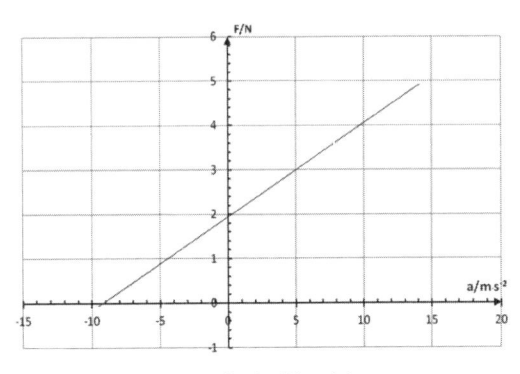

图 8 　探究蹦极过程 3

之后，应用本节课所学知识并使用同一实验装置，由学生设计超重、失重，特别是完全失重的实验方案即"寻找超重失重活动"，分析、预测、讨论会发生的实验现象，并用实验验证。通过课上和课下的实验探究活动，让学生体会到科学研究的乐趣和成就感。

学生设计实验：完全失重状态的磁铁（见图9）。

学生设计实验：完全失重状态的液滴（见图10）。

图 9　完全失重状态的磁铁

图 10　完全失重状态的液滴

学生设计实验：完全失重状态的火焰（见图11）。

学生设计实验：完全失重状态的彩虹圈（见图12）。

图 11　完全失重状态的火焰　　　图 12　完全失重状态的彩虹圈

学生设计实验：完全失重状态和超重状态的水球（见图13）。

图13　完全失重状态和超重状态的水球

学生设计实验：完全失重状态的摆动现象（见图14）。

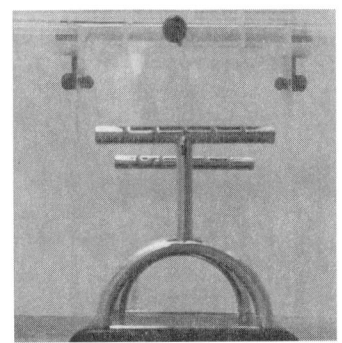

图14　完全失重状态的摆动现象

学生设计实验：完全失重状态的浮力相关现象（见图15）。
学生设计实验：套气球带孔水瓶（见图16）。

图15　完全失重状态的浮力　　图16　套气球带孔水瓶

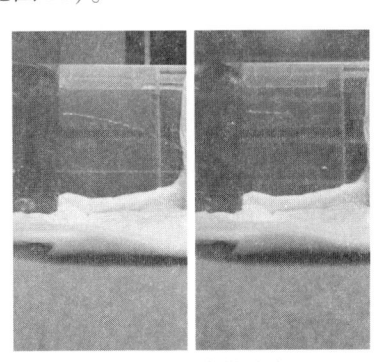

实验说明：完全失重状态的液滴实验，需要选择能长时间保持液滴形状的液体材料，经反复对比，本课选择了一种医用润滑剂（用约50℃的温水冲调浓缩粉末）进行实验；完全失重状态的火焰实验，需要将实验箱作好密封（用橡胶密封条）；完全失重状态的摆动现象实验，需要在小球摆至最低点附近时释放实验箱，才可以观察到完整的圆周运动。

八、实验效果评价

本课的实验利用了新方法和新技术：

（1）用生活中的普通物品结合已非常普及的智能手机，通过"高速摄影+追随摄影"的方法，将转瞬即逝的物理过程"慢放定格"，使超重和失重特别是完全失重过程可视化、定量化，改变了以往教学中不能直接展现给学生的状况，使学生更容易接受理解知识。

（2）实验结果的呈现做到了实时化，利用网络技术和屏幕镜像软件可以将实验结果立刻呈现在学生面前，改变了以往摄像机录制后需要等待视频编辑和格式转换的时间，做到了无需任何线路连接，甚至无需将视频文件复制到电脑上，就能立即观看，提高了课堂教学效率。

（3）用同样的实验方法，可以探究多种运动，特别是转瞬即逝的快速变化的运动。通过开展"寻找超重和失重"活动，可以激发学生的研究积极性，将很多物理知识（如曲线运动、摩擦力、表面张力等）自然地引向学生，使学生主动探索，自发生成知识。

（4）引导学生利用手机和身边物体设计有趣的甚至是不可思议的科学实验，体现了物理从生活中来，到生活中去的STSE（科学、技术、社会、环境）思想，把手机变为科研仪器，让学生通过自己的科研成果收获自信，激发学习和创新的热情。

"平抛运动"创新实验教学设计

舟山市东海中学　徐忠岳

一、使用教材

人教版高中《物理必修2》第五章第二节。

二、实验器材

(一) 自制教具

演示实验：自制光影平面计时器1套。

学生分组实验：频闪光源12只、平抛运动轨道（附水准泡）和支架12套。

(二) 其他

相机、三脚架、白板笔12支、塑料纸12张等。

三、实验创新要求/改进要点

突破传统打点计时器和频闪摄影技术的纸带牵阻和操作麻烦等缺点。

自制的光影平面计时器经济实用，它结合了频闪摄影、DIS和打点计时器的优点，大大提高了实验效率。相比频闪摄影，它更加方便，不需要极端黑暗的环境，不需要拍照就能直接看到运动轨迹；相比无线位移传感器，它显然更加形象、直观；相比打点计时器，它没有纸带牵阻，而且是二维的，还能加深学生对传统打点计时器的理解。

四、实验原理/实验设计思路

如图1和图2所示，自制频闪光源可以发出紫光，频率由单片机控制，可以充电、调焦和调频。做平抛运动的光源经过光影画布时会留下一串反映物体运动规律的点迹，可以用描点法和相机连拍的方式获取并分析物体的运动轨迹，定量研究平抛运动水平和竖直方向上的运动规律。

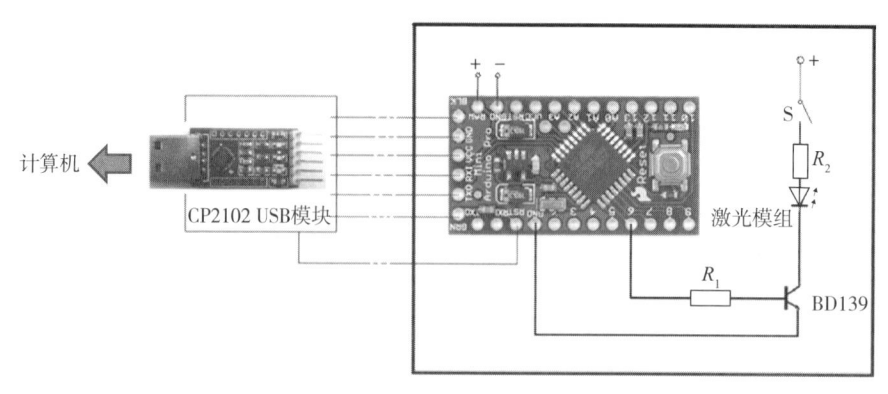

图 1 频闪光源电路图

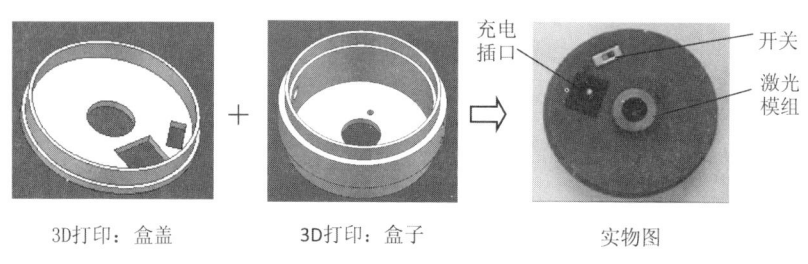

3D打印：盒盖　　3D打印：盒子　　实物图

图 2 频闪光源实物图

如图3所示，通过轨迹坐标分析，得到如下结论：在竖直方向上，$y = 4.894t^2 + 0.0096t + 0.0004$，忽略一次项和零次项得 $y = 4.894t^2$，所以光源在竖直方向上做 $a = g \approx 9.79 \text{m/s}^2$ 的自由落体运动。在水平方向上，$x = 0.7922t + 0.0015$，忽略零次项得 $x = 0.7922t$，即在水平方向上光源做初速度为 0.7922m/s 的匀速直线运动。

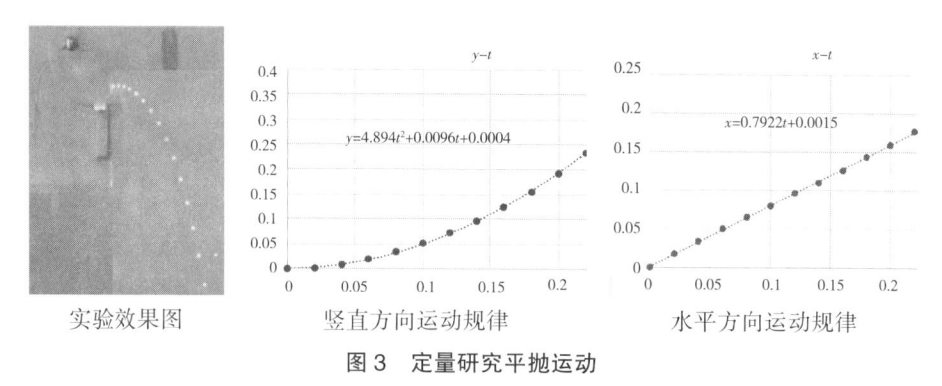

实验效果图　　竖直方向运动规律　　水平方向运动规律

图 3 定量研究平抛运动

五、实验教学目标

（一）物理观念

掌握平抛运动的规律（轨迹、位移、速度、加速度）。

（二）科学探究

培养发现问题、设计方案、验证猜想的探究能力。

（三）科学思维

掌握"化曲为直""化繁为简"（利用"运动的合成与分解"分析平抛运动）和数理结合解决实际问题的思维方法。

（四）科学态度与责任

体验科学探究的严谨、曲折、艰辛和喜悦；培养学生科学探究的兴趣和勤于思考的良好品质，以及善于交流、乐于承担和分享的团队精神。

六、实验教学内容

利用描点法或相机连拍的方式获取平抛运动的轨迹。利用轨迹分析软件获取物体的位置坐标，分析实验数据，交流、归纳实验结果。

七、实验教学过程

（一）发现问题

通过实验，学生发现光影画布的留迹时间比较短（在黑暗的环境中可以保留2~5min，但在比较亮的环境中只能保留几秒钟）。

（二）讨论实验方案

学生提出的实验方案可以归纳为描点法和拍照法两种。学生通过自主设计和讨论，不断完善各自的方案。比如学生用白板笔在塑料纸上描点，再利用坐标纸来读取坐标；利用相机高速连拍，以捕获清晰的照片。

最后确定采用了拍照和软件分析相结合的方案，因为很多软件都有读取坐标的功能，比如运动轨迹分析软件和Windows自带的画图软件。我认为对高中学生来说，读取坐标只是一种机械性的劳动，应该把时间尽可能地用于创造性的探究。

（三）实验验证

现场拍摄平抛运动轨迹，利用运动轨迹分析软件定量研究平抛运动规律。

（四）总结

归纳平抛运动规律。

（五）课外拓展性实验研究

包括运动的合成与分解、过山车、线速度与角速度的关系、单摆和弹簧振子等。

八、实验效果评价

（一）提高了实验效率

光影平面计时器经济实用，它结合了频闪摄影、DIS 和打点计时器的优点，大大提高了实验效率。相比频闪摄影，它更加方便，不需要极端黑暗的环境，不需要拍照就能直接看到运动轨迹。相比无线位移传感器，它显然更加形象直观。相比打点计时器，它没有纸带牵阻，而且是二维的，还能加深学生对传统打点计时器的理解。如图 4 所示，利用光影平面打点计时器几乎可以完全代替传统打点计时器和频闪摄影技术，可广泛应用于单摆、弹簧振子、牛顿第二运动定律、机械能守恒定律等一维和二维运动的定量实验研究，极具推广价值。

（二）有利于培养学生的科学素养

我认为做实验很重要，实验为什么这样做更重要。所以我们把大量的时间用于发现问题和设计实验方案。通过曲折、一步步地深入探究，培养学生良好思维品质和态度。另外，本实验综合应用物理、数学知识和单片机、3D 打印和激光雕刻等现代信息技术，充分体现了 STEM 和创新教育的理念。

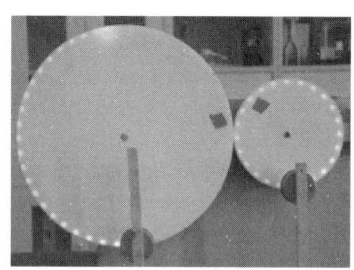

（a）单摆　　　　（b）线速度与角速度的关系

（c）运动的合成与分解　　　　（d）过山车

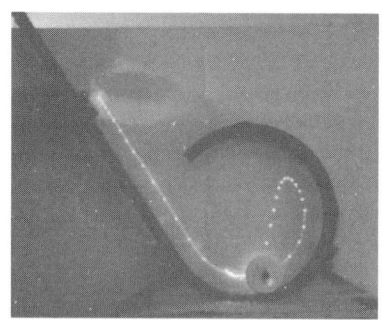

图 4　光影平面计时器的其他应用

生活中的圆周运动

辽宁省大连市庄河市高级中学　齐放

一、使用教材

人教版高中《物理必修2》第五章第七节"生活中的圆周运动"。

二、实验器材

自制圆周轨道、自制平抛轨道、改装的光电门、数字计时器、金属小球、水平尺、刻度尺、细绳、钉子、轻杆、螺旋测微器、水平气泡仪。

三、实验创新要求/改进要点

（1）模拟过山车实验分析单层轨道内侧（绳球模型）最高点速度的极值。通过自制的圆周轨道，用光电门和数字计时器进行定量计算，测定小球在最高点时的最小速度。

（2）用平抛运动解释单层轨道内侧最高点速度最值问题，使知识融会贯通，对曲线运动达到更深刻的认识。

（3）绳球模型与杆球模型的对比实验，杆球模型在最高点速度可以为零。

实验有待改进之处：精确最高点速度以及圆周半径的测量，可以提高实验的精确度。应用数显半径测试仪可以使圆周运动轨道半径任意改变，获得多组数据，描绘 v^2-R 图像，使定量计算更加完善。

四、实验原理/实验设计思路

整体设计思路是：把物理模型的建构过程与实验探究相联系，结合学生的生活体验，利用学校现有的实验器材定量分析，尽可能提高实验的精确程度。

实验原理如下：

（1）单层轨道内侧最高点，对小球的受力分析，由牛顿第二定律可知：$mg + F_N = \dfrac{mv^2}{R}$，当 $F_N = 0$ 时，$v_{min} = \sqrt{gR}$。

（2）双层轨道最高点对小球受力分析，分类讨论。

1）$mg + F_N = \dfrac{mv^2}{R}$，如果材料允许，速度无上限。

2）$mg = \dfrac{mv^2}{R}$，$v = \sqrt{gR}$，此时物体受到重力作用。

3) $mg - F_N = \dfrac{mv^2}{R}$，当 $F_N = mg$ 时，$v_{min} = 0$。

五、实验教学目标

（一）物理观念

进一步加深运动与相互作用观念的理解，能够应用牛顿第二定律解决竖直面内圆周运动最高点速度最值问题。

（二）科学思维

通过科学的推理，经历对绳球模型和杆球模型的建构过程，能够选用恰当的物理模型解决实际问题。

（三）实验探究

通过学生对问题的猜想，设计实验，获得数据，与已学知识相结合，分析实验。

（四）科学态度与责任

尊重实验数据，培养学生严谨的科学态度。

六、实验教学内容

（1）模拟过山车实验分析单层轨道内侧（绳球模型）最高点速度最值。

（2）用平抛运动分析绳球模型最高点速度最值。

（3）双层轨道（管球模型、杆球模型）与绳球模型对比实验。

七、实验教学过程

（1）模拟过山车实验分析单层轨道内侧（绳球模型）最高点速度最值。

1）定性分析：从斜坡上不同高度释放小球，观察什么情况下小球能够通过不同半径的圆周轨道，做完整的圆周运动。

2）定量计算：用最高点光电门记录的时间来计算小球的速度，通过数据分析小球速度的特点，找到最小速度，并记录对应的小球释放的位置，与理论推导相结合，探究小球最小速度和轨道半径的关系，为后续机械能守恒定律的学习作铺垫。

（2）利用半圆轨道和平抛轨道分析，首先从平抛轨道较低的位置释放小球，小球做平抛运动后，落入圆周轨道中，然后提高平抛运动的释放位置，小球打在圆周轨道的位置会升高。引导学生猜想：如果释放位置再提高，小球会压在圆周轨道上做完整的圆周运动。进而得出结论：做完整的圆周运动，单层轨道侧最高点速度存在最小值。

（3）双层轨道（管球模型、杆球模型）与绳球模型对比实验。

从同一高度分别释放"纯绳"小球和"绳杆"小球，通过下方钉子处，杆球以几乎为零的很小的速度通过了最高点，而绳球模型没有通过。可以得出结论：杆球模型最高点的最小速度是零。

八、实验效果评价

通过理论推导和实验，学生能够明确小球在竖直面内圆周运动最高点的最值问题。能够分清杆球模型和绳球模型的运动特点。用已经熟练掌握的平抛知识解决新的问题。平抛运动和圆周运动相互结合，知识融会贯通，拓展学生思维。通过实验的设计，重点知识多角度学习，学生能够比较容易接受，从而突破教学难点，提高学生物理学科素养。

向心力

中山市第一中学 和晓东

一、使用教材

本节课选自粤教版高中《物理必修二》的第二章"圆周运动"第 2 节，适合高中一年级学生下学期学习。

二、实验器材（见图1）

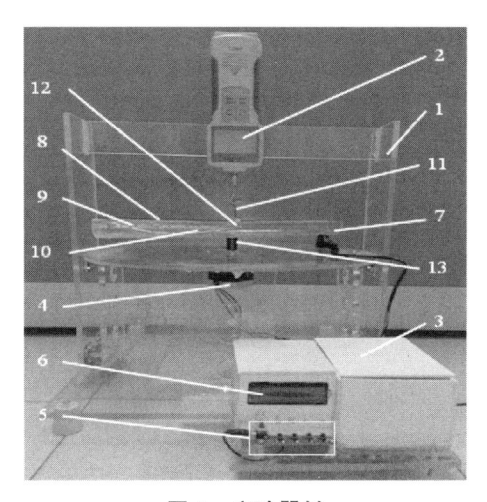

图1 实验器材

1—有机玻璃板框架；2—数显测力计；3—57 步进电机控制装置；4—57 步进电机；5—电机转速控制装置；6—转速显示器；7—有机玻璃弧形轨道；8—连接线；9—不同质量槽码；10—刻度尺；11—8 字环；12—滑轮；13—电机联轴器

三、实验改进要点

在高中物理教学中向心力公式的得出是个难点，该公式的理论推导过程对学生来说过于抽象，不易理解。而圆周运动这一章在高中物理中有着重要的作用，和我们的生活联系也十分紧密。使用电动向心力定量分析演示仪可以让学生通过实验探究，亲身感受什么是匀速圆周运动，什么是向心力，向心力与哪些因素有关。这比理论分析更有说服力。

传统的向心力实验演示仪仅仅是半定量的，并且误差较大，只能定性地说明向心力大小与相关变量有关，而无法定量地测出向心力与半径、线速度和质量的关系，即准确性难以控制。为了解决上述问题，笔者设计制作了探究向心力演示仪，将向心力定性演示实验改进为定量操作实验。本演示仪利用调速装置和测力装置，通过实际演示可分别改变质量、角速度、半径，实时读出向心力和转速的数值，分别探究上述物理量与向心力的关系，帮助学生更好地理解圆周运动的特点以及向心力计算公式。本演示仪还针对传统电动向心力定量分析演示仪所存在的不足作了以下几点改进：

（1）选用高精度的步进电动机，调速方便，利用电动机驱动装置和控制装置实时调节转速，转速精度高，还可通过显示器直接读出转速。

（2）连接固定槽码的细线与数显测力计的是在渔具中使用的高速轴承转环，这样可以防止细线在旋转的过程中因扭转而产生的缠绕。

（3）在轨道的中心位置安装了一个定滑轮，将水平弧形轨道中的槽码连线转90°与竖直方向的高速轴承转环连接。

（4）采用了精度更高的工业用数显测力计，使向心力的测量更加准确，测量时既可动态读数又可存储测量数据，还能与计算机相连，实现实验数据的实时输出，并能够方便、快捷读取平均值。

（5）水平凹槽的下方安装了一个直径与弧形轨道相等的轻质圆盘，既使演示效果更直观，又可避免仪器启动的时候滑槽伤人，提高了仪器的安全性能。

探究向心力演示仪与传统的向心力实验演示仪相比，实现了定量地研究与向心力大小有关的物理量，并且大大减小了实验误差。本演示仪具有性能可靠、误差小的优点。在进行向心力教学时就可以以实验探究为主，以问题讨论和小组交流为辅，把知识传授、能力培养和学生的情感态度有机地结合起来，从而加深学生对向心力公式的理解和记忆。

四、实验原理

步进电动机通过联轴器与有机玻璃轨道连接，由电动机带动轨道转动。将不同质量的槽码套在轨道中的绳子上，绳子的一端绕过小滑轮后绑在8字环上，将8字环固定在数显测力计的挂钩上。通过步进电动机控制装置控制槽码的转速，当槽码转动时，数显拉力计上的示数即为绳子受到的拉力，而绳子受到的拉力即为槽码转动时所需的向心力。

探究向心力的大小与质量的关系时，保持转速和槽码做圆周运动半径不变，通过改变槽码的质量读出不同质量所对应的向心力的大小，将对应数据输入 Excel 表格中生成 F-m 图像，探究向心力的大小与质量的关系。

探究向心力的大小与半径的关系时，保持转速和槽码的质量不变，通过改变槽码做圆周运动的半径，测出不同半径所对应的向心力的大小，将对应数据输入

Excel 表格中生成 F-r 图像，即探究向心力的大小与半径的关系。

探究向心力的大小与角速度的关系时，保持槽码质量和槽码做圆周运动半径不变，通过改变转速读出不同角速度所对应的向心力的大小，将对应数据输入 Excel 表格中生成 F-ω 以及 F-ω² 图像，即探究向心力的大小与角速度的关系。

五、学生情况分析

（一）知识层面

学生已经知道了曲线运动、圆周运动的相关知识，并且能够准确而熟练地进行受力分析和运用牛顿运动定律。因此，我们可以让学生在教师的引导下分析向心力来源，建立向心力和向心加速度的概念。

（二）思维特点

高一学生的认知遵循从感性到理性的规律，通过创设情境，学生亲身体验的感性认识，建立对知识的理性掌握。高中学生具有极大的好奇心，并且已经初步掌握了探究未知事物的一般方法，因此教师可以引导他们进行自主设计实验、解决自己的困惑。

六、实验教学目标

课程标准对本节课的要求是能用牛顿第二定律分析匀速圆周运动的向心力，知道向心加速度，关注圆周运动的规律与日常生活的联系。

基于课程标准对本节课的要求，学生要会分析匀速圆周运动的向心力。但通过分析发现，教材给出向心力大小的公式实在过于"简单粗暴"——直接呈现公式。这对于加深学生对于向心力的影响因素的认识，以及提高学生对向心力本质的认识都非常不利。基于上述分析，本节课的教学目标确定如下。

（一）知识与技能

（1）理解向心力、向心加速度的概念，知道向心力是根据力的效果命名的。

（2）知道向心力大小与哪些因素有关，知道向心力、向心加速度的公式的含义，计算简单情境中的向心力、向心加速度。

（二）过程与方法

（1）自主设计实验，探究与向心力大小有关的因素。

（2）结合生活中的向心力的应用实例，体会牛顿第二定律的普适性。

（三）情感态度与价值观

（1）通过探究性活动，体会成功的愉悦，发展参与物理学习活动的兴趣。

（2）联系实际，注重应用，形成理论联系实际的意识。

七、实验教学内容

本节课"向心力"是粤教版高中《物理必修二》的第二章第2节。本节内容是在了解圆周运动基本知识之后，尝试从动力学角度研究圆周运动产生的原因，详细学习向心力和变速圆周运动的知识。它与生活实际联系紧密，在物理学中占有重要地位，同时也是本章的重点和难点。学生掌握好这部分知识，可以为后面万有引力定律和带电粒子在匀强磁场中的运动打好基础。

教材的编排首先从身边的实例出发，引出向心力的概念。接着通过"实验与探究"栏目让学生思考和感受向心力的大小与哪些因素有关，然后直接定量给出了向心力大小的计算公式。然后，结合牛顿第二定律，得到了向心加速度的公式。最后运用牛顿第二定律和向心力的知识，分析和讨论了日常生活中与圆周运动有关的物理现象。物理源自生活，又回归生活！

八、实验教学重难点

（一）重点

（1）向心力、向心加速度概念的建立。
（2）理解向心力的来源，并能用公式进行计算。

（二）难点

（1）理解向心力的来源。
（2）探究向心力大小的实验设计。

九、实验教学策略

本节课主要采用学生讨论与实验探究相结合的教学方法。

十、实验教学过程

本节课的教学过程设计为：巧设实验，引入新课→创设情境，建立概念→大胆猜想，细心实验→学有所得，回归生活。

（一）巧设实验，引入新课

趣味小实验：巧搬乒乓球。将乒乓球置于一个倒立的红酒杯中，让学生动手将乒乓球从桌子的一端搬运到另一端，激发学生的挑战欲，见图2。

将乒乓球置于倒立的红酒杯中，旋转酒杯，使乒乓球在酒杯中做圆周运动，从而保证乒乓球不会掉下来。学生亲自动手体验乒

图2 趣味小实验

乓球在杯子中做圆周运动。

提出问题：做圆周运动的物体受力有什么特点？引发学生思考。

（二）创设情境，建立概念

创设以下 3 种情境，见表 1，学生通过分析做圆周运动物体的受力，总结其共同点，尝试建立向心力的概念。

表 1　3 种情境

（1）酒杯中转动的球（匀速圆周）		乒乓球受到重力、支持力的作用；使物体做圆周运动的力为指向圆心的合力
（2）水槽中转动的铁球（匀速圆周）		小球受到重力、底面对其的支持力以及槽对其的弹力；使物体做圆周运动的力为槽对其指向圆心的弹力
（3）圆盘上转动的木块（匀速圆周）		小木块受到重力、支持力以及静摩擦力；使物体做圆周运动的力为指向圆心的静摩擦力

通过 3 个实验中物体的受力分析，学生发现规律——做匀速圆周运动的物体都会受到指向圆心的合力作用，从而提出向心力的概念。

做匀速圆周运动的物体会受到始终指向圆心合外力，这个力叫作向心力。通过对比分析，归纳总结，加深学生对向心力定义及其方向的认识。

特点：①物体做圆周运动需要的向心力是由其他的力来提供的。②向心力的方向与速度的方向垂直，只改变速度方向，不改变速度大小。③向心力是按效果来命名的，不是一种新的特殊性质的力。

从学生熟悉的物理情境入手，引导学生从已有物理知识出发思考，把握"向心力的概念"这一重点。另外，通过学生亲身体验、分析多个圆周运动中向心力来源，逐步加深学生对"向心力是效果力"的认识，以此来突破难点。

（三）大胆猜想，细心实验

见图3，现将教材实验进行改装，进一步创设可以感知向心力的情境，引导学生分析向心力来源的同时思考向心力的大小与哪些因素有关。

让物体做圆周运动，分别改变运动半径、质量、和转动速度，感受手上拉力的改变。

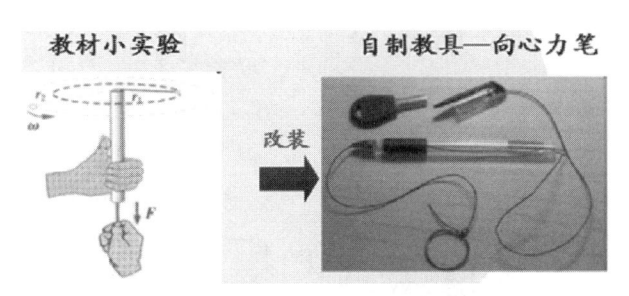

图3　改进实验

动手体验并猜想——拉力的大小可能与钢球的质量 m、线速度 v、角速度 ω、周期 T，半径 r 有关。然而，采用控制变量法，若保持钢球的质量 m、线速度 v、角速度 ω、周期 T 不变，半径 r 不可能变化。物体做匀速圆周运动时，v、ω、T、r 这4个物理量中，只要有两个量确定了，其他两个量也就跟着确定了。所以只需要研究向心力与 m、v、ω、T、r 这几个物理量中两个物理量的关系。排除相关因素，得到最终需要验证的关键物理量。

（1）学生猜想：向心力大小可能与做圆周运动物体的质量 m、运动半径 r 和角速度 ω 有关。学生通过体验后，感觉向心力与这些物理量有如下关系：质量 m、半径 r 一定，角速度 ω 越大，向心力越大；质量 m、角速度 ω 一定，半径 r 越大，向心力越大；角速度 ω、半径 r 一定，质量 m 越大，向心力越大。

用分步引导的方法符合高一学生的认知水平，使学生深刻理解实验原理，排除无关因素并且整合相关因素，得到关键影响因素。

（2）设计实验：见表2，控制变量法，保持其中两个物理量不变，研究另一个量与向心力关系。

表2 设计实验

问题1：如何改变运动物体的质量		砝码
问题2：如何让物体做匀速圆周运动并测量角速度		步进电动机
问题3：如何测量运动物体所需向心力		力传感器
问题4：如何测量物体做圆周运动的半径		直尺

最终设计图1的实验装置，进行实验探究。

（3）实验探究。

1）实验一：探究向心力的大小与物体质量的关系。

控制步进电机的转速与物体圆周运动的半径不变，改变物体质量 m，测量不同质量时对应的绳子拉力，即向心力的大小。将质量及对应的向心力数据导入 Excel 表格，作出拉力与质量 $F-m$ 的图像，可以明显发现，二者呈正相关，见图4。

在实验中引导学生分析、解决问题，以提高学生的实验能力。

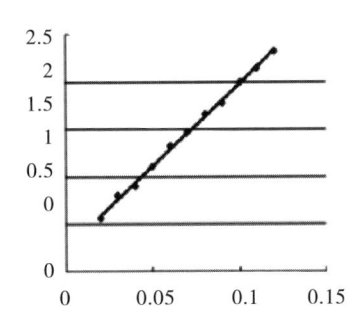

m/kg	F/N
0.02	0.57
0.03	0.8
0.04	0.9
0.05	1.1
0.06	1.32
0.07	1.47
0.08	1.66
0.09	1.78
0.1	1.99
0.11	2.14
0.12	2.32

图 4　实验一

因此可以得到结论，物体做匀速圆周运动的半径和角速度一定时，所需向心力与物体的质量成正比。

2) 实验二：探究向心力的大小与运动半径的关系。

控制步进电机的转速与物体质量 m 不变，改变物体圆周运动的半径，测量不同半径时对应的绳子拉力——即向心力的大小。将半径及对应的向心力数据导入 Excel 表格，作出拉力与半径 F-r 的图像，可以明显发现，二者也呈正相关，见图5。

r/m	F/N
0.052	0.54
0.085	0.76
0.108	0.94
0.135	1.16
0.15	1.25

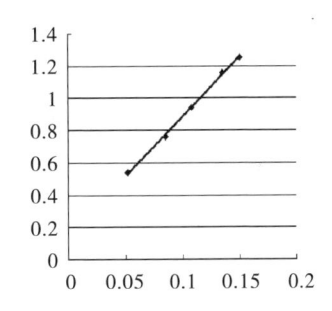

图 5　实验二

因此可以得到结论，物体做匀速圆周运动的角速度和质量一定时，所需向心力与物体的运动半径成正比。

3) 实验三：探究向心力的大小与角速度的关系。

控制物体圆周运动的半径与物体质量 m 不变，改变步进电机的转速 n，测量不同转速 n 时对应的绳子拉力——即向心力的大小。将质量及对应的向心力数据导入 Excel 表格，通过公式换算，作出拉力与半径 F-ω^2 的图像，可以明显发现，二者也呈正相关，见图6。

转速(n/min)	w(rad/s)	ω^2(rad/s)^2	F/N
51	0.85	0.72	0.57
102	1.70	2.89	1.23
154	2.57	6.59	2.52
205	3.42	11.67	4.11
308	5.13	26.35	8.09

图6 实验三

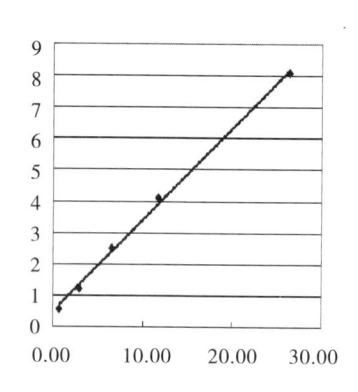

因此可以得到结论，物体做匀速圆周运动的半径和质量一定时，所需向心力与物体运动角速度的平方成正比。

基于上述研究，结果用公式呈现如下：$F_{向} = km\omega^2 r = km\dfrac{v^2}{r}$，其中 k 为系数。为了方便，我们就认为 1kg 的物体做圆周运动，若运动半径为 1m、角速度为 1rad 时，需要的向心力为 1N，即 $F_{向} = m\omega^2 r = m\dfrac{v^2}{r}$。

学生亲身经历"提出问题→猜想与假设→交流与合作→设计实验→实验探究→分析与论证→得出结论"的科学探究过程，加深对科学探究的理解，培养学生严谨、细致、耐心的实验修养，实事求是、尊重客观规律的科学态度，并体会到实验在探索物理规律中的作用。这个环节，突出了重点，学生成功演绎了真理发现的过程。

（四）理论推导，强化概念

下面，引导学生思考。根据力是产生加速度的原因，可知做圆周运动的物体，在向心力 F 的作用下必然要产生一个加速度。根据牛顿第二定律得到，这个加速度的方向与向心力的方向相同，始终指向圆心，所以称为向心加速度。向心加速度的作用效果与向心力的作用效果一样，只改变速度的方向。

结合牛顿第二定律，提出向心加速度的概念，并利用理论导出向心加速度的计算 $a_{向} = \omega^2 r = \dfrac{v^2}{r}$，强化向心加速度的效果——方向始终沿半径指向圆心，改变速度大小。先讲向心力，后讲向心加速度，回避了用矢量推导向心加速度这个难点。

（五）学有所得，回归生活

为了帮助学生消化理解新知识，把枯燥的知识带到生活中去。设置课前引入部分的几个问题和生活中有关向心力的问题让学生去讨论，让学生意识到物理既源于生活而又走向生活。同时也起到前后呼应的作用。

（1）飞车和过山车通过圆周最高点时向心力是由哪些力来提供的？

（2）装有水的杯子在竖直平面内做圆周运动，到最高点时杯口朝下，水做圆周运动的向心力由哪些力来提供？

（3）假设你坐在一辆车上，周围没有其他乘客，也不靠在车厢上，当车子转弯时，你的向心力是从哪里来的？

通过具体实例让学生初步体验圆周运动中向心力的来源，并对圆周运动中力和运动的关系有较深入的认识，帮助学生巩固概念，发展思维。

最后进行课堂小结，回顾整节课的内容。

十一、教学效果反思

该堂课创设的物理情景，不仅使学生经历了建立概念、发现规律的过程，也很好地落实了过程目标和情感目标。

学生主动参与探究的全过程，成为学习的主体，激发了学生的求知欲望，加深了对知识的理解。在探究过程中，教师要给学生提供必要的实验器材和多媒体资源，比如，让学生知道了什么是步进电动机、真正见到了力传感器，对于相关创新实验的器材有了切身的感知；知道了可以借助其他工具非常迅速的处理数据……老师引导学生去发现问题，使学生产生探究的动机，从而提出问题、解决问题、体验问题。整个教学过程中，教师是一个引导者和参与者、组织者和帮助者，学生是学习的主人，课堂上教师要组织引导学生交流讨论，充分重视学生在探究过程中的情感、态度与价值观的培养。学生能在愉快的教学环境中获得知识和培养思维能力。

学生在"玩"当中获得成功的愉悦，这种探究性学习模式在物理教学的应用，真正体现了"以学生为中心""教师为主导、学生为主体"的教学原则，比教师讲和做好得多，达到事半功倍的效果！

当然，教学过程中也存在相应的问题，比如 Excel 处理数据过于迅速，学生只知道了结果，没有经历处理数据的过程，可能会使得印象不是很深刻；由于时间限制，学生实例分析的时间安排不是很足等。

探究向心力

广西壮族自治区桂林市阳朔县阳朔中学　徐翠香

一、使用教材
人教版高中《物理必修二》第五章第6节"向心力"。

二、教材分析

（一）教材地位
向心力、向心加速度是本章教学的重点，具有承前启后的作用。对前是牛顿运动定律的延伸，对后是圆周运动的应用，以及为万有引力作知识储备。

（二）教材设计思路
课本用向心加速度公式结合牛顿第二定律从理论上推导向心力表达式，再用圆锥摆实验粗略验证向心力的表达式。这个实验虽简单直观，但是实际操作困难，物理量难测量。

三、物理核心素养
教师在教学过程中，应该培养学生的物理核心素养，设计探究实验，让学生从事实经验出发，推理猜想，再用实验验证，像科学家一样思考，得出结论。

（一）物理观念
从物理学视角形成的关于物质、运动与相互作用、能量等的基本认识，是物理概念和规律等在头脑中的提炼和升华。

（二）科学思维
基于事实证据和科学推理对不同观点和结论提出质疑、批判，进而提出创造性见解的能力与品质。

（三）实验探究
提出物理问题，形成猜想和假设，获取和处理信息，基于证据得出结论并作出解释，以及对实验探究过程和结果进行交流、评估、反思的能力。

（四）科学态度与责任
在认识科学本质，理解科学技术、社会、环境（STSE）的关系基础上逐渐形成的对科学和技术应有的正确态度以及责任感。

四、教学目标和实验内容

（一）教学重点

（1）理解向心力的概念。
（2）学生感受向心力和实验探究向心力的表达式。

（二）教学难点

学生实验探究向心力的表达式。

（三）教学对象分析

（1）学生知识层面：学生已经学过匀速圆周运动的概念以及描述匀速圆周运动的物理量，从理论上推出了向心加速度的表达式，对数学的一次函数、二次函数关系已经熟练掌握。学生可以运用牛顿第二定律结合向心加速度公式，从理论上推导出向心力表达式。

（2）学生能力层面：学生理解向心力是效果力，是指向圆心的合力。已经掌握用 Excel 软件处理数据，合理选择变量，拟合图像的方法，初步具备探究实验的能力。

（四）实验方法

定性关系实验：感受向心力。

定量关系实验：自制创新教具——无线向心力测量仪。

（1）控制变量法。

1）控制小球质量、半径不变，探究向心力与角速度的关系。
2）控制小球质量、角速度不变，探究向心力与半径的关系。
3）控制小球角速度、半径不变，探究向心力与质量的关系。

（2）图像法。把数据输入计算机，用 Excel 分别作出 F-ω^2、F-r、F-m 图像，得出结论。

（3）验证法。将实验数据代入向心力表达式 $F = mr\omega^2$ 计算出结果，理论值与测量值比较，验证实验结论，得出结果。

五、实验创新设计

（一）兴趣实验：感受向心力

（1）实验目的。

1）使学生初步认识向心力与其影响因素之间的关系。
2）使学生通过控制变量法完成实验。

（2）实验装置如图 1 所示。

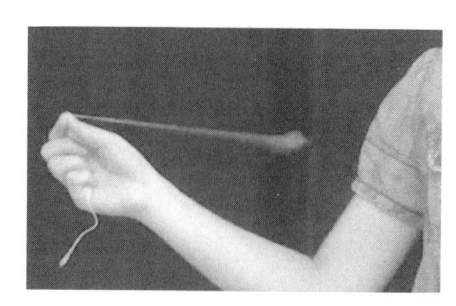

图1 实验装置

（3）实验创新点。

这个实验装置比较简单，让学生通过甩动摆球，感受绳对手的拉力从而体验向心力。该实验现象明显，能很快让学生得到定性结论，在具体教学中很好地激发了学生的学习兴趣。

教学的第一要素是激发学生的兴趣，于是我设计了兴趣实验"感受向心力"。教师引导学生体会与猜想，小球做圆周运动的向心力大小与什么因素有关？

学生通过实验猜想：向心力可能与半径、质量、角速度、线速度等有关。

看到学生的兴趣被激发出来，教师继续提问：角速度、线速度、周期有什么关系？学生根据线速度公式 $v = 2\pi r/T = \omega r$ 可以推理出其关系，于是缩小研究范围，讨论 F 与 m、r、ω 的关系。那么它们有什么样的定量关系呢？

目前讨论向心力定量关系的实验存在以下不足：课本圆锥摆实验操作困难，物理量难测量。传统的向心力仪器，只能粗测，不够精确。现在市面上最新、普及率最广的朗威传感器也存在以下不足：①向心力间接测得，误差大；②只能生成 F-ω 图像，不满足多次控制变量的需求；③数据图像直接生成，没有让学生充分体验"过程学习"。为了解决以上不足，我自制创新教具——无线向心力测量仪（见图2），突破教学难点。

图2 自制创新教具——无线向心力测量仪

无线向心力测量仪是一个可以直接测 F 和 ω 的仪器。无线向心力测量仪各部分结构介绍如图 3~图 10 所示。

图 3　角速度仪

图 3 是角速度仪，可以直接显示角速度的大小，利用单片机驱动步进式电机获得稳定的角速度，调节旋钮，可以改变角速度的大小。外壳采用透明材料，让学生清晰地看到内部构造，激发学生的兴趣。

图 4　测力计

图 4 是测力计，内部安装拉力传感器，采用无线发射与接收的方式显示向心力的大小。我设计了两种显示力大小的方式：数字显示和通过自编软件在电脑上显示，见图 5、图 6。

图 5　数字显示　　图 6　通过自编软件在电脑上显示

图 7 是圆心，通过轨道上的标尺可以读出小球运动的半径（见图 8），改变

· 325 ·

线长可以改变半径（见图 9），改变小球可以改变质量图（见图 10），小球的质量可以用天平测量出，还有可以调节水平的水平仪。

图 7　圆心

图 8　通过轨道上的标尺读出小球运动的半径

图 9　改变线长，改变半径

图 10　改变小球，改变质量图

学生通过自制创新实验教具可以测出实验所需要的物理量 F、m、r、ω（见图 11）。

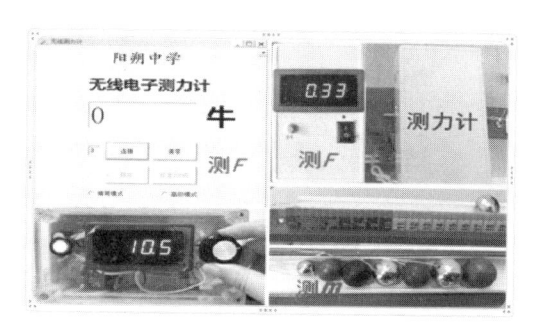

图 11　测量实验所需要的物理量

（二）创新实验

（1）实验目的。

1）使学生探究向心力于其影响因素之间的定量关系。

2）使学生通过控制变量法、图像法完成实验。

（2）实验装置：无线向心测量仪。

（3）实验创新点。

教师自制教具简单直观，该仪器可以直接显示向心力和角速度的大小，并且读数方便准确，非常有说服力。这个实验装置满足多次控制变量的要求，让学生充分体验"过程学习"，并且通过科学探究过程，树立科学探究意识，掌握科学探究方法。

教师引导学生用无线向心力测量仪分组设计探究实验方案，学生通过观察讨论，得到本节课的实验方法：

(4) 实验方法。

1) 控制变量法：控制 m、r 不变，讨论 F、ω 关系；控制 m、ω 不变，讨论 F、r 关系；控制 ω、r 不变，讨论 F、m 关系。

2) 图像法：把数据输入电脑，用 Excel 分别作出 F-ω^2、F-r、F-m 图像，得出结论。

3) 验证法：实验数据代入 $F=mr\omega^2$ 计算，计算值与测量值比较，验证结论。

(5) 实验数据处理。

1) 控制 m、ω 不变，探究 F-r 关系（见图12）。实验结论：F 与 r 成正比。

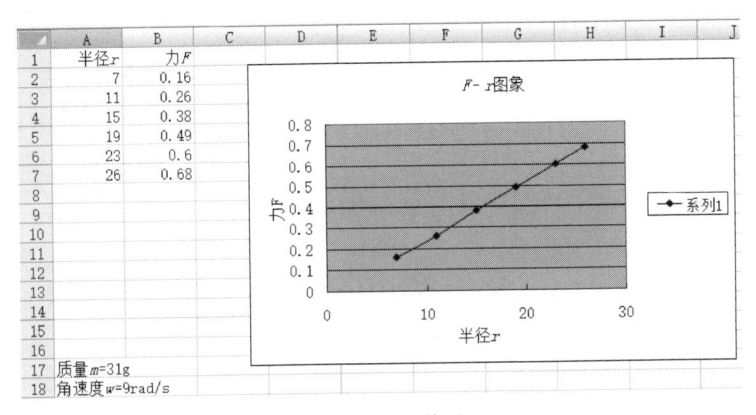

半径 r	力 F
7	0.16
11	0.26
15	0.38
19	0.49
23	0.6
26	0.68

质量 $m=31$g
角速度 $w=9$rad/s

图 12 F-r 关系

2) 控制 m、r 不变，探究 F-ω 关系（见图13）。

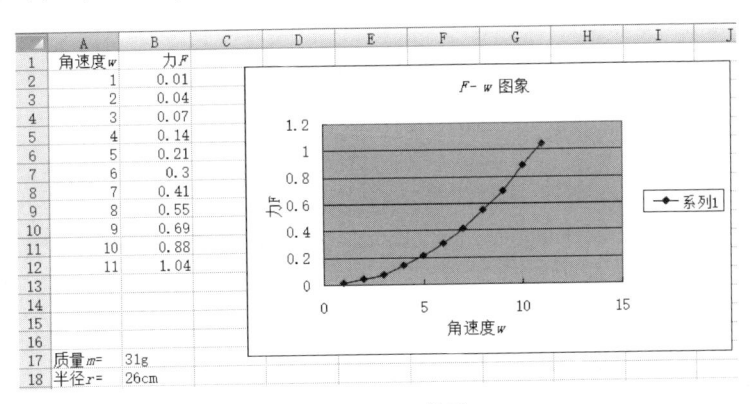

角速度 w	力 F
1	0.01
2	0.04
3	0.07
4	0.14
5	0.21
6	0.3
7	0.41
8	0.55
9	0.69
10	0.88
11	1.04

质量 $m=$ 31g
半径 $r=$ 26cm

图 13 F-ω 关系

学生通过观察 F-ω 图像，发现是一条抛物线，于是猜想 F 与 ω^2 有关系，于是制出 F-ω^2 图像（见图14）。实验结论：F 与 ω^2 成正比。

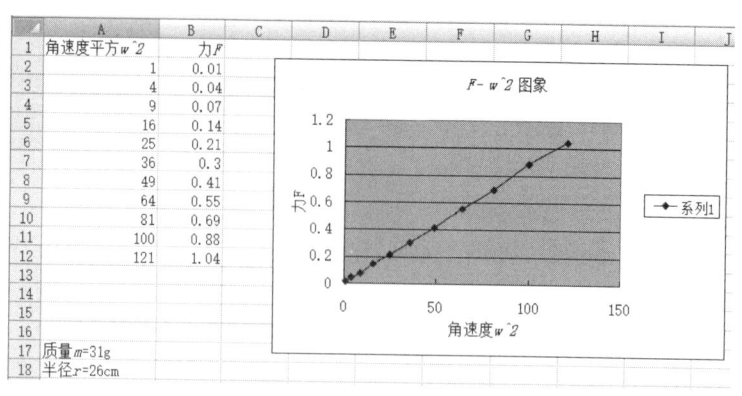

图 14　F-ω^2 关系

3）控制 ω、r 不变，探究 F-m 关系（见图 15）。实验结论：F 与 m 成正比。

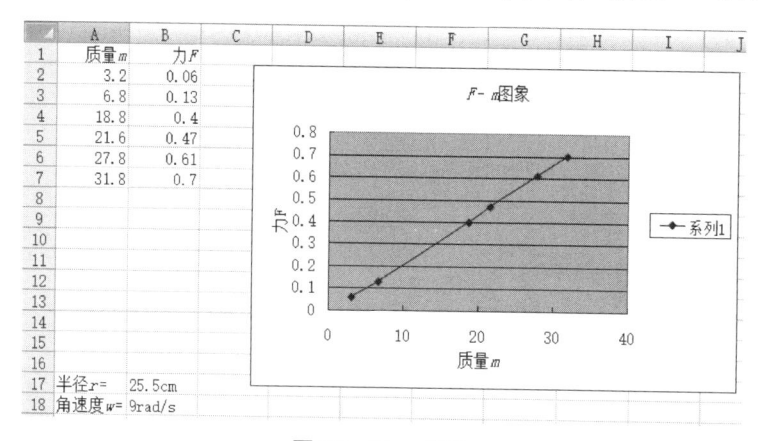

图 15　F-m 关系

（6）实验结论。F 与 r、m、ω^2 成正比。

通过控制变量法，学生得到了 F-r、F-ω、F-ω^2、F-m 图像。我们发现，学生在实验的过程中，利用简单直观的自制教具，收集分析数据，选择合理变量，拟合图像。既让学生感受到了"过程学习"的乐趣，又培养了学生自主探究、归纳总结的能力。突破了本节课的难点，形成结论 $F \propto mr\omega^2$，写成等式 $F = kmr\omega^2$。

教师引导：k 的值是多少？能否用数据验证？学生把实验数据带入实验结论，比较测量值和计算值，发现 2 个值基本相等，即 $k = 1$，学生得出实验结论 $F = mr\omega^2$，见图 16。

教师再引导学生用向心加速度公式结合牛顿第二定律，从理论上也得到向心力的表达式。进一步验证了实验的正确性。

本节课到此，可能有些同学会思考：角速度和向心力的读数对吗？因此我设计了一个课外实验。学生课后会想到的验证方法：弹簧秤去拉传感器，对照两个读数是否一致。角速度的测量利用秒表，使小球转动30圈，根据公式 $\omega = 2\pi/T$ 验证角速度的读数是否正确等方法。

六、教学反思与自我评价

最后，我对这一节课作一个总结：层层递进、环环相扣，实验多变、方法多样，数字信息、创新巧妙，实验启智、科学育人。

	A	B	C
1	角速度w	向心力F	F=mrw^2
2	3.5	0.11	0.11172
3	4	0.15	0.14592
4	5	0.23	0.228
5	6	0.32	0.32832
6	6.5	0.38	0.38532
7	7	0.46	0.44688
8	7.5	0.51	0.513
9	8	0.58	0.58368
10	8.5	0.65	0.65892
11	9	0.72	0.73872
12	10	0.93	0.912
13	11	1.12	1.10352
14		测量值	计算值
15	半径r=28.5cm		
16	质量m=32g		

图16　数据验证

探究功与速度变化的关系

沈阳市第一二〇中学　高晓楠

一、使用教材

人教版高中《物理必修2》。

二、实验器材

直径1.5mm、长6.5cm的锰65轻弹簧5个，钩码6个，小车1个，光电门2个、数字计时器1个，一端有定滑轮的导轨1个，电火花打点计时器，导线，刻度尺，垫板和垫片各1个。

三、实验创新点或实验不足与改进

2006年课改后人教版教材给出的实验装置（见图1），实验方法是想平衡摩擦力后利用成角度的共点力来牵引小车，但是该实验在误差允许的范围内，也很难操作成功。该实验存在弊端：①小车很难做直线运动，无法测量运动过程的末速度；②小车运动的轨迹不稳定，每次实验很难保证弹簧的伸长量相同。

时隔4年后2010年人教版第三版教科书（我们现在用的人教版教科书），它是在原有装置基础上进行改进的（见图2），将原有的成角度的共点力改为平行力，然而改进后方法仍然存在以下几个问题：①小车到固定橡皮筋处的距离较短，很难保证加速后出现匀速运动；如果加长，在市场上很难买到符合实验条件的橡皮筋；②加上多条橡皮筋时，小车不稳定，会发生跳跃，就无法测出小车的末速度；③无论什么样规格的橡皮筋都有一定的截面积，无法实现多个平行力对小车做功。

图1　原有实验装置　　　　图2　改进后的实验装置

四、实验原理或实验设计思路

为了解决上述不足，经过反复试验我设计了一套实验装置（本实验所用的弹簧均为轻弹簧），见图3。

图3 自主设计的实验装置

（1）用导轨替代木板，有效地控制了小车的运动方向，增强了实验的可操作性。

（2）轻弹簧替代橡皮筋，可以有效控制弹簧的改变量，更有利于通过增加弹簧数量对功进行间接测量。

（3）多根轻弹簧产生的平行力替代多条橡皮筋产生的共点力，增强了小车受力的稳定性。

（4）利用这套装置还可以应用于力学的其他3个实验，将力学4个实验合为1个实验。它们分别是从运动学角度来探究小车速度随时间变化关系，从动力学角度来探究加速度与力、质量的关系，从能量角度来探究功与速度变化的关系，探究轻弹簧的弹性势能与弹簧形变量之间的关系。换句话说，1个装置、4个实验、3个角度。其中3个实验是高考考试大纲中要求必须掌握的实验。

五、实验教学目标

（一）知识与技能

（1）会用光电门和数字计时器测物体的速度。

（2）利用物理图像探究功与物体速度变化的关系。

（3）会巧妙地运用"倍增法"。

（4）能进行实验设计，会采集分析实验数据。

（二）过程与方法

（1）通过参与整个探究过程，体验科学探究的方法。

（2）通过解决变力做功问题，体会科学方法的精妙。

（3）通过对实验数据的分析处理，体会利用图像法寻找物理规律的过程。

（三）情感态度与价值观

（1）通过分析实验数据、归纳变力功和速度的关系，学习数据处理的方法，提升学生物理核心素养。

（2）分组实验、探究规律的过程，体会科学探究的过程，感受发现规律的乐趣，增强团队意识、加强动手能力及语言表述能力，提升物理素养。

六、实验教学内容

本节课的重点是让学生从实验中探究和体验功与速度变化的关系，让同学们利用原来学过的功的知识、使用过的或是教师自行设计的实验仪器学生自己设计可行的实验方案，并进行实践、展示和交流，激发学生热情，开拓学生思路，锻炼学生能力，坚定学生的信念：实践是检验真理的唯一标准。

七、实验教学过程

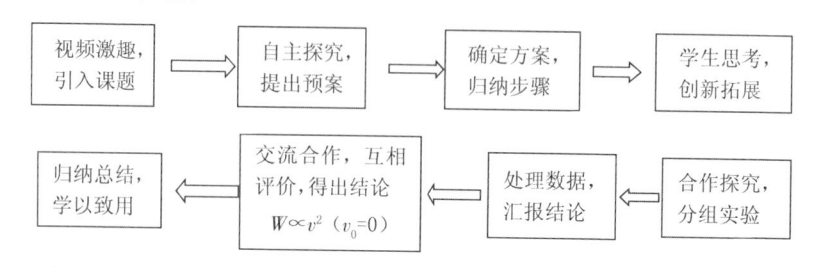

视频激趣，引入课题 → 自主探究，提出预案 → 确定方案，归纳步骤 → 学生思考，创新拓展

归纳总结，学以致用 ← 交流合作，互相评价，得出结论 $W \propto v^2$（$v_0=0$）← 处理数据，汇报结论 ← 合作探究，分组实验

八、实验教学效果与评价

（一）优点

功与速度变化关系这是一个探究性实验，其中包含平衡摩擦力、功的测定、速度的测量、图线分析等多种科学研究方法。通过学生分组实验，体会科学探究的过程，感受探究物理规律的乐趣，增强团队意识、加强动手能力及语言表述能力。通过学生亲身尝试，培养学生的创新思维、更提升学生的核心素养。由于每个学生都积极参与了建立物理规律的全过程，付出过艰辛的劳动，所以同学们对整个过程十分熟悉，感到自然真切，对所得结论理解透彻，记忆持久，运用自如，尤其是变被动地接受知识为主动去探究新知。其兴趣、注意力和科学态度就在无意识中得到增强。

（二）不足

由于高一的学生从事的探究实验不多，缺乏经验，设计方案，利用图像处理数据，学生的探究意识和探究习惯还未养成，所以整节课学生的探究活动仍有些被动。在实际操作中，导轨上各部分的动摩擦因数不同，不能让整个斜面完全平衡；还有由于学生个体存在差异，学生在操作实验时不够完美。比如，平衡摩擦力应该轻推小车，而学生用力推小车，使小车掉到地面上；选点测速过程中，学生选点不够准确。

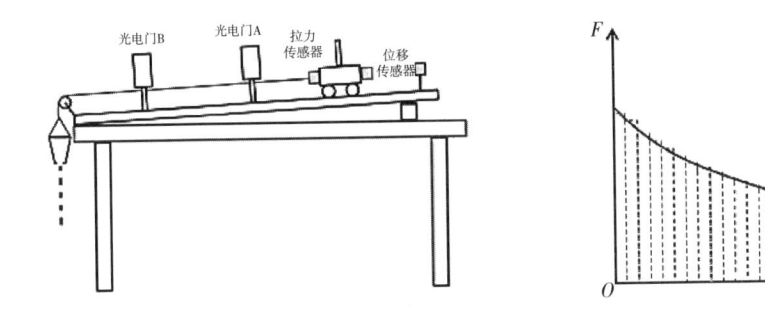

图 1 实验装置和曲线

实验原理：用拉力传感器测出每段时间小车所受拉力 F_n，用位移传感器测出对应时间内小车的位移 x_n，由此计算出该段时间内拉力所做的功 $W_n = F_n x_n$，然后对整个运动过程求和。

再利用小车通过两光电门的时间 Δt_1 和 Δt_2，以及遮光片宽度 d，由 $v = d/\Delta t$ 求出 v_1 和 v_2。

作出 F-x 图像，观察力的变化规律。并分析 W 与 Δv^2 比值的意义。

改变两光电门的距离，重复上述实验。然后通过列表和作图，探究 W 与 Δv^2 的关系，以及图像斜率的意义。

由此实验结果可知，变力做功时，动能定理依然成立。

五、实验教学过程

（1）引入实验设计思维导图，要求学生完成实验设计稿，见图 2 和图 3。

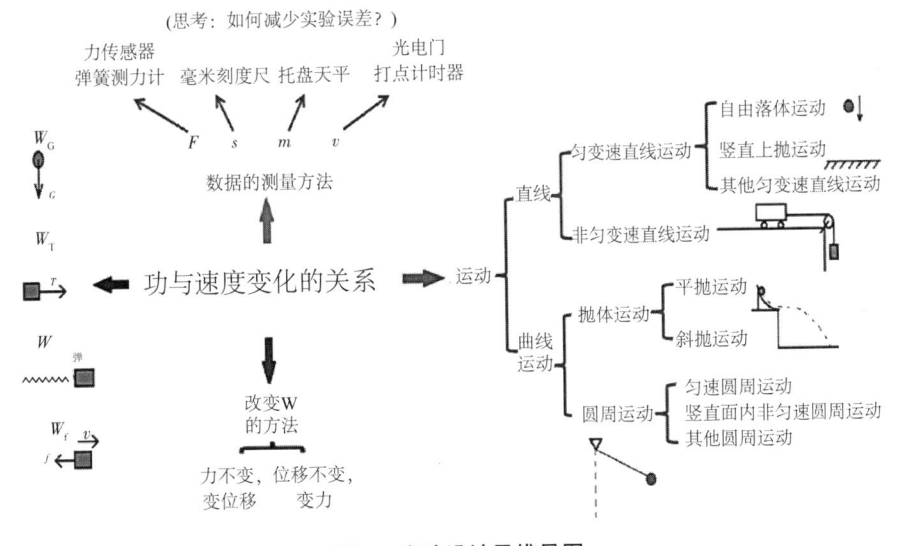

图 2 实验设计思维导图

高中物理实验方案设计稿

班级	一（ ）班	姓名	
实验目的	探究动能定理		
运动类型			

实验原理图	功的测量方案
	速度的测量方案
	数据处理方案
实验器材	
误差来源预估及解决方案	

图 3　高中物理实验方案设计稿

（2）归纳学生设计方案，与课本原始实验一起，进行分组实验。

（3）展开实验成果交流，对各分组实验结果进行讨论，总结规律。

（4）鼓励学生对实验方案展开进一步地改造与创新，完成变力做功情况下动能定理的探究。

六、实验效果评价

（1）通过实验，学生掌握了动能定理的基本内容。并且知道动能定理不仅适用于直线运动，也适用于曲线运动；不仅适用于恒力做功，也适用于变力做功。

（2）通过实验，提高了学生设计实验探究方案和证明设想的能力，并且学会对实验过程和结果进行分享、交流、评估以及反思。

（3）通过设计实验、动手做实验、处理实验数据，培养学生的创造性思维，提高学生的实验能力和学习兴趣，并体会到科学研究过程的艰辛。

外力作用下的振动

宜春中学　蔡姝

一、使用教材

人教版普通高中课程标准实验教科书《物理选修3-4》第十一章"机械振动"第五节"外力作用下的振动"。

二、实验器材

变频电源（自制教具）、受迫振动演示仪（自制教具）、光电门、单摆、电磁打点计时器、共振演示仪（自制教具）。

三、实验创新要点/改进要点

本教学的创新之处就在于对教材处理中存在的三点不足进行了一定的优化、改进。

（一）不足一

教材中"探究受迫振动频率与哪些因素有关"演示实验如图1所示。此实验无法准确测出弹簧振子的受迫振动周期和驱动力周期，实验误差较大，现象不直观。

图1　教材演示实验1

对于这一问题可以优化设计，采用如图2、图3所示自制教具变频电源、受迫振动演示仪。这是一个交直流电源，实际上是利用换向器把恒定直流电压变成一个大小不变、方向变化的方波电压，并通过改变电机的转速来改变方波电压的频率，并且通过电子显示屏直接读出频率大小。可视变频电源的使用，大大增强了实验效果。将变频电源接入受迫振动演示仪（电磁打点计时器改装），给其供电。使用光电门分别测出两根细铁丝做受迫振动的周期，算出频率，见图4实验装置。

图2 变频电源

图3 受迫振动演示仪

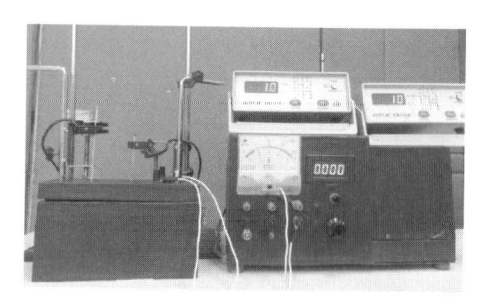

图4 实验装置1

在误差允许范围，两根细铁丝做受迫振动的频率相等且等于驱动频率。得到受迫振动频率等于驱动频率，与固有频率无关的结论。演示直观，现象明显，定量探究，用实验数据证明，说服力强，同时也具有一定的趣味性，实验效果较好。

（二）不足二

教材中教材中"受迫振动的振幅与哪些因素有关"演示实验如图5所示。此实验无法验证摆动最大的小球摆振幅是否达到振幅最大，无法判断是否达到共振。

对于这一问题，可以加以优化设计，采用图3装置，可以很直观形象地看到两根细铁丝振动振幅的变化情况，进而说明驱动力频率的高低是影响受迫振动振幅大小的一个因素。越接近某个值，振幅越大，发生共振，甚至可以直接测量共振时频率，演示直观，现象明显，同时也具有一定的趣味性，实验效果较好。

外力作用下的振动

实验

如图11.5-3，在一条张紧的绳子上挂几个摆，其中A、B的摆长相等。当A摆振动的时候，通过张紧的绳子给其他各摆施加驱动力，使其余各摆做受迫振动。驱动力的频率等于A摆的频率。其他各摆的固有频率取决于自己的摆长。

B、C、D三个摆在驱动力的作用下开始摆动，观察它们振幅的差别。

三个摆的振幅与它们的固有频率有什么关系？

图11.5-3 观察振幅的差别

图5 教材演示实验2

（三）不足三

教材并未直接用数据证明当物体驱动频率等于其固有频率时发生共振，容易引起学生质疑，见图6。

实验表明，当系统做受迫振动时，如果驱动力的频率十分接近系统的固有频率，系统的振幅会很大。

图11.5-4的曲线表示某振动系统受迫振动的振幅A随驱动力频率 f 变化的关系。可以看出：驱动力频率 f 等于系统的固有频率 f_0 时，受迫振动的振幅最大，这种现象叫做**共振**①（resonance）。

图6 教材演示实验3

通过创新，我们可以利用变频电源做一个定量的探究实验，装置如图7所示。

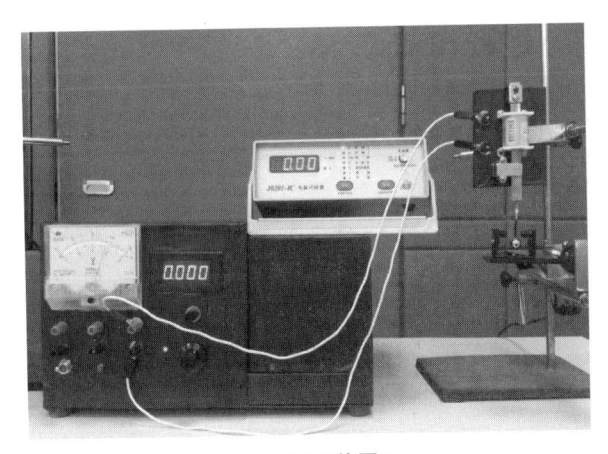

图7 实验装置2

首先利用光电门测出单摆的固有频率，再通过变频电源接入电磁打点计时器

· 339 ·

驱动单摆，使其做受迫振动，测出单摆的共振时的驱动频率。证明，在误差允许范围，单摆驱动频率等于其固有频率时发生共振。现象直观，说服力强，将课本上定性实验改成定量实验。

四、实验原理/实验设计思路

为了让学生对受迫振动频率和振幅的影响因素有更深的理解，设计了本实验装置。配套仪器如图4和图7所示。用变频电源给受迫振动演示仪供电，利用光电门分别测出两根细铁丝受迫振动周期算出频率，证明在误差允许范围，两根细铁丝振动周期相等且等于变频电源频率。得到受迫振动频率等于驱动频率，与固有频率无关的结论。而受迫振动振幅情况也可直接观察，慢慢增大驱动力频率旋钮可以发现，细铁丝振幅也在逐渐发生变化，呈先变大直至最大后变小，依次发生共振，并通过变频电源可分别直接测出共振频率，可得受迫振动振幅影响因素。但是否共振时驱动频率等于物体固有频率还需实验验证。通过创新改进，利用单摆、光电门、电磁打点计时器以及变频电源。首先利用光电门测出单摆的固有频率，再通过变频电源接入电磁打点计时器驱动单摆，测出单摆的共振时的驱动频率。在误差允许范围，验证物体共振频率等于其固有频率。现象直观，说服力强。

五、实验教学目标

（一）知识与技能

（1）知道什么是受迫振动，知道受迫振动的频率等于驱动力的频率。
（2）知道什么是共振以及发生共振的条件。
（3）知道共振的应用和防止的实例。

（二）过程与方法

（1）通过探究受迫振动频率和振幅影响因素，获得实验探究过程的体验，培养学生分析、解决问题的能力。
（2）通过实验，提高动手能力、协作意识，提高解决实际问题的能力，体验验证过程与物理学研究方法。

（三）情感态度与价值观

（1）通过实验的互动过程，诱发对探究物理规律的兴趣。
（2）学会与他人合作交流，具有团队意识和团队精神。
（3）培养学生实事求是的态度和正确的科学观。

六、实验教学内容

（1）在外力作用下的阻尼振动以及施加周期性驱动力下的受迫振动。

（2）探究影响受迫振动频率和振幅大小的因素（固有频率、驱动力频率）。

（3）共振产生的条件以及生活等方面的应用。

七、实验教学过程

实验教学过程如图8所示。

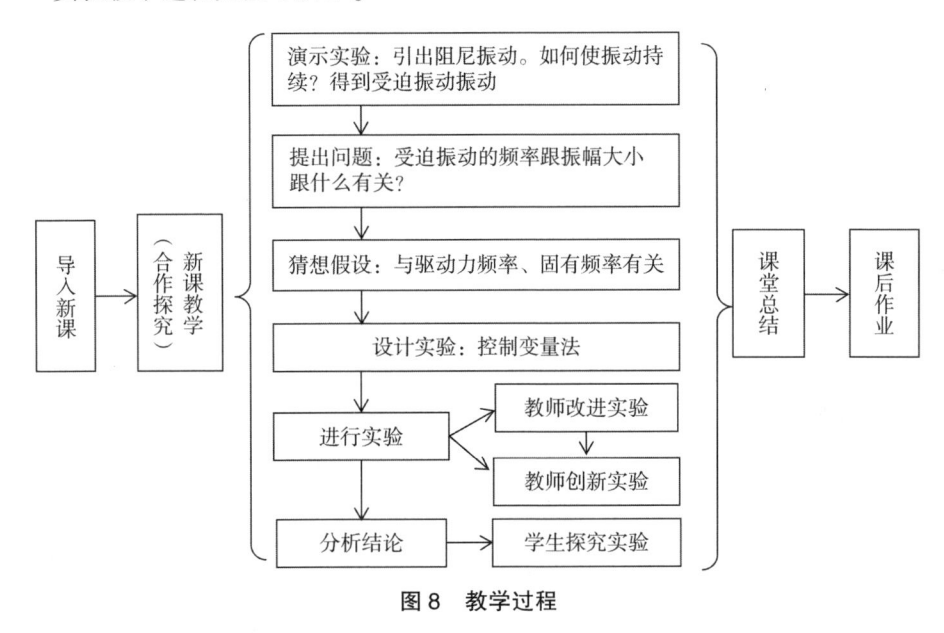

图8 教学过程

八、教学效果评价

本教学设计特别强调对实验的挖掘。针对教材内容处理上存在的3个问题进行了一定的优化改进。

将教材原有的演示实验改成现象更直观的定性又定量的实验，突出对比性。采用了探究型实验的思想，让学生自主思考，提出猜想假设、进行实验、最终验证实验猜想。通过实验过程，帮助学生对受迫振动获得更深刻的认识，最后的学生探究实验，提高了学生动手操作能力，在互动和探索的过程中，培养了学生的合作精神，使学生获得了探究的成功体验，提高了学生发现问题和解决问题的能力。

自制教具可视变频电源仪器的使用，可以施加可观测频率大小的驱动力，实验现象直观激发了学生的学习兴趣，效果明显，让学生感悟到科学的探究方法并强化了创新意识。

总体来看，本节课基本达到了预设目标。

查理定律

琼海市嘉积第二中学　贾静

一、教材分析

查理定律是人教版《物理选修3-3》第八章第二节"气体等容变化和等压变化"的内容。查理定律是理想气体三大实验定律之一。在课本中，本节课并没有设置实验，但在教学中，新课程要求尽量让学生懂得探究物理知识的过程，所以在此我设置查理定律的分组实验，实验的要点是：知道研究理想气体等容变化的实验装置和实验方法；掌握实验过程中的数据处理方法，能对数据进行分析并得到结论；理解等容变化图线的物理意义并利用 $p-T$（t）图进行分析和判断。

二、学情分析

在本节课之前，学生已经知道了气体的状态参量压强 P、体积 V、温度 T，也知道了热力学温度和摄氏温度的关系。学生已经学习了气体等温变化的规律——玻意耳定律。所以对于气体等容变化的状态参量就不再陌生了。这是学习本节课的基础。在之前学生已经运用传感器进行过力学和电学的实验，这是本节课的实验基础，通过本节课温度传感器和压强传感器的使用以及电脑拟合数据处理的过程，继续让学生体验物理学与先进科技的结合之美。

三、教学目标及重点难点

（一）教学目标

（1）知识与技能：通过实验知道气体等容变化的规律；通过对实验熟悉 DIS 系统及其配件。

（2）过程与方法：通过传感器采集数据，建立合适的坐标系进行数据处理，得出气体等温变化的规律。

（3）情感态度与价值观：通过本节的实验，让学生了解物理规律的建立过程，通过对传感器的使用，增加学生对科学技术的兴趣。

（二）教学重点

查理定律的内容。

（三）教学难点

如何进行气体的等容变化的实验。

四、查理定律实验

（一）实验目的

通过实验，探究气体等容变化规律，验证查理定律。

（二）实验原理

（1）密封一定质量的气体，气体的体积不变，即为等容变化。

（2）通过水浴加热改变气体温度，在同一烧杯中放入温度探头和气体，则温度传感器的温度即为气体的温度。

（3）利用压强传感器测气体的压强。

（4）根据 $T=t+273K$，把摄氏温度转换为热力学温度。

（三）实验器材（见图1）

一定质量的等容气体、压强传感器、温度传感器（附带温度探头）、铁架台、烧杯、石棉网、酒精灯、电脑（附数据采集和处理软件）。

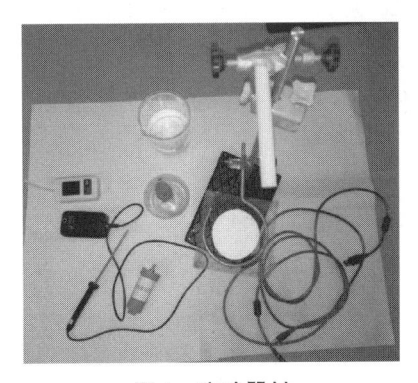

图1 实验器材

（四）实验步骤

（1）按图2连接好实验装置，将压强传感器和温度传感器接入数字化实验系统中。

（2）通过酒精灯对烧杯中的水加热，改变气体的温度，通过采样，测量压强和相应的温度，实验中对温度进行梯度变化采样多组（从290K到330K，每升高5K左右取样1次）。

（五）实验数据处理

去掉误差太大的点，拟合压强和热力学温度的图

图2 连接实验装置

像（见图 3）。

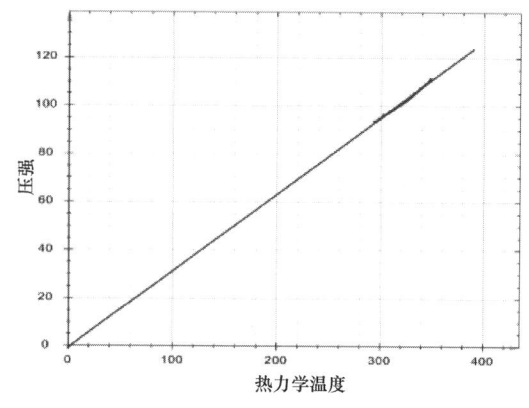

图 3　拟合图像

（六）实验结论

（1）一定质量的某种气体，在体积不变时，压强 P 和热力学温度 T 成正比——查理定律。

（2）表达式：$P=CT$ 或 $P/T=C$。

（3）P-T 图像，如图 4 所示。

（4）适用条件：压强不太大，温度不太低。

图 4　P-T 图像

（七）误差分析

（1）实验中，虽然气体的质量和体积已经很小了，但在测量温度的时候，还是会出现气体温度变化比水的要缓慢，即温度计读数偏大。

（2）气体的温度不宜过高，过高气体压强过大，容易逸出容器，造成气体质量减小。

（3）实验中由于实验仪器密封性，以及传感器的读数灵敏度所造成的系统误差。

五、实验的创新之处

（一）传统的查理定律实验

（1）实验器材：烧瓶（带软木塞），玻璃管，橡皮连接管，水银压强计，温度计，盛水容器，冰，冷水，几种不同温度的热水。

（2）实验装置见图 5。

查理定律

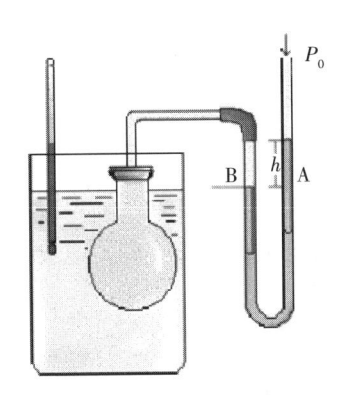

图 5　传统查理定律实验装置

（3）实验步骤见图 6。

1）取一只烧瓶，用一根弯曲的玻璃管和一段橡皮管把它跟水银气压计连接在一起，气压计左端的玻璃管固定在直立的有刻度的木板上，气压计的右管可上下移动。

2）开始时，调节可动管使压强计两管中的水银面高度相同，记下管中水银面的位置，这时烧瓶中气体的压强等于大气压，同时记下室温。然后把烧瓶放入热水中，经过一段时间，调节可动管使管中的水银面回到处，以保证烧瓶内的气体的体积不变，这时管 B 中的水银面低于管 A 中水银面，说明气体压强变大，记下温度计的读数和计算出烧瓶中气体的压强。

3）通过添加热水和冰水的方法改变几次水的温度，会得到几组不同的温度和压强值。

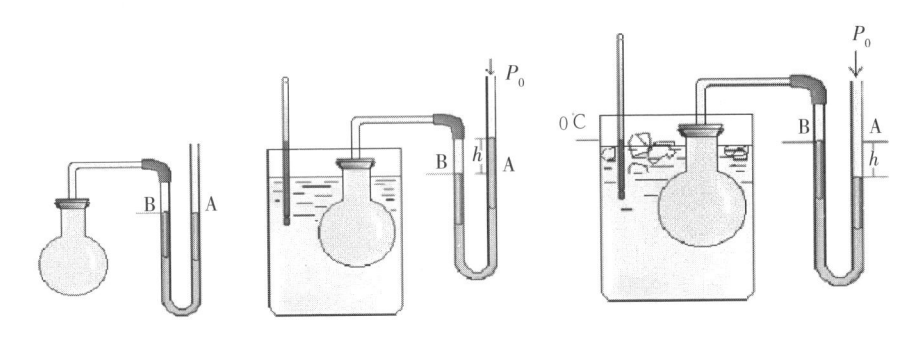

图 6　传统查理实验步骤

（4）数据处理。

实验中记录的是摄氏温度和压强值，绘制 P-t 图像。可以换算热力学温度的单位绘制 P-T 图像，但较为麻烦。

· 345 ·

（5）实验的缺点。

1）实验中采用将烧杯放在冰、水、热水混合的方式改变温度，改变的温度没有梯度，难以控制，测量范围小。

2）实验数据的记录，温度的测量为冰水混合的温度，并不能完全等于烧杯中气体的温度，较为不准确，温度读数误差大。

3）实验中，水银气压计读数较为不准确，不能直接得到气体压强的精确值，所得到的结果误差也就较大。

4）实验数据处理较难，绘制图形比较慢。

5）实验需要的时间过长，操作复杂。

（二）本实验改进要点

（1）密封气体质量较小，体积较小，密封较好，密封筒下端感受温度，这样气体温度变化较为迅速，和水温的误差较小。压强采用绝对压强，测量结果较为精确。

（3）采用水浴加热，温度变化时逐渐变化，可以设置温度变化梯度，采样数量较多。

（4）采用传感器测量数据，误差小，反应快。

（5）采用电脑二维软件进行数据处理与绘图，处理速度快，误差小。

六、实验教学过程

（一）课堂引入

（1）气体的状态参量：P、T、V。

（2）气体等温变化的规律：玻意耳定律。一定质量的气体体积不变时，压强和温度什么关系？

（二）实验仪器

通过实验需要测量的物理量来选择实验仪器。

（1）一定质量的等容变化的气体：密封气体。

（2）测压强：压强传感器。

（3）改变温度：水浴加热，烧杯，酒精灯，石棉网。

（4）测温度：温度传感器和探头。

（三）实验过程（学生分组实验）

（1）连接实验装置。

（2）进行采样实验数据。

（3）数据处理。

（四）实验结论和查理定律

总结实验得到的规律，给出查理定律的内容。

七、实验效果

通过查理定律实验，首先，学生认识到了气体的等容变化规律，认识到科学实验的重要性；其次，通过实验，学生对物理的兴趣更加浓了，通过学生自己动手操作，增强了学生学习的兴趣、求知欲。

八、教学反思

实验是物理学的基础，有实验的课堂所呈现出来的效果要远远高于没有实验枯燥的理论。所以在物理教学中要加强实验的教学，尤其是学生分组实验。同时要不断地改进实验，让实验更加准确，更具有趣味性。

光的衍射

重庆市江津中学校　张凯

一、使用教材

人教版《物理选修3-4》第十三章第五节。

二、实验器材

自制教具："泊松亮斑"教学演示装置（含可调焦固体激光器、直径0.5mm钢珠、盖玻片和固定夹），自制衍射片（矩形孔、三角形孔）。

可调狭缝、光屏、大头针、金属丝、细橡皮条、注射器、微调平台、三脚架、水等。

三、创新要点与实验改进

（1）专利"一种泊松亮斑教学演示装置"（ZL 201621203255.9），实现了以"泊松亮斑"为代表的多种衍射现象的现场实验展示；

（2）自制衍射实验装置结构简单小巧，功能丰富，可以展示高中阶段所有的衍射实验；

（3）创新了衍射实验内容，使衍射实验富有趣味性和启发性；

（4）改进了单缝衍射装置，能够定量化和动态化地对光的衍射产生条件进行探究；

（5）利用生活中常见的材料，为学生创设了拓展性活动。

四、创新实验和改进实验的原理

（一）"泊松亮斑"的现场演示实验突破了教材实验方法的局限

几十年来，教材上展示"泊松亮斑"均采用一张模糊的黑白胶片，其产生方法为：在暗室内用极低亮度的激光照射圆屏，衍射图样投射到低感光度胶片上，经长时曝光后，得到黑白胶片；使用时，再将黑白胶片进行放大观察。

该方法制作过程繁复，耗时长且呈现效果差，无法让学生亲身体验实验的过程。而我们的实验方案可以突破上述局限，实现"泊松亮斑"的现场实时展示。

衍射实验通常均采用平行激光束照射孔或缝（夫琅禾费衍射），而平行激光束产生的夫琅禾费衍射仅是菲涅尔衍射的特例。本实验利用可调透镜组先将平行光束变为发散光束，即衍射方式为菲涅尔衍射（见图1），而后在光路上放上一个圆珠笔笔头圆珠（用透明盖玻片将的圆珠夹住），就能在光屏上看到泊松亮斑（见图2）。

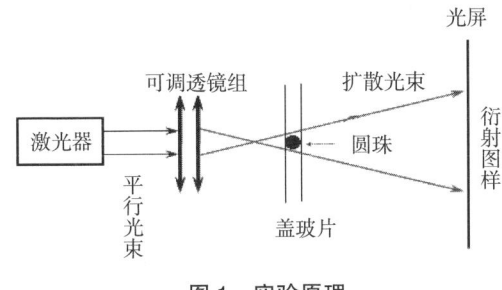

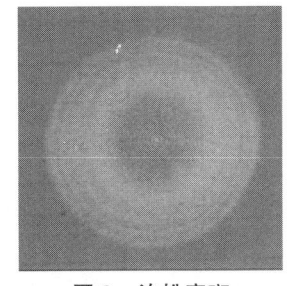

图1 实验原理

图2 泊松亮斑

（二）新的衍射实验方法拓展性强，能够实现衍射实验的系列化

"泊松亮斑"的实验方法拓展性强，能够实现多类障碍物衍射现象的现场展示，从而实现衍射实验的系列化，能为学生深入理解衍射现象提供了丰富素材，也能为学生进一步的探究活动提供了技术支持。

图3依次为激光通过细金属丝（上左）、细金属丝十字架（上右）、针尖（下左）、大头针针帽（下右）后的衍射图样。

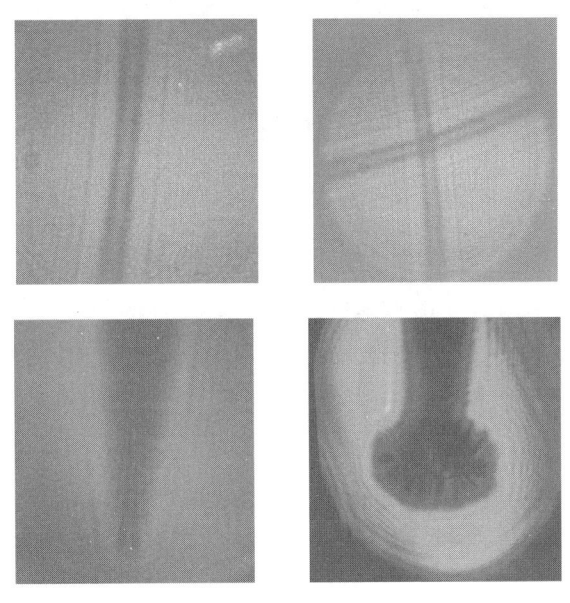

图3 系列衍射图样

（三）改进后的衍射装置结构简单小巧，功能丰富，成本低，有推广价值

自制衍射实验演示装置，在光源部分加装调焦镜头后，即可产生平行光束也可产生发散光束，能同时实现夫琅禾费衍射和菲涅尔衍射，如此，高中教材上所有的衍射实验均可用该装置现场演示。配合其他辅件，还可以用于干涉现象的演示，能够极大满足现行中学教学的实际需要。同时，改进后的装置结构小巧（见图4），制作成本低（不足60元），易于推广应用。

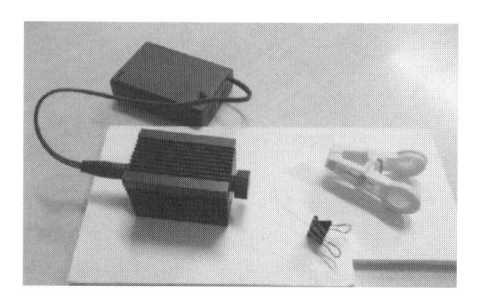

图4　实验装置

（四）创新实验：利用光的衍射检验水中是否有固体杂质

实验装置如图5所示。

图5　创新实验的装置

水滴中的固体小颗粒（肉眼不可见）是在运动的。当激光照射到悬停的水滴上，由于尺寸极小，运动的固体小颗粒就充当了衍射现象中障碍物，从而在光屏上形成动态的衍射图样。仔细观察衍射图样，能够看到移动的泊松亮斑。该实验设计思路巧妙，趣味性强，能够很好地激发学生的学习兴趣和探究动力。

（五）单缝衍射实验缝宽的定量化、动态化改进

利用单缝衍射演示光的衍射的产生条件时，我们对所用可调狭缝进行了改动（见图6）。通过加装测微头，使狭缝的宽度既能方便的连续调节，也能读出狭缝的精确宽度。在衍射条件的展示过程中能够将缝宽的具体变化和中央两条纹的宽度变化对应起来，利于学生对衍射条件的理解，便于其开展研究性学习。

图6 单缝衍射实验缝宽的改进

（六）利用生活中常见的材料，为学生创设探究活动

利用生活中常见的一些材料，如细橡皮条、头发丝、刀片等，为学生创设丰富的探究活动。例如细橡皮条具有弹性，发生伸缩时其粗细会发生变化，可让学生模拟工业上抽丝机的控制原理；利用刀片的拼接，可以做出不同形状的小孔，供学生探究衍射行为与孔的形状和大小的关系；利用圆珠笔头的钢珠做衍射器材，能够更形象化地让学生理解光的衍射的发生条件。

五、实验教学目标

（一）物理观念层面

知道通过光的衍射现象，认识光的波动性。

（二）科学思维层面

能用类比的方法学习光的波动性、理解衍射现象中的"放大"思想。

（三）实验探究层面

通过动手设计或实验观察，获取对常见衍射现象的正确认识。

（四）科学态度与责任层面

了解衍射现象在人类科学发展历程中所起的重要作用。

六、实验教学内容

（1）光的衍射及产生明显衍射现象的条件。
（2）几种不同的衍射现象。
（3）衍射光栅。
（4）衍射现象的应用。

七、实验教学过程

（一）光的衍射及产生明显衍射现象的条件

在新课引入部分，给学生展示两张衍射图样（见图7），先让学生猜测障碍物的形状，而后再给学生公布障碍物的真实情况，以此暴露学生的潜在概念并激发学生的学习兴趣。

利用改进的光的单缝衍射实验来探究光的衍射条件（见图6）。

图7　衍射图样

（二）几种不同的衍射现象

利用创新实验，依次现场展示圆屏衍射（见图2）、线状障碍物的衍射（见图3）、不同形状孔的衍射（见图8），让学生充分了解光的衍射现象，理解光的衍射的具体概念：光偏离直线传播，能够进入障碍物的几何阴影区域，且呈现有规律的强弱分布的现象。

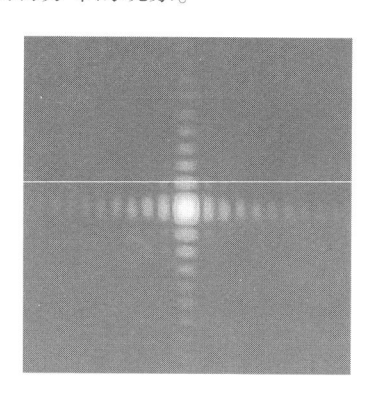

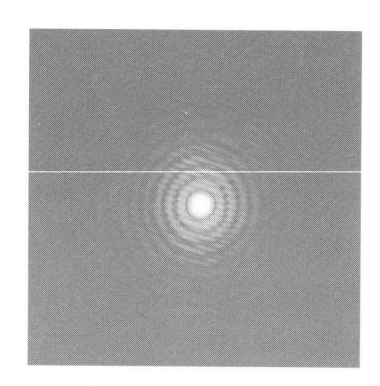

图8　不同形状孔的衍射

（三）衍射光栅

为学生介绍衍射光栅的分类和作用，使其了解衍射光栅是光的衍射的具体应用。

（四）衍射现象的应用

介绍科学家用X射线产生的衍射，研究DNA结构和晶体结构，使学生能够认识到物理同社会的联系。再加入创新实验"利用光的衍射检验水中是否有固体杂质"（见图5），加深学生对所学知识的理解。

为学生提供激光器和粗细不同的铜丝，通过实际的操作和观察来领会衍射现象的应用。

八、实验效果评价

（一）教学内容层面

实验项目丰富，设计新颖，能够激发学生学习的积极性，便于学生对衍射知识的深入和全面学习；

（二）教学方法层面

实验方式灵活多样，内容联系生活与社会，启发性强，利于学生科学素养的提升和培养；

（三）教学组织层面

更新了实验教学内容、实验装置和演示条件，开设的综合性、设计性实验具有开放性和可拓展性。

光电效应实验设计

江苏省兴化中学　陆光华

一、使用教材

人教版高中《物理选修 3-5》。

二、实验器材

自制光电效应实验演示仪、DIS 系统、GD-28 光电管、发光二极管（蓝、蓝紫、红）。

三、实验创新点与改进

（一）创新点

（1）将教材中的纯理论讲述变为直观实验，回归物理教学的实验本源。

（2）利用传感器绘制出 $I-U$ 图像，通过图像对比让学生得出光电效应中存在饱和电流、遏止电压以及相关规律，同时也为分析最大初动能问题提供了基础。

（二）不足与改进

（1）目前市场上光电管型号少，导致本试验未能换用不同材料的光电管进行实验。

（2）仪器还不够精致。

四、实验教学目标

（一）知识与技能

研究光电效应的实验规律。

（二）过程与方法

通过观察与分析，培养学生思维能力和依据实验事实分析、探索问题的能力。

（三）情感、态度与价值观

激发学生学习物理的兴趣。

五、实验教学内容

研究光电效应。

六、实验原理

（一）电路图与实物图（见图1）

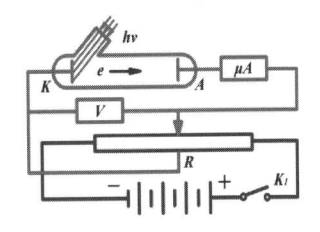

图1

（二）原理

利用电流传感器、电压传感器研究光电效应实验。

七、实验教学过程

（1）没有光照光电管的情况下，给光电管加上正向电压，观察是否有光电流产生。

结论1：没有光照的情况下，增加电压也没有光电流产生。

（2）用蓝光照射光电管，逐渐增大光电管上的正向电压，观察光电流的变化；在光电管两端加上反向电压，逐渐增大反向电压，再次观察光电流的变化。

结论2：正向电压越大，光电流越大；反向电压越大，光电流越小；存在饱和光电流和遏止电压。

（3）用蓝光照射光电管，以光电管所加电压为横坐标，以电流为纵坐标，研究光电流随所加电压变化的关系。

（4）在步骤（3）的操作基础上，增大蓝光光强度，再次研究光电流随所加电压变化的关系。图2是两种不同强度蓝光对比图。

结论3：入射光越强，饱和电流也越大；同种频率的入射光反向遏制电压相同，与光强度无关。

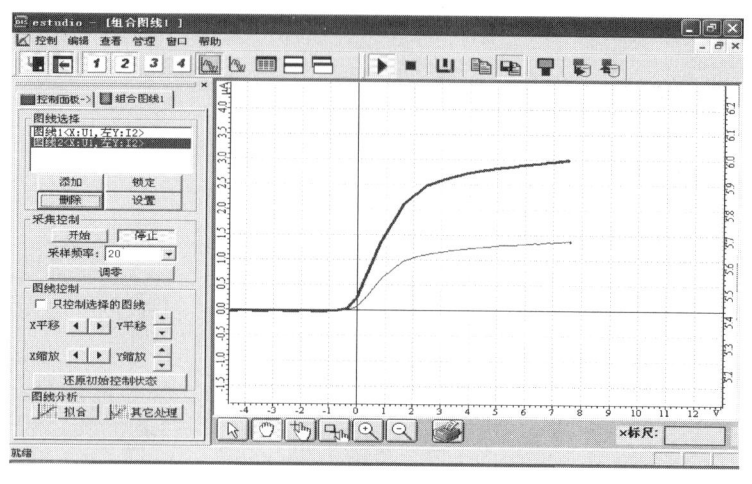

图 2

（5）换用紫光再次完成步骤（3）（4）的操作。图 3 是 3 种不同色光对比图。结论 4：遏止电压与光的颜色（频率）有关。

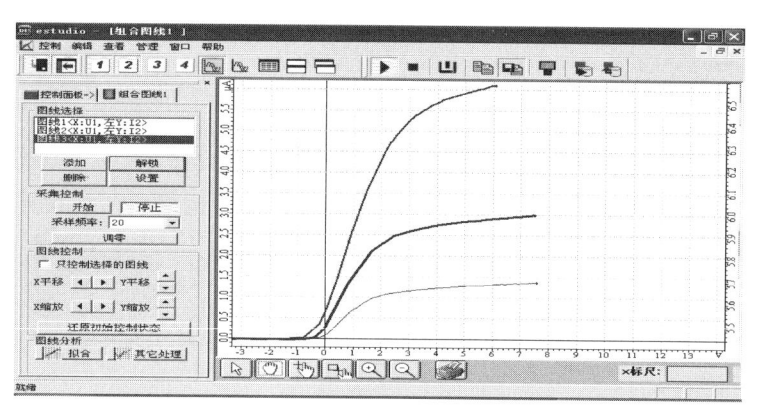

图 3

（6）改变光强、光照时间，研究用红外线照射光电管，观察能否产生光电效应。

结论 5：存在截止频率（极限波长）。

八、研究的误差分析

爱因斯坦光电方程是在同种金属做阴极和阳极，且阳极很小的理想状态下导出的。实际上做阴极的金属逸出功比作阳极的金属逸出功小，所以实验中存在着如下问题：

（1）暗电流和本底电流。当光电管阴极没有受到光线照射时也会产生电子流，称为暗电流。它是由电子的热运动和光电管管壳漏电等原因造成的。室内各种漫反射光射入光电管造成的光电流称为本底电流。暗电流和本底电流随着 K、A 之间电压大小变化而变化。

（2）阳极电流。制作光电管阴极时，阳极上也会被溅射有阴极材料，所以光入射到阳极上或由阴极反射到阳极上，阳极上也有光电子发射，就形成阳极电流。由于它们的存在，使得 I-U 曲线较理论曲线下移，如图 4 所示。

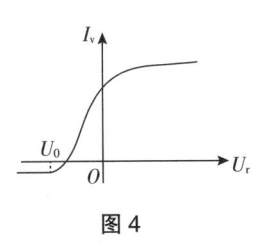

（3）其他因素主要包括实验室的光照条件、温度、湿度、试验仪器的状态，如光电管长时间工作或是强光照射，阴极发射体容易疲劳，灵敏度会降低，从而影响实验的结果。移动光源时，注意光源与小孔位置，避免移动中晃动，影响到入射光强。用微机辅助实验时，由于微机对环境比较敏感，需保持周围环境安静，实验者做实验时需细心谨慎，养成良好的实验操作习惯。

图 4

九、研究的不足与后续研究的设想

（1）目前市场上光电管型号较少，本实验仅仅研究了 GD28 这一种型号的光电管特性，实验未能换用不同材料的光电管进行实验。今后我将到市场上寻找不同材料的光电管，进行实验，丰富实验内容，增强实验说服力。

（2）本研究是对光电效应现象定性的实验分析，今后打算利用光电效应实验进行定量的分析与计算，得出教材上反向遏止电压与入射光频率关系图像（如图 5 所示），求出普朗克常量。

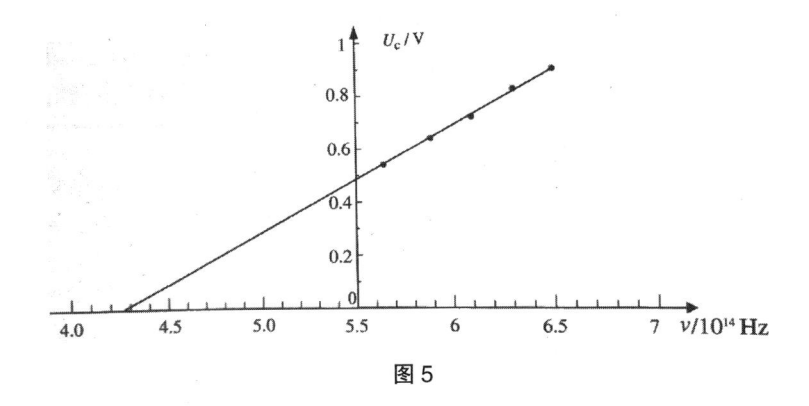

图 5

电容器和电容

北京市第二十二中学　闫芳

一、使用教材

教科版普通高中课程标准实验教科书《物理选修 3-1》第一章"静电场"第六节"电容和电容器"。

二、实验器材

（一）用传感器研究电容器的充放电

自制示教板（470μF 电容器、2200μF 电容器、1F 电容器、电池盒、4 节干电池、47Ω 电阻、小灯泡、导线）、Pasco 电流电压传感器、计算机设备。

（二）探究平行板电容器电容的决定因素

自制教具、Victor6243 数字多用表、锡箔纸、干布、保鲜袋、白纸。

三、实验创新要点

（一）用传感器研究电容器的充放电

教材中关于电容器充放电的讲解仅用了三小段文字和两个电路示意图，也没有设计实验，导致学生难以理解这一过程。为了让学生直观形象地理解电容器的充放电过程，我设计了如图 1 所示实验，并自制了演示电路板，这一实验装置不仅可以演示充电与放电过程中电流方向相反，使学生定性感知电容器的充放电，还可以使学生观察到电流瞬间达到最大值，并利用面积求出电荷量。图 2 是实验使用的电流传感器。图 3 是利用电流传感器观察到的电容器充放电过程的电流随时间变化 i-t 图像。

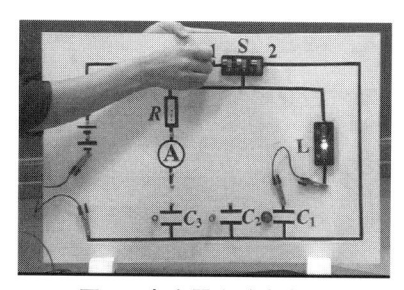

图 1　电容器充放电电路 　　图 2　电流传感器 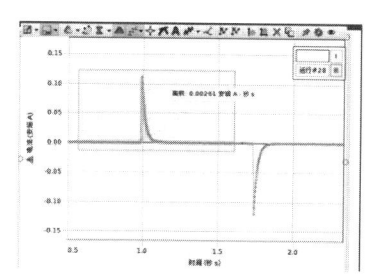　　图 3　i-t 图像

（二）探究平行板电容器电容的决定因素

在以往教学中，这一实验为演示实验，如图4所示。静电计与平行板电容器相连，用静电计指针偏转程度显示两极板间的电压高低，进行定性探究。本实验的不足之处是对环境要求较高，指针偏转不够明显，且为定性实验。为了解决以上不足，我将本实验改进为用数字多用表电容档辅助测量，学生用简单材料自制电容，体验、测量、猜想，教师用自制教具（见图5）进行定量演示。

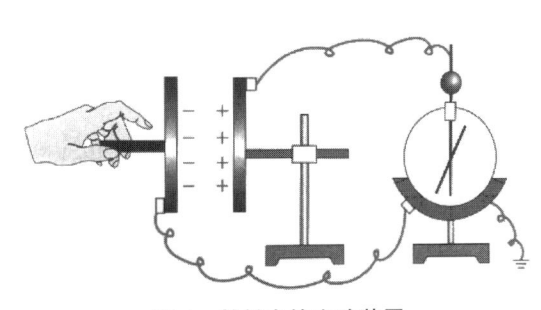

图4　教材中的实验装置　　　　图5　自制教具探究决定电容大小因素

四、实验原理

（一）用传感器研究电容器的充放电

实验电路如图6所示，当开关S接1时，电容器充电，当开关S接2时，电容器放电。充放电过程的电流 i 都按照指数规律变化，即 $i = i_0 e^{-\frac{t}{RC}}$。连接合适的电阻，让充放电过程变得慢一些，便于学生的观察。

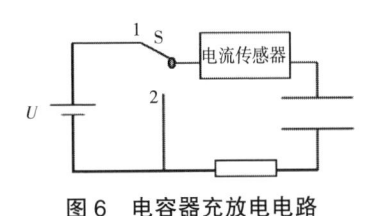

图6　电容器充放电电路

（二）探究平行板电容器电容的决定因素

将家用的锡箔纸裁成面积不等的矩形，将白纸放在两片锡箔纸之间，用数字电容表测量这个简易电容器的电容。若将两片锡箔纸压得更紧一些（或卷起来），正对面积更大一些，电容会更大。将电介质换成干布和保鲜袋，电容有明显差异。

自制教具用厚1.5mm、面积 S 为40cm×40cm的不锈钢板两块，在框架内做间距为 6mm、12mm、18mm、24mm、36mm 的凹槽，将其中一块板子的面积十等分，用数字电容表测量正对面积相同、板间距不同时的电容，再测量板间距相同，正对面积为 1S、0.9S、0.8S、0.7S、0.6S 时的电容。拟合 $C - \dfrac{1}{d}$ 图像如图 7 所示，C-S 图像如图 8 所示，由图像可知线性关系非常好。

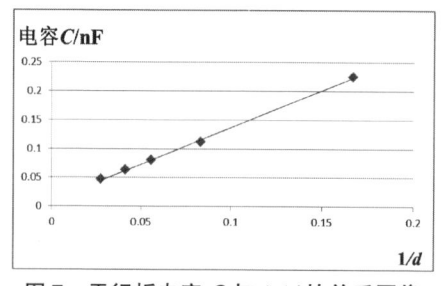

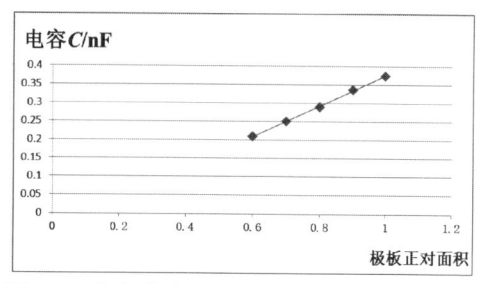

图 7　平行板电容 C 与 1/d 的关系图像　　图 8　平行板电容 C 与正对面积 S 的关系图像

五、实验教学目标

（一）知识与技能

通过观察实验，在电容器充放电的过程中引导学生建立能量观念，理解电容器的储能作用。通过实验探究理解平行板电容器电容的决定因素。

（二）过程与方法

观察传感器测量电容器充放电过程所生成的 $i-t$ 图像，利用图像和积分思想定量研究电荷量，利用比值定义法定义电容器的电容。通过自制简易电容器并测量电容，体验电容大小的不同，对电容大小的决定因素作出猜想，利用控制变量法探究平行板电容器电容的决定因素。

（三）情感态度与价值观

了解电容器在实际生活中的应用，培养学生的科学探究精神。

六、实验教学内容

观察传感器测量电容器充放电过程所生成的 $i-t$ 图像，利用图像和积分思想定量研究电荷量，利用比值定义法定义电容器的电容。通过自制简易电容器并测量电容，体验电容大小的不同，对电容大小的决定因素作出猜想，利用控制变量法探究平行板电容器电容的决定因素。

七、实验教学过程

（一）环节一：用传感器研究电容器的充放电

老师：根据之前的实验和理论分析，我们已经认识了电容器的结构和作用，认识了电容器的充放电，接下来我们用这个电路一起观察电容器的充放电过程。同学们猜测一下当开关分别接1、接2时可能会出现什么现象（见图6）？

学生：S接1，电容器充电，灯泡会发光，但随着充电过程结束，又逐渐变暗至熄灭。S接2，电容器放电，灯泡会发光，但随着放电过程结束，又逐渐变暗至熄灭。

老师：实验操作。如果想让充放电过程灯泡的亮度更大一些，可以怎么操作？

学生：用更大的电压充电或换不同的电容。

老师：实验操作。看来不同电容器的储电本领确实不同。怎样描述电容器储存电荷的能力？接下来我们尝试测出电容器充放电过程的电流随时间变化来寻找答案。测量工具是电流传感器，串联一个定值电阻是为了让电容充放电的过程慢一些，便于观察。

实验操作，电脑界面生成一个 i-t 图像，如图3所示。

请同学们观察这个图像，并思考可以得到哪些信息？

学生：电容器充放电过程电流方向相反；电流瞬间达到最大值，之后慢慢变小，减小得越来越慢，直到为零。

老师：回忆高一时根据 v-t 图像求变速运动物体一段时间位移的方法，可以利用 i-t 图像怎样得到充电过程中电容器所储存的电荷量？

学生：根据电流的定义式 $I = \dfrac{Q}{t}$，可以求图像的与 t 轴所围图形的面积。

老师：老师用传感器配套软件直接求电荷量，同学们一起记录数据。如果用不同的电压给同一电容器充电，会得到怎样的数据呢？

实验操作。

学生：观察记录。

(二) 环节二：建立电容器的电容的概念

表1 用不同电压给电容器1充电数据表格

电压 U/V	1.5	3	4.5	6
电荷量 Q/C	0.000676	0.00131	0.00194	0.00262

老师：根据实验数据，我们能否用电压或电荷量描述电容器储存电荷的本领？

学生：不能，因为对于同一电容器电压和储存的电荷量是可以变化的量。

老师：观察数据（见表1），我们能否找到不变量来描述。

学生：电荷量与电压的比值或电压与电荷量的比值是保持不变的。

老师：对于这个电容器是有这样的规律，老师提前将数据进行了图像拟合（见图9），我们可以看到图像是一条过原点的直线。

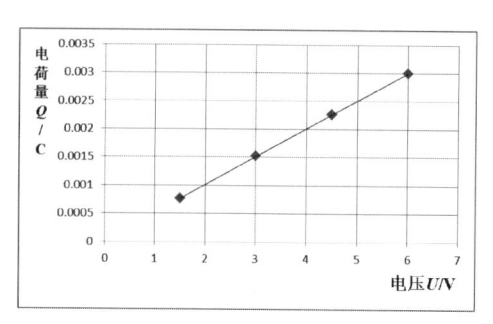

图 9　电容器 1 的 Q 与 U 关系图像

老师之前用不同规格的电容器做实验，得到数据（见表 2）和图像（见图 10）。

表 2　用不同电压给电容器 2 充电数据表格

电压 U/V	1.5	3	4.5	6
电荷量 Q/C	0.00187	0.00365	0.00567	0.00753

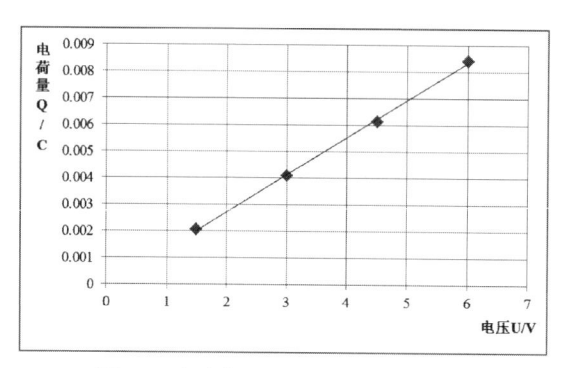

图 10　电容器 2 的 Q 与 U 关系图像

由此我们可以看出对于同一电容器 Q/U 或 U/Q 是一个定值，可以用来描述电容器储存电荷的本领，选哪个更好一些？

学生：选 Q/U 更好一些，这样这个数值越大，反应储存电荷本领越强。

老师：实验表明，电容器所带电荷量 Q 与两极之间电压 U 成正比，Q/U 的比值是与电荷量和电压无关的物理量，反映了电容器储存电荷的能力，因此我们将它定义为电容器的电容，表达式为 $C = \dfrac{Q}{U}$。介绍电容器电容的国际单位。

（三）环节三：探究平行板电容器的电容的决定因素。

老师：我们要追求电容器更大的储存电荷的本领，就要先了解电容器结构的哪些因素决定电容器电容大小。请同学们利用老师给大家提供的数字多用表电容档（如图11所示），实验材料（如图12所示），自制简易电容器并测量电容，并尽量使电容更大，通过探究实验猜想平行板电容器电容的决定因素。

图11　数字多用表　　图12　学生实验材料

学生：自制小电容器，分组探究体验，得出猜想。可以用面积不同的锡箔纸夹相同的电介质，可以让将自制电容器两极板压得更紧密一些，或者将小电容器卷起来。也可以锡箔纸面积不变，换不同的电介质。

老师：根据探究过程，你认为平行板电容器电容的决定因素有哪些？

学生：两极板间距、两极板的正对面积、两极板间的电介质……

老师：对于这种多因素的问题，在实验探究时应用什么实验方法？

学生：控制变量法。

老师：下面，我们用这个自制教具探究平行板电容器电容与极板间距和极板正对面积的定量关系。数据记录如表3、表4所示。

表3　自制平行板电容器电容与极板间距的数据表格

d/mm	6	12	18	24	36
$1/d/\text{mm}^{-1}$	0.1666667	0.0833333	0.0555556	0.0416667	0.0277778
C/nF	0.228	0.112	0.078	0.061	0.041

表4　自制平行板电容器电容与极板间距的数据表格

S/mm^2	960	1120	1280	1440	1600
C/nF	0.048	0.054	0.058	0.062	0.068

根据实验，能得到什么结论？

学生：在极板间为电介质为空气不变，正对面积不变时，平行板电容器的电容与极板间距成反比；在极板间为电介质为空气不变，极板间距不变时，平行板电容器的电容与正对面积成正比。

老师：极板间电介质的材料不同，电容也不同。平行板电容器电容大小的决定式为 $C = \dfrac{\varepsilon_r S}{4\pi k d}$，其中 ε_r 表示介质的相对介电常数，与材料有关，S 为两平行板的正对面积，d 为两极板间距。k 为静电力常量。

八、实验效果评价

本实验从定性到定量，从现象到本质，从实例到方法，实验的改进和创新尊重学生的思维发展规律，教学设计也以学生的发展为根本目的。

（1）用传感器测量电容器充放电过程的电流，生成 i–t 图像，形象直观，利用图像和积分思想定量研究电荷量，利用比值定义法定义电容器的电容，引导学生形成科学的思维。

（2）探究平行板电容器电容的决定因素实验，由传统的静电计演示实验改进为学生的探究实验和自制教具定量探究，通过学生动手参与，有利于学生深入理解电容器的结构。同时，通过观察实验，提出猜想，以及利用控制变量法探究规律，培养了学生的科学探究能力。

（3）实验教学的设计体现学生核心素养的发展，为达成教学目标服务。

电势差与等势面

福建省福州格致中学鼓山校区　郑健

一、使用教材

鲁科版高中《3-1》第二章第二节。

二、实验器材

自制教具：可变平行金属板电容器、J1206-1 型电子感应圈、高楼人物树木避雷针模型、手持氖泡点阵探测器。

智能手机、信息技术融合等势面实验器、高内阻数字电势差计、可调稳压直流电源、自制模拟静电场电极三套、水槽与探针等。

三、实验创新要求/改进要点

（一）初感

用电子感应圈配合自制可变平行金属板电容器，演示火花放电。通过改变极板间距观察不同的放电现象，自制避雷针模型演示生活中的雷电尖端放电过程。引导学生通过实验观察感悟自然现象及其物理知识，理解电场强度与电势差的关系。

（二）浅探

演示探测空间中的立体等势面。用生活中熟知的试电笔中的氖泡改造得到探测空间中电势的探测器，通过实验探究空间电场中的等势面分布，氖泡的亮暗及位置分布可以很直观形象的将原本看不到的电场规律反映出来。材料简易便捷。

（三）深究

用信息技术融合，通过智能手机摄像和无线互联技术同步实验视野的方法，探究描绘水中的模拟静电场电势分布情况。学生可以分组同时在希沃一体机上进行互动实验，亲手探测和描绘出等势线。

四、实验原理/实验设计思路

根据静电场物理原理，当电压不变时，极板间距越小电场强度越大；电场强度增大到击穿空气的临界值时，将发生极板间的火花放电现象；电场强度越大，放电越明显。当极板表面不平行时，会发生不均匀的尖端放电现象。

当无法直接观察放电现象时，可以用探测与零电势之间的电势差的方法，探测空间中任意位置的电势情况，通过探测器反映电场中的电势与等势面的分布规律。

在描绘等势线实验中，用恒定电流场模拟静电场，自来水作为电介质，自制多套形状的电极模拟各种典型电场分布；用两台高阻数字电压表探测等势点；同时融合信息技术用智能手机的高清摄像和无线互联技术将操作画面共享到教室的电子白板，在电子白板上直接标注和描绘等势面；用多台智能手机可以实现分组多画面共享或推送教学资源。信息技术的融合应用创新了物理探究实验教学的互动模式。

五、实验教学目标

（一）知识与技能

理解电场强度与电势差的关系，知道电场中的电势及其分布规律，知道等势面及描绘等势面的方法，等势面与电场线的关系。

（二）过程与方法

通过探测、模拟等实验方法，观察电场中的电势差，测量电势差获得电场中的电势。

（三）情感、态度、价值观

体验探究带来的乐趣，基于事实证据发现和论证科学规律，形成对科学和技术应有的正确态度以及责任感。

六、实验教学内容

实验一：演示空间匀强电场中的放电现象，分析电场强度与电势差的关系，理解避雷针和尖端放电的原理。

实验二：用探测法探究空间中匀强电场的电势分布情况，立体呈现等势面的分布规律。

实验三：用模拟法获得匀强电场、点电荷电场和等量异种电荷电场，用创新教具与信息技术进行互动定量测量实验，获取等势线。

七、实验教学过程

描绘等势线实验的教学过程如下。

（一）模拟静电场

在透明亚克力水槽中注入约 1cm 高的清澈自来水作为导电介质。在水中放入电极，不同的电极组合模拟不同的电场。电极上引出导线接学生电源直流稳压 12V 档。将智能手机摄像头朝上放置在仪器底部，拍摄的实验视野画面传送到教室屏幕上。

（二）以匀强电场为例寻找等势点

实验由两人一组互动配合完成。其中用表笔探测等势点的同学被称为"操作者"。打开学生电源和数字电压表电源，数字电压表显示为 0.00。操作者手持电压表的两把表笔，其中黑表笔定义为电势为零（接地）。将黑表笔碰触在匀强电场的一个电极上不再移动，红表笔在水中移动探测电势为 3V 的点，同时操作者观察仪器底部的电压表读数。当电压表读数为 3.00 时，描绘者在屏幕上描点。

（三）在电子白板或屏幕上描绘等势点

实验中智能手机拍摄的画面实时显示在屏幕上，手机拍摄到的数字电压表是安装在水槽底部的，这台电压表与操作者所看到的电压表并联，读数一致，都反映了表笔所探测的电压。此时由另一位同学直接在电子白板上用手指或白板笔描点，如果是普通显示屏则用可擦除的水彩笔描点。这位同学被称为"记录者"。当操作者探寻到一个等势点时，记录者同时描点，接着操作者再寻找下一个等势点，依此进行下去。当得到一个电势的多个等势点后，记录者将这些点用平滑线连接成等势线。两人的互动实验如图所示。

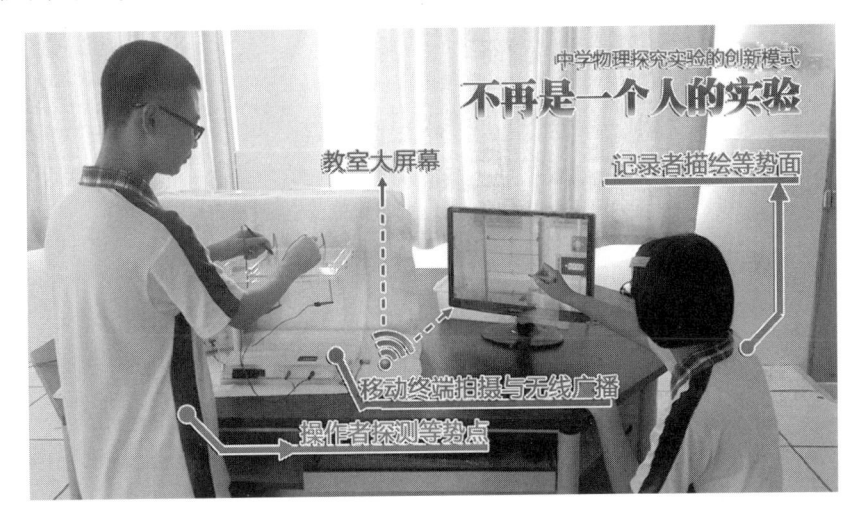

八、实验效果评价

（一）分析能力的提升

学生的认知建构规律是具体到抽象、简单到复杂、感性到理性。通过实验学生对电场中电势的分布有了充分感受，在情境中基于事实经验引发推理探究，对知识结构和分析能力的形成有很好的促进作用。

（二）操作能力的提升

实验中能够运用恒定电流模拟点电荷、匀强和等量异种三种静电场，材料环保、使用便捷；信息技术深度融合，实验视野下的全程操作向全班同学演示，操作者和记录者分工合作、主动探究。不仅如此，还可以进行多屏互动，在一个屏幕分屏、同时进行四个电场等势线的描绘，使得每个学生都能积极参与到实验中来，这将是物理探究实验的一种创新模式。

（三）思维方式的提升

学生不仅能亲手描绘出等势线，还能容易地获得电场线与等势线垂直、顺电场线电势逐渐减小以及疏密分布等结论，与理论推理相辅相成。情景感悟浅探深究，思维阶梯有序发展。

探究带电粒子在电场中的偏转

宁夏长庆高级中学　杨海娇

一、使用教材

本节选自新课标人教版《物理选修3-1》第一章第9节。

二、教材分析

带电粒子在电场中的偏转是一节理论课。课本的设置是通过例题计算、归纳，让学生理解带电粒子在电场中的加速以及偏转，然后介绍了偏转的应用：示波管。以往我们都会通过阴极射线管给学生演示，学生可以定性地观察一下，但是对于内部结构以及原理都不清楚，仅仅只停留在老师介绍的层面上，不能启发和引导学生。我将本节前加了一节实验探究课，不但可以让学生定性的观察带电粒子在电场中的偏转，加强学生的感性认识、加深对本节的理解，而且可以培养学生的思考能力，还可以复习前面的内容。

三、学情分析

（一）学生知识层面

本实验所需要用到的知识有电荷在尖端易聚集、电容器的原理、电场力的理解和曲线运动的知识，这些学生在前面的章节已经学过。而且多数内容与本实验在同一章中，学生记忆深刻。所以在进行本实验时，学生在知识储备上是足够的，而且可以及时复习前面的内容。

（二）学生的能力层面

学生在现有的基础上具备了思考能力、探究能力以及小组合作能力，之前我也经常以小组形式探究完成一些小课题。所以，这次实验是可以胜任的。但是我们的学生动手能力相对较薄弱一些，而且本实验很多方面要注意细节，因此在实验仪器的制作上，需要老师为主学生为辅。

四、实验教学目标

（一）知识与技能

（1）定性观察带电粒子在电场中的偏转，进一步认识正电荷受力顺着电场线方向，负电荷受力逆着电场线方向。

（2）了解如何使液滴带电。

（3）通过实验验证 $E = U/d$。

（4）通过观察分析带电粒子的轨迹与那些因素有关。

（二）过程与方法

（1）通过参与实验仪器的制作和实验演示，提高学生的探究能力和归纳总结的能力。

（2）使学生直观地认识带电粒子在电场中的运动轨迹与哪些因素有关。

（三）情感态度与价值观

通过学生自己的努力探究，让学生改变了对物理学科是停留在理论上这种观点，提高了学生对物理学科的兴趣。

五、实验器材

水滴偏转仪。

六、实验改进要点

（1）将不易观察的电子选用了带有颜色的水滴代替，更加直观、清晰。

（2）仪器使用废旧材料以及较便宜的器材制作，成本较低。学生能够参与到仪器制作中，不但能够深入了解仪器的物理原理，而且提高了学生的探究能力。

（3）利用夹子改变液滴的带电性质，使实验更加直观，操作更加简单。

（4）通过液滴是否带电和带电性质的不一样进行对比实验，让学生定性了解带电粒子在电场中的偏转，加深了学生对同性相斥、异性相吸的认识。

（5）实验的可扩展性增强。比如，利用针管和漏斗作对比，可以让学生加深对电荷在尖端易聚集这一知识点的认识。还有可以改变两极板间距离，利用公式得出电场强度是增大的还是减小的，从而得到液滴的轨迹变化和 E 的关系。

七、实验原理

液滴在竖直方向运动，当给液滴带电后，液滴运动到电场中时会受到水平方向的电场力的作用。根据曲线运动的知识，液滴会向受力方向偏转。

八、实验教学过程

本节课分为三个过程：课前、课中、课后。

（一）课前

（1）提前给学生布置任务"探究带电粒子在电场中的偏转"。学生利用课余时间先思考实验方案。

（2）老师给出初步的实验设计原理图。利用自习课师生共同探讨。教师要引导学生来解决问题。比如，用什么来做带电粒子、如何排除重力影响、电场从哪里来等。

（3）根据小组探讨，选出最佳方案，完善原理图。学生也可以将自己觉得实验能够使用的小零件提前准备后，当场试验检验效果。

（二）课中

（1）环节一：将针管装满带色液体，不接通电源。挤压针管液体流下，观察液体的轨迹。

实验现象：液体直线流下，没有发生偏转。

小组讨论：液滴没有受到周围环境影响而偏转。

（2）环节二：接通电源。挤压针管，使液滴流下，观察液滴轨迹。

实验现象：液滴直线流下，没有发生偏转。

小组讨论：我们知道带电体能够吸引轻小物体，如摩擦过的尺子能够吸引纸屑。但是从上述实验现象看来，液滴并没有受到极板的吸引而发生偏转。

（3）环节三：接通电源，将正极板和针头用导线连接起来，这样液滴就带了正电。挤压针管，使液滴流下，观察实验现象。

实现现象：液滴向负极板方向发生偏转，打在了负极板上。

小组讨论：通过上述实验现象说明了两点：①针头和正极板连接后，成功地使液滴带上了电；②带正电的液滴向负极板偏转，说明液滴受力方向指向负极板。根据前几节学习的内容我们知道，在电场中电场线由正极板指向负极板，那么带正电的液滴受力方向沿着电场线方向。

（4）环节四：接通电源，将负极板和液滴用导线连接起来，这样液滴就带了负电。挤压针管使液滴流下，观察实验现象。

实验现象：液滴向正极板方向偏转。

小组讨论：带负电的液滴受力方向逆着电场线方向。同样也说明了同性相斥，异性相吸。

归纳总结：通过上述四个环节，说明了：①直接给针头带电，可以实现给液滴带电。在课前有学生想到用金属漏斗给液滴带电，这个想法我们也通过实验证实了，金属漏斗给液滴带电不但不好控制出水量，而且带电存在偶然性不够稳定。原因就是我们前几节学的知识，电荷易在尖端聚集。②通过环节二验证了后面液滴发生偏转并不是因为带电体可以吸引轻小物体导致的。③正电荷受力顺着电场线方向，负电荷受力逆着电场线方向。

（5）环节五：减小极板间距离，接通电源，挤压针管使液滴流出，观察实验现象。

实验现象：液滴偏转，和之前相比打在了更高的位置。

小组讨论：液滴打在了更高的位置，说明液滴受到电场力增大了。根据 $F=Eq$ 我们知道，电场强度增大了。与我们前一节学习的内容是相符的，减小极板间距离，电场强度增大。

(6) 环节六：增大极板间距离，接通电源，挤压针管使液滴流出，观察实验现象。

实验现象：液滴偏转，但是和之前相比液滴打在比之前更低的位置。

小组讨论：液滴打在了更低的位置，说明液滴受到的电场力减小。验证了增大极板距离，电场强度减小。

九、实验效果评价

（一）实验效果

(1) 本次实验很成功，实验结果没有受到环境因素的影响，稳定性好。

(2) 实验过程清晰，操作、观察方便。

(3) 实验仪器原理简单，构造简洁，易于学生理解。

（二）课后反馈

有了实验作前提，学生在推导本节公式就有了清晰的认识。不再像之前那样，有数据但是脑海中无法展现场景。而且在本次实验中学生提供实验方案和方法，虽然部分没有在本实验中使用，但是对于他们来说收获是相当大，使他们从被动学习变为主动思考，体会到了物理学科的魅力。

（三）实验存在的不足

(1) 课本中带电粒子在电场中的运动在水平方向是匀速直线运动，而本实验中的是自由落体运动，不完全一样。

(2) 本实验如果能够上升到理论层面能够计算就更好了。

描述磁场的方向和强弱

湖南师大附属中学　刘静

一、使用教材

人教版课程标准实验教科书《物理选修3-1》第三章第二节"磁感应强度"。

二、实验器材

自制：通电导线在磁场中受力分析仪（见图1）、条形磁铁、数据传感器、Dislab软件、电脑。

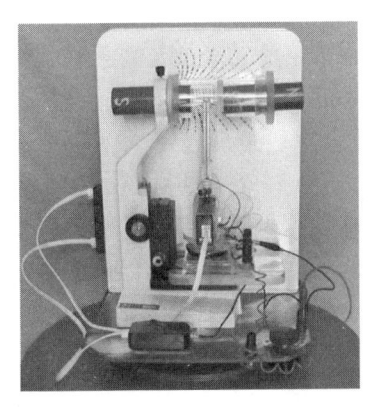

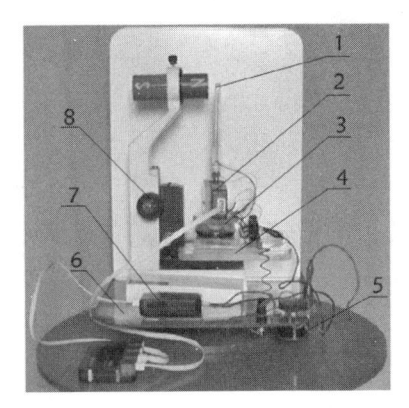

图1

仪器结构：①导线；②力传感器：测量通电导体在磁场中受力大小；③旋转平台：使导线与磁场形成0~90°旋转变化反应受力大小的变化规律；④左右或者前后滑动体：通过滑动体可改变导线与磁场距离0~60mm的变动；⑤圆形滑动变阻器：通过旋钮可改变电阻0~220Ω；⑥旋转平台座：通过旋转平台座可方便使整台仪器与底座360°任意转动；⑦电流传感器：测量通电导体的电流大小；⑧上下升降旋钮：用来改变导线上下高度，改变距离范围50mm。

三、实验创新和改进要点

（一）引入实验

引人入胜、对比效果明显的引入实验会极大地激发学生学习热情，让学生认识到同一个磁场中的不同位置，磁性强弱不同的磁体激发的磁场中的同一位置，磁场强弱都不同，从而引入课题：寻找描述磁场强弱的物理量。

（二）演示实验

创新要点：将通电导线放置于匀强磁场中，该分析仪实现了导线与磁场间夹角方向可调节，电流大小可调节及导线接入长度可调节（匝数），再利用微力传感器和电流传感器准确测定并显示数据，准确寻找磁场对通电导线的力 F 与导线中的电流 I 和导线长度 L 的定量关系。

四、实验原理/实验设计思路

（一）磁场方向的确定

学生实验，在磁场中放入一枚小磁针，移动小磁针位置时，小磁针会在磁场力的作用下转动，小磁针的指向就说明了该位置磁场的方向。

（二）磁场强弱的确定

磁感应强度这个知识点的教学，一直以来没有理想的定量实验器材，主要是孤立的电流元是不存在的，而用较短的导线视为电流元来做实验，其受的力太小不易测出。为此设计演示实验：采用宽度较小的通电线圈代表电流元，通过异名磁极（磁体采用钕铁硼强磁铁片叠加，其磁场类似条形磁铁）平行正对，叠加的磁场更强且接近均匀，再通过增加线圈匝数来放大电流元所受的作用力。采用稳压电源，线圈在通以稳定电流后受到磁场的稳定作用力，将力 F 用微力传感器测量出来。通过增减线圈的匝数来改变 L 的长短，通过调节滑动变压器来改变电流 I 的大小。利用朗威 DISLab 软件采集数据和分析数据，实验操作简单便利，实验数据精准，实验效果很好。

（三）实验方法：控制变量法

首先，观察现象，旋转线圈，改变电流与磁场方向的夹角，认识磁场力的变化、最小值、最大值。然后在 I 与磁场方向垂直，磁场力最大的情形下，分步探究：

（1）固定线圈在磁场中的位置，保持导线长度不变，调节三组电流，记录电流值和磁场力，研究 F 与 I 的关系；固定线圈在磁场中的位置，保持导线电流不变，改变接入磁场的导线长度，研究 F 与 L 的关系；分析 F 与 IL 的关系，建立 F-IL 坐标系，描点，绘图，确定两者为正比关系。

（2）将线圈相对远离其中一个磁极，做第二次。

（3）将线圈相对靠近其中一个磁极，做第三次。

根据 F-IL 坐标系中，三条过原点的直线，倾斜程度不同，深入探究，建立磁感应强度的定义。

五、实验教学目标

（一）知识与技能

（1）知道并理解磁感应强度的定义，知道其方向、大小、定义式和单位。

（2）知道磁场的强弱与激发磁场的磁体和在磁场中的位置有关，与通电导线的长度、电流、和所受的力无关。

（二）过程与方法

（1）体验科学探究的一般方法（观察、猜想、验证），寻找描述磁场强弱和方向的物理量——磁感应强度。

（2）进一步体会通过比值定义法定义物理量的方法。

（三）情感态度与价值观

（1）通过演示性探究实验，激发学生求知欲，经历探究过程，体会物理学研究的科学性。

（2）通过实验探究，让学生体会科学之美，体验合作的重要性。通过在实验中大量使用传感器，体会科技进步给实验带来的便利，体现科学理论与科学技术共同发展。

六、实验教学内容

学情分析：有电场基础，知道如何描述电场的方向和强弱。有磁场基础，且容易认识到磁场也有方向和强弱，如何科学描述却不知！

教材分析：磁感应强度是电磁学基本概念，因此成为全章的重点；同时，磁场对磁极和电流的作用力远比电场对电荷的作用力复杂，因此，磁感应强度也成为本章的难点。

本节的实验教学内容有：①学生实验探究磁场方向；②师生合作实验探究通电导线在磁场中受力大小与导线中电流和导线长度的定量关系，同时找出通电导线在磁场中受力 F 与 IL 正比关系，比值大小反映出磁场强弱，因此定义为磁感应强度的大小。

七、实验教学过程

教材的本节内容遵循"从生活走向物理，从物理走向社会"的新课程理念。

（1）用放入磁场的小磁针受到的磁场力来定义磁场方向：规定小磁针北极受力方向为磁感应强度的方向。

（2）通过日常生活中的磁现象说明磁场有强弱之分、磁场的强弱表现为对磁性物质和通电导线作用力的强弱。

（3）类比电场强度的定义引导学生通过分析磁体或通电导线在磁场中所受

的力找出表示磁场强弱和方向的物理量。

（4）实验探究放入磁场的电流元受到的磁场力的决定因素，得到：$F \propto I$，$F \propto L$ 且 $F \propto IL$，写成 $F=BIL$，其中 B 为比例系数。

（5）在不同的磁场中，或在非匀强磁场的不同位置，B 值不同。B 值就是表征磁场强弱的物理量——磁感应强度的大小：

$$B = \frac{F}{IL}$$

八、实验效果评价

从生活小实验激发学生学习热情，引导学生进行知识迁移，用电场强度的定义方法作类比来引导学生寻找描述磁场方向和强弱的物理量。鼓励学生观察思考，勤于提问，培养科学精神，以学生为本，通过交流讨论和实验探究的方式，使学生在做中学、学中玩、玩中思。有效攻破难点，突出重点，很好完成本堂课预定的三维教学目标。

借助于"通电导线在磁场中受力分析仪"，很好地克服了传统实验手段中对安培力与导线中电流及导线长度间数量关系的粗略和模糊处理，为科学准确地建立磁感应强度的定义提供了真实可信的数据。很好地突出了教学中的重点，也突破了难点，实际教学效果理想。此仪器的前一代在全国物理大赛中荣获教学仪器一等奖，本代在多方位调节、多维度辅助实验教学方面有较大提升。

磁感应强度

广西南宁市第三中学　韦清漓

一、说教材

（一）地位、作用与特点

在人教版高中《物理选修 3-1》第三章第二节"磁感应强度"这节课的教学中，我通过设计和改进实验，让通电导线在磁场中的受力这一现象变得更明显而直观，并通过精确测量的实验装置，让学生能够清楚地理解物理现象中存在的规律。

本节课之前学生已经学习了磁场的基本知识，了解磁场的基本特点和电流的磁效应，这节课的内容就是承接上一节课，讨论如何描述磁场。

（二）教学目标

本节课的重点是引导学生寻找描述磁场的物理量——磁感应强度。但磁场看不见也摸不着，如何直观地观察到磁场中的现象，进而用比值法定义磁感应强度，是这节课必须要突破的难点。

根据课标与学生情况，我定下了这样的教学目标。

（1）基础知识和基本技能：通过类比与分析，得到磁感应强度的定义，知道其大小和方向，进一步体会定义法定义物理量的科学方法

（2）基本方法：让学生通过科学探究过程，树立科学探究意识，掌握科学探究方法。如归纳总结、类比、控制变量、观察法等。

（3）学科思维：通过科学实验锻炼学生抽象概括、归纳总结、逻辑推理的科学能力。

（4）科学精神：通过探究实验培养学生严谨求真的科学态度，激发学生对科学实验的兴趣，培养学生敢于质疑，敢于创新的精神，形成对科学的正确态度

（三）重点与难点

（1）教学重点：引导学生寻找描述磁场强弱和方向的物理量——磁感应强度。

（2）教学难点：用比值定义法定义磁感应强度。

二、说教法

为了更好地引导学生掌握新知，我采取的教学方法是通过问题引导，类比迁

移建构知识体系，再通过实验来使原来无法直接感受的磁场变得直观，现象更为明显，进而通过总结、归纳等科学手段定义物理量，加深对概念的理解。

（一）问题引导

通过对电场知识的复习让学生从电场强度的定义类比描绘磁场的物理量的定义该如何入手。

（二）实验探究

在了解从电流所受电场力来研究磁场的前提下，针对磁感应强度的方向和大小的教学过程，我准备了四个实验。通过微型实验了解磁场方向的特点，以定性、半定量和定量实验，层层递进让学生研究磁感应强度的大小。

三、说创新

（一）微型实验：磁铁与小磁针

在磁场方向的实验中，我通过让学生将小磁针放置在条形磁体的不同位置，观察其受力方向，再改变磁极位置观察磁场改变后小磁针受力方向变化的情况。学生能很快与电场强度知识进行类比，得到描述磁场方向的方法。

本节课的难点——磁感应强度的定义过程中，我以分组实验的方式，让学生亲自动手，从定性到较为粗略的半定量，再到更为精确的定量实验，层层深入来完成学生知识体系的构建。

（二）创新实验

（1）电磁天平。

实验目的：使学生初步认识通电导线受力及其影响因素之间的关系；使学生通过控制变量法完成实验。

实验装置见图1、图2。

图1　　　　　　图2

实验创新点：这个实验装置比较简单，在轻薄绝缘板上贴上铜片，并在铜片中点处引出第三个接点，通过单刀双掷开关改变接入电路上的铜片长度。绝缘薄板通过细铁丝搭在支架上，可以灵活转动。可以通过小螺丝调节天平水平，使垂直于板上的指针停在刻度中央。

电磁天平的特点在于装置简洁、操作简单、反应灵敏。天平是学生熟悉的测量工具，指针偏转的方向可以观察电流受力的方向，指针偏转的角度可以表示力的大小。电流的长度可以通过开关切换来完成。

现象直观、明显，能很快让学生得到定性的结论，在具体教学中，很好地激发学生的学习兴趣。

实验步骤：①保持 B、L 不变时，改变 I 的大小；②保持 I、L 不变时，改变 B 的大小；③保持 B、I 不变时，改变 L 的大小。

（2）创新实验2：弹簧秤测安培力。

教材中对于磁感应强度大小的探究止步于此，但如何从越大这样的一个定性关系顺利过渡到磁感应强度大小，我设计了这样一个半定量实验。

实验目的：使学生初步认识通电导线受力及其影响因素之间的关系；使学生通过控制变量法完成实验。

实验装置见图3。

装置特点：弹簧秤是学生熟悉的另一个测力工具。第二个创新实验就是通过弹簧秤测量通电线圈在磁场中所受力的大小。实验装置由弹簧秤、固定在弹簧秤上的通电线圈、铁架台和控制电路构成。线圈受到的磁场力由弹簧秤直接测量，滑动变阻器改变电流大小，改变线圈匝数可以改变电流的长度。

图3

创新点：实验装置简单、操作快捷、现象直观。让学生能够初步理解物理量之间存在的定量关系，并加强对控制变量法的使用和掌握。

实验方案：①保持 B、L 不变时，改变 I 的大小；②保持 B、I 不变时，改变 L 即线圈匝数。

数据处理见表1。

表1

	第一次	第二次	第三次
I	0.5A	0.75A	1.0A
F	0.06N	0.1N	0.14N

（3）创新实验3（可改成分组实验）：定量测量电流在磁场中的作用力。

实验目的：准确反映通电导线受力及其影响因素之间的关系。

实验装置见图4。

实验创新点：弹簧秤改为拉力传感器，电流的测量由电流传感器完成，实验获得的实验数据通过电脑作图来直观展现给学生。精确测量电流在磁场中的受力大小与电流大小，数据直观、严谨，非常有说服力。

实验装置可以改变电流与磁场的夹角。夹角的改变通过简易的可旋转底盘完成。底盘由一固定圆盘和另一叠放在其上方的可旋转圆盘构成。匀强磁场固定在可旋转圆盘上，通过旋转圆盘来改变电流与磁场的夹角。线圈中心与圆盘圆心共线，固定与底盘上的指针所在直径与线圈垂直，当指针指在90°时，磁场方向与电流方向垂直。转过一定角度时，指针所指即为磁场方向与电流方向的夹角。

图4

学生通过实验可以直接观察到电流与磁场垂直时受力最大，平行时受力为0。

不同角度处线圈受力的大小可通过传感器直接导出，现象直观、装置简便、数据精确，并能够将电流在磁场中受力特点完整呈现给学生，为下一节安培力的学习打下基础。

实验步骤：

①保持B和线圈匝数不变，改变电流大小。实验现象见图5，数据处理见图6。

图5

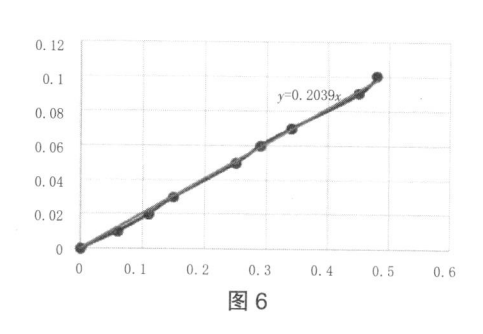

图6

②保持B，对比匝数之比为1∶2的两个线圈在相同磁场中F与I的图像。数据处理见图7。

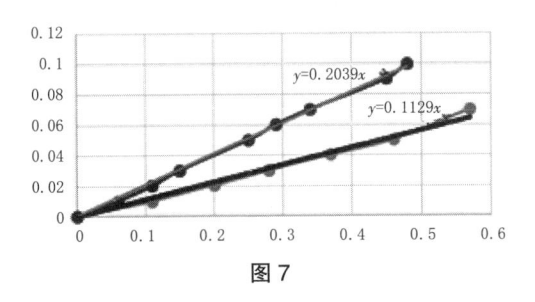

图7

③保持B、I、L不变，改变电流与磁场的夹角。实验现象见图8。

图8

四、实验反思

本节课的实验设计主要的创新点追求物理现象直观、明显，定性实验和半定量实验中让学生能够观察到明显的物理现象，锻炼学生的观察和总结归纳的能力。操作简单的学生分组实验，注重学生的科学体验。

另外一个创新实验则追求简练与精确，让学生能够准确观察到物理量变化时存在关系，能够根据问题导学时建立起知识体系，通过观察、归纳理解定义法定义物理量的科学内涵。并通过探究角度变化以及非匀强磁场中物理量的关系，使学生对定义的条件理解更为深刻，也能够理解物理规律的规范性以及普遍性。

安培力大小的定量研究实验

天津外国语大学附属外国语学校　李静

一、使用教材
人教版高中《物理选修 3-1》第三章磁场第 4 节。

二、实验器材
如图 1a 所示，自制安培力大小定量研究装置由磁铁、磁铁支架、导轨、电子秤、角度盘、3 个 150 匝 8×18cm 线圈（每个线圈在磁场中有效长度为 12m）、线圈支架、线圈电流控制电路构成。其中线圈电流控制电路由电池、可变电阻、数显电流表、开关、导线组成，放置于白色容器内。其电路的内部构造和电路图如图 1b、c 所示，通过开关 1 和开关 2 的闭合，可控制接入电路的线圈个数。

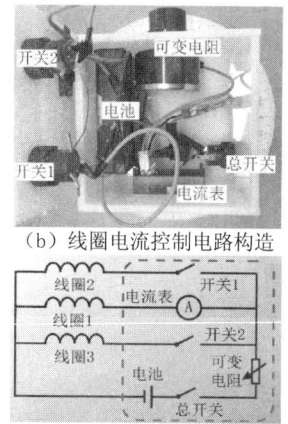

（a）自制安培力大小的定量研究装置
（b）线圈电流控制电路构造
（c）电路图

图 1

三、实验创新要点/改进要点
人教版教材中对于安培力大小的研究只给出了一个定性实验，而在这个定性实验之后直接给出了定量的结论，即通电导线与磁场方向垂直时 $F=BIL$。定量实验与定性结论之间的认知差距，为同学们留下了进一步思考和探究的空间。另外对于导线与磁场方向不垂直的情况，教材并未进行深入讨论。基于上述原因，笔者对传统安培力大小探究实验装置进行了优化和完善，制作了安培力大小定量研究装置，其主要创新和改进要点如下。

（1）优化并整合外部线圈电流控制电路，避免了外部悬放导线对实验测量的影响。在传统安培力研究实验中，线圈电流通过外部电路进行控制，其需用导线进行连接，而处于悬空状态下的导线易对电子秤的示数造成影响，降低了测量的稳定性和准确性。例如，在无外加磁场情况下转动线圈，电子秤的示数会出现明显变化，导致每次实验前都需要对仪器读数进行归零，增加实验操作的难度。另外在调节外部电路过程中，不小心晃动电路导线，也会导致不准确的测量结果。本实验将外部控制电路与线圈整合为一体，并将其放置于电子秤之上，有效避免了调节外部电路、转动线圈等实验操作对安培力测量的影响。

（2）采取多匝漆包线和电子秤的组合，实现微小力的放大与测量。通常，高中物理实验室中蹄形磁铁或条形磁铁周围磁场强度在 $0.01\sim0.5$ T，通电导线长度一般为 $10\sim20$ cm。考虑到导线所能承受的电流不宜过高，通电导线在磁场中受到的安培力在 $10^{-3}\sim10^{-2}$ N 量级，传统实验使用的弹簧测力计或传感器难以准确测量其大小。本实验中利用直径 0.4 mm 的漆包线自制了 3 个 150 匝 8×18 cm 的线圈替代单根导线，增大通电导线在磁场中的长度，从而增大安培力。同时，采用精度为 0.01 g 的电子秤代替弹簧秤，通过换算可知，其力的测量精度可达 10^{-4} N，可实现对安培力的高精度测量。

（3）将定性分析实验改为定量研究实验，全面简便地实现了对所有变量的定量研究。影响安培力大小的因素较多，包括磁感应强度 B、电流 I、导线长度 L 以及电流与磁场夹角 θ。在传统安培力研究实验中，少有实验装置能简便实现所有变量的定量研究。本实验中，通过顶端的导轨，可改变两磁极之间磁场的磁感应强度 B，其数值可利用传感器进行标定；调节可变电阻，可改变通过线圈的电流 I，其数值可由电流表读出；转动电子秤上的转盘，可实现电流与磁场夹角 θ 的调节，其角度值可通过角度盘读出；通过两个控制开关的通断，可调节 3 个并联线圈的接入个数，实现导线长度 L 的调节。因此该实验装置能简单方便地实现对所有变量的定量研究。

（4）实验装置一体化，便于携带，随取随用。制作实验装置所使用的均为学生熟悉的常见器材，且该装置操作简单，利于学生自主探究，促进学生学习兴趣的提高、基本物理观念的建立以及核心素养的培养。本装置对各个部分进行有效的整合，实现了一体式测量，且整个装置不需要连接外部电源，便于携带和移动，教师上课之前拿到教室，开机即可使用。

四、实验原理

通电导线在磁场中会受到安培力的作用，根据左手定则可知，安培力方向垂直于磁场方向与电流方向所确定的平面。为了利用电子秤测量安培力的大小，需使安培力的方向沿竖直方向，通过电子秤显示的质量变化可计算得到导线所受安培力大小。

五、实验教学目标

（一）知识与技能

引导学生利用常规仪器，借助于微小力放大法、转化法等常见思想方法开展对安培力大小的定量研究。

（二）过程与方法

体会控制变量法在科学探究中的应用，经历科学探究的过程：发现问题—设计并改进传统实验—实验验证—思维拓展，使学生在动手实践过程中提升自己的思维能力、探究能力及分析解决问题能力。

（三）情感、态度、价值观

通过参与探究装置的设计与制作，并进一步利用自制装置开展探究实验，激发学生对科学实验的兴趣，在此过程中培养学生严谨的科学态度和实事求是、精益求精的精神。

六、实验教学内容及过程

（一）教学内容

在上一节中，学生探究了安培力的方向，本节课在此基础上，利用自制的创新仪器进一步探究影响安培力大小的因素及其定量关系。

（二）教学过程

（1）采用传统实验对安培力大小的影响因素进行定性分析。

（2）介绍自制安培力大小定量研究装置的原理，并利用该装置对安培力大小进行定量研究。由于影响安培力大小的因素较多，本实验采用控制变量法。

1）保持电流 I、导线长度 L、夹角 θ 不变，改变磁感应强度 B。将线圈电流控制电路与线圈整体固定并置于电子秤上，使线圈上边框置于磁铁两磁极之间的匀强磁场区域。打开电子秤，此时显示屏会显示其上所放置线圈的质量，将其归零。按下总开关，接通控制电路电源，由于通电线圈受到安培力作用，会使电子秤所受压力发生变化，通过电子秤示数可以计算出安培力的大小。如图2a、b、c所示，依次改变两磁极之间的距离，分别记录不同距离下电子秤的示数，利用传感器对不同距离下的磁感应强度进行标定，从而可得到安培力大小与磁感应强度之间的关系。将数据输入到计算机中，对数据进行拟合处理可得：安培力大小与磁感应强度成正比。

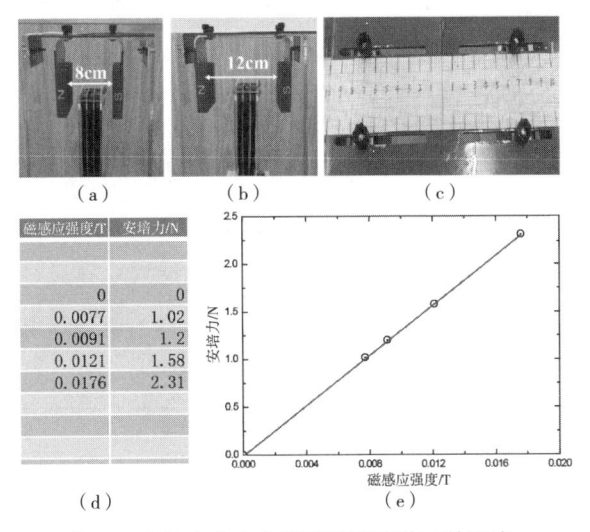

磁感应强度/T	安培力/N
0	0
0.0077	1.02
0.0091	1.2
0.0121	1.58
0.0176	2.31

（a） （b） （c）

（d） （e）

图2 安培力大小与磁感应强度关系的研究

2） 保持磁感应强度 B、导线长度 L、夹角 θ 不变，改变电流 I。如图3a、b、c 所示，保持两磁极之间的距离不变，通过调节线圈电流控制电路中的可变电阻，改变流过线圈的电流，依次记录不同电流下电子秤的示数，并计算安培力的大小。如图3d、e 所示，将数据输入到表格当中，绘制图像并进行拟合可知：安培力大小与导线中电流成正比。

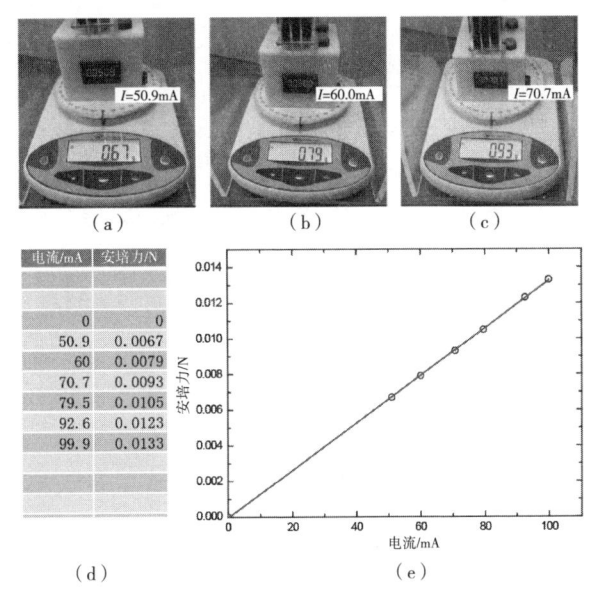

（a） （b） （c）

电流/mA	安培力/N
0	0
50.9	0.0067
60	0.0079
70.7	0.0093
79.5	0.0105
92.6	0.0123
99.9	0.0133

（d） （e）

图3 安培力大小与电流关系的研究

3) 保持磁感应强度 B、电流 I、夹角 θ 不变，改变导线长度 L。如图 4a、b 所示，按下总开关，保持开关 1 和 2 处于断开状态，此时电路中连入一个线圈，其有效长度为 12m；再按下开关 1，有两个线圈连入电路，其有效长度为 24m；再按下开关 2，有 3 个线圈连入电路，其有效长度为 36m。通过调节可变电阻，使得 3 种情况下电路中的电流保持不变，并记录电子秤示数。实验结果显示，保持其余条件不变的情况下，导线长度为 12m 时，计算得到安培力大小为 0.0134N，导线长度为 24m 时，安培力大小为 0.027N，导线长度为 36m 时，安培力大小为 0.0442N，满足 1∶2∶3 的关系。将得到的数据绘制成图，如图 4c 所示，可得安培力大小与导线在磁场中的长度成正比。

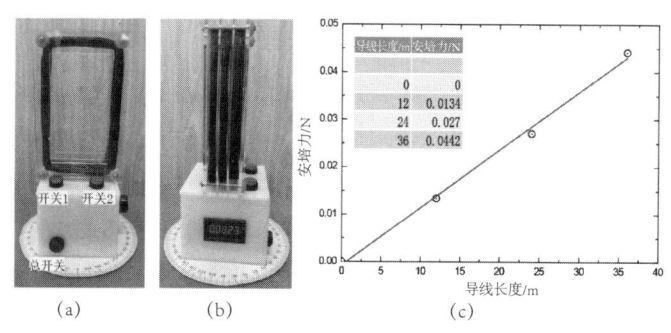

图 4　安培力大小与导线长度关系的研究

4) 保持磁感应强度 B、电流 I、导线长度 L 不变，改变夹角 θ。

如图 5a~d 所示，转动电子秤上的转盘，改变线圈电流与磁场夹角，记录不同夹角下电子秤的示数并计算安培力。如图 5e、f 所示，对所得数据进行拟合处理可得：安培力大小与夹角的正弦值成正比。此处也可让学生绘制 F-$\sin\theta$ 图像，体会一次函数在实验中的重要作用。

(3) 综上所述，安培力 F 与磁感应强度 B，电流 I，导线长度 L 以及电流与磁场夹角 θ 的正弦值成正比，得出其表达式为 $F=BIL\sin\theta$。

(4) 关闭各电源，整理实验仪器，对本节课内容进行总结。

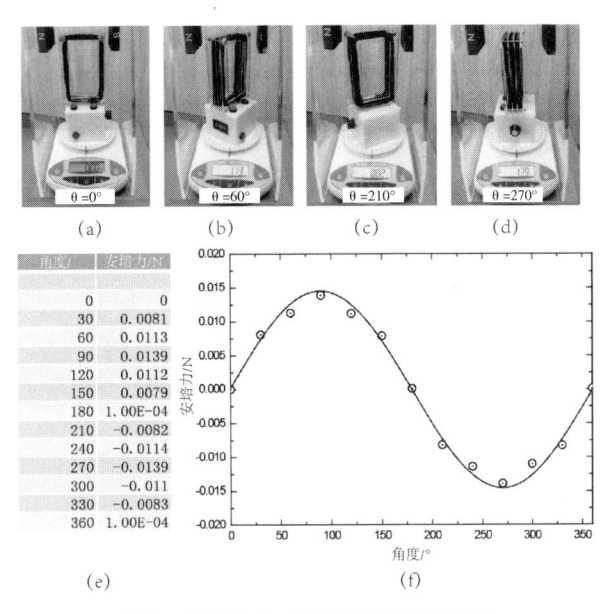

图5 安培力大小与角度关系的研究

七、实验效果评价

本实验采用自制的安培力大小定量研究装置实现了安培力与磁感应强度 B、电流 I、导线长度 L 以及电流与磁场夹角 θ 的定量关系的探究。实验中所采用的仪器均为实验室中的常见仪器，操作简单，实验现象一目了然，所得数据正比关系明显，误差较小，有利于学生理解安培力大小的影响因素。且本实验有效地避免了外置导线对实验结果的影响，实现了线圈的自由移动。此外，本实验装置简洁，无需任何外置电源，便于携带。

纵观本节课，通过对比分析传统定性实验和创新定量实验，鼓励学生思考并提出改进方案，动手实践自主探究，有利于学生完成物理思维的构建和核心素养的养成。

第五届全国中小学实验教学

说课活动优秀作品集

（下册）

中国教育装备行业协会 编

知识产权出版社
全国百佳图书出版单位

图书在版编目（CIP）数据

第五届全国中小学实验教学说课活动优秀作品集/中国教育装备行业协会编. —北京：知识产权出版社，2018.10
ISBN 978-7-5130-1247-8

Ⅰ. ①第… Ⅱ. ①中… Ⅲ. ①说课—课堂教学—教学研究—中小学 Ⅳ. ①G632.421

中国版本图书馆CIP数据核字（2018）第236317号

责任编辑：石陇辉　　　　　　　　　　责任校对：谷　洋
封面设计：智兴设计室·索晓青　　　　责任印制：刘译文

第五届全国中小学实验教学说课活动优秀作品集（下册）
中国教育装备行业协会　编

出版发行：知识产权出版社有限责任公司		网　　址：http://www.ipph.cn	
社　　址：北京市海淀区气象路50号院		邮　　编：100081	
责编电话：010-82000860转8175		责编邮箱：shilonghui@cnipr.com	
发行电话：010-82000860转8101/8102		发行传真：010-82000893/82005070/82000270	
印　　刷：三河市国英印务有限公司		经　　销：各大网上书店、新华书店及相关专业书店
开　　本：720mm×1000mm　1/16		印　　张：51.25
版　　次：2018年10月第1版		印　　次：2018年10月第1次印刷
字　　数：900千字		定　　价：178.00元（上、下册）
ISBN 978-7-5130-1247-8			

出版权专有　侵权必究
如有印装质量问题，本社负责调换。

第五届全国中小学实验教学说课活动
指导委员会

主　任：马嘉宾
副主任：李　平　李兴植
委　员：(按姓氏音序排列)
　　　　柴旭津　范义虎　傅小军　傅兴春
　　　　郭晋保　梁桂华　马旭光　乔玉全
　　　　施建国　王德如　徐俊峰　闫明圣
　　　　杨　权　喻　进　张　权　张思峰
　　　　张　曦　赵　梦　竺建伟

第五届全国中小学实验教学说课活动
评审委员会

主　任：李　平
副主任：王长毅
委　员：(按姓氏音序排列)
　　　　黄丹青　黄贤群　贾　欣　兰　瑛
　　　　梁雪梅　刘　林　刘向永　卢新祁
　　　　孙佩雄　孙　旭　吴举宏　曾小龙

《第五届全国中小学实验教学说课活动优秀作品集》
编委会

主　编：夏国明

副主编：朱俊英

编　委：景维华　宋利云　王东亮　王　瀛

前　言

《国家中长期教育改革和发展规划纲要（2010—2020）》中提出："着力提高学生的学习能力、实践能力、创新能力，教育学生学会知识技能，学会动手动脑""开发实践课程和活动课程，增强学生科学实验、生产实习和技能实训的成效"。《国家教育事业发展"十三五"规划》提出："强化学生实践动手能力""推进优质教育资源共建共享"。《教育部关于全面深化课程改革　落实立德树人根本任务的意见》要求："强化教学的实践育人功能""整合和利用优质教育教学资源"。全国中小学实验教学说课活动很好地践行了上述文件精神。

自2013年至今，全国中小学实验教学说课活动已成功举办五届，累计吸引了全国各地两万多名中小学教师参与，调动了广大教师开展实验教学探究的积极性，推动了教师们对实验方法和实验仪器的改进创新，有力地促进了中小学实验教学水平的提升，增强了实验教学的育人效果，取得了良好的社会效益，获得了广泛的关注和好评，现已发展成为全国中小学实验教学领域的品牌活动。

连续五届说课活动，已形成一批可共享的优质中小学实验教学资源，涵盖小学、初中、高中三个学段，科学、物理、化学、生物等多个学科的实验课程。活动主办方筛选出1000多节优质实验课，将其视频及文本发布在"全国中小学实验教学平台"（网址：http://www.ceeia.cn/"实验在线"栏目）上，供全国中小学校师生免费使用。同时，由中国教育装备行业协会组织编撰的《第二届全国中小学实验教学说课活动获奖作品集》《第三届全国中小学实验教学说课活动优秀作品集》《第四届全国中小学实验教学说课活动优秀作品集》的相继出版，也对促进这些优质教育资源的推广应用发挥了重要作用。

第五届全国中小学实验教学说课活动由教育部基础教育司组织实施，教育部教育装备研究与发展中心、中国教育装备行业协会提供专业支持。活动于2017年7~12月在全国范围内举行。与往届说课活动相比，本届说课活动在内容上有所创新，除了小学科学、中学物理、中学化学、中学生物四个组，还专门设立了一个"综合"组，目前涵盖了数学、地理、通用技术、综合实践活动、创客教育等学科和课程，这使得本活动的学科和课程覆盖面更为广泛。本届说课活动主要包括两个环节：一是各地遴选推荐实验教学说课案例，二是现场展示。在第一个环节中，各省、自治区、直辖市和计划单列市教育部门举办活动遴选本地区的实验教学说课案例，共推荐431个案例，由专家经综合评议遴选出149个优秀案例进入现场展示环节。现场展示环节于2017年12月在广州举行，为期两天，并进行网络直播。各位教师的现场说课堪称精彩纷呈，各位评审专家的现场点评也都切中肯綮，让到场观摩和通过网络观摩的各地师生受益匪浅。

与往届作品集相比，《第五届全国中小学实验教学说课活动优秀作品集》在内容上更为充实，分为上下两册，收录了本届说课活动中获得金奖的149个说课作品，其中综合13个、小学科学33个、中学物理33个、中学化学34个、中学生物36个，较为全面地反映了近年来国内中小学各个学科实验教学的新理念和新成果。相信本书及光盘的编辑出版，能为中小学实验教学工作提供良好的参考资料，为广大中小学教师提供借鉴和指导。

在此，向对本届说课活动给予指导的教育部基础教育司，给予支持和协助的各地基教、教研、教育装备等部门表示感谢！向本届说课活动评审委员会的各位专家，向参与和协助组织活动的广大教师和工作人员表示感谢！希望全国中小学实验教学说课活动获得全社会更多的关注，为促进我国中小学实验教学工作水平的提升作出更大的贡献！

中国教育装备行业协会会长
2018年8月

目 录

第一部分 综合

测量不规则物体的体积 ………………………………………… 贾瑜 / 3
有趣的定格动画 ………………………………………………… 钱世伟 / 11
黄土高原的水土流失实验探究 ………………………………… 倪敏 / 15
光的折射 ………………………………………………………… 金漪芸 / 20
近视的形成原因及矫正 ………………………………………… 李岚 / 25
探究液体对容器底部的压力 …………………………………… 陈良阳 / 29
梁式桥的承重测试 ……………………………………………… 谷科 / 40
结构的稳定性 …………………………………………………… 韩英魁 / 47
结构的稳定性及其定量测评方法探究 ………………………… 林震苍 / 53
创意收纳盒的设计与制作
　　——基于激光切割技术 …………………………………… 普静 / 57
闭环控制系统的工作过程 ……………………………………… 刘平 / 64
可穿戴户外安全系统设计 ……………………………………… 漆俊 / 68
见识饮料中的甜蜜
　　——直接滴定法测量还原糖 ……………………………… 刘佳 / 72

第二部分 小学科学

雨下得有多大 …………………………………………… 赵秋燕　林宏宇 / 83
降水量的测量 …………………………………………………… 潘伟锋 / 87
探索土地被侵蚀的因素 ………………………………………… 杨秀冬 / 90

探索土地被侵蚀的因素	吴逢高 林咏梅 / 94
蚯蚓的选择	赵君丽 / 96
有趣的食物链	
——拯救松树林	赵昱 / 100
我们是怎样听到声音的	潘昌明 / 108
探索尺子的音高变化	刘俊良 / 110
小孔成像	郭莹莹 / 112
照镜子	毛维佳 / 115
光和影	姚武荣 / 120
光和影	任亚伟 吴重霞 / 125
光和影	李娟 / 127
影子为什么会变化	李彩云 / 135
穿越激光网	
——光反射的运用与操作	李菁 / 143
研究透镜	何星源 高翔 / 149
摆	常宇华 / 158
钟摆的秘密	李毓 / 161
摆的组合创新实验	黎泽斌 / 167
轮轴	沈文炎 / 171
找拱形	康玉婵 / 177
在斜坡上	段宝华 / 181
用控制变量法探究影响小车运动快慢的因素	张保 / 184
黑板擦为什么会吸到黑板上	李丹 / 189
降落伞下降的秘密	袁萍萍 / 192
改变物体在水中的沉浮	任婷婷 / 196
液体的热胀现象	陈滔 / 199
探究热在空气中的对流	
——暖和的房间	罗炜 / 203
热传导	张凌燕 / 209
太阳能热水器	苑少梅 / 213
怎样得到更多的光和热	童含 / 219
能量的控制	马宁 / 223
模拟月相变化	高黎英 / 228

第三部分　中学物理

▶ **初中物理**

看见声音
　　——声音的产生与传播 ············· 巩昊 / 233
声音的特性 ··························· 罗砚馨 / 237
光沿直线传播 ························· 孔涛 / 242
光的折射 ····························· 姚小勇 / 245
光的色散 ····························· 郭艳辉 / 250
用电流表准确测量水透镜焦距及其应用 ······ 赵宁　曹志华 / 255
电流的测量 ··························· 毕记朋 / 258
家庭电路 ····························· 孙强 / 265
电动机 ······························· 谢芳 / 269
摩擦力 ······························· 王锋 / 273
探究物体不受力时怎样运动 ············· 廖安康 / 275
空气的"力量"
　　——托里拆利实验的改进 ············· 李应亮 / 280
大气压强实验创新 ····················· 李磊 / 283
阿基米德 ····························· 文亚龙 / 285
简易汽油机 ··························· 侯兆军 / 289

▶ **高中物理**

力的分解
　　——三角支架悬物拉力的分解 ········· 纪梅清 / 293
超重和失重 ··························· 王毅 / 297
"平抛运动"创新实验教学设计 ··········· 徐忠岳 / 305
生活中的圆周运动 ····················· 齐放 / 309
向心力 ······························· 和晓东 / 312
探究向心力 ··························· 徐翠香 / 322
探究功与速度变化的关系 ··············· 高晓楠 / 330
探究动能定理 ························· 江秀云 / 333
外力作用下的振动 ····················· 蔡姝 / 337
查理定律 ····························· 贾静 / 342

光的衍射 ………………………………………………………… 张凯 / 348
光电效应实验设计 ……………………………………………… 陆光华 / 354
电容器和电容 …………………………………………………… 闫芳 / 358
电势差与等势面 ………………………………………………… 郑健 / 365
探究带电粒子在电场中的偏转 ………………………………… 杨海娇 / 369
描述磁场的方向和强弱 ………………………………………… 刘静 / 373
磁感应强度 ……………………………………………………… 韦清漓 / 377
安培力大小的定量研究实验 …………………………………… 李静 / 382

第四部分　中学化学

▶ 初中化学

测定空气中氧气的含量 ………………………………………… 任竞昕 / 391
再探过氧化氢溶液的催化分解 ………………………………… 韩露 / 395
"氧气的实验室制取与性质"实验改进 ………………………… 刘建敏 / 401
水的净化 ………………………………………………………… 杨艳伟 / 406
燃烧的条件 ……………………………………………………… 温桂兰 / 415
燃烧条件的探究 ………………………………………………… 叶婉 / 423
探究燃烧条件的"3+X" ………………………………………… 刘亮荣 / 428
蜡烛及其燃烧的观察与研究 …………………………………… 王洪亮 / 433
粉尘燃烧及其爆炸
　　——易燃易爆物的安全知识 ……………………………… 韩冬 / 442
木炭还原氧化铜 ………………………………………………… 王震 / 448
二氧化碳收集方法再探究 ……………………………………… 胡德辉 / 450
探究二氧化碳与氢氧化钠溶液的反应 ………………………… 魏凡博 / 456
形数合一，让化学更美
　　——以氢氧化钠和二氧化碳反应为例 …………………… 朱青 / 460
中和反应 ………………………………………………………… 陈磊 / 466
手持式电解质试剂导电演示仪测试剂导电性 ………………… 赵全丽 / 472

▶ 高中化学

二氧化硫的制备及性质的一体化微型实验 …………………… 王伟 / 476
氨的制备与性质组合创新实验 ………………………………… 傅宏霞 / 482

碳酸钠和碳酸氢钠溶解性差异的创新实验设计	林丹 /	486
基于数字化实验对影响盐类水解因素的探究	邓阳洋 /	491
探究外界条件对化学反应速率的影响	李欢 /	495
铁的性质	曾德琨 /	500
探究氢氧化亚铁的制备	陈起香 /	504
铜与硝酸反应实验装置改进	崔莉 /	508
银镜洗涤方案优化	矫可庆 /	511
金属的电化学腐蚀	王杰 /	514
探索提升原电池的综合性能	杨明华 /	517
电解饱和食盐水的实验改进	张亚文 /	523
电解实验拓展	于菲 /	527
应用电化学原理降解某些污染物	王姝玮 /	535
实验室重金属废弃物的毒性探究及污染处理	刘娜 /	540
烷烃的取代反应	申妮 /	551
乙烯的实验室制法及性质检验	王晓 /	557
乙醇化学性质	贾莹 /	561
谁吹大了"棉花糖"？	张莲 /	568

第五部分　中学生物

▶ 初中生物

水分在植物体内的运输途径	殷登秀 /	575
植物的蒸腾作用	于宏清 /	579
气孔开闭实验改进	王星月 /	591
探究植物呼吸作用释放二氧化碳	张曹悦 /	596
探究绿色植物呼吸作用的过程	吴呈香 /	603
模拟胸部呼吸运动的实验	田玉贞 /	612
探究肺与外界气体交换的过程和原理	王丽 /	616
血液循环	王培 /	621
模拟血型鉴定	朱航雨 /	624
观察小鱼尾鳍内血液的流动	段龙凤 /	629
观察鸡卵的结构	高燕 /	635
探究蚯蚓适应土壤生活的特征	袁莉莉 /	641

探究影响普通卷甲虫分布的非生物因素 ………………………………… 颜承祐 / 646
光对黄粉虫的影响 ………………………………………………………… 朱巍巍 / 656
失恋的果蝇也酗酒吗？
　　——动物的行为探究实验 ……………………………………………… 程兆洁 / 659
酒精对水蚤心率的影响 …………………………………………………… 景小军 / 665
模拟探究水污染对生物的影响以及生物的净化作用 …………………… 黄春晓 / 671

▶ 高中生物
植物细胞的吸水和失水实验的探究和改进 ……………………………… 易沐彤 / 678
探究植物细胞液渗透压与植物抗寒性的关系 ………………… 刘微涓　曾璐 / 685
关于"膜透性"的探究实验 ……………………………………………… 范世一 / 690
细胞大小与物质运输的关系 ……………………………………………… 高华清 / 693
细胞呼吸 …………………………………………………………………… 李婷婷 / 698
探究酵母菌细胞呼吸的方式 ……………………………………………… 周彤 / 701
探究培养液中酵母菌种群数量的变化 …………………………………… 乔玄 / 704
"探究培养液中酵母菌种群数量变化"改进实验 ……………………… 杨丹燕 / 711
探究 pH 对酵母菌发酵的影响 …………………………………………… 姜珊 / 721
探究 pH 对酶活性的影响 ………………………………………………… 寇晓洁 / 726
STEM 视野下的实验教学
　　——探究影响酶活性的条件 …………………………………………… 吴书玥 / 731
利用"DIY+DIS"系统自主探究过氧化氢的分解 …………………… 向阳 / 736
"绿叶中色素的提取和分离"实验改进及拓展 ………………………… 廖永梅 / 745
探究环境因素对光合作用的影响 ………………………………………… 田华 / 755
探究环境因素对光合作用强度的影响 …………………………………… 陈昌园 / 761
探究生长素类似物促进插条生根的最适浓度 …………………………… 苏晓燕 / 763
压榨+蒸馏
　　——橘皮精油提取的改进探究 ………………………………………… 李庆媛 / 770
基于核心素养的探究实验
　　——设计实验鉴定转基因大肠杆菌 …………………………………… 张静 / 775
调查厦门鳌园海滩招潮蟹的种群密度及其分布特点 …………………… 汪会喆 / 780

附录　第五届全国中小学实验教学说课活动优秀作品名单 ……………………… 789

第四部分

中学化学

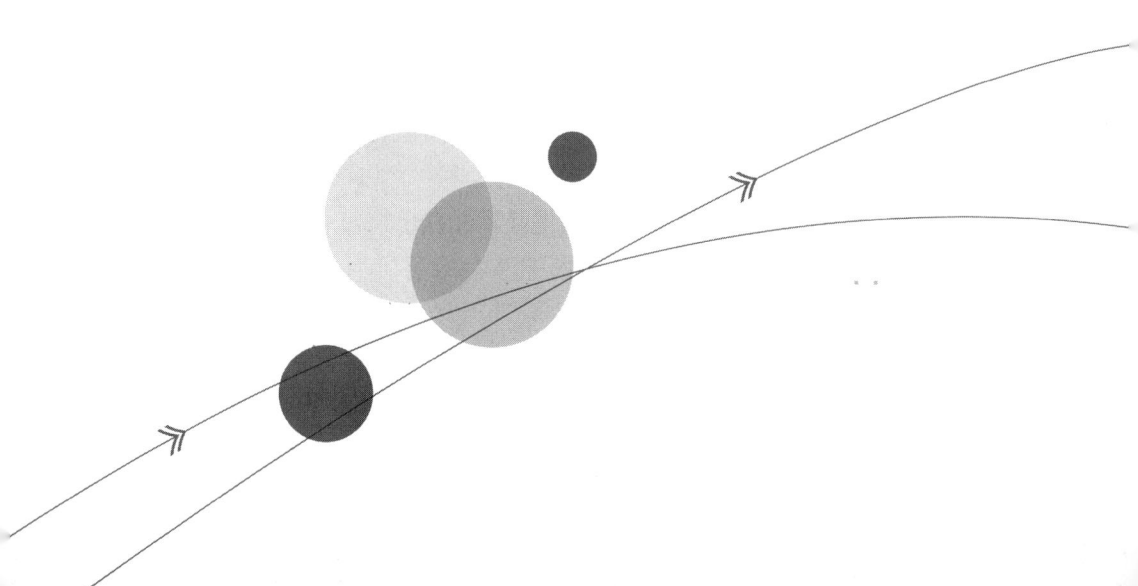

▶ 初中化学

测定空气中氧气的含量

西安市长安区第一民办中学　任竞昕

一、使用教材

科粤版九年级《化学》第二章第一节。

二、实验仪器

50mL针筒、单孔橡胶塞、玻璃导管、橡胶导管、吸管、100mL锥形瓶、50mL量筒、止水夹、镊子、滤纸。

实验药品：白磷、红墨水、热水（80℃）。

三、实验改进创新点

（1）对教材传统实验进行部分改进（见图1）。

1）将药品"红磷"换成"白磷"，采用水浴加热引燃，增加针筒部分的设计，改进了空气受热膨胀引发的逸出问题和燃烧时的白烟污染问题，这样既减少原来实验的装置的误差，也具有环保意识。

2）用带有精密刻度的量筒代替烧杯，直接读出精确数值，提高实验的准确性。

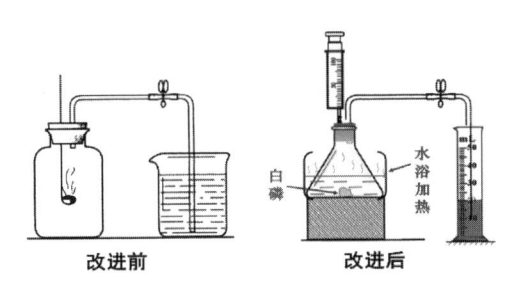

图1

（2）在正式实验之前，增加学生分组实验——针筒抽气实验。常规的理论分析，对于部分学生理解实验原理还是有难度的，而这个小实验的设计，给学生提供了宏观事实，直接让学生感受客观规律，加深理解。

（3）实验教学过程中以问题做线索，以实验为依托，层层递进，学生"快"又"乐"地通过"问题引领探究"掌握知识。

四、实验教学价值

从教材知识结构来说，空气对学生来说是一种非常熟悉的气体，教材选择空气作为初中化学中接触物质知识的开端，不仅承接了学生已有的生活经验，以及小学科学课程学习中对空气知识的认识，并且为后续混合物和纯净物的概念，氧气、二氧化碳的学习奠定了坚实的基础，起承上启下的作用。而化学实验教学本身就可以激发学生的学习兴趣，为学生提供宏观事实依据，创设真实的科学探究情景，引发学生认知冲突，从而培养其发现问题、解决问题的能力。

本节实验课的价值主要体现在三个方面：①知识构建方面，本节课要求学生会用科学方法定量地来测定空气中氧气的含量，同时了解空气中重要气体的性质，教会学生分析混合物组成的实验方法。②学习方法指导方面，让学生深刻感受到实验是学习化学的一种重要途径，发展了学生观察、分析、归纳等能力，转变了学习方式。③情感科学价值方面，科学探究的整个实验过程，带给学生从未有过的科学体验。

五、学情分析

（一）知识储备

学生在小学科学和初中生物的学习中对空气有一些认识，但缺乏深入系统的学习。

（二）能力储备

已具备一定的实验操作能力，但利用实验来分析、解决问题的能力还需提高。

（三）心理特点

求知欲强，渴望自主探究、展现自我，但多以经验型的思维能力为主。

六、实验教学目标

（一）知识与技能

（1）通过联系生活经验和已有知识对空气的成分进行合理地推测猜想。

（2）通过利用教师提供的实验仪器，对空气成分进行科学探究，进而认识空气组成。

（3）通过科学探究实验，提高观察现象、分析推理、归纳总结等能力。

（二）过程与方法

（1）通过科学探究实验，熟练掌握提出问题、解决问题的学习方式。

（2）通过观察实验现象，学会描述实验现象、获取信息的方法，并且能够清晰地表达自己的观点。

（3）在探究过程中，能主动与人交流、讨论，清晰地表达自己的观点，逐步形成良好的学习习惯和科学的学习方法。

（三）情感态度与价值观

（1）保持对生活和自然界中化学现象的好奇心和强烈的探索欲，进一步发展对化学学习的兴趣。

（2）初步树立科学的物质观，科学的看待科学家的实验过程及结论。

七、实验教学设计思路

为了更好地帮助学生理解实验原理，本节课首先引导学生设计实验证明空气的存在，学生会想到打气使车胎膨胀、扇扇子会有风等方式来感知空气的存在，有利于知识的进程和发展。

再通过"针筒抽气"实验，让学生直观感知气压的变化引发的定量改变，采用转化法，明确瓶中消耗掉的氧气体积即为进入瓶中水的体积。最后通过白磷燃烧消耗氧气实验，观察现象，收集数据，从而得到最终结论。

八、实验教学过程

（一）导入新课

首先利用课前小游戏导入新课，让学生感受到空气对生命生活的重要性。进而接连以提问的方式引导学生思考，通过教师提供的实验器材塑料袋、扇子等，让学生用已有经验来证明这种看不见又摸不着的气体的存在。引导学生从物质性质的角度认识空气，明确空气是多种气体的混合体。最终提出本节课所要研究的关键问题——空气中到底有多少氧气？

（二）实验设计

就此展开实验设计——测定空气中氧气的含量。提出问题1：怎样才能测出一瓶空气中氧气的体积？利用多媒体演示结合学生讨论确定理论方案：只要消耗掉瓶中的氧气，测出进入集气瓶中水的体积就可以达到目的。为了让学生更直观地理解该原理，我设置学生分组实验。指导学生用教师提供的实验仪器，进行实验，验证理论方案是否正确。通过视频，我们观察到，当针筒抽走10mL气体后量筒中的液体就会有10mL进入锥形瓶当中（见图2）。说明进入锥形瓶内水的体积恰好等于瓶内损失掉的气体体积，理论方案可行。这种

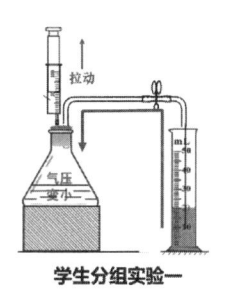

图2

转化法也可用于其他混合物中某一成分的测定。

于是很自然地过渡到问题2：如何才能消耗掉瓶中的氧气？根据已有的化学知识，学生很自然地会想到用燃烧的方式来消耗氧气，于是按照学生的思路给出4个有关燃烧消耗氧气的化学反应，让学生以小组展开讨论，是否4个燃烧反应都可以用于该实验消耗氧气，到达最终实验目的。通过讨论，学生很快发现本实验的关键点在于气压的变化，因此反应原理需满足既消耗氧气，还不能产生新的气体，由此确定了最佳实验反应原理。

（三）小组实验

（1）先用水测量出锥形瓶内所能容纳的空气总体积约为127.5mL。

（2）指导学生搭建实验装置，安全进行水浴加热白磷实验。观察实验现象。

（3）待装置冷却到室温时再打开止水夹，收集数据，计算得出结论。

九、实验效果评价

（一）分析能力的提升

通过指导学生设计理论方案，培养学生将物理知识与化学知识相结合的思维能力；通过针筒抽气实验，明确客观规律，设计实验方案，最终分析本质解决问题。

（二）操作能力的提升

从连续设计的3个实验中，需要学生具备实验探究能力越来越高，需要考虑的问题越来越复杂，实验用到的仪器越来越多，操作步骤更多，创新空间也更大。

（三）思维方式的提升

从课本实验改进的对比角度，力争用最简约、最便捷、最环保的方法解决问题，将复杂的问题简约化。提高学习、探究效率。增强实验的准确性。

再探过氧化氢溶液的催化分解

洛阳市第二十六中　韩露

一、使用教材

人教版初中《化学》九年级上册。

二、实验器材

（一）实验用品

纱布、茶包、棉线、铜丝、卫生纸、医用注射器、医用输液针管、气球、洗洁精、剪刀。

（二）实验药品

30%的过氧化氢溶液、3%的医用过氧化氢溶液、二氧化锰、碘化钾。

（三）实验仪器

球形干燥管、试管、集气瓶、玻璃导管、橡胶塞、乳胶管、三通玻璃导管。

（四）测量仪器

OX-100A 手持型测氧仪（浙江新安江分析仪器二厂）。

三、实验创新要点

（1）将二氧化锰包裹在滤纸中（见图1），解决了在催化过氧化氢分解过程中二氧化锰的颜色对实验现象观察的影响、对实验原理分析的干扰，且更容易称量。

图1　滤纸包裹的二氧化锰

（2）将反应容器由试管替换成干燥管（见图2），实现现象观察与结果检验同步进行，并且可以节约药品。

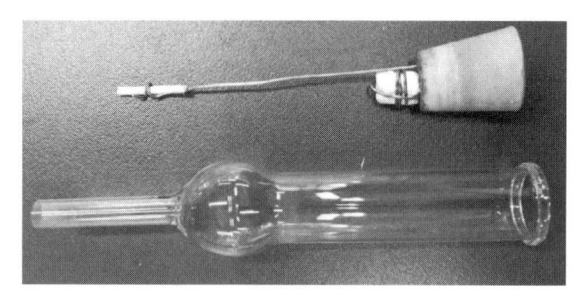

图2　干燥管做反应容器

（3）通过测氧仪（见图3）来测定过氧化氢浓度对其分解速率的影响，体现了数字化传感技术在中学实验测试中的应用，结果更明确，现象更直接，结论更加严谨。

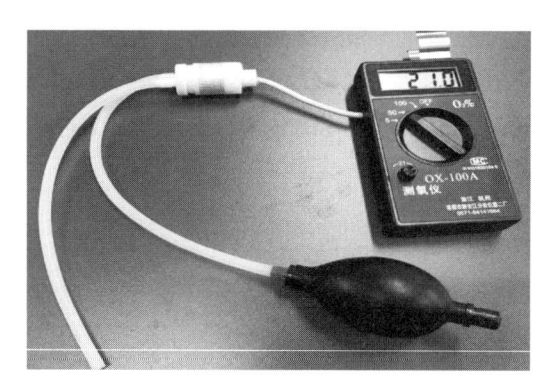

图3　测氧仪

四、实验设计思路

二氧化锰作为催化剂，能加快过氧化氢溶液分解产生氧气的速率，其本身的质量和化学性质不变。

五、实验教学目标

使学生通过对过氧化氢分解过程中的实验改进和对其分解速率影响因素的探究，掌握探究化学实验的一般方法和控制变量法在化学实验中的应用，养成大胆假设、小心求证的科学探究习惯，培养学生的科学实验探究思维。

六、实验教学内容

（1）探究合适的包裹二氧化锰的材料，使其能遮盖二氧化锰颜色，不影响实验的观察现象，不影响结果的分析，并且容易测量。

（2）探究过氧化氢的滴定速率对其分解速率的影响。

（3）探究过氧化氢浓度对其分解速率的影响。

（4）认识催化剂的工业应用。

七、实验教学过程

（一）知识回顾

复习上节课学习过的反应原理及催化剂作用，并重复课本实验，引导学生思考该实验中的不足之处。

（1）MnO_2的颜色影响我们对气泡的观察，干扰了实验原理分析，粉末状的氧化锰不易称量。

（2）本实验的反应速率过快，不易控制。

（二）学生探究实验1

如图4所示。

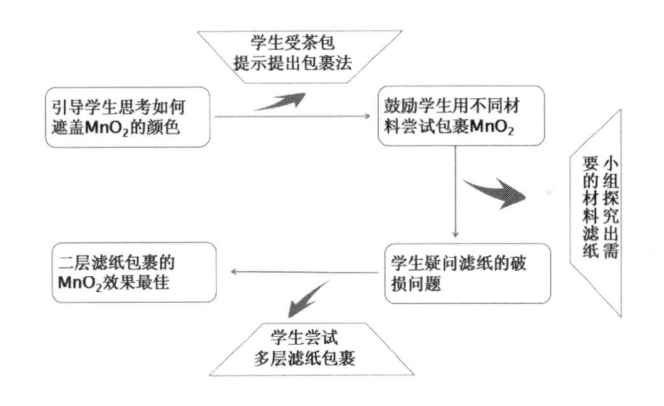

图4 探究实验1流程

（三）教师创新实验

教师创新实验如图5所示。

该实验设计的优点是，解决二氧化锰颜色问题之后，将实验现象的观察与产物的检验同步进行，节约时间。另外过氧化氢的用量也得到了减少，并且效果非常的显著，获得了同学们的肯定。此时提醒大家，化学实验是精益求精，永无止境的探究过程。

图 5　教师创新实验现象

（四）学生探究实验 2

学生尝试选用输液管和注射器分别测定了不同流速下过氧化氢的分解速率，验证了过氧化氢的滴定速率影响了过氧化氢的分解速率。

（五）学生探究实验 3

(1) 教师引导学生探究的过程见图 6。

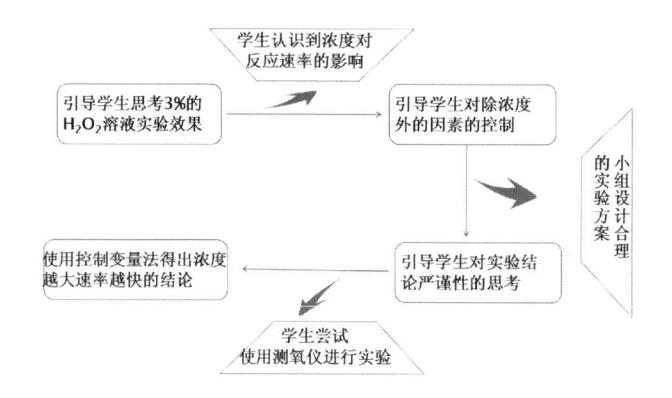

图 6　学生探究实验 3 流程

(2) 学生小组讨论出实验方案见表 1。

表 1　学生探究 H_2O_2 溶液浓度对其分解速率影响的设计方案

实验序号	过氧化氢溶液浓度/%	过氧化氢溶液体积/mL	催化剂	催化剂用量/g	实验目的
1	5	2	MnO_2	0.1	过氧化氢溶液浓度对反应速率的影响
2	15	2	MnO_2	0.1	
3	30	2	MnO_2	0.1	

小组讨论出实验装置设计，见图7。

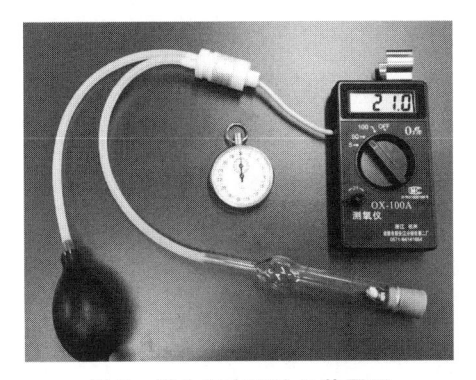

图7 学生探究实验3装置图

（3）学生实验结果见表2。

表2 学生探究 H_2O_2 溶液浓度对其分解速率影响的实验结果

实验序号	过氧化氢溶液浓度/%	100s后瓶内氧气浓度	实验结论
1	5	21.1%（±0.1%）	过氧化氢溶液浓度越大，反应速率越快
2	15	22.6%（±0.3%）	
3	30	25.0%（±0.4%）	

（4）对控制变量法的总结。

每一个反应的速率由诸多因素决定，为了探究某一条件的改变对其分解速率的影响，应当严格控制其他因素保持完全一致，只改变一个条件即可。

（5）实验反思与评价。

在本实验中，我们使用了数字传感器作为数据收集装置，效果更加明显，现象更加直接，其结果也更加严谨。控制变量法在该实验过程中得到了有效的利用，也培养了同学们良好的化学实验习惯。

（六）原理应用

教师演示"大象牙膏"实验，激发学生对过氧化氢有哪些催化剂的好奇心。并链接课外知识二维码，鼓励学生进行课外知识拓展延伸。

（七）催化剂的应用

讲解催化剂在人体内和生活、工业中的广泛应用，帮助学生树立"化学来源于生活，又应用于生活的"理念。

（八）实验结论

（1）利用滤纸的包裹，可以解决 MnO_2 的颜色对实验现象观察的影响，同时便于称量，是有效的改进措施。

（2）利用测氧仪测量等时间内容器中 O_2 浓度，通过比较 O_2 浓度的方法比较反应速率简单、有效、严谨。

（3）通过对 H_2O_2 浓度影响反应速率的实验探究，培养学生学习化学探究的一般方法——控制变量法。

八、实验反思与评价

实验是检验化学真理的唯一标准，越早让学生开始探究性实验越有利于学生的化学核心素质的培养。同学们对于实验的热情能有效地辅助同学们养成主动思考、自主探索、勇于求证的良好行为习惯。

本节课从小处着手，带着刚刚学习化学的学生利用生活中的常识解决实验中的问题，并最终将实验落脚于生活应用中，符合化学来源于生活又应用于生活的理念。同学们在感受趣味的同时学习化学方法，培养化学思维，养成化学习惯。

"氧气的实验室制取与性质"实验改进

云南省昆明市第十中学 刘建敏

一、使用教材

人教版《化学》九年级上册第二单元课题二"氧气"的第 1 课时。

二、实验器材

自制耐高温硬质具支玻璃管、鱼尾夹、铁架台（带铁夹）、酒精灯、火柴、烧杯、分液漏斗、锥形瓶、三通管、导管、胶皮管、弹簧夹、橡皮塞、气球、耳挖、铁丝、硫粉、木炭、澄清石灰水、氢氧化钠溶液、10%过氧化氢溶液、二氧化锰粉末。

三、实验创新要求/改进要点

（一）改进发生装置

实现既可控制反应速率又可随用随取。

（二）改进性质实验装置

让多个性质实验在同一根玻璃管中进行，化繁为简。

（三）夹取仪器的改进

把鱼尾夹固定在粗铁丝上，再将铁丝固定在橡皮塞上，既可以做夹取仪器使用，又可以做塞子使用，在本实验中相比传统的镊子、坩埚钳使用要更方便。硫燃烧污染较大，可以换成小耳挖来代替燃烧匙，这样能更好地控制取用硫粉的量，减少污染。

（四）改进实验教学内容

跟教材比，增加了验证氧气溶解性和密度的实验，并以视频的形式向学生展示"打树花"，从而提高课堂趣味性、探究性和获取科学知识的有效性。

四、实验原理/实验设计思路

教材设计的实验方案在实践中往往存在以下困难：①氧气的性质实验较多，需要的器材比较繁杂；②老师们要进行多个班级的教学，气体制备量较大；③用高锰酸钾制取氧气实验后的试管、桌面难清洗。

针对以上问题，我在教学中进行了优化，化繁为简，将多个性质演示实验整合为在一根硬质具支玻璃管中完成，改为一体化装置：具支处连接一根导管即可用来验证产物二氧化碳和吸收二氧化硫；具支玻璃管下端铺了一层石棉绒，可防止铁丝燃烧产生的高温熔融物掉落，烫坏进氧气的玻璃导管和橡皮塞。又考虑到铁丝的剧烈燃烧对氧气的量要求较高，若玻璃管直径太小，氧气量不够，现象不明显；若玻璃管直径太大，则收集的时间过长且浪费过氧化氢溶液。经过多次尝试，发现玻璃管的直径为3cm时既可满足氧气量的需求，又能满足缩短实验时间的需求，现象非常明显。

细节处理：若是铁丝较细，火星会不够剧烈，建议用2~3根铁丝拧成一根，粗细大致和石棉网上的铁丝一致时效果较好；火柴梗不需要太长，长度控制在一点燃差不多就可以伸入集气瓶中引燃铁丝，这样更方便控制伸入的时间。

另一方面，考虑到实际课堂教学中：①在进行不同实验探究时，中间要给学生预留记录和分析的时间；②过氧化氢溶液和二氧化锰粉末混合，容易出现异常剧烈反应的现象，可能还来不及收集气体，反应就很快停止，速度快的也只能收集一瓶气体，可实验中至少要4瓶，导致要多次操作才能集满4瓶气体。因此，就需要一套能够控制反应速率和随用随取的气体发生装置。于是进行了第二个优化：用分液漏斗控制反应速率，用小气球收集多余氧气，再配合使用弹簧夹的开和关就可以实现气体的随用随取，从而达到预期的效果（装置如图1所示）。

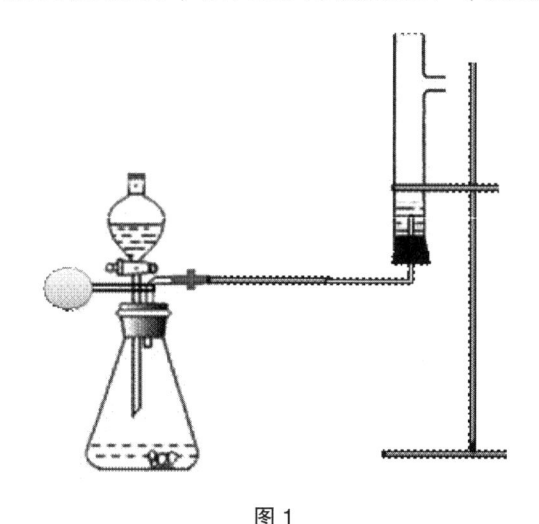

图1

五、实验教学目标

（一）知识与技能

通过实验认识氧气的物理性质和化学性质；通过对比现象获取"反应的剧烈程度与反应物的浓度有关"的知识。

（二）过程与方法

规范学生对实验现象的描述，让学生通过对实验的观察和思考学会"分析实验信息并归纳结论"的科学方法，并逐渐形成用实验来研究物质性质的一般思路。

（三）情感态度与价值观

让学生在体验改进实验带来便利的同时培养学生的创新探索精神。

六、实验教学内容

（1）探究氧气的物理性质（颜色、状态、气味、溶解性、密度）。

（2）探究氧气的助燃性（铁丝、木炭、硫的燃烧）。

七、实验教学过程

（一）环节一：实验导课

实验1：展示两瓶气体（用软塑料瓶装），一瓶氧气，一瓶二氧化碳，分别倒入约等量的水，振荡，观察到一个变扁，一个无明显变化；然后打开瓶盖，分别伸入燃着的小木条，观察到变扁的木条熄灭，无明显变化的木条烧得更旺。

提出问题：通过刚才的实验，你能判断哪瓶是氧气吗？你能总结出氧气的哪些性质？

学生思考分析得出结论：瓶子无明显变化的是氧气，并可推知氧气不易溶于水、能支持燃烧。并拓展氧气可以用排水法收集，可以用带火星的木条来检验和验满氧气。

设计意图：提高学生兴趣，激发学生探究欲望，也让学生感受化学的魅力。

（二）环节二：提出问题

（1）氧气的密度比空气密度大，还是小？

（2）氧气能支持哪些物质的燃烧？

设计意图：通过提出问题，引领实验探究。

（三）环节三：实验探究

实验2：氧气的检验和与空气密度的比较。在发生装置中制取氧气，往玻璃管伸入带火星的木条，观察到木条复燃，证明是氧气。过一会后（此时需要老师根据实际情况控制好玻璃管内氧气的量，最好让氧气的高度在玻璃管一半左右），再次往玻璃管伸入带火星的木条，观察到刚伸入木条，没有复燃，继续深入，观察到复燃，证明一段时间后氧气依然集中玻璃管的下方，从而验证氧气的密度的比空气大。

实验3：将末端胶皮管接上一段玻璃管并将其放入装有澄清石灰水的小烧杯中，在具支玻璃管靠近具支导管处验满氧气后，缓慢伸入烧红的木炭，观察到木炭在空气中燃烧发红光，在氧气中燃烧发白光，放出热量，生成的气体能使澄清石灰水变浑浊。

归纳结论：碳+氧气 $\xrightarrow{\text{点燃}}$ 二氧化碳；反应的剧烈程度与氧气的浓度有关。

实验4：将末端的橡皮管连接装有氢氧化钠溶液的洗气瓶，同样的方法验满氧气后，把在空气中燃烧的硫缓慢伸入具支玻璃管，观察到硫在空气中燃烧发出淡蓝色火焰，在氧气中燃烧发出蓝紫色火焰，放出热量，生成有刺激性气味的气体。操作完毕后迅速塞紧具支玻璃管，控制氧气流速，缓缓将二氧化硫导出至氢氧化钠溶液中，减少污染。

归纳结论：硫+氧气 $\xrightarrow{\text{点燃}}$ 二氧化硫；反应的剧烈程度与氧气的浓度有关。

实验5：氧气验满后，将系有一段火柴梗且绕成螺旋状的铁丝在空气中点燃后，待火柴快燃尽时伸入具支玻璃管中，观察到铁丝在空气中红热但没有燃烧，在氧气中剧烈燃烧，放出热量，火星四射，生成黑色固体（注：实际操作中，当看到火星有点弱时，我们可以往玻璃管通入一点氧气，可以观察到火星四射的现象更明显了，再次说明反应的剧烈程度与氧气的浓度有关）。提出问题：铁丝为什么要绕成螺旋状？玻璃管底部预先放入的水起什么作用？

归纳结论：铁+氧气 $\xrightarrow{\text{点燃}}$ 四氧化三铁；反应的剧烈程度与氧气的浓度有关。

学生通过对比这三种物质分别在空气中和氧气中燃烧的剧烈程度，可归纳总结出：反应的剧烈程度与反应物的浓度有关。

再抛出问题：铁真地不能在空气中燃烧吗？

拓展视野：播放"打树花"表演视频（注："打树花"是河北省张家口蔚县暖泉镇的汉族传统民俗文化活动。这种别具特色的古老节日社火，至今已有500余年历史，是用熔化的铁水泼洒到古城墙上，迸溅形成万朵火花，因犹如枝繁叶茂的树冠而称之为"树花"，其壮观程度绝不亚于燃放烟花。后来，暖泉镇每逢元宵佳节期间"打树花"的习俗一直延续至今。"打树花"也作为一项古老技艺，成为河北省级非物质文化遗产）。

该表演体现的化学知识是"铁在空气中燃烧"，演示实验中用的铁丝，接触面积不够大，所以没有燃烧，从而给学生拓展出结论：反应的剧烈程度不仅与反应物的浓度有关，还与反应物的接触面积有关。

设计意图：利用改进的实验装置，引发学生的认知冲突，使学生更深刻地理解实验原理，也培养了学生的观察能力、分析能力及对实验创新的兴趣。

（四）环节四

归纳总结氧气的性质。

八、实验效果评价

本节课以教材原有实验为起点，借助一根玻璃管，同时完成了"氧气的检验，氧气和空气密度的比较，碳、硫、铁分别在氧气中燃烧"共5个实验，从而实现简化装置、简化操作的实验操作效果；再加上实验内容的改编，提高课堂的探究性，发散思维，提高学生的实验评价能力和创新精神。改进后的实验装置还可用于教材第45页的学生实验活动1。

水的净化

北京市大兴区红星中学　杨艳伟

一、使用教材

北京出版社义务教育教科书《化学》九年级上册第四章"最常见的液体——水"第一节"水的净化"。

二、实验器材

（一）模拟自来水厂水净化实验

长颈漏斗、具上下嘴抽滤瓶（250mL）、抽滤瓶（250mL）、抽滤瓶（125mL）、注射器（100mL）、输液器、胶塞、乳胶管、止水夹、磁力搅拌器、微型水泵、微型气泵。

氯化铁溶液、高锰酸钾溶液、活性炭（粉末）、石英砂（40~70目）、次氯酸钠溶液、棉花、滤膜、纱布。

（二）简易蒸馏实验

漏斗（截去下端玻璃管且封口，外径9cm）、烧杯（250mL）、烧杯（10mL）、石棉网、三脚架、酒精灯、火柴。

三、实验改进要点

（1）模拟自来水厂水净化的思路来源于自来水生产工艺，把复杂的工艺流程转化为简易的装置进行模拟演示。装置主要包含搅拌池、澄清池、过滤吸附池、消毒池、清水池五部分，配有微型水泵和气泵。装置所用仪器主要选用化学实验室的常用仪器，例如磁力搅拌器、长颈漏斗、抽滤瓶等；还有生活中常见物品，例如注射器、输液器、微型水泵、微型气泵。该模拟实验的步骤与自来水厂水净化的步骤（见图1）是一一对应的，每一步骤可学习1~2种净化方法。在搅拌池中初步认识过滤和混凝，在澄清池中学习沉降，在过滤吸附池中学习过滤和吸附，在消毒池中学习消毒，最后对所得水进行初步检测。整个实验装置简约化、微型化、可视化，给予学生三维表现力的体验。实验装置如图2所示。

图1 自来水厂净化水步骤

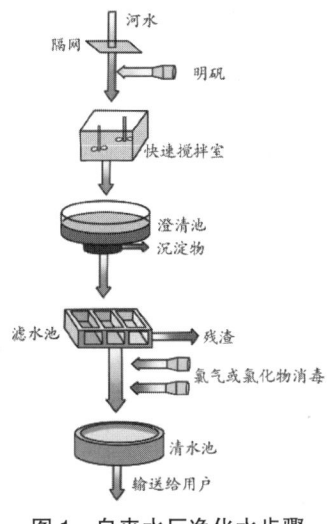

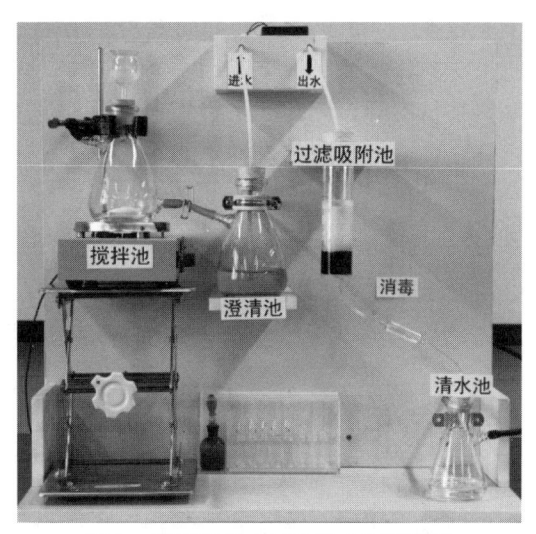

图2 模拟自来水厂净化水实验装置

（2）简易蒸馏实验的思路来源于野外生存时制备饮用水的方法，利用蒸馏原理简化蒸馏装置，课堂教学用于学习蒸馏净化水的方法。所用仪器全部是化学实验室常用仪器，包含漏斗、烧杯、酒精灯、石棉网。将漏斗（截去下端玻璃管且封口，外径9cm）里面放入冰块（或冷水）作为冷凝装置，相当于实验室常用蒸馏装置的冷凝管。大烧杯盛放待蒸馏液进行加热，相当于实验室常用蒸馏装置的蒸馏烧瓶。将小烧杯放在大烧杯内（漏斗下端正中），盛接所得液体，相当于实验室常用蒸馏装置尾接的锥形瓶。装置小巧，实验简单易行，适于初中学生进行实验。装置如图3所示。

图3 简易蒸馏实验装置

四、实验设计思路

（一）模拟自来水厂水净化实验

自来水的生产工艺是课程标准一级主题"身边的化学物质"下二级主题"水与常见的溶液"中可供选择的学习情境素材，是学习吸附、沉降、过滤等净化水常用方法的经典素材。自来水的生产工艺在教科书中仅以图片形式出现，而沉降、过滤、吸附等净化方法以单个实验形式呈现。实验比较零散，缺乏整体性，与实际自来水厂净化过程距离较远。本实验通过深入挖掘自来水生产工艺这一素材，将各种净化方法浓缩设计为一个整体实验来模拟并重现自来水厂的实际生产工艺，体现了化学、技术、社会、环境的相互联系。本实验落眼点在于整合分环节实验为整体微缩重现，将教材中单个的不连续的几种净化方法实验浓缩为一个整体实验，化繁为简，优化教材。将课标、教材中"自来水的生产工艺"这一经典素材由静态图片展示转化为动态实验展示。通过一个实验可以引导学生学习沉降、过滤、吸附等多种水的净化方法，还能了解每种方法的净化程度以及综合处理水净化问题时净化方法、顺序的选择。并且充实了"水与常见的溶液"这一部分的实验资源，为后续的实践活动"走进自来水厂"打下基础。该缩微重现实验便于学生整体观察自来水的实际净化过程，给予学生三维表现力的体验，可满足学生对自来水生产工艺的好奇心，同时提升学生思维的有序性和逻辑性。

（二）简易蒸馏实验

蒸馏是课程标准一级主题"身边的化学物质"下二级主题"水与常见的溶液"中要求学生了解的净化水的常用方法，出现在教科书北京版上册第四章第一节和人教版上册第三单元课题3中。蒸馏是制备纯水的一种重要方法，而实验室常用的蒸馏装置比较复杂，初中学生操作困难。将实验室常用的蒸馏装置进行简化，采用简易蒸馏实验装置，操作简单，易于开展初中学生实验，而且降低了对蒸馏原理的理解难度。对比学习实验室常用蒸馏装置时，可以引导学生对比找出与简易蒸馏装置一一对应的仪器和作用，从而促进理解实验室蒸馏装置的原理和作用。感受蒸馏也可以很简单地操作，启发学生在野外生存和发生地质灾害时利用有限资源制备饮用水，并培养他们的创新精神和实践能力。

五、实验教学目标

（1）通过模拟自来水厂水净化实验，了解吸附、沉降、过滤等净化水的常用方法，培养思维的有序性和逻辑性，感受水被污染容易净化难，激发爱护水资源和节约用水的社会责任意识。

（2）通过简易蒸馏实验，了解蒸馏净化水的方法和原理，启发在野外生存和地质灾害时寻找饮用水，培养创新精神和实践能力。

（3）通过自来水的生产工艺体会化学、技术、社会、环境的相互联系。

六、实验教学内容

通过模拟自来水厂水净化实验，了解吸附、沉降、过滤等净化水的常用方法。通过简易蒸馏实验，了解蒸馏净化水的方法和原理。

七、实验教学过程

以视频"水是人类宝贵的资源"进行情境引入；以海水、河水、雨水为例学生分析出天然水不是纯水，引出"水的净化"。其教学过程如下。

提问：观察自己带来的水库水，分析水库水中含有什么物质？

学生回答：水，还含有不溶性物质、可溶性物质、细菌病毒等杂质。

提问：如何将水库水变为自来水呢？

学生观察：自来水厂水净化过程图（见图1）。

演示实验：今天我们利用自来水厂水净化模拟实验装置来净化水库水。

学生观察：原水颜色、浊度、气味等情况。

提示：所做模拟实验的步骤与自来水厂水净化的步骤是一一对应的。

操作1：将水库水从入水口经过隔网注入搅拌池。加入适量药品：高锰酸钾进行预氧化，活性炭粉提高净化效果，氯化铁溶液进行混凝（见图4）。

操作2：打开磁力搅拌器，待混合物充分混合、反应后，关闭搅拌，打开止水夹，通过重力作用使混合物流入澄清池（为节约时间，澄清池中提前静置一份）。

引导：学生观察：在澄清池里大量固体物质沉降下来，上层液体比较澄清了（见图5）。

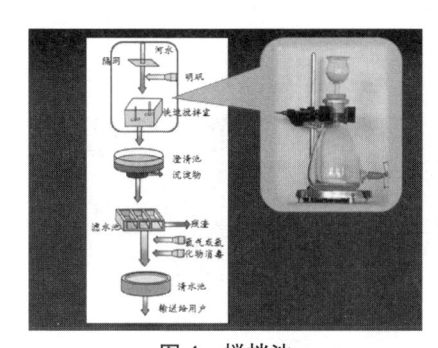

图4　搅拌池 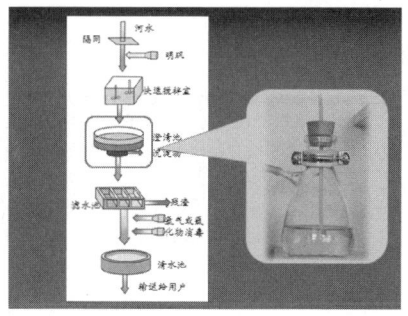　　　　　　图5　澄清池

指出：在澄清池里利用了沉降的净化方法。

分析讨论：问题1：沉降的原理和作用是什么？

方　　法	原　　理	作　　用
沉降	水中颗粒在重力或离心力作用下自然沉淀的过程	除去水中的不溶性物质

操作3：利用水泵将澄清池中上层清液吸入至过滤吸附池中。

学生观察：过滤吸附池主要由石英砂和活性炭两部分组成（见图6）。

提问：石英砂的作用是什么？

学生回答：过滤。

409

小组讨论：问题2：过滤的原理和作用是什么？

方　法	原　理	作　用
过滤	把液体和不溶于液体的固体分离	除去水中的不溶性杂质

学生观察：通过活性炭的水变得无色透明了。
问题3：活性炭的作用是什么？
思考并回答：过滤、吸附。
追问：活性炭是如何吸附杂质的？
展示：活性炭放大的内部结构图。
学生想象：理解活性炭利用微孔结构将杂质吸附在其表面，除去杂质。
学生分析：吸附的作用。

方　法	作　用
吸附	除去水中的某些可溶性杂质和不溶性杂质

指出：吸附主要是除去水的颜色和异味。

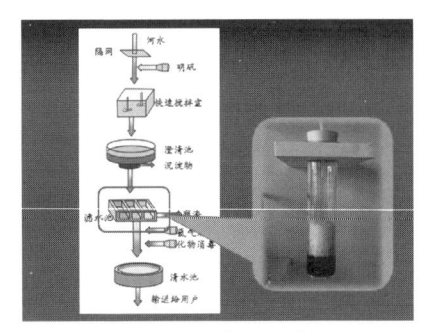

图6　过滤吸附池 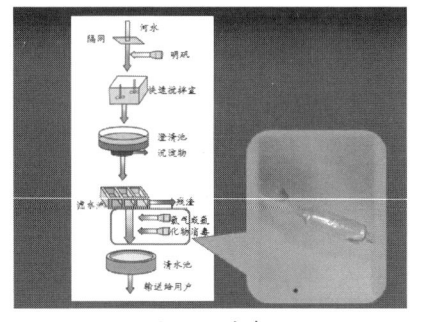　　　　图7　消毒

操作4：用注射器吸取次氯酸钠溶液，打入消毒池中对水进行消毒（见图7）。
思考并回答：问题4：消毒的作用是什么？

方　法	作　用
消毒	除去水中细菌、病毒、寄生虫

学生发现：进入清水池的水流速比较缓慢。
操作5：打开连接在清水池的气泵，利用负压加快流速。
讲述：进入清水池的水经检测合格就可以流入千家万户了。

提问：我们生产出的自来水合格吗？

给出：国家标准《生活饮用水卫生标准》。

操作6：与原水对比，初步判断色度、浊度、肉眼可见物、异味是否合格；检测 pH 是否合格；通过自来水厂检测试剂初步检测消毒是否合格。

初步判断：我们生产出的"自来水"这几项指标基本合格。

提问：自来水是纯净物吗？为什么？

思考并回答：水烧开后会结出水垢，说明自来水不是纯净物，还含有我们看不见的某些可溶性物质。

过渡提问：在实验室中如何得到纯水？

提示：刚才我们都是以除去水中杂质的思路在净化水，让我们换个角度想一想，能不能把水这种纯净物从混合物中提取出来而得到纯水呢？

展示：简易蒸馏实验（示意图见图8，实物图见图9）。

图8　简易蒸馏实验装置示意图　　图9　简易蒸馏实验装置实物图

小组实验：用自己带来的水库水进行简易蒸馏实验；观察现象；利用硝酸银溶液或肥皂水进行检测；得出结论。

提问：用这套装置进行实验能得到纯水吗？请你分析这套装置的原理和作用。

思考并回答：大烧杯中的原水加热蒸发变成水蒸气，水蒸气遇冷凝结成水，顺漏斗外壁流入小烧杯中。

引导：学生分析：只有水在100℃变成水蒸气，后遇冷凝结成水，所以流入小烧杯的水应该是纯水。

结论：这套装置利用的原理和方法是蒸馏。可以除去水中不溶性杂质和可溶性杂质。

展示：实验室常用蒸馏装置图。

引导：学生对比找出实验室常用蒸馏装置与简易蒸馏装置一一对应的仪器和作用，分析其原理。

学生分析：问题5：蒸馏的原理和作用是什么？

方　法	原　理	作　用
蒸馏	通过加热的方法使水变成水蒸气后冷凝成水	除去可溶性杂质和不溶性杂质

小结：以课堂中生成的板书进行小结（见图10）。

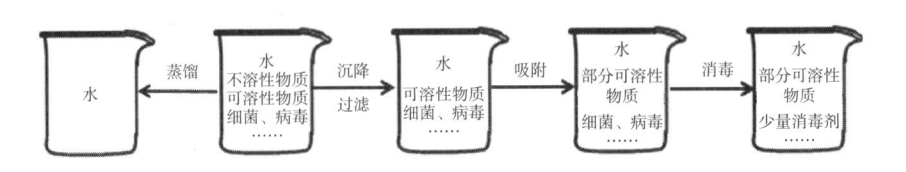

图10　板书

学生交流表达：

（1）沉降、过滤除去水中不溶性物质，吸附除去水中某些可溶性物质，消毒除去细菌、病毒、寄生虫，蒸馏除去水中可溶性和不溶性杂质。

（2）其中蒸馏的净化程度最高。

（3）水被污染容易净化难，我们要节约用水，爱护水资源，为社会作贡献。

附：**学生评价**

活动表现评价

评价标准	评分		
	自评	组长	教师
（1）是否积极参与实验操作活动，并善于与他人合作			
（2）是否客观、准确地观察和描述实验现象			
（3）是否积极思考，深入探讨			
（4）能否主动、流畅地交流自己的见解			
（5）是否体验到探究活动的乐趣			

动手实践：设计制作一个简易净水器，用它对一些含有杂质的水（如泥水、墨水）进行净化。还可以和你的同学比一比谁的净水器净水效果更好。

思考：

（1）简易净水器每部分的功能和作用是什么？

（2）小石头、石英砂和棉花同样是过滤作用，有哪些不同？在容器中叠放的顺序是什么？活性炭最好放在哪一层？

（3）哪些因素会影响净水效果？

（4）如何科学、综合地评价净水效率（材料成本、净水速率、净水程度等)？

八、实验效果评价

从整体上看,两个创新实验一气呵成地完成了"水的净化"一课教学内容,学习了沉降、过滤、吸附、消毒、蒸馏等多种净化水的方法,达成了教学目标。

(一) 模拟自来水厂水净化实验

通过模拟自来水厂水净化实验,在知识方面,了解吸附、沉降、过滤等净化水的常用方法;在能力方面,提高思维的有序性和逻辑性,提高综合处理实际问题能力;在素养方面,激发节水的社会责任意识。

(二) 简易蒸馏实验

通过简易蒸馏实验,在知识方面,了解蒸馏的方法和原理;在能力方面,提高基本化学实验技能,提高与他人合作进行简单实验与探究能力,提高进行简单物质检验和区别的实验能力;在素养方面,激发实验探究与创新意识。

(三) 教学过程

使用对比的方法,引导深入思考,针对不同目的采用不同净化方法达到不同的效果。提高运用对比对获取信息进行处理的能力,提高运用观察实验获取信息能力,提高有目的的观察能力。学生通过分析讨论,提高与他人交流信息的能力,提高运用语言描述现象的能力,提高用表格表达所获取信息的能力。

九、实验教学反思

本节课教学目标设立得当,针对目标所采取的教学策略有效。通过模拟自来水厂水净化实验,了解了吸附、沉降、过滤等净化水的常用方法,并提升思维的有序性和逻辑性。净化过程复杂和流速缓慢,学生感受到水被污染容易净化难,树立爱护水资源和节约用水的社会责任意识。通过简易蒸馏实验,了解了蒸馏净化水的方法和原理,启发在野外生存和地质灾害时寻找饮用水,培养创新精神和实践能力。通过自来水的生产工艺初步体会了化学、技术、社会、环境的相互联系。

本节课突出化学学科特色:以实验引领教学。教学过程包含5个环节,以视频《水是人类宝贵的资源》引入,探讨天然水不是纯水,通过两个实验学习水的净化方法及原理。其中水的净化环节中以模拟自来水厂水净化为线索串联本节课所有净化方法,环环相扣,逐步推进。该模拟实验不但满足了学生对自来水生产工艺的好奇心,同时为后续的"走进自来水厂"社会实践活动打下基础。简易蒸馏实验为学生提供了动手参与的机会,促进实验能力的提升。

本节课采取有效的教学策略突出重点、突破难点。如针对蒸馏原理的理解这一难点,采用实验探究,对比分析,小组讨论的教学策略有效地突破了难点。其中学生亲手进行简易蒸馏实验的探究,通过亲眼观察和亲身的体会,很容易说出蒸馏的原理。针对吸附原理的理解这一难点，采用演示实验、引发想象、小组讨论、图片展示分析的教学策略合力突破了难点。对于过滤的作用和原理，采用石英砂进行过滤，比起滤纸进行过滤，学生更容易理解其原理，认识过滤的实质，达到了突出重点的目的。在突出重点、突破难点过程中，更加关注的是学生的活动，如模拟自来水厂净化水实验，虽然是教师进行演示，但通过一系列的问题引领，组织学生小组讨论分析与汇报等活动，促进学生思维品质的提升。

　　本节课仍存在不足之处。一是模拟自来水厂水净化实验过滤吸附池中过滤与吸附没有分开，不利于学生观察单独实验的现象。二是对学生评价方式在多元化的基础上可以再细化一些，如学生动手操作蒸馏实验，活动表现评价可增加一些指标，真正考查学生在实验过程中的参与意识、合作精神、描述和分析实验现象的能力以及实验习惯和科学态度等，从而有针对性地提高学生实验的实效性。

燃烧的条件

东莞市万江第三中学　温桂兰

一、说教材

"燃烧的条件"是人教版《化学》九年级上册第七单元的内容，是对燃烧与灭火知识的复习和提升，是课标中明确规定在义务教育阶段学生必做的 8 个基本实验之一，属于探究性实验。重在使学生初步体会"对比实验、控制变量"等实验方法在研究"多因素作用于同一事物的问题"时的作用与实施策略。

二、说学情

在"燃烧与灭火"的学习时通过对比（见图 1）实验探讨过燃烧的条件，学生已准确地掌握了物质燃烧的条件。通过教材实验 7-1（见图 2）的燃烧条件再验证，学生已经初步认识到应用对比实验研究燃烧的条件。通过对课本中"燃烧条件的实验"进行评价和改进（见图 3），学生具备一定的环保意识和创新意识。

要利用控制变量法设计对比实验的思路，树立"化学即生活，生活即化学"的观念，在认识自我、改进自我、发展自我的意识和能力等方面需要引导，才能实现能力水平的有序发展。

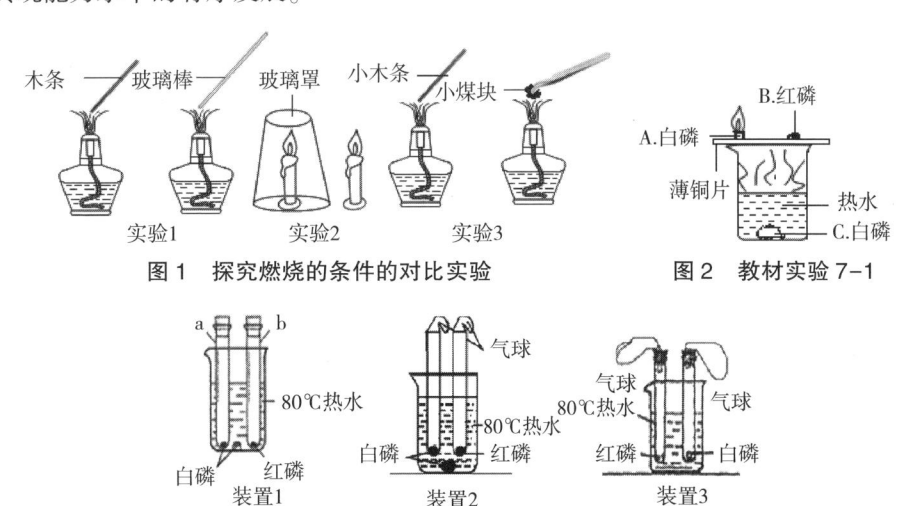

图 1　探究燃烧的条件的对比实验

图 2　教材实验 7-1

图 3　教材实验 7-1 改进装置

三、说目标

根据课程标准的要求和学生的认知水平，我设立了如下三维目标。

（一）知识与技能目标

（1）加深对燃烧条件的认识。

（2）进一步了解灭火的原理。

（二）过程与方法目标

（1）通过与他人合作设计实验方案，体验实验探究的过程，学会运用控制变量法设计对比实验。

（2）通过实施量化评价，形成认识自我、改进自我、发展自我的良好意识。

（三）情感态度与价值观目标

（1）通过利用生活用品设计实验初步养成勤于思考、乐于实践、善于合作、勇于创新的科学品质。

（2）通过利用所学知识解决生活问题，养成从化学的视角观察生活现象的好习惯。

四、说重点难点

本节课的教学重点为：通过利用生活用品设计实验验证燃烧条件，落实利用控制变量法设计对比实验的思路，形成"化学即生活，生活即化学"的观念。

教学难点为：利用控制变量法设计对比实验的思路。

五、说教法

从学生实际情况出发，我主要采用了以下教法。

（一）翻转课堂教学法

提前一周出示任务：请小组合作利用生活用品设计实验证明物质燃烧的条件，拍成视频通过QQ发送给老师。老师通过观看学生的实验视频，对实验方案进行指导。学生根据老师的引导，改进实验方案并填写实验记录表（见表1）。老师筛选出优秀的实验在课堂展示。

表1 燃烧的条件课前实验记录表

研究项目	请利用生活用品设计实验证明物质燃烧需要的条件
设计意图	探究燃烧与　　的关系
实验用品	
实验步骤	

续表

实验现象	
实验结论	
实验评价	
活动要求： （1）你可以选择对燃烧的一个或几个条件进行探究。 （2）你可以按上述方式进行实验记录，也可以按自己喜欢的形式进行实验记录。 （3）研究时间为一周，研究成果将在全班交流并展示。	

设计意图：通过利用生活用品设计实验（学生实验记录见图4），开放实验空间和时间，使学生学会运用控制变量法设计对比实验，突破教学难点。通过体验实验探究的过程，初步养成勤于思考、乐于实践、善于合作、勇于创新的科学品质。

研究项目	请利用生活用品设计实验证明物质燃烧需要的条件
设计意图	探究燃烧与着火点的关系
实验用品	自制三脚架、自制酒精灯，勺子、面粉、葡萄糖、锡纸。
实验步骤	1.剪取宽约3.5厘米的锡纸，固定在自制三脚架的铜圈上 2.取适量面粉、葡萄糖放在锡纸的左右两侧。 3.点燃自制的酒精灯，将自制酒精灯移至三脚架中央，观察现象
实验现象	葡萄糖熔化，不久后起火燃烧，面粉只是略微变焦。
实验结论	物质燃烧需要温度达到可燃物的着火点。
实验评价	运用了控制变量法，控制其他条件相同，面粉和葡萄糖的温度不同，形成了对比实验。此实验方案的实验用品在生活中容易寻找，面粉和葡萄糖无毒，燃烧后产物也无毒，环保。
活动要求： 1. 你可以选择对燃烧的一个或几个条件进行探究。 2. 你可以按上述方式进行实验记录，也可以按自己喜欢的形式进行实验记录。 3. 研究时间为一周，研究成果将在全班交流并展示。	

研究项目	请利用生活用品设计实验证明物质燃烧需要的条件
设计意图	探究燃烧与着火点的关系
实验用品	坩埚钳，一盏酒精灯，两张完全相同的纸条，一根废旧铜管
实验步骤	1.用坩埚钳夹取一张纸条在酒精灯的外焰加热，观察现象。 2.将另一张纸条紧紧缠绕在废旧铜管上，用双手拿住铜管两端放在酒精灯外焰加热，持续十几秒，观察现象。
实验现象	步骤1中的纸条立即燃烧，步骤2中纸条没有燃烧
实验结论	物质燃烧需要温度达到着火点
实验评价	运用了控制变量法，控制其他条件相同，形成了对比实验。此实验方案简便可行，可重复多次实验。步骤2中纸条没有燃烧，是因为冷的铜管具有良好的导热性，使温度达不到纸条的着火点，故纸条无法燃烧。
活动要求： 1. 你可以选择对燃烧的一个或几个条件进行探究。 2. 你可以按上述方式进行实验记录，也可以按自己喜欢的形式进行实验记录。 3. 研究时间为一周，研究成果将在全班交流并展示。	

图4　学生填写的实验记录表

（二）量化评价法

依据课程标准，制定以实验过程为时间顺序的量化评价表（见表2）。

表2 燃烧的条件量化评价表

环节	实验内容及评分细则		得分
实验一	(图：蘸有酒精的棉花、蘸有水的棉花)	（1）在点滴板的两个孔穴中分别滴入相同滴数的酒精和水(2分) （2）用镊子分别夹取棉花球蘸少量酒精和水，不滴落液体(2分)，放在酒精灯外焰上加热片刻，观察现象（2分） （3）棉花点燃后要及时放入废液缸内灭掉，不乱丢（2分） （4）用灯帽盖灭酒精灯，盖灭后轻提一下灯帽（2分）	
	现象	（2分）	
	结论	燃烧的条件之一是 （2分）	
	讨论	（1）实验一中如果在酒精灯上加热时间较长，会发生什么现象（2分），为什么（2分） （2）请利用生活用品设计实验证明物质燃烧需要可燃物，并与同学交流（10分）	
实验二	(图：乒乓球碎片、滤纸碎片)	（1）点燃酒精灯，灯帽正放实验台，用过的火柴梗放在垃圾瓶中（2分） （2）取一小块乒乓球碎片和滤纸碎片，分别用坩埚钳夹住（2分），放在酒精灯的火焰上加热，观察现象（2分） （3）点燃后的物品要及时放入废液缸内灭掉，不乱丢（2分） （4）用灯帽盖灭酒精灯，盖灭后轻提一下灯帽（2分）	
	现象	（2分）	
	结论	（2分）	
	(图：滤纸碎片、乒乓球碎片、铜片)	（1）从乒乓球和滤纸上各剪下一小片（2分），乒乓球碎片和滤纸碎片直径约1cm，大小相同（2分） （2）如图所示分开放在一块薄铜片的两侧（2分），可燃物位置对称且距离铜片中心位置相同（2分） （3）加热薄铜片的中部，观察实验现象（2分） （4）点燃后的物品要及时放入废液缸内灭掉，不乱丢（2分） （5）用灯帽盖灭酒精灯，盖灭后轻提一下灯帽（2分）	
	现象	（2分）	
	结论	燃烧的条件之一是 （2分）	
	讨论	（1）如果将乒乓球碎片和滤纸碎片换成木屑和煤粉（木屑的着火点比煤粉的着火点低），会有什么现象（2分），说明了什么（2分） （2）请利用生活用品设计实验证明物质燃烧需要温度达到可燃物的着火点，并与同学交流（10分）	

续表

环节	实验内容及评分细则	得分
实验三	请利用生活用品设计实验证明物质燃烧需要与氧气（或空气）接触，并与同学交流（10分）	
	现象　　　　　　　　　　　　　　　　　　　　　　　　　　　（2分）	
	结论　燃烧的条件之一是：需要有氧气（或空气）	
反思项目	(1) 有预习（2分），积极参与实验并在规定的时间内完成（2分） (2) 积极参与实验方案的设计、交流（2分），讨论实验设计是否科学合理（2分） (3) 与组员有分工合作（2分），具有良好的安全意识（2分） (4) 体验到实验探究的乐趣（2分），实验完毕后整理药品、仪器、桌面（2分）	

我的总得分是：　　　　分，我的收获和努力方向：

设计意图：通过实施量化评价，一方面规范学生的实验操作，另一方面，从知识与技能、过程与方法、情感态度价值观等方面全方位引导学生进行实验反思和自我评价，促使学生认识自我、改进自我、发展自我，逐渐形成良好的学习意识和学习能力，促进学生均衡发展。

六、说学法

在学法方面：通过合作探究、交流研讨、展示评价这3种学法，实践了"学生主体"的主体性学习理论。

七、说教学过程

为了实现三维目标，突破重难点，我设计了5个教学环节。

（一）环节一：创设情境

"纸火锅"的报道让学生感受到生活处处有化学，奠定本节课的情感基础。

（二）环节二：回顾旧知

引导学生回顾燃烧的3个条件以及教材实验7-1，为后续探究作好知识铺垫和方法铺垫。

（三）环节三：活动探究

(1) 合作实操。

同组两人合作完成教材安排的实验，根据评价量表上的"评分细则"给小组打分。

设计意图：规范学生的实验操作，体会控制变量法在对比实验中的应用。

（2）展示评价。

根据课前掌握的情况，筛选优秀的实验在课堂展示，进行"创新实验大比拼"。

1）探究燃烧需要可燃物（见图5、图6）。

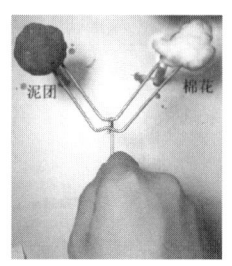

图5　利用泥块和棉花探究燃烧需要可燃物　　图6　利用水和酒精探究燃烧需要可燃物

2）探究燃烧需要温度达到可燃物的着火点（见图7~图9）。

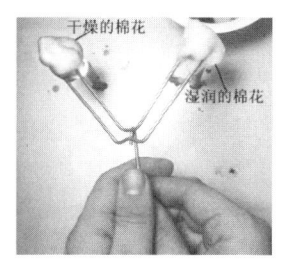

图7　利用干燥的棉花球和湿润的
棉花球探究燃烧需要温度达到着火点

图8　利用粗铜管和白纸条探究
燃烧需要温度达到着火点

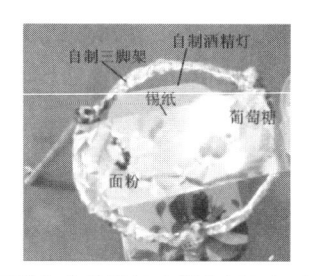

图9　利用面粉和葡萄糖探究燃烧需要温度达到着火点

3）探究燃烧需要氧气（见图10、图11）。

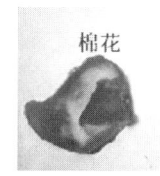

图10　利用小苏打和食醋探究燃烧需要氧气　　图11　利用棉花和小玻璃杯探究燃烧需要氧气

（四）环节四：反思成长

引导学生从过程与方法、情感态度价值观等方面进行反思和自我评价，促使学生认识自我、改进自我、发展自我，逐渐形成良好的学习意识和学习能力。

图 12 是部分学生的实验反思。

图 12　学生的实验反思

（五）环节五：拓展提升

"生活现象大解密"：利用所学知识解决生活问题，体现学科价值。从化学走向生活，养成从化学的视角观察生活现象的好习惯。

八、说实验创新

简易夹持器（见图 13）：利用窗帘挂钩自制。

废旧铜管：在废弃空调中寻找。

自制三脚架（见图 14）：利用废旧铜电线、一次性筷子、锡纸自制。

自制酒精灯（见图 15）：利用装糖果的铁盒（或小玻璃瓶）、棉线、医用消毒酒精、矿泉水瓶盖自制。

面粉和葡萄糖：代替乒乓球碎片和滤纸碎片，燃烧后产物无毒，环保。

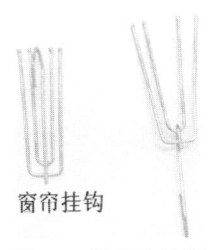

图 13　简易夹持器　　　　图 14　自制三脚架　　　　图 15　自制酒精灯

实验评价：本节课的实验材料在生活中容易寻找，实验仪器易于制造，实验过程有趣，实验便于推广。

学生参与积极性非常高，体验到探究的成功与乐趣，提高了创新能力和实践能力。

九、说板书设计

图 16 是基于三维目标的板书设计，目的在于引导学生从知识、方法、情感等方面内化，促进学生的可持续发展。

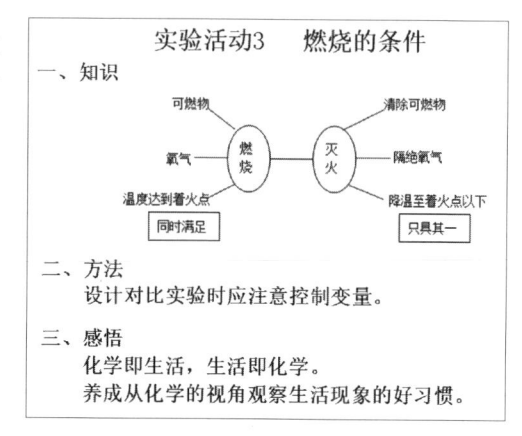

图 16　板书设计

十、说教学反思

（一）亮点

（1）密切联系生活。"纸火锅"报道、生活现象大解密、利用生活物品设计实验验证燃烧的条件，让学生感受到生活处处有化学，养成从化学的视角观察生活现象的好习惯，树立"化学即生活，生活即化学"的观念。

（2）翻转课堂教学。提前一周让学生小组合作利用生活用品设计实验证明物质燃烧的条件，为学生提供足够的实验空间和时间，实践了"学生主体"的理念。

（3）趣味创新实验。开放的实验环境，采用不同办法来解决问题，充分发挥学生的个性品质，发展学生思维能力，挖掘学生潜能，在"做科学"的探究实践中培养学生的创新精神和实践能力。

（4）实施量化评价。详细的评分细则和多元的、弹性化的评价标准，规范了学生的实验操作，促使学生认识自我、改进自我、发展自我，逐渐形成良好的学习意识和学习能力，为终身学习作好准备。

（二）师生共同成长

这一活动课，教师教学方式的转变促进学生学习方式的转变，是教师教与学生学的和谐统一。教师引导学生学习，促进学生发展；学生思维活跃，考虑问题的角度多样，开拓了教师的思路。这一活动课是收获师生共同进步与发展的过程。

燃烧条件的探究

江西育华学校　叶婉

一、使用教材
人教版《化学》九年级上册第七单元课题一。

二、实验器材
改进的水槽、改进的短试管、锥形瓶、分液漏斗、升降台、双孔胶塞、洗气导管、磨口长试管、活塞、气球、球形干燥管；二氧化锰、过氧化氢、白磷、红磷。

三、实验创新要点
教材中给出的装置如图1所示。创新装置如图2和图3所示。

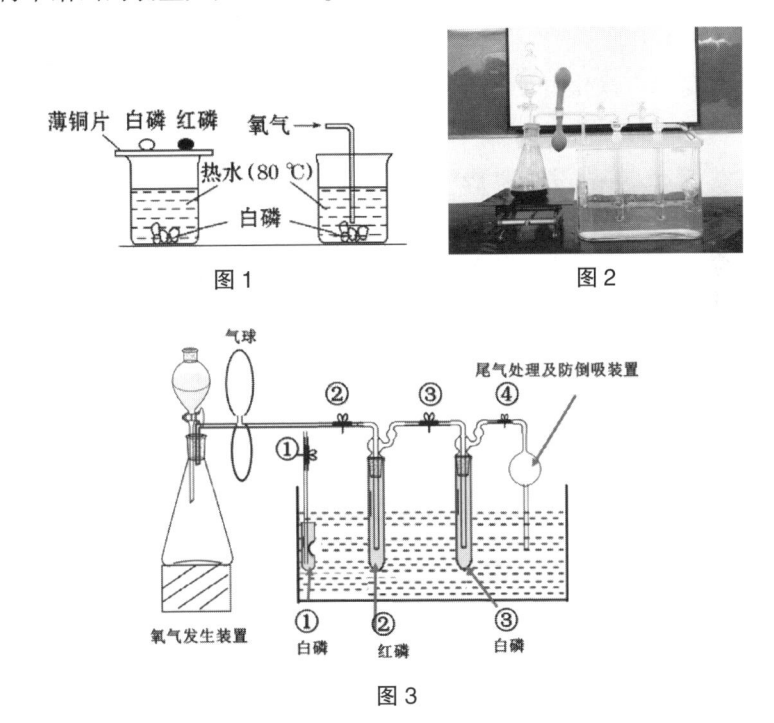

图1

图2

图3

（一）原实验的不足

（1）白磷在铜片上燃烧产生大量的五氧化二磷，污染环境，损害师生健康。故教材要求在通风橱中进行，无法在课堂呈现，限制了学生实验的参与度。

(2)白磷燃烧放出大量热,会引燃铜片上的红磷,影响实验结论的分析。

(3)热水中的白磷易溶化成小液滴不好固定,容易被气体吹走,在水面燃烧,污染空气。

(4)反应的过程不可控制。

(二)本实验的创新点

(1)用长方形水槽代替圆形水槽,便于观察。

(2)粘在水槽内壁的改进后的短试管向内烧至1/2处,可以使得白磷不易冲出水面,且产生的白烟(五氧化二磷)被水槽中的水吸收,不会造成环境污染。

(3)将白磷和红磷分置于两根长试管中,避免了白磷燃烧引燃红磷。

(4)气球可以调节气压,尾气处理装置既可以表征气流,又可以处理尾气,避免污染物飘散到空气中,损害师生健康。

(5)通过改变水槽中的水温来改变温度,通过活塞调节氧气含量,可控的火焰实验现象明显,对比清晰,绿色环保,便于推广。既可以验证燃烧的三个条件缺一不可、灭火只需改变其一,又可以逐一控制变量,培养学生的分析能力,归纳出设计对比实验的思维方法。

(6)装置简单,操作方便,既可以开展教师演示实验,又可以用于学生探究分析实验。

四、实验原理/实验设计思路

本实验的原理是利用白磷和红磷以及水中的白磷形成对比,让学生更加深入地理解控制燃烧的三个条件。燃烧是一个多变量实验,该实验操作不难,难的就是多变量情况下对于单一变量的分析和控制。

针对教材传统装置设计的问题所在进行改进,我的设计思路如下。

(1)课堂呈现:装置可以直接用于课堂演示实验或者学生探究分析试验。

(2)装置改进:磨口长试管和改进的短试管取代传统的铜片,可以形成清晰的对比,不会形成干扰,且实验一体化。尾气处理装置将绿色化学的理念融入真实课堂。

(3)驭火有方:利用三通管和活塞控制氧气,利用水温来调节温度,实现单一变量的逐一控制,现象明显,对比清晰,引导学生逐层分析。同时又可以通过燃烧和熄灭之间的控制,形成可控的火焰,让学生理解灭火的原理,体会控制化学变化的一般思路。

五、实验教学目标

(一)知识与技能目标

探究燃烧的条件及其关系,学会比较和控制变量的实验方法。

（二）过程与方法

通过感知对比实验，分析对比实验，引导学生运用控制变量的思想设计对比实验，进一步理解燃烧的条件和灭火的原理。

（三）情感、态度与价值观

体验多变量实验的分析设计过程，培养创新思维。

六、实验教学内容

燃烧需要可燃物、氧气、温度达到着火点，这三个条件缺一不可。灭火只需要改变其中的一个条件。

七、实验教学过程

（一）环节一：创设情境，导入课题

魔术表演："魔棒点灯"。

设计意图：以此激发学生实验兴趣。

提出问题："物质燃烧需要哪些条件？"学生提出猜想。

（二）环节二：感知对比实验，初识燃烧条件

请同学们小组合作，利用桌子上的实验用品完成以下实验，完成猜想：

（1）蜡烛燃烧 V.S. 烧杯内外。

（2）蘸水的棉花 V.S. 蘸有酒精的棉花。

（3）小煤块 V.S. 小木条。

设计意图：通过这三个分组实验，旨在让学生对单变量的"对比实验"有一个感性认识，为后面分析"对比实验"作好铺垫。

（三）环节三：分析对比实验，总结燃烧条件

提出问题：燃烧是个多变量实验，那么这 3 个条件是要同时具备、缺一不可，还是只要满足一个或两个条件？引导学生阅读分析课本探究实验 7-1。

提出问题：如何解决白磷冲出水面燃烧的问题？怎样避免环境污染？如何控制实验过程？如何证明红磷未达到着火点不能燃烧？

设计意图：引起学生思考，尝试实验改进。

演示创新实验：多变量对比探究及其控制，通过调节装置，实现多变量情况下单一变量的控制对照实验。

学生观察实验现象，在学案上记录。

学案记录与分析如下。

控制一：向红磷和白磷中通入氧气。

控制一	水中白磷	试管中白磷	试管中红磷
是否可燃物	是	是	是
是否接触氧气	否	是	是
是否达着火点	否	否	否
是否发生燃烧			

控制二：改变温度。

控制二	水中白磷	试管中白磷	试管中红磷
是否可燃物	是	是	是
是否接触氧气	否	是	是
是否达着火点	是	是	否
是否发生燃烧			

控制三：向水中白磷通入氧气。

控制三	水中白磷	试管中白磷	试管中红磷
是否可燃物	是	是	是
是否接触氧气	是	是	是
是否达着火点	是	是	否
是否发生燃烧			

让学生观察实验的同时思考：每一个操作的变量是什么？要控制的变量是什么？对比的目的是什么？

设计意图：三个螺旋驱动式问题，引导学生层层分析，加深了对变量和要控制的变量的理解，逐一变量，逐步分析，培养学生的分析能力，归纳出设计对比实验的思维方法。

（四）环节四：设计对比实验，内化燃烧条件

请同学们自行设计多变量对比实验，进行展示，内化燃烧的条件。

设计意图：设计对比实验让学生以控制变量的思维方法为指导，把研究对象设置为变量，其他为不变量，从而设计合理的实验方案，提升学科素养。

课堂拓展：氢气—氯气实验。

设计意图：激发思维冲突，为下一节课作铺垫，引导阅读《燃烧条件之我见》，延伸课堂。

八、实验效果评价

我创新设计的"多变量对比探究及其控制装置"弥补了"燃烧条件探究"演示实验的空白,有毒实验能够走出通风橱,安全进入课堂。在课堂教学中教师引导学生在观察实验、分析试验、动手实验、设计实验中建立知识体系。教师为学生提供观察、思考的机会,操作、尝试的机会,表达、交流的机会,获得成功的机会。学生在实验活动中学习知识,体验过程,形成学科思维。如果说前面的实验是学习的基本功,那么燃烧条件的探究实验让学生感知对比实验,分析对比试验,创新对比实验,这就是该实验背后的魅力所在,也是教师进行教学创新的意义所在。

探究燃烧条件的"3+X"

安徽省合肥市第四十六中学　刘亮荣

一、使用教材

人教版《化学》九年级上册第七单元"燃料及其利用"课题一"燃烧和灭火"。

二、实验器材

广口瓶，两个新的燃烧匙，玻璃管，橡胶塞，长颈漏斗，200mL注射器，红磷、白磷、90℃热水、冰水混合物、柴油、酒精；酒精灯，石棉网3个，镊子，铁丝，1号铁丝棉，0号更细铁丝棉；氧气传感器，高温传感器，数据采集器，电脑，蜡烛，火柴，培养皿，蒸发皿，三脚架，集气瓶两个。

三、实验创新点

（一）创新改进燃烧条件实验

关于燃烧条件的探究实验，课本实验（见图1）虽能验证燃烧条件，但是有不环保、药品用量大、操作不便、不便于课堂教学等诸多缺点。

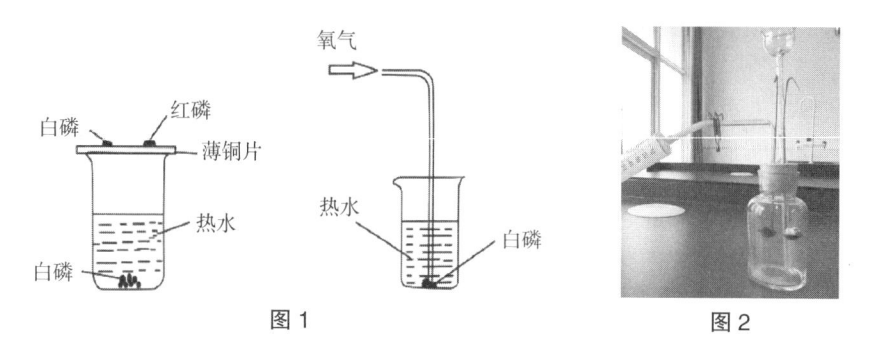

图1　　　　图2

而图2的创新改进方案，既可以验证燃烧的三个条件，又具有了众多改进的优势：①整个过程生成的五氧化二磷会被瓶内的水吸收，无任何污染；②操作简便，装置简单；③方便携带，药品用量少；④可通过增加、减少热水使装置可多次连续使用，特别适合多个班级的连堂教学。

（二）建构燃烧条件的新模型

初中阶段，我们在课堂上讲到可燃物、温度达到着火点、氧气三个燃烧条件，学生可以理解，但遇到为什么无芯的蜡烛点不着、为什么铁粉在空气可以自燃等特殊燃烧现象时,学生就很难理解,老师也不好解释。本实验创新通过对燃烧条件的再探究,帮助学生建立燃烧四面体的新模型(见图3)。

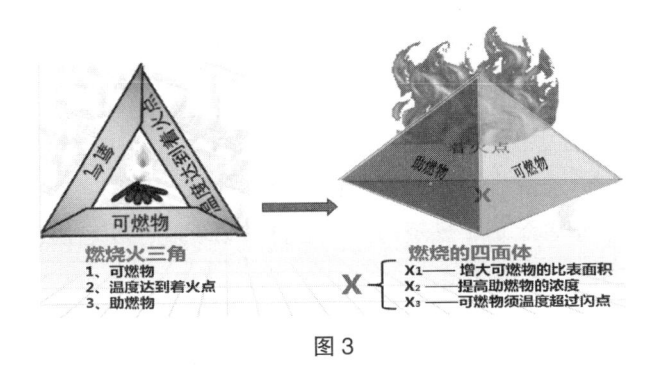

图3

四、实验方法、设计思路

(一) 实验方法

基于教材,实验创新内容,我采取了创新传统实验和现代数字化实验融合的教学方法,引导学生动手实验、观察思考、交流讨论,促进学生思维发展。

(二) 实验设计思路

认识建构主任理论认为,科学探究是一种深层次的认识活动,是学生认识发展过程中不可或缺的实践活动。因此,我设计了本节课的实验教学,首先通过对教材实验的创新改进,帮助学生巩固燃烧条件的知识。然后,根据对燃烧条件的再探究即三个问题的探究:①为什么铁丝在空气中烧不着?铁粉可以自燃?②为什么蜡烛在密闭容器内熄灭后氧气浓度还剩下约16%,即还有氧气却熄灭了?③为什么着火点低的柴油在空气中用火柴点不着?而着火点高的酒精一点就着?帮助学生搞清楚原来物质燃烧不仅要达到三个基本的必要条件,还需根据具体燃烧情况提供一个新的"X"充要条件,即建构燃烧条件的四面体结构。

五、实验教学目标

基于教材、学情及课程标准的要求,我确定了如下的教学目标。
(1) 通过学习,初步认识燃烧的四面体结构新模型。
(2) 提高控制变量法在对比实验中的应用能力,利用手持技术的定量研究,进一步掌握科学探究的一般过程和方法。
(3) 形成勇于探究、敢于质疑的科学精神。

六、实验内容设计

本课从课本实验改进到巩固燃烧三个必要条件,过渡到燃烧条件的再探究,即燃烧条件的"3+X",帮助学生建立新的燃烧四面体模型。

七、实验教学过程

我采取的是基于微课的翻转课堂教学模式,设计了四个教学环节。

(一)微课学习,提出问题

学生通过微课复习巩固燃烧的三个条件,然后上传进阶练习。我根据回答情况整理并二次备课,设计了两个问题作为本节课的教学内容,即:课本实验有何不足,如何改进?是否满足了燃烧的三个条件,可燃物一定会燃烧?

(二)创新改进,巩固知识

课堂上,针对第一个问题,在实验改进环节,我展示同学们的改进方案,肯定了优点但依然有不足,在和同学们共同商讨、完善、最终确定了创新改进方案(见图2)。此改进方案操作简便,具备众多优点,特别适合多个班级连堂教学。通过以上环节,帮助学生复习巩固燃烧的三个必要条件。

(三)拓展延伸,探究新知

但是面对形式多样、复杂的燃烧问题是否也这样呢?过渡到延伸拓展环节,来解决第二个问题,即是否可燃物满足了三个必要条件一定会燃烧?

(1)拓展探究:不同规格的铁丝在空气中燃烧。

我引导学生结合桌上的仪器和药品,合作、研究设计方案,学生设计了将不同规格的铁在空气中加热这一方案(操作过程见视频)。可以看到,普通细铁丝在空气中烧不着,1号细铁丝在空气中可以燃烧一半,0号更细的铁丝棉可以完全烧掉。学生们通过交流、归纳得出结论:燃烧的充分条件 X_1,即对于像铁一样表面燃烧的物质,可以增大可燃物的比表面积使其燃烧。

(2)拓展探究:蜡烛在密闭容器内燃烧至熄灭氧气浓度的变化。

此过程,我向大家重点介绍了现代实验技术——数字手持实验,利用氧气传感器测定蜡烛在密闭容器内燃烧到熄灭过程中的氧气浓度变化。通过曲线分析可知,蜡烛熄灭时容器内氧气浓度接近16%,即,还有氧气蜡烛也不能继续燃烧,说明需要达到一定浓度。我正准备下结论,此时有学生提出质疑,是不是二氧化碳使蜡烛熄灭的呢?为了解决学生的这一疑惑,我进行了拓展探究,即利用排水法收集一瓶80%二氧化碳和20%氧气的混合气体,将燃着的蜡烛深入,发现如在空气的集气瓶中一样,慢慢熄灭。该实验说明蜡烛在密闭容器内燃烧熄灭不是二氧化碳引起的,而是氧气浓度降低引起的。同学们通过归纳总结得出结论:燃烧的充分条件 X_2,即提高助燃物的浓度才能使物质燃烧。本过程新的实验技术让人耳目一新,给学生的心灵带来了震撼,进一步激发他们去接触更多的新科技。

（3）拓展探究：酒精和柴油在空气中点燃的对比实验。

进入第三个实验探究，我首先给出柴油和酒精两者的着火点，请学生预测谁更易点燃，大家一致认为是着火点低的柴油，但是通过实验现象，学生觉得都很惊奇，着火点高的酒精用火柴在液面上方一点就着，着火点低的柴油无论在液面上方还是接触液面都点不着，引起学生的认知冲突和好奇心，激发学生的探究欲。接着，我再次向学生展示数字手持技术，利用高温传感器精确测量柴油从加热到引燃的整个过程，可以看到在室温时、加热至46℃左右时，柴油均点不着，当柴油加热至96℃左右时被火柴引燃并持续燃烧，这是为什么呢？我随即提供柴油的着火点、闪点、沸点信息，引导学生思考柴油燃烧与何种因素有关？学生经过分析、讨论确定是闪点，那么何为闪点？我给出闪点的文献资料，即可燃性液体上方蒸气浓度恰好等于其爆炸极限的下限，引起闪燃的最低温度！原来，蒸发燃烧的物质自身温度必须超过闪点遇明火才可以引燃，刚才实验中室温及加热至46℃的柴油因为自身温度低于闪点故点不着，而温度加热至96℃，即使没有达到着火点但是超过55℃的闪点时也可点燃。通过以上实验，同学们初步掌握了蒸发燃烧与闪点的关系。接着我拓展演示燃烧的酒精接触冰水的实验，可以看到，室温时酒精超过12.7℃的闪点，在空气中点着剧烈燃烧，当燃烧匙接触冰水混合物酒精温度降至闪点以下，其火焰变微弱至熄灭，重新放入热水，温度超过闪点时可用火柴再次引燃。同学们最后讨论、交流得出结论：燃烧的充分条件 X_3，如柴油、石蜡等蒸发燃烧的物质，须自身温度超过闪点，遇到明火方可燃烧。

（四）总结归纳，模型构建

课堂教学进一步升华，我引导学生大胆思索，建构火的新模型，同学们踊跃发言，最后同学们通过小组合作、讨论归纳得出从旧的火三角到新的燃烧四面体的模型建立（见图4）。学生们通过课堂中的师生互动、生生互动感受到了成功的喜悦。

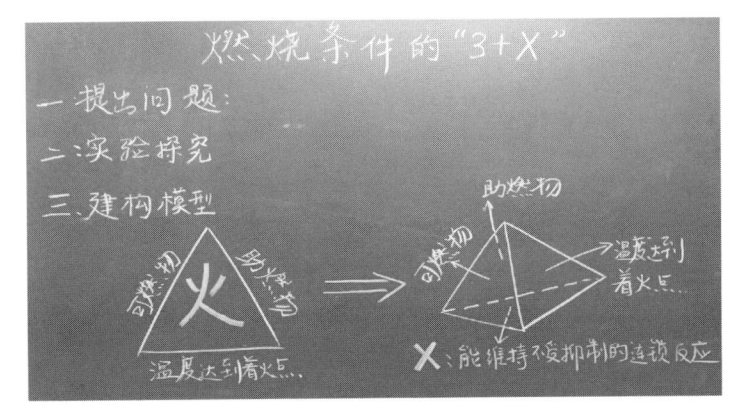

图4

最后，同学们对本节课进行了小结并交流分享自己的收获。

八、教学教学反思与评价

本节课从解决"课本实验的创新改进"开始，不断提出问题、创设情境，进行实验创新，并将传统实验与现代数字化实验深度融合，让学生体验探究过程，寻找科学方法，改变学习方式，构建知识体系，培养敢于质疑、勇于探究的科学精神。这完全符合化学学科核心素养的根本要求。

蜡烛及其燃烧的观察与研究

大连市第四中学　王洪亮

一、使用教材

本课内容选自人教版《化学》九年级上第一单元课题 2 "化学是一门以实验为基础的科学"。

二、实验器材

蜡烛、烧杯、集气瓶、白纸、高温传感器、数据采集器、铁丝、火柴、酒精灯、坩埚、坩埚钳、Y 形管、注射器、漏斗、直角玻璃管、石灰水、魔术蜡烛。

三、实验创新要点

（一）探究蜡烛各层火焰温度高低

（1）用白纸代替小木棍伸入火焰中心，会看到白纸与外焰接触的部分被烧成一个圈，现象更明显。

（2）同时将 3 根细铁丝分别伸入蜡烛的外焰、内焰、焰心，观察哪根铁丝先被烧红。

（3）同时将 3 只高温传感器伸入蜡烛的外焰、内焰、焰心，观察数据采集器上的温度曲线。

（二）探究蜡烛燃烧产生的二氧化碳

选择用集气瓶代替烧杯，罩在桌面上正在燃烧的 1cm 左右的蜡烛上，待蜡烛熄灭后，用玻璃片盖住瓶口，倒入澄清的石灰水。

（三）探究蜡烛刚熄灭时产生的白烟

（1）将 1 支蜡烛换成 3 支蜡烛，改吹灭为漏斗罩灭，漏斗缓慢抬升，点燃漏斗内的白烟，白烟又将 3 支蜡烛引燃。

（2）用 Y 形管引出两支燃烧的蜡烛产生的白烟，并点燃。

（3）用注射器抽取白烟并点燃。

（四）创新实验

点燃自制的铜丝做成烛芯的蜡烛，蜡烛燃烧。

四、实验设计思路

（一）探究蜡烛各层火焰温度高低

（1）白纸代替小木棍探究蜡烛火焰各层温度，学生可以通过观察白纸上微微烧焦的现象，掌握白纸从火焰中拿出的时机，成功率更高，实验现象更明显。

（2）用铁丝代替木棍，实验现象更明显。

（3）用高温传感器，学生可以直接看出数据采集器上的示数变化，由定性到定量，现象直观明显。

（二）探究蜡烛燃烧产生的二氧化碳

用集气瓶代替烧杯，集气瓶瓶口较小，装置密闭性较好，生成的二氧化碳扩散不出去，倒入石灰水，震荡，变浑浊的现象明显。

（三）探究蜡烛刚熄灭时产生的白烟

（1）3支蜡烛产生白烟量较大，用漏斗罩灭，漏斗缓慢提升，可以聚拢白烟，使白烟不扩散。用点火器点燃漏斗内聚拢的白烟，成功率高，现象更明显。

（2）用Y形管引出两支蜡烛燃烧产生的白烟，白烟量较大，从Y形管另一端出来的白烟较稳定，容易捕捉和点燃。

（3）用注射器抽取白烟可以收集白烟，将白烟在火焰处推出，产生火焰现象明显。如果使用口径更大的注射器，推动较快，会形成火舌，实验现象会更加明显。若收集白烟后将白烟在注射器内冷却，会看到在注射器内壁有一层薄薄的石蜡，更能说明白烟就是蜡烛的固体小颗粒。

（四）创新实验

用铜丝代替棉线做烛芯竟然也能点燃蜡烛，打破了学生是烛芯在燃烧的思维定式，对蜡烛燃烧实际上是石蜡燃烧有了深刻的认识。

五、实验教学目标

（一）学情分析

（1）大连教材小学四年级科学课中已经学习过用蜡烛探究空气的成分。

（2）在日常生活中，接触过蜡烛的燃烧，对蜡烛的燃烧比较熟悉。

（3）对化学的学习方法了解不多，还没有从化学角度对蜡烛进行研究。

（二）实验目标

结合课程标准的要求和对学生的分析，我设计了如下的实验学习目标：

（1）通过对蜡烛燃烧前、中、后的观察，学习观察实验、描述实验现象的方法，初步体验实验探究的过程。

（2）在教师指导下能根据一定的方案进行实验，并学习通过观察和分析得出结论的方法，初步学习填写实验报告。

（3）通过对蜡烛及其燃烧的探究，激发学生学习化学的兴趣。

（三）重难点

根据以上的实验教学目标，确定本实验的教学重、难点如下：

重点：初步学习对实验现象的观察、记录和描述的方法。

难点：细致观察实验现象，准确表述实验现象意识养成。

六、实验教学内容

根据课程标准要求和教材安排，按照点燃前、燃烧时、熄灭后的顺序，设计以下5个实验活动：①石蜡性质的探究实验；②蜡烛火焰各层温度比较；③蜡烛燃烧产物的探究；④点燃蜡烛刚熄灭时的白烟；⑤点燃蜡烛燃烧时引出的白烟。

七、实验教学过程

（一）石蜡性质的探究实验

学生小组合作，按照教材所设计的内容或按照自己的想法，大胆进行和蜡烛有关的探究。学生记录在实验过程中看到的实验现象和得到的启发。实验结束，教师引导学生按照点燃前、燃烧中、熄灭后的顺序，对所记录的实验现象进行归类，并指导学生完成实验报告的初步填写。

设计意图：①体会化学学习的特点：关注物质的性质、变化和结果的解释，初步学习观察实验的一般方法等，为后续的实验学习奠定扎实的基础。②充分调动学生学习的主动性和创造性，让学生在玩中学，培养学生观察实验、描述实验现象的能力，在学中玩，激发学生学习化学的兴趣。

（二）蜡烛火焰各层温度比较

学生按照书上所设计的实验方案验证蜡烛3层火焰温度高低时，因为把握不好木棍伸入火焰的位置和停留时间，实验的成功率较低。有的学生按照书上图示放置火柴，观察到外焰部分的小木棍最先碳化，有的学生小木棍放置的位置稍高，结果外焰部分和内焰部分同时碳化。有的学生放置时间稍长，结果外焰部分先燃烧起来了。虽然学生实验现象不同，但都可以说明火焰外焰温度最高，内焰次之，焰心温度最低。于是我接着启发学生，我们还可以设计怎样的实验验证蜡烛3层火焰温度的高低呢？学生讨论，给出了几种可行的方案：①用白纸代替木棍伸入火焰中，看看用哪层火焰加热的部分先被碳化。②分别用蜡烛的外焰、内焰、焰心加热细铁丝，谁先烧红，谁的温度就高。③拿高温温度计分别伸入外焰、内焰、焰心，通过温度计示数，直接比较出蜡烛各层火焰的温度。

对于同学们想出的这些实验方案我及时予以肯定，但是也有学生提出疑问：日常我们所使用的温度计量程最高就是100℃，测不了火焰温度。我对这名学生提出的质疑表示肯定，并为学生介绍一种可以测定火焰温度的仪器——高温传感器。有了它，我们就可以测量3层火焰温度了。

于是，我分别向3个小组提供实验器材并指导学生分小组完成实验，并展示实验成果。

第一小组展示放入火焰中的白纸与外焰接触的部分被烧成一个圈，越往圈内碳化现象越不明显，说明外焰温度最高，内焰次之，焰心温度最低（如图1所示）。

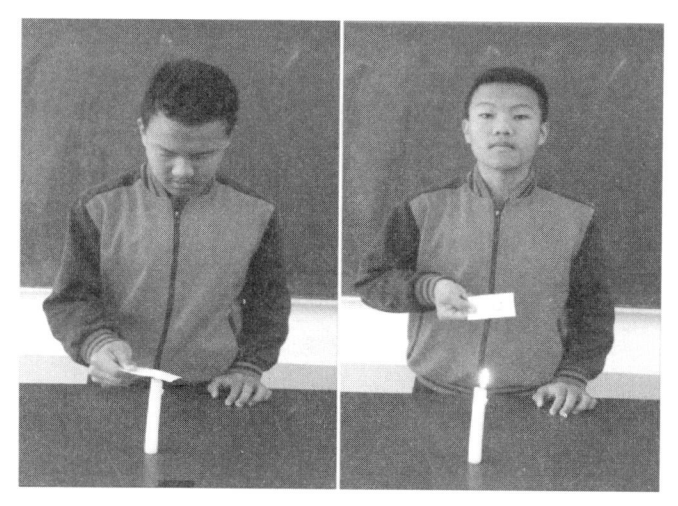

图1　白纸火焰实验

第二小组伸入内焰的铁丝最先烧红，然后是外焰，然后是焰心（如图2所示）。

图2　铁丝实验

第三小组的实验数据显示内焰温度最高，外焰次之，焰心温度最低（如图3所示）。

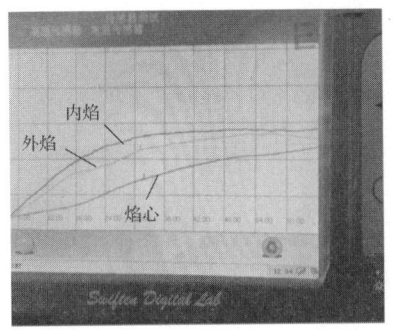

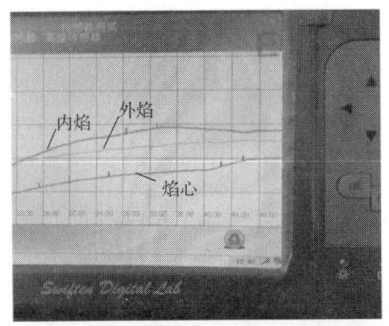

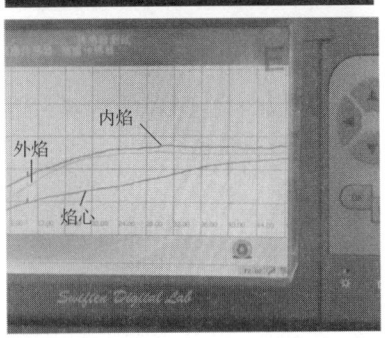

图3　实验数据

为什么第二、第三小组看到的现象与外焰温度最高的结论不符呢？学生充满了疑惑。对于这个问题，我并没有急于去解释，而是让学生们翻阅教材，找出教材中涉及用酒精灯加热的图片，观察这些图片中都是用酒精灯的哪一层火焰去加热。学生通过观察，发现有的是用酒精灯的外焰加热，有的是用酒精灯的内焰加热。我告诉学生，在实验中，我们并不是完全用外焰加热，而是用介于外焰和内焰的部分加热。为什么内焰的温度比外焰高呢？我和学生们结合氧气和燃烧的相关知识一起分析了原因：虽然外焰部分的石蜡蒸汽与空气接触最充分，氧气浓度最高，燃烧最剧烈，但是外焰与空气直接接触，热量散失快，而内焰石蜡蒸汽浓度较高，有外焰的保护，热量散失就会少一些，所以内焰就比外焰温度高。如果外焰算上损失的热量，外焰温度一定会比内焰高。所以外焰放出的热量比内焰更多，这样表述更准确。

设计意图：通过对蜡烛3层火焰温度高低的实验设计，激发了学生学习化学的兴趣，体现了学生核心素养中的科学精神：能运用科学的思维方式认识事物、解决问题；能多角度、辩证地分析问题；能大胆尝试，积极寻求有效的问题解决方法。

(三) 蜡烛燃烧产物的探究

学生分别用干燥和涂有石灰水的烧杯罩在火焰上方，进行水、二氧化碳的检验。发现干燥的烧杯内壁有水珠产生，但是并没有观察到石灰水浑浊的现象。

教师引导学生分析石灰水并不变浑浊的原因：烧杯是敞口的容器，气体容易散逸；火焰上方收集到的气体温度是较高的，二氧化碳散逸快。

启发学生对此实验进行如下改进（见图4所示）。这样改进的优点是：集气瓶瓶口较小，装置密闭性较好，生成的二氧化碳扩散不出去，倒入石灰水，震荡，变浑浊的现象明显。

图4　实验改进

设计意图：初步认识到对异常现象的追根问底，其实正是创新的起点，同时可以为思维活跃的学生提供一个展示自我的舞台。

（四）点燃刚熄灭蜡烛时产生的白烟

在按照书上的方法验证蜡烛燃烧产生的白烟的实验中，学生实验的成功率不是很高。于是引导学生分析原因：吹灭蜡烛的方式使白烟飘忽不定，很难把握白烟的方向；蜡烛燃烧时间过短，产生的白烟量过少；离烛芯远点不着，离烛芯近又被误认为点燃了烛芯，且现象转瞬即逝。针对这些问题，逐一引导学生解决：吹灭蜡烛，白烟飘忽不定，我们可以改吹灭为罩灭；一支蜡烛燃烧产生的白烟量少，我们可以选择多支蜡烛。于是，我为同学们演示了我所设计的创新实验，如图5所示。

图5　创新实验

将 3 支蜡烛绑在一起，采用漏斗罩灭的方式产生较多的白烟，将漏斗慢慢抬起，白烟稳定上升，用打火机点燃，3 支蜡烛被白烟引燃。通过这个实验，可证明白烟有可燃性，白烟就是石蜡的固体小颗粒。

设计意图：培养学生发现问题、分析问题、解决问题的能力。

（五）点燃蜡烛燃烧时引出的白烟

我顺势又引导学生，在蜡烛燃烧时我们可以将产生石蜡蒸汽导出，这样白烟就会持续供给，再验证白烟就容易多了。

学生根据我的引导，从实验盒中选出了直角玻璃管、Y 形管、注射器等将白烟导出，点燃，观察到了很明显的实验现象。如图 6~图 8 所示。

图 6　使用直角玻璃管

图 7　使用 Y 形管 　　　　图 8　使用注射器

通过这些实验，学生认识到蜡烛能够燃烧产生火焰，是因为烛芯吸上液态蜡油，液态石蜡汽化并燃烧产生火焰。这时，有学生提出了问题，如果没有烛芯，或者用不可燃的材料做烛芯，蜡烛会燃烧吗？于是我引导学生进行实验，学生直接点燃蜡烛的尾部，发现蜡烛只是熔化并没有燃烧，但是当把蜡烛放在坩埚内加热至产生大量石蜡蒸汽再去点燃，发现石蜡蒸汽像酒精一样，熊熊燃烧了起来。

如果用不可燃的材料做烛芯，能点燃蜡烛吗？我又请一名学生去点燃我自制的用铜丝做成烛芯的蜡烛，发现蜡烛竟然燃烧了。通过这些实验，学生对蜡烛燃烧实际上是蜡烛蒸汽燃烧的结论有了更深刻的认识。如图9、10所示。

图9　无烛芯实验　　　　　图10　铜丝烛芯实验

设计意图：通过这些创新实验，极大地激发了学生学习化学的兴趣。学生认识到，化学并不是枯燥的，它充满了趣味性，我们可以设计多种多样的实验来证明想要证明的性质，既增强学生学习化学的兴趣，又可以在某种程度上培养学生的创新意识。

在本节课的最后，我又为学生点亮了一支魔术蜡烛，请一名学生吹灭，结果这名学生吹灭后蜡烛又自己燃烧起来了。学生的眼睛都亮了，为什么蜡烛吹不灭呢？对于这个问题，我并没有急于作出解释，而是让学生自己回家通过网络查阅资料，找出蜡烛吹不灭的原因及制作方法，并做成简报和其他学生一起交流。

在课上，学生兴致勃勃地一起交流他们的成果。一下课，就有很多学生围着我要材料去实验室制作吹不灭的蜡烛。如图11、12所示。

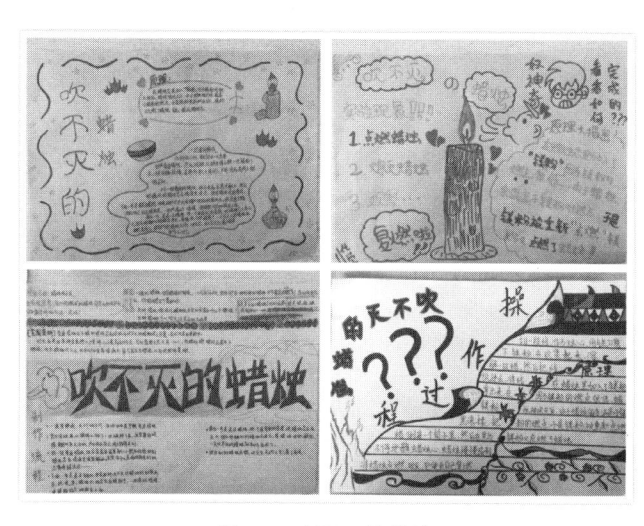

图11　吹不灭的蜡烛

图 12　学生实验

设计意图：在查阅资料和制作蜡烛的过程中，学生有更多机会主动地体验科学探究的过程，学习科学方法，在"做科学"的探究实践中培养学生的创新精神和实践能力。

八、实验效果评价

化学实验在中学化学教学中的地位和作用非常重要，蜡烛燃烧的实验看似简单，但该实验能够设计在学生初识化学之时，可见其承载的功能是巨大的。本课实验主要采取小组合作的学习方式，每个小组的学生各司其职，充分调动了学生学习的积极性。在课程设置中采用了让学生边实验边探究的教学模式，在教学过程中教师应给学生充分的思考空间，要充分相信学生，体现学生的主体地位。

实验的改进既不能拘泥于教材的设计，也不建议复杂难懂。它越实用越好，要能够切实解决教师在上课过程中遇到的实际问题，只有紧紧抓住那些教师较为关心、渴望解决的重点问题，才能充分发挥出实验的作用。

结束语：成功的教学，其真谛应是引起学生的积极思考。作为教师，我们的教学艺术不仅在于传授知识，更在于激励、唤醒和鼓励。一个我们身边所熟悉的蜡烛燃烧，打开了学生化学实验的大门。学生体验了探究蜡烛燃烧的整个过程不是实验的结束，而是化学之旅的开始。

粉尘燃烧及其爆炸

——易燃易爆物的安全知识

河北民族师范学院附属中学　韩冬

一、使用教材

人教版《化学》九年级上册第七单元课题1"燃烧和灭火"的第二课时"粉尘燃烧及其爆炸——易燃易爆物的安全知识"。

二、实验创新

（一）实验器材

水杯、橡胶管、金属筛网、蜡烛、暖水瓶塞、面粉、打气筒、三脚架、打火机。

（二）实验仪器装置图

（a）面粉燃烧创新实验装置　　（b）面粉爆炸创新实验装置

图1　实验仪器装置

（三）实验创新要点

(1) 制作简单。

(2) 面粉普通。

(3) 安全方便。

(4) 可视性好。

(5) 成功率高。

(6) 实用环保。

（四）实验原理

先向金属筛网内加入适量的面粉，点燃蜡烛。将水杯的杯罩与杯底拧紧连接好，固定在三脚架上，然后迅速用打气筒向水杯内打气，金属筛网中的面粉通过金属筛网迅速冲出，瞬间弥漫在水杯内与空气充分接触，剧烈燃烧，刹那间水杯内火焰熊熊。演示面粉爆炸实验时需将杯子盖好暖水瓶塞，组成一个相对封闭的空间，面粉先燃烧，产生的热量不能及时散失，气体体积膨胀，暖水瓶塞被高高弹起，效果非常明显。

三、实验教学内容

（一）教材分析

本课题是在了解可燃物燃烧条件基础之上的深入探究，与我们生活中的一些安全知识联系非常紧密。为了让学生能亲自感知这一部分的内容，本节课我新增了多个学生和教师的创新实验，从学科与生活的结合点入手，对本课的教学进行了简单的调整。

（二）学情分析

对于本课，学生已具备一些化学基础知识和基本实验技能：①对燃烧的条件有了初步的认识；②在氧气性质的学习中知道一些物质在空气或氧气中燃烧会出现的不同的现象；③前几单元中学生也多次感受了实验探究、对比、归纳等方法，这为本课的实验探究打下了基础；④学生通过实验探究和教师的演示实验，加上教师的引导，不难完成对爆炸定义及条件的归纳和理解。在现实生活中，学生对于燃放爆竹等简单爆炸已有所体验。

（三）教学目标

（1）知识与技能。

1）了解可燃物燃烧剧烈程度的影响因素。

2）理解爆炸的原理。

3）了解易燃易爆物的安全知识。

（2）过程与方法。

通过自主设计面粉燃烧实验和观察、分析教师的铁粉燃烧和面粉爆炸实验，体会科学探究的过程、领会科学探究的思路、学会体会科学探究的方法。

（3）情感态度与价值观。

1）在探究活动中体验乐趣。

2）利用化学知识解释生活问题。

3）增强日常生活中的防范灾害的意识。

（四）教学重难点

重点：了解影响可燃物燃烧剧烈程度的因素；理解爆炸的原理及学会一些易燃易爆物的安全常识。

难点：理解爆炸的原理；利用化学知识树立安全意识，避免爆炸灾害的发生。

（五）教法与学法

教师：启发探究、质疑释疑、深化探究；
学生：自主学习，合作学习，探究学习。

四、实验教学过程

实验教学过程，共分为5个环节，见图2。

图2　实验教学过程

（一）教学环节一：创设情境，引入课题

通过前面知识的学习，大家都知道铁丝在空气中不燃烧，今天老师带来的铁粉在空气中能燃烧吗？我们一同来见证一下。（铁粉燃烧实验），同学们看到火树银花的场景很惊奇，其他可燃物的粉尘也容易燃烧吗？带着疑问，共同进入教学环节二。

（二）教学环节二：实验探究，体会成功

我为学生提供了生活中熟悉的面粉和以下实验仪器：洗耳球，玻璃管，胶头滴管，喷粉瓶，酒精灯，火柴，燃烧匙，铜片，三脚架，以小组为单位，进入实验探究一：面粉能燃烧吗？

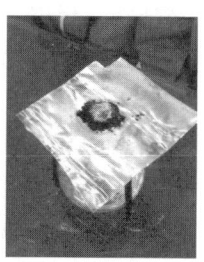

粉尘燃烧及其爆炸——易燃易爆物的安全知识

（a）燃烧匙中的面粉微弱燃烧　　　　（b）铁片上的面粉发糊变黑

图3　学生小组实验效果图

学生通过实验探究，只能看到面粉微弱的燃烧或者发糊变黑，不能看到面粉剧烈燃烧起来（见图3）。如何让面粉剧烈的燃烧起来呢？学生经过思考后一致认为：应增大面粉与空气的接触面积，想办法让面粉飞扬起来。思路确定好，同学们又踏上了他们的探究之旅。

实验探究二：面粉能剧烈燃烧吗？图4显示了不同小组同学所做的实验。

（a）玻璃管+洗耳球　　（b）洗耳球　　（c）胶头滴管　　（d）喷粉瓶

图4　学生小组创新实验图

不同小组的同学通过合作探究都看到了明显的实验现象，同学们在体会成功喜悦的同时，我展示了教师的创新实验装置，选用一只旅行水杯，在杯体上打一个小孔，在原来装茶叶的金属筛网内装入面粉，上面安装一段蜡烛，在杯子底盖上打孔，用来连接橡胶管和打气筒，大家观看演示实验，同学们看到面粉剧烈的燃烧起来，我马上提出问题：通过大家已经掌握的化学知识和刚才的实验探究，你能得出影响可燃物燃烧的剧烈程度的因素是什么？小组讨论后很容易得出准确答案：与氧气的浓度和可燃物与氧气的接触面积有关。至此，本节课的一个重点问题迎刃而解，回顾本节课开始时看到的火树银花的场景，学生也能容易地理解其中的奥秘了。这时，有同学提出一个新问题：面粉燃烧能发生爆炸吗？这一问题的提出，我们又共同进入教学环节三。

（三）教学环节三：深入探究，获取新知

向学生展示了教师设计的创新实验装置，在刚才面粉燃烧的实验装置上盖上暖水瓶塞，组成一个相对封闭的空间，下面我来进行实验。随着"砰"的一声响起，同学们的情绪也高昂了起来。这时有同学质疑：暖水瓶塞的弹起会不会是因为打气筒鼓气，气流作用的结果呢？这一说法得到少数同学的认可，我马上请这位同学参与完成一个对比实验，在不点燃蜡烛的情况下向装置内鼓气，因为在设计实验装置时将杯体上打了一个小孔，所以在鼓入气体时，气流全从小孔跑掉了，而暖水瓶塞不会有任何变化，这时学生会清晰地明白刚才的实验现象是因为面粉先在杯子中急速燃烧，产生的热量不能及时散失，而后暖水瓶塞才被高高的弹起，这就是爆炸的原理，我马上引导学生思考一个新问题，爆炸的发生需要满足什么条件呢？小组讨论归纳得出爆炸发生的两个必要条件：①燃烧必须发生在有限的空间内；②可燃物需急速燃烧。我给予了充分肯定。

教师设计的创新实验具有以下优点：①制作简单：实验器材来源于生活用品，获取方便、容易制作；②面粉普通：不需提前进行干燥处理；③安全方便；④可视性好：采用透明的水杯增强直观性；⑤成功率高：用打气筒打气，增加了空气的量，能使面粉在金属筛网内均匀喷出，大大增加了面粉与空气的接触面积，成功率极高；⑥实用环保：该实验广泛适用于教师演示实验和学生实验，且能够循环使用，既经济又环保，有利于突破重、难点。化学是来源于生活的，我们如何将这节课所学到的知识应用于生活呢？共同进入教学环节四。

（四）教学环节四：走入生活，拓展应用

展示在生活中合理应用爆炸的图片：楼房爆破，燃放烟花爆竹，灭火弹进行灭火，开山修路。合理利用爆炸，为我们人类造福，不注意安全防范，爆炸也会给我们带来灾难，展示台湾彩色面粉爆炸事故，使学生能清晰地认识到如果那些年轻人学会了我们这节课的化学知识，就不会发生那样的意外事故了。一般在空气中不燃烧的铝、锌、铁等金属，如果变成粉尘，也能够剧烈燃烧甚至发生爆炸。除了金属粉尘，还有一些其他粉尘也会爆炸，所以能产生这些粉尘的加工企业在生产过程中一定要注意安全。金属铜的粉末在空气中加热只能明显的变黑，而颗粒更小的纳米铜粉接触空气后很容易发生爆炸。

生活中常用的日用品会燃烧吗？问题一提出，同学们争先恐后地要亲自做实验，我们以花露水为例，同学们惊奇地发现花露水以雾状形式喷出也会剧烈燃烧，因此生活中在使用这些日用品时一定要正确使用，注意安全，因为这样的生活用品易燃烧，所以在乘坐火车时，为了安全，一些类似的日用品只能限量携带（展示乘坐火车时限带禁带物品的图片），而初中化学中接触到的一些易燃易爆物在乘坐火车等交通工具时被禁止携带。由此，同学们更清晰地认识到可燃性的气体、可燃性的固体粉尘、可燃性液体的蒸气及雾状液滴与空气混合，当其浓度达到爆炸极限时，遇到火源都会发生爆炸，所以学好化学知识可以保障我们的生命财产安全！最后，进入教学环节五。

（五）教学环节五：盘点收获，归纳总结

通过本节课收获的化学知识，同学们畅谈如何防止爆炸的发生？小组讨论很热烈，纷纷汇报讨论结果，普及有关易燃易爆物的安全知识，展示课后实践作业和板书设计，至此，本节课在教师和同学们的实验探究中圆满结束，同学们不仅收获了化学知识，还感受到了安全知识教育的重要性。

五、实验效果评价

本节课从学生熟悉的面粉入手，以环环相扣的问题为主线，以教师和学生的创新实验贯穿始终，从化学知识深入到生活，使学生在实验情境中探究、在合作互动中共进、在亲身体验中感悟、在创新中升华，通过本节课的学习，也使学生深刻地认识到化学在我们的生活中无处不在，只有学好化学知识，把学到的化学知识安全合理地应用到我们的生活中，才会使我们的生活变得更美好！

木炭还原氧化铜

长春市清华实验学校　王震

一、使用教材

人教版义务教育教科书《化学》九年级上册。

二、实验器材

（一）仪器

石英试管、酒精喷灯、铁架台、橡胶塞、橡胶导管、普通试管、升降台等。

（二）药品

木炭粉、氧化铜粉末、澄清的石灰水。

三、实验创新要点/改进要点

将酒精灯（加金属网罩）改成酒精喷灯。

四、实验教学目标

(1) 通过木炭与氧化铜的反应了解还原反应。

(2) 了解还原反应操作中的注意事项。

五、本实验的重难点

(1) 重点：木炭的还原性。

(2) 难点：成功完成实验的诸多注意事项。

六、实验教学内容

（一）说课标

通过木炭还原氧化铜的实验，使学生了解到木炭具有还原性，为后续第八单元学习金属的冶炼而打下基础。

（二）说教材

本实验属于第六单元"碳和碳的氧化物"课题1"金刚石、石墨和C_{60}"。

（三）说学生

学生在之前的学习中学过类似的实验操作——制取氧气，实验操作的过程非常相似。但两个反应的条件不同，在制取氧气中反应条件只需要加热，而本实验则需要高温。

七、实验教学过程

（一）实验步骤

（1）分别称量烘干后的木炭粉和氧化铜粉末，并按照一定比例用研钵研磨混合。

（2）组装仪器，添装药品。

（3）用酒精喷灯加热，观察实验现象。

（4）实验结束后，熄灭酒精喷灯，先将导管从石灰水中移出，再用弹簧夹夹住胶皮管，待装置冷却后倒出粉末，进行观察。

（二）影响实验成功的因素

（1）木炭与氧化铜的比例。通过实验证明，木炭与氧化铜的质量比为 1∶10 时，实验效果最好。

（2）加热的温度。通过实验证明，用酒精喷灯加热效果更好，因为酒精喷灯能达到的温度更高。

（3）使用新制的氧化铜。通过实验证明，使用新制的氧化铜进行实验效果更好。

八、实验效果评价

要想有较好的实验效果，本实验中要注意 3 个因素：木炭与氧化的质量比为 1∶10；反应最好用酒精喷灯加热；使用新制的氧化铜粉末。

通过实验培养学生严谨的态度。首先，教师在进行演示实验之前应该多练习几次，以保证课上能够成功演示实验。教师要将这种严谨的态度传递给学生。

二氧化碳收集方法再探究

郑州市第十九中学　胡德辉

一、使用教材

人教版义务教育教科书《化学》九年级第六单元课题2。

二、实验器材

试管、250mL烧杯、二氧化碳发生装置、橡胶管、玻璃导管、150mL集气瓶、玻璃片、秒表、注射器、软塑料瓶、带导管的橡胶塞、止水夹、氧气传感器、改造过的单孔橡胶塞（见图1）；火柴、水、品红、小苏打、柠檬酸、氢氧化钠溶液。

图1

三、实验创新要点

（1）人教版化学九年级上册课本中，没有明确指出实验室不能用排水法收集二氧化碳，但是课本第114页在介绍排水法时明确指出：排水法适用于不易溶于水、不与水反应的气体。学生在未进行实验探究的情况下会自然而然认为二氧化碳不能用排水法收集，所以有必要对二氧化碳收集方法进行深入挖掘。

（2）在实验探究过程中，问题的设置和结论的得出具有连续性和逻辑性，更加突出化学学科的严谨性。

（3）引入二氧化碳发生装置、气体传感器等数字化仪器，使实验过程更严谨、实验现象更明显、实验结论更可信。让学生直观感受到科技的发展对科学研究的推动作用，有助于培养学生较高的信息意识，提高数字化生存能力，适应社会信息化趋势。

四、实验设计思路

（1）通过排水法和向上排气法的对比，得出排水法比向上排气法所需时间较长，从时间角度考虑，似乎实验室不适合用排水法收集二氧化碳。

（2）提出猜想：收集二氧化碳时向上排气法比排水法所需时间短，可能是由于集气瓶口木条熄灭时二氧化碳还未收集满。

（3）通过两个软塑料瓶的变瘪程度证明判断哪种方法收集的二氧化碳更纯净，并通过氧气传感器对两种方法收集的二氧化碳进行定量研究。

（4）借助氧气传感器，测量"用向上排气法收集等体积、等浓度的二氧化碳"需要多长时间。

(5) 将排水法和向上排气法收集的二氧化碳的浓度和收集时间进行对比，综合判断实验室是否适合用排水法收集二氧化碳。

五、实验教学目标

(一) 知识与技能方面

通过实验探究，知道实验室合适用排水法收集二氧化碳。学会实验探究的一般思路。

(二) 过程与方法方面

通过实验探究，运用比较、分析、归纳等方法，体验探究活动的乐趣。

(三) 情感态度价值观方面

通过探究式学习初步养成批判性思维和创造性思维。通过对数字化教学工具的使用，明白科技发展对科学研究的重要作用。

六、实验教学内容

本节课是学生学过二氧化碳的性质及收集方法后的拓展探究，利用排水法和排空气法收集二氧化碳的效果不同探究是否适合用排水法收集二氧化碳。

七、实验教学过程

(一) 提出问题一

二氧化碳能溶于水、能与水反应的这两个性质，对排水法收集二氧化碳的影响有多大？

收集证据：①在"对人体吸入的空气和呼出的气体的探究"中就已经用排水法收集到了二氧化碳。②二氧化碳与水反应生成碳酸，碳酸不稳定易分解，又生成二氧化碳。③二氧化碳可溶于水，但该过程需要时间较长。

为了让同学们直观感受到第三个证据，我课前做了一个实验：将装满二氧化碳气体的试管倒扣在品红溶液中，其中，品红不与二氧化碳反应，只是起到便于观察的作用。1个小时后，试管内液面上升很少（见图2）。24小时后，试管内液面上升明显，但还没有满（见图3）。

通过这个实验可以验证，虽然二氧化碳可溶于水，但溶解速率较慢。

猜想与假设：二氧化碳可溶于水且可与水反应的性质对排水法收集二氧化碳有较小影响。

图2 　　　　　　　图3

实验探究一：学生代表进行演示实验，将二氧化碳发生装置的压力和放气阀调至指定位置，分别用排水法和向上排气法收集一瓶二氧化碳气体，并用秒表记录收集满所需时间（见图4）。

图4

实验现象：排水法可以收集到二氧化碳，用时平均为33s，向上排气法用时平均为13s。

得出结论：①排水法可以收集到二氧化碳气体；②排空气法比排水法所用时间少。

所以二氧化碳能溶于水且能与水反应的性质对排水法收集二氧化碳有影响，实验室不适合用排水法收集二氧化碳。

实验反思：该结论有不严谨之处，即排水法收集二氧化碳时，能够直观看到水被全部排出，有大量气泡从瓶口冒出，证明二氧化碳收集满。向上排气法利用集气瓶口燃着的木条熄灭，证明二氧化碳收集满。

(二) 提出问题二

集气瓶口燃着的木条熄灭就能证明二氧化碳收集满了吗？

收集证据：用排水法收集两瓶不同浓度的二氧化碳气体，二氧化碳所占体积分数分别为10%和30%。将燃着的木条分别伸入两个集气瓶中，发现伸入30%

的集气瓶中时木条熄灭，伸入含二氧化碳10%的集气瓶中则正常燃烧。

收集判断依据：当二氧化碳含量达到30%时，就足以使燃烧的木条熄灭。

猜想与假设：集气瓶口燃烧的木条熄灭时，二氧化碳可能没有收集满。

实验探究二：用两个软塑料瓶收集两瓶二氧化碳，其中，一瓶用排水法收集，一瓶用向上排气法收集。与塑料瓶连接的两个相同的注射器中加入等体积、等浓度的氢氧化钠溶液（见图5）。

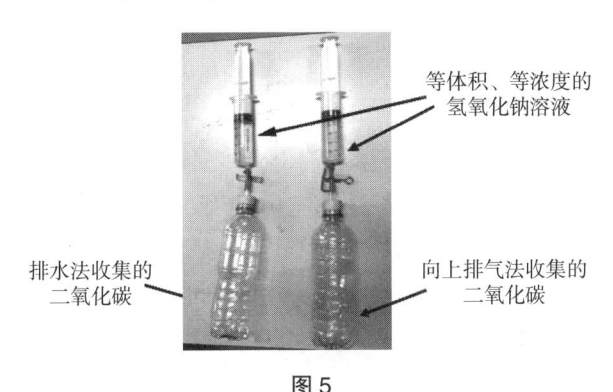

图5

补充知识点：氢氧化钠溶液可以与二氧化碳反应，但不与空气中的其他气体反应。

将氢氧化钠溶液注入软塑料瓶中，振荡。

实验现象：用排水法收集的二氧化碳瓶子比用向上排气法收集的二氧化碳瓶子变得更瘪。

得出结论："燃着的木条在集气瓶口能迅速熄灭"作为二氧化碳收集满的判断依据不严谨。排水法收集的二氧化碳纯度较高。

（三）提出问题三

如何定量分析"排水法可以比向上排气法收集到纯度更高的二氧化碳"？

实验探究三：可以借助数字化教具气体传感器来进行测量。由于市面上的二氧化碳传感器都是用来测量空气中的二氧化碳含量，量程较小，没有适合本实验的二氧化碳传感器，所以借助氧气传感器间接测出集气瓶中二氧化碳的体积分数。因为氧气约占空气体积分数的1/5，如果测出氧气占比为x，则二氧化碳的体积分数就约为$1-5x$。

由于氧气传感器无法固定在集气瓶上，需要将氧气传感器与提前制作好的带孔橡胶塞连接（见图6），提高装置的

图6

气密性，增加数据准确程度。

将氧气传感器与两瓶分别用向上排空气法和排水法收集的二氧化碳集气瓶连接，从电脑屏幕上读出两瓶气体中氧气的体积分数，从而计算出二氧化碳的体积分数。

实验现象：用排水法收集的集气瓶中氧气含量为2.4%（见图7），则二氧化碳含量约为88%，用排空气法收集的集气瓶中氧气含量为6.7%（见图8），则二氧化碳含量约为67%。

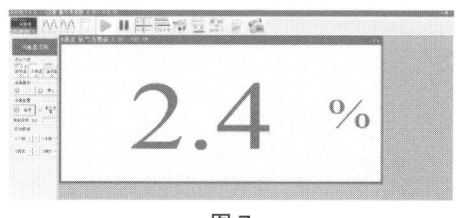

| 图7 | 图8 |

由于这个实验中用到的仪器准确度较高，操作过程中可能会由于气体流动而出现误差。除去误差干扰后，我们仍然能够得出排水法比向上排气法收集到的二氧化碳更纯净的结论。

（四）提出问题四

若用向上排空气法收集等体积、等浓度的二氧化碳，需要多长时间？

实验探究：将橡胶塞进行改装，与氧气传感器连接，再将其与集气瓶连接，用向上排气法收集二氧化碳（见图9）。

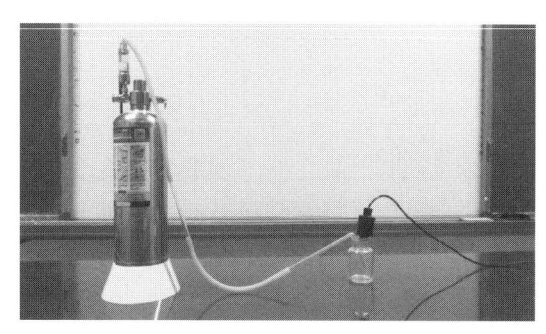

图9

待传感器示数达到与排水法相当的示数时，停止收集，记录时间。

实验现象：用向上排空气法收集等体积、等浓度的二氧化碳，时间为33s时集气瓶中二氧化碳体积分数约70%，二氧化碳体积分数达到88%所需时间为50s（图10）。

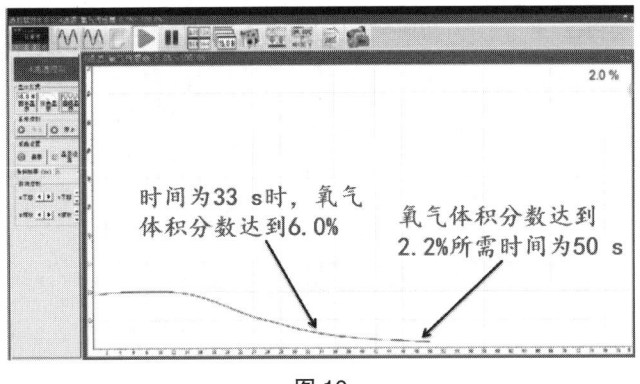

图10中:
- 时间为33 s时,氧气体积分数达到6.0%
- 氧气体积分数达到2.2%所需时间为50 s
- 2.0%

图10

排水法收集二氧化碳,集气瓶中二氧化碳体积分数为88%,学生演示实验时,排水法收集满所用时间为33s。

得出结论:无论从收集得到气体的纯度还是收集时间上考虑,实验室合适用排水法收集二氧化碳。

八、实验效果评价

本节课较好完成了制定的教学目标:

(1)在课本学习的基础上,对于二氧化碳的收集方法进行深度挖掘,问题的设置具有连续性和逻辑性,结论更具有说服力。使学生对实验探究的一般思路和方法有了清晰的认识。通过创新实验,提高学生创造性思维,提高设计探究性实验的能力。

(2)引导学生不拘泥于课本的学习,让学生充分认识到"化学是一门以实验为基础的科学",有助于学生养成批判性思维。

(3)借助数字化仪器,不仅提高了实验的科学性,也让学生体会到科技发展对科学研究起到的推动作用,有助于培养学生较高的信息意识,提高数字化生存能力,适应社会信息化趋势。

这三点也符合"中学生发展核心素养"中对应的三点内容。

探究二氧化碳与氢氧化钠溶液的反应

山西省阳泉市第三中学校　魏凡博

一、使用教材

人教新课标版《化学》九年级下册第十单元课题一。

二、实验器材

（一）试剂

NaOH 溶液、稀硫酸溶液、碳酸钠溶液、蒸馏水。

（二）器材

注射器、输液器部分组件。

三、实验创新要求/改进要点

（一）有经验的教师惯用的实验演示（见图1~图6）

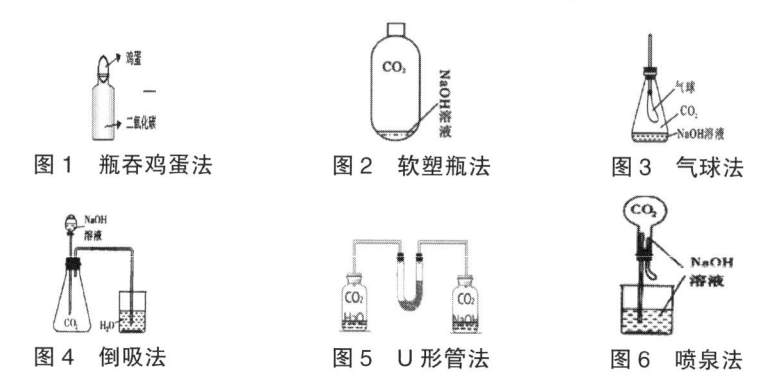

图1　瓶吞鸡蛋法　　图2　软塑瓶法　　图3　气球法

图4　倒吸法　　图5　U形管法　　图6　喷泉法

存在以下不足：①药品的用量较大。②课前需要收集大量的 CO_2 气体。③仪器较繁杂。④装置气密性一般，实验常常不成功。⑤收集好的 CO_2 在添加 H_2O 和 NaOH 溶液时容易使集气瓶内的 CO_2 逸出，导致出现误差。

（二）实验改进

找到实验的不足就是改进实验的关键，也是实验的创新点。为了弥补以上缺陷，我准备了注射器作为反应容器，并进行了改造。实验改进装置一如图7所示，实验改进装置二如图8所示。

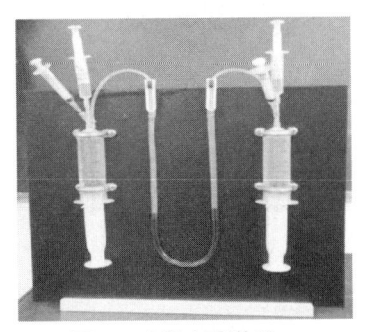

图7　改进实验装置一　　　　　图8　改进实验装置二

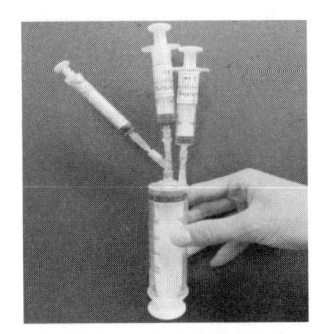

与之前实验比较其优点有：

（1）节约药品，试剂浓度低，更安全。所用试剂为 4mL 6% Na_2CO_3 溶液，3.4mL 5% H_2SO_4 溶液，3.2mL 6% NaOH 溶液。

（2）简化实验步骤，缩短课前准备时间：注射器作为制取二氧化碳的发生和收集装置，现用现制二氧化碳气体。

（3）装置由 50mL 和 5mL 注射器及输液器的部分组件组成，小巧轻便，方便携带，操作简单，可重复性强，做成成套装置，可长期使用。

（4）装置气密性非常好。

（5）不会出现二氧化碳逸出的情况。

（6）改进实验二将定性实验定量化，不用做对比实验排除水的干扰。

（三）改进实验操作

（1）改进实验一操作。

1）推气法检查装置气密性。

2）关闭活塞，分别向两只 50mL 注射器中加入等体积等浓度碳酸钠溶液。

3）分别向两只 50mL 注射器中加入等体积等浓度稀硫酸溶液，产生等体积的二氧化碳气体。

4）同时打开活塞，观察到 U 形管中液面出现了高低差。

5）同时向 50mL 注射器中注入等体积的水和氢氧化钠溶液，振荡。

6）观察到 U 形管中液面出现了高低差。

（2）改进实验二操作。

1）推气法检查装置气密性。

2）向 50mL 注射器中加入 4mL 6% 碳酸钠溶液，排出空气。

3）再向 50mL 注射器中加入 3.4mL 5% 硫酸溶液，振荡，待反应停止，读出气体体积。

4）再加入 3.2mL 6%氢氧化钠溶液，振荡，观察到 50mL 注射器中活塞向上运动，气体消失。

四、实验原理/实验设计思路

原理：通过密闭体系中二氧化碳气体反应减少产生负压来证明二氧化碳能与氢氧化钠溶液发生了反应。

$$Na_2CO_3 + H_2SO_4 = Na_2SO_4 + H_2O + CO_2$$

$$CO_2 + 2NaOH = H_2O + Na_2CO_3$$

注射器的活塞运动可以体现气体的减少，通过刻度还可以读出气体减少的体积。输液器的组件和注射器是配套的，方便连接操作，并且气密性非常好。

五、实验教学目标

（一）知识与技能

通过实验探究，掌握二氧化碳与氢氧化钠溶液的反应。

（二）过程与方法

引导学生自主、合作、探究学习，创新改进实验装置。

（三）情感、态度、价值观

通过学生亲身参与科学探究活动，激发学习化学的兴趣与创新精神，培养学生的科学探究能力、创新实践能力，发展学生的化学科学素养。

六、实验教学内容

人教版《化学》九年级下册第十单元课题一中，对于二氧化碳与氢氧化钠溶液的反应，只是让学生类比二氧化碳与氢氧化钙溶液的反应，写出相应的反应方程式，并没有设计相关的实验，因而学生对这个重要的反应缺乏感性认知，由于氢氧化钠溶液与碳酸钠溶液都是无色的，若在敞口容器中演示氢氧化钠溶液与二氧化碳的反应难以出现明显的现象。

鉴于此，我设计了这节实验探究课：以"二氧化碳和氢氧化钠溶液是否发生了化学反应"为切入点，从反应物减少引起气压变化引导学生进行自主探究，设计实验改进实验装置，并在活动过程中增强学生的创新意识，培养学生的科学探究能力、创新能力，发展学生的科学素养。

七、实验教学过程

（1）活动一：创设情境，提出问题。由两位同学分别向 Ca（OH）$_2$ 溶液、NaOH 溶液中吹入气，观察实验现象，提出问题：氢氧化钠溶液与二氧化碳反应了吗？

（2）活动二：作出猜想。根据已有知识，推测氢氧化钠溶液与二氧化碳发生了反应。

（3）活动三：演示实验，激发探究兴趣，启发思维。通过教师演示瓶吞鸡蛋的实验（见图1），学生得出可以通过密闭体系二氧化碳反应减少，来证明二氧化碳与氢氧化钠溶液发生了化学反应；但有同学提出二氧化碳也和水反应并溶于水，也可使瓶内压强减小，教师提问：究竟是什么原因呢？接下来就由学生进行自主探究。

（4）活动四：学生设计实验方案，探究二氧化碳与氢氧化钠溶液的反应。学生通过小组讨论合作探究，联系已学知识，设计实验方案，并动手完成了实验，取得了良好的实验效果，得出二氧化碳与氢氧化钠溶液确实能够反应的结论。学生的对比实验有以下5组：塑料瓶法、气球法、倒吸法、U形管法、喷泉法（见图2~图6）。

（5）活动五：展示不同装置，交流分享，分析不足。每组学生比较明确地将各自实验方案、装置、步骤、现象进行了分享表述，并且对该探究进行了反思，发现他人的长处与不足，并提出整改意见。

（6）活动六：拓展创新思维，改进实验。

（7）活动七：展示改进实验，分析优点。教师引导得出改进方案，学生动手实践完成改进实验。

八、实验效果评价

（1）增强实验的直观效果，激发学生的创新精神，培养学生的实践活动能力。

（2）能在短时间有效解决疑点，突破难点，提高课堂教学效率。

九、实验教学反思

本节课最大的特色是学生亲自动手实验，并有以下三个亮点：

（1）将课本知识进行实验形象化。

（2）学生自主设计操作实验。不仅掌握了氢氧化钠和二氧化碳反应的性质，突破了重点；而且学生从探究过程中发现问题，并对实验进行了评价与改进，突破了难点，从而培养了学生的创新思维能力。

（3）改进装置科学化、简单化。改进装置相对简单，实验操作比较简便，有利于学生开展课外探究活动，从而激发学生的创新精神，培养学生的实践能力。

形数合一，让化学更美
——以氢氧化钠和二氧化碳反应为例

福州第七中学　朱青

一、使用教材

粤教版初中《化学》九年级上册第八章第二节。

二、实验教学背景

关于氢氧化钠和二氧化碳反应的实验，许多一线老师作了大量的尝试和探索，使这一实验形象而生动，赋予它更多的内涵与价值。

这一阶段的初中生已具备了一定的实验探究和分析问题能力，所以对这样一个无明显现象的实验，我们如何证明反应的发生，整个学习过程对培养学生实验探究及创新能力的意义远超过了实验结论本身。

宋心琦教授曾说："由'眼见为实'获得的信息可能并不是实验对象所提供的全部。数字化教学手段的引入将是课程改革发展的趋势之一。"因此，为开启学生更高层次的化学思维，我在传统的实验基础上引入数字化技术，对实验进行更多元、更深刻的呈现。

三、实验仪器与药品

（一）仪器

250mL 的平底五颈瓶、气球、气压传感器、温度传感器、注射器两支。

（二）药品

20mL 15%的氢氧化钠溶液、20mL 水、干冰。

四、实验教学过程

（一）形数步骤一：进入"形"与"数"

在五颈瓶中加入干冰，使瓶内充满二氧化碳气体，可以观察到气球膨胀，读出气压传感器所示数值（见图1）。

提出问题：气球膨胀和气压增大说明了什么？

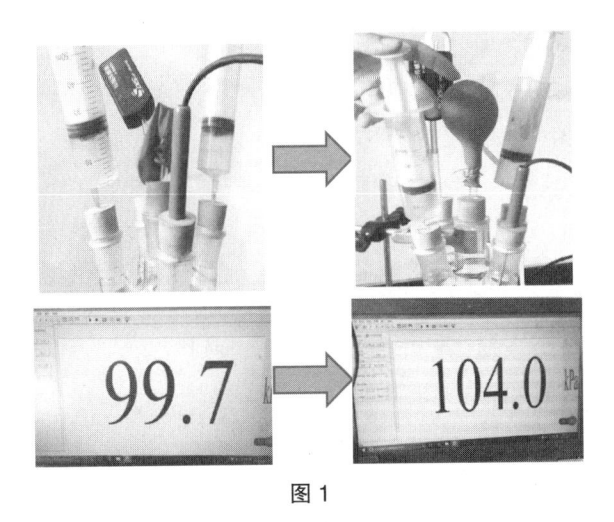

图1

（二）形数步骤二：强化"形"与"数"

继续向瓶内注入 20mL 水。

提出问题：为何会有气球和曲线具有这样的变化（见图2、图3）？

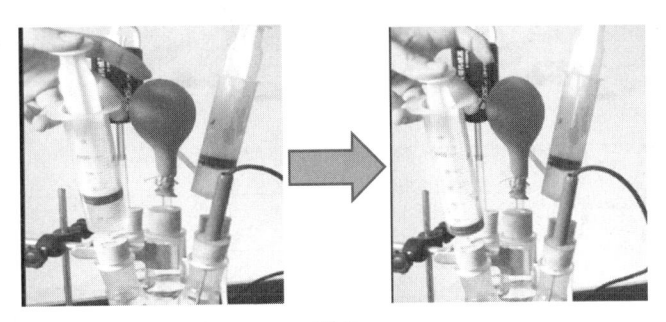

图2

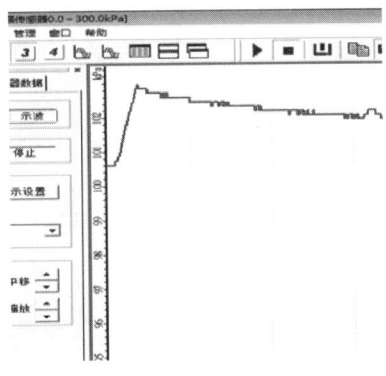

图3

（三）形数步骤三：加深"形"与"数"

再向瓶内加入 20mLNaOH 溶液，观察二者变化（见图4）。

提出问题：CO_2 与水反应的同时，是否还发生了其他的反应？你的判断和依据是什么？

针对这一问题，学生讨论分析气球"形"变，与曲线"数"变，发现气球的"形"变与曲线"数"变趋势一致，而气压快速降低，说明 CO_2 和氢氧化钠发生了反应，从定量角度解释定性现象进一步拓展了学生思维的视角（见图5）。

此外，从温度变化曲线（见图6）还能让学生获得化学反应常伴随着能量的变化的启示。

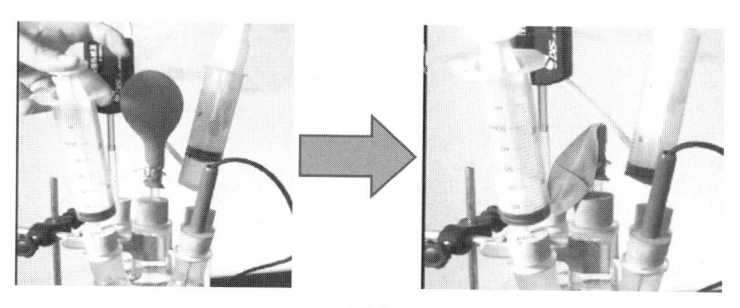

图4

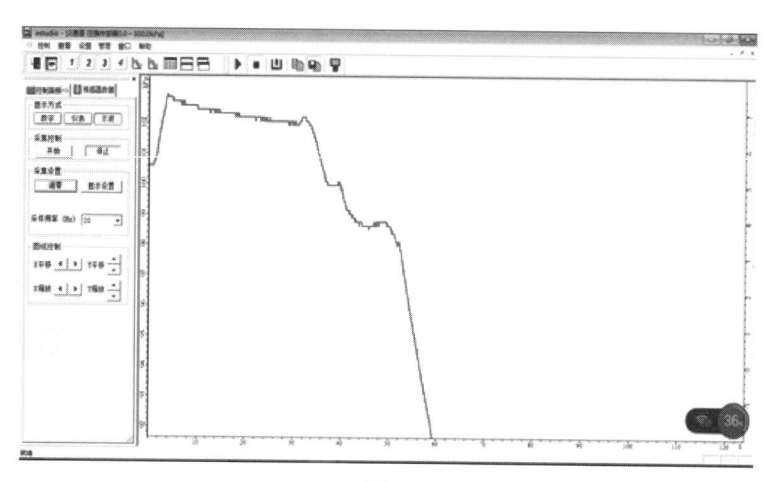

图5

图6

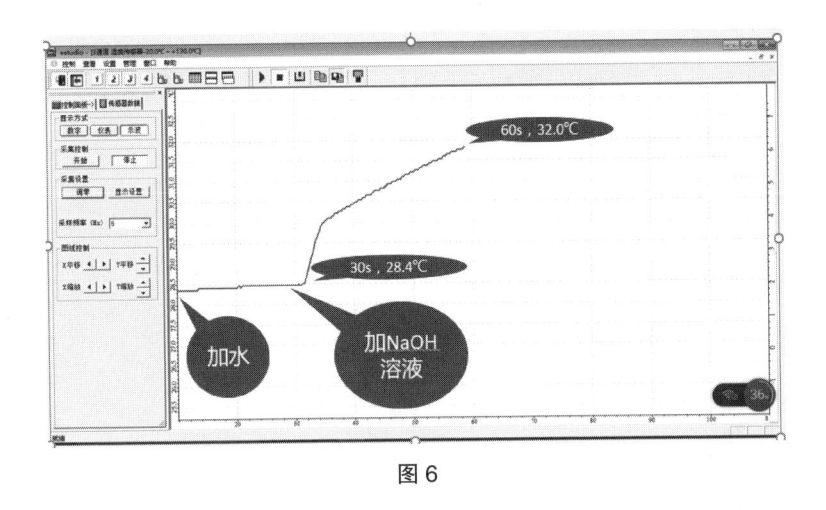

（四）形数步骤四：拓展"形"与"数"

提出问题：你还能从什么角度验证二氧化碳与氢氧化钠发生反应？

学生常会提出，利用氢氧化钠溶液使指示剂酚酞溶液变红这一性质，预测通入二氧化碳后溶液碱性减弱，颜色也将变浅。但通过实验并未观察到明显的颜色变化。此时，学生自然联想到能否像之前一样运用的"数"来说明问题？于是，我运用pH传感器检测溶液中的pH变化，让学生分析图像。孩子们纷纷感叹原来我们肉眼观测不到的改变，并不是没有发生。通过这一环节，使学生意识到"数"的魅力：比"形"更深刻更准确（见图7、图8）。

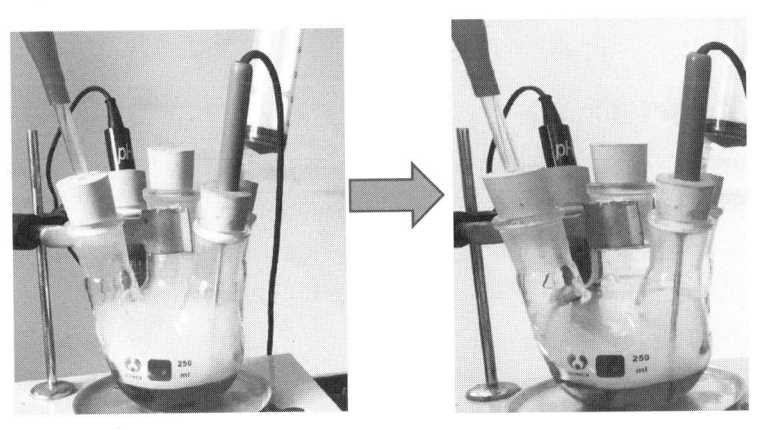

图7

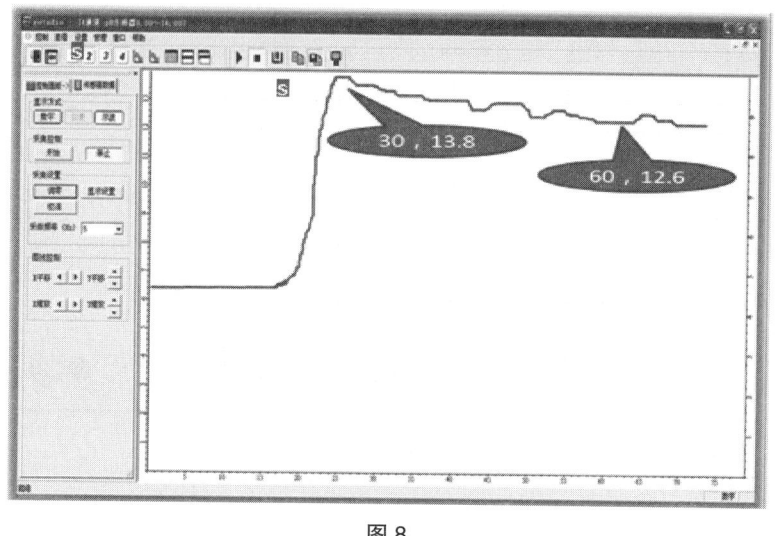

图 8

五、实验教学亮点

传统的实验现象生动直观，有声有色，可称之为实验之"形"；数字化手持技术的定量分析真实深刻，有根有据，则可称之为实验之"数"。本实验的设计，对这一典型的"无明显现象"的反应，从现象入本质，由定性至定量，从多角度动态地进行了探究和分析，将"形"与"数"相结合，从让学生进入形与数的空间到不断强化对"形"与"数"的思考，最后让学生体验到"形"与"数"相结合的美妙，充分提升了学生从学科角度分析和解决问题的能力，实现化学学科核心素养的培养。

六、实验教学拓展

形数合一，在许多初中化学探究实验中都可以得到广泛的应用。例如酸碱中和反应，"形"在于指示剂颜色改变，"数"则是 pH 变化曲线（见图9）。又如空气中氧气含量的测定，"形"是气球的变化，而"数"是压强差（见图10）。此类实验，均能运用形数结合的手段，使实验过程精确化、透明化，学生一目了然。

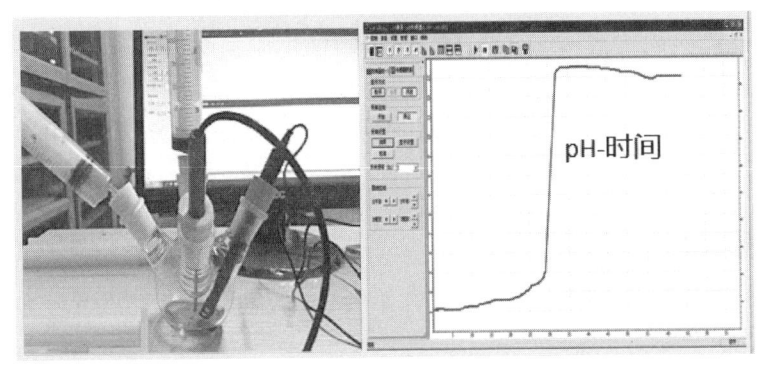

图 9

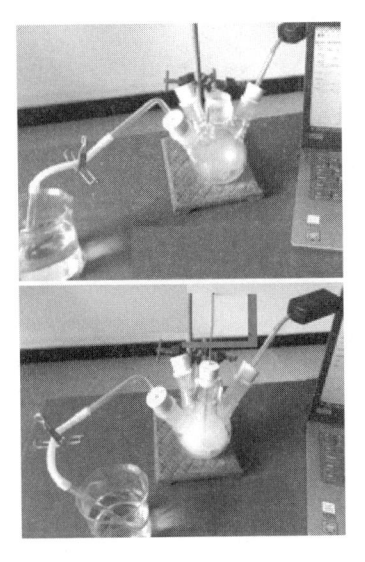

图 10

七、实验教学反思

开展"形""数"合一的实验教学实践,真正的困难,我认为不在于学校硬软件的支持,也不在于学生对数字化的理解,关键在于教师内心对新事物本能的拒绝。今天,越来越多像传感器一样的数字化设备已经走进我们的仪器室,但它却难以真正走进我们的课堂。在此,我希望通过我的改进能为老师们打开了一扇窗,望见一个更多元、更清晰、更美好的化学教学新世界。

实验现象之多彩,数字曲线之曼妙,赋予化学更专业、更真实的气质,焕发我们实验最本真的东西——这就是我心中最美的化学。作为一个年轻的老师,在我面前是广阔的化学教育的新领域,面对数字化的浪潮,我作好了准备,你呢?

中和反应

上海市民办明珠中学　陈磊

一、使用教材

本课为上海教育出版社《化学》九年级第二学期 5.1 节 "生活中的酸和碱" 的第二课时。

备注：本教材在初中阶段教学不涉及离子，故氢离子与氢氧根离子的反应在教学中从物质组成角度以酸中的氢与碱中的氢氧根结合的方式代替。

二、实验器材

维尼尔手持设备 Labquest、pH 传感器、温度传感器、滴数传感器；磁力搅拌站、烧杯、温度计、玻璃棒、铁架台；0.1mol/L 氢氧化钠溶液、0.1mol/L 氢氧化钾溶液、0.1mol/L 氢氧化钡溶液、0.1mol/L 盐酸溶液、0.1mol/L 硫酸溶液、0.1mol/L 硝酸钠溶液、0.1mol/L 氯化钾溶液；酚酞试液、紫色石蕊试液。

三、实验创新点

（1）利用数字化设备通过数据和图像对中和反应的产物进行分析，进行中和反应概念的建构。

（2）利用数字化设备将中和反应过程中不明显的热量变化通过数据和图像可视化、过程化，并结合 pH 图像认识中和反应的本质是氢与氢氧根结合并放热。

四、实验设计思路

本课的内容中和反应是一节通过实验进行的概念教学课。中和反应是指酸和碱互相交换成分，生成盐和水的反应，在反应过程中会放出热量。中和反应的实质是氢离子和氢氧根离子结合生成水，并在此过程中放热。上海教育出版社的教材在初中阶段并不涉及离子，所以只能通过物质的组成角度对概念进行教学。

教材实验（见图 1 所示），其实验目的有以下 3 点：①感受该反应中的热量变化。②借助指示剂说明两者反应的客观事实，并通过蒸发方法验证生成物。③感受反应过程中反应物的量与溶液酸碱性的关系。

在教学过程中，实验还有一些可以进一步完善的方面：①在该实验中观测到的热量变化量非常小，且仅通过热量的变化无法判断是由于中和反应放热还是由于物理变化放热。②在该实验中对反应后溶液进行蒸发可以验证产物有氯化钠，但是另一产物水在教学中只能通过质量守恒定律进行猜测，在教学中很难通过实验进行佐证。③在中和反应概念在教学中只能达到酸与碱两两交换组分生成盐和水，并放热的初步的建构。不能深入体验到酸碱中和的是由于酸中的氢与碱中的氢氧根结合并放热的反应本质。

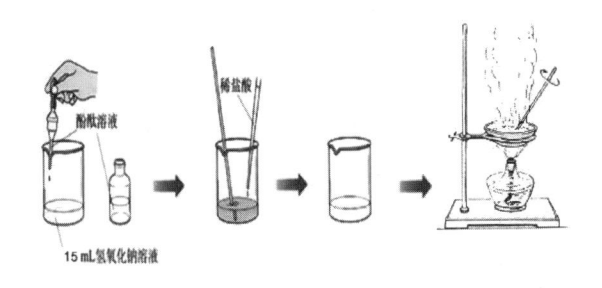

图1　教材实验

为了解决课本实验在教学中的不足，并突破概念教学中的重点和难点，本设计采用数字化设备（见图2所示）进行温度、pH值、加入盐酸体积的数据采集，其自动化程度高，减少了实验的重复操作过程，在实验过程中实时绘制pH值、温度与加入盐酸体积的函数关系图像（见图3所示），不仅提高观测的数据精度，更能将一些隐性现象可视化，如通过pH的变化可以分析氢氧根含量的变化与pH=7附近的溶质成分分析，从而推导出此时消失的氢

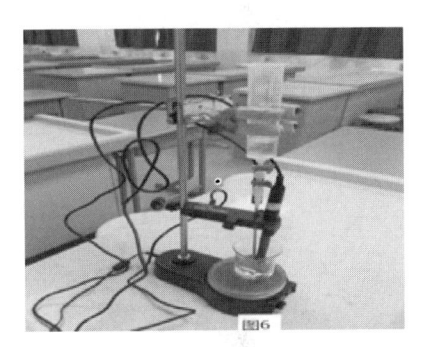

图2　数字化设备

与氢氧根结合成了水，同时又可以将温度的变化与反应的过程比对，直观认识到放出的热量是和酸与碱发生反应有关系的。帮助学生更好地理解反应的进行过程和反应的本质，同时也更好地建构出中和反应的概念。

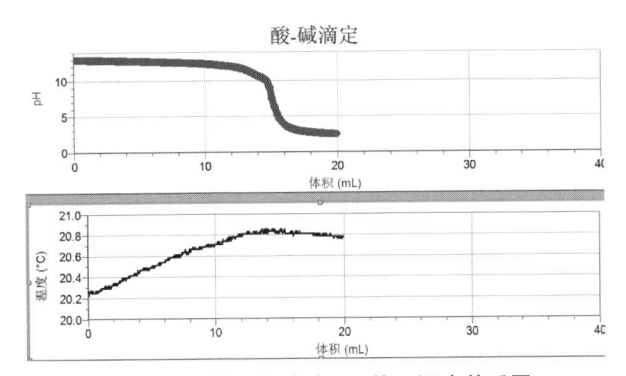

图3　盐酸体积与溶液pH值、温度关系图

· 467 ·

五、实验教学目标

（一）知识与技能

理解中和反应的概念。

（二）过程与方法

通过中和反应的研究学会实验方案设计的一般方法、提升分析、评价能力。

（三）情感、态度与价值观

通过数字化实验感受科学技术的进步对学科发展的作用。

教学重点：中和反应的概念的建构。

教学难点：中和反应生成物的验证。

六、实验教学内容

学生实验 1：感受氢氧化钠与盐酸的反应。

学生实验 2：验证氢氧化钠与盐酸发生反应（借助指示剂或者蒸发的方法）。

演示实验 1：利用数字化设备测定绘制氢氧化钠与盐酸反应过程中加入盐酸体积与溶液 pH 值、温度的变化关系图像。

演示实验 2：利用数字化设备测定绘制硝酸钠溶液中加入氯化钾过程中加入氯化钾体积与溶液 pH 值、温度的变化关系图像。

七、实验教学过程

本课的教学采用 poe 教学策略，即"预测—观察—解释"策略（prediet-observe-explain）。首先设计情境让学生进行"预测"会有何结果或现象发生，要求学生写下自己的预测并说明理由，接着通过实际操作让学生"观察"有何结果或现象发生，记录观察结果，让学生"解释"原因或理由。poe 教学策略可以增强学习活动的指向性与目的性，有助于学生在原有的知识结构上进行概念建构。

本课教学流程如下：

（1）情境引入：进行学生实验 1：感受氢氧化钠与盐酸的反应。

在盛有 5mL 氢氧化钠溶液的烧杯中加入约 5mL 左右的盐酸，观察现象，同时用手触摸烧杯外壁或用温度计测定温度变化。

设计意图：①开门见山，建立有意义学习情境，激发学习兴趣。②引发思维冲突，提出问题，氢氧化钠和盐酸混合后没有明显现象是否发生了化学反应。

（2）情境深入：找到判断化学反应发生的两条线索（产生新物质或原物质消失），设计实验验证氢氧化钠与盐酸发生反应。

设计意图：①感悟化学思想，学会设计实验的一般方法。②在此过程中初步建构中和反应的概念（反应物、部分生成物、反应现象的特点）。

进行学生实验2：验证氢氧化钠与盐酸发生反应（见图4所示）。

设计意图：应用设计方法，提升操作能力，感悟中和反应过程，巩固初步建构的概念。

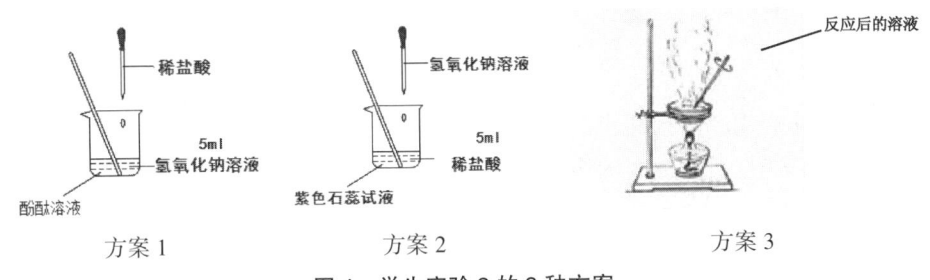

图4 学生实验2的3种方案

（3）情境再深入。

1）提出新问题，如何验证生成物水？

设计意图：再次制造思维冲突，对于学生而言目前束手无策，同时这也是教学中的难点所在，所以需要另辟蹊径来解决问题。

2）调整研究方向，设计实验判断溶液中氢氧根含量的变化情况。

设计意图：①难点转化，引导学生从溶液中氢氧根的含量的变化来推测水的生成。②在设计过程中进一步感悟化学思想，学习实验设计方法。③在设计过程中使学生感受到广泛pH试纸的应用局限与不足。

3）进行演示实验1：用数字化体验氢氧化钠与盐酸反应的过程。

设计意图：①感受科学技术进步对学科所起的作用。②引导学生从精密数据与图像上再认识氢氧化钠与盐酸的反应过程，用数据和图像佐证水的生成、热量是由于两者反应产生的。

（4）完成中和概念建构

1）在得到演示实验1得到图像（见图5）之后引导学生将实验现象结合图像进行以下分析与解释。

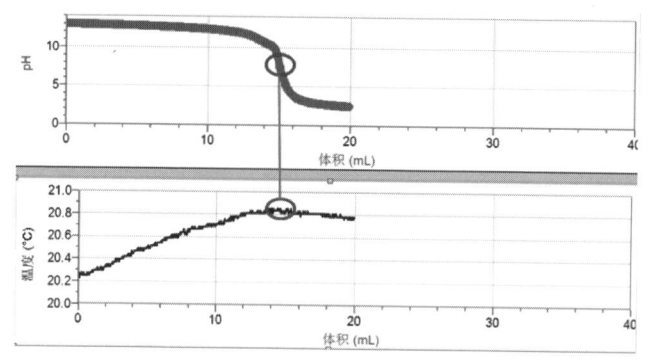

图 5 演示实验 1 所绘制图像

①从 pH 变化趋势判断出溶液中氢氧根含量在不断减少。

②从 pH 接近 7 附近的图像判断出溶液中既没有氢氧化钠，也没有盐酸，它们恰好完全反应，氢氧化钠中的钠和盐酸中的氯结合成了氯化钠（之前蒸发实验已经验证），所以氢氧根和氢结合成水。

③通过温度曲线最高点和 pH 接近 7 附近的体积数据一致说明恰好完全反应时放出热量最大，由此可以证明在学生实验 1 中观测到的放热的现象的确是由于氢氧化钠与盐酸反应所放出的。

设计意图：通过数据和图像佐证了水的生成，热量变化是由于反应所产生的，为中和反应概念的建构提供了有力的实验证据。

2）进一步认识中和反应本质。

演示实验 2：利用数字化设备测定绘制硝酸钠溶液中加入氯化钾过程中加入氯化钾体积与溶液 pH 值、温度的变化关系图像（见图 6）。

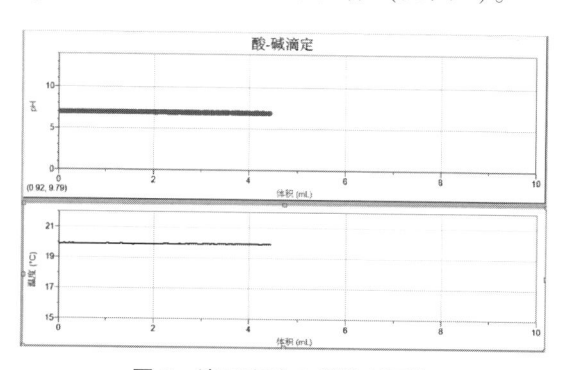

图 6 演示实验 2 所绘制图像

通过演示实验 2 的对比发现钠和氯的结合没有放出热量，说明热量是由于氢与氢氧根结合放出的。

设计意图：拓展视野，推进思维，认识中和反应的本质是酸中的氢和碱中的氢氧根结合生成水并放出热量。为今后进一步学习奠定基础。

3）完成中和反应的概念的建构。

通过对课前所作氢氧化钠和硫酸、氢氧化钡与盐酸反应的图像（见图7、图8）的分析，找到图形的相似特点，发现规律，建构形成完整的中和反应的概念，即酸和碱反应，生成盐和水，并放出热量的反应。

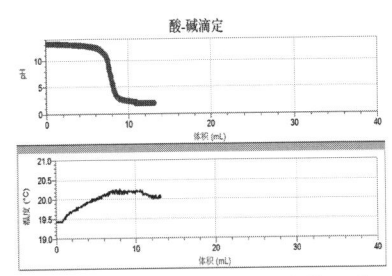

图7　氢氧化钠与硫酸反应的图像

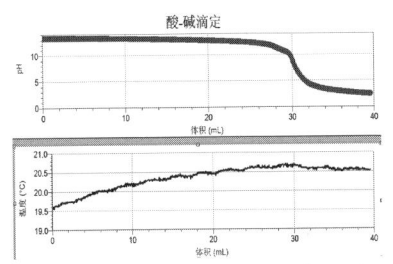

图8　氢氧化钡与盐酸反应的图像

八、实验教学反思与评价

（1）本课的教学以氢氧化钠与盐酸的反应的现象为切入点，通过"预测—观察—解释"的策略进行实验设计与实施，在不断发现问题，解决问题的过程中让学生在原有知识的基础上建构出完整的中和反应概念，在建构过程中使学生学会探究、学会思考、感悟思想、学会方法。

（2）借助数字化设备的演示实验，不仅提高观测精度，提高了实验效率，更给中和反应概念的建构提供了有力的数据和图像的实证，能使学生更好地理解中和反应的本质，推进学生思维的发展，解决传统实验手段无法很好解决的问题，突破教学难点。

（3）通过对数字化技术绘制的实验图表进行分析，提升学生的读图能力与分析判断能力，有利于学生学科素养的培养与思维品质的提升。

（4）在最后环节由于课堂容量关系，只给出了氢氧化钠和硫酸，氢氧化钡和盐酸的反应图像，如条件允许，可以给出更多的不同种类的酸与碱反应的图像，使实验更体现普遍性，概念的建构的证据更充实。同时对于能力较强的学生，可以引导他们从反应物的物质的量的角度对相似的pH图像进行进一步分析，找出图像形状不同处的内在原因。

手持式电解质试剂导电演示仪测试剂导电性

遵义市第十六中学　赵全丽

一、使用教材

沪教版《化学》九年级"溶液的导电性实验"。

二、实验教学目标

（1）通过实验展现知识，启发和引导学生体会宏观现象和微观本质的联系，定性与定量相结合的化学思想。

（2）通过实验装置的设计和实验演示的过程引导学生领悟运用分类、控制变量等学习和实验方法。

（3）通过本实验装置的实验展示，体现宏观辨识和微观探析、科学探究和创新意识等学科素养。

三、作品设计分析

（一）创新背景

该作品的设计背景是源于沪教版九年级化学教材中溶液的导电性实验及演示装置原理和在实际教学中所使用的台式实验演示装置（如图1所示）得到的启发。同时，通过长期实际使用总结出传统台式实验演示装置存在以下的不足：①操作频繁，试剂用量较多。②采用220V交流电供电，实验时存在较大安全隐患，且耗电量的。③装置体积较大，不便移动，不可作巡回演示，不便于整体学生对实验现象的观察。④测试的可靠性不是很好。

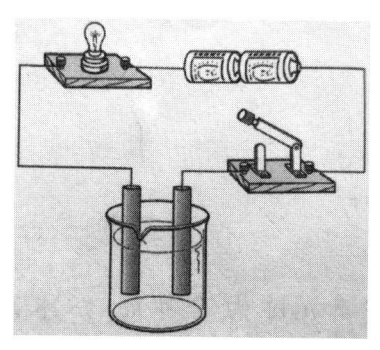

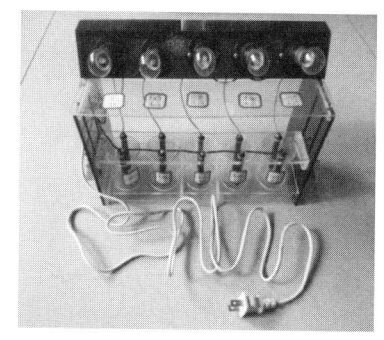

图1　溶液的导电性实验原理图和传统台式实验仪

针对以上存在的不足，我一直在构思对本实验的改进方法，经过多次尝试，反复实验，我制作了原创手持式电解质溶液导电演示仪第一代和第二代（如图2所示）。

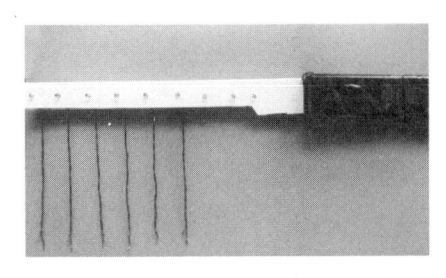

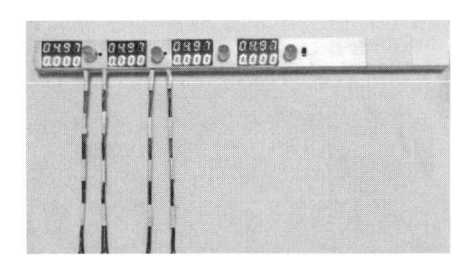

图2　第一代和第二代作品对比图

（二）结构及原理

第一代作品是由电池盒及把手，等功率 LED 灯，检测电极三大部分组成。第二代作品在一代作品的基础上安装了电压电流数值显示屏，等功率 LED 灯及电压电流屏之间采用并联结构，得到均等的电源电压值，如图3所示。

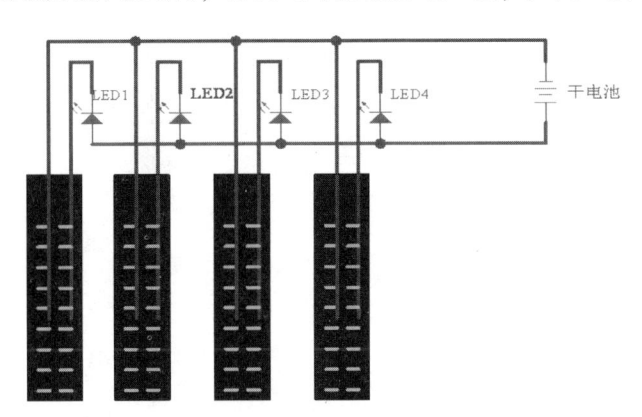

图3　导电演示仪工作原理图

第一代作品的工作原理是：借助 LED 发光强弱现象推知试剂导电性强弱。打开 LED 开关，若试剂导电，则灯亮，说明原试剂中有带电的微粒——自由移动的离子，再借助 LED 灯亮度的强弱的现象推知试剂导电性强弱。

但在反复实验测试中，我发现 LED 的发光强弱会因某些因素产生观察误差。如 LED 灯发光效率不同，观察者视角角度差，试剂导电相近等。且不能用数字清晰明了传递溶液导电能力的强弱，不能实现定量测量。

基于以上因素，我在一代作品基础上继续研发制作了第二代作品。第二代作品安装了电压电流数值显示屏，有效地解决了一代作品的实验欠缺，实现了对实验的定量测量，使实验结果更加精准可靠。实验时只需切换 LED 显示开关至数字电压电流显示屏，读取显示屏电流值，便可得出试剂导电能力的大小。反之，试剂不导电，电压电流屏的电流值显示为零，原试剂中无自由移动的离子——试剂中的微粒以分子形式存在。

（三）性能特点

我原创的手持式电解质试剂导电演示仪不仅改善了传统演示仪不足，还具备以下优越性能：①装置简单、轻便、体积小，使用不受场地条件的限制，可自由移动，巡回演示，有利于整体学生对实验现象的观察。②采用充电电池做电源，使用安全可靠，绿色。③LED作显示灵敏度高、现象明显，使用寿命长。④实验数据化，与实验现象有机结合，实验结果更精准。⑤操作简易快捷："一伸二开三观读"。⑥装置材料更廉价易得。

本装置遵循实验设计原则，更加符合实验设计理念。

（四）使用方法——一伸二开三观读

（1）将本装置的检测电极伸入试管内与待测试剂一一对应。

（2）打开电源盒 LED 显示开关，切换 LED 显示开关至电压电流数字显示屏。

（3）观察 LED 发光现象；读取电流屏显示值。

（4）实验的演示效果截取图，如图 4 所示。

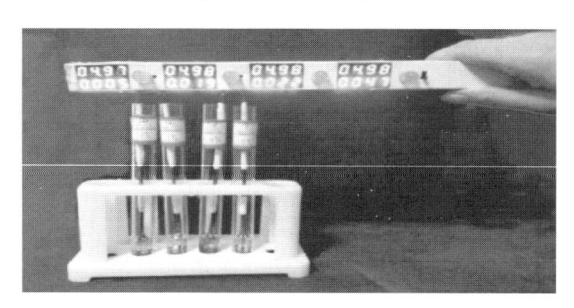

图 4　实验测试效果图

四、实验演示及探究

（一）实验用品

试管，试管架，烧杯，滤纸，手持式电解质试剂导电演示仪，2%、5% 的 NaOH 溶液，2%、5% 的 NaCl 溶液，2% 的 HCl 溶液，水。

（二）实验内容

运用控制变量法完成下列实验：测试相同条件下 2% 的 HCl 溶液、2% 的 NaOH 溶液、2% NaCl 溶液和水 4 种试剂样品的导电性。

(1) 比较 4 种试剂对应的 LED 发光强弱及电压电流屏的电流值大小。

通过观察对比实验现象和数据测量让学生从定性、定量角度认识到试剂导电性强弱、导电能力的大小不一样，分析试剂导电的本质原因。

(2) 比较除试剂 H_2O 以外的 3 种试剂对应的 LED 发光强弱及电压电流屏的电流值大。

通过观察对比实验现象和数据测量，让学生从定性、定量角度认识到试剂种类对试剂导电性强弱、导电能力大小的影响。

五、作品创新性分析

(1) 首次提出了手持式的方法和概念，完全不同于市面上的台式演示仪。

(2) 采用 LED 与电流屏结合的新型工艺，实现了定性分析与定量测量有机结合。

(3) 无需专用的试剂容器，直接采用试管及试管架作为测试装置的一部分，提高了装置的实用性。

(4) 具有推广意义，如高中化学中关于溶液导电性的实验分析。

高中化学

二氧化硫的制备及性质的一体化微型实验

深圳市横岗高级中学　王伟

一、教材分析

人教版新课程高中《化学必修1》第四章第三节。

人教版《化学必修1》第4章实验4-7"二氧化硫溶于水的方法"（见图1）存在以下问题：①需要课前制备二氧化硫收集并保存于试管中，制取过程中试剂用量大，二氧化硫易逸散，以致课堂演示实验或分组实验现象不明显，甚至不能使品红褪色；②二氧化硫的漂白实验在敞开的环境中进行，有毒的二氧化硫气体直接排放到空气中，污染教室环境，危害师生身体健康；③教材实验只验证了二氧化硫水溶液的漂白性、酸性，对二氧化硫的氧化性、还原性并没有涉及，而这些性质又是高中化学教学的重点内容，不利于学生对二氧化硫性质的掌握。

针对上述问题，有学生提出能否对上述实验进行改进我当即对学生的这种想法表示肯定，并鼓励他们积极设计，勇于探究。

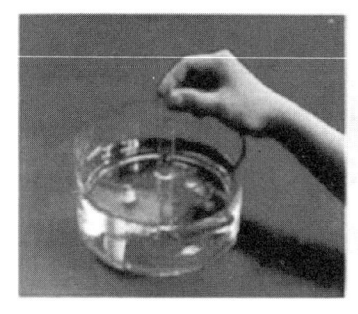

图1　二氧化硫溶于水

二、学情分析

从知识角度来看，学生已经具备氧化还原反应、典型非金属——氯气的相关知识，这为本节内容的学习起到了铺垫和支持的作用；从能力角度来看，学生具备一定的实验操作能力、探究能力和观察分析能力。根据以上对教材和学情的分析，确定本节课的教学目标及重难点如下：

三、教学目标

为了落实国家对中小学生提出的学习和创新素养,我确定了本实验教学的三维教学目标。

(一) 知识与技能目标

掌握二氧化硫的化学性质及其用途。

(二) 过程与方法目标

(1) 组织学生分组讨论,设计实验,根据实验现象得出物质的化学性质。

(2) 培养学生的逻辑与创新思维能力,规范学科实验思维。

(三) 情感态度价值观

(1) 通过二氧化硫的氧化性、还原性的教学,对学生进行辩证唯物主义观点教育。

(2) 通过微型实验的教学,提高学生的环保意识和社会责任感。

教学重点:实验探究和设计。

教学难点:通过对实验装置的创新改进,培养学生主动探究精神。

四、教法学法

我们采用小组合作探究的实验教学方法,由学生提出问题,在师生共同努力下确定本实验装置的改进方向为"一体化、绿色化、微型化、多置归一",学生给出实验方案、小组合作实验、试验后交流、评价、然后实验设计的进行再优化,最后推广应用,总结并反思提高。

五、实验过程

(一) 装置改进阶段

(1) 设计方案。根据改进的思路是否还有别于教材的方法来做该实验呢?学生给出了一些设计方案,讨论之后,我们选取其中一个来实施。在这里我们分别将品红试纸、Na_2S试纸、酸性高锰酸钾试纸、紫色石蕊试纸粘在滴管上(见图2)。

(2) 学生动手实验。按照上述实验装置连接实验装置并进行实验。

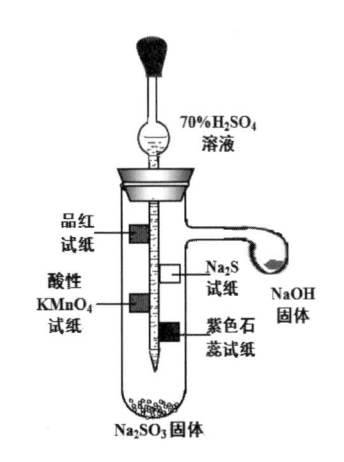

图2 第一代实验装置设计图

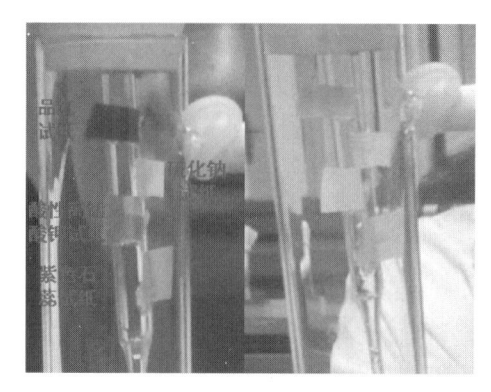

图3 滴加硫酸溶液前后对比

（3）实验结果。学生欣喜地观察到：紫色石蕊试纸变红，Na_2S 试纸上有淡黄色固体产生，酸性高锰酸钾试纸褪色，品红试纸褪色（见图3）。学生根据现象得出二氧化硫具有酸性、还原性、氧化性、漂白性。

（4）产生问题。

1）该实验无法验证二氧化硫的漂白性的不稳定、可逆等特点。

2）滤纸上吸附的硫化钠的量有限，导致二氧化硫与硫化钠反应的实验现象不明显。

此时学生的思维陷入了困境。我鼓励学生说："我们应该站在巨人的肩膀上，借鉴别人的成果。"

（二）装置的优化阶段

（1）文献检索。吴霞、杨晓东等人仅对二氧化硫的漂白性的可逆过程检验进行了改进，但不能实现装置的一体化。徐晓峰、李猛、宋佳蔚等人设计的装置能全部实现我们的改进的预期目标，但装置比较复杂，不便操作。

我们从宋佳蔚等人设计的实验装置中得到启发，设计了如下实验装置（见图4）。

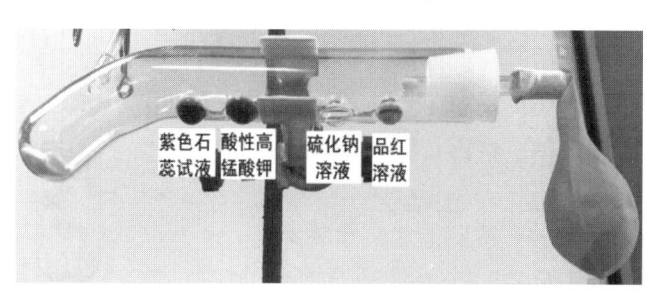

图4 第二代实验装置设计图

（2）学生动手实验。按照图4连接实验装置、加入反应试剂（依次为紫色石蕊试液、酸性高锰酸钾溶液、硫化钠溶液、品红溶液)。

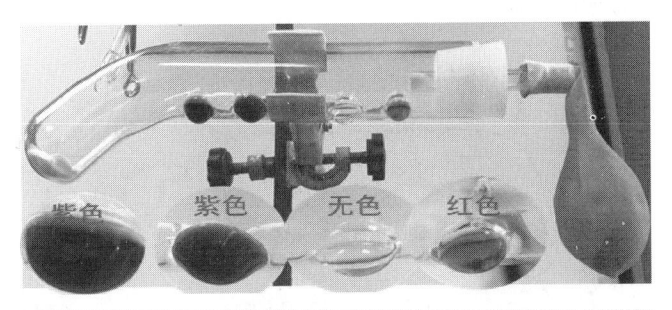

图 5　滴加硫酸溶液前后现象对比

(3) 实验结果。分别观察到紫色石蕊试液变为红色、$KMnO_4$溶液由紫色变为无色、Na_2S溶液中有淡黄色的固体产生表明二氧化硫具有氧化性、品红溶液褪色(见图5)。对褪色的品红溶液进行加热后，品红溶液恢复红色(见图6)，这表明二氧化硫漂白过程的可逆性、不稳定性等特点。

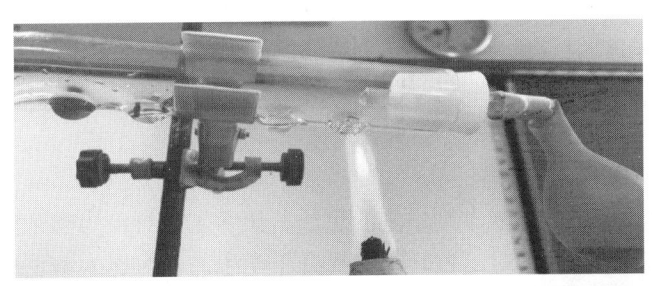

图 6　酒精灯加热褪色后的品红溶液前后现象对比

（三）装置的推广阶段

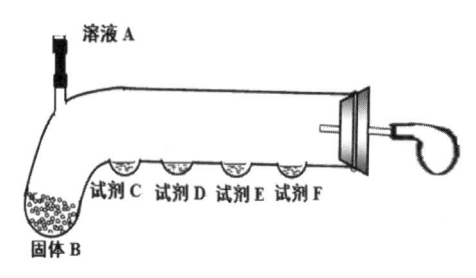

图 7　该装置的推广实验

利用上述实验装置能较好实现二氧化硫的制备及性质的微型一体化实验。此外，我们只要对滴管、弯管底部、泡管中的试剂进行更换，该装置也可以推广到其他气体如氯气、氨气、乙烯的制备及性质实验中（见图 7 和表 1）。

表 1　推广实验

气体	溶液 A	固体 B	试剂 C	试剂 D	试剂 E	试剂 F
SO_2	70%硫酸	Na_2SO_3	紫色石蕊	酸性高锰酸钾溶液	Na_2S 溶液	品红溶液
Cl_2	浓盐酸	$KMnO_4$	紫色石蕊	溴化钠溶液	淀粉碘化钾溶液	红墨水
NH_3	浓氨水	生石灰	酚酞	湿润红色石蕊试纸	—	—
乙烯	25%乙烯利溶液	NaOH 固体	酸性高锰酸钾溶液	溴水	—	—

六、效果评价

本次实验教学中，珍视个别学生的想法，让学生亲身经历整个实验过程，培养实验设计的能力。也通过这些环节，提升了学生的学习能力和创造性思维的能力，这也是 21 世纪培养学生需要具备的核心素养。

回顾本节课的实验教学，有这样几个创新点：

（1）一体化：一般能在 5~8min 内用这套装置完成二氧化硫的制取及酸性、还原性、氧化性、漂白性等性质的验证。通过观察可比较紫色石蕊试液、酸性高锰酸钾溶液、Na_2S 溶液反应前后颜色的变化，实验效果明显。同时还能验证二氧化硫漂白品红的可逆性、不稳定性特点。

（2）微型化：在泡管中加入微量的溶液，既减少了溶液的用量也减少了二氧化硫的用量，实验了装置的微型化和试剂用量的微量化。

（3）绿色化：本实验装置密闭，反应过程中无污染气体产生。反应结束，向装置内加入少量 NaOH 溶液进行尾气处理，无污染气体排放。

（4）普适性：该装置也可以推广到其他气体的制备及性质实验中，如氯气、氨气、乙烯。该装置的成本低廉，有利于推广。

我校已经制作了一批该装置，学生已经进行分组实验，效果良好。本节课只是对学生部分实验方案进行改进，一定有更多更好的实验方案，需要师生共同去发散和创造。

氨的制备与性质组合创新实验

南开大学附属中学　傅宏霞

一、使用教材

人教版高中《化学必修1》第四章"非金属及其化合物"第四节。

二、实验器材

（一）实验仪器

圆底烧瓶、烧杯、针管、玻璃导管、三通管、胶头滴管、橡胶管、镊子、夹持装置等。

（二）实验药品

浓氨水、浓盐酸、氢氧化钠固体、酚酞试液、红色石蕊试纸、止水夹。

三、实验改进要点

（1）把气体的制取、收集与喷泉实验装置连成一个整体，无需事先收集氨气，操作简单、易于进行，实验成功率高；并有助于学生了解喷泉产生的原理。

（2）该实验装置集氨气的制取、收集、喷泉实验、氨气的化学性质、尾气处理于一体，既体现了操作的和谐性，又减少了环境污染。

（3）利用浓氨水和 NaOH 固体制取氨气，无需加热，操作简单，反应速率快，产生氨气多，喷泉实验极易成功。氨气与浓盐酸的反应实验现象明显、持久、绿色环保，便于学生观察。

（4）这样的实验操作节约时间和节省药品，整个实验可在 1min 内完，实验操作流畅。

（5）组合简易实验装置，巧妙地将多个实验融为一体，提升实验的观察效果，确保无空气污染，刺激了学生对化学实验的思考。

四、实验原理

氨气的制备、物理性质、化学性质的学习。

五、实验教学目标

（一）知识与技能

通过探究学习，获取氨气的制备原理及性质检验的方法，训练实验设计及操作技能。

（二）过程与方法

（1）经历实验探究的过程，学习科学探究的基本方法，提高化学实验设计能力，提高了学生的化学学科素养。

（2）发展学生自主学习、合作学习的能力。

（三）情感态度与价值观

激发学生在自主探究学习中的创新意识，体验科学探究的喜悦，培养学生善于质疑的精神以及严谨的科学态度观。

六、实验教学内容

化学是一门实验的科学在本课中体现得非常充分，实验贯穿于课程始终：观看课本实验视频→评价课本实验设计→预测氨气性质→设计实验方案并评价→展示设计组合实验装置→利用简易装置整合实验设计→分组或者演示实验→得出实验结论→留实验课题作业。

七、实验教学过程

（1）引入：走近氨气。通过图片认识氨气集制冷、化工原料等多用途于一身，也辩证地认识到大气中如存在氨气可能造成的危害。设计意图：辩证地认知氨气，在生活生产中才能合理地使用氨气。

（2）实验环节一：播放教材实验视频4-27——认识氨溶于水的喷泉实验（见图1）。

评价课本实验：准备任务较重，事先要收集好若干瓶干燥的氨气待用。氨气易扩散，使用时可导致喷泉效果不好甚至实验失败。

（3）实验环节二：播放教材实验视频4-28——氨与氯化氢的反应（见图2）。

评价课本实验：氨气与氯化氢气体均扩散于空气中，造成污染；该实验现象微弱，不便于全班学生观察。

图1

图2

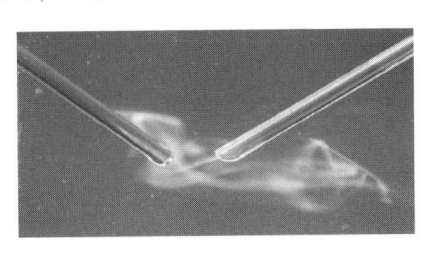

(4) 实验环节三：播放教材实验视频 4-29——氨气的制备（见图 3）。

评价课本实验：实验中用于加热的大试管极容易炸裂，特别是学生实验破损率达到 70% 以上，既危险也是一种浪费。

通过以上三个实验环节颠覆学生以往按方抓药做实验的思路，积极思考，敢于质疑。

图 3

(5) 实验环节四：自制简易组合实验装置展示（见图 4）。它巧妙地将以上 3 个实验安全、有序地完成，操作简单、现象明显、绿色环保。实验装置由一个铁架台、两个圆底烧瓶、两个烧杯、胶头滴管、针筒、三通管和若干根玻璃管组成。

利用简易装置整合实验设计，分组或者演示实验。分析实验现象，得出实验结论（见表 1）。

图 4

表 1

实验用品	实验现象	实验结论
气体发生装置 左侧下烧瓶：氢氧化钠固体针筒：浓氨水	有气泡生成	产生氨气
小烧杯：红色石蕊试纸	有气泡逸出，红色石蕊试纸变为蓝色	倒置烧瓶收集满氨气、氨气溶于水溶液显碱性
倒置烧瓶、大烧杯（装满水、滴加酚酞试剂）	引发美丽的粉红色喷泉	氨气极易溶于水、其水溶液显碱性
针筒：浓盐酸	白烟	氨气与氯化氢化合

设计意图：教师自制简易组合实验装置，激发了学生学习化学的热情和动脑动手思考实验的积极性。

(6) 进一步实验探究与反思：课后对实验的思考。

设计意图：评价组合装置的实验设计，为以后实验的评价、改进、创新打下良好的基础。

八、实验效果评价

氨气是人教版高中化学必修 1 第四章中重要的氧化物，是工业生产硝酸的一种重要的反应物质。从课堂效果来看，学生反应良好，优点主要有两个：

（1）"以评价课本实验为索引，学生为主体"的科学实验探究过程，实验、多媒体有机结合，营造出师生互动的和谐课堂，对提高学生学习化学兴趣、培养探究精神具有重要的意义。同时，教师设计简易组合实验装置，使化学实验现象明显、持久，操作简便，环保无污染，极大地激发了学生学习化学的热情和动脑动手思考实验的积极性。课堂教学内容虽然结束了，但留下很深长的影响。

（2）从创设求知情景，视频的引入到氨气的制备、物理性质和化学性质的探究，从评价课本实验到自行设计组合实验装置，在教师的引领下学会更深入的思考，教学过程环环相扣，从提出问题开始到解决问题为止，能让学生始终处于不断思考积极探索的学习情境之中，每个问题的提出、思考、探究切合学生的实际，又有一个由易到难的阶梯变化，同时将相对独立的单元通过问题的设计巧妙地串接起来，形成一个完整的知识体系；关注学生主体，重视探究活动，通过学生讨论，进行分组实验，并观察、记录实验现象，分析反应，培养学生实验能力，实验观察、记录、描述、分析能力。

对实验的改进有以下几个特点：①改进实验现象明显，简便易行。连续实验生动直观，成功率高。②实验过程省时省药，操作流畅。组合仪器取材方便，功能丰富。

碳酸钠和碳酸氢钠溶解性差异的创新实验设计

宁波市北仑泰河中学　林丹

一、使用教材
苏教版《化学1》专题2第2单元第二节"碳酸钠的性质与应用"。

二、实验器材

（一）仪器

离心机、离心试管、锥形瓶、滴定管、滴定管夹、托盘天平、药匙、量筒、胶头滴管。

（二）试剂

固体碳酸钠、固体碳酸氢钠、蒸馏水。

三、实验创新要点/改进要点

（一）实验内容上的创新

增加碳酸钠和碳酸氢钠溶解性差异的实验探究。苏教版的教材上无溶解性差异的实验探究，只在教材第52页出现的表格中有水溶性的比较，显示两者都易溶，相同温度下，Na_2CO_3的溶解度大于$NaHCO_3$。

（二）实验方法上的创新

溶解性差异的比较有两种思路，其一是在等量的溶剂中能溶解溶质的质量，其二是等质量的溶质完全溶解所需要溶剂的体积。从不同角度作比较，从定性到半定量的探究。

四、实验原理

等质量（2.0g）的碳酸钠和碳酸氢钠，加入（4mL）水，溶解、振荡、沉降，比较剩余固体量的相对多少，判断溶解量的相对多少，从而得出两种物质溶解性差异；

等质量（1.5g）的碳酸钠和碳酸氢钠完全溶解所要消耗水的体积，通过比较水的体积，得出两种物质溶解性差异，并根据消耗的水量计算溶解度。

五、实验教学目标

（一）宏观辨识与微观探析

物质的溶解过程本质上是构成物质的微粒均匀、稳定地分散在水分子中，并与水分子结合的过程,从微粒角度解析宏观变化。

(二) 变化观念与平衡思想

物质的溶解和离子的结合(结晶析出)是一个动态的平衡过程。

(三) 证据推理与模型认知

由实验现象推得结论,构建控制变量思想(单因子变量)与实践研究物质性质的模型。

(四) 科学探究与创新意识

通过对物质的溶解性差异问题的探究,使学生体验科学探究的过程,学习科学探究的方法及对实验条件的控制,培养学生的科学探究能力、创新能力。

(五) 科学精神与社会责任

通过实验,促使学生认识到社会实践的科学原理本质,建立解决问题严谨的、实事求是的科学态度和精神。

六、实验教学内容

将"碳酸钠和碳酸氢钠溶解性差异"的探究过程设计为与学生一同探究的实验课,使学生体会科学研究过程,掌握基本研究方法,促进核心素养的形成。

(1) 相同温度下,比较相同体积的水所能溶解的固体的质量。

(2) 相同温度下,比较相同质量的固体完全溶解所需要的水的体积。

七、实验教学过程

(一) 环节一:实际问题,引发思考

往充满二氧化碳的矿泉水瓶中加入饱和碳酸钠溶液,振荡、静置后,会析出固体碳酸氢钠($Na_2CO_3+H_2O+CO_2=2NaHCO_3$,见图1),有三方面的原因:反应后溶剂水的质量减少,生成的碳酸氢钠溶质质量增加,碳酸氢钠溶解度比碳酸钠小。像这种在多种因素共同影响下,我们能否通过这个实验得到碳酸氢钠溶解度比碳酸钠小的结论?

图1

（二）环节二：实验方案设计

问题：设计怎样的实验来研究碳酸钠和碳酸氢钠的溶解性差异？

思考1：影响固体物质溶解性的因素有哪些？（溶质，溶剂，温度。）

思考2：多变量影响实验结果时，怎样设计能较好地进行研究？（控制变量法。）

共同讨论实验方案：相同温度下，比较相同体积的水所能溶解的固体的质量；相同温度下，比较相同质量的固体完全溶解所需要的水的体积。

（三）环节三：实验操作（学生分组实验）

（1）实验一：相同温度下，比较相同体积的水所能溶解的固体的质量。

第一步：用托盘天平分别称取 2.0g 的碳酸钠和碳酸氢钠，置于离心试管中。

第二步：同时加入 4mL 水，溶解、振荡。

第三步：将离心试管置于离心机中，打开开关，3min 后取出离心试管，比较剩余固体量的相对多少，判断溶解量的相对多少。

（2）实验二：相同温度下，比较相同质量的固体完全溶解所需要的水的体积。

第一步：用托盘天平分别称取 1.5g 的碳酸钠和碳酸氢钠，置于锥形瓶中。

第二步：用滴定管往锥形瓶中滴加蒸馏水，振荡。

第三步：滴加至固体完全溶解，记录所用蒸馏水的体积。

（四）环节四：数据分析，得出结论

从相同质量的溶剂所能溶解的固体质量来分析，碳酸钠的溶解性大于碳酸氢钠。从相同质量的溶质完全溶解所消耗的水的体积来分析，碳酸钠的溶解性大于碳酸氢钠（见图2）。并根据消耗的水量计算溶解度，与资料上 20℃ 时的溶解度作对比。

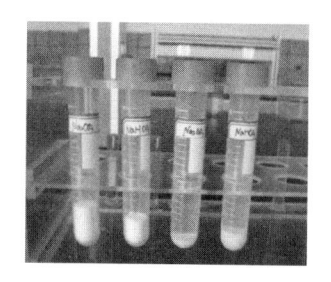

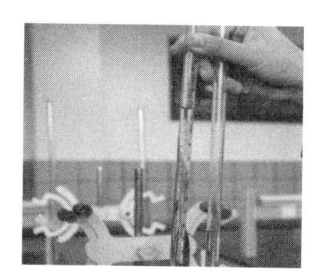

图2

（五）环节五：回归问题，联系生产生活实际

在 $Na_2CO_3 + H_2O + CO_2 = 2NaHCO_3$ 反应中，一是溶剂水减少，二是溶质 $NaHCO_3$ 质量增加，三是 $NaHCO_3$ 溶解度相对更小，上述三个原因都有利于碳酸氢钠的析出。侯氏制碱原理中析出碳酸氢钠，而不是碳酸钠的原因就是因为同温下，碳酸氢钠溶解度更小。

（六）结束语

实证研究中要注意方案的严密性。上述实验是基于两种物质溶解速率都比较快的模型下设计的比较粗略的实验方案。从定性到半定量还可以进行定量的研究。这样的实验研究真实地解决了我们想当然的问题，正是化学学科的本质所在。

八、实验效果评价

（一）实验设计原理

在苏教版化学 1 教材中对碳酸钠与碳酸氢钠溶解度差异的比较，有的课堂实验呈现是取等质量固体加等量的水，比较溶解情况；有的是借助于往饱和碳酸钠溶液中通入二氧化碳时会析出碳酸氢钠。这个反应有这三方面的原因来分析碳酸氢钠的析出：反应后溶剂水的质量减少，生成的碳酸氢钠溶质质量增加，碳酸氢钠溶解度比碳酸钠小，那么既然有三个因素引起碳酸氢钠的析出，是否能通过这个实验说明碳酸氢钠溶解度更小？教材突出比较了两者的性质，溶解性的差异又会被提及，所以设置这样的实验探究背景有利于学生更加形象清晰地认识到碳酸钠比碳酸氢钠更易溶于水，甚至对它们的溶解度也有所认识。通过比较碳酸钠与碳酸氢钠的溶解性差异，为今后认识碳酸盐与碳酸氢盐之间的溶解性差异关系奠定一定的基础，增强了感性的认识，并为"侯氏制碱"原理的理解奠定基础。

（二）科学知识的本质

碳酸钠与碳酸氢钠在水溶性方面的差异性与微观溶解过程中引起的焓变、熵变以及分子内氢键有关，也体现了物质的宏观性质取决于其微观结构的特点。碳酸（氢）盐溶解性不仅和氢键有关，也和离子键的强度有关，离子键越强越难溶解。对于 $CaCO_3$ 和 $Ca(HCO_3)_2$ 等物质，其阳离子价态较高，正电场强，和 CO_3^{2-} 的吸引力较大，而和 HCO_3^- 的吸引力较小，此时离子键强度起主导作用，酸式盐的溶解性好于正盐。而碱金属只有一个单位正电荷，此时氢键的作用就显现出来，使溶解性逆转。而对于很多过渡金属元素，其电子构型（主要是 d 电子的影响）造成极化能力增强，和 CO_3^{2-} 的键有较多共价成分，而难以溶解。

（三）探究实验设计模型构建

在问题背景的引导下，学生体验了科学的探究过程，认识了探究性实验的一般过程，也感受到化学思维的严密性与辩证性。通过探究相同体积的水所能溶解的固体的量和溶解相同质量的固体所需水的体积，初步建立了这种辩证思维的模型，有利于以后解决类似的问题。

（四）实践与理论相结合

探究碳酸钠与碳酸氢钠溶解性差异实验过程，用实践实证理论，用理论指导实践，科学原理获得需要实践与理论相结合。定性结论获得真实体验，控制变量比较方案设计，实践研究导向科学原理。

基于数字化实验对影响盐类水解因素的探究

武汉大学附属中学 邓阳洋

一、教材的功能与地位

本章节内容选自于人教版高中《化学选修4》第三章第三节第二课时，教材通过文字阐述和科学探究的方式呈现了影响盐类水解的四个因素：盐本身的性质、浓度、温度和酸碱性。《普通高中化学课程标准》将本章节内容目标定为归纳影响盐类水解程度的主要因素。

在学习本章节内容之前，学生已经学习了弱电解质的电离、化学平衡、勒夏特列原理、盐类水解的概念等知识，这都为本章节内容的学习奠定了扎实的知识基础。而通过本章节内容的学习，也会为之后电解和高三有关物质检验等知识的学习大有裨益。故而，本章节内容具有承上启下的作用。

二、学情分析

（一）学生的知识基础

学生在此之前已经学习过盐类水解的概念和实质、化学平衡和勒夏特列原理，这为本节课的学习打下了良好的知识基础。

（二）学生的技能基础

学生在此之前已经学习了化学平衡及其影响因素、电离平衡及其影响因素，对于如何分析平衡体系已经具有一定的技能基础。

（三）学生的思维障碍及其解决方式

高二学生正处于具体形象思维到抽象逻辑思维的转型期，虽然已经具有一定的抽象逻辑思维，但仅通过教材上观察溶液颜色深浅变化的方法，无法直观观察和分析微观粒子在水溶液中的具体行为。本节课为解决学生的思维障碍特采用了数字化实验仪器进行探究。

三、教学目标

（一）知识与技能

（1）掌握影响盐类水解的因素、知道各种内因和外因对盐类水解因素的影响。

（2）掌握盐类水解的规律，利用所学盐类水解知识解释生活中的化学问题。

(3) 了解数字化实验仪器及其使用。

（二）过程与方法

(1) 通过实验探究的方式，培养观察实验现象、分析实验本质的能力。

(2) 通过联系生活实际中的现象，培养分析问题和解决问题的能力。

(3) 通过数字化实验探究盐类水解因素的方式，培养记录数据、归纳数据和分析数据的能力。

（三）情感态度与价值观

(1) 通过实验探究的方式，体会化学实验过程中的乐趣，激发学习化学的兴趣。

(2) 通过数字化实验探究的方式，体会数字化实验仪器在化学实验探究中带来的重要作用。

(3) 通过对盐类水解影响因素的讨论，树立辩证唯物主义对立与统一的观点。

四、教学重难点

教学重点：影响盐类水解的因素。

教学难点：影响盐类水解的因素；设计实验验证影响盐类水解的因素。

五、教学方法

讲授法实验—探究法合作—交流法。

六、教学实验用具

常规实验仪器	烧杯、量筒、试管、滤纸若干
朗威数字化实验仪器	pH 传感计、色度计、浊度计、高温传感器
实验药品	0.1mol/L 的 $FeCl_3$ 溶液、0.1mol/L 的 $AlCl_3$ 溶液、pH＝1 的盐酸、蒸馏水

七、教学过程

教学环节	教师活动	学生活动	设计意图
1	PPT 投影：播放一段关于盐类水解的微课视频	仔细观看视频	激发学生学习兴趣，起到先行组织者作用
2	提问：影响盐类水解的因素有哪些	学生回答盐本身的性质、浓度、温度、酸碱性	检查预习情况，作好知识衔接

续表

教学环节	教师活动	学生活动	设计意图
3	活动：请每个小组派出一名学生代表上台汇报本组在课前讨论出的猜想、理论依据和实验方案	四名学生代表依次上台汇报本组猜想、理论依据和实验方案	以学生为主体、以教师为主导的教学模式是新课改的核心理念，故而提出让学生设计实验方案，采用同组评价、组间评价及教师点评的模式，都体现了学生在课堂中的主体性地位
4	教师点评：点评四组实验方案，引入数字化实验仪器	学生观察数字化实验仪器，聆听数字化仪器使用时的注意事项	在学生提出实验方案后教师点评，让学生自己认识到常规实验的局限性，体会数字化实验给化学实验带来的便利
5	探究实验1：用pH传感器测量 0.1mol/L 的 $FeCl_3$ 溶液、0.1mol/L 的 $AlCl_3$ 溶液的pH	第一组学生上台操作实验，全体师生讨论出现pH差异的原因	用pH传感器所显示数据让学生自己比较差异，通过控制变量法得出结论：越弱越水解
6	探究实验2：向5mL $FeCl_3$ 溶液中加入45mL蒸馏水，测定稀释后溶液pH、色度值、浊度值	第二组学生上台操作实验，全体师生通过讨论得出结论	利用数字化实验测量出稀释后溶液的pH、色度值和浊度值，通过逻辑推理得出结论：稀释过程促进水解
7	探究实验3：适当加热一定量 0.1mol/L $FeCl_3$溶液，记录pH传感器、色度计、浊度计、高温传感器显示的数值，当场绘制pH-温度曲线	第三组学生上台操作实验，全体师生讨论pH-温度曲线趋势的原因	利用高温传感器和pH传感器显示绘图结果，通过观察数学函数曲线中得出结论：越热越水解
8	探究实验4：向5mL 0.1mol/L $FeCl_3$溶液中加入5mL pH = 1 的盐酸，记录pH传感器、色度计、浊度计显示的数值	第四组学生上台操作实验，全体师生通过讨论得出结论	利用pH传感器测量混合溶液的pH，并用浊度计表征出溶液中 $Fe(OH)_3$ 沉淀量，通过逻辑推理得出结论：酸碱性影响盐类的水解
9	总结归纳影响盐类水解的因素	学生认真听讲，记好笔记	整合知识，建构体系
10	布置作业		让学生课后搜集更多盐类水解在生产生活中的应用，深化化学应用于社会、服务于社会的科学精神和社会责任

八、教学反思

本节课有明暗双线：明线是通过实验探究得出影响盐类水解的因素，暗线是学生自主提出猜想、寻找理论支撑和设计验证实验，创新点如下。

（1）创新教材实验，解决思维障碍：本节课引入精确度高的数字化实验仪器，将教材定性实验改进为定量实验，利用数字化实验仪器在不影响原有化学反应体系的前提下测定出 $FeCl_3$ 溶液的色度、浊度及 pH 等定量数据。通过上述物理量数据可以让学生从宏观上观测和分析微观粒子在水溶液中的具体行为，由感性认知上升到理性认知，完善了自身的思维过程。

（2）数字化实验可以对中学平衡体系中多因素、相互矛盾因素的影响进行直观快速地判定：对比传统实验技术，数字化实验可以更加快速准确地判定在矛盾因素下平衡移动的结果，如对 $FeCl_3$ 溶液既加热又加酸，这种在传统实验中无法快速解决的问题，在数字化实验面前迎刃而解。

（3）在实际操作过程中，浓度影响的测定过程让我印象深刻：当时测出稀释后溶液色度 RGB 值反常升高，重复多次实验后仍是升高趋势，学生对数字化实验仪器表示质疑。在请教美术教师后，从色相、纯度和明度的角度对学生进行解释，并当场根据色度计实验数据用电脑技术合成稀释后颜色，与稀释前颜色进行对比的确变淡，学生当场表示惊叹和佩服，故而让我深深体会到"闻道有先后，术业有专攻"的道理，只有不断汲取各方面知识，才能让学生信服。

（4）本节课深入落实高中化学核心素养：整堂课以实验探究为主要过程，师生通过创新教材定性实验为定量实验（实验探究与创新意识），观察宏观实验现象以及利用 pH 传感器等数字化实验仪器观测溶液中微观粒子的行为（宏观辨识与微观探析），利用假说演绎与逻辑推理的方式（证据推理与模型认知）得出影响盐类水解平衡的因素（变化思想与平衡思想），最后结合影响盐类水解的影响因素在生产生活中的重要应用让学生体会到化学应用于社会、服务于社会的科学精神（科学精神与社会责任）。

探究外界条件对化学反应速率的影响

西安市铁一中学　李欢

一、教材分析

选自人教版高中《化学必修 2》第二章第三节"化学反应的速率和限度"第 1 课时，是学习化学反应的限度和选修 4 进一步学习化学反应速率的基础。化学反应速率的因素是课程标准中要求的学生必做实验。

二、学情分析

（一）知识基础

对化学反应进行快慢具有感性认识。

（二）能力基础

具备一定的观察、分析能力，具备简单实验方案的设计能力，能够合作完成实验探究。

（三）情感基础

对化学实验有兴趣，对化学实验现象充满好奇。

三、实验教学目标

（一）知识与技能

（1）通过情景激疑，知道影响化学反应速率的因素。

（2）通过观察与描述实验现象，了解判断化学反应进行快慢的方法。

（二）过程与方法

（1）通过实验探究，提高学生观察、记录实验现象的能力及实验操作的技能。

（2）通过实验方案设计，学会利用"控制变量法"设计对照实验，探究外界条件对化学反应速率的影响。

（三）情感态度价值观

（1）通过氧气传感器测定化学反应速率，培养学生的定量实验意识。

（2）通过小组合作探究，提高学生合作学习能力，培养团结协作的精神。

四、教学难、重点

（一）教学重点

探究外界条件对化学反应速率的影响。

（二）教学难点

能利用"控制变量法"设计对照实验，进行实验探究。

五、教法与学法分析

探究式教学模式，以实验方案设计为主轴，以探究学习为主要形式，以鼓励创新为目的，引导学生小组合作、实验探究。

六、实验教学内容

化学反应速率的因素是课程标准中要求的学生必做实验。以双氧水分解为反应原理，引导学生设计实验方案，教师与学生改进实验装置，优化实验方案，学生小组合作完成"外界条件对化学反应速率影响"的实验探究。

七、实验教学思路

通过比较常见化学现象的反应快慢，归纳影响化学反应速率的因素；引导学生分别设计"催化剂、浓度、温度对化学反应速率的影响"实验方案，学会利用"控制变量法"设计对照实验；汇报交流，优化实验方案，展示实验创新装置，确定实验方案，学生小组合作完成实验探究，得出实验结论；教师演示利用氧气传感器定量测定酵母粉、MnO_2对双氧水分解速率的影响，进一步探究不同固体催化剂对化学反应速率的影响，并培养学生定量实验的意识。

八、实验创新要点

（一）教材实验的局限性

（1）教材实验使用5%的H_2O_2溶液，现象不显著，不利于学生观察。

（2）试管实验，缺乏趣味性，对学生实验兴趣的激发不足。

（3）教材给出具体实验操作方案，学生只是简单动手做实验，不利于学生形成并发展变量控制的实验思想。

（二）实验仪器与药品

实验仪器：安全漏斗、锥形瓶、双孔塞、胶头滴管。

实验药品：5%H_2O_2溶液、10%H_2O_2溶液、MnO_2、$FeCl_3$溶液、热水、冷水。

（三）实验改进与创新

（1）实验装置的改进与创新（见图1）。

图1

　　1）实验现象显著、生动，增添实验趣味性。装置由固定了安全漏斗、胶头滴管的双孔塞和锥形瓶组成。双氧水分解产生氧气，锥形瓶中压强增大，向安全漏斗中加入染色的肥皂水，就会"吹出"美丽的泡泡。将无形无色的氧气转化为学生能快速捕捉到的"有形有色"的泡泡，放大实验现象，充分激发学生的学习兴趣，调动学生实验探究的积极性。

　　2）装置安全、简易。装置中胶头滴管的胶帽可以表征反应体系压强，若锥形内产生气体过多，压强过大，胶头滴管的胶帽就会鼓起作为预警。装置安全性高，操作简单，适合学生自主实验。

　　（2）测量技术的创新。利用手持技术氧气传感器能科学、准确、快速测定双氧水分解产生的氧气含量，进而表征化学反应速率。手持技术的运用，在定性实验的基础进一步定量化，将微观不可见的抽象物质以具体的数字图像直观呈现，让学生体验由感性到理性，由简单到复杂的科学探究过程，进而培养学生定量实验的意识。

　　（3）设计型实验。改变学生简单动手做实验的现状，学生在教师指导下合作设计实验方案，选择实验仪器，进行装置改进与优化，完成实验探究。在整个实验过程中，学生始终处于主动的学习状态。

九、实验教学过程设计

（一）情景激疑

　　利用日常生活中的化学现象引导学生比较化学反应速率，归纳影响化学反应速率的因素。

（二）方案设计

　　学生小组合作，结合所提供实验用品，以表格（见表1）为载体，分别设计催化剂、浓度、温度对化学反应速率影响的实验方案。

表1

实验仪器	试管、烧杯、锥形瓶、安全漏斗、气球、U形管、V形管、双孔塞、胶管
实验药品	5%H_2O_2溶液、10%H_2O_2溶液、MnO_2、$FeCl_3$溶液、热水、冷水
实验原理	
实验装置	
预测实验现象	
探究一：催化剂对化学反应速率的影响	
药品种类及用量	
探究二：浓度对化学反应速率的影响	
药品种类及用量	
探究三：温度对化学反应速率的影响	
药品种类及用量	

（三）优化方案

学生汇报交流实验方案，教师介绍改进装置，循序善诱，引导学生对实验装置进行改进。学生展示创新装置（见图2）：U形管作为双氧水分解的实验装置，一端添加药品后用塞子塞住，另一端连接气球，同时气球膨胀大小比较速率；利用分液漏斗、具支试管、U形管组装实验装置，通过U形管中页面变化表征反应速率。

图2

（四）合作探究

学生小组合作，实验探究，交流互评，得出实验结论。其他条件不变的情况下，催化剂可以改变化学反应速率；浓度越大，化学反应速率越快；温度越高，化学反应速率越快。

（五）拓展迁移

教师演示手持技术利用氧气传感器定量测定不同固体催化剂（MnO_2、酵母粉）对双氧水分解速率的影响，得出实验数据（见图3），学生利用数据图表分析不同催化剂对化学反应速率的影响。

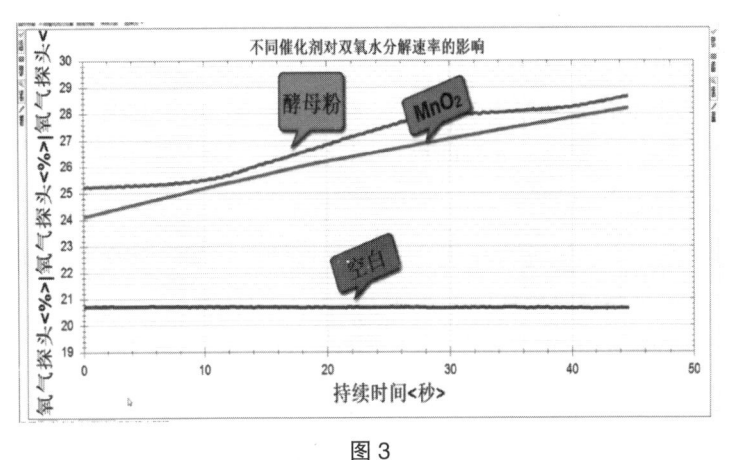

图3

十、实验效果评价

（一）实验技能的提升

本节课以学生为主体，教师为主导，学生小组合作、自主设计实验方案，学会运用控制变量法研究化学反应；汇报交流，确定实验方案，完成"外界条件对化学反应速率的影响"的实验探究，提高学生的化学实验技能，让学生体验科学探究过程。

（二）创新思维的提升

巧妙利用"安全漏斗吹泡泡"装置放大实验现象，增加实验的可视性和趣味性。发掘实验魅力，调动学生实验探究的积极性，激活学生思维，引发学生实验装置的改进与创新。

（三）定量实验意识的培养

在定性实验的基础上，应用手持技术氧气传感器即时捕捉氧气含量变化，培养学生的定量实验意识，让学生体会化学与科技紧密相连。从本质上落实了本节课的教学目标，课堂气氛活跃，切实培养与提升学生"实验探究与创新意识"化学学科素养。

铁的性质

复旦大学附属中学　曾德琨

一、使用教材

上海科学技术出版社高二上学期《化学》第八章"应用广泛的金属材料——钢铁"第一节（第二课时的内容）。

二、实验仪器和药品

微型移动实验室、温度数字采集器、丁烷灯；铁粉、高锰酸钾固体、硫粉、氢氧化钠溶液、氢氧化钙固体、碱石灰。

三、实验创新要点

学生的解题能力较高，而动手实验的机会较少、动手操作的能力较低是普遍存在的问题。老师和同学设计了"微型移动实验室"，以便使更多的学生能在更多的场合（包括家里）也能开展安全、绿色的化学实验。

（1）用生活中的锅垫、打火机就可进行固定、加热等操作，可省去铁架台、酒精灯等专门实验器材，可使每个学生感受化学实验的可行性、易于操作。

（2）用药品少，效果明显，安全可靠，成功率百分之百，绿色环保。

（3）实验的范围广泛，变量多且可控。可做各种有机材质（木材、果壳、烟草、煤）的干馏、石蜡的裂化实验、金属氧化物和木炭反应等固体的加热反应，也可用于制氧气、氯气、氨气、甲烷、乙炔等气体以及完成这些气体的性质实验等。固体粉末可用喝饮料的吸管装好后倒入，易得且方便，液体药品可用胶头滴管或者医用针筒加入。

（4）学生一管在手，可以启发他们结合生活的各种材质设计并进行实验，有一定的创造性、趣味性，对培养学生热爱化学、热爱生活的情操、对提高学生设计实验的能力，动手操作的能力大有裨益。

四、实验设计的思路

（一）教材分析

铁是迄今为止人类使用最广泛的金属之一，也是中学化学里唯一较系统地介绍的过渡元素。从专题内容编排上看，这一课时的内容安排在"卤素""硫、氮"之后，是金属元素在高中知识中系统学习的开始，是金属化学性质的延伸和发展。教材通过介绍铁的物理性质、化学性质，让学生学会对"金属单质"的学习和归纳方法，初步了解过渡金属的特殊性质，为"元素周期律"的学习进一步打下元素知识的基础。

从化学基本观念上看，本课以基本概念（物质的组成与分类）和氧化还原反应的基本知识为支撑，培养学生以"变化的观点""氧化还原的观点"对比、观察、分析和理解铁的性质，准确地把握"结构→性质→用途、制法、存在"的内在规律，强化绿色化学理念。

（二）学情分析

在初中和高一阶段，学生已经学过了铁的一些化学性质，比如铁与氧气、氯气、硫等非金属单质的反应，铁与酸、部分盐等化合物的反应，但是由于有关反应分散在各个学段，涉及的物质多、性质多、方程反应多，学生往往"记不准"。

铁的性质实验教师演示得多、验证性实验多、"照方抓药"的实验多，实验的多方面、深层次的教育价值、功能发挥不够。

结合学过的铁的化学性质实验，思考、设计用新的实验仪器完成实验的方案并加以实施，对传统实验在装置、药品、材料等方面进行改进和替代，对不同的实验方案进行评价。强调学生的感受和学科思维形成。

五、实验教学目标

（一）知识与技能

（1）掌握铁跟非金属（硫、氯气、氧气等）、水、酸和盐溶液反应的化学性质。

（2）了解一些新的实验仪器，认识一些新的实验手段。

（3）设计多个铁的性质的实验方案，并予以评价、优化和实施。

（二）过程与方法

（1）认识铁的化学性质，学会归纳总结的学习方法。

（2）通过对铁性质实验的设计、实施、评价、优化，提高实验、合作、交流、表达的能力。

（三）情感态度价值观

（1）使用新仪器完成铁的性质实验，加深对实验的体验和感受，激发求知的欲望和探究的渴望。

（2）比较多种实验方案的优劣，促进科学精神、科学态度和创新意识的养成。

实验教学重点：①设计多个铁的性质的实验方案，并予以评价、优化和实施。②通过对铁性质实验的设计、实施、评价、优化，提高实验、合作、交流、表达的能力。

实验教学难点：①学会设计多种解决化学问题的实验方案，并予以评价、优化和实施。②对铁性质实验的设计、实施、评价、优化，提高实验、合作、交流、表达的能力。

实验教学方法：实验探究法、讨论归纳法、类比迁移法。

六、实验教学内容

铁与氧气、氯气、硫、水等反应。

七、实验教学过程

（1）铁和氧气反应。

创设情境引入课题：视频再现初中做过的实验——铁丝在氧气燃烧。实验现象剧烈，但昙花一现。初中主要是以老师演示为主，实验前的准备工作比较繁琐且实验时铁丝伸入氧气中的时机要掌握好。同学们的学长和老师设计了"微型移动实验室"，能不能用其中的仪器完成该实验？

学生：思考、讨论、设计完成实验。

（2）铁和氯气反应。

问题：制备氯气所用反应物的状态与制氧气不同，如何用这个仪器完成氯气和铁的反应？

学生：思考、讨论、设计实验。

（3）硫和铁反应。

问题：视频再现铁粉和硫粉混合加热的反应。对这个实验有什么感受？

学生：该实验有环保等负面的不足。通过实验希望获得的更多的信息，比如反应放出的热量等。

师生：合作完成实验。

（4）铁和水反应。

问题：钠、镁能与水反应，铁能与水反应吗？

复习该实验设计的要求，提供相应的资料。

学生：思考、讨论、设计实验。

八、实验教学效果评价

（1）高二的学生对铁的化学性质并不陌生，但是铁的性质实验教师演示得多、验证性实验多、"照方抓药"的实验多，学生自己设计实验少、动手做得少，感受不深。提供师生设计的"微型移动实验室"，让学生讨论、思考、用新的仪器完成实验，极大地激发了学生求知的欲望和探究的渴望。

（2）创新的实验仪器，容量小、用药少、环保、操作简单、实验安全，制成"微型移动实验室",学生人人都能进行操作,可完成多个实验,甚至于不局限于化学实验室完成,有利于感受实验的过程、观察实验现象,增强了学生的动手操作能力和对化学实验的体验。

(3) 通过铁的性质实验不同设计的比较、评价、优化,促进学生勤动手、会观察、善思考、敢质疑的好习惯,也促进学生分析问题、解决问题、交流表达能力的提高,有益于科学精神、科学态度和创新意识的养成。

(4) 由铁的性质实验,认识反应原理、制备装置和实验操作之间密切的联系,有益于科学精神、科学态度和创新意识的养成。

探究氢氧化亚铁的制备

赣州市第三中学　陈起香

一、使用教材

人教版《化学必修1》第三章第二节"金属及其重要化合物"。

二、实验器材

试管、胶头滴管、长胶头滴管、具支试管、导管、烧杯。

常规配制 NaOH 溶液、$FeSO_4$ 溶液；用煮沸后冷却的蒸馏水配制的 NaOH 溶液、$FeSO_4$ 溶液；6mol/L 的 NaOH 溶液、7mol/L 的 NaOH 溶液、8mol/L 的 NaOH 溶液、9mol/L 的 NaOH 溶液；H_2SO_4 溶液、$NaHCO_3$ 溶液；石蜡油。

三、实验创新点

（一）打破定式思维

以往的实验研究几乎都放在如何除去 O_2 上，而本实验同时考虑了浓度对实验的影响，取得了理想的实验效果。

（二）试剂的改用

（1）用 7mol/L 的 NaOH 溶液与 0.2mol/L 的 $FeSO_4$ 溶液反应，使生成的 Fe（OH）$_2$ 白色絮状沉淀下沉，几分钟后才变色，能满足教学的需求。

（2）用 $NaHCO_3$ 代替 Fe 粉与 H_2SO_4 溶液反应产生 CO_2 来排除装置中的空气，反应快，无残留，生成的 CO_2 密度比空气大，有利于将装置中的空气排尽。在 CO_2 的氛围中 Fe（OH）$_2$ 能保存 24 小时之久。

四、教学目标设计

（一）知识与能力

会用氧化还原反应的原理分析影响氢氧化亚铁制备的因素，并提出改进的方案。

（二）过程与方法

在探究氢氧化亚铁的制备过程中掌握提出问题、解决问题的实验探究方法。

（三）情感态度与价值观

培养学生学以致用的能力、从实验中收获学习化学的乐趣。

五、教学过程

（1）教材提供的实验方案：往 FeSO$_4$ 溶液中加 NaOH 溶液，几乎观察不到白色絮状沉淀，如图 1 所示。

图 1

（2）讨论并优化实验。

1）提出问题：①为什么白色絮状沉淀最终会变成红褐色？②哪些部位的 O$_2$ 会对实验产生干扰？③如何排除 O$_2$ 的干扰？

2）师生共同讨论设计出改进装置并实验：用煮沸过的蒸馏水配制 NaOH 和 FeSO$_4$ 溶液、用石蜡油液封并将吸有 NaOH 溶液的长胶头滴管伸入 FeSO$_4$ 溶液中挤出。

现象：沉淀上浮且迅速变色，但下层的变色较慢，如图 2、图 3 所示。

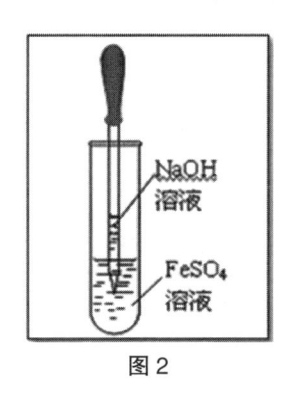

图 2   图 3

3）进一步提出问题：①能否让生成的 Fe（OH）$_2$ 下沉以达到液封的效果？②如何能让沉淀下沉？

在老师的引导下讨论并提出解决的方案：用 NaOH 的浓溶液与 FeSO$_4$ 溶液的稀溶液反应。

4）探究 NaOH 的浓度对实验产生影响：由 FeSO$_4$ 溶液的浓度和酸度决定用 6mol/L、7mol/L、8mol/L、9mol/L 的 NaOH 溶液进行实验并进行两项操作：将 NaOH 溶液加入 FeSO$_4$ 溶液中或者将 FeSO$_4$ 溶液加入 NaOH 溶液中。

将不同浓度的 NaOH 加入 0.2mol/L 的 FeSO$_4$ 溶液中（见表 1）。对比以上实验，选择将 7mol/L 的 NaOH 加入 0.2mol/L 的 FeSO$_4$ 溶液进行实验，沉淀量较多且下沉。结果如图 4 所示。

表 1

NaOH 溶液的浓度/（mol/L）	操　作	现　象
6	NaOH 溶液加入 FeSO$_4$ 溶液中 FeSO$_4$ 溶液加入 NaOH 溶液中	生成白色絮状物下沉，1min 后开始缓慢变灰绿色 生成白色胶状物上浮，颜色逐渐加深
7	NaOH 溶液加入 FeSO$_4$ 溶液中 FeSO$_4$ 溶液加入 NaOH 溶液中	生成白色絮状物下沉，2min 后开始缓慢变灰绿色 生成白色絮状物上浮，颜色逐渐加深
8	NaOH 溶液加入 FeSO$_4$ 溶液中 FeSO$_4$ 溶液加入 NaOH 溶液中	生成白色絮状物下沉，2min 后开始缓慢变灰绿色 生成灰白色絮状物上浮，颜色逐渐加深
9	NaOH 溶液加入 FeSO$_4$ 溶液中 FeSO$_4$ 溶液加入 NaOH 溶液中	生成白色絮状物下沉，2min 后开始缓慢变色，但沉淀量少 生成白色絮状物上浮，极少量变成灰白色

5）如此制得的 Fe（OH）$_2$ 也只能保持几分钟的时间，学生提出：装置中的 O$_2$ 也会对实验产生影响，如何除去？

经讨论，我们设计了如图 5 所示装置。往 NaHCO$_3$ 溶液加入 H$_2$SO$_4$ 溶液后注入 FeSO$_4$ 溶液再注入 NaOH 溶液。如此制得的 Fe（OH）$_2$ 能保存 24 小时之久。

图 4　　　　　　　图 5

六、实验总结

（一）探究历程

由教材提供的方案进行实验，几乎观察不到白色絮状沉淀提出 O$_2$ 对实验的干扰，设计出用煮沸过的蒸馏水配制溶液并用长的胶头滴管伸入溶液中实验，效果不明显。由下层沉淀变色较慢，进一步改进，用 7mol/L 的 NaOH 加入 0.2 mol/L 的 $FeSO_4$ 溶液进行实验，实验效果好，但保存时间不长，进一步设计出用$NaHCO_3$与H_2SO_4溶液反应生成 CO_2 排出空气，生成的 Fe（OH）$_2$能保存 24 小时。

（二）学生反馈

主要设置了两个问题。

（1）你认为改进后的装置有什么优点？

装置简单，实验效果好，看到了白色絮状沉淀。

（2）在实验探究中你有什么收获？

学会了提出问题、解决问题的实验探究方法，体会到了探究的乐趣。

（三）实验小结

本实验主要有以下特点：常规的试剂、常规的仪器，简单的操作，实验现象非常明显，推广性强。

铜与硝酸反应实验装置改进

甘肃省武威第一中学 崔莉

一、使用教材

人教版高中《化学必修1》第四章第四节第二课时"硝酸的性质"。

二、实验器材

自制实验装置（见图1）包括：1支T形管、3支注射器、1根输液管（带调节器）、铁架台（带2个铁夹）、橡胶塞；1根铜丝（绕成螺旋状）、浓硝酸、蒸馏水、四氯化碳、氢氧化钠溶液。

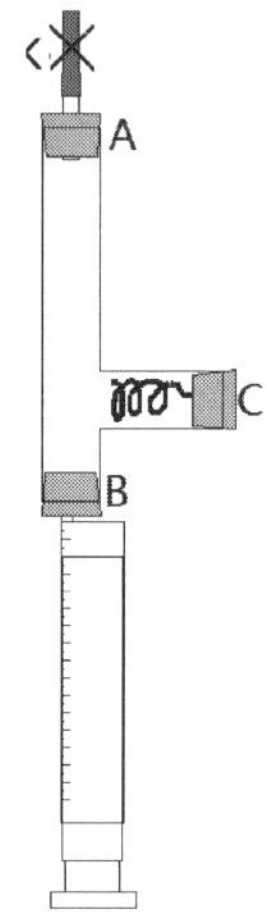

三、实验创新要求/改进要点

（1）这套装置利用T形管的结构特点，用四氯化碳隔离铜丝，可随时控制反应的开始和停止，操作简单。

（2）使用该装置可一次性完成铜与浓硝酸、稀硝酸的反应，能清晰地观察到反应过程中的各种现象。

（3）符合实验设计的绿色化原则，试剂消耗量少，增强学生的环保意识。

图1 装置简图

（4）实现了一套装置多种用途的目的。

四、实验原理/实验设计思路

反应原理：$Cu+4HNO_3（浓）= Cu(NO_3)_2+2NO_2↑+2H_2O$

$3Cu+8HNO_3（稀）= 3Cu(NO_3)_2+2NO↑+4H_2O$

$2NO+O_2=2NO_2$

操作原理：倾斜T形管，控制铜丝与浓硝酸的反应；用四氯化碳隔离铜丝与稀硝酸，以控制反应的开始和停止；用液体将装置中的空气排出，便于观察现象。

五、实验教学目标

硝酸是氮的重要化合物，也是重要的化工原料，硝酸的性质贯穿了中学化学的始终，铜与硝酸的反应是高中阶段很常见的反应，但在教材的第102页仅给出了化学方程式，未进行演示实验，主要原因在于：铜与硝酸（尤其是浓硝酸）反应不易控制反应速率，造成药品浪费；反应产生大量有毒气体NO和NO_2，会对环境造成污染；铜与稀硝酸反应生成的 NO 易被空气氧化，不易观察其颜色，导致学生出现认知偏差。针对以上问题，我对铜与硝酸反应的实验装置进行改进，改进之后的装置更适合课堂教学，更易观察实验现象，同时也绿色环保。

六、实验教学内容

本节课针对铜与硝酸反应的实验装置进行创新改进，用一套装置一次性完成铜与浓、稀硝酸的反应，对比观察反应现象（反应速率、反应后溶液的颜色、生成 NO 和 NO_2 的颜色、NO 的氧化过程），使学生在实验的基础上学习和认知。

七、实验教学过程

（1）组装仪器并检查装置的气密性。

在注射器中密封一定量的气体，关闭输液管上的控制器，推动活塞，片刻后松开，活塞仍能恢复到原来的位置，证明气密性良好。

（2）铜与浓硝酸的反应。

1）将装置固定在铁架台上，打开输液管上的控制器，倾斜 T 形管，在 T 形管中注入浓硝酸，并与铜丝发生反应。

2）待收集 3mL NO_2 后，旋转 T 形管，使铜丝与浓硝酸分离，反应停止。

3）在 T 形管中观察铜与浓硝酸反应的现象（反应速率、溶液颜色、NO_2 气体的颜色）。

（3）铜与稀硝酸的反应。

1）用注射器在 T 形管中注入四氯化碳，并将铜丝完全覆盖。

2）在 T 形管中注入蒸馏水，同时将 T 形管中的气体全部排出，并用氢氧化钠溶液吸收。

3）关闭输液管上的控制器，旋转 T 形管，使铜丝与稀硝酸接触反应，并用注射器收集 NO 气体，观察反应现象（反应速率、溶液的颜色、NO 气体的颜色），并和铜与浓硝酸的反应进行对比。

4）旋转 T 形管，用四氯化碳隔离铜丝与稀硝酸，使反应停止，打开输液管上的控制器。

（4）NO 与 O_2 的反应。

取下收集有 NO 气体的注射器并用一支空注射器替换。拉动活塞吸入空气，观察气体颜色的变化。

（5）尾气处理。

在收集有 NO 气体的注射器中吸入氢氧化钠溶液，振荡（或将气体缓缓推入氢氧化钠溶液中），使气体完全被吸收。

（6）处理废液，清洗装置并复原装置。

八、实验效果评价

这套装置利用了 T 形管的结构特点做气体发生装置，并用四氯化碳隔离铜丝控制反应随时开始和停止，现象明显，操作简单易行，适合在课堂演示中推广。需要注意的是：针筒、输液管、胶塞易被酸腐蚀，实验后要及时清洗仪器，避免仪器的粘黏或老化。

银镜洗涤方案优化

天津市第四中学　矫可庆

一、实验目的

传统的银镜洗涤方法是用不同浓度的硝酸溶液，但生成的产物都含有氮的氧化物，会产生污染，不利于环境保护，而且溶解后的溶液也不利于银单质的回收和再利用。本实验尝试研究用铁盐和过氧化氢溶液以及稀硫酸三种溶液对银镜进行洗涤和银的回收再利用进行探索和研究。

二、实验仪器及试剂

（一）实验仪器

若干含有银镜的小试管、酒精灯、火柴、小木条。

（二）实验药品

5mol/L 的 $FeCl_3$ 和 $Fe(NO_3)_3$ 溶液、10% 的 H_2O_2 溶液、0.1mol/L 的 H_2SO_4 和 Na_2SO_4。

三、实验仪器装置图及仪器的组装说明

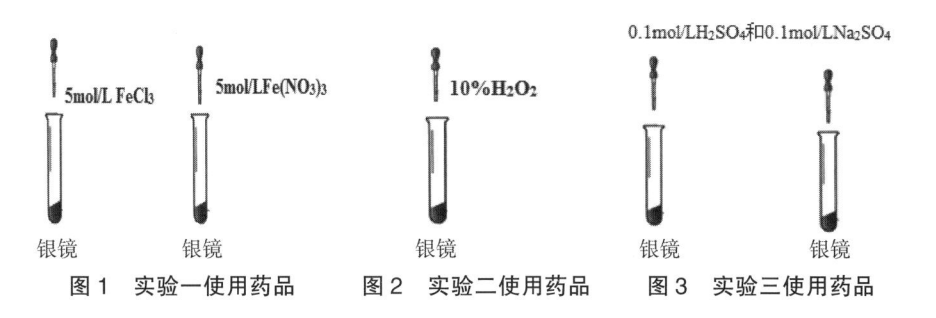

图 1　实验一使用药品　　图 2　实验二使用药品　　图 3　实验三使用药品

四、实验操作及分析

（一）用铁盐溶解银镜的试管

在水溶液中 Ag^+/Ag 的标准电极电势 0.80V，Fe^{3+}/Fe^{2+} 是 0.77V，二者很接近，仅从热力学的角度指出了标准状态下氧化还原反应进行的可能性及趋势大小，而实际的金属活泼性会因浓度、介质、气体的分压、产物的溶解度、氧化膜等因素而改变，因此 $Fe^{3+}+Ag=Fe^{2+}+Ag^+$ 可能发生。

在两只含等量的银镜试管中加入同浓度同体积的 $FeCl_3$、$Fe(NO_3)_3$ 溶液，充分振荡，静置。发现两种溶液都能溶解银镜，而且是第一支试管银镜溶解的速率明显快于第二支试管，且第一支试管中有明显灰色沉淀生成。

由于第一支试管中含有的氯离子结合了反应生成的银离子，促使上述可逆反应的平衡正向移动，进而加快了银镜的溶解，第二支试管中的硝酸根在弱酸环境中氧化性较弱，并未对银镜的溶解起到作用。通过一个探究过程，将实验、元素理论有机整合，培养学生发散思维过程和整合知识的能力。

（二）用双氧水清洗银镜的试管

在水溶液中 H_2O_2/H_2O 标准电极电势 1.763V，Ag^+/Ag 的标准电极电势 0.80V，因此 H_2O_2 在酸性条件下氧化性要比 Ag^+ 强，故猜测可以用双氧水处理试管内壁上的银单质。预测 $2H^+ + 2Ag + H_2O_2 = 2Ag^+ + 2H_2O$。

取 2mL10% 的双氧水倒入附着银单质的试管中，试管壁上的银单质与双氧水剧烈反应并逐渐溶解，产生大量气泡，反应一会儿，将带火星的木条置于试管口，木条复燃证明有氧气生成。

上述实验反应按两步进行：$2Ag + H_2O_2 = Ag_2O + H_2O$；$Ag_2O + H_2O_2 = 2Ag + H_2O + O_2$，由此实验可知银在 H_2O_2 分解反应中起催化剂的作用。

综上，上述实验原理是：$2H_2O_2 \xrightarrow{Ag} 2H_2O + O_2$

（三）用稀硫酸洗涤银镜的试管

也可用稀盐酸或者稀硫酸洗涤银镜两个附有银镜的试管，银镜很快洗掉，笔者曾经用 Na_2SO_4 做对比实验，结果不能使银脱落，猜想这可能是由于 H^+ 中和了银镜间隙中的氨分子，使银镜变疏松而脱落，与 SO_4^{2-} 无关，若改用稀盐酸和氯化钠做实验对比，可以得到相同的结论，另外，放置时间很长的银镜试管，就很难用稀酸溶解，关于此实验有待进一步深入研究和探讨。

五、改进的意义

用 H_2O_2 或者氯化铁都可以快速处理银镜实验后附着有银单质的试管，并且反应过程中只产生氧气无其他有毒气体产生，不会损害实验者的身体健康，也不会造成环境污染。过氧化氢溶液处理银镜的过程中银扮演了催化剂的角色，生成了细碎的银单质而从试管壁上脱落，易集中回收利用，节约资源。氯化铁和硝酸铁两种溶液处理银镜还有利于学生发散性思维能力的培养和激发学生探究知识的好奇心。

六、实验质疑与分析

用过氧化氢洗涤过的银镜试管后是否有银离子生成？

取上述反应后的反应液 1mL 装入干净试管并稀释到 3mL，向试管中加入稀盐酸酸化的 KI 溶液，发现溶液呈现黄色，该黄色可能是碘化银，也可能是过氧化氢或氧气氧化了碘离子生成碘水而呈现黄色；再加入 1mL 苯，振荡后静置，出现分层现象且上层为紫红色，证明确实有碘单质生成。下层依旧有浑浊，但颜色不清晰。

　　另取溶解银镜后的清液滴加硫化钠溶液，立刻产生黑色沉淀，证明有银离子生成，因此可以预见，银与过氧化氢的反应存在竞争，催化分解做催化剂是主要反应，而被氧化成银离子是次要反应。

金属的电化学腐蚀

浙江省长兴中学　王杰

一、使用教材
苏教版高中《化学反应原理》专题2第三单元第一课时。

二、实验器材

（一）仪器
石墨电极、铁电极（铁钉）、导线、溶解氧传感器、微电流传感器、数据采集器、数字化实验配套软件、三颈烧瓶。

（二）试剂
2mol/L 的 NaCl 溶液、KSCN 溶液、$K_3[Fe(CN)_6]$ 溶液、酚酞试剂。

三、实验创新要求/改进要点
通过现代化仪器数字化实验的引入，借助"提出问题—猜想假设—实验探究—结论与解释"这一基本流程，解决了传统实验所不能检测到的微观反应实质，从根本上解决了"金属电化学腐蚀"一节内容中的三大问题：

（1）铁的吸氧腐蚀究竟与哪里的氧气发生了反应？

（2）铁的吸氧腐蚀是电化学腐蚀，但课堂实验并没有体现出来？

（3）课本所给电极反应式是铁失电子生成亚铁离子，但我们能不能通过实验来验证铁失电子后被氧化生成了什么？

四、实验原理/实验设计思路
从课堂疑问着手，利用现代化技术传感器，检测铁的吸氧腐蚀过程中的电流情况和溶液中溶解氧的变化趋势来探究铁的吸氧腐蚀的本质。解决了正极参与反应的氧气来源、负极氧化产物是什么以及铁的吸氧腐蚀是电化学腐蚀这一事实等问题。

五、实验教学目标

（一）知识与技能
明确了铁在发生吸氧腐蚀的过程中不仅能与空气中的氧气反应还能与溶液中的溶解氧发生反应，并且直观感受到铁的吸氧腐蚀产生了稳定的电压以及铁被氧化生成了 Fe^{2+} 的事实。

（二）过程与方法

（1）学会了如何根据所发现的问题设计实验探究的方法；

（2）培养了学生从身边的仪器入手改进实验装置的能力；

（3）学会使用数字化实验解决化学问题；

（4）掌握了实验研究的基本流程：提出问题—猜想假设—实验探究—结论与解释。

（三）情感、态度、价值观

培养了学生的研究意识，引导学生用实验解释疑难问题；感受到先进实验手段在化学学习中的应用。

六、实验教学内容

本节课是学习在学生学习了原电池知识之后去探究金属的电化学腐蚀的内容。通过学生课后所提出的疑问着手，利用现代化技术传感器，设置了三个实验探究活动，通过检测铁的吸氧腐蚀过程中的电流情况和溶液中溶解氧的变化趋势，旨在解决正极参与反应的氧气来源、负极氧化产物是什么以及铁的吸氧腐蚀是电化学腐蚀这一事实等问题。从而探究铁的吸氧腐蚀的本质。

七、实验教学过程

（一）问题发现

在金属电化学腐蚀一课后学生产生一系列疑问：铁的吸氧腐蚀究竟与哪里的氧气发生了反应？铁的吸氧腐蚀是电化学腐蚀，但课堂实验并没有体现出来？课本所给电极反应式是铁失电子生成亚铁离子，但我们能不能通过实验来验证铁失电子后被氧化生成了什么？

（二）实验探究

按照"提出问题—猜想假设—实验探究—结论与解释"的基本实验探究流程设计实验从正极氧气来源、负极氧化产物、电化学腐蚀本质三个角度去探究铁的吸氧腐蚀的实验本质。

（三）结论梳理与总结

将得出结论进行梳理总结，得出铁的吸氧腐蚀本质。

八、实验效果评价

（一）分析能力的提升

通过对课堂内容的理解及认知冲突，从实验过程与现象中寻找缺陷，发现新的问题并作出假设，设计实验方案，最终分析本质解决问题。

（二）操作能力的提升

本实验的探究过程，需要学生具备的实验探究能力较高，需要考虑的问题也比较复杂，实验用到的仪器的使用方法也具有一定难度，操作步骤更多，创新空间也更大。

（三）思维方式的提升

能从课堂知识的本质上去思考问题，从根本上去发掘具有探究价值的问题，从而使知识向更高层次提升。同时在实验设计过程中考虑到数字化实验的使用提高了学习、探究的效率。

探索提升原电池的综合性能

重庆市求精中学校　杨明华

一、使用教材

人教版《化学选修4——化学反应原理》第四章第二节"化学电源"。

二、实验器材

类别	名　　称
专用装置	多功能原电池原理实验套装小风扇
药品	MnO_2、NH_4Cl溶液、NaCl溶液、$CuSO_4$溶液、$ZnSO_4$溶液、酚酞试液、稀硫酸
器材	活性炭、Zn片、Cu片、Fe片、石墨片、滤纸、滴管、小烧杯

三、实验创新要点/改进要点

"提升原电池的综合性能"是一个多变量的综合性探究课题，需要设计多组别、多维度的对比试验，因此对实验器材和实验活动的设计有很高的要求，为此，我们专门设计并制作了新的实验装置——原电池原理实验套装。它能解决如下技术问题：能方便地安装、更换片状金属电极；能方便地观察电极反应的现象；减少电解质溶液的使用量到1mL以内；能方便地添加电解质溶液；能用同样的装置实现电极间的盐桥连接；能随时切换精确测定电池的短路电流或者空载电压；能方便地改变电解质种类或者浓度；能灵活改变电极之间的距离；能放置粉末状药品作为电极反应物；能容纳或吸附气体物质作为电极反应物；能在较低电压和较强电流时（约0.6V，50mA）带动小型用电设备工作，增加实验趣味性。

主体实验装置原型如图1所示。

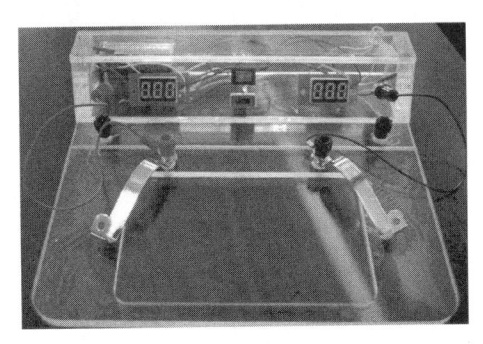

图1　装置原型

为了满足相关实验的开展还准备了若干附件，如图2、图3、图4所示。

图2　盐桥板

图3　粉末电极盒

图4　隔膜电池盒

上述实验套装，操作简便，演示内容丰富，适合在原电池实验教学中推广使用。笔者亲自动手设计组装，配置了一个教学班的分组实验器材，用于课堂教学和学生科技创新实验活动，效果优异（见图5）。

图5　课堂教学

四、实验原理/实验设计思路

整个教学活动以原电池原理、氧化还原原理、化学反应速率原理为基本实验原理，结合电池产品的发展过程（即按"原电池→盐桥湿电池→干电池→充电电池→燃料电池"的发展线索）以及用途和性能特点，在实验教学中设计了如图 6 所示的教学思路。

图 6 教学思路

五、实验教学目标

（一）知识与技能目标

（1）复习原电池和电解池的工作原理。

（2）掌握构成原电池的条件，会设计简单的原电池。

（3）通过实验与分析，了解简单原电池的缺点和改进方法。

（4）知道原电池输出电能的能力与氧化还原反应原理、装置的材料选择、结构设计等有关。

（二）过程与方法目标

（1）通过实验探究原电池装置的构成要素。

（2）经过对简单原电池装置的优化改良过程，了解科学探究的步骤，学习科学探究的基本方法，提高科学探究的能力，进一步理解科学探究的意义。

（3）通过探究活动培养学生的观察能力、分析能力和小组合作的能力。

（4）教会学生在探究活动中，运用观察、分析、实验等多种手段获取信息，并运用比较、推理、归纳等方法对信息进行加工。

（三）情感态度与价值观目标

（1）在小组合作实验、学习、讨论过程中，体验并享受合作探究带来的快乐，感受化学世界的奇妙。

（2）增强联系实际学习化学并将化学知识应用于生活的意识。

（3）树立绿色化学理念，培养环保意识。

（四）核心素养培养目标

（1）培养证据推理与模型认知素养。

（2）培养科学探究与创新意识素养。

（3）培养科学精神与社会参与素养。

六、实验教学内容

（一）实验1

教师利用"原电池实验盒"，0.5mol/L 稀硫酸，组装"Cu｜稀硫酸｜Zn"原电池并通过改变电极距离来提升其性能。

（二）实验2

学生用原电池实验板、1mol/L 稀硫酸、Cu 片、Zn 片组装原电池，探索电解质溶液浓度与电池性能的关系。

（三）实验3

学生用原电池实验板、0.5mol/L 稀硫酸，利用金属与稀硫酸发生置换反应为原理，分别用 Fe、Cu、石墨等做正极，Zn 做负极材料组装原电池，探索电极材料与电池性能的关系。

（四）实验4

教师演示使用隔膜电池盒制作隔膜电池。学生按照丹尼尔（盐桥）电池的原理设计一个"盐桥原电池"。可以利用"盐桥板"，这个"盐桥板"有左右两个电极槽，中间用隔栏中填充了一种特殊的物质——土豆泥和 NaCl，相当于盐桥。

（五）实验5

教师指导学生使用 MnO_2、Cu、Zn、NH_4Cl 制作酸性干电池。酸性干电池便是其中一种。它制作简单，价格低廉，性能实用。

（六）实验6

教师演示使用 Zn、Cu、活性炭制作空气电池。空气电池是一类价格低廉，性能优越，绿色环保的电池。

七、实验教学过程

环节	教师语言（活动）
引入	陈述：同学们，自从伏特发明电池以后，电子技术的发展日新月异（播放电子产品 PPT 图片）。各种移动电子设备，都有一个重要的部件那就是——电池
	大家请看视频：（播放视频）看完视频之后，请说说你的看法 设问：那么我们有没有办法提升原电池的性能呢
知识回顾	设问：原电池的反应本质是什么，原电池的装置要素有哪些
提出问题	引导：同学们，任何装置都是依据……，采用特定的材料与合理的结构来构成一个整体

续表

环节	教师语言（活动）
实验 1	演示实验 1：演示原电池实验套装的使用方法，并演示改变电极间的距离，测定电池的电压及电流性能
实验 2、3	组织 A 组学生完成实验 2：请用 1mol/L 稀硫酸、Cu 片、Zn 片组装原电池，探索电解质溶液浓度与电池性能的关系 组织 B 组学生完成实验 3：请用 0.5 mol/L 稀硫酸，利用金属与稀硫酸发生置换反应为原理，用提供的电极材料组装原电池，探索电极材料与电池性能的关系
思考	思考 1：请结合实验 1、2、3 中的电极反应现象，判断：如果按照上述原电池的结构和材料设计电池产品，其保质期会令人满意吗，为什么 思考 2：要提高电池产品的保质期，需要解决的关键问题是什么 组织学生实验 4：请按照丹尼尔（盐桥）电池的原理设计一个"盐桥原电池" 思考 3：普通盐桥能满足我们现代社会对电池保质期的要求吗 演示实验 4：演示制作隔膜电池
实作 1	组织学生实验 5 陈述：酸性干电池便是其中一种。它制作简单，价格低廉，性能实用！今天，咱们就来制作一只"精简版"的酸性干电池 陈述：在干电池的启发下人们陆续发现了多种优秀的固体正极反应物 播放"常见固体电极反应物电池"PPT 页
实作 2	演示实验 6：演示吸氧腐蚀原理，并使用活性炭提高空气电池的性能 介绍空气电池
探索总结	总结探究收获 设问：好了，同学们，通过今天的学习和实验，你们有哪些收获呢？都说说看
探索启发	介绍电池产业的发展现状 陈述：同学们，这是一个电池产业方兴未艾的时代，移动电子设备的普及，带动了电池产业的发展，我国的新能源战略，更加给电池技术的研究注入强劲的动力！"更高电压，更强电流"就是研究电池的技术理念！然而，除了技术性能，我们更应该关注电池产品的综合性能 结束语：请大家一定记住，有环保才有技术的生命，有环保才有我们更美好的生活！更希望大家做到技能手中握，环保心中留

八、实验效果评价

为了落实三维目标，我采取的教学思路是：围绕化学电池的发展线索，导出大家熟悉的各种电池的产生和革新过程，分析或展示其反应原理、电极材料、结构特征、技术特点，并配合实验探究，实践制作。最后还安排了对废旧电池环境污染问题的讨论环节，提出"提升电池产品综合性能"的创新发展方向。教学效果显著：①增强了学生的分析、推理、动手能力，同时又促进了对原电池原理的进一步理解。②培养学生"在实践中不断改进创新"的实验探究和创新意识。③树立了学生辩证认识科学与技术的观念。培养学生科学精神与社会责任。

　　为了在实验教学中充分调动学生参与实验活动，我精心设计问题，引领学生创新。我利用各个历史阶段的社会需求和技术现实，配合教学环节去引导学生认识各类化学电池的特点及其改进创新的过程。教学理念先进：①以学生为主体，学生能尝试做到的，老师就放手让学生动手；学生不能直接做到的，老师就充分演示并积极引导。②设计周密的团队合作探究活动，让学生的活动有序、高效的开展。③创新实验器材，创造机会让学生亲自动手实验，探索、改进、创新，分享自己改进电池的经验，教学收益丰富，效果明显。

电解饱和食盐水的实验改进

长沙市第一中学　张亚文

一、使用教材

教学内容所属模块：人教版高中《化学选修4——化学反应原理》第四章第三节。

二、实验器材

（一）每小组的实验仪器和试剂

具支U形管、石墨电极、普通的铁电极、学生电源、注射器、酒精灯、带有橡胶管的导管、带双头鳄鱼夹的红黑导线2根、淀粉碘化钾溶液、淀粉碘化钾试纸、火柴、烧杯、酚酞、饱和食盐水。

（二）自制教具

自制的改进创新装置、阳离子交换膜。

三、实验改进与创新点

实验设计原则为"人无我有，人有我精"。化学组根据实验要求创新了电解饱和食盐水装置，用透明容器、活性、惰性电极、阳离子选择膜直观展示了电解放出氢气、氯气、生成氢氧化钠的过程。既避免产生氢气与氯气混合，又防止氯气与氢氧化钠反应，同时防止尾气污染环境。该装置利用了阳离子交换膜，通过酚酞检验两极产物可以很直观的体现该膜的作用，便于学生理解。装置轻巧、操作简单，避免了传统电解饱和食盐水的复杂装置，也可以不用学生电源，利用电池也可以进行电解（见图1、图2）。

气体纯净，且实验过程无污染。整个实验过程都是在密闭的环境中进行，两个气孔被胶帽堵住，气体不会逸出，且胶帽还便于后续检验过程中注射器直接插入吸取气体。

实验现象明显，趣味性强。在电解过程中的气泡非常多，便于教师引导学生观察，思考气体是什么，激发学生兴趣。由于装置的透明的，可视性非常好，在两极产物检验的过程中，氯气使淀粉碘化钾溶液变色、氢气的点燃都非常明显、最后酚酞检验溶液的酸碱性可以将本次实验推向高潮，学生会惊讶为什么红色不会扩散到另一边。

本装置还适用于其他电解实验。

图1　　　　　　　　　　　　　图2

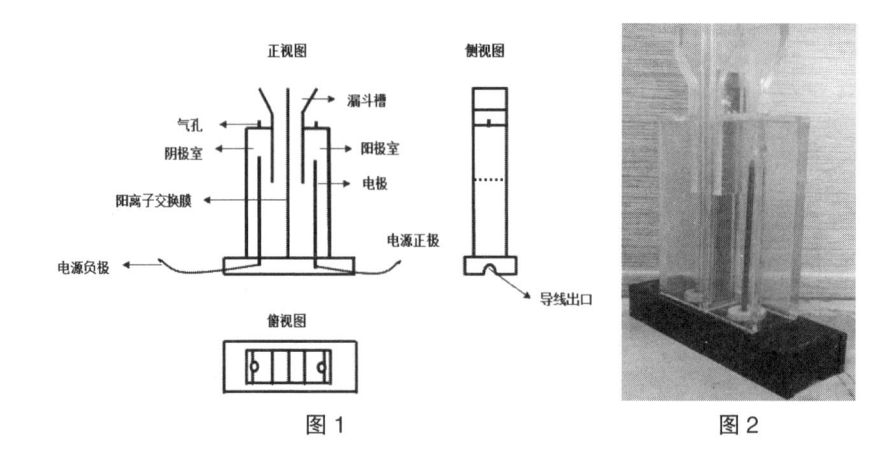

四、实验改进设计的出发点

氯碱工业是教材详细介绍的化学工业之一，电解饱和食盐水是氯碱工业中的重要反应，也是高中化学课堂中一个非常重要的实验。不同版本教材中对于电解饱和食盐水实验的呈现也有不同（见表1）。

表1

序号	版本	模块	所处位置	图　　示
1	人教版	选修四：化学反应原理	第四章"电化学基础"第3节"电解池"	无相关实验图、无原理图，仅有"图4-10氯碱车间"
2	苏教版	选修：化学反应原理	专题1"化学反应与能量变化"第二单元"化学能与电能的转化"	无相关实验图，有"图1-22氯碱车间"和"图1-23离子交换膜电解槽示意图"
3	鲁科版	选修：化学反应原理	第一章"化学反应与能量变化"第2节"电解"	"图1-2-4实验室电解食盐水装置图""图1-2-5工业电解食盐水的设备""图1-2-6离子膜法电解食盐水的原理示意图"

电解饱和食盐水的实验主要涉及两极产物的检验以及氯气的处理，在人教版和苏教版教材中既没有该实验的图示，也没有安排实验，在教学过程中教师通常会按照鲁科版教材所示装置进行实验，即利用带有支管的U形管。其不足之处在于：①该装置与氯碱工业的实际生产装置有一定的距离，在氯碱工业中所用的阳离子交换膜在教学实验中难以实现；②利用U形管进行实验时，离子在阴阳两极迁移的距离过长，导致整个电路的电阻较大，实验时收集气体所需的时间较长，

同时氯气逸出会造成空气污染，不利于在课堂进行演示；③由于 U 形管带有支管，导致浸入溶液中的电极太短，接触面积小，不利于气体的产生。

五、实验教学目标

（一）知识与技能

（1）理解电解原理，初步掌握一般电解反应产物的判断方法。

（2）了解氯碱工业——电解饱和食盐水。

（3）掌握电解电极方程式和总方程式的书写。

（二）过程与方法

（1）通过已学过的电解原理相关知识来思考电解饱和食盐水实验，探究分析工作原理。

（2）通过电解饱和食盐水实验的装置逐步改进，学生小组猜想讨论、实验验证、实验汇报、师生总结的方法，增强对电解池工作原理的了解，让学生感受电能转化为化学能的科学事实。

（三）情感态度价值观

（1）通过对电解饱和食盐水实验的改进与创新，体验"科学猜想—实验验证—归纳总结—形成理论"的研究过程。知道电解原理的应用的广泛性，实用性，高效性。增强学生的环境保护意识，感受化学世界的奇妙与和谐。

（2）通过实验探究，培养学生善于观察，勤于思考的科学态度，增强理论联系实际的能力，并将化学知识积极应用于生活的意识。

（3）学习科学探究、合作学习的基本方法，提高科学探究与团队合作的能力。

六、实验教学内容

本节课是学习电解原理的相关基本知识后的有关原理应用的拓展探究以及实验的改进，氯碱工业是生产生活重要的工业过程，其产品也是无处不在。基于此，从氯碱化工厂的实际机器场景引入，利用自制实验用品，逐步引导学生学会科学探究、改进创新，并通过此过程来培养学生的环境保护与绿色化学意识。

七、实验教学过程

（一）环节 1：知识回顾

展示氯碱化工厂和生活中由氯碱工业产物制造的产品图片；复习电解原理、阴阳离子的放电顺序；学生书写电极反应式、总反应方程式。

（二）环节 2：实验探究

通过对教材的书本知识维度提取到实际可触摸感知的实物维度，通过提出问题，引导学生小组讨论给出实验改进方案，再进行对应方案的实验，层层递进深入，问题环环相扣，从而逐步向最终电解饱和食盐水的改进装置设计意图靠拢，并且通过改进装置的真实实验来进一步让学生感受创新的快乐与思维进阶的喜悦。

（三）环节3：探究总结

从探究实验的角度和思维提升的维度来总结本节课的实验改进、探究创新。

八、实验效果评价

（1）在探究实验中发展能力。

1) 解决问题能力：通过提出问题，引导学生小组积极思考，培养学生提炼信息和对信息进行分析、整合的能力；通过组内讨论作出假设，设计实验方案，最终分析本质、解决问题。

2) 实验操作能力：从环节1到环节3，需要学生具备较高实验探究能力，需要较缜密的思维来分析考虑复杂问题，实验用到的仪器越来越多，操作步骤更多，创新空间也更大。

（2）基于化学学科核心素养下的教师主导、学生主体。

3个环节的实验探究都是由教师从问题意识引导学生去探究，都从不同的角度体现了宏观与微观探析，变化与平衡思想，证据推理与模型认知，科学探究与创新意识，科学精神与社会责任等5个大的化学学科的核心素养，以学生为主体的形式落实到课堂的每一个环节。

电解实验拓展

河北定州中学　于菲

一、使用教材
人教版高中《化学选修4》第四章第三节"电解池"。

二、实验器材

（一）仪器
U形管、铅笔芯电极2根、铁丝（做电极）、单孔塞两个、小试管若干支、9V电池、蒸发皿、小烧杯、自来水电解仪。

（二）药品
饱和食盐水、氢氧化钠、肥皂液、淀粉碘化钾试纸、酚酞试剂、铁氰化钾、紫甘蓝汁、果冻。

三、实验创新要点/改进要点
本节课将电解实验设置成系列学生实验，通过改进和新增实验，创设了更丰富的实验情境，利用实验科学化、绿色化、生活化，现象明显，操作简单易行，利于引导学从宏观到微观地揭示本质，突破教学难点。

（一）实验科学化、绿色化、生活化
（1）使用天然指示剂甘蓝汁，指示剂变色明显，利于两电极溶液酸碱性变化的观察（见图1、图2和表1）。

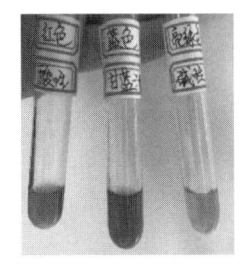

图1　甘蓝汁　　　图2　甘蓝汁在不同溶液中的变色情况

表1　紫甘蓝指示剂在不同pH时的颜色变化

pH	1	2	3	4~6	7	8	9~11	12	13~14
颜色	深红	玫红	粉红	浅粉色	蓝色	蓝色	紫色	绿色	黄色

(2) 果冻（琼脂）实现电解池"分室"。在保证科学性的前提下，使化学实验更加贴近生活，培养学生用化学的视角观察生活。利用果冻将电解装置分为阴极室和阳极室，实现两电极产物的分离，便于产物的检验。

经查阅文献及实际实验操作，证明果冻中水分较多，但依靠扩散仍然可以进行化学反应，与固相反应相比，凝胶中的化学反应更容易进行。果冻中含有酸（酸度调节剂）、盐（如山梨酸钾、海藻酸钠）溶解在凝胶中的液相中，产生可以自由移动的离子。果冻确实具有典型的电导和扩散作用，而且在低浓度凝胶中，电导值及扩散速度与同浓度溶液几乎相同。

(3) 电解装置。

1）石墨电极电解饱和食盐水（见图3）。

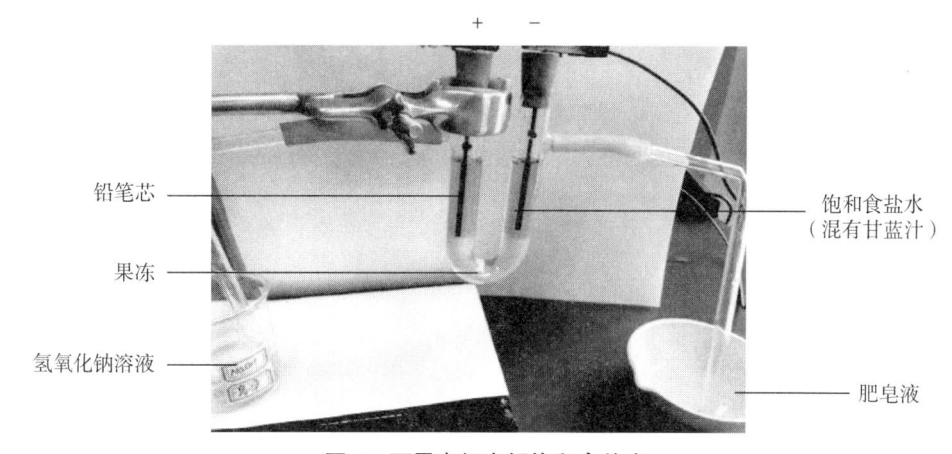

图3　石墨电极电解饱和食盐水

2）铁电极电解饱和食盐水（见图4）。

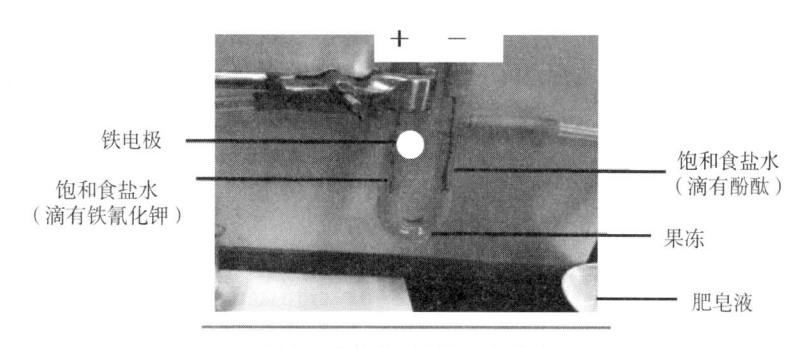

图4　铁电极电解饱和食盐水

3）铁电极电解自来水（见图5）。

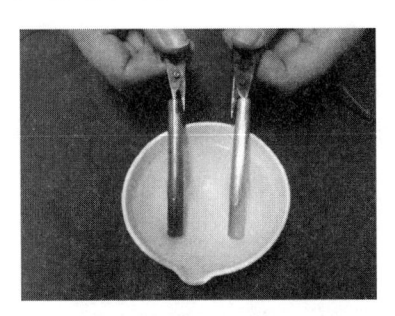

图5　铁电极电解自来水

四、实验原理/实验设计思路

（一）探究实验1：设计实验用石墨电极电解饱和食盐水

自主设计实验探究饱和食盐水溶液中离子的放电顺序，设计并改进后的实验装置见图3。通过电解一段时间后两电极产生的宏观现象推测判断微观离子的放电顺序。

实验原理：通电。

电极反应：

阳极：$2Cl^- - 2e^- = Cl_2\uparrow$

$2NaCl + 2H_2O = 2NaOH + H_2\uparrow + Cl_2\uparrow$

阴极：$2H^+ + 2e^- = H_2\uparrow$

（二）探究实验2：用铁电极电解饱和食盐水

利用实验1的装置，将电极改为铁丝，果冻实现的"分室"利于两电极附近选择不同的试剂对产物进行检验而且不会产生相互干扰，如图4所示。

（三）探究实验3：铁电极电解自来水

通过实验2证实了铁做阳极会参与电极反应$Fe - 2e^- = Fe^{2+}$，巧用蒸发皿，其容量小，自身颜色利于现象观察进行电解自来水实验。揭穿了净水器推销商电解水实验骗局。

五、实验教学目标

（一）知识与技能

掌握惰性电极电解饱和食盐水，溶液中离子的放电顺序。

（二）过程与方法

通过提出问题、设计方案、动手实验、反思与评价，掌握定性到定量、宏观到微观的科学探究的一般过程。

（三）情感态度与价值观

（1）通过实验绿色化，生活化，培养学生从化学的视角观察生活。

（2）在实验中发现问题解决问题，激发学生的创新意识。

（3）利用化学知识解释问题，揭穿骗局，培养学生的科学精神和社会责任。

六、实验教学内容

本节课是在学生学习完电解原理以后设计的一节研究性学习课。以净水器推销商电解水实验为情境线索，在分组实验法和学生讨论的基础上，设计了系列学生实验。

（一）探究实验1：设计实验用石墨电极电解饱和食盐水

自主设计实验，组间交流评价装置优缺点，自选合适方案、试剂，多组实验同时进行，交流汇报实验结果，见表2。

表2　探究实验1

实验序号	实验形式	与教材联系	探究实验内容	
1	学生分组	新增实验	U形管装置（甘蓝指示剂）	自主设计实验装置完成石墨电极电解饱和食盐水
2	学生分组	新增实验	U形管装置（湿润的淀粉碘化钾，酚酞）	

（二）探究实验2：用铁电极电解饱和食盐水

利用实验一装置，将电极改为铁丝，果冻实现的"分室"利于两电极附近选择不同的试剂对产物进行检验而且不会产生相互干扰，见表3。

表3　探究实验2

实验序号	实验形式	与教材联系	探究实验内容	
4	学生分组	新增实验	U形管装置（铁氰化钾，酚酞）	铁电极电解饱和食盐水

（三）探究实验3：铁电极电解自来水

巧用蒸发皿，其容量小，自身颜色利于现象观察进行电解自来水实验。揭穿净水器推销商电解水实验骗局，见表4。

表4 探究实验3

实验序号	实验形式	与教材联系	探究实验内容	
5	学生分组	新增实验	蒸发皿	铁电极电解自来水
6	学生分组	新增实验	蒸发皿（对比实验）	铁电极电解饱和食盐水

七、实验教学过程

（一）创设情境

部分净水器推销商为了推销净水器，给顾客演示电解自来水的实验（见图6），实验发现人们日常食用的自来水很"脏"，必须用他们的净水器处理才行，这可信吗？

图6 净水器推销商的演习实验

这一实验情景与生活密切相关，很容易激发学生的一探究竟的欲望。为了清楚地让学生认识这一骗局的本质，我层层递进地引导学生设计并进行了以下3组实验。

（二）探究一：设计实验用石墨电极电解饱和食盐水

提出问题：首先要求学生就石墨电极电解饱和食盐水实验中电极反应、产物检验、装置评价等问题进行讨论。学生大胆提出：在阳极上失电子，产物可能是 O_2 或 Cl_2，阴极上得电子的是 H^+，产物是 H_2，并指出装置存在不易检验阴极产物和可能生成的 Cl_2 污染环境的问题。我鼓励各小组同学针对上问题，互相交流讨论实验方案，设计方案不断完善，如图7所示。

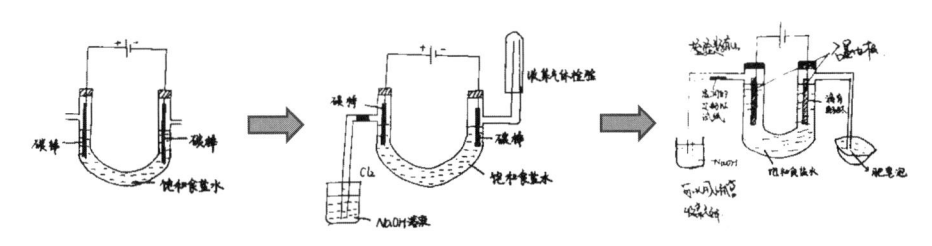

图7 学生设计的实验方案

在保证实验的科学性的前提下，为了进一步让实验贴近生活，体现绿色化学的理念，我为学生提供了一种天然指示剂：甘蓝汁。在酸性和碱性环境下，甘蓝汁都有其明显的特征颜色。另外，利用果冻代替琼脂，将电解装置分为阴阳两室。在学生的装置基础上又作了改进，如图8所示。

图8 改进的学生实验装置

分组实验：学生自行选择装置进行分组实验。在此侧重展示使用本套装置小组分别汇报的实验现象。

阴极：附近溶液很快为亮绿色，说明阴极附近溶液呈碱性，吹出的肥皂泡用火柴点燃有"噗"的声音。

阳极：开始气泡不明显，一段时间后气泡明显，溶液有变红的现象。根据此现象，小组同学分析可能是 OH^- 放电，溶液呈酸性；猜想二：Cl^- 放电，生成 Cl_2 溶于水生成两种酸。无法鉴别哪种离子放电。

面对这两种推测，继续电解，很快同学们就有了答案：溶液褪色，一段时间后变为无色。这充分证明了有次氯酸的存在，阳极放电的离子确定为 Cl^-。

此时学生的探究热情高涨。几个小组同学提出想进一步确定是由于氯气与水反应生成了次氯酸，而使指示剂褪色。自行完成了图9所示实验。

我适时说明电解质溶液阴阳离子的放电顺序的实质就是氧化性、还原性强弱的顺序，遵循强者优先法则。

实验反思：以上实验装置，利于学生结合两电极非常直观的现象，深

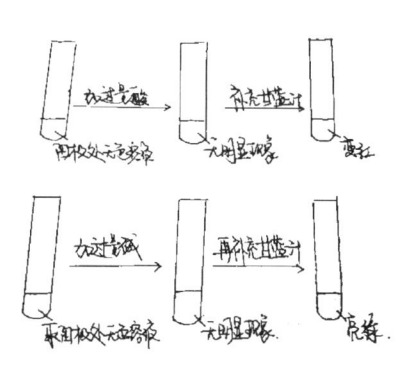

图9 学生自行完成的实验

入分析溶液中的离子放电的情况,发展学生宏观辨识与微观探析的化学学科核心素养。气体的检验更加方便,体现了绿色化学的理念。

利用探究一的 U 形管装置,我继续引导学生进行第二个实验探究。

(三)探究二：以铁做电极电解饱和食盐水

引导学生思考两个问题：铁电极参与反应吗？两电极发生的反应及产物是什么？学生推测如表 5 所示。

表5　学生的推测

	阳极	阴极
推测一	Fe 不参与反应 仍为 $2Cl^- - 2e^- = Cl_2\uparrow$	Fe 不参与反应 仍为 $2H^+ + 2e^- = H_2\uparrow$
推测二	Fe 参与反应生成 Fe^{2+}	Fe 不参与反应 仍为 $2H^+ + 2e^- = H_2\uparrow$

结合以上装置,中间的果冻使电解池分为了阳极室和阴极室,很好地实现了两电解产物的分离,所以学生们可以大胆地选择对应的试剂进行电解产物的检验,互不干扰。同学们学生展开思路。

分组实验：各小组自选择试剂进行实验。

学生观察到：①阴极的现象与用石墨电极电解食盐水是一样的,都有氢气产生。②阳极溶液中出现明显的蓝色沉淀。

同学们得出结论：铁做阴极,电极本身不参与反应；铁做阳极,参与反应：$Fe - 2e^- = Fe^{2+}$。

实验反思：有学生提出质疑："哪些电极为活性电极呢？"

结合这一问题,我提出活性电极的概念,并鼓励学生可以在课下进一步进行实验验证。

上述实验装置在探究二中的使用,阳极室与阳极室的产物检验互不干扰,现象直观,本环节学生明确了"活性电极做阳极,会先于溶液中的离子失电子,参与电极反应"。

至此,学生已经具备了揭示电解自来水骗局的必备知识。

(四)探究三：以铁做电极电解自来水

首先我为学生提供了自来水成分的资料小卡片,使学生认识到自来水就是一种电解质溶液,提出问题："用铁做电极自来水会有什么现象呢？"同学们使用如下模仿装置在相同条件下自来水和电解饱和食盐水,用于对比。为了便于观察，我们选用了蒸发皿，学生们一分钟后就得到了明显的现象。

那么实验三中生成的灰绿色，又伴有红褐色的浑浊物是什么？为什么会有沉淀生成？学生很快从装置的区别中找到了答案。

通过本节课，我和同学们一起揭穿了净水器推销商的骗局，自来水本身是没有问题的，其中存在矿物质离子使之能够导电，而所谓的"脏东西"，是电解过程中铁做阳极参与反应，最终生成的氢氧化亚铁和氢氧化铁。

实验过程的体验、思维的碰撞，在做中学，学中乐，学生通过实验发现问题，又在实验中解决生活中的问题，这就是实验的魅力。

八、实验效果评价

通过新增实验和改进实验，用不同的方案和指示剂实现一个实验，创设了更丰富的实验情境。

（1）天然指示剂甘蓝汁的使用，使实验现象直观，气体检验易操作，并且体现绿色化学的理念。

（2）电解饱和食盐水利用果冻琼脂分为阴极室和阳极室的实验改进，实现了电极产物的分离，为第二课时氯碱工业装置的理解作好了铺垫，产物检验也更加方便。本套装置，延续使用，完成探究实验二，两极现象仍然十分明显。

（3）巧用蒸发皿，便于实验现象的观察。

以上创新和改进使课堂更加生动，直观，增强了学生对科学知识的感性认知和探究性体验。

本节课在设计上突出"从生活走进化学，从化学走向社会"的教学理念，以学生认知素养发展为核心，让学生在认知发展线上从宏观到微观再到本质地形成科学素养，充分发展学生化学学科核心素养。

学生作为主动研究者参与实验方案的设计与实施，体会研究过程，体会装置创新和改进过程很好地培养了学生"实验探究与创新意识"的化学学科核心素养。

应用电化学原理降解某些污染物

北京市通州区张家湾中学　王姝玮

一、使用教材

本节课是一节高三复习课，取材于人教版高中《化学选修4》第四章第三节中的"电解池实验和科学探究"。

二、实验器材

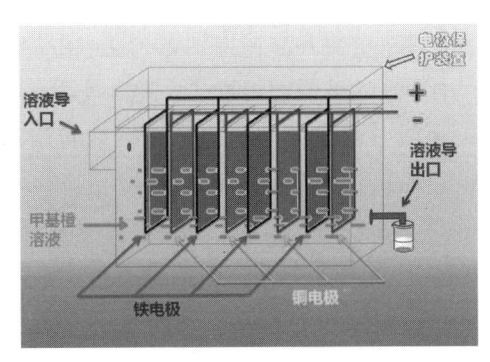

图1

教具：电源（1个）、创新电解装置（1个）、导线（若干）、50mL烧杯（3个）、5mL注射器（2支）、微孔滤头（2个）、试管（2个）。

甲基橙溶液（或品红溶液）800mL、NaCl固体、0.1mol/L的HCl溶液。

三、实验创新要点

在化学实验室和工业废水中，有机染料污染物常常未经处理直接倒掉。由于高色度、强毒性、难降解、危害大等特点，其被视为现今亟待治理的废水之一。本实验力争能在高中知识基础上解决一些实际问题，增强学生对化学的探究精神，使其感受环保的重要性。

（一）自制电解装置创新点

实验中，在外电压的作用下，利用可溶性阳极铁产生大量的阳离子对胶体废水进行凝聚，同时在阴极上析出大量的气泡与絮粒黏附在一起上浮，而反应中产生的部分杂质沉积在溶液底部，中间液体为澄清状，自制电解装置的目的为顺利取出中间层澄清液体。同时，在电解槽上部加入了电极保护装置防止电极外露，增强安全性。

（二）电极的选取创新点

本实验装置采取四对阴阳极交替出现，目的是为了增大反应的电流密度，使电解池中阴阳极和形成无数的微小电解池共同作用，在短时间内即可达到实验目的。

（三）目标染料选取创新点

本实验采用甲基橙作为目标降解物，目的是甲基橙作为有机染料的同时还是灵敏的酸碱指示剂，在实验过程中可以通过加入酸性试剂的方法来判断废液中的甲基橙含量，从而判断降解程度。

四、实验设计思路

本节课利用电化学原理来解决环境污染问题。课本中的传统电解装置在处理生活中实际问题的过程中存在效率低、可操作性差、实际生活生产中应用性差等缺点，本节课通过解决生活中的实际问题，将传统装置改进成为效率高、速率快、可操作性强、实际生活生产中应用性强的装置，进而形成一套快速有效的污水处理装置。

五、实验教学目标

（1）通过微观探究电解池体系中的物质及其变化解释实验现象，建立现象与本质、微观与宏观间联系，形成解决相关问题的思路与方法。

（2）通过电解实验改进方案探究，认识到物质的变化是有条件的。

（3）结合污水处理的实验改进，提升学生的实验科学探究能力和创新意识的发展，体验化学的学科价值和社会价值。

六、实验教学内容

本实验的理念是生活、探究和环保，是基于化学实验室中废水亟待治理的情况进行的实验改进。本节课是学习电解池原理之后的拓展探究，通过学生利用电解池解决生活中的污水问题，对实验装置创新改装，进而实现设计完成了一套快速有效的污水处理装置。力争能在高中知识基础上解决一些实际问题，增强学生对化学的探究精神，使其感受环保的重要性。

七、实验教学过程

环节四：应用拓展应用电解池微粒观一般思路解决问题。

（一）设计方案

情境引入：同学们是否喜欢牛仔裤？牛仔裤漂洗造成的污染问题已经成为我们面临的重大问题，而各种时尚鲜艳的衣服陆续已经造成了很多河水污染，时尚

应用电化学原理降解某些污染物

就等于环境付出沉重的代价吗？我们能不能解决此类问题呢？

教师展示："甲基橙"资料卡片，我们能否设计实验降解甲基橙呢？

学生思考：甲基橙作为指示剂可以检验降解程度，设计装置图，讨论最佳方案动手实验。观察实验现象并通过微粒分析对实验现象进行解释。补充以上解释。

学生观察现象并进行微粒分析，解释为氢氧化铁的吸附作用降解了甲基橙，随后利用所给"资料卡片"补充解释为电解过程中形成了具有高度活性的羟基自由基降解甲基橙为二氧化碳和水。由此得出"采用铁电极法能够降解有机染料"的结论。

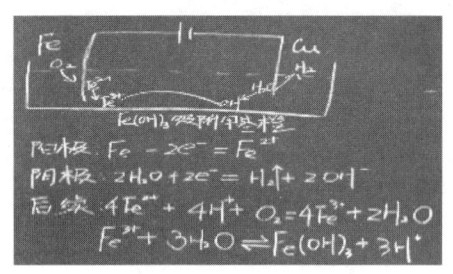

图2

设计意图：通过知识迁移应用解决生活问题，关注学生创新能力的可持续发展，强化责任意识。

（二）改进方案

教师提问：总结实验中的优缺点？如何改进实验才能对大量的排泄污染物进行降解？

学生活动：讨论总结优缺点，通过讨论发现加大电压或增大电流都可以加快电子转移密度，可以增大反应速率，又有同学发现有机物水溶液导电性差可加入一些无害电解质来加快反应，在中间偏下可以加入排水装置更方便取液。

图3

学生讨论得到以下两种方案：方案一阴阳极交替出现，可以增大反应的电流密度，而方案二虽然增加了电极片但还是一对阴阳极。由此选择方案一进行了实验改装，在电源受限情况下同学们采取增加电极片的方式加大电流从而提升反应速率，在溶液中加入适量氯化钠进而大大缩短了反应时间，又加入了排水装置。

设计意图：通过实验改进使学生认识到化学反应是可以调控的，引导学生创新能力的可持续发展，提升了学生的实验探究能力与创新意识。

（三）方案评价

教师提问：展示出学生最初的装置图、通过改进设计为现在的装置和教师设计图对比，有什么异同呢？通过对比装置找异同后对共性和差异进行评价。

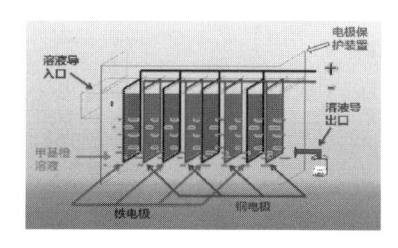

图4

学生活动：讨论评价异同点，总结改进实验的优点。

教师演示实验：教师创新装置降解实验。此装置5min即可降解甲基橙95%以上。

学生活动：为实验提议，通过不同时间的取样验证不同时刻的降解程度，并完成提议实验。

感受电解装置的用途，真正应用到生活实际中。随后同学们利用该装置电解品红溶液。

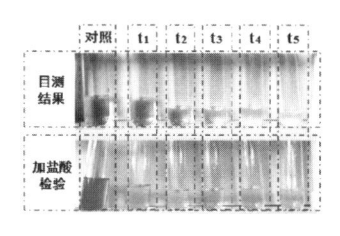

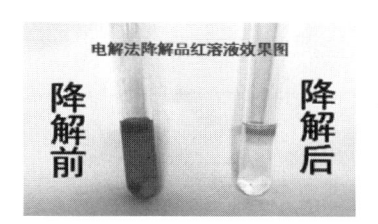

图5

设计意图：基于证据解决实际问题，增强学生对化学的探究意识，使他们体会生活离不开化学，感受环保的重要性，树立严谨的科学态度，提升科学探究能力。

（四）课后延伸

教师提问：课前有同学在市场发现水质电解器，对它的原理和功效都比较质疑，现在面对本节课最初的水质电解器是否科学有效的观点你还坚持吗？通过以上的学习，提出畅想：以后看到类似污染怎么办？请给染料厂提意见！课后查找资料：目前染料厂处理污染物情况，并提出合理改进方法。思考本节课中你印象深刻的地方有哪些，或者最大的收获是什么？

学生活动：自行纠正观点，课下查找相关资料，给出合理意见，并完成问卷。

设计意图：鼓励学生继续探究，树立终身学习的意识。总结提升从而实现自主发展。

（五）板书设计

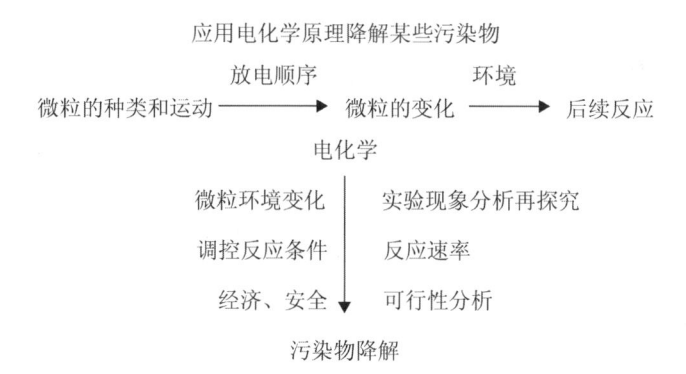

```
              应用电化学原理降解某些污染物
                    放电顺序          环境
微粒的种类和运动 ———→ 微粒的变化 ———→ 后续反应
                      电化学
      微粒环境变化   │  实验现象分析再探究
      调控反应条件   │  反应速率
      经济、安全   ↓  可行性分析
                 污染物降解
```

八、实验效果评价

本节课通过电解实验的改装最终实现了时间短、降解量大、中间层取液便利的目的，形成了一套降解量大，降解过程简便、安全、耗时短的电解实验装置。学生感受到了环保的重要性，能够学以致用，认识到用理论来解决问题时要综合考虑各方面因素。本节课以实验探究为手段，由微观探究到模型认知，进而到创新思维解决实际问题的递进式学生体验活动，提升了学生实验探究能力；落实了电化学实验的基本原理并进行了创新应用；解决了生活中的真实问题，从而实现了学生自主发展，让学生充分感受到化学来源于生活并服务于生活。

实验室重金属废弃物的毒性探究及污染处理

山东省青岛第十七中学 刘娜

一、使用教材

鲁科版高中教材《化学反应原理》。

二、实验背景

（一）社会趋势

教育不仅要面对当下，也要面向未来。环境和经济之间的矛盾，是我们的学生未来走向社会需要思考和解决的问题。

（二）实际问题

我们发现，实验室对 Cu^{2+}、$Cr_2O_7^{2-}$ 的废弃物一般是直接排放。我们想研究一下如何处理。Cu^{2+}、$Cr_2O_7^{2-}$ 废弃物的处理是一个真实的问题，研究出的方法可用于解决实验室重金属污染，是学生未来绿色生产的微型模拟。此外，化工生产中，炼钢排放的废渣，皮革工业，电镀等会产生含铜或铬的废弃物。研究重金属的毒性和处理是有价值的。

（三）实验不足

照方抓药的实验有禁锢学生思维的不足。实验创新包括新技术、新方法、新材料，也包括实验主题创新。

（四）学情分析

中国学生缺少的不是解题方法，而是用所学化学解决实际问题的机会和能力。中国学生创新精神和实践能力不足是"中国制造"到"中国智造"转型的阻碍之一，需要教师有意识地引导创新和实践。

三、实验器材

学生自己制作的自动滴定仪（获得山东省创客大赛一等奖）、凤尾鱼、花生、含 Cu^{2+} 和 $Cr_2O_7^{2-}$ 的废水、电解装置、铅笔芯、烧杯、容量瓶、移液管、氧气传感器、比色传感器等。

四、实验创新点

（一）学科融合

用鱼、花生做实验验证铜离子和重铬酸根的毒性，实现了化学和生物的学科融合。

（二）传统实验的改进

学生自己制作了自动滴定仪滴定，规避了人为的终点判断造成的误差。

（三）现代技术的应用

（1）用原子吸收测定微量 Cu^{2+}。

（2）用手持技术测定溶解氧。

（3）用紫外分光光度和比色传感器测定 $Cr_2O_7^{2-}$ 浓度。

五、实验思路（见图1）

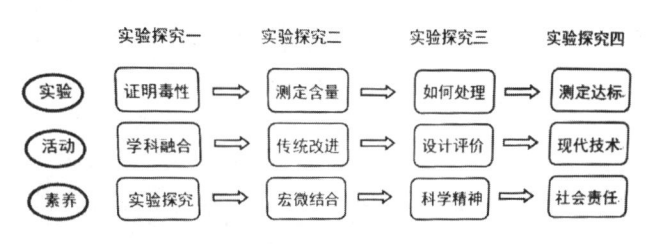

图1 实验思路

六、实验教学目标

根据这个主题和学情，制定目标如下。

（一）知识与技能

（1）应用氧化还原、离子反应、沉淀溶解平衡解决 Cu^{2+} 和 $Cr_2O_7^{2-}$ 废弃物的污染。

（2）了解现代仪器分析在化学检测中的作用。

（二）过程与方法

（1）知识整合零散，围绕真实问题，自主设计实验，体验科学探究的程序。

（2）控制变量方法的具体应用。

（三）情感态度与价值观

（1）发展发现问题、分析问题、解决问题的能力。

（2）在活动中发展学科核心素养，构建环境保护的意识和能力。

（3）在活动中发展合作精神、劳动意识和严谨求实的科学态度。

七、实验教学过程

采用项目学习的方式，学生分组，将4个研究任务抛给学生，学生自主、合作、探究完成，课堂展示汇报。重金属的处理在课堂开展分组实验。教师给学生提供资源支持和方法指导。寻求信息技术和化学学习的深度融合。课前借助百度、知网、QQ 群学习，课堂借助 iPAD 录实验，阅读研究报告，分享实验感悟。

（一）探究重金属的毒性

设计实验，证明 Cu^{2+} 和 $Cr_2O_7^{2-}$ 的毒性。

（1）Cu^{2+} 的毒性。

实验1：采用控制变量的方法，设置一定浓度梯度的硫酸铜溶液，将形态接近的草鱼放入其中，观察记录鱼死亡时间（见图2）。

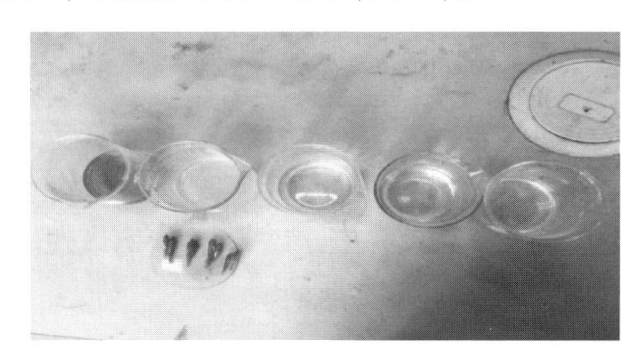

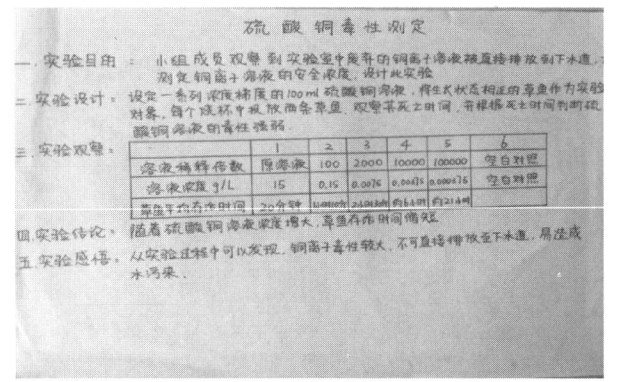

图2　Cu^{2+} 对草鱼生长的影响

（2）$Cr_2O_7^{2-}$ 的毒性。

实验2：设置一定浓度梯度的重铬酸钾溶液，将形态接近的凤尾鱼放入其中，观察记录鱼死亡时间（见图3）。

实验材料优化：草鱼（易缺氧）改为凤尾鱼（需要氧气量少）。

图3 $Cr_2O_7^{2-}$对凤尾鱼生长的影响

设计意图：通过控制变量的实验，使学生感性地观察到重金属的毒性，实验结果有冲击力。实现了化学和生物的学科融合。实验材料易得。学生分析实验数据还发现，铜离子的毒性大于重铬酸根。在实验中，学生的思维从定性转向定量。

（二）测定重金属浓度

检测废水中铜离子、重复铬酸根浓度。

（1）利用滴定法测定铜离子浓度（碘量法，见图4）。

（2）用自动滴定仪测浓度（见图5）。

$2Cu^{2+}+4I^-=2CuI+I_2$

用 $Na_2S_2O_3$ 滴定生成的 I_2，进而测定 Cu^{2+} 浓度，淀粉作指示剂。

图4 碘量法测定 Cu^{2+} 浓度

图5 学生自己制作的自动滴定仪❶

设计意图：巩固滴定的技能。推进创客教育，在模仿的基础上进行创新。创客教育有利于培养复合型人才，开拓了教师的思维和视野。

（三）重金属的处理

处理含铜离子和重铬酸根的废水：①设计；②实验；③交流。

设计方案，动手实验，互相讨论，解决实验中遇到的问题（见图6~图10）。针对设计的方案，进行评价。

---

❶ 自动滴定仪的某些部件为学生3D打印制作（先在电脑上设计模型尺寸）。

实验室重金属废弃物的毒性探究及污染处理

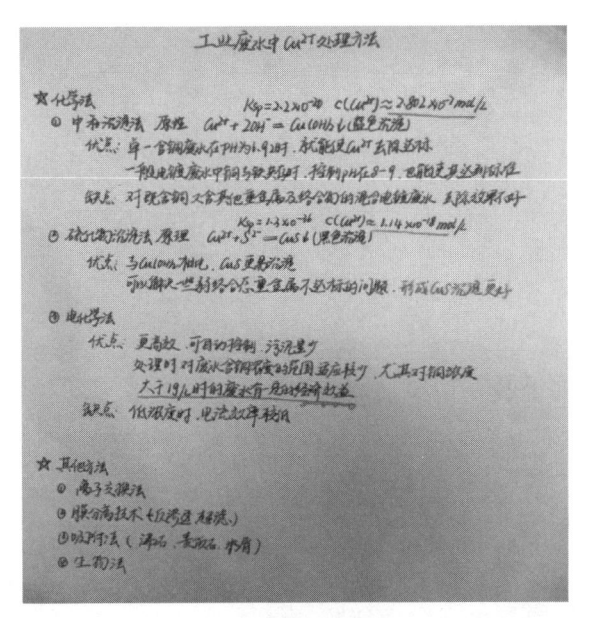

图6　Cu^{2+}处理方案

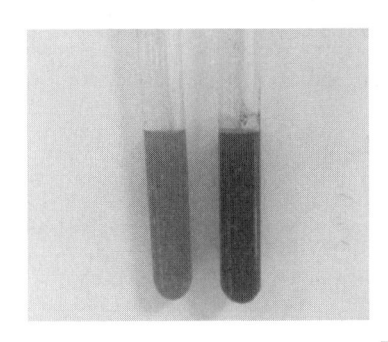

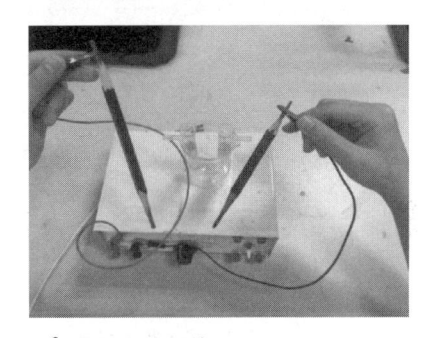

图7　Cu^{2+}处理实验照片

（a）方案1：$NaHSO_3$还原法
图8　$Cr_2O_7^{2-}$的处理方案

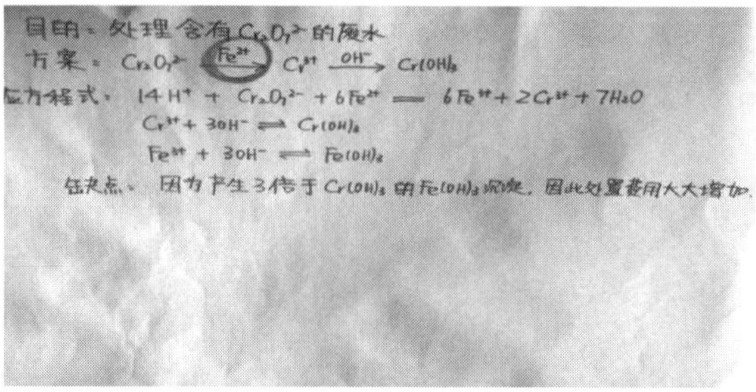

目的：处理含有 $Cr_2O_7^{2-}$ 的废水

方案：$Cr_2O_7^{2-} \xrightarrow{Fe^{2+}} Cr^{3+} \xrightarrow{OH^-} Cr(OH)_3$

应方程式：$14H^+ + Cr_2O_7^{2-} + 6Fe^{2+} = 6Fe^{3+} + 2Cr^{3+} + 7H_2O$

$Cr^{3+} + 3OH^- \rightleftharpoons Cr(OH)_3$

$Fe^{3+} + 3OH^- \rightleftharpoons Fe(OH)_3$

缺点：因为产生3倍于 $Cr(OH)_3$ 的 $Fe(OH)_3$ 沉淀，因此处置费用大大增加。

（b）方案2：Fe^{2+}还原法

目的：处理含 $Cr_2O_7^{2-}$ 的废水

方案：$Cr_2O_7^{2-} \xrightarrow{S_2O_3^{2-}} \xrightarrow{H^+} Cr^{3+} \xrightarrow{OH^-} Cr(OH)_3$

$26H^+ + 4Cr_2O_7^{2-} + 3S_2O_3^{2-} = 8Cr^{3+} + 6SO_4^{2-} + 13H_2O$

$Cr^{3+} + 3OH^- = Cr(OH)_3\downarrow$

现象：混合后溶液由橙色变为黄色，加酸后变为蓝色，加碱后产生大量絮状沉淀。

提出疑问：由于 $S_2O_3^{2-}$ 在酸性环境下会歧化：$S_2O_3^{2-} + 2H^+ = S\downarrow + SO_2\uparrow + H_2O$ 那么产生的大量絮状沉淀中是否会有硫单质？

验证：将沉淀过滤，加入过量稀盐酸，发现沉淀只有部分溶解，说明沉淀中有硫单质。$S_2O_3^{2-}$ 自身歧化反应与 $Cr_2O_7^{2-}$ 氧化 $S_2O_3^{2-}$ 的反应之间存在竞争。

思考：可能可以通过调节PH，改变药品添加顺序等方式使 $S_2O_3^{2-}$ 更多地与 $Cr_2O_7^{2-}$ 反应。

（c）方案3：$Na_2S_2O_3$还原法

方案四

实验目的：除去废水中 $Cr_2O_7^{2-}$

实验方案：利用 $Cr_2O_7^{2-} + H_2O \rightleftharpoons 2CrO_4^{2-} + 2H^+$

①在废水中加入浓NaOH，使上述平衡正向移动，让 $Cr_2O_7^{2-}$ 转化为 CrO_4^{2-}。

②向废水中加过量 $BaCl_2$ 溶液，生成 $BaCrO_4$ 沉淀

$BaCrO_4 \rightleftharpoons Ba^{2+} + CrO_4^{2-}$，$K_{sp} = 2.4\times10^{-10}\ mol^2\cdot L^{-2}$

设 $[CrO_4^{2-}] = x$，有 $x^2 = 2.4\times10^{-10}$，

解得 $x \approx 1.55\times10^{-5}\ mol\cdot L^{-1}$，可近似认为沉淀完全

发现问题：为使 CrO_4^{2-} 沉淀完全加入过量 $BaCl_2$

但 Ba^{2+} 会造成重金属污染

理论可以加入过量 Na_2SO_4，使 $Ba^{2+} \longrightarrow BaSO_4\downarrow$

实验现象：橙 ⟶ 黄 ⟶ 黄色沉淀

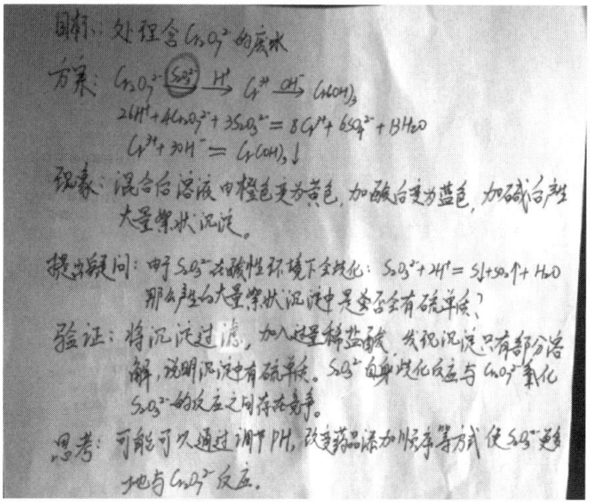

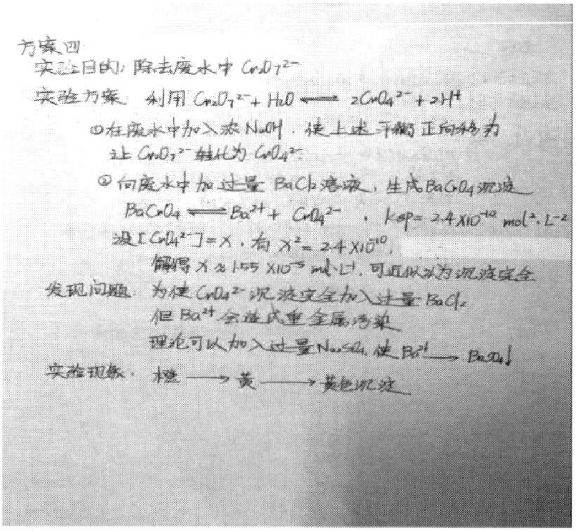

（d）方案4：$BaCrO_4$沉淀法

图8 $Cr_2O_7^{2-}$的处理方案（续）

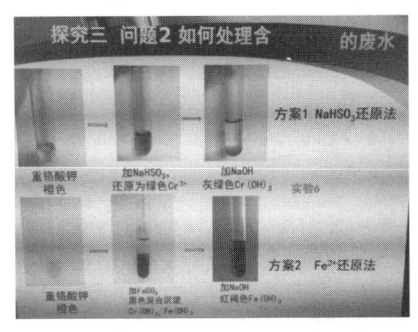

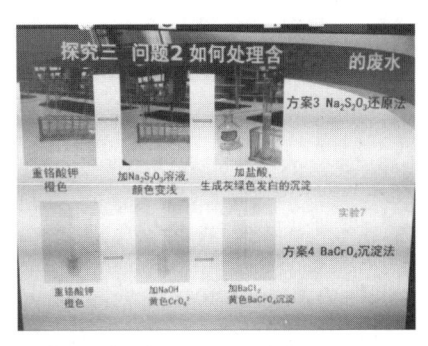

图9　$Cr_2O_7^{2-}$处理实验照片

图10　$Cr_2O_7^{2-}$的处理方案评价❶

实验方案的优化：从知网下载的文献认为，处理六价铬的经济成本，硫代硫酸钠法<亚硫酸氢钠法<钡盐法法<硫酸亚铁法。

实验经验：由于$Cr(OH)_3$为两性，生成时对pH要求较高，为8~9，不容易控制。实验室中转化为$BaCrO_4$容易控制，但最好氢氧化钠溶液是浓的，氯化钡为饱和溶液，并要用硫酸钠除去过量的氯化钡。

设计意图：围绕一个实际问题的解决盘活了很多核心的化学知识，包括氧化还原、离子反应、沉淀溶解平衡，学生将零散的知识内化、整合、迁移应用。学生学到了实验设计和方案评价。

---

❶ 选自邱明亮《化学沉淀法处理含铬废水的成本比较》，载《环境保护与循环经济》2012年第3期。

（四）测定重金属是否超标（见图11、图12）

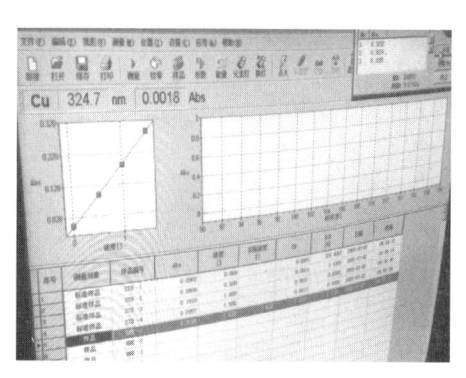

图11 到青岛科技大学学习原子吸收、测铜离子浓度

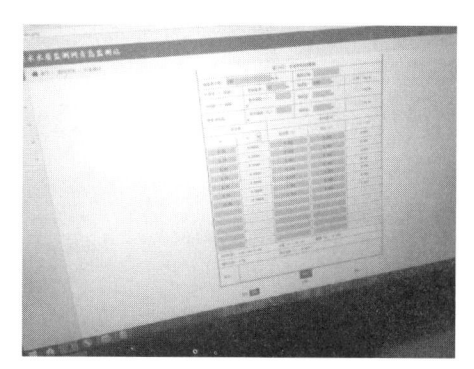

图12 到青岛水务集团学习分光光度、测重铬酸根浓度

设计意图：使学生认识到常量和微量的检测方法不同。现代技术能解决传统实验无法解决的问题。初步了解原子吸收光谱、分光光度法的原理。外出考察使我们意识到：传统实验和现代技术并不是排斥而是互补的关系。这个环节很重要的价值是学生的思维提升了一个层次。

昨天我们把教室当作世界，今天我们把世界当作教室。网络资源、社会资源是一个巨大的资源库，引领学生在更加广阔的空间学习化学。

（五）实验拓展

实验中发生了许多意外，通过讨论、查资料、实验，我们完全或者部分解决了意外。

发现问题：文献认为六价铬的毒性大于三价铬，学生实验发现三价铬毒性更大。到底是实验错了还是文献错了？学生的质疑精神非常可贵，并用溶解氧传感器解决了实验设计不严谨的问题（见图13）。

图13 加 Na$_2$SO$_3$，自来水中的溶解氧下降

实验经验：学校手持技术溶解氧传感器测定溶解氧数据不稳定，同一传感器测定同一份水样数据也会不同。但可以测定相对值。外借美国哈希溶解氧传感器数据较为稳定。

实验顿悟：我们体会到了化学教育家傅鹰提出的：提出一种机理解释一种现象是容易的，困难的是用实验证明这种机理是正确的，而且是唯一正确的。盘活校内手持技术，为学生发展服务，降低教育投资的沉没成本。

（六）汇报展示

汇报实验中的收获与感悟。

（七）实验延伸

（1）重金属对生物的影响：重金属使生物死亡只是一个表面现象，微观本质是什么？会影响DNA吗？重金属对植物有什么影响？会通过食物链转移到人体中吗？

学生设计实验：花生放在一定浓度梯度的 CuSO$_4$ 溶液，后期利用学校的电镜做实验（见图14）。

学生思维发展：宏观到微观（分子水平）。

（2）能否用学校的显微镜观察重金属对草履虫运动、分裂有什么影响？

（3）实验室还有其他有毒废弃物吗？如何处理？

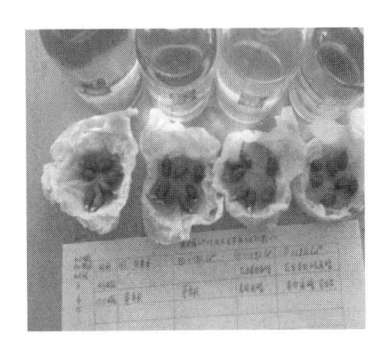

图14 Cu^{2+}对发芽花生生长的影响

八、实验效果评价

（一）学习方式

采用项目学习的方式，用一个实际问题的解决，串起一系列的化学知识。应用了氧化还原、沉淀溶解平衡、配溶液、滴定等高中重要的基础知识与技能，是化学知识和实验能力的综合锤炼。

（二）实验方式

传统的实验不能抛弃，也要勇于尝试新技术，但技术的使用是在必要的时候。课外探究向校外拓展，在更广阔的空间学化学。充分挖掘网络资源、学校现有资源和社会资源。

（三）实验价值

用鱼和花生为载体证明重金属的毒性，体现了学科融合，能帮助学生构建立体的知识体系。实验中，不仅学生，老师也被学生逼着知识、能力、价值观获得综合提升。研究出的重金属处理方法可以用于实验室降低重金属污染。

（四）实验伦理

老师和同学都对用鱼做实验提出质疑。小型模拟实验引起警示，减少无意识或只追求经济利益造成的生物死亡。少数小鱼的死亡是为了赢得更多小鱼的存活。

（五）实验问题

本主题涉及十几个实验，实验周期长，内容多。我们将实验任务分配给不同的学生，降低实验难度，让更多学生获得在实验中成长的机会。

（六）"互联网+"

寻求信息技术和化学学习的深度融合，我们用手机、电脑、QQ、微信资源共享，我们在百度和知网挖掘到很多的化学信息，推动了实验研究。课堂中用 iPAD 拍摄实验，阅读研究报告，分享实验感悟。

（七）核心素养

核心素养不能悬空，要有具体的落地附着点——在实验、活动、对话中落实化学学科核心素养：实验探究、宏微结合、证据推理、科学态度、社会责任等。

烷烃的取代反应

贵州省遵义市第四中学　申妮

一、使用教材

人教版高中《化学必修2》第三章第一节"最简单的有机物——甲烷"，人教版高中《化学选修5》第二章第一节"脂肪烃"。

二、实验设计背景

《化学必修2》第三章第一节"最简单的有机物——甲烷"科学探究中有甲烷的取代反应，但由于较难制备大量纯净的甲烷气体、取代时间较长、反应现象不明显，学生没能眼见为实。《化学选修5》中烷烃的取代反应也仍停留在原理层面，学生无法直接观察取代反应的过程、现象，理解取代反应原理较困难。鉴于此，本人查阅了网络和部分纸质文献资料，发现没有符合学生认知水平的好方法可以解决此问题。经过反复分析教材和与学生多次交流答疑，发现可以结合学生情况，整合必修选修相关知识，设计一个融合喷泉实验的烷烃取代反应的探究实验，供化学社团或兴趣小组的学生在课外进行探究，以辅助学生更深刻全面地理解取代反应，并在其中发现课本中不曾意识到的问题和现象，以培养学生的科学态度、质疑精神和创新意识等。

三、学情分析

本节课是基于校本课程开发的，用于化学社团或兴趣小组的学生探究性实验，对象是高一、高二学生，每组3~4人，能完成分组合作探究。他们对化学了充满好奇与热情，并有着较好的化学专业知识基础，作为信息时代的高中生，他们信息技术能力较强。

四、实验器材

（一）烷烃取代反应仪器

pH传感器、三颈瓶、50mL注射器、23W白炽灯、铝箔、单孔橡皮塞、导管、止水夹、500mL烧杯、铁架台（带两个铁夹、一个铁圈）等。

（二）烷烃取代反应药品

便携式煤气（主要成分丁烷、丙烷）、Cl_2、碱性品红。

（三）制备Cl_2仪器

锥形瓶、双孔橡皮塞、分液漏斗、导管、水槽等。

（四）制备 Cl_2 药品

$KMnO_4$ 固体、浓盐酸、饱和食盐水、NaOH 溶液。

五、实验创新要点

（1）结合有机取代反应与无机喷泉实验，增加实验的趣味性。

（2）采用 pH 传感器，直观观察、分析实验结果。

（3）采用即时投影技术，反馈学生实验情况。

（4）寻找生活中易得物质——便携式煤气，使实验生活化。

（5）提供给一线老师校本课程开发的一个典型案例。

六、实验设计思路

《化学必修2》第三章第一节"最简单的有机物——甲烷"中有科学探究实验——甲烷的取代反应，《化学选修5》第二章第一节扩展到了烷烃的取代，结合生活中易得物质——便携式煤气，主要成分是丁烷、丙烷，确定所做实验为烷烃的取代反应。理论分析可知该反应属于气体体积减小的反应，为增加实验的趣味性，可结合《化学必修1》中喷泉实验，设计烷烃取代反应的喷泉实验。本节课体现了学科知识的综合应用，更好地培养了学生的综合应用能力。

七、实验教学目标

（一）知识与技能

（1）烷烃的取代反应原理。

（2）喷泉实验原理。

（二）过程与方法

（1）通过探究性合作学习，有机整合取代反应与喷泉实验，设计并优化实验方案，完成实验操作，学会合作、创新。

（2）实验过程中能提出问题，并通过讨论、查询文献、询问老师等方法有效解决问题。

（3）学会运用控制变量法探究实验最优条件。

（4）能对观察记录的实验信息进行加工并获得结论。

（5）能和同学交流实验探究的成果，提出进一步探究或改进实验的设想。

（三）情感态度价值观

（1）能尊重事实和证据，不迷信权威，具有独立思考、敢于质疑和批判的创新精神，提升了学生的核心素养。

（2）遇到困难要有直面困难的勇气，具有终身学习的意识和严谨求实的科学态度。

八、实验教学内容

本实验依据必修与选修的要求层次不同，巧妙整合、拓展相关实验，并综合无机、有机相关内容，通过生活中的物质，创新性地设计了基于校本课程开发的适用于化学社团或兴趣小组的学生探究性实验——烷烃的取代反应。为增加实验的趣味性，可在实验中融合喷泉实验。

九、实验教学过程

实验教学过程如图1所示。

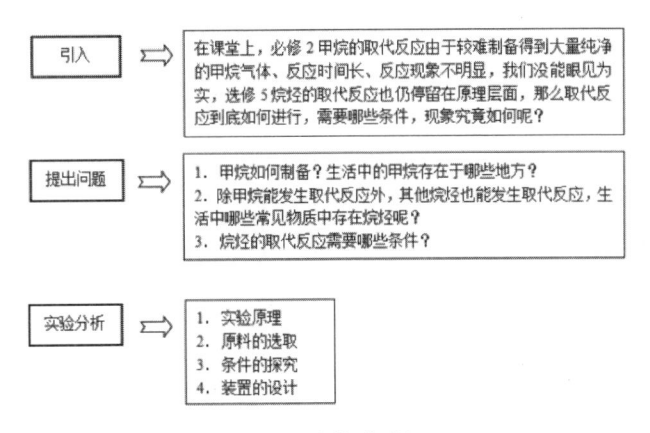

引入 ⇨ 在课堂上，必修2甲烷的取代反应由于较难制备得到大量纯净的甲烷气体、反应时间长、反应现象不明显，我们没能眼见为实，选修5烷烃的取代反应也仍停留在原理层面，那么取代反应到底如何进行，需要哪些条件，现象究竟如何呢？

提出问题 ⇨
1. 甲烷如何制备？生活中的甲烷存在于哪些地方？
2. 除甲烷能发生取代反应外，其他烷烃也能发生取代反应，生活中哪些常见物质中存在烷烃呢？
3. 烷烃的取代反应需要哪些条件？

实验分析 ⇨
1. 实验原理
2. 原料的选取
3. 条件的探究
4. 装置的设计

图1 实验教学过程

（一）实验原理

$$烷烃 + Cl_2 \xrightarrow{光照} 卤代烃 + HCl$$

学生查阅资料，分析可知烷烃的光氯过程是分步进行的，以 CH_4 为例，反应过程可表示如下：

$$Cl_2 \xrightarrow[①]{光照} 2Cl\cdot \xrightarrow[②]{+CH_4} CH_3\cdot \xrightarrow[③]{+Cl_2} CH_3Cl + Cl\cdot$$

关键是要第一步提供足量的 $Cl\cdot$，可将 Cl_2 在反应前光照 5~10min，待有较多 $Cl\cdot$ 后，再通入 CH_4，可缩短反应时间。

（二）原料的选取

学生讨论生活中的烷烃类物质：甲烷存在于天然气、沼气、煤矿坑气之中；家用液化石油气中主要成分有丙烷、丁烷、乙烷、乙烯、丙烯、丁烯等；罐装便携式液化气中主要成分有丁烷、丙烷等。

通过讨论，选取方便易得物质——SUN便携式煤气，查阅资料并与厂家确定里面含有95%的丁烷和5%的丙烷。

（三）条件的探究

学生查阅资料，讨论可知影响该反应快慢的因素有：装置气密性、光的强度、温度、烷烃与Cl_2的体积比等。通过控制变量法探究最终合适条件（见表1）。

表1 探究实验最佳条件

实验序号	V（烷烃）	反应前Cl_2是否光照	灯源功率	灯源距离	指示剂温度	反应开始到出现喷泉的时间
1	30mL	是	13W	5cm	常温	15min
2	30mL	否	13W	5cm	常温	18min
3	35mL	是	13W	5cm	常温	12min
4	40mL	是	13W	5cm	常温	11min
5	40mL	是	13W	2cm	常温	8min
6	40mL	是	24W	5cm	常温	9min
7	40mL	是	24W	2cm	常温	5min
8	40mL	是	24W	2cm	热水	3min

最佳实验条件：40mL 烷烃气体，反应前氯气需要光照，灯源选择白炽光24W，距离约2cm，指示剂温度约50~70℃。

（四）装置的设计

学生通过分组讨论、展示实验装置，最终确定最佳实验装置如图2所示。实验过程的现象及结论如图3~图6所示。

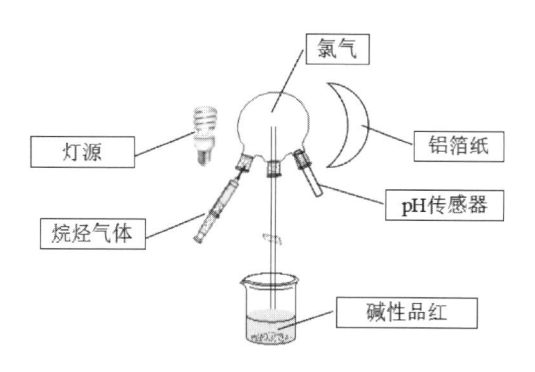

图2 实验装置图

| 实验验证 ⇨ | 1. 安装装置
2. 检查装置气密性
3. 实验前光照 Cl_2 5~10 分钟
4. 打开 pH 传感器的数字化界面，设置参数
5. 注入 40 mL 烷烃气体
6. 观察实验现象，学生利用即时视频投影技术分享实验结果 |

| 实验现象 ⇨ | 1. 推入烷烃气体后，有白雾现象产生
2. 反应 1min 左右，三颈瓶上端有小液滴生成
3. 打开止水夹有喷泉现象
4. 液面上方漂浮一层油状物
5. pH-t 图像的变化 |

图 3　实验验证及实验现象

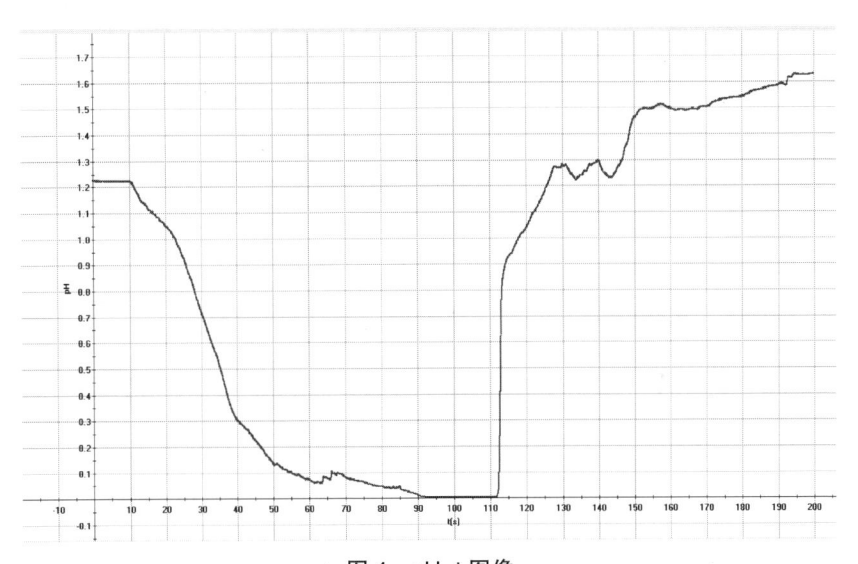

图 4　pH-t 图像

| 实验结论及反思 ⇨ | 1. 喷泉产生、有油状物生成，证明烷烃在该条件下发生取代反应。
2. 与预期效果不同的是 pH 的变化，学生讨论得知，最开始的 pH 不为 7，说明用饱和食盐水制取的氯气并不干燥，反应产生的 HCl，酸性增强，pH 减小，喷泉产生后，HCl 溶于水，溶液体积增大，pH 变大。在实验过程中，往往条件比较复杂，我们不应该对知识死记硬背、生搬硬套，核心素养也要求我们不迷信权威，敢于质疑。 |

图 5　实验结论

> 实验拓展 ⇨ 除用碱性品红做指示剂外，还可以选用其他指示剂或溶液，如选用甲基橙、紫色石蕊试剂，产生无色喷泉，形成的有色物质被溶液中的 HClO 所漂白；也可以选择无还原性的有色物质做有色喷泉，如 $KMnO_4$ 溶液形成红色喷泉，亚甲基蓝呈蓝色喷泉；甚至选用 $AgNO_3$ 溶液，形成乳白色"牛奶"喷泉等。

图 6　实验拓展

十、实验效果评价

本实验通过提出问题引导学生自行探究、设计实验方案、优化实验方案，符合化学核心素养，培养学生的科学探究与创新意识；实验过程中探究实验最佳条件，培养学生科学运用控制变量法；寻找生活中易得物质——便携式煤气，让实验变得生活化；采用 pH 传感器，结合数字化手段，直观观察实验结果；结合有机取代反应和无机喷泉实验，增加实验趣味性；还可采用即时投影技术，时时展示学生实验成果。

"知识在应用中才有活力，在探索中才有生命。"要充分相信学生的创造创新能力，释放学生的大脑和双手，让学生动起来，知识才能"活起来"。

乙烯的实验室制法及性质检验

安顺第二高级中学　王晓

一、使用教材

人教版高中《化学选修 5——有机化学》第 51 页"实验 3-1",实验装置如图 1 所示。

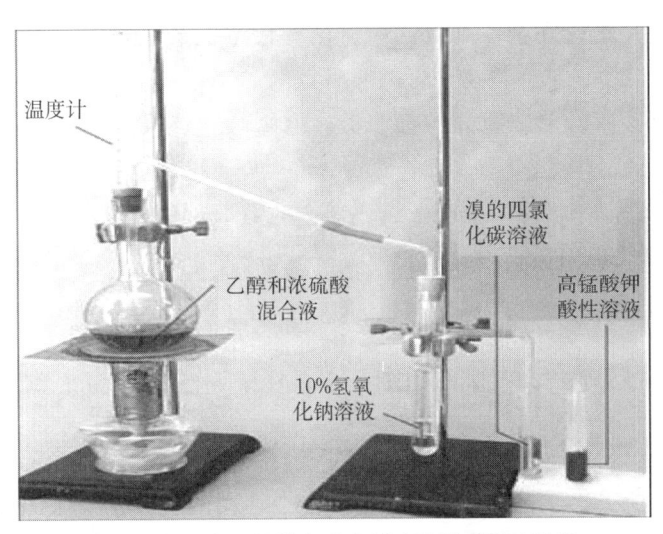

图 1　教材中乙烯的实验室制法及性质检验装置

二、实验教学目标

（一）知识与技能

制取乙烯并验证乙烯能发生加成反应和氧化反应。

（二）过程与方法

通过发现传统学生分组实验的不足,引发学生思考、分析、讨论、探究、验证、归纳,从而培养学生的分析能力、动手能力等综合能力。

（三）情感态度与价值观

通过改进实验方案的设计来培养学生敢于探索的勇气和严谨的科学态度,增强中学生的团队合作精神和低碳环保意识。

三、实验教学内容

通过实验,学生应了解乙烯的实验室制备方法和性质检验方法,在传统学生分组实验中发现以下不足：①作为催化剂的浓硫酸危险，且不易回收；②浓硫酸具有脱水性将乙醇炭化使溶液变黑、圆底烧瓶内壁发黑，学生和老师难以清洗；③浓硫酸具有强氧化性，与乙醇的炭化产物反应产生 SO_2，不仅会污染环境，还会干扰乙烯的性质检验，故实验中还需用到氢氧化钠溶液除杂；④溴和四氯化碳有毒且易挥发，对实验人员身体造成直接伤害等。

针对上述不足之处，引发学生思考、分组探究并结合查阅文献资料设计合理改进方案，弥补以上不足。

四、实验创新要求/改进要点

（1）探究并筛选安全、高效的催化剂替代浓硫酸，以保证学生分组实验的安全性、可操作性，从而取得良好的实验效果。

（2）要求实验安全性较高、毒性低、低碳环保、实验装置简单化、实验材料易获取等。

（3）引导学生分组团队合作、思考探究，并验证设计方案的可行性。

五、实验原理和实验设计思路

（一）实验原理

$$CH_3CH_2OH \xrightarrow[\Delta]{Al_2O_3} C_2H_4\uparrow + H_2O$$

（二）实验设计思路

（1）经师生共同查阅资料，发现磷酸、氧化铝等都可作为该反应的催化剂，经实验比对后发现氧化铝效果更好，且无副产物乙醚产生。利用铝制易拉罐制取表面有氧化铝的铝片和铝丝（见图2），不仅安全、易回收，还可反复使用，而且它在生活中随处可见，易收集。

图2 收集的废旧铝制易拉罐及制作好的铝片和铝丝

（2）为控制乙醇的汽化速度，采用棉花蘸取乙醇，酒精灯微热。但若加热时间过长，无水乙醇完全汽化后，棉花将炭化也会导致试管难以清洗。经探究小组反复试验后，将上述表面有氧化铝的铝片制成凹槽作为乙醇和棉花的载体，以达到方便清洗试管的目的。同时它也是该反应的催化剂。

（3）在实验过程中乙醇汽化速度较快，部分乙醇蒸气还未反应就已通过硬质试管，造成药品不必要的浪费。故改用长玻璃导气管进行冷凝回流，以降低实验成本，提高原料的利用率。

（4）溴单质与四氯化碳都易挥发、且有毒。为避免有毒物质对实验人员身体造成伤害，故采用水封（在溴的四氯化碳中加入少量水，分层，水在上层，溴的四氯化碳溶液在下层）以减少有毒物质的挥发。而且水可吸收挥发的乙醇，保障后续酸性高锰酸钾检验乙烯的可行性。

六、实验药品及器材

无水乙醇、棉花、废旧铝制易拉罐、溴的四氯化碳溶液、酸性高锰酸钾溶液、水、铁架台、酒精灯、硬质试管、小试管、长玻璃导气管等。

七、实验装置图（见图3）

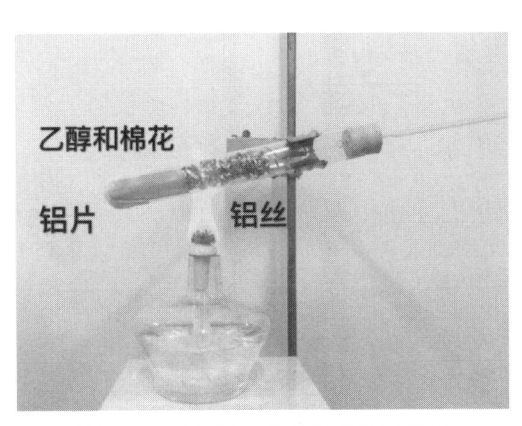

图3 改进后的乙烯制备实物装置图

八、实验过程

（1）将棉花放入表面有氧化铝的铝片制成的凹槽中，滴加无水乙醇使其被棉花吸干为止，接着加入表面有氧化铝的铝丝，以便于充分反应。

（2）用带导管的单孔塞盖紧管口，试管口略向上倾斜，牢固夹持在铁架台上。

（3）先预热试管，再对试管的铝丝加热，以保持氧化铝高温，又能使乙醇缓慢的汽化，以至乙醇蒸气通过高温的氧化铝时，即可脱水生成乙烯。

(4) 将生成的气体通入溴的四氯化碳溶液（水封）和酸性高锰酸钾溶液中，观察并记录实验现象。（现象：溴的四氯化碳溶液和酸性高锰酸钾溶液褪色或变浅。）

(5) 得出实验结论：乙烯可以发生加成反应和氧化反应。

九、实验效果评价

（一）分析能力的提升

通过分析传统学生分组实验不足，引导学生查阅文献资料，设计多种假设性实验改进方案并逐一验证（见图4），最终分析出最合理的改进方案。

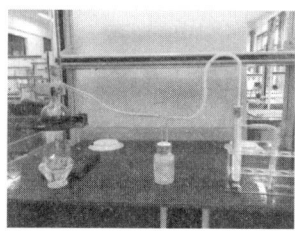

图4　师生探究过程实景

（二）操作能力的提升

从通过制作表面有氧化铝的铝片和铝丝到各种仪器的使用、注意事项，改进方案种类多、步骤多。探究过程提高了学生的操作能力，并拓展了思维创新空间。

（三）思维方式的提升

学生分组合作进行讨论，通过选择、制作合适的催化剂，思考试管方便清洗，防止有毒物质挥发等方面，提高学生的分析能力、动手能力等综合能力，并增强中学生团队合作精神和低碳环保的意识。

恰当的化学实验创新改进不仅能创设问题情境，更是发现问题、探究问题、解决问题的核心线索。经我和同学们改进后的学生实验方案不仅让实验恰如其分地融入教学之中，更让学生分组探究实验成为教学的点睛之笔。

乙醇化学性质

郑州市第十四中学　贾莹

一、使用教材

鲁教版高中《化学必修2》第三章第三节"饮食中的有机化合物——乙醇化学性质"。

二、实验器材

（一）乙醇和钠的改进装置（见图1）

实验仪器：输液管、10mL注射器2个、50mL注射器1个、木条、酒精灯、火柴。

实验试剂：钠粒、无水乙醇、肥皂水。

（二）乙醇的催化氧化改进装置（见图2）

实验仪器：2个U形管、自制3孔试管夹、长玻璃棒、长玻璃导管、酒精灯、白粉笔、火柴。

实验试剂：脱脂棉、无水乙醇、Cu丝、CuO粉末、NaOH溶液、$CuSO_4$溶液。

图1

（三）模拟酒驾检验（见图3）

实验仪器：干燥管、试管夹、塞子、酒精灯、火柴、滤纸。

实验试剂：无水乙醇、$K_2Cr_2O_7$溶液。

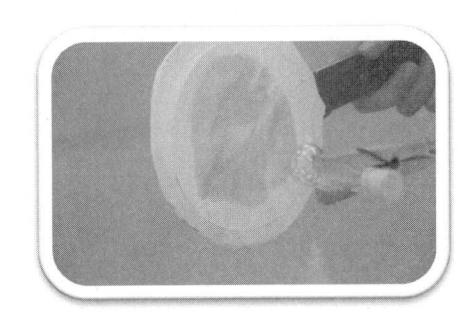

图2

图3

（四）乙醇与强氧化剂酸性 $KMnO_4$ 和 $K_2Cr_2O_7$ 溶液的反应

实验仪器：废草珊瑚含片药板（见图4）。

实验试剂：无水乙醇、酸性 $KMnO_4$ 溶液、$K_2Cr_2O_7$ 溶液。

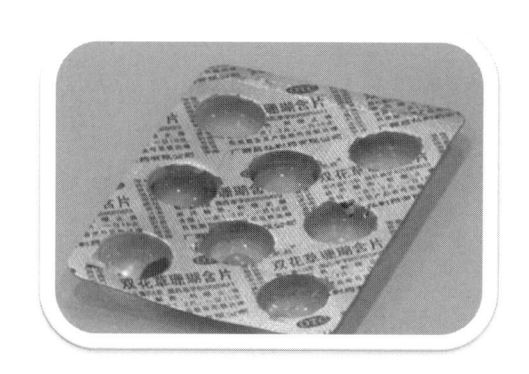

图4

三、实验创新点和实验不足与改进

（一）乙醇和钠的定量改进实验

（1）传统实验装置（见图5）的不足。

1）只能说明乙醇可以与钠反应，并不能证明产物是什么。

2）乙醇是易挥发液体，且钠与乙醇反应放热，故放出的气体中含有一定浓度的乙醇蒸气，只是通过气体燃烧产物的检验，判断钠与乙醇反应放出氢气，缺乏严谨性。

3）本实验只能定性检验乙醇与钠反应，并不能定量测定。

（2）乙醇和钠的定量改进实验装置（见图1和图6）优点。

图5 　　　　图6

1) 实验器材生活化，密闭性好，收集气体纯净，简化实验步骤。

2) 肥皂水过滤其他可能产生的气体，实验更严谨一些。

3) 增加两个注射器，注射器 1 可以测量滴加乙醇的体积，注射器 2 可以收集产生的气体并测量其体积，实现实验装置的定量化改进。

(3) 加入定量改进的目的。

1) 学生定量分析乙醇的利用率。

2) 提供一种定量测定乙醇结构的思路。

（二）乙醇催化氧化的改进实验

(1) 乙醇催化氧化传统实验装置（见图 7) 的不足。

1) 仅凭气味判断乙醛，现象不明显，依据不足，不够科学，不能起到很好的课堂演示作用，并且乙醛有刺激性气味，对人体不利，不符合当前绿色环保实验的要求。

2) 铜丝接触面积小，产生乙醛少，无法检验醛基，不能完全体现本实验的实验本质与原理。

图 7

(2) 乙醇催化氧化的实验改进装置（见图 8）的优点。

图 8

1) CuO 粉末代替铜丝，增大了乙醇蒸汽和固体的接触面积，利于生成更多的醛。

2) 在 U 形管的外壁绕一层细铜丝。①在加热的同时观察细铜丝颜色的变化，由红到黑，说明 Cu 和 O_2 反应生成了 CuO。②细铜丝可以起到固定两个 U 形管的目的。

3）外部的铜丝和内部 CuO 粉末的颜色变化，充分反映出乙醇催化氧化的反应机理。

4）加热浸满乙醇的粉笔，作为乙醇的蒸汽源，增大了乙醇利用率。

5）加热 CuO 粉末的同时，底端的斐林试剂顺便受热就检验了醛基，斐林试剂阻挡了乙醛直接逸散到空气中，减少了对空气的污染，使醛基的检验现象更加明显，节省了宝贵的课堂时间。

6）绿色环保，长玻璃导管起到了冷凝回流作用，减少了乙醇的挥发，提高了乙醇的利用率。

7）增加了乙醇和斐林试剂的反应，反应后，通过和加有氧化铜的 U 形管底部颜色的对比，说明使斐林试剂变色的是乙醇催化氧化后的乙醛，而不是挥发出来的乙醇蒸汽。

整个实验时间很短，在 2~3min 内就可以完成，现象非常明显，外部的 Cu 丝变黑，加有 CuO 粉末的 U 形管内壁得到光亮的铜镜，充分展示乙醇催化氧化的反应机理。而且能检验产物乙醛，排除乙醇蒸汽的干扰，节约了大量的课堂时间。

四、实验设计思路

（一）乙醇和钠的反应

结构决定性质，性质也可以反应结构，如果乙醇也可以和水一样与钠反应就可以推出乙醇的结构。因此对实验改进如下：

（1）对实验装置进行优化，证明乙醇可以和钠反应。

（2）添加乙醇和钠反应后气体的检验装置：通过多种方案优选肥皂水。

（3）选用 10mL 注射器来添加无水乙醇，50mL 注射器来收集产生的 H_2，实现实验定量化改进。

（二）乙醇催化氧化

（1）清晰地展现乙醇催化氧化的反应机理：U 形管的外壁缠绕 Cu 丝，U 形管的内部铺一层 CuO 粉末。通过铜丝颜色的变化和内部 CuO 粉末颜色变化来帮助学生分析乙醇催化氧化的反应机理。

（2）反应和产物检验一体化，选用 U 形管代替试管作为反应容器。U 形管的一侧用来添加反应试剂，另一侧加入斐林试剂来检验产物。

（3）增加乙醇和斐林试剂的对比实验，排除乙醇蒸汽对实验的干扰。

（三）模拟酒驾检验

（1）通过加热干燥管中无水乙醇，使其产生乙醇蒸汽，模拟人体呼出气体。

（2）将 $K_2Cr_2O_7$ 溶液涂抹在自制的指示牌上，通过 $K_2Cr_2O_7$ 溶液颜色的变化来判断是否呼出乙醇蒸汽。

通过模型搭建，实验探究使学生在真实知识情境中经过自己的探索、发现、体验等多重感知深刻领悟化学核心知识，把陌生的、外在的知识内化为熟悉的、可以理解的、甚至是融于心智的经验，并通过内心体验与认知升华形成特定的情感态度，自觉主动地建构化学观念。同时使学生感受化学来源于生活并服务于生活。

五、实验教学目标

（一）知识目标

认识乙醇的分子结构特点，掌握乙醇的主要化学性质。

（二）能力目标

（1）通过乙醇分子结构的探究过程，让学生树立"性质反应结构，结构决定性质"的有机化学学习思想。

（2）提升从宏观现象分析微观过程的能力。

教学重点：乙醇的结构和化学性质。

教学难点：乙醇结构与性质之间的相互关系。

六、实验教学内容

（一）知识线索

本课时通过对乙醇和钠的反应和乙醇催化氧化两个实验的改进，使学生更深入的感受知识的生成过程，明白其中的反应机理，让学生体会结构决定性质这一普遍性规律以及以点带面的学习方法。

（二）情境线索

本课时以饮酒引入课题，分析饮酒后乙醇在体内的氧化过程，分析为什么有的人一喝酒就上脸，而有的人千杯不醉，同时由过度饮酒引出酒驾检测，使学生感受化学来源于生活并服务于生活。

七、实验教学过程

（一）情境引入

为什么有的人"千杯万杯皆不醉"，而有的人"酒不醉人人自醉"？

（二）实验探究

（1）乙醇结构的探究。

1）搭建球棍模型进行结构预测。

2）通过改进乙醇和钠的反应，验证乙醇结构。

（2）乙醇的催化氧化。

1）改进实验装置。

2）利用改进后的实验装置进行课堂实验演示，使学生明白乙醇催化氧化的反应机理。

（三）学以致用

（1）模拟酒驾检验过程。

（2）学生在废的草珊瑚含片药板上的检验过程，使学生明白乙醇还可以和酸性 $KMnO_4$、$K_2Cr_2O_7$ 溶液等强氧化剂发生反应。

（四）总结提升

最后进行总结，使学生的认识得到提升。

八、实验教学反思及评价

（一）实验创新点

（1）自制教具：使实验教具微型化、定量化。

（2）改进实验。

1）乙醇和钠的实验。①方便氢气的检验；②实现实验由定性到定量转变。

2）乙醇催化氧化。①清晰地展现反应机理；②增加了乙醛的检验过程；③增加了乙醛与斐林试剂和乙醇与斐林试剂的对比试验，排除了无水乙醇蒸汽使斐林试剂颜色变化的推测。

（二）能力的提升与思维方式的培养

（1）分析能力的提升。

乙醇结构的推理过程：实验验证乙醇结构的过程提升了学生分析问题，提出假设，设计实验方案，最终分析本质解决问题的能力。

（2）动手能力的提升。

学生通过对乙醇和钠反应装置和乙醇催化氧化反应装置的不断改进，提升了学生实验创新和动手能力。

（3）思维方式的提升。

1）从定性分析乙醇结构——想办法定量测定乙醇结构，实现定性分析上升为定量测定。

2）从单一改进乙醇催化氧化的反应到添加乙醇与斐林试剂的反应，使学生从单一实验上升为对比实验。

(三) **学习方式的创新**

"互联网+"已逐渐走进我们的课堂，利用微信平台，突破了时空限制，改变传统教学模式，丰富了学习方式。

谁吹大了"棉花糖"？

重庆市南开中学校　张莲

一、使用教材

人教版《化学选修4》第二章第二节第四栏目"影响化学反应速率的因素"。

二、实验器材

（一）实验仪器

锥形瓶、量筒、温度计、托盘天平、酒精灯、火柴、木条、白瓷盘。

（二）实验试剂

洗涤剂、KI、30% H_2O_2、I_2、KOH、$FeCl_3$、$CuSO_4$、$MnSO_4$、$K_2Cr_2O_7$。

三、实验创新要点

（一）实验内容整合

将兴趣实验、教材"实验2-4""科学探究"进行了整合，改进之后，实验更精彩，趣味更浓厚，主题更集中。

（二）实验能力进阶

引发探究—学习探究—自主探究。学生探究能力得到逐步提升。

（三）实验现象明显

加入洗涤剂作起泡剂，气体产生的快慢、多少的直观性加强。点燃"棉花糖"，精彩展示 H_2O_2 分解产生了 O_2。

四、实验设计思路

实验内容由3个"谁"的探究实验组成，3个实验对学生探究能力的要求由浅入深。

采用师生共同实验、交流讨论等多种教学方法，并融入比较、控制变量等多种科学方法。

五、实验教学目标

根据教育部发布的化学学科核心素养要求，拟定以下教学目标。

（一）宏观辨识与微观探析

认识同一反应可以有多种催化剂，不同催化剂催化效果不同，结合碰撞理论模型，从微观的角度解释催化剂改变化学反应速率的本质。

（二）实验探究与创新意识

通过探究 H_2O_2 分解的多种催化剂，学习运用控制变量法，尝试自主探究的实验方法。

（三）科学精神与社会责任

培养严谨求实、尊重事实的科学态度，培养终身探讨化学的兴趣。

六、实验设计内容（见图1）

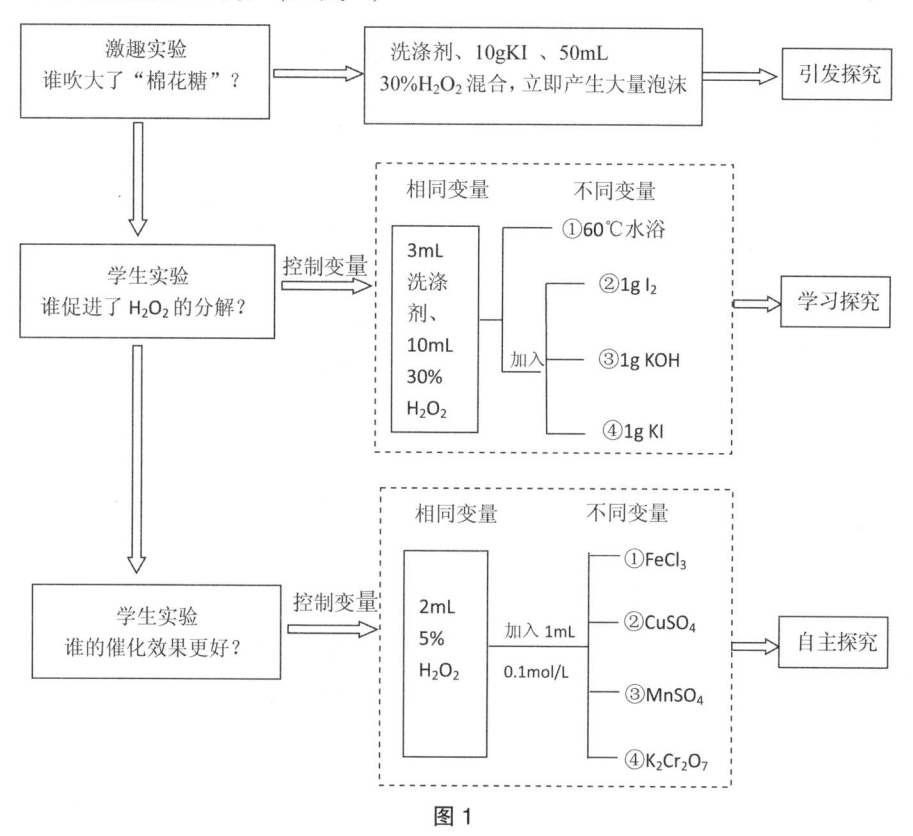

```
┌──────────────┐     ┌──────────────────────────┐     ┌──────────┐
│  激趣实验    │ ──▶ │ 洗涤剂、10gKI、50mL      │ ──▶ │ 引发探究 │
│ 谁吹大了     │     │ 30%$H_2O_2$混合，立即产生 │     │          │
│ "棉花糖"？   │     │ 大量泡沫                 │     │          │
└──────────────┘     └──────────────────────────┘     └──────────┘
       │
       ▼
┌──────────────┐              相同变量       不同变量
│  学生实验    │ 控制变量   ┌─────────┐    ①60℃水浴         ┌──────────┐
│ 谁促进了     │ ──────▶    │ 3mL     │                      │ 学习探究 │
│ $H_2O_2$的   │            │ 洗涤剂、│    ②1g $I_2$         │          │
│ 分解？       │            │ 10mL    │ 加入                 │          │
│              │            │ 30%     │    ③1g KOH           │          │
│              │            │ $H_2O_2$│                      │          │
│              │            └─────────┘    ④1g KI            │          │
└──────────────┘                                              └──────────┘
       │
       ▼
┌──────────────┐              相同变量         不同变量
│  学生实验    │ 控制变量   ┌─────────┐    ①$FeCl_3$         ┌──────────┐
│ 谁的催化     │ ──────▶    │ 2mL     │ 加入 1mL             │ 自主探究 │
│ 效果更好？   │            │ 5%      │ 0.1mol/L  ②$CuSO_4$  │          │
│              │            │ $H_2O_2$│                      │          │
│              │            │         │    ③$MnSO_4$         │          │
│              │            │         │                      │          │
│              │            └─────────┘    ④$K_2Cr_2O_7$     │          │
└──────────────┘                                              └──────────┘
```

图 1

七、实验教学过程

（一）教学环节一：谁吹大了"棉花糖"？

演示实验：锥形瓶中加入洗涤剂（做起泡剂，遇气体产生气泡），加入10gKI，量入 50mL30% H_2O_2，迅速吹出一个热气腾腾的"棉花糖"，测量"棉花糖"的温度，并用带火星的木条点燃"棉花糖"。

这个环节从"吹、测、点"的精彩演示和连续质疑两个方向进行激发兴趣，引发探究。

吹：锥形瓶中迅速喷出泡沫，降落形成又大又热略带黄色的"棉花糖"，效果震撼，激发兴趣。

测：热气飘散在棉花糖上方，监测"棉花糖"温度，发现迅速升至60℃，温度是影响化学反应速率的因素，温度改变为实验探究"谁促进了H_2O_2分解？"提供开放性。

点：星星之火将"棉花糖"照得如灯笼般透亮。

连续质疑，兴趣内化。谁吹大了"棉花糖"？（O_2）O_2从何而来？（联想H_2O_2有氧化性，观察棉花糖变黄，猜测发生了$H_2O_2+2KI=\!=\!=I_2+2KOH$。）这个反应并不产生气体，$H_2O_2$常温下稳定，谁促进了$H_2O_2$的分解？是温度，是KI，是$I_2$，还是KOH？

（二）教学环节二：谁促进了H_2O_2的分解？

学生实验：学习用控制变量法探究谁促进了H_2O_2的分解。

实验内容：学生控制H_2O_2的浓度和体积相同，分别探究60℃水浴、等质量的KI、I_2、KOH对H_2O_2分解的速率的影响（见图2）。

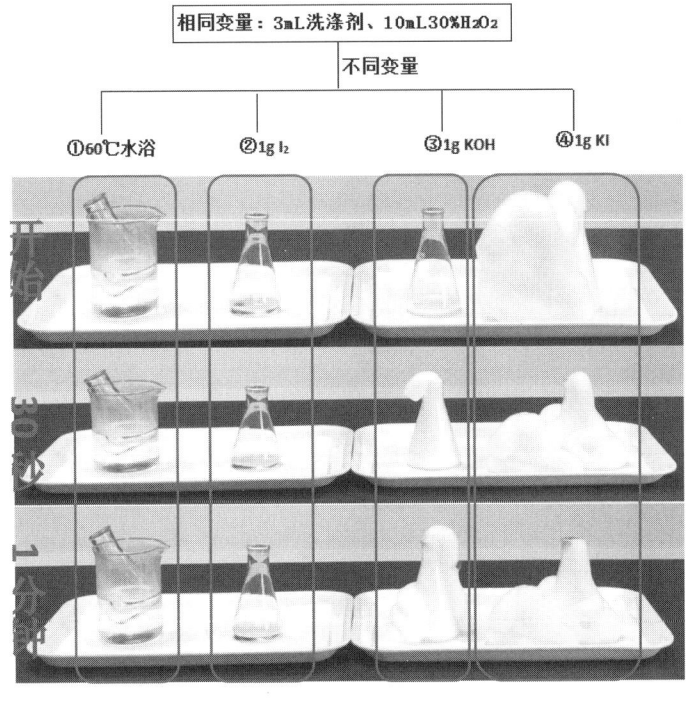

图2

实验结论：促使 H_2O_2 分解的物质并不止一种。KI、KOH 都能促进 H_2O_2 分解，KI 效果更好，有很强的催化作用。I_2 对 H_2O_2 分解没有明显的促进作用。热水浴对 H_2O_2 分解影响很小。

（三）教学环节三：自主探究谁的催化效果更好？

紧接着，学生按照科学探究的步骤进行自主探究。

（1）创设情境，提出问题。教师提出：还有物质可以催化 H_2O_2 分解吗？教师提供 $FeCl_3$、$CuSO_4$、$MnSO_4$、$K_2Cr_2O_7$ 等药品。

（2）大胆猜想，合理假设：这些物质都可以加快 H_2O_2 分解吗？谁的催化效果更好？如何控制变量？

（3）控制变量，设计实验。学生设计（见图3）：控制 H_2O_2 用量相同，$FeCl_3$、$CuSO_4$、$MnSO_4$、$K_2Cr_2O_7$ 四种试剂浓度、体积相同，比较相同时间产生气泡的剧烈程度（气泡的多少）。

相同变量：2mL 5%H_2O_2 + 1mL 0.1mol/L

不同变量

①$FeCl_3$ 溶液　②$CuSO_4$ 溶液　③$MnSO_4$ 溶液　④$K_2Cr_2O_7$ 溶液

图3

（4）验证猜想，得出结论：4 种试剂都能不同程度地加快 H_2O_2 分解，同一反应可能有多种催化剂，不同催化剂催化效果不同。这个实验中，学生发现 $K_2Cr_2O_7$ 中加入 H_2O_2，溶液颜色由橙黄色变成棕绿色，最后恢复到橙黄色（见图4）。

橙黄 → 棕绿 → 橙黄

图4

（5）宏微结合，理论升华。这一系列颜色变化，激发了学生思考：催化剂参与了反应并重新生成，并用碰撞理论模型从微观的角度对宏观的实验现象作出了解释。

八、实验效果评价

本课围绕 H_2O_2 分解的催化剂这一主题，用科学探究法逐步进行。我们该如何引导学生探究？我觉得有如下方法：

（1）寻求探究的路子。本课取材于趣味实验"大象的牙膏"，我对它上了心，发现了探究的价值。

（2）扩大探究的空间。探究的内容应该围绕主题有发散的空间，本课探究了影响化学反应速率的多个因素，如温度、催化剂；引入了多种物质作 H_2O_2 分解的催化剂；融入了多种科学方法，如比较法、控制变量法。

（3）提升探究的内容。本课主体是实验探究，动手做、得真知是实验的特点，我在知识的深度和广度上进行了开发，挖掘出教材编排的循序渐进，并最终从理论上加以解释。

第五部分

中 学 生 物

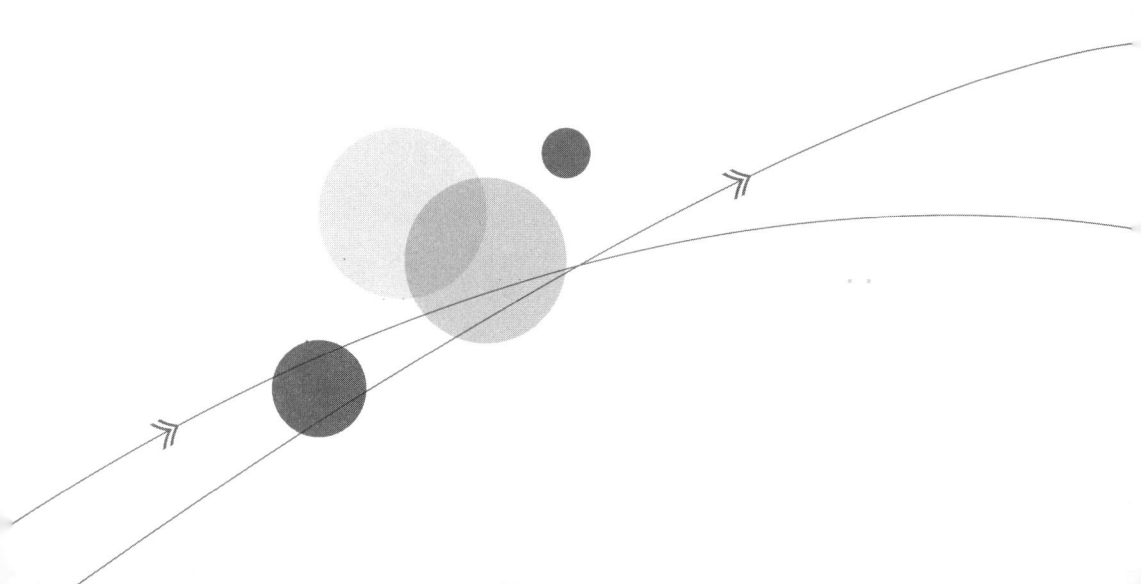

▶初中生物

水分在植物体内的运输途径

贵州省贵阳市第二十三中学 殷登秀

一、使用教材

人教版《生物学》七年级上册第三单元第三章"观察与思考"部分的演示实验。

二、实验器材

红墨水溶液（1∶10）、大白菜、黄豆芽、100mL量筒、10mL量筒、500mL烧杯、100mL烧杯、滴管、培养皿、放大镜、清水、载玻片、盖玻片、镊子、玻璃棒、解剖刀、刀片、显微镜、固体废弃物和液体废弃物收集盒。

三、实验创新要点

（1）精心处理显效果。我在教学中增加了一个"白菜导管网"的展示材料，让学生明确水分在植物体内是通过由导管构成的网络运输到植物体的各个部分。

（2）微观展示更清晰。增加一个在显微镜下观察导管的实验，更有利于学生认同导管是运输水分的结构，同时也让学生认识导管的形态和特点。

（3）模型制作增记忆。指导学生根据在显微镜下观察到的导管，利用废旧材料制作模型，加深对导管的认识。

四、实验设计思路

将导管发达的植物放入红墨水溶液中浸泡，学生通过宏观和微观观察，发现水分在植物体内的运输途径是导管。

五、实验教学目标

本实验以课标的基本理念为指导，以布鲁纳的探究性学习为理论依据，通过对教材的研读，对学情的分析，制定了本实验的教学目标。

（一）知识目标

通过观察，说明水分在植物体内的运输途径。

（二）能力目标

（1）通过生物兴趣小组课前的探究，培养学生的理性思维能力。
（2）通过观察微观下的导管，提高学生制作切片和操作显微镜的能力。
（3）通过模型的制作，培养学生的动手能力。

（三）情感态度价值观目标

培养学生勇于探索生物的奥秘，具有创新意识。

六、实验教学内容

植物体是通过导管来运输水分的，为了增加学生对导管的感性认识，通过指导学生对大白菜进行宏观观察、对黄豆芽进行微观观察，以及通过导管模型的制作，了解导管的组成、特点以及在植物体中的分布，明确水分在植物体内是通过由导管构成的网络运输到植物体的各个部分的。

七、实验教学过程

教学步骤	教师的组织和引导	学生活动	教学意图
复习导入	提问：我们已经知道植物是通过根来吸收水分，那根吸收的水分又是怎样运输到茎、叶、花等器官	思考、作答	温故而知新，用已学过的知识引入，提出新的问题
白菜的宏观观察	课前准备：将白菜叶和黄豆芽浸泡在红墨水溶液中，其中一片白菜叶用解剖刀去掉叶柄背面的表皮，露出叶脉；豆芽浸泡前切掉胚根部分 分组观察：课上将浸泡好的白菜用解剖刀横切出厚度为 0.5cm 的小段和纵切出一半叶片，发给学生观察 白菜的横切和纵切	进行细致观察，发现叶片被染红、横切面有被染红的点、纵切面有被染成红色的长长的管子	通过观察，发现运输水分的结构是一根根长长的管子，就是导管，使学生真正成为学习的发现者

续表

教学步骤	教师的组织和引导	学生活动	教学意图
黄豆芽的微观观察	提供：浸泡过的豆芽 提问：导管什么特点呢 指导：学生用刀片刮取黄豆芽的导管制成切片放在显微镜下观察 学生观察、拍照 展示：生物兴趣小组观察到的导管的微观照片，并指导学生找到被染红的具有螺纹、横纹、孔纹和梯纹的导管 黄豆芽导管的纵切面	对豆芽横切、纵切、用放大镜观察 小组合作制作切片，在显微镜下观察 手机拍下观察到的导管，发在班级群进行展示和讨论	学生在显微镜下观察导管，帮助学生从宏观到微观充分认识水分在植物体内的运输途径 提高学生制作切片和操作显微镜的能力 教会学生合理利用手机有利于学习
模型展示	布置作业：根据拍下的导管照片，利用身边的废弃材料制作导管模型 展示：生物兴趣小组课前制作的导管模型	观察、讨论、思考	通过让学生自己制作导管模型，加深对导管的认识，并培养学生的动手能力

续表

教学步骤	教师的组织和引导	学生活动	教学意图
"导管网"展示	导管的模型 白菜的导管网	观察、明确水分在植物体内是通过由导管构成的网络运输到植物体的各个部分的	通过观察白菜的导管网，让学生深刻理解水分的运输是通过导管
归纳小结	提问：导管除了能运输水分以外，还能运输其他物质吗 引导学生归纳总结：水分在植物体内的运输途径是通过导管	思考、作答：无机盐	前后铺垫

八、实验效果评价

（1）创新前，在教学过程中很多学生都把白菜被染红的叶脉撕下来放在显微镜下观察。创新后，满足了学生的好奇心和求知欲。

（2）创新前，学生有疑问，输导组织有导管和筛管，为什么说被染红的部分是导管而不是筛管。创新后，学生观察到了被染红的具有螺纹、横纹、孔纹和梯纹的导管，打消了疑虑，并认识了导管的形态和特点。

（3）创新后，学生直观理解"水分在植物体内是通过由导管构成的网络运输到植物体的各个部分"。

（4）创新后增加了导管的微观观察和模型的制作两项活动，充分调动了学生参与教学的积极性，提高了学生制作切片和操作显微镜的能力。

植物的蒸腾作用

大连市第二十二中学 于宏清

一、使用教材

本节课为人教版初中《生物学》七年级上册第三单元第三章"绿色植物与生物圈的水循环"的第二课时"植物的蒸腾作用"。

二、实验器材

(一)蒸腾作用演示实验

3个锥形瓶(A、B、C)、雪铁芋植物(无叶、少叶、多叶)、水、植物油、凡士林、塑料袋。

(二)观察叶片结构

大叶黄杨叶、非洲茉莉、绿萝、雪铁芋;显微镜、载玻片、盖玻片、三联刀片、小号毛笔。

(三)观察气孔结构

鸭跖草、孔雀竹芋、绿萝、雪铁芋;显微镜、载玻片、盖玻片、镊子、彩泥黏土、气球、喷雾。

(四)探究气孔分布

大叶黄杨叶、绿萝、女贞、雪铁芋、芦荟、水榕、皇冠草、金鱼藻;烧杯、热水、指甲油、透明胶、载玻片、盖玻片、显微镜。

三、实验创新要点/改进要点

(一)实验装置创新:严谨科学,激发兴趣

(1)蒸腾作用演示实验增加为3组实验。"探究植物蒸腾作用的主要部位"的实验设计一般采用两组实验(一组对照没有叶子,另一组有很多叶子)。本实验在此基础上增设第三组实验,分别为:对照组A锥形瓶放入无叶子的枝条;实验组B放入少量叶子的枝条;实验组C放入很多叶子的枝条。目的在于使实验条件更加细化,结果更有说服力。

(2)由传统的定性实验变为定量实验。实验结果不仅仅是笼统的观察水分减少,更精准地根据刻度算出究竟水分散失了多少。让学生学会用数据得出结论,培养学生严谨求实的科学态度。

(3)由教师演示变为学生演示录制微课。发挥学生的兴趣和主动性,由学生演示实验,提前录制微课,课上成果展示,加深学生理解,并刺激学生的探究欲望。

(二)实验材料创新:新颖丰富、效果显著

(1)观察叶片结构。教材中用菠菜做实验材料,但菠菜较软,叶肉组织易破坏,很难看到完整的叶片结构,叶片面积相对较大,也不易切割。经过反复尝试,除菠菜外,我为学生提供4种植物叶片:大叶黄杨叶、非洲茉莉、绿萝、雪铁芋。这4种材料质地厚度适宜,适合切割。尤其是非洲茉莉和雪铁芋的叶片均为革质,幼叶硬度适中,切削容易,适合叶子横切。

(2)观察叶片的气孔。教材中用的菠菜较软,不易撕取,且材料单一。在此基础上,我为学生提供4种观察材料,分别是:鸭跖草、孔雀竹芋、绿萝、雪铁芋。其中鸭跖草和孔雀竹芋不用手撕表皮,直接用显微镜即可观察到气孔结构。这两种植物在平日里很少被人提及,但在观察气孔时却非常直观方便,大大提高实验课效率。绿萝和雪铁芋在观察叶片横切面时效果很好,可以继续用来接着观察气孔结构。通过多种多样的观察材料,为学生提供丰富的事实,帮助学生建构叶片结构的重要概念,进而体现核心素养中生命观念下的生物体多样性和统一性。

(3)探究气孔分布。此部分作为学生的拓展应用实验,教师为学生提供8种不同环境中的植物材料。通过比较不同环境中的叶片气孔数量的分布,让学生体会生物体的结构与环境相适应的道理。同时这个探究实验也充分发挥了学生的积极主动性,让学生体会条条道路通罗马,学会从多角度思考问题的方法,提高运用多种方法解决问题的能力。

(三)实验操作创新:便于操作、易于观察

(1)三联刀片法。将三片刀片叠在一起,第一、第三片刀面齐平,中间一片往上抽取2~3mm,用透明胶带将中间刀片突出的一端缠绕起来,这样可以保证刀片间有很薄的缝隙,避免了教材中两个刀片并列后其刀刃贴在一起,中间缝隙太小,拉不出切片的弊端。

(2)沾水毛笔取薄片。取材中每切一次沾水,在实际操作中发现切好的薄片不易进入水中。实际操作中我每切一次,将刀片分开,用带有清水的狼毫毛笔轻轻刷下来。

(四)实验方法创新——模型与建模、探究性实验、信息技术

(1)模型与建模。

1)建模一:学生观察气孔结构时,寓教于乐,组织学生用彩泥制作保卫细胞围成的气孔模型。教师利用做好的气孔模型用喷雾演示水分在气孔张开时散失到空气中的过程。

2) 建模二：教师把两个气球的两头捏在一起，吹气，模拟保卫细胞控制气孔的开闭。通过模型与建模——彩泥制作模型及教师气球模型演示的方法，帮助学生建构保卫细胞与气孔之间的关系，从而体现核心素养中的理性思维。

（2）增设拓展探究实验。观察完气孔结构后，给学生们增设一个课题：探究不同环境中的植物叶片上下表皮气孔分布的规律。按照探究实验的模式让学生提出问题、作出假设、制订计划、实施计划、得出结果、讨论交流。学生拓展思路，集思广益，自行设计实验方案，按照自己设计的方案实施计划。通过比较不同环境中植物叶片气孔的分布，理解生物体的结构与环境是相适应的。

（五）实验手段融合信息技术

学生观察到结构后，教师用手机拍摄学生在显微镜下观察到的图像，投射到电子白板上，让学生使用白板的书写笔和放大镜功能进行展示汇报，这样不仅能及时分享自己的结果，而且可以有效地评价学生的实验结果。提前录制微课，课堂展示，提高课堂效率。信息技术的应用更好地促进学生实验的掌握和学习。

四、实验原理/实验设计思路

本节课内容不是单一的实验教学，需要通过一系列的实验帮助学生构建蒸腾作用相关概念。所以在设计本课时，每个实验都要根据不同的教学目标有针对性的设计实验教学。

首先，第一个是蒸腾作用演示实验，该实验不是粗略地让学生看水是否少了，而是增设为3组对照实验，把定性实验变为定量实验，让学生根据刻度差算出3组水分的减少量，用数据得结论，培养学生严谨的科学素养。同时，将教师演示实验改为学生演示实验，并录制微课，调动学生积极性。

其次，观察叶片及气孔结构的两个实验，均力求为学生提供多种多样且效果显著的实验材料，小组分工合作，比较观察多种材料，最后归纳出共同结构，进而帮助学生建立核心素养下生物体"多样性与统一性"的观念。观察气孔结构时，利用建模思想——用彩泥制作气孔模型，寓教于乐，帮助学生构建保卫细胞与气孔的关系。利用教师自制教具模拟气孔开闭，加深对概念的理解。实验检测均采用手机照相上传白板，利用电子白板的写字和放大功能分享实验结果。最后小组合作探究8种不同环境中的植物叶片上下表皮气孔分布的规律，让学生自行设计简单易行的实验方案，按照自己的方案实施计划，验证气孔的存在，通过比较得出结论，归纳出生物体的结构与功能是相适应的观点。

五、实验教学目标

（一）知识目标：生命观念、理性思维

（1）描述植物的蒸腾作用的概念。

（2）认识叶片的结构，形成生命观念下结构与功能相统一、多样性和统一性的观念。

（3）理解气孔控制水分和二氧化碳进出叶片的机制。

（4）了解气孔数量和分布与环境的关系，形成生物体结构与其环境相适应的观点。

（二）能力目标：科学探究

培养学生的观察能力、动手操作和分析能力、探究以及知识应用的能力。

（三）情感态度价值观：社会责任

认同绿色植物蒸腾作用的意义，初步形成保护森林的生态意识。

六、实验教学内容

（1）探究蒸腾作用的演示实验，得出蒸腾作用的概念。

（2）制作观察四种植物叶片横切面的临时切片，认识叶片结构。

（3）制作观察四种植物叶片下表皮的临时装片，认识气孔结构。

（4）理解保卫细胞控制气孔开闭的机制。

（5）探究气孔在不同种植物叶片上的数目与分布。

七、实验教学过程

本节实验课的题目叫作"植物的蒸腾作用"，围绕蒸腾作用这一重要概念，本节课确立了四个教学内容。分别为蒸腾作用的概念、认识叶片的结构、认识气孔的结构、探究气孔数量分布。其中，第一个为演示实验，第二、第三个为观察实验，第四个设计为探究实验。

（一）植物蒸腾作用的概念

对于蒸腾作用概念这一部分的内容，我的思路是以"植物蒸腾作用"演示实验为媒介，通过回答教师设计的一系列问题，让学生透过现象一层层地分析背后蒸腾作用的本质。

（1）播放学生演示实验视频。视频内容如下：首先在 A、B、C 三个锥形瓶中倒入等量的 250mL 的水，向 3 个瓶中滴入几滴植物油，防止水分散失。将第一株植物上的叶片全部剪掉插入 A 锥形瓶中，在减掉的地方擦上凡士林，防止水分散失；将第二株植物减掉大部分叶片，同样在减掉的地方涂上凡士林，插入 B 锥

形瓶中；将第三株植物留下所有的叶片直接插入 C 锥形瓶中，然后用塑料袋套住锥形瓶，把它们放在阳光下（见图1），过几个小时看看有什么神奇的变化吧！

设计意图：由学生做演示实验，更能调动激发学生探究学习兴趣和欲望。实验装置在传统的基础上又增加了一组少叶实验，目的是使实验装置更加严谨科学，更能理性分析实验现象。

图 1　植物蒸腾作用的实验装置

（2）课上观察并分析实验现象。

把 3 个锥形瓶带到现场，让学生仔细观察比较，逐一思考回答 5 个问题。

问题 1：你看到了哪些现象？

问题 2：3 个锥形瓶原先都装有 250mL 的水，此时此刻还剩下多少毫升呢？找同学读出现在锥形瓶里水的刻度，算出每个瓶里的水分的减少量。（设计意图：这样做为了让大约粗略的"定性实验"变成了"严谨精确"的定量实验，更加培养学生严谨的科学素养。）

问题 3：哪个瓶里的水分散失得最多？第二多是哪个？最少是哪个？

问题 4：这个实验的结果说明了什么呢？（设计意图：让学生能得出叶片越多，水分散失越多，推测水分是从叶片散失出去的。）

问题 5：水分是以水蒸气的形式散失的，还是以液体的形式散失出去的？（设计意图：引导学生理解蒸腾作用中水分是以水蒸气的状态散失的关键点。）

教师总结：同学们刚才分析的这一系列过程就是本节课要学习的"植物的蒸腾作用"。

学生概括：将蒸腾作用的概念补充完整。（设计意图：学生通过回答问题串，逐渐理清蒸腾作用的关键要素。并培养学生学会观察实验现象，学会分析实验结果，学会归纳实验结论的能力。）

（二）观察认识叶片的基本结构

（1）语言创设情境导入。小小的叶片为什么成为植物蒸腾作用的主要器官呢？接下来我们即将开启一场探究叶片的美好旅程。因为生物体的结构决定功能,所以我们美好旅程的第一站就是"观察叶片的结构"。

设计意图:通过富有感染力的语言创设一个轻松愉快的氛围,为即将开启的探究叶片之旅营造一个美好的气氛,调动学生的兴致,使学生期待接下来的学习。

(2) 介绍实验材料和器材。

材料:经过研究试验10余种植物叶片,突破教材,筛选出4种制作叶片横切面的效果比较好的植物,它们分别是大叶黄杨叶、非洲茉莉、绿萝、雪铁芋(见图2~图5)。

图2 大叶黄杨叶 　　图3 非洲茉莉 　　图4 绿萝 　　图5 雪铁芋

器材:三联刀片、毛笔、载玻片、盖玻片、培养皿、水。其中三联刀片需要着重强调(见图6)。

图6 三联刀片

(3) 播放制作叶片横切面的临时切片方法。教师亲自制作叶片横切面的临时切片,录制成微课,和教材中的方法略有不同,除了用的是三联刀片外,取材中每切一次,将刀片分开,用带有清水的狼毫毛笔轻轻刷下来。

(4) 提出观察要求。组织学生8人1组,共观察4种植物材料。组内每两人制作并观察一种植物叶片横切面的临时切片。对照教材叶片结构示意图辨认上表皮、下表皮、叶肉、叶脉的结构。

(5) 巡视指导,拍照上传白板,学生汇报结果。学生在观察显微镜时,用手机拍下各组在显微镜下看到的图像(见图7),把照片上传到电子白板上,学生汇报展示,用白板笔介绍自己观察的植物叶片及各部分结构。

植物的蒸腾作用

设计意图：将信息技术融合到实验课，更好地辅助实验教学，分享学生的实验成果，评价实验成效，达到生生互动及师生互动的效果，激发学生的学习兴趣。

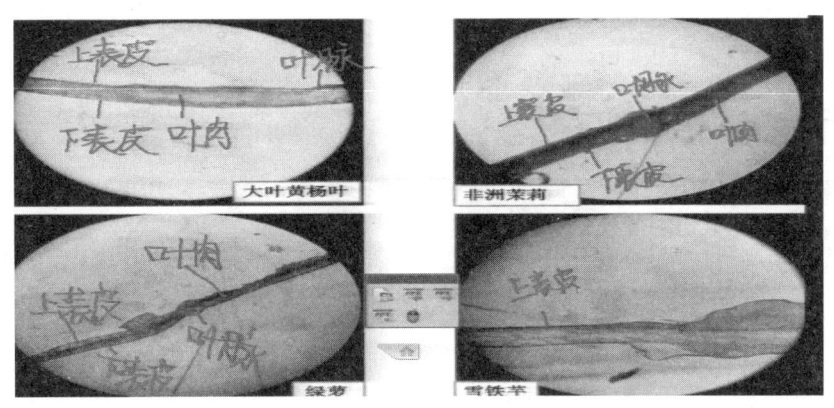

图7 4种叶片在显微镜下的图像

（6）学生总结叶片结构。提问：虽然4种植物种类不同，但是叶片有无共同结构呢？学生总结叶片的共有结构：表皮、叶肉、叶脉。表皮包括上表皮和下表皮。教师进一步强调虽然植物的种类多种多样，但是它们的叶片的基本结构是统一的，这就是生物学的多样性和统一性。

设计意图：通过让学生观察多种实验材料，归纳它们的共同结构，帮助学生构建叶片结构的概念，同时帮助学生形成生物体具有多样性和统一性观念的生物学科核心素养。

(三) 观察认识气孔的结构

（1）问题导入。

提问：同学们有没有留意4种植物的叶片上下表皮的紧密程度是一样的吗？

向学生展示表皮较松的图片，告诉学生这疏松的位置是气孔。气孔是与植物蒸腾作用最为有关的结构。接下来我们将进入旅程的第二站：观察气孔的结构。

设计意图：通过提出问题让学生产生疑问，创设情境，承上启下，顺利进入探究叶片之旅的第二站：观察气孔的结构。

（2）介绍实验材料和器材。

材料：为学生提供4种植物材料，分别为鸭跖草、孔雀竹芋、绿萝、雪铁芋（见图8~图11）。鸭跖草和孔雀竹芋不需要制作装片，直接放在显微镜下就可以看到清晰的气孔；绿萝和雪铁芋在观察叶片结构时效果较好，可以接着观察表皮

585

的气孔，但是这两种植物需要制作临时装片。播放制作绿萝叶片下表皮的临时装片录像。

设计意图：给学生观察种类多样、效果显著、易于观察的植物叶片表皮，帮助学生构建气孔的相关概念。

图8 鸭跖草　　图9 孔雀竹芋　　图10 绿萝　　图11 雪铁芋

（3）提出观察要求。8人1组，每两人观察1种植物叶片。对照教材辨认保卫细胞、气孔、表皮细胞。用彩泥制作保卫细胞围成的气孔模型。

设计意图：学生用彩泥制作保卫细胞围成的气孔，建模教学，寓教于乐，帮助学生建构气孔和保卫细胞的概念。

（4）制作并展示汇报。学生在显微镜下观察4种植物叶片下表皮的气孔（见图12）。用彩泥制作保卫细胞围成的气孔，标注名称，教师巡视、拍照，将好的效果图以及好的作品上传电子白板。学生用白板中的放大镜功能，对保卫细胞围成的气孔进行放大介绍。

设计意图：信息技术融合实验课，提高课堂效率，便于分享和记录，调动学生兴趣。

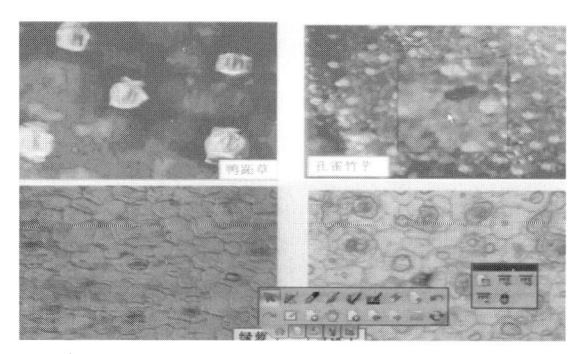

图12　4种植物气孔在显微镜下的图像

再展示气孔模型制作优秀的小组，并派代表进行展示（见图13）。

设计意图：用彩泥进行建模教学，帮助学生建构概念，寓教于乐。

植物的蒸腾作用

彩泥制作气孔模型

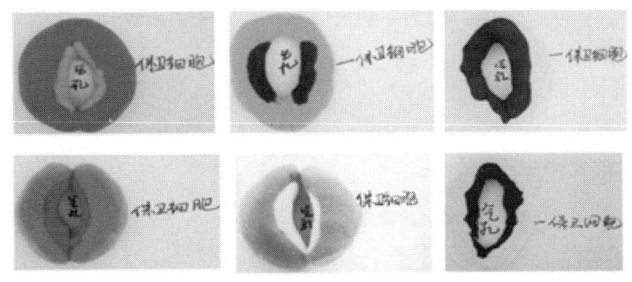

图13 学生彩泥制作的保卫细胞及气孔

（5）总结。让学生总结：虽然植物的种类多样，但是叶片气孔的结构都是由一对保卫细胞围成的空腔组成的。教师点出这一点再次证明了生物体具有多样性和统一性。

设计意图：通过多种材料帮助学生落实生物学核心素养中的多样性和统一性。

（6）保卫细胞与气孔的关系。

教师提问：气孔是始终打开或是关闭的吗？什么结构控制着气孔的开闭呢？保卫细胞是怎样控制气孔开闭的呢？

演示模型1：教师用两个气球作为保卫细胞模型演示。当气球代表的保卫细胞失水，气球就会瘪了，两个气球中间的缝隙就会关闭；当嘴吹气球，使得气球代表的保卫细胞吸水膨胀时，中间的气孔就会打开。

设计意图：气球建模教学，生动形象，帮助学生理解保卫细胞控制气孔开闭的原理。

演示模型2：用喷雾对准气孔的部位开始喷水，演示水分是如何从气孔散失的，同时讲解氧气二氧化碳都是可以这样穿梭于气孔中的。

设计意图：利用建模教学，用喷雾形象地向学生演示气孔发生蒸腾作用以及气体交换的过程，帮助学生理解气球是蒸腾作用的门户和气体交换的窗口。

教师总结：气孔是蒸腾作用的门户，也是气体交换的窗口。

（四）探究气孔数量的分布

（1）问题导入。气孔如此重要，它是均匀分布在叶片的表面吗？下面我们即将进入探究叶片的第三站——探究气孔的数量和分布。

（2）介绍实验材料和器材。提供8种不同环境中生长的植物给学生，有陆生植物（大叶黄杨叶、绿萝、女贞、雪铁芋和芦荟）和沉水植物（水榕、皇冠草、金鱼藻）。

设计意图：通过提供多种不同环境中生长的植物，让学生总结出气孔的分布规律，帮助学生建构生物体的结构与环境是相适应的观念。

（3）学生进行探究实验的一般步骤。

1）探究题目。明确"探究不同环境中的植物叶片上下表皮气孔分布的规律"。

2）提出问题。学生提出："不同环境中植物叶片上下表皮的气孔数目是一样多的吗？"

3）作出假设。有的学生猜测植物上下表皮的气孔数一样多，有的猜测植物叶片下表皮气孔更多，还有的猜测上表皮气孔多。学生猜测很多种可能后，教师引导学生用实验去验证你的猜想。

4）制订计划。教师提问：是不是所有的植物都能直接观察到气孔？面对叶片有蜡或是不容易撕的叶片怎么观察呢？鼓励学生开动脑筋，设计一个简单方便的验证气孔的实验方案。

设计意图：充分发挥学生的积极主动性，让学生体会条条道路通罗马，学会从多角度思考问题的方法，提高运用多种方法解决问题的能力。

教师提示如何统计数据，让学生在显微镜下换 3 个不同的视野，进行统计，统计方法可以采用一边看一边在纸上点点，最后数点数，除以 3 次得到 1 个平均值。

设计意图：指导学生会统计数据，掌握一些简单实用的统计学方法。

5）实施计划。各小组学生按照自己制定的方案对 8 种植物叶片进行自主探究。组内分工合作，统计出 8 种植物叶片上下表皮气孔数量的平均值写在学案卷的表格中（见表1）。

设计意图：充分发挥学生探究主动性，培养学生科学探究的兴趣和动手操作的能力。

表1　不同环境中的植物叶片上下表皮气孔数量的分布

生活环境	植物材料	上表皮/个	下表皮/个
陆生植物	大叶黄杨叶		
陆生植物	绿萝		
陆生植物	女贞		
陆生植物	雪铁芋		
陆生植物	芦荟		
沉水植物	水榕		
沉水植物	皇冠草		
沉水植物	金鱼藻		

植物的蒸腾作用

以下是部分学生们设计的实验方案。把叶片放到热水中，如果有气泡代表有气孔（见图14）。有的学生在课后尝试用胶皮管一头连接注射器，一头连接通心菜的叶柄，在水里打，如果有气泡，说明有气孔（见图15）。有的学生想到针对不好撕的叶子，涂上指甲油，干了后将指甲油膜撕下来放到显微镜观察（见图16）。有的学生用透明胶粘在叶子上，把叶子的痕迹印下来放到显微镜下观察（见图17）。

图14　叶片放到热水中验证气孔

图15　学生用注射器验证叶片气孔

图16　学生用指甲油验证叶片气孔

图17　学生用透明胶验证叶片气孔

6）得出结论。学生到白板上填写自己组探究得来的数据，进行汇报。学生通过分析数据发现陆生植物叶片大多是下表皮气孔多于上表皮。芦荟这样直立生长的上下表皮气孔数量差不多。对于沉水植物来说，叶片上的气孔非常少，几乎没有。最后得出的结论是：不同环境中的植物叶片气孔数量的分布情况是不同的。

7）表达与交流。让学生们思考为什么会产生这样的结果。

问题：为什么陆地植物的叶片气孔大多分布在叶片下表皮呢？沉水植物一般没有气孔？

同学通过分析原因，得出陆地植物如果上表皮分布气孔，则会水分散失过多。而沉水植物的叶片很薄，没有角质层，可以直接吸收溶于水中的氧气和营养。

教师点评总结：由此说明了生物体的结构与其环境是相适应的。

· 589 ·

设计意图：学生通过自主的探究实验获得结论，再通过教师点评及思考问题，帮助学生理解并落实生物核心素养下的生物体结构与环境相适应的观点。

8）结束语：

当生命的绿色从枝头凋零，当春天的阳光不再明媚和清新，

当唯一的源泉从视野里消逝，当最后的城郭被黄沙掩去。

生命的代价无可替代，唯有绿色才有希望和光明。

请珍惜你所得到的所有资源，哪怕那只是毫不起眼的一点一滴！

八、实验效果评价

本节课可取之处：课堂学生的参与度非常高。全班同学都能兴致勃勃地参与到各项实验和探究活动中。多样的实验材料、实验方法的创新以及信息白板的使用极大地调动了学生课堂的积极性。学生的动手操作能力有了显著的提高。学生学会用多种方法解决问题的思维开阔了很多，探究能力和探究素养也得到了很好的锻炼。通过彩泥建模和气球模型的方法让学生玩在其中，学在其中，对此部分的相关概念印象非常深刻。探究环节完全交给学生自己设计，效果比预期的要好很多。

需要改进的是：学生管理小组分工的能力还有待加强，分配实验材料制作观察，再汇总、分享的能力有待提高。课堂内容稍微有点满，需要教师把握好时间。

气孔开闭实验改进

河北省石家庄市裕华求实中学　王星月

一、使用教材

冀少版《生物》八年级上册第三单元第四章第二节"蒸腾作用"。

二、实验背景

在学习教材的课堂上，为了理解气孔开闭的原理，需要观察气孔开闭的过程。而目前教学中采用的方式有以下几种，如图1所示。

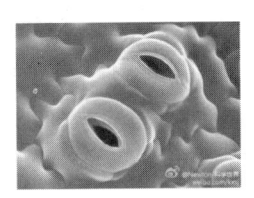

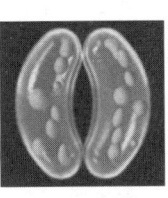

| 教具 | 图片 | Flash动画 | 数码显微镜连拍功能 |

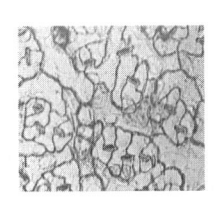

图1

这些方式虽然直观，但加入人工修饰、看不到真实的开闭过程。于是学生提出：能否在显微镜下观察气孔开闭的过程？

学生分别用光学显微镜和数码显微镜进行了气孔开闭的观察实验，观察近20min，没看到气孔开闭的过程。究竟采用什么方法才能快速看到真实的气孔开闭过程？这是我们研究主题，为此我确定了以下的实验目标。

三、实验目标

（一）知识与技能

观察气孔开闭过程，理解保卫细胞调节气孔开闭的原理。熟练使用数码显微镜和传感器。

（二）过程与方法

通过搜集、分析和使用资料，分析数据处理，将定性试验转化为定量实验。通过控制变量实验的探究，深化科学探究方法。

（三）情感态度价值观

养成良好的实验习惯和实事求是的科学态度，培养勇于探索的科学精神，激发探究热情。

四、实验过程

（一）收集资料

要想快速看到真实的气孔开闭过程，首先得知道影响气孔开闭的因素有哪些。学生通过访问教师、查阅书籍及网络检索收集资料。

（二）发现问题

影响气孔开闭速率的主要因素有：植物的种类；保卫细胞（控制气孔开闭）内外液体的浓度差（甘油吸水能力强，保卫细胞中加入一定浓度的甘油可以促进气孔关闭）；温度。

（三）提出问题

根据这些因素，学生提出：哪种植物的叶片更适合做气孔开闭实验？哪种浓度的甘油可促使气孔关闭？哪个温度范围气孔开闭更快？

（四）制订计划

根据提出的问题，师生共同交流，制订了以下的计划。
（1）选出合适的叶片材料；
（2）选出最适浓度的甘油；
（3）选出最适的温度范围。

（五）实施计划

首先准备相关仪器、器材及药品：数码显微镜，温度传感器；载玻片，盖玻片，镊子，吸水纸，纱布，水浴锅，刀片；纯甘油，3%甘油溶液，5%甘油溶液，7%甘油溶液，清水。

主要利用数码显微镜对气孔开闭观察和记录，温度传感器使实验数据更精确。

（1）选出合适的叶片材料。学生到户外收集多种植物的叶片，这些植物叶表皮有不易撕取的，采用透明胶带撕取法操作。具体操作（演示视频）是：用透明胶带粘在叶下表皮，缓慢撕取胶带，将带有表皮的胶带剪下，贴在载玻片上进行观察，可看到气孔形态。这些植物叶片虽不能进行气孔开闭的探究，但看到了多种不同形态的气孔，开拓了眼界，丰富了知识。对易撕取的叶表皮制作成临时装片，在显微镜下进行观察。

以下是学生选出的植物，以及观察到的气孔（见图2）。对比气孔图片，发现这5种植物的气孔小、不清晰，不能做气孔开闭实验探究的材料。

图3中的5种植物气孔大而清晰。通过比较，紫鸭跖草气孔最大、最清晰，最利于实验过程的观察。故最适材料是紫鸭跖草。

豆瓣绿　　蓝蓟　　马蹄莲　　金枝玉叶　　燕子掌

图2

韭菜　　芍药　　金鸡菊　　百合　　紫鸭跖草

图3

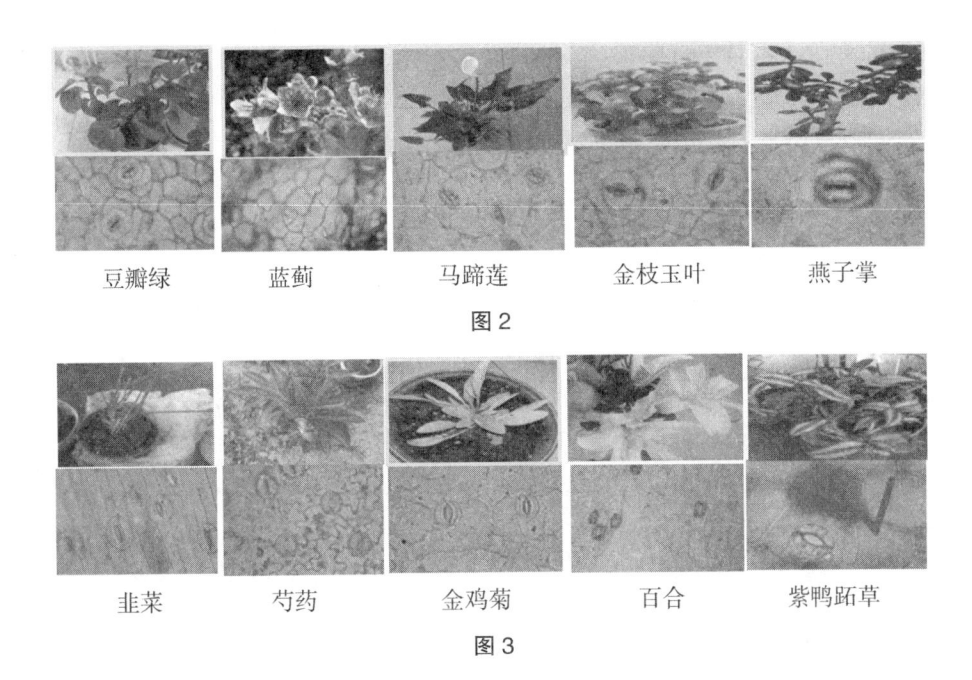

（2）选出最适浓度的甘油。学生分别用3%甘油、5%甘油、7%甘油及纯甘油进行了气孔开闭实验，发现纯甘油由于浓度过大，盖、载玻片粘在一起，无法继续操作；7%甘油气孔关闭过快，不利于实验过程的观察；5%甘油气孔关闭速度适宜，利于观察；3%甘油气孔关闭过慢，不利于实验过程的观察。得出结论选择：最适甘油的浓度是5%。

在探究甘油浓度实验中，学生发现加入清水或者甘油时，目标材料容易移出视野，影响气孔开闭过程的观察，怎样解决这一难题？通过摸索，学生将传统引流改为T字引流法，将吸水纸固定，用吸水纸进行引流，这样做气孔不易移出视野（见图4）。

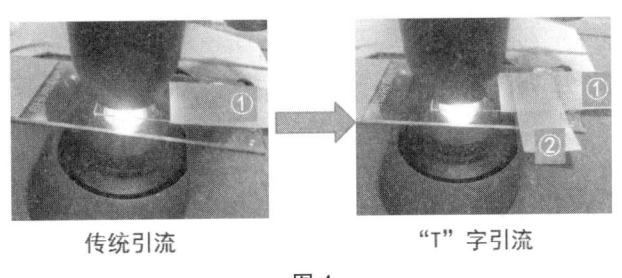

传统引流　　　　　　"T"字引流

图4

选择哪种气孔状态（开、闭）更容易观察呢？学生研究闭合状态的气孔，尝试让其打开，结果30min后，气孔未打开；研究打开状态的气孔，让其关闭再打开，虽过程不明显，但有开、闭的状态。实验说明：研究打开状态的气孔更适合气孔开闭的实验。怎样让叶表皮气孔打开呢？查阅资料发现：用温水浸泡叶片可以促进气孔打开！哪个温度范围更适宜气孔开闭实验呢？

（3）选出最适的温度范围。学生将紫鸭跖草的叶片浸泡在不同温度的清水中30min，在显微镜下观察并记录气孔开、闭以及开和闭的总时间。将数据整理成表格的形式（见表1）。

表1

组别情况	浸泡温度	原始气孔情况	5%甘油处理，气孔关闭时间	清水处理，气孔开放时间	开闭共用时间	效果
第1组	20℃	完全闭合	—	20+min	20+min	气孔未张开
第2组	22℃	完全闭合	—	20+min	20+min	气孔未张开
第3组	24℃	气孔开度小	10min	6min	16min	不明显
第4组	25℃	气孔开度较小	3min	5min	8min	较明显
第5组	26℃	气孔开度适中	2min	3min	5min	较明显
第6组	27℃	气孔开度适中	1min30s	3min	4min30s	明显
第7组	28℃	气孔开度大	1min	2min	3min	明显
第8组	29℃	气孔开度大	1min	1min	2min	明显
第9组	30℃	部分闭合	30s	30s	1min	不明显
第10组	31℃	大部分闭合	2min	3min	5min	较明显
第11组	32℃	大部分闭合	2min	3min	5min	较明显
第12组	34℃	完全闭合	—	20+min	20+min	气孔未打开
第13组	36℃	完全闭合	—	20+min	20+min	气孔未打开

从表1中发现，22℃以下以及30℃以上，绝大多数气孔关闭。为什么在这个范围内气孔关闭呢？查阅资料发现，气孔关闭是一种自我保护机制。常见蔬菜在30℃以上会不同程度抑制生长和发育，这和气孔关闭是否存在一定联系呢？以后可以继续探究。

我提示数据不明显不直观，学生立马想到可以用折线图、柱状图或饼状图，根据数据特点，学生制作了温度和时间的折线图（见图5）。

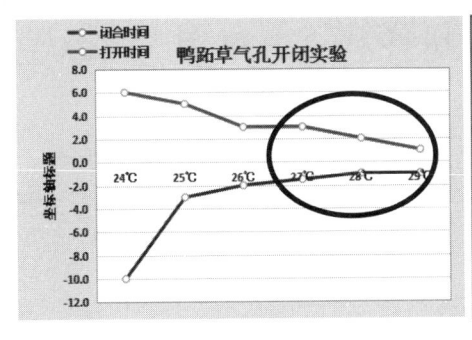

红线代表气孔打开时间,蓝线代表气孔闭合时间。两条曲线越接近,开合速度越快。最适温度范围是 27~29℃。

图 5

得出结论:在 27~29℃清水中浸泡半小时,研究打开状态下的气孔,开⇨闭⇨开时间从 20min 缩短到 2min,实现了学生在课堂上快速看到真实气孔开闭的过程。

五、实验总结

(一) 实验的创新点

(1) 透明胶带撕取法,看到了很多植物的气孔形态。

(2) 紫鸭跖草代替常用的菠菜,适宜气孔开闭过程的观察。

(3) 5%甘油代替常用的浓盐水,加快气孔开闭过程。

(4) 用 T 字引流法代替传统引流法,解决气孔移出视野的难题。

(5) 打开状态的气孔作为实验起点,更利于实验完成。

(6) 用定量实验方法,找到了使气孔开闭状态的最适温度范围。

(7) 为质壁分离和复原的实验提供新的改进思路。

(二) 学生的收获

(1) 亲历实验过程,养成了良好的实验习惯和实事求是的科学态度。

(2) 学会了站在数据角度分析问题的方式,提高了数据分析能力。

(3) 懂得用团队的力量解决问题,提高了合作意识。

(4) 具有不畏困难、勇于探索的科学精神和探究生命奥秘的热情。

探究植物呼吸作用释放二氧化碳

合肥市第六十三中学　张曹悦

一、使用教材

苏教版初中《生物》七年级上册第六章第四节"植物的呼吸作用"。

二、实验教学目标

（一）课标分析

掌握呼吸作用原理及应用。

（二）学情分析

学生已经具备了一定的基础生物知识，熟悉植物的光合作用的原理和原料以及产物。

学生来源较优质，理解能力强，思维活跃，动手能力好，乐于探究和钻研。

（三）制定目标

知识目标：概述植物呼吸作用释放二氧化碳。

能力目标：尝试设计实验，完成实验获取数据，处理分析数据。

情感目标：体验科学探究的过程，形成实事求是的科学态度。

（四）教学重难点

重点：①植物体活细胞呼吸作用产生二氧化碳这一概念。②完成演示和探究实验。

难点：完成探究实验的设计、过程以及结果分析。

三、实验方案设计

（一）实验原理

植物体活细胞能进行呼吸作用，消耗氧气，释放二氧化碳、水和能量。因此，植物器官在实验中能否检测到二氧化碳及二氧化碳产生量的多少，可以衡量植物该器官是否进行了呼吸作用和呼吸作用的强弱。

（二）实验原型（见图1）

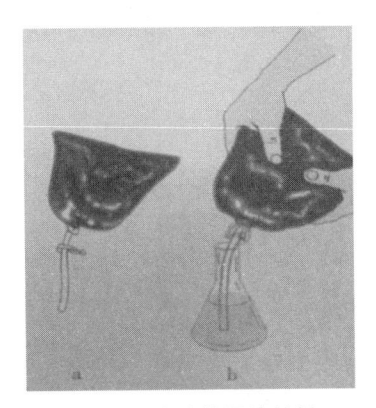

图1　原实验使用的材料

（三）实验创新设计

（1）材料选择。

1）演示实验中原实验使用实验材料是叶子，改进实验使用的种子，不需要避光实验，所用材料更直观。

2）原实验探究的植物器官是一种，改进实验中的探究实验部分探究的是六种植物器官，验证器官更全面。

（2）方法创新（见图2、图3）。

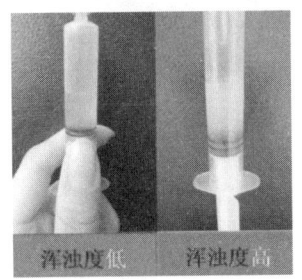

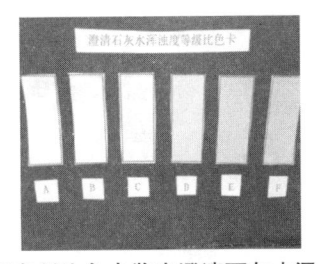

图2　用注射器判断浑浊程度　　**图3　用自制比色卡鉴定澄清石灰水浑浊等级，判断各器官呼吸强弱**

（3）装置改进（见图4）。

1）更简单，易携带。

2）装置使用次数更多，效果明显。

图 4　改进前后的实验装置对比

四、实验材料和数据分析

（一）实验材料的准备

（1）演示实验的材料（见图 5）。

1）取 A、B 两个 250mL 的饮料瓶，A 瓶中装入适量萌发的种子，B 瓶中装入煮熟且等量的种子，用保鲜膜密封 2 小时后备用。

2）两只贴好 A、B 标签的注射器。

3）装有澄清石灰水的小烧杯一只。

图 5　萌发的种子和煮熟的种子　　　图 6　装有花的实验组

（2）探究实验一的材料。

准备 5 组同样的饮料瓶，每组 3 个。第一组装入不同植物的根，第二组装入不同植物的茎（瓶子外边用黑色塑料袋包裹遮光，贴上植物名称），第三组装入不同植物的叶子（处理同第二组），第四组装入不同植物的花（见图 6），第五组装入不同植物的果实。每个瓶子准备对应的注射器。

（3）探究实验二的材料。

1）天平。

2）在 2~3 种植物体上选取等量的植物的六大器官。

3）每种器官准备 3 个平行组，每个平行组准备 3 瓶，即每种器官分别 9 瓶。

（二）实验操作步骤

（1）实验分成两部分。

1）演示实验：植物的呼吸作用发生在活细胞内。

2）探究实验：①植物不同器官的活细胞都有呼吸作用。②不同器官的呼吸强弱不同。

（2）演示实验。

1）取一个小烧杯，倒入适量的澄清石灰水。

2）将A、B两注射器分别吸取等量石灰水（约1mL）。

3）将A、B两注射器透过保鲜膜分别缓慢吸取A、B两瓶中气体（约4mL），震荡均匀（见图7）。

教师演示实验步骤，让学生观察两注射器中石灰水的变化情况，分析实验现象（见图8），进而得到实验结论。

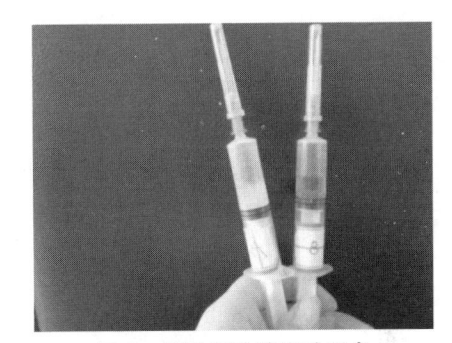

图7　吸取瓶中的气体　　图8　演示实验的实验现象

演示实验结论：植物的活细胞发生了呼吸作用，释放二氧化碳。

（3）探究实验一。学生在演示实验结束时提出问题，植物的其他不同器官有没有呼吸作用？进而作出假设，设计实验方案（见表1~表5），课下分组研究，为课上验证作准备。

表1　不同植物的根的呼吸作用情况记录表

第一组：不同植物的根的呼吸作用情况记录			
根的种类（用的哪种植物）			
石灰水浑浊情况			

表2 不同植物的茎的呼吸作用情况记录表

第二组：不同植物的茎的呼吸作用情况记录（避光试验）			
茎的种类（用的哪种植物）			
石灰水浑浊情况			

表3 不同植物的叶的呼吸作用情况记录表

第三组：不同植物的叶的呼吸作用情况记录（避光试验）			
叶的种类（用的哪种植物）			
石灰水浑浊情况			

表4 不同植物的花的呼吸作用情况记录表

第四组：不同植物的花的呼吸作用情况记录			
花的种类（用的哪种植物）			
石灰水浑浊情况			

表5 不同植物的果实的呼吸作用情况记录表

第五组：不同植物的果实的呼吸作用情况记录			
果实的种类（用的哪种植物）			
石灰水浑浊情况			

学生多次实验，汇总实验记录结果，讨论分析，得出试验结论。

探究实验结论：植物不同器官的活细胞都可以进行呼吸作用，释放二氧化碳。

（4）探究实验二。学生在探究实验一的基础上提出新的问题，不同器官的活细胞都能进行呼吸作用，呼吸强弱都是一样的吗？针对这一问题，学生作出假设，制定方案，开始探究实验二，定量分析植物的呼吸作用。

1）方案设计。

教师要求：减少植物种类，不超过3种为宜；选取实验材料每份要等量（学生视频展示如何获取等量的实验材料）；课后用微课学习天平的使用；设置平行实验；教师视频展示澄清石灰水浑浊度比色卡的使用。

学生方案：学生制定实验的整体方案，各小组制定符合自己的小组方案。

各小组积极准备。

探究实验二所用小组表格见表6。

探究植物呼吸作用释放二氧化碳

表6　探究叶、茎和根的呼吸作用强度

组别	A								
选用器官	菊花叶1	菊花叶2	菊花叶3	菊花茎1	菊花茎2	菊花茎3	红薯根1	红薯根2	红薯根3
是否遮光	是			是			否		
浑浊等级									

2）实验结果和数据分析。将6组的实验汇总，把小组内同一器官3瓶的等级平均值和其平行组的平均值放在一起，再一次平均，得到一个器官的最终浑浊度等级，判断呼吸作用强弱（见图9）。

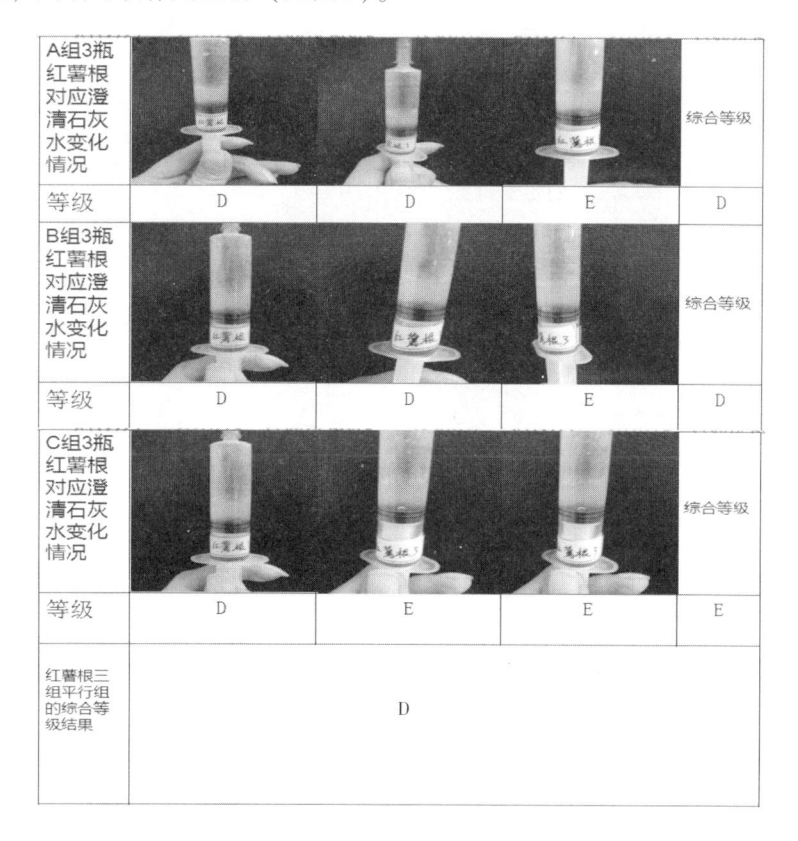

A组3瓶红薯根对应澄清石灰水变化情况				综合等级
等级	D	D	E	D
B组3瓶红薯根对应澄清石灰水变化情况				综合等级
等级	D	D	E	
C组3瓶红薯根对应澄清石灰水变化情况				综合等级
等级	D	E	E	E
红薯根三组平行组的综合等级结果	D			

图9　不同器官呼吸强度的结果对比

实验结论：植物不同器官的活细胞都能进行呼吸作用，且呼吸强弱不同，果实、种子、花的呼吸作用略强，茎、叶、根的呼吸作用略弱，即植物体生殖器官的呼吸作用强于营养器官。

五、实验效果评价

（一）实验创新之处

（1）材料选择。

1）演示实验中原实验使用实验材料是叶子，改进实验使用的种子，不需要避光实验，所用材料更直观。

2）原实验探究的植物器官是1种，改进实验中的探究实验部分探究的是6种植物器官，验证器官更全面。

（2）方法创新。

比色卡鉴定澄清石灰水浑浊等级，判断各器官呼吸强弱。

（3）装置改进。

1）改进后装置更简单，易携带。

2）改进后装置使用次数更多，效果明显。

（二）效果评价

（1）装置和方法的创新使定量实验效果明显。

（2）由单一器官到多种器官，让学生获取丰富的证据，构建呼吸作用的概念。

探究绿色植物呼吸作用的过程

福建省厦门大学附属实验中学　吴呈香

一、使用教材

人教 2011 课标版《生物学》七年级上册第三单元第五章第二节"绿色植物的呼吸作用"的内容。

二、实验器材

（一）实验材料

小番茄、大蒜瓣、胡萝卜、榕树叶、西兰花、澄清石灰水、溴麝香草酚蓝（BTB）溶液。

（二）实验用具

带有按压头的洗手液空瓶、空的生理盐水挂瓶、输液器、注射器、透明保温杯、饮料瓶、广口塑料瓶、吸管、乳胶管、温度计、玻璃弯管、塑料泡沫板、透明胶带、卫生香、生日蜡烛、剪刀、小刀、酒精灯、打火机、纱布、细线、牙签、冰袋、二氧化碳传感器、平板电脑、交互式电子白板。

三、实验创新要点/改进要点

（1）学生课前自学微课，对探究植物的呼吸作用的 3 个演示实验及实验装置有了一定的认识，知道热量、二氧化碳和氧气的检测方法，这有助于接下来的创新自制实验装置。

（2）创新自制实验装置：学生利用生活中的一些废弃材料或易得的材料，自制实验装置。将教材中的 3 个实验装置整合成 1 个实验装置，"一箭三雕"地分组探究绿色植物根、茎、叶、花、果实的呼吸作用。

（3）实验材料多样化：学生自行准备植物的根、茎、叶、花、果实作为实验材料，改进了教材中只用种子来实验的状况。

（4）利用二氧化碳传感器和平板电脑"探究温度对果实呼吸作用的影响"，更直观地解释实际生活问题。

（5）微信报道学生的创新实验"废物巧利用，创意大比拼"，提升了学习的自豪感和成就感，促进不同班级不同学校之间的交流。

四、实验原理/实验设计思路

七年级的学生活泼好动，思维活跃，好奇心强，探究欲望强烈，并且喜欢与人合作学习。之前已经经过多次的实验探究，知道二氧化碳的检验方法（二氧化碳可使澄清石灰水变浑浊，使溴麝香草酚蓝溶液由蓝色变为黄绿色或黄色）以及氧气的检验方法（氧气具有助燃的特性），为本节课的探究学习奠定了基础。因此，我要求各小组在自学微课后开展探究活动，鼓励学生利用生活废弃品设计一套实验装置，把"绿色植物呼吸作用释放热量""呼出二氧化碳""吸收氧气"这3个实验整合在一起，用1套实验装置分3个步骤有序地、一气呵成地完成实验过程，从而分别得出各种植物器官进行呼吸作用的3个结论，再引导学生总结出呼吸作用的概念和表达式。这样的设计，将学习的舞台和主动权都交给学习，激发学生的探究热情和创造力，同时废物的利用提升了学生的环保意识。最后再引导学生利用二氧化碳传感器和平板电脑拓展探究"温度对果实呼吸作用的影响"，解释生活现象。

五、实验教学目标

（一）知识目标

（1）描述植物呼吸作用的过程。

（2）说出呼吸作用的实质。

（3）举例说出呼吸作用原理与农业生产和人类生活的关系。

（二）能力目标

（1）尝试实验设计，培养合作与动手操作及创新能力。

（2）进行表达与交流，培养口头表达与探究的思维能力。

（三）情感、态度、价值观目标

（1）体验实验探究，形成严谨、求实的科学态度。

（2）参与教材实验的改进，形成勇于创新的精神。

六、实验教学内容

课前各个学习小组利用生活废弃品制作实验装置，课中用自制的实验装置分组探究植物一种器官的呼吸作用，小组展示交流之后，教师引导学生得出呼吸作用的3个结论：植物呼吸作用吸收氧气、呼出二氧化碳、释放能量，从而构建呼吸作用的概念。课后利用二氧化碳传感器和平板电脑探究"温度对果实呼吸作用的影响"，解释生活问题。

七、实验教学过程

（一）微课导学，任务驱动

本节采用翻转课堂教学模式，在课前微课中以教师的实际操作来呈现教材的

3个演示实验（见图1~图3，实验材料为萌发的绿豆种子和煮熟的绿豆种子），引导学生观察和思考。通过微课的自学，学生们质疑：是不是只有种子才能进行呼吸作用呢？绿色植物的其他器官能不能进行呼吸作用？针对学生的疑问，教师不是直接简单地告诉学生答案，而是布置探究任务，要求各小组利用生活中的废弃物品制作1套实验装置，将教材中的3个实验整合成1个实验，5个小组分别探究植物根、茎、叶、花、果实的呼吸作用。

图1 　　　　　图2 　　　　　图3

设计意图：培养学生爱动手、勤动脑的探究精神；让学生能更全面地认识植物其他器官也能进行呼吸作用。

（二）巧用废物，创新实验

课前组建学习小组，并分发"小组分工责任卡"，放手让学生自主选择探究课题以及自行准备实验材料，按照探究法的一般步骤设计实验方案，教师给予必要的指导和帮助。当各小组确定方案后展开实验探究，填写实验报告单。因该实验过程耗费的时间较长，不可能在一节课内完成，因此各小组在实验过程中利用iPad拍摄记录各小组各自的实验准备过程并做成微课，在课堂上展示，介绍各自的实验装置，然后再分组实验，检验热量的变化、二氧化碳含量和氧气含量的变化。

（1）第一组：探究"根的呼吸作用"。

实验材料：胡萝卜。

利用废物：闲置的保温杯，注射器。

图4 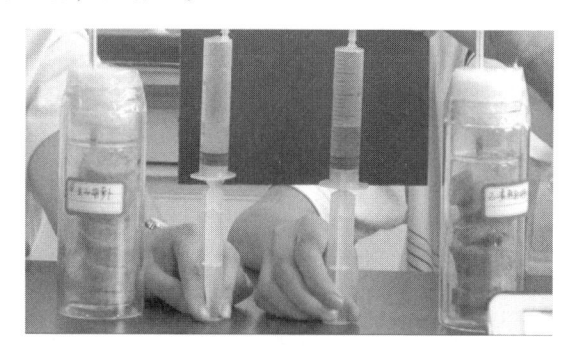　　　　　图5

· 605 ·

实验过程如下：

1）按图 4 组装实验装置（分别为新鲜的胡萝卜和烫熟的胡萝卜），记录温度计的初始数值，将保温杯并放入泡沫保温箱中。

2）10 小时之后，取出实验装置，读取两支温度计的数值并作记录。

3）用装有 5mL 澄清石灰水的注射器抽取 20mL 空气，拔出注射器并震荡片刻，观察两支注射器中澄清石灰水的变化，并记录实验现象（见图 5）。

4）打开盖子，将点燃的卫生香分别伸入两个保温杯中，观察并记录实验现象。

5）小组内分析实验现象，得出结论。

（2）第二组：探究"茎的呼吸作用"。

实验材料：大蒜瓣。

利用废物：饮料瓶、吸管、橡皮泥。

实验过程如下：

1）按图 6 组装实验装置（分别为蒸熟的大蒜瓣和新鲜的大蒜瓣），记录温度计的初始数值，将装置用棉花包裹好，放到自制的泡沫保温箱中。

2）10 个小时之后取出，读取温度计上的数值并记录。

3）在两支试管中加入等量的澄清石灰水，将吸管末端有橡皮泥的一小段剪掉后迅速插入澄清的石灰水中，挤压饮料瓶使气体通入澄清的石灰水中，观察并记录实验现象（见图 7）。注意松开手之前先将吸管从石灰水中取出，防止液体倒吸。

4）打开瓶盖，将点燃的卫生香分别伸入两个饮料瓶中，观察并记录实验现象。

5）小组内分析实验现象，得出结论。

图 6　　图 7

（3）第三组：探究"叶的呼吸作用"。

实验材料：大榕树叶。

利用废物：生理盐水瓶、注射器、输液器。

实验过程如下：

1）按图 8 组装实验装置（分别为新鲜的树叶和烫熟的树叶），读取并记录两支温度计的数值。

2）用棉花将玻璃瓶的瓶身裹紧，将这两个实验装置置于泡沫板制成的保温盒中保温。

3）10 小时之后取出实验装置，读取并记录两支温度计的数值，拔出温度计。

4）取 2 只 25mL 的注射器分别编号甲、乙，分别抽取 5mL 的 BTB 溶液，分别将注射器与输液器的一端相连；将输液器的尖端插入玻璃瓶橡胶塞的小孔中，打开输液器的阀门，抽取 20mL 气体，然后震荡注射器，观察两支注射器中 BTB 的颜色变化，记录实验现象（见图 9、图 10）。

5）打开橡胶塞子，将燃烧的卫生香伸入瓶中，观察并记录现象。

6）小组内分析实验现象，得出结论。

图 8 　　　图 9 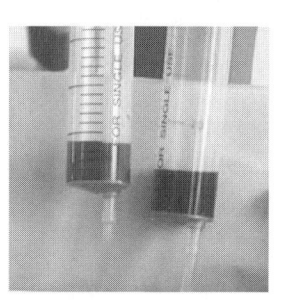　　　图 10

（4）第四组：探究"花的呼吸作用"。

实验材料：西兰花。

利用废物：广口塑料瓶。

悬挂法：先在瓶中加入 BTB 溶液，用纱布将西兰花包裹起来悬挂在瓶盖上，再放入瓶中，拧紧瓶盖。

实验过程如下：

1）按图 11 组装实验装置（分别为新鲜的西兰花和蒸熟的西兰花），读取温度计的初始数值，将这两个装置用棉花包裹好，放入自制的泡沫保温箱中。

2）2 个小时后取出实验装置，读取温度计上的数值并作记录。

3）观察瓶中溴麝香草酚蓝（BTB）溶液的颜色变化并记录实验现象（见图 12）。

4）打开盖子并将西兰花取出，将点燃的生日蜡烛伸入瓶中，观察并记录实验现象。

5）小组内分析实验现象，得出结论。

图11 　　　图12

（5）第五组：探究"果实的呼吸作用"。

实验材料：小番茄。

利用废物：洗手液瓶。

图13 　　　图14 　　　图15

实验过程如下：

1）按图13组装实验装置（分别为新鲜的小番茄和烫熟的小番茄），读取温度计的初始数值，将装置用棉花包裹好后放入自制的泡沫保温箱中。

2）10个小时之后，取出实验装置，读取并记录此时两支温度计的数值并作记录。

3）取两支试管，分别编号甲和乙，分别加入等量的溴麝香草酚蓝溶液（BTB溶液），将上述实验装置的玻璃弯管分别伸入到试管液面下，取下乳胶管上的止水夹，按压洗手液瓶上的按压头，观察两支试管中BTB溶液的颜色变化，并作记录（见图14、图15）。

4）打开洗手液瓶的瓶盖，将两支生日蜡烛点燃后伸入瓶中，观察并记录实验现象。

5）小组内分析实验现象，得出结论。

设计意图：发挥学生的主观能动性和创造性，巧妙地利用生活废弃品创新实验装置，向学生渗透了环保教育理念，提升学生的社会责任感。同时使学生明白科学研究可以取材于生活，实施于日常。改进后的实验装置更加简单便捷，起到"一箭三雕"的效果。

（三）分组实验，展示交流

各小组按上述的实验方案进行实验，按顺序先后检验热量的变化、二氧化碳和氧气的含量变化，观察并记录实验现象（见图16）。

探究课题：＿＿＿＿＿＿＿＿＿＿＿＿＿＿＿＿＿＿＿＿＿＿＿＿＿＿＿＿＿＿＿

实验材料									
实验现象	初始温度		现在温度		澄清石灰水或BTB溶液的变化		卫生香或生日蜡烛的燃烧情况		
	实验组	对照组	实验组	对照组	实验组	对照组	实验组	对照组	

图 16

各小组根据实验现象分析讨论，分别得出实验结论：绿色植物的根（茎/叶/花/果实）进行呼吸作用释放了热量，产生了二氧化碳，吸收了氧气。

设计意图：学生通过自主合作探究，实现了生物学核心素养的自我提升。学生在实验过程中亲历探究的过程，领悟科学探究的方法，养成勤于思考、勇于实践的科学精神，培养理性思维的求知态度以及问题解决的创新观念，提高学会学习的综合能力。

（四）归纳总结，建构概念

教师汇总各小组的实验现象及结论，引导学生一起总结得出"植物体的所有器官的全部活细胞都能进行呼吸作用"，并引导学生采用思维导图（见图17）的方式建构呼吸作用的概念：细胞利用氧，将有机物分解成二氧化碳和水，并且将储存在有机物中的能量释放出来，供给细胞生命活动需要，这个过程叫作呼吸作用。

图 17

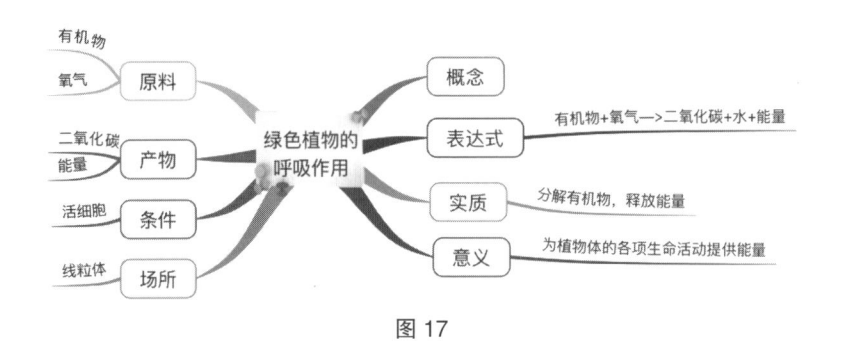

设计意图：学生在实验的基础上自主获取知识，建构概念，实现从感性认识上升到理性认识的飞跃。

（五）拓展探究，学以致用

课下学生们4人1组，利用二氧化碳传感器和平板电脑，探究温度对果实呼吸作用的影响。

实验过程：取2个广口瓶分别编号甲和乙，将两等份小番茄分别放入瓶中，用塑料泡沫板制成瓶盖，将二氧化碳传感器插入瓶中，注意保证瓶子处于完全密封状态。将甲装置置于常温下，乙装置置于装有冰袋的保温箱中（见图18）。半个小时之后，观察对比平板电脑上甲和乙的二氧化碳曲线图。教师汇总10个小组的数据并求平均值，绘制成曲线图（见图19），引导学生分析曲线得出结论：低温下水果的呼吸作用比较弱，有机物的消耗较少，有利于水果的保存。

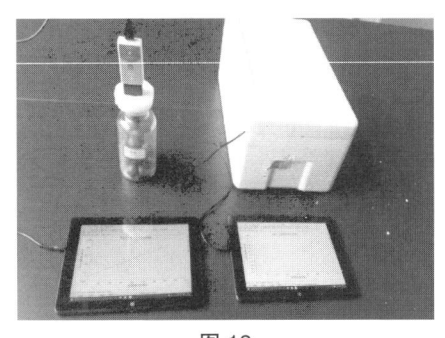

图 18

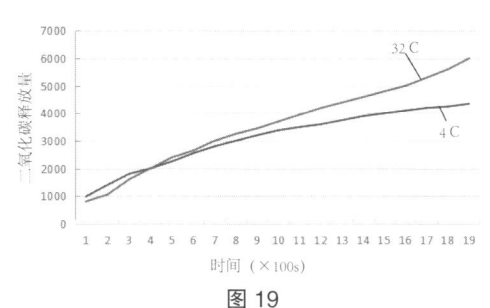

图 19

通过各种各样的探究活动，学什么尝试解决以下生产生活问题：①蔬菜、水果等为何要低温保存？②农民伯伯为什么在施肥之前都要先松土？③大雨之后为什么农田要及时排涝？④萝卜放久了为什么会空心？

综合这些实例指出影响植物呼吸作用的重要因素除了温度、氧气浓度之外，还有二氧化碳的浓度、水分等，拓展学生的知识面，有利于促进初高中知识的衔接。

设计意图：生物知识来源于生活，最后又回归生活，为生活和生产服务。

（六）多维评价，有效激励

最后教师对本实验探究课的过程性评价（"绿色植物的呼吸作用"合作探究评价表）进行汇总，过程性评价包括"目标内容、方式方法、活动效果、成果展示"等方面的内容，采用自我评价、小组评价和教师评价相结合的方式，多维度的评价方式激发了小组成员参与探究的热情，体现了任务驱动对探究积极性的有效激励作用。

（七）微信报道，提升成就感

学生撰写新闻稿，通过厦大附中微信公众平台呈现学生的实验探究过程和结果，将实验由课内延伸到课外，激发了学生的兴趣，提升学生的自豪感和成就感，促进不同班级不同学校之间的交流。

八、实验教学效果与评价

本节课为了落实探究性学习，培养创新精神，采用"翻转课堂"教学，打破了学生被动接受的模式，也实现了课内与课外学习的互动，切实提高实验课堂教学质量；让学生们亲历科学探究的过程，构建科学概念，同时培养了科学探究的精神；通过对原有教材的改进，培养了学生动手操作与创新的能力；让学生做中学、做中悟，培养观察、比较、分析、质疑、综合与概括等理性思维；利用信息技术辅助教学，实现了与教学的深度融合，提高了实验教学效率。

模拟胸部呼吸运动的实验

宁夏隆湖扶贫经济开发区中学　田玉贞

一、使用教材

苏科版《生物》七年级上册第 3 单元第 7 章第 2 节 "人体的呼吸"。

二、实验器材

（一）器材

人体呼吸运动模拟装置。

（二）制作材料

泡泡糖塑料盒、饮料吸管、一次性橡胶手套、橡皮筋、气球、细线绳、软纸、万能胶。

三、实验创新要求/改进要点

教材中人体呼吸运动的演示装置只能演示膈肌收缩舒张时肺的变化，并不能演示整个胸廓的变化情况。

创新改进模型：模型的结构形象逼真（具备人体呼吸系统的特征）；模型能够准确演绎呼吸发生的原理（胸廓可以运动且能与膈肌同时运动）；取材、制作简易。

四、实验原理/实验设计思路

教材中人体呼吸运动的演示装置只能演示膈肌收缩舒张时肺的变化，并不能演示整个胸廓的变化情况。而学生通过自身体验只能浅显地看到胸廓的起伏；学生的理解往往停留在呼吸运动引起呼吸这一表面现象上；甚至有学生误认为是气体的进入和排出引起了胸廓体积的变化。

综上分析，教师与小组组长组建团队，研究如何改进模型，力图改进后的模型达到以下几点要求：一是模型的结构要形象逼真（具备人体呼吸系统的特征）；二是模型能够准确演绎呼吸发生的原理（胸廓可以运动且能与膈肌同时运动）；三是取材、制作简易。

五、实验教学目标

依据新课程理念，提高每个学生的生物科学素养，倡导探究性学习，并结合学生整体学情的分析，我制定了如下的三维教学目标。

（一）知识目标

理解人体的呼吸运动及其与气体进出肺的关系。

（二）能力目标

初步培养学生自主发现问题，动手解决问题的精神意识。

（三）情感态度价值观目标

认同模拟实验能够解释自然事物的原理。

六、实验教学内容

（1）模型的创新制作过程（疑难问题的发现，材料的选择，创新的设计）。

（2）呼吸运动的发生过程，各部分结构的运动状态。

（3）呼吸运动引起"呼吸"的原理。

七、实验教学过程

我的教学过程分为以下4个环节依次进行。

（一）设置情境，引出问题

在实际教学过程中，教师引导学生体验：呼吸时胸廓的大小变化情况。并运用3D视频呈现这一动态效果，同时，观察膈的位置变化。

活动1：学生体验呼吸时胸廓大小的变化。

结论：吸气时，胸廓（前后、左右）扩大，胸腔扩大；呼气时，胸廓（前后、左右）缩小，胸腔缩小。

活动2：播放3D视频—肺部通气的发生过程，观察膈的位置变化情况。

分析：引起胸廓（前后、左右）扩大或缩小的原因：肋肌。肋肌收缩，胸廓（前后、左右）扩大；肋肌舒张，胸廓（前后、左右）缩小。

```
    膈肌收缩              膈肌舒张
       ↓                    ↓
  胸廓（上下）扩大      胸廓（上下）缩小
       ↓                    ↓
    胸腔扩大              胸腔缩小
```

由情境活动的观察体验，师生共同总结出：呼吸运动——胸廓有节律地扩大或缩小。

通过以上的环节设置使学生感知并认识呼吸运动的本质的同时，激发学生的探究欲望，为进一步学习呼吸运动与呼吸的关系作铺垫。

问学生：通过呼吸运动实现了胸腔体积的节律性变化，这有什么意义呢？我们是否可以通过自制呼吸运动模拟装置来亲自揭示呼吸运动与气体进出肺的关系呢？

（二）自主合作，介绍模型

对于模型的制作，课前，我与各小组的组长组建团队参照课本的案例研究如何改进并制作呼吸运动模型。学生一致认为我们的模型创新制作应当遵循这样3个条件：一是模型的结构要形象逼真（具备人体呼吸系统的特征）；二是模型能够准确演绎呼吸发生的原理；三是取材、制作简易。

首先，小组成员就发现课本模型的玻璃钟罩、玻璃管取材不易且制作有难度，因此我们选用泡泡糖塑料盒代替玻璃钟罩充当胸廓、吸管充当支气管、一次性橡胶手套充当膈肌、橡皮筋、气球、细线绳等作为辅助材料制作了第一款模型。

但很快就发现拿在手中的模型只能单纯展示膈肌的运动，胸廓无法外扩。而且形态不够相似，可能在演示时会导致学生的误解。

小组再次研究讨论发现：要想实现胸廓的外扩，前提是要控制模型内部的气密性良好，怎么办？小组成员意外发现可以在外侧再套一只剪开的塑料罐，在两侧两只塑料罐同时开洞用橡胶手套的拇指进行连接，如此一来，问题便迎刃而解。小组成员还对第二次的模型作了更加细致的改进。使其在外形上体现了左、右肺，用笔在气球上画线表示出左肺两叶、右肺三叶，气管及支气管、胸廓、脊柱和两侧用薄而软的纸张卷成的肋骨状，以橡胶手套充当膈肌。模型材料的选择经历了一个甄选的过程，如吸管过长、过短、过硬、过细的不适宜。两个塑料罐的形状、大小要适合，衔接过程困难。但是学生们自始至终实验的热情、信心不减。

第二次的模型符合我们的制作初衷，较为理想。但这个模型气密性控制操作复杂，且效果不是很好。

面对控制气密性的问题，如何把橡胶皮与硬塑料紧密黏合在一起？小组成员都没有这样的经验。最后我们请教了五金店的老板，得到了"万能胶"的秘方。再来看我们第三次的模型：外形上肋骨向前的走向斜向上，外形更加贴切；用塑料泡沫代替粉笔灰，能够展示呼出与呼入气体的不同；模型底部的塑料盖使得膈肌呈现凸起的状态，并在演示运动时，肋骨能与膈肌同时运动。这一模型已经实现了我们的制作目标。

在课程进入第二环节，我们请各小组组长与组员分享模型的制作过程，达到模型与课本内容成功联系的目的。

（三）演示现象，引导推理

模型演示：将模型置于平面桌上，利用推、拉左、右橡皮膜模拟肋间肌收缩和舒张，膈肌随之运动，观察现象。

引导学生观察推或拉的动作时，胸廓的运动情况，膈肌位置变化、胸腔的变化、肺的变化、气体进出肺的情况。

讨论：各小组在观察现象的基础上，完成表1。

表1

呼吸状态	肋骨位置变化情况	膈的位置变化情况	胸廓容积的大小	空气进出肺的情况

（四）分析现象，质疑解惑

通过模拟实验，引导学生梳理：人体吸气时，外界气体是如何进入肺的？呼气时，肺内的气体又是如何被排出的？

根据学生的分析质疑情况，老师引导解答疑惑。

最终统一认识：呼吸运动的结果，实现了肺的通气。

八、教学反思与自我评价

本实验的教学设计严格遵照新课程标准所倡导的理念，成功实现了教学的两大创新：

一是实验教具的创新。创造性地改进了呼吸运动模拟装置，改进后的模型，制作科学，外观形象，效果显著，形象地演示了呼吸运动的过程。能够提高学生兴趣，激发潜力，充分实现学生课堂自主、合作、探究学习，有效促进课堂学习效率。

二是对于实验教学方式的创新。在生物课堂时间非常有限的条件下，能够结合现代信息技术有效组织所有学生实现对于创新的观察和实践。在教材内容的基础上取得了更大的突破。

探究肺与外界气体交换的过程和原理

郑州一八联合国际学校　王丽

一、使用教材

本课选自人教版初中《生物学》七年级下册第四单元第三章第二节"发生在肺内的气体交换"。本课讲述第一课时：肺与外界的气体交换。

二、实验器材

透明水槽、水、胶头滴管、灌肠器、喂药器等；注射器、橡皮塞、短木棍；软尺、长条木板、废旧电线、红色毛线、拉簧、纽扣；实心球、糖果罐、拉环、Y形管、气球。

三、实验创新要点

（一）原实验不足之处

（1）膈肌运动模拟装置价格昂贵，其中气球容易损坏且难以更换。

（2）膈肌运动模拟装置的膈肌是一个平面的橡胶膜，不能很好地帮助学生理解膈肌的穹窿形结构及其收缩运动对胸廓变化的影响。

（3）"肋间肌收缩舒张对胸廓变化的影响""肺扩张和收缩时肺内压力的变化"两个抽象知识点没有直观的教具和实验帮助学生理解。

（二）实验创新要点

（1）学生自主设计模拟肺呼气、吸气的活动。

（2）指导学生设计能够模拟肺内压力变化的实验。

（3）自制的肋骨运动模拟装置。

（4）自制的穹窿形膈肌运动模拟装置。

四、设计思路

本节课内容比较抽象，涉及气压、容积等物理学问题，七年级学生尚未接触，学习过程中对知识的理解较困难。本节课主要采取设计模型和实验的方法，帮助学生变抽象为具体，先获得感性的认识再进行知识的梳理。并适时联系前后知识，形成肺与外界气体交换的连续过程。

五、实验教学目标

课标要求：课标中第五个一级主题下第二个二级主题中明确要求：概述发生

在肺部的气体交换过程。结合课标要求、教材特点及学生情况，教学目标如下。

（一）知识与技能

（1）概述肺与外界气体交换的过程并理解其发生原理。

（2）初步掌握设计实验的能力。

（二）过程与方法

学会用观察、测量、模拟等方法进行生物学研究。

（三）情感态度与价值观

培养学生严谨的科学态度，形成呼吸系统的结构与其功能相适应的观点，并关注呼吸系统的健康。

六、实验教学内容

（1）探究肺扩张和收缩时气体的流动。

（2）探究肺扩张和收缩时肺内压力的变化。

（3）探究呼吸时胸廓横向的变化。

（4）探究肋骨间的肌肉收缩和舒张与胸廓变化的关系。

（5）探究膈肌收缩和舒张与胸廓容积变化的关系。

七、实验教学过程

首先认识肺的主要结构和功能，以及肺和胸廓、膈的位置关系。

过渡：肺富有弹性，可以收缩和扩张。肺在什么时候吸气，什么时候呼气呢？

（一）探究肺扩张和收缩时气体的流动

步骤：学生现场挤压和松开洗耳球（或自选其他材料）。

现象：挤压时气体流出，松开时气体流入（利用水或面粉观察气体的流动）。

结论：肺扩张时吸气，肺收缩时呼气。

设计意图：本实验相对简单，所以我给学生提供器材，让学生自己设计实验。同时鼓励学生发散思维设计出更多方案，培养学生自主探究的能力（见图1）。

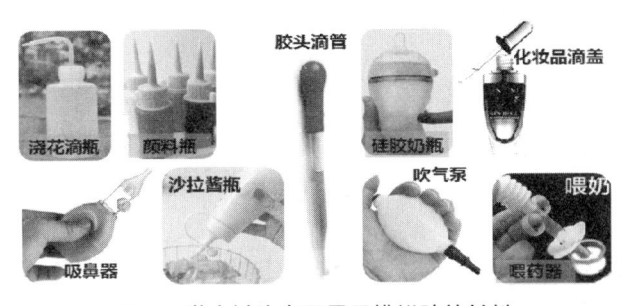

图1 学生讨论出可用于模拟肺的材料

过渡：为什么肺的扩张和收缩会使气体进出肺呢？气体的流动是受到力的作用而发生的，气体一般会从压力高的地方流向压力低的地方。气体进出肺的运动也是由肺内压力的变化引起的。

（二）探究肺扩张和收缩时肺内压力的变化

讨论后采取在注射器推杆上打孔并插入小木棍的方式精确控制其容积的变化，并利用水来观察气体的流动反应其中压力的变化（见图2）。

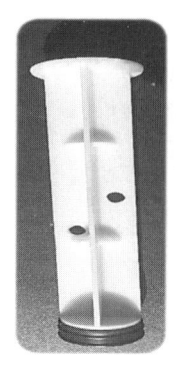

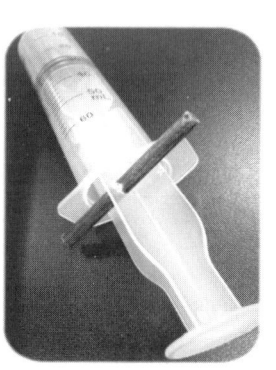

图2 注射器推杆打孔

步骤1：将注射器活塞拉到一定位置（如30mL），用橡皮塞堵住注射器口，将活塞向外拉到一定位置（如70mL），固定活塞（事先在活塞推杆上打有一排小孔，插入一段木棍即可固定）。记录体积变化（增大40mL）后将注射器针口没入水中，去除橡皮塞。

现象1：有水流被吸入注射器管内。

原理1：封闭空间内，气体的体积增大，压力降低，而气体会由压力高的地方流向压力低的地方。

步骤2：将注射器活塞拉到一定位置（如80mL），用橡皮塞堵住注射器口，将活塞向内推到一定位置（如50mL），插入一段木棍使活塞不能继续推进并用手压紧活塞推杆。记录体积变化（减小30mL）后将注射器针口没入水中（或对着面粉），去除橡皮塞。

现象2：有气体被推出注射器管外。

原理2：封闭空间内，气体的体积缩小压力增高，而气体会由压力高的地方流向压力低的地方。

结论：肺扩张时肺内压力降低；肺收缩时肺内压力变大。

由实验1和实验2可知：肺扩张时肺内压力降低，此时吸气；肺收缩时肺内压力增高，此时呼气。

过渡：肺位于胸廓和膈围成的胸腔里，肺扩张和收缩时胸廓有无变化呢？

（三）探究呼吸时胸廓横向的变化

步骤：用一根软尺水平围在胸部，测量此时的胸围，被测者吸气和呼气，观察胸围如何变化？

现象：吸气时，胸围变大；呼气时，胸围变小（恢复）。

结论：吸气时胸廓横向是扩大的，呼气时胸廓横向是缩小的。

本实验非常简单，将问题抛给学生：呼吸时胸廓是如何变化的？让学生自己设计实验方法。最后提醒学生：怎样获得准确的实验现象和实验数据？使学生形成严谨的实验态度。本实验不要求精确计算胸围差，意在通过胸围变化认识呼吸时胸廓变化。

过渡：胸廓横向的变化是怎样产生的呢？这主要和肋骨间肌肉的运动有关。

（四）探究肋骨间的肌肉收缩和舒张与胸廓变化的关系

步骤：小组讨论利用所给材料设计一个模拟肋间肌运动的胸廓模型（见图3）。

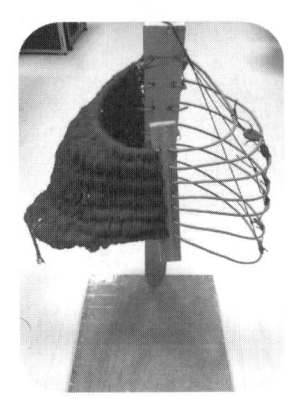

正面　　　　侧面1　　　　侧面2

图3　胸廓模型

原理：肌肉在收缩时变得短粗，可牵拉相应的骨运动。用绳子或弹簧的长短变化模拟肌肉的收缩和舒张。

结论：肋骨间的肌肉收缩时，肋骨向上向外运动，胸廓横向扩大；肋骨间的肌肉舒张时，肋骨向下向内运动，胸廓横向缩小。

由实验3和实验4可知：肋骨间的肌肉收缩，胸廓扩大，此时吸气；肋骨间的肌肉舒张，胸廓缩小，此时呼气。

过渡：这是胸廓横向的变化，呼吸时胸廓容积纵向也有变化，这主要和膈的运动有关。

（五）探究膈肌收缩和舒张与胸廓变化的关系

步骤：演示自制的膈肌运动模拟器（见图4）。

整体装置　　　　膈向上隆起　　　　可更换气球

图4　膈肌运动模拟器

原理：膈呈穹窿形向上隆起，收缩时膈顶下移。

结论：膈肌收缩时，膈顶下降，胸廓扩大（上下径），此时吸气；膈肌舒张时，膈顶回升，胸廓缩小（上下径），此时呼气。

最后，通过膈肌运动装置认识到，是由于胸廓的扩大导致了吸气。

综合以上探究活动，学生能够描述并理解肺与外界的气体交换过程为：肋骨间的肌肉和膈肌收缩→胸廓扩大（胸腔容积扩大）→肺扩张→肺内压力降低→吸气；肋骨间的肌肉和膈肌舒张→胸廓缩小（胸腔容积缩小）→肺收缩→肺内压力增高→呼气。

八、实验效果评价

实验教学中，为学生创设丰富的实验情境引导学生主动参与，呈现直观清晰的实验现象帮助学生构建知识体系，激发学生主动探究的热情，拓展学生的思维空间。在教材实验基础上改进后的实验主要有以下几方面优点：①分知识点突破，目标更明确，理解更容易。②实验材料来自生活，废物利用，经济环保。③充分发挥校本课程的作用，方案设计活动在兴趣小组活动中展开，实验成果投入到常规课堂中使用。既符合新课程标准中面向全体学生，引导学生主动参与、乐于探究的教育理念，又体现了分层次教学，使不同层次学生相互作用，都得到较好的发展和提高。

正是由于以上原因，本节课取得了良好的教学效果，学生最终能够描述肺与外界气体交换的过程，学会了用观察、测量、模拟等方法进行生物学研究，并认同生物体的结构功能是与环境相适应的观点。

血液循环

商丘市第六中学　王培

一、教材地位

"血液循环途径"是人教版《生物学》七年级下册第四章第三节第 2 课时的内容，课标要求学生要能够概述血液循环途径，同时要能区分静脉血和动脉血。本节课是学习了心脏的结构和功能之后，了解心脏推送血液在体内是如何循环流动的过程，而且本节在本章中是一个难点问题。

二、实验目的

（1）通过演示展示血液循环途径。

（2）区分动脉血和静脉血的成分和颜色变化。

（3）提高学生动手、动脑的能力，真正培养学生的生物科学素养。

三、实验原理

（1）淀粉遇碘会变蓝。

（2）维生素 C 溶液使碘液褪色。

（3）利用单向阀模拟瓣膜，保证血液单向流动。

（4）手动挤压洗瓶产生的压力，使液体在密闭的环境中循环流动。

四、实验材料

洗瓶、硅胶管、单向阀、变径直通、三通、维生素 C 溶液、淀粉、红墨水、玻璃胶、注射器，以及固定这些材料的 1 张 KT 板（见图1）。

图 1　实验材料

五、实验设计

（一）组装实验器材

学生通过小组分工合作，共同完成两条血液循环途径的拼装，并将其固定在 KT 板上（见图2）。

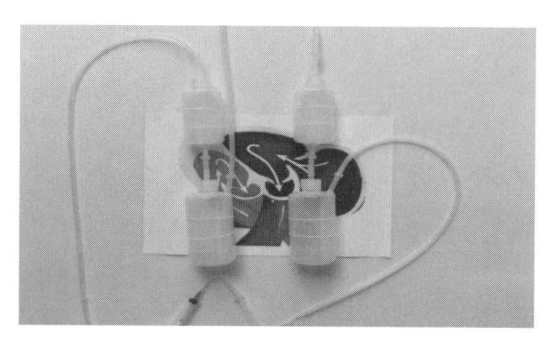

图2　拼装实验器材

（二）配制溶液模拟"动脉血"和"静脉血"（见图3）

图3　模拟"动脉血"和"静脉血"

（三）实验过程

（1）手动挤压模拟心室的洗瓶，利用单向阀使"血液"在血管中循环流动。

（2）在上下两个小洗瓶中分别用注射器注入碘液和维生素 C 溶液，利用实验原理中提到的变色反应来展现动脉血和静脉血的转化，在这两个毛细血管处我们分别连接了一个注射器，上方注射器中加入的是维生素 C 溶液，下方注射器中加入的是碘液。当血液流入毛细血管网的时候，缓慢地将注射器内的液体注入小洗瓶中，这样就可以模拟出血液在进行物质交换的过程中，血液成分发生变化的现象。下方推入碘液，利用淀粉遇碘变蓝来模拟动脉血变为静脉血的过程，上方推入维生素 C 溶液，利用维生素 C 可以使碘液褪色的原理来模拟静脉血变为动脉血的过程。

（3）继续挤压洗瓶，产生推送血液的动力，使血液经过毛细血管进入静脉。

（4）利用单向阀的作用，使血液顺利流入心房。

六、实验创新

（1）利用简单、易获取的材料自主设计实验。大家都知道这个内容在教材中是并没有安排实验内容，但是我始终认为如果能够提高教学效果，帮助学生更好地掌握知识，我们为什么不能创新实验来辅助课堂教学呢？所以这个实验有效地填补了课本内容缺乏实验教学的空缺。

（2）用塑料洗瓶模拟心房、心室，既帮助学生巩固了"上房下室"的心脏结构，也能够让学生通过挤压洗瓶亲身感受到"心脏"是输送血液的"泵"这一知识点。

（3）注射器的使用。用注射器在"肺部和全身各处毛细血管网"处分别注入维C溶液和碘液，非常巧妙地通过实验原理中提到的变色反应清楚地了动脉血和静脉血的成分和颜色变化，使学生真正眼见为实。

（4）单向阀的使用，模拟瓣膜结构，具有防止血液倒流的作用，使学生真正体会到血液从心房流向心室、由心室流向动脉的血液方向。

七、实验效果

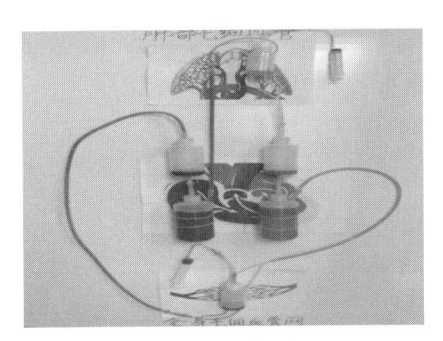

图4 实验效果图

（1）心脏左右两侧出现了明显的颜色变化（见图4），既符合课本上的图片展示，又比课本内容更直观地看到动脉血和静脉血的颜色区别，从而轻松达到课标要求。

（2）学生通过动手操作，更直观地看到血液在体内循环流动的过程，这要比课本上单纯的文字介绍学生更容易接受，从而达到准确识记体循环和肺循环的目标要求。

通过本次实验设计，我认为拼装材料简单易操作，才能真正适合学生分组实验，才能够面向全体学生，真正培养合作探究能力；实验创新的根本目的一定是更好地服务于我们的课堂，提高教学效果的，我相信这样的创新实验才真正是我们的课堂所需要的。

模拟血型鉴定

青岛实验初级中学　朱航雨

一、使用教材
人教版初中《生物学》七年级下册《输血与血型》第四单元第四章第四节。

二、实验器材

（一）实验材料

A 型血清——浓度为 2% 的 NaOH 溶液。

B 型血清——维生素 B_1 溶液（将 1~2 片维生素 B_1 药片溶于 100mL 的水中）。

A 型血——碘液（先将 2g 碘化钾溶于 5mL 水中，然后加 1g 碘，充分溶解后，加水至 100mL）。

B 型血——红色 $Fe_2(SO_4)_3$ 溶液〔先配制浓度为 2% 的 $Fe_2(SO_4)_3$ 溶液，然后每 100mL $Fe_2(SO_4)_3$ 溶液中滴加 3~4 滴红墨水〕。

O 型血——红色蒸馏水（每 100mL 蒸馏水中滴加 3~4 滴红墨水）。

AB 型血：碘液和 $Fe_2(SO_4)_3$ 溶液的等量混合液。

（二）实验器具

滴定盒（冰箱中的冰格改装）、试管、试管架、一次性滴管、试管架、塑料烧杯、一次性手套（见图1）。

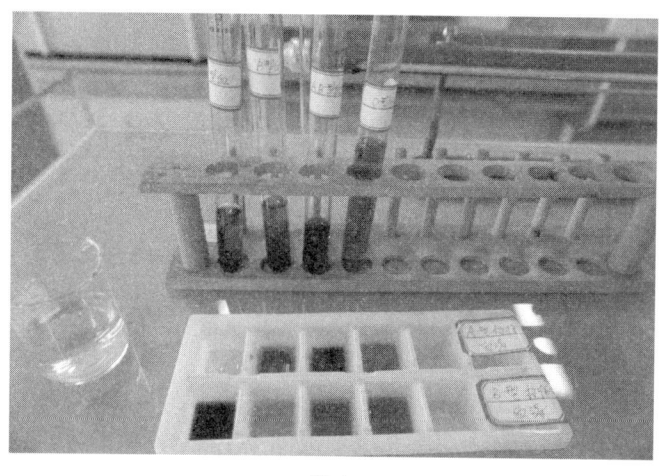

图1

三、实验创新及改进

（一）创新点1

在课前组织学生走进青岛中心血站，学生带着问题参观并聆听工作人员的讲解，这种体验式教学极大地激发了学生对于输血与血型相关知识的兴趣，有些同学甚至想亲自动手给自己验一下血型，但由于使用真正的血液有感染疾病的危险，所以只能开展模拟实验，根据血液与A、B两种血清发生沉淀的现象不同来鉴定血型。由于实验原理较为复杂，材料选择较为纠结，本实验的开展存在很大难度。所以我决定从材料、装置、授课方式3个方向入手来改善实验，实现化难为易。

（二）创新点2

改进授课方式。根据待测血样与AB两种血清之间是否发生沉淀来判断它的血型，当我用传统授课方式上课时，学生们普遍反映原理中涉及的概念容易混淆，凝集原、抗凝集素讲起来连老师都容易被绕进去。于是我决定结合信息技术手段，用iPad中的NOOBOOK软件（见图2），它使得实验原理变得更加直观、生动、形象，同时学生如果一遍理解不了可以反复观看直到弄懂。

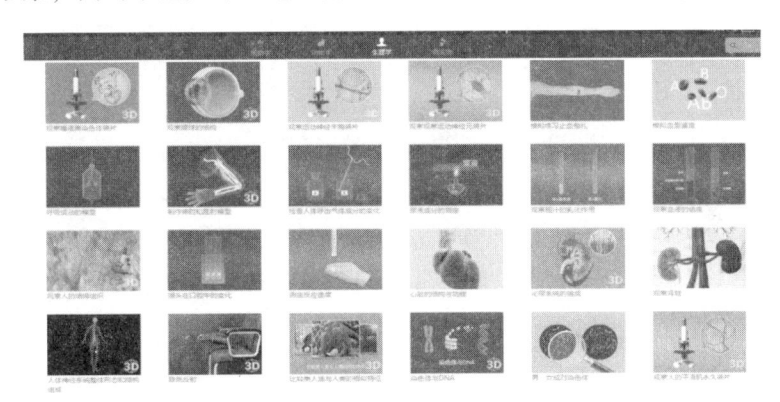

图2

（三）创新点3

改进实验材料。课程标准给出AB两种血清和四种血型对应的试剂。但是其中模拟A型标准血清硝酸银溶液有较强的氧化性，皮肤不小心碰到会立马变黑并很难清洗，这容易给学生造成恐慌。

于是我发动生物兴趣小组的同学和我一起查阅资料并请教化学老师，终于找到了一个更加合理的实验方案，将硝酸银溶液替换为较低浓度的氢氧化钠溶液，并将其他试剂依次替换。改进后的试剂不仅安全环保易得，而且模拟4种血液的试剂颜色都接近红色，沉淀现象也很明显。

（四）创新点 4

改进好实验材料。正式上课的时候又发现了第二个难题，那就是本实验所需要的试管数目太多，6 种试剂加 8 个反应一共需要 14 支试管，而且学生一旦误滴会浪费掉一整个试管的材料。实验结束后的清洗工作也异常麻烦。我让学生在课后发动脑筋找到一个更加简单易得的装置，有的同学就想到了家里冰箱中的冰格，在格子中进行化学反应，可以完美地解决如上问题，并且沉淀与否对比明显。

四、实验原理

硫酸铁与氢氧化钠反应可生成红褐色的 $Fe(OH)_3$ 沉淀；维生素 B_1（硫胺素）是可溶性维生素，由于分子中含有嘧啶环和噻唑环，因此能与碘试剂生成红色沉淀。而硫酸铁与维生素 B_1 反应，碘液与氢氧化钠反应，均没有红色沉淀出现。本实验利用以上两种能产生红色沉淀的化学反应，来模拟不同血型互输时红细胞的凝集现象。

五、教学目标

（一）知识目标

（1）说出血型鉴定的原理。

（2）阐述安全输血原则。

（3）了解血型发现的过程，说出 ABO 血型系统的类型。

（二）能力目标

（1）通过模拟血型鉴定试验，学会小组合作。

（2）学会运用所学的知识，解决实际问题，做到学以致用。

（三）情感、态度、价值观目标

（1）认同无偿献血制度，树立"无偿献血光荣"的思想。

（2）激发热爱生命的情感，并进行了两点创新，包括情感渗透以及实验改进。

六、实验教学内容

本节实验课是围绕输血与血型这一堂课进行的一个拓展实验，从爱心献血入手，带领学生理解血型鉴定的原理，同时利用模拟试剂让学生亲自动手进行血型鉴定，理解安全输血原则。

七、教学过程

（一）创设情境，导入新课

播放一段新闻联播中青岛市民为熊猫血失血少年输血的感人新闻，引出输血之前要进行血型鉴定。利用发生在学生身边的感人故事，既培养了学生的社会责任感，也增强了他们对自己所在城市的自豪感。

（二）利用平板，设计实验

在讲解完ABO血型系统的发现史后，我组织学生4人小组合作，利用平板电脑中的NOBOOK软件，设计模拟血型鉴定的最佳方案。

（三）小组合作，完成实验

接下来是具体的实验操作步骤。第一步在课前由老师配制好试剂。第二步，滴入血清，用胶头滴管吸取AB两种血清分别滴入滴定盒的格子中并作好标记。第三步，吸取待测血样，分别滴入AB两种血清中，在滴入的瞬间，沉淀与否的现象就很明显了。第四步，观察现象，同桌两人合作完成，一人负责记录，一人负责给待测血样贴上标签。在整个实验操作过程中，学生始终佩戴医用手套，这不仅是保护他们也让整个实验多了一份仪式感（见图3）。

图3

（四）实物投影，表达交流

为了使实验结果更加明显，利用实物投影仪学生来展示现象，并详细讲解他们的实验结果（见图4）。

图4

（五）扫描二维码，填写课后反思

利用问卷星网站制作好二维码，学生利用平板电脑扫描二维码并填写课后反思，教师在电脑端收集教学反思，这样做不仅使得信息采集变得更快捷也让课堂反馈变得更高效。

八、实验效果评价

（一）师生共赢

本节实验课的改进是学生与教师共同完成的，包括试剂的选择与实验装置的改进。在这个过程中，不仅学生提高了解决问题的能力，作为教师的我也收获颇多。当我们选择相信学生，学生就会还给我们更多惊喜。

（二）走进社会

著名教育学家陶行知曾经给说过"教育即生活"，我们的生物学课堂不应该脱离社会生活，我们的实验教学更应该主动走进社会。在本堂课中，我从本城市的爱心献血事件入手，培养学生的社会责任感和城市自豪感，同时在课前组织他们走进中心血站，近距离感受献血的美好，让学生学会用生物学知识来解决实际问题，承担社会责任。

（三）生命礼赞

有几位同学的反思让我很感动，例如有一位同学在反思中写道："要健康地长大，成年后也要去献血，因为我觉得自己的血液流淌在别人的身体里是一件特别美好的事情！"他们不仅从实验中学习了知识，获得了动手的乐趣，更体会到了生命的美好，意识到了责任的担当。让生物学实验不仅有技术和思维更有情感和温度，这是我理想中的课堂，也是我奋斗的目标。

观察小鱼尾鳍内血液的流动

包头市蒙古族学校　段龙凤

一、使用教材

人教版初中《生物学》七年级下册第四单元第四章第二节。

二、实验器材

自制 10% 的酒精溶液、金蛙、可视显微镜、培养皿、滴管、清水、纱布、棉签等。

三、实验创新要求/改进要点（见表 1）

表 1

	实验改进	改进效果
1	选择金蛙代替金鱼做实验材料	循环使用
2	用 10% 的酒精溶液麻醉金蛙	便于观察
3	利用可视显微镜转微观为宏观	图像共享
4	利用 MvIc 程序的教师端可视性	师生互动
5	利用 MvIc 程序的学生端可视性	生生互动
6	捞金鱼（游戏抢答）	检测目标
7	打印实验报告单	评价激励

四、实验原理/实验设计思路

依据显微镜下呈放大的、倒像的原理，仔细观察 3 种类型的血管，准确说出 3 种血管的判断方法，并推测动脉、静脉和毛细血管之间的血液流动方向。

本实验是一个动态的显微实验，对于七年级的学生有一定难度。学生按照课本上的实验方法进行操作，存在以下问题：①尾鳍色素少的活小鱼的 3 片尾鳍重叠不易观察。②小鱼翻动，影响观察。③若观察时间过长，小鱼易死亡。④实验现象不明显，即使有的组别能观察到血液流动，由于显微镜 1 次只能容 1 人观察，难以实现图像共享。针对以上问题，我校生物备课组对本实验作了适当改进。

五、实验教学目标

（一）知识与技能

尝试观察显微镜下小鱼尾鳍内血液的流动现象，找出 3 种血管并说明其中血液流动情况，推测说出动脉、静脉和毛细血管之间的血液流动方向。

（二）过程与方法

通过观察显微镜下的小鱼尾鳍内血液的流动，提高观察、分析、归纳的能力。

（三）情感、态度、价值观

形成珍爱生命的情感、态度、价值观。

六、实验教学内容

本节课是继学习血液运输物质后的进一步延伸。血流的管道是血管，从生活情境中引入，主要借助实验"观察小鱼尾鳍内血液的流动"来观察、认识3种血管，说出血液在3种血管内各自的流动特点，通过实验现象解决生活中实际问题：动脉出血应该及时进行救治。并为3种血管的结构特点作好铺垫，起到承上启下的作用。

七、实验教学过程

（一）创设情境，导入新课

为学生呈现日常生活中的实例：脸蛋上的红血丝、切脉、抽血等图片（见图1、图2）。以此创设情景，激发学习兴趣。

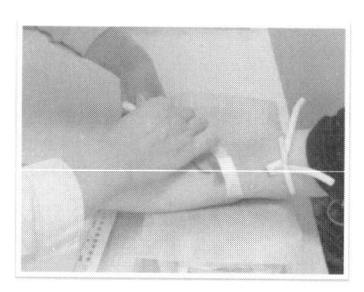

图1　　　　　图2

（二）学生实验，解决重点

组织学生通过自主学习，倾听教师讲解实验改进，从而明确实验目的、清点实验器材、简要概括实验步骤，并说出实验中的注意事项，作好实验前的充分准备。为提高实验的成功率，教师麻醉金蛙，以供学生实验使用（见图3、图4）。

观察小鱼尾鳍内血液的流动

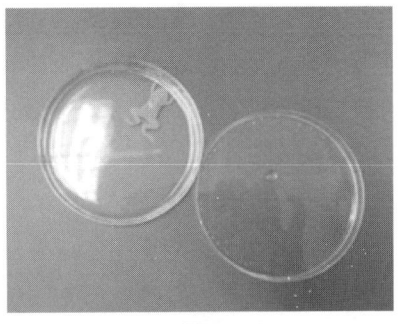

图 3

图 4

学生按照规范的实验步骤进行分组实验,使用倒计时器限时 5min(见图 5、图 6)。

图 5

图 6

学生可以通过观察学生端 MvIc 程序下的显微成像,本组成员互相交流观点,找到最细的血管,同时教师端 MvIc 程序全程实录各组的实验动态,便于教师及时发现并指导需要帮助的学生(见图 7、图 8)。

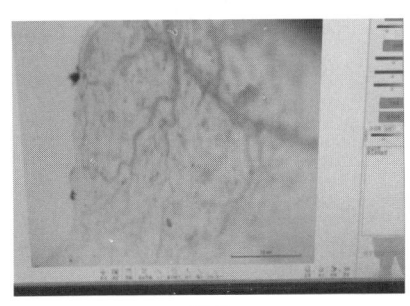

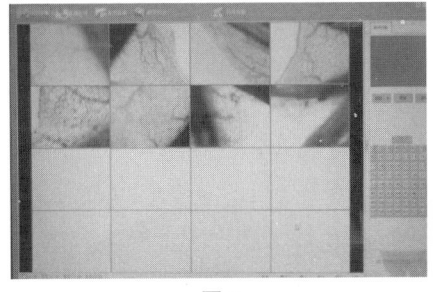

图 7

图 8

以上环节旨在培养学生动手完成实验的能力和观察、分析问题的能力,解决本节重点。

（三）合作探究，突破难点

通过教师的问题引导，小组合作讨论交流，找出3种类型的血管，观察并说出各自血管中血液流动的情况。在此环节为了降低难度，鼓励学生大胆运用高倍物镜观察（见图9、图10）。

图 9

图 10

学生在使用高倍物镜观察时，可以借助学生端 MvIc 程序下的录像功能对显微成像进行实时录像，以便为其他没有找到3种血管的组次进行展示，并适时选择效果良好的视野拍照保存，为完成实验报告单做好准备工作（见图11、图12）。

图 11

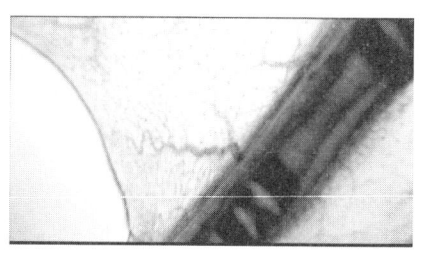

图 12

此时各小组成员仔细观察显微镜下的物像，彼此交流观点，得出结论。针对个别没有找到3种血管的小组，教师可利用教师端 MvIc 程序选择有代表性的优秀组次在教师端和学生端同步展示。

然后请每一小组的学生之间表达交流，准确找出本组金蛙的3种血管。教师运用 MvIc 程序的互动功能下发实验报告单模板，学生按照本节课的实验效果填写相应的内容，待完成实验报告单后再上传教师机。运用评价任务1检测学习目标达成度（见图13、图14）。

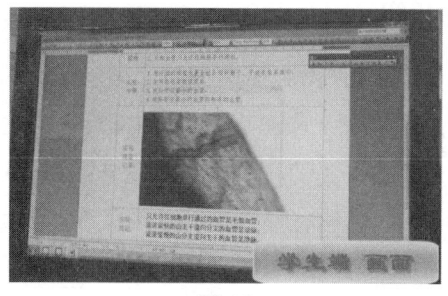

图 13　　　　　　　　　　　　图 14

最后教师组织小组讨论交流，根据不同类型血管中血液的流动特点，推测说出血液在动脉、静脉、毛细血管中的流动方向，学生展示最终结论后，教师通过动态示意图（见图15）帮助学生理解该过程。并及时运用评价任务2，请学生判断图16中①②③分别是哪3种血管，检测学习目标达成度。

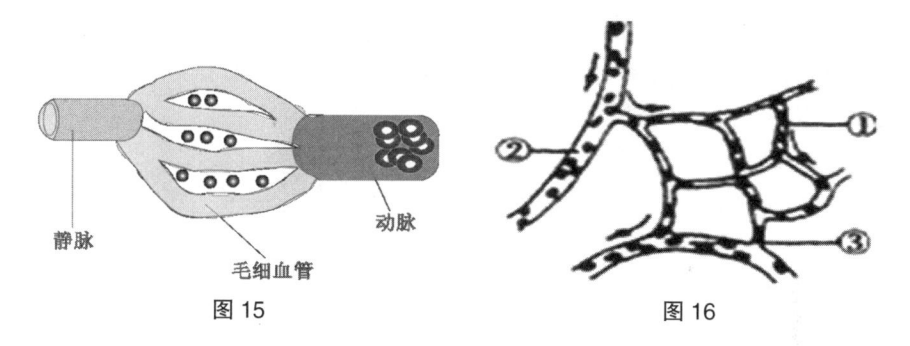

图 15　　　　　　　　　　　　图 16

以上环节旨在培养学生观察、分析问题、合作探究的能力，突破本节难点。活动中伴随着欢快而热烈的气氛，学生兴趣高涨，参与度高，寓学于乐，更好地达成学习目标。

（四）练习巩固，成果展示

（1）练习巩固，达成目标。

本课以游戏"捞金鱼"的方式进行练习反馈，其中3条金鱼对应层次分明的3道习题，1条没有对应习题的金鱼代表幸运者可以从教师那里得到1条自己喜欢的金鱼饲养。这样设计，学生兴趣高涨，参与度极高，及时反馈学情，检测学习目标的达成度。

（2）成果展示，分享乐趣。

教师对刚才上传的各组实验报告单整理并打印，学生们拿到自己的实验作品可以与同学及家人分享学习的乐趣。

最后我以放生金蛙，珍爱生命，从我做起。达到情感升华结束本节课。

八、实验效果评价

（一）教：达到循环使用、便于观察的改进效果

教学理念新：本课遵循新课程理念，构建开放式生物课程，面向全体学生，以倡导的探究式学习、合作学习，提高学科素养。

教学方法新：教师打破常规，选择成本低廉，生命力强，可循环使用的金蛙做实验材料，并在实验过程中摸索出了用10%的酒精溶液麻醉金蛙的方法，解决了因其好动而影响观察的问题。

（二）学：达到图像共享、师生互动、生生互动的改进效果

学习方式新：学生利用可视显微镜、MvIc程序，实现了图像共享、生生互动、师生互动等良好局面。

学习成果新：实验报告单以实际物像图辅助更科学。

（三）评：达到检测目标、评价激励的改进效果

评价方式新：游戏抢答、打印实验报告单等评价方式有机整合电子教学资源，构建了数字化的学习环境。

资源整合新：运用传统教学资源和现代教学资源的有机整合，及时、有效地达到检测目标和评价激励的效果。

观察鸡卵的结构

天津市第三中学 高燕

一、教材分析

本实验出自人教版初中《生物学》八年级下册第七单元第一章第四节"鸟类的生殖与发育",课程标准明确要求学生能够描述鸟的生殖和发育过程。本实验是学习鸟的生殖和发育过程的基础。教材中安排学生观察卵壳、卵壳膜、气室和卵中其他结构,认识各个结构及功能以及卵中发育成雏鸡的结构。

学情分析:课前,我对学生进行了问卷调查(见图1),学生对于鸡卵的概念,包括以下两点:①结构和功能上,缺乏科学完整的认识,比如气室、胚盘、卵黄膜等结构,特别是误认为卵黄发育成雏鸡;卵壳是密不透风的。②难以清晰描述出鸟卵适应陆地环境特点。

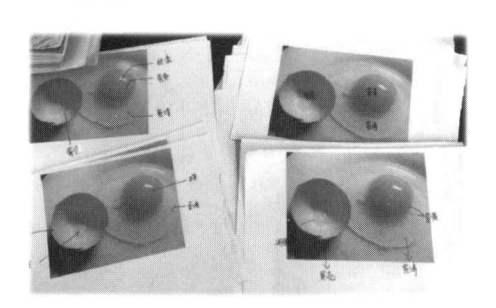

图1 鸡卵的结构及功能调查问卷

二、实验教学目标及重难点

(一)教学目标

依据课程标准的要求和学情分析,本节课的教学目标有以下3点:

(1)通过观察与实验认识鸡卵的结构和功能。

(2)认同鸟卵具有适于在陆地上发育的结构特点。

(3)培养观察分析、实验探究的能力,初步了解实证和逻辑推理形成概念的学习方法。

(二)重难点及突破方法

教学目标的前两点是本节课的教学重点,第三点是本节课的教学难点。

突破方法:

（1）丰富和改进了实验内容。在教材实验的基础上，补充了8个内容，使教学内容更加丰富。通过实验观察、动手操作、数据分析等多层次的活动使学生在实践中形成正确的概念，培养学生观察、分析、探究实验的能力，有利于突破重难点。

（2）多媒体结合使用。我设计了3个视频、2节微课，丰富了学生的体验，激活学生已有的知识和经验，使学生在迁移应用中构建新知。

三、实验创新要点和改进要点

（一）实验创新要点

开发了简单易行、效果明显的实验，丰富了学生的体验。

（1）用镊子分别敲击卵壳的外侧和内侧，如图2所示。学生在动手实践中亲身感受到从外侧敲击较难击碎，而由内侧则极易击碎卵壳。由此认识到卵壳的结构特点利于抗击外界的压力或冲击力，也有利于小鸡破壳而出。

图2　内外敲击卵壳实验

（2）失水对比实验。在突破"鸡卵中卵壳和卵壳膜都具有保水功能"这一知识点时，我设计了两组对比实验，分别是对比有壳的卵、无壳有卵壳膜的卵和无壳无膜结构在形态和质量上的变化，并将实验制成了微课，让学生在对其形态和质量的变化比较中获得新知，同时提高其实验分析能力。实验步骤为：

1）制备无壳的卵和无壳无膜结构：取3枚鸡卵，将其中的2枚鸡卵放入白醋（该浓度的白醋对卵壳膜控制物质进出的功能没有破坏作用）中，静置3天，然后剥去卵壳，制备无壳的卵（见图3）。对制备好的无壳卵，一枚不作处理，另一枚再除去卵壳膜，制备无壳无膜的结构。

2）将有壳的卵、无壳有卵壳膜的卵和无壳无膜的结构置于空气中，分别记录1~5天各自的形态和质量变化（见图4）。学生通过微课观察实验现象和分析数据，感受并认同卵壳和卵壳膜具有保水的功能。

图3　制备无壳卵、无壳无膜结构

图 4　称量 3 种结构的质量

（3）制备卵黄膜实验。卵黄膜实验步骤：磕破鸡卵，取出卵黄置于培养皿中，倒入清水，用注射器将卵黄内容物吸出，即可获得较为纯净的卵黄膜。将制作过程制成微课，使学生能直观认识卵黄膜（见图 5）。

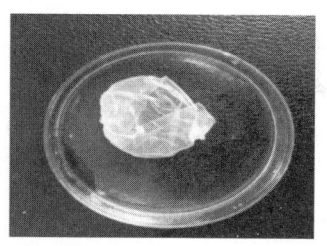

图 5　卵黄膜的制备实验及其微课

我将耗时长、难度大的实验以微课的形式展现在课堂上，突破了时空的限制，丰富了学生的体验，便于学生完整地观察分析实验现象，得出实验结论，突破了重难点。

（二）实验改进要点

选择适宜的水温，验证卵壳表面具有气孔。

卵壳透气性实验和观察鸡卵内部结构实验使用同一个鸡卵。水温过高时，卵壳表面气泡冒出快，但高温下鸡卵内蛋白容易变性，影响对鸡卵内部结构的观察（见图 6）；水温过低，则气泡冒出不明显或者过慢，钝端气泡多的现象难以看出。经过反复试验，实验水温应控制在 55~70℃，实验效果最好。

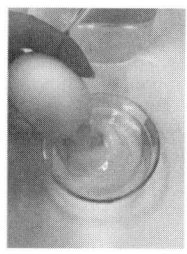

图 6　水温过高剥去钝端卵壳效果图

637

四、实验器材

（一）失水对比实验

材料用具：白醋、鸡卵、烧杯、电子秤（见图7）。

图7　失水对比实验材料用具

（二）制备卵黄膜实验

材料用具：烧杯、注射器、培养皿、鸡卵（见图8）。

（三）学生课堂实验

材料用具：放大镜、鸡卵壳、镊子、培养皿、55～70℃的热水、大烧杯、鸡卵（见图9）。

图8　制备卵黄膜实验材料用具 　　　图9　课堂实验材料用具

五、实验设计思路

从与青蛙的生殖发育环境的对比中引入，通过感知，分析实验，观看相关视频并分析微课实验等环节认识鸡卵的结构和功能，剖析鸟卵适应陆地环境的结构特点。

六、实验教学过程

（一）课前准备

（1）问卷调查。

（2）制作微课。

（二）情境导入

依次出示青蛙生殖和发育图片、不同鸟卵及其去掉卵壳形态的照片，引导学生体会与两栖动物水中发育不同,鸟类能产下具有相同结构的硬壳卵,进而在陆地完成生殖和发育过程。从而引出通过实验"观察鸡卵的结构"了解鸟卵对陆地环境的适应。

(三) 引领探究

这一环节包括两部分内容:认识卵壳和卵壳膜、认识卵内其他结构。

(1) 认识卵壳和卵壳膜。

卵壳如何保护鸡卵适应陆地环境是一个难点,我从卵壳的质地坚硬、拱形结构,能减少水分散失,密布气孔、保证透气这3个方面入手,通过引导学生观察实践、思考分析进行突破。

1) 组织学生观看艺人踩鸡卵视频,引发学生认知冲突,引导学生抓握卵壳、用镊子尖端分别从外侧和内侧用力敲击卵壳等活动,认识卵壳的结构特点利于抗击外界的压力或冲击力,也利于小鸡破壳而出。

2) 引导学生思考:卵壳和卵壳膜是否具有减少水分散失的作用?如何通过实验探究?学生观看微课"失水对比实验",比较5天中有壳卵、无壳卵和无壳无膜结构在形态和质量上的区别(见图10),完成实验报告,分析得出卵壳和卵壳膜具有保水功能,进而认识到这是对干燥环境的适应。

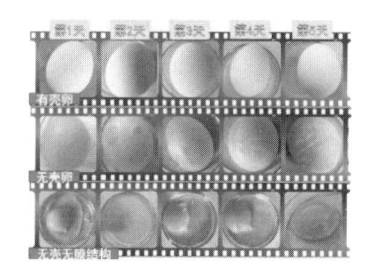

结构	第1天	第5天	减少的质量
有壳卵	59.1	59	
无壳卵	68.6	37.9	
无壳无膜结构	74	41.6	

图10 3种结构形态和质量变化图

3) 引导学生思考:鸟卵在发育的过程中,除了水分,是否还需要其他物质,比如气体?气体能否透过卵壳?在教师的启发下,学生通过实验进行探究:①学生用放大镜观察,发现孔状凹陷→体验热水泡鸡卵实验→观察现象。②教师提示:气体有受热膨胀的自然现象。学生尝试作出解释→观察并思考:卵壳上为什么会冒出气泡?③进一步探究为什么气泡分布不均匀?剥去钝端卵壳,看到卵壳膜,找到气室→理解到气室中储存气体,是保证坚硬的卵壳中胚胎得以呼吸的原因。

(2) 认识卵内其他结构。

学生以小组为单位,参考教材观察、认识鸡卵内部结构及功能,完成实验报告的相关内容。在观察过程中，鼓励学生认真观察，发现问题，产生疑惑。

1）什么结构能够使卵黄卵白界限分明？如何感知卵黄膜的存在？

我采用了分组实验并讨论汇报的形式，让学生描述如何体会到卵黄膜的存在。学生的方案有多种，比如：①用镊子轻按卵黄，凹下去后还可复原。②挑破卵黄，看到内容物流出。都可以快速感知卵黄膜的存在，但是都难以直观认识到卵黄膜。我将课前录制好的微课"制备卵黄膜"播放给学生，学生清晰地看到了较为纯净的卵黄膜，从中体会技术和方法在生物学研究中的作用。

2）卵的哪个结构发育成雏鸡？

通过播放课前准备的视频"鸡的胚胎发育过程"相关部分，学生可以很清晰地看到胚盘发育成雏鸡的过程，以及这一过程中卵黄被吸收了。从而得出正确的结论：①胚盘具有细胞核，能够发育成雏鸡。②卵黄是胚胎发育的主要营养物质。

（四）归纳反馈，评价实验

由学生归纳：①鸡卵的结构和功能；②鸟卵适于陆地环境发育的特点。

学生对于实验过程进行自评并互评，完成实验报告。

七、实验效果评价

（1）本节课围绕教学目标，设置了简单易行，效果明显的实验，学生参与度高，利于领悟生物科学是基于事实，通过逻辑推理和实证不断认识生命现象和规律的科学，提高了学生的实验能力和科学素养。

（2）通过环环相扣，层层递进的问题，引导学生进行探究。

（3）通过信息技术融入实验教学之中，利于学生完整的观察分析实验现象，得出实验结论，突破了重难点。

探究蚯蚓适应土壤生活的特征

徐州经济技术开发区实验学校　袁莉莉

一、实验教学背景

（一）教材分析

本实验内容选自苏科版《生物》七年级下册第五单元"环境中生物的多样性"第十三章第一节"土壤中的小动物"。课本前3章已经全面介绍了水域、地面、空中的生物类群及生活特征，本节内容是对前3章的补充，完善学生对生物多样性的理解。以蚯蚓为例设置了一系列探究实验，意在让学生在探究活动中整合知识提高能力，深刻了解生物是如何适应环境。

（二）学情分析

学生思维活跃，好奇心强，求知欲强。多次探究已经了解其他环境生物基本特征，思维能力初步形成。

对土壤中的生物，人类关注少，了解比较少。学生的实际动手操作能力有待提高，尤其是女生比较惧怕蚯蚓。

二、实验教学目标

（一）教学目标

（1）知识与技能。

1）通过观察说出蚯蚓适于土壤穴居生活的形态、运动等方面的特征。

2）概述蚯蚓与人类生活的关系。

（2）过程与方法。

尝试实验操作，培养学生观察能力、实验能力和初步的科学探究能力。

（3）情感态度与价值观。

认同蚯蚓是人类的好朋友，养成爱护小动物的习惯，关注蚯蚓的生存环境，增强热爱生命的情怀。

（二）重点难点

探究蚯蚓适应土壤生活的外形、对外界刺激的反应以及运动。

如何有效探究蚯蚓适应土壤生活的外形、对外界刺激的反应以及运动。

三、实验教学创新

（一）实验一：蚯蚓的外形

发现1：蚯蚓运动灵活，很难仔细观察体节和环带，学生们想到观察草履虫实验中加了棉花纤维限制其运动，这里给蚯蚓加上湿润的剪了洞的卫生纸或者纱布，蚯蚓保持相对静止，便于观察和记录（见图1）。

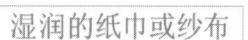

图1

发现2：摸到但观察不到刚毛，我们用解剖显微镜来观察，发现蚯蚓身体伸长时刚毛向外突出明显，且有向身体后方的趋势。所以在蚯蚓身体伸长时从后往前触摸。另外在两端刚毛比较多，尤其是前端（见图2）。

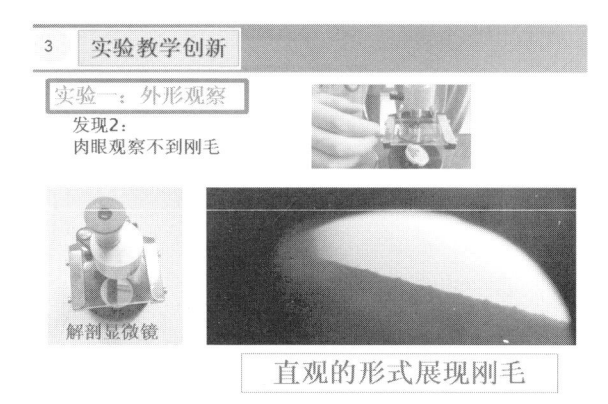

图2

（二）实验二：蚯蚓对刺激的反应

发现1：光对蚯蚓的刺激，白天实验室的环境很难看到光对各个部位的刺激，我们拉上窗帘制造比较暗的环境，把蚯蚓放到小盒子里，再进行实验，效果明显得多。光刺激时不论多小的手电筒光线都会散开，很难只照射某一个部位，同学们把签字笔上的软管放在小手电筒的前端，效果非常好（见图3）。

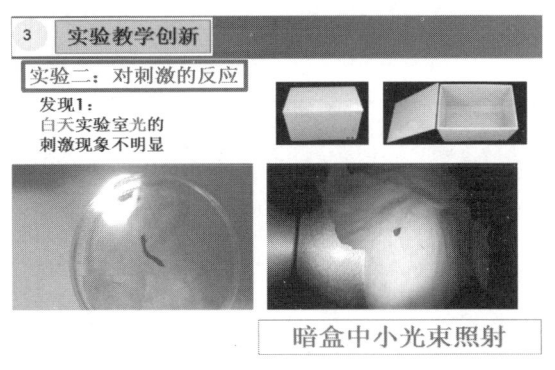

探究蚯蚓适应土壤生活的特征

图3

发现2：障碍物的刺激，通常选用解剖针，对蚯蚓容易造成伤害，我们学生随身携带的签字笔或铅笔（见图4）。

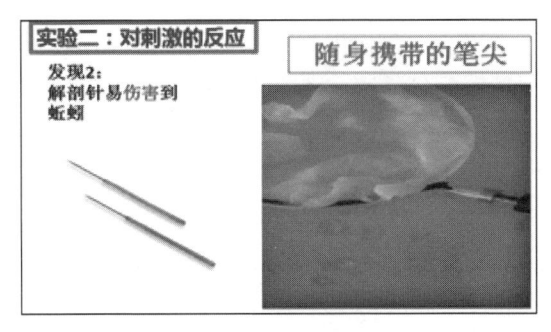

图4

(三) 实验三：蚯蚓的运动

发现1：蚯蚓运动比较灵活，对比蚯蚓运动的快慢，既要测量距离又要计时，操作起来难度大。我们采用同心圆，外面一个圆比里面一个圆半径大1cm，把蚯蚓放在圆心位置，让它运动不论朝哪个方向运动，都可以通过数圈数来估测爬行的距离。比如，从蚯蚓的前端接触到第二个环开始计时，到最外面一个环结束，经过了13环即运动了13cm，时间是12s（见图5）。

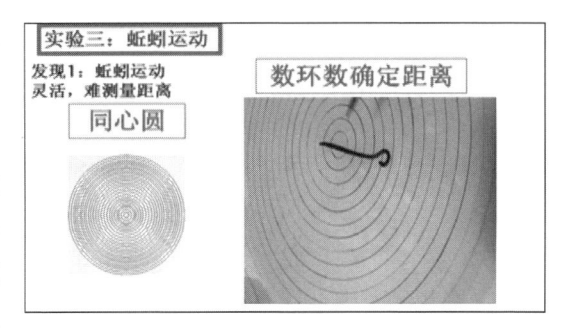

图5

提前用A3纸打印好同心圆发给同学，分别放在透明光滑的亚克力塑料板下

· 643 ·

面，光滑表面不处理，粗糙表面用砂纸打磨，形成光滑和粗糙的对照（见图6）。

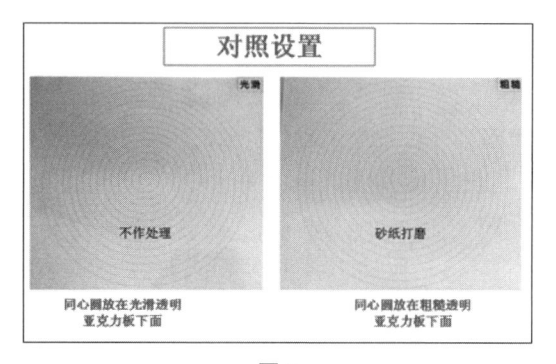

图6

发现2：挖蚯蚓的时候感受到蚯蚓虽然生活在湿润的土壤中，但是土质松软，里面不会留存过多的水分。我们把光滑和粗糙的表面放在水中浸泡1min，取出后竖起来晾至不朝下滴水再使用。蚯蚓运动过程中我们用纳米喷雾补水仪给蚯蚓加湿，即可以保持湿润的体表也不至于加水过多（见图7）。

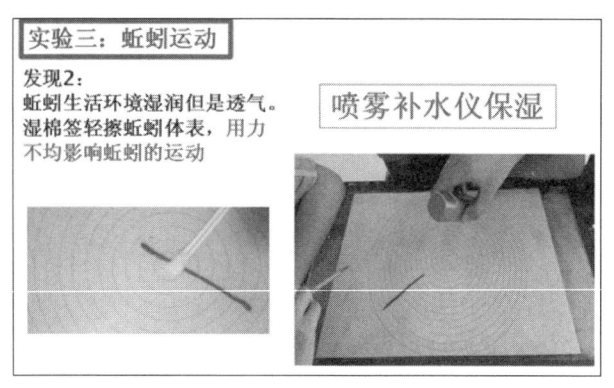

图7

发现3：如果用同一条蚯蚓做实验，先在一个表面运动，后在另一个表面运动，可能会因为疲劳而导致后一个表面速度自然减慢。如果用不同蚯蚓，即使是看起来大小差不多，但是速度也差别较大。

我们的解决方法是采用轮组法：甲蚯蚓先在光滑表面运动一定距离记下时间①，后在粗糙表面运动相同距离记下时间②。乙蚯蚓反过来先在粗糙表面运动相同距离记下时间是③，后在光滑表面运动记下时间④，光滑表面运动时间为①+④，粗糙表面运动时间为②+③。这样做可以抵消掉无关的变量（见图8）。

探究蚯蚓适应土壤生活的特征

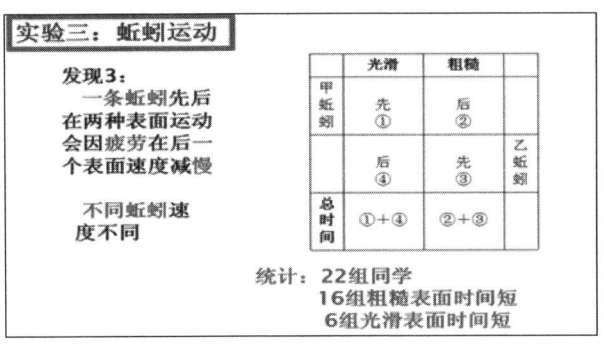

图8

实验结果：一个班22组同学，16组同学粗糙表面时间短速度快，6组同学光滑表面时间短速度快。为什么这么多组得到相反的结论，即使结论是正确的，发现光滑表面比粗糙表面速度也慢得不多。分析原因可能在水平表面蚯蚓柔软的身体与光滑表面有吸附力，即使刚毛不发挥作用，影响也不大。

结合蚯蚓生活环境，很多时候它需要上下运动，所以我们设计了坡面实验：把蚯蚓放在相同角度的光滑坡面和粗糙坡面上，可以看到蚯蚓在光滑坡面有明显的打滑现象，而速度变慢，在粗糙表面因为刚毛的作用速度非常快。坡度越大差别越明显（见图9）。

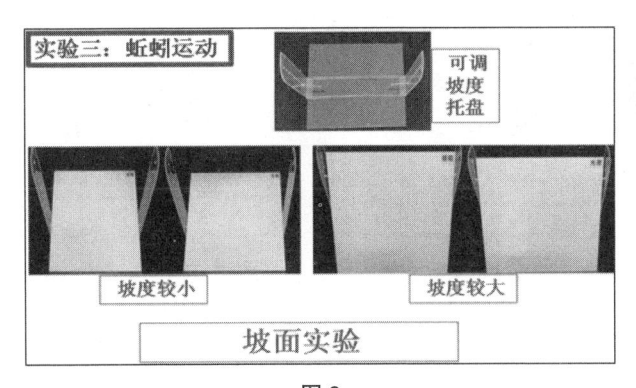

图9

四、教学评价反思

（1）实验探究贯穿整堂课，层层探究发展了学生的实验探究能力。

（2）方法较简单，器材易得。增加趣味性，突出蚯蚓作用，升华感情。

（3）不足：蚯蚓的运动是多变的，多次实验才能获得较准确的数据。

探究影响普通卷甲虫分布的非生物因素

南京郑和外国语学校　颜承祐

一、使用教材
苏教版《生物》七年级上册第一章第二节。

二、实验器材

（一）自制器具
（1）多功能环境因素探究实验箱、组件包括PVC板箱罩、PVC板箱托、亚克力板实验盒、LED灯带5050贴片、5050连接器、双股红黑连接线、旋钮式调光器（12V）、直流电源适配器（12V、2A）、硅橡胶加热板、温控数显器（分度值为1℃）、220V交流电源。

（2）小型动物手动投放器，组件包括PVC活动式立筒、木质立柱、PVC底板。

（二）其他器具
普通卷甲虫20只，湿土、干土，喷水壶，手表。

三、实验创新要求/改进要点

（一）实验动物明确化
选用江苏地区常见的普通卷甲虫进行实验。捕捉时容易甄别，实验效果明显。

（二）实验器材创新化
使用多功能环境因素探究实验箱：箱体封闭，减少外界干扰少；LED灯垂直照射，明亮、阴暗面积均等且对比明显。用喷水壶喷水，有效控制湿度。

使用小型动物手动投放器，减少对实验动物的人为干扰。

全套实验器材制作简便，成本较低，实验效果显著，可大规模推广使用。

（三）实验因素丰富化
在对光和水探究的基础上，通过加热板的使用，对温度这一因素进行探究。

（四）器材用途多样化
多功能环境因素探究实验箱可以作为其他实验的实验器材：在探究"种子萌发需要的外界条件"中，可对种子萌发中温度、水、光等因素进行探究

（见图1）；在探究"绿叶在光下产生淀粉"和"食物在口腔内的化学性消化"时，可作为简易恒温水浴加热装置使用（见图2）。具有体积小、安全性高的特点。

图1 探究种子萌发的外界条件 　　图2 简易恒温水浴加热装置

四、实验原理/实验设计思路

（一）实验对象的选择

教材中，推荐实验动物为鼠妇。实际中，学生会捉到能蜷曲的和不能蜷曲的两种类型（见图3和图4）。经过甄别，它们不是同种生物，不应混用。本设计中，选用江苏地区常见的普通卷甲虫。学生捕捉时容易甄别，实验效果好。

图3 潮虫亚目卷甲虫科普通卷甲虫 　　图4 潮虫亚目潮虫科光滑鼠妇

（二）实验器材的选择与应用

本实验中，使用自制器具"多功能环境因素探究实验箱"（见图5）和"小型动物手动投放器"（见图6）。

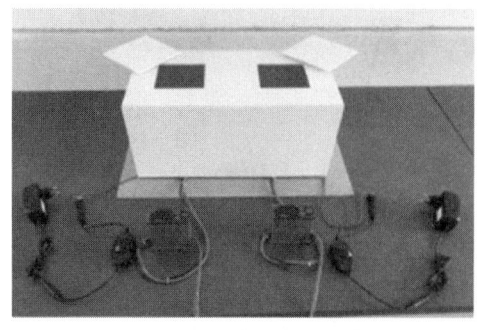

图5 多功能环境因素探究实验箱　　　图6 小型动物手动投放器

（1）教材中推荐器材的缺陷。

教材中推荐的器材有以下两种，存在4点不足。

1）培养皿侧面透光（见图7），阴暗处遮光效果不佳。采用侧壁不透光装置（见图8），仍存在外界光源并非垂直于底面照射，使得明亮与阴暗面积不均等，以及明亮处侧壁有阴影产生等问题。

2）培养皿空间狭小，普通卷甲虫样本容量小，实验误差大。

3）培养皿与普通卷甲虫的自然生活环境差距较大，普通卷甲虫易躁动不安。

4）如果外界光线较暗，实验中明亮、阴暗对比均不明显。

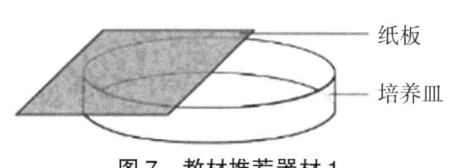

图7 教材推荐器材1　　　图8 教材推荐器材2

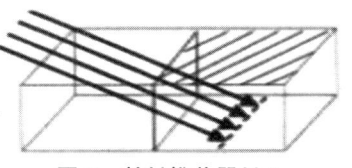

（2）多功能环境因素探究实验箱的优点。

1）采用不透明的箱罩，仅在顶部留有两个10cm×10cm的观察投放口（带盖子）。方便观察的同时，最大程度地避免了外界光线的干扰（见图9）。

2）用"不落地"的PVC板把箱体一分为二，两侧箱体互不干扰，普通卷甲虫又能在箱体底部两侧来回移动（见图10）。

3）两侧箱体顶部各装有一组LED灯，既保证光线垂直照射于底面，使明亮、阴暗面积均等，又解决了明亮、阴暗对比不明显的问题。

4）使用较大的实验盒盛放普通卷甲虫，并在实验盒中铺设2cm厚的土壤，模拟普通卷甲虫的自然生活环境，减少其不适应。

图9 多功能环境因素探究实验箱（外观） 　　图10 多功能环境因素探究实验箱（内部）

（3）实验一：探究光对普通卷甲虫分布的影响。

实验设计：一侧LED灯打开，一侧LED灯关闭，模拟"明亮"和"阴暗"两种环境（见图9）。

实验结果分析：学生经过多次重复实验，取平均值，数据见表1。

表1　探究光对普通卷甲虫分布的影响记录表

	1min	2min	3min	4min	5min	6min	7min	8min	9min	10min
暗区数量/个	12	8	13	15	17	19	16	17	18	19
明区数量/个	8	12	7	5	3	1	4	3	2	1

绘制散点图（见图11），可以发现：光对普通卷甲虫的分布有影响，普通卷甲虫适宜生活在阴暗的环境中。

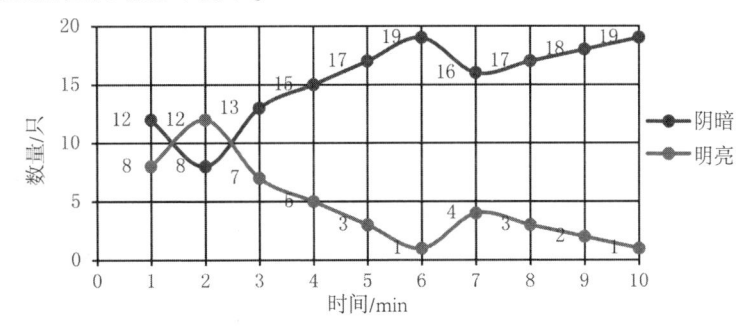

图11　探究光对普通卷甲虫分布的影响散点图

（4）实验二：探究水对普通卷甲虫分布的影响。

实验设计：一侧铺湿土，一侧铺干土。湿土用喷水壶喷水，有效地控制了湿度（见图12）。

干土　　湿土 　　　　　　喷水壶

图 12　实验设计

实验现象见图 13。

干土　　　　　　湿土

10min 计数

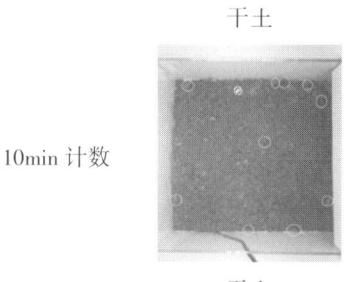

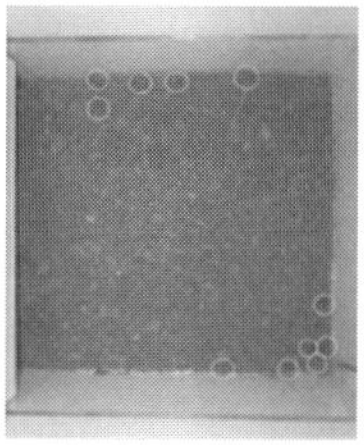

干土　　　　　　湿土

20min 计数

干土　　　　　　湿土

30min 计数

图 13　实验现象

实验结果分析：学生经过多次重复实验，取平均值，数据见表2。

表2 探究水对普通卷甲虫分布的影响记录表

	5min	10min	15min	20min	25min	30min
干土数量/个	16	11	9	6	5	2
湿土数量/个	4	9	11	14	15	18

绘制散点图（见图14），可以清晰地发现：水对普通卷甲虫的分布有影响，普通卷甲虫适宜生活在潮湿的环境中。

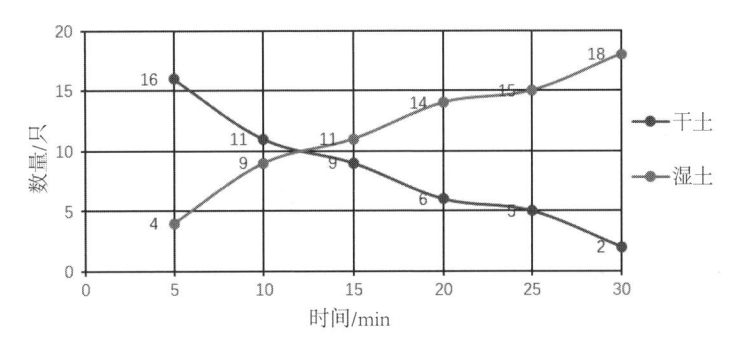

图14 探究水对普通卷甲虫分布的影响散点图

（5）利用器材对实验因素的进一步探究。

实验三：探究温度对普通卷甲虫分布的影响。

教材中，受实验器材的限制，不能对温度这一因素进行探究。

本设计中，使用加热板加热土壤，通过温控器调节加热温度（分度值1℃），能对温度这一因素进行探究（见图15）。预实验测得普通卷甲虫生活最适温度为25~30℃。

实验设计：根据南京地区9月份白天平均气温为28℃。使用温控器调温，一侧调温28℃（常温），一侧调温38℃（高温）。

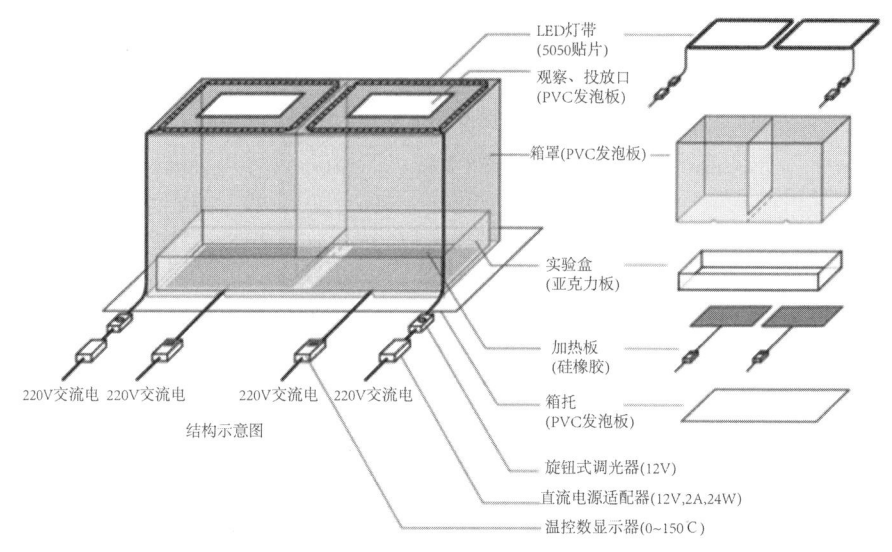

图15 多功能环境因素探究实验箱

实验结果分析：学生经过多次重复实验，取平均值，数据见表3。

表3 探究温度对普通卷甲虫分布的影响记录表

	1min	2min	3min	4min	5min	6min	7min	8min	9min	10min
28℃	15	14	13	8	10	14	15	16	16	17
38℃	5	6	7	12	10	6	5	4	4	3

绘制散点图（见图16），可以清晰地发现：温度对普通卷甲虫的分布有影响，普通卷甲虫适宜生活在常温环境中。

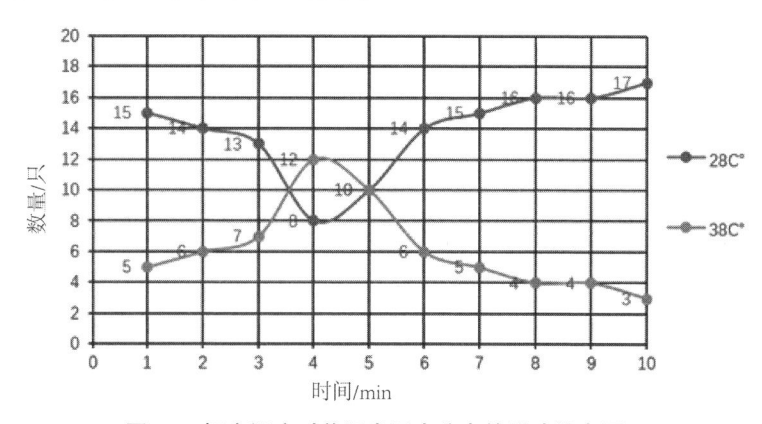

图16 探究温度对普通卷甲虫分布的影响散点图

(三) 实验动物投放方式的改进

学生往往用手拨弄投放，普通卷甲虫受到惊吓，四处乱爬或蜷曲成球，影响结果。本设计中，首先把普通卷甲虫放入投放器，静置。实验开始，把投放器从实验箱的投放口放下，上拉活动式立桶，普通卷甲虫从底部自行爬出，减少了人为干扰（见图17）。

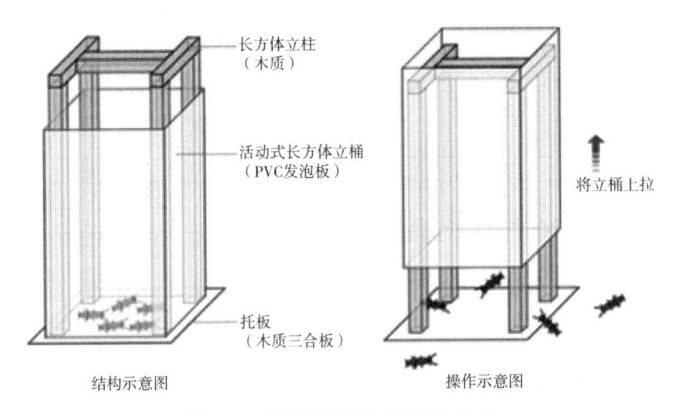

图 17 改进实验动物投放方式

五、实验教学目标

本实验学生探究兴趣浓厚，但学生此前并没有接触过科学探究，不了解科学探究的一般步骤。基于此，制定教学目标如下。

(一) 知识目标

通过探究，举例说出光、水、温度等非生物因素对生物分布的影响。

(二) 能力目标

（1）初步体验科学探究的一般过程。

（2）尝试设置对照实验和控制实验变量。

（3）学会记录、分析实验数据。

(三) 情感目标

（1）参与探究活动，体验合作交流的乐趣。

（2）养成善于观察、思考和乐于探究的习惯，培养严谨的科学态度。

教学重点：体验科学探究的一般过程；养成善于观察、思考，乐于探究的习惯。

教学难点：体验对照实验的设置和实验变量的控制；实验结果的分析。

六、实验教学内容

（一）实验一：探究"光对鼠妇分布的影响"

（1）2人1组，在实验盒底部铺一层2cm厚的湿土，一侧LED灯打开，一侧LED灯不开。

（2）使用投放器将普通卷甲虫放入实验装置，两侧各10只，投放完毕后，取出投放器，阴暗侧投放口盖上盖子。

（3）通过明亮侧投放口观察，并推算阴暗处普通卷甲虫数目，1min观察1次，共10次。

（4）重复多次，取平均值，绘制散点图，说出光对普通卷甲虫分布的影响。

（二）实验二：探究水对普通卷甲虫分布的影响

（1）2人1组，在实验盒底部铺一层2cm厚的干土。一侧用喷水壶进行喷水使之湿润，另一侧不作处理。

（2）使用投放器将普通卷甲虫放入实验装置，两侧各10只，投放完毕后，取出投放器。

（3）通过两侧投放口观察记录，5min观察1次，共6次。

（4）重复多次，取平均值，绘制散点图，说出水对普通卷甲虫分布的影响。

（三）实验三：探究温度对普通卷甲虫分布的影响

（1）2人1组，在实验盒底部铺一层2cm厚湿土，一侧调温28℃，一侧调温38℃。

（2）使用投放器将普通卷甲虫放入实验装置，两侧各10只，投放完毕后，取出投放器。

（3）通过投放口观察记录，1min观察1次，共10次。

（4）重复多次，取平均值，绘制散点图，说出温度对普通卷甲虫分布的影响。

七、实验教学过程

（一）实验准备

2人1组。教师指导学生课前甄别、捕捉普通卷甲虫。要求学生观察普通卷甲虫的生活环境。注意事项：捕捉过程中，不要破坏绿化。

（二）实验导入

提问："你是在哪里捕捉到普通卷甲虫的？"（学生回答）

继续提问："普通卷甲虫生活的环境有什么特点？"（学生回答）

教师板书关键词"阴暗""潮湿"等，突出环境因素对生物的影响，进而提出问题："影响普通卷甲虫分布的非生物因素是什么？"

（三）作出假设

"光、水、温度是影响普通卷甲虫分布的非生物因素。"在作出假设的基础上，引导学生用实验法对假设进行验证。

（四）制订计划

教师介绍实验器材。学生根据假设，选择验证自己假设的实验器材。

制订计划时，教师引导学生思考实验因素与其他因素的关系。重点指导对照实验的设置和实验变量的控制。指导学生记录实验数据，绘制散点图。

（五）实施计划

教师巡视指导，学生认真观察实验现象，如实记录实验数据。

（六）得出结论和表达、交流

小组汇报实验结果，教师指导学生分析数据。讨论结果与假设是否一致？如果一致，能够得出什么结论？如果不一致，分析可能的原因。

活动结束，学生整理器材，将普通卷甲虫放到适宜它们生活的环境中。

八、实验效果评价

本实验通过创新性的器材使用，有效地控制了实验变量，有力地说明了非生物因素对生物生存的影响。学生在学习过程中不仅体验了科学探究的一般过程，而且培养了善于观察、思考，乐于探究的习惯，为后续实验探究奠定了良好的基础。

光对黄粉虫的影响

贵州省安顺市紫云苗族布依族自治县白石岩乡白石岩中学　朱巍巍

一、使用教材

人教版《生物学》七年级上册第二章第一节。

二、实验器材

自制教具：纸盒、黑纸板、镊子、透明塑料管、钢针、黑布套、台灯、钟表。

黄粉虫幼虫和成虫、支架、数据记录表、笔。

三、实验改进要点

本节课的所有实验用品都来自生活中，实验装置（见图1）结构简单但设计巧妙、造型新颖。通过透明塑料管代替纸盒、黑布套代替黑纸板、黄粉虫成虫代替幼虫，让实验微型化，营造了一个相对密闭的空间，解决了原实验中的5个缺陷，让整个实验更容易观察到，更便于学生观察学习。

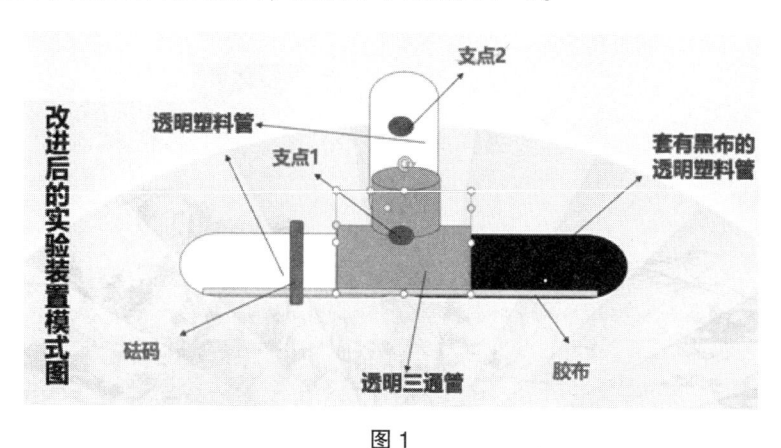

图1

四、实验设计思路

该实验的原理是通过观察黄粉虫对明、暗两种不同环境的选择，进而得出非生物因素光对生物有影响的结论。新实验装置设计的灵感，来自学生在实验探究中的提问，以及偶然看到水族箱、蚯蚓走T形迷宫和天平等生活经验片段汇集而得。

五、实验教学目标

（一）知识与技能

（1）让学生观察到光对生物的影响。

（2）让学生了解实验中的实验组和对照组。

（3）培养学生的数据收集与处理能力。

（二）过程与方法

（1）通过实验观察和体验，使学生观察到光对黄粉虫的影响。

（2）通过对实验中明暗环境的着重讲解，使学生了解实验设计应遵循的对照原则。

（3）通过对实验数据的记录和分析，培养学生的数据处理能力。

（三）情感、态度、价值观

通过实验的观察和学生独立思考，培养学生热爱科学的情感态度和善于用数据说话辩证唯物价值观。

六、实验教学内容

（1）按照教材实验设计，进行学生分组实验。

（2）引导学生思考讨论原实验设计中的不足，提出改进的设想。

（3）展示改进后的实验装置，演示改进后的实验。

七、实验教学过程

（一）问题引入

同学们，我们知道人是白天出没、夜晚休息的动物，而猫头鹰则跟人是相反的，这一切都说明光会影响生物的活动。那么，给你一些黄粉虫，你如何才能知道这种动物是喜光还是畏光呢？要想知道这个问题的答案，我们最好的办法就是进行对照实验。

（二）实验探究

（1）提出问题：黄粉虫是喜光还是畏光的？

（2）作出假设：黄粉虫是畏光的。

（3）设计实验。

操作步骤：

1）取下收集管并将10只虫子装入的收集管内，再把收集管装回装置中。

2）将实验装置呈T形由支点1安装到支架上，用砝码将装置中的明管、暗管调水平。

3）手拿收集管，把装置从支点 1 取下，再呈 T 形从支点 2 安装到支架上，旋转 180°，虫子从收集管掉入整个装置中心，此时立即开始计时。

4）2min 后观察明管中的虫子只数，将其记录在数据表中，以后每隔 1min 观察记录（见图 2）。

5）11 分钟后实验结束，若要重复进行实验，只需从支架上取下实验装置，呈 T 形轻微敲打，虫子受到震动后掉落，倾斜水平管，虫子就会滑入收集管中，待虫子全部滑入收集管后，重复步骤 1）即可重复实验。若不再进行实验，则对装置进行收纳。

（4）得出结论。通过收集全班学生分组实验观察记录，取其平均值，对数据进行分析，最后得出黄粉虫是喜光还是畏光的结论。

（5）学以致用。用此装置我们还可以做以下实验：

图 2 （第 11 分钟时明管中有黄粉虫 1 只，则暗管中有 9 只）

1）探究哪些昆虫具有趋光性。

2）探究温度对昆虫活动的影响。

3）探究湿度对昆虫活动的影响。

八、实验效果评价

（1）新的实验装置，克服了原实验装置中的诸多缺点。

（2）新装置还可用于其他对照实验，适用范围广。

（3）新实验装置构造简单，制作材料易得，易推广。

（4）新装置设计巧妙，造型新颖，容易吸引学生兴趣，有利于教学活动开展。

九、反思

新的实验装置还有许多需要完善的地方，如整个支架若采用透明塑料板，可更进一步让实验观察角度增加，如砝码若放置在管道底部，可避免影响视野。除此之外，如何简化其实验操作步骤，也是我下一步的目标。

失恋的果蝇也酗酒吗？
——动物的行为探究实验

中国人民大学附属中学朝阳学校　程兆洁

一、使用教材

北京版初中《生物学》第九章第二节"失恋的果蝇也酗酒吗？——动物的行为探究实验"。

二、实验器材

（一）自制教具

学生自制的果蝇取食装置。

（二）使用器材

体视镜、恒温培养箱、分析天平、培养瓶、试管、小培养瓶、透气棉塞、毛笔、酒精、玉米粉、蔗糖、琼脂、正丙酸、乙醚等。

三、实验创新要点/改进要点

科学探究：面对课外的全新实验课题，鼓励并引导学生提出问题，进行实验设计、实验装置的设计和改进，实施计划，分析和交流，参与完整的科学探究过程。取食装置的设计和制作在课下完成，使学生能有充足的时间和空间设计各种巧妙的取食装置，并在不断地分析和讨论中落实各种新奇的想法，不断改进实验装置，培养理性思维和创新能力。

四、实验原理/实验设计思路

（一）实验原理

研究表明，当面前摆有被酒精浸泡过的食物和正常的食物时，雄性果蝇的选择与它近期是否和雌性成功交配过有关。求爱被拒的雄性果蝇更有可能选择含酒精的食物。

（二）实验设计思路（见图1）

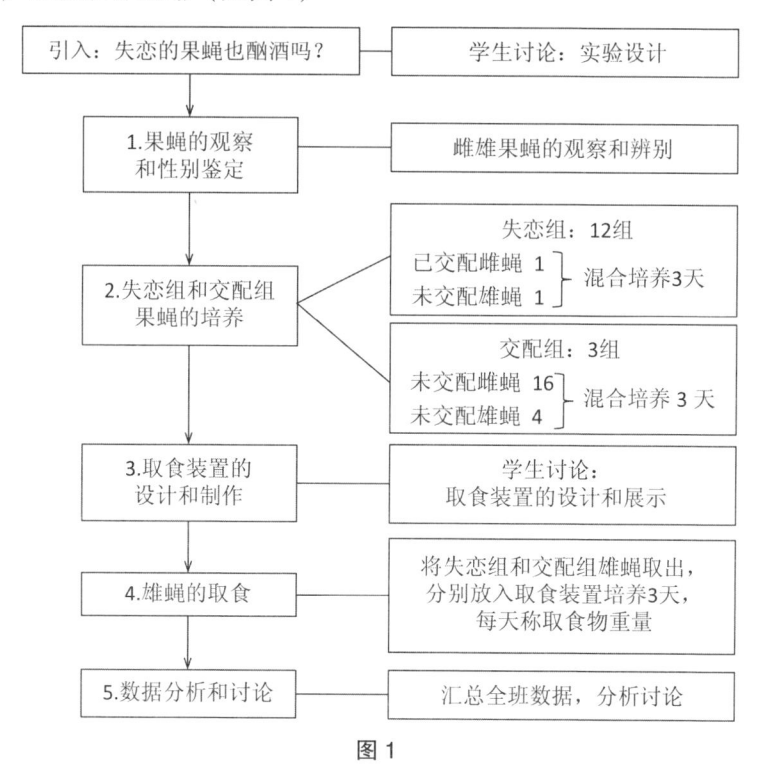

```
引入：失恋的果蝇也酗酒吗？ ——→ 学生讨论：实验设计
         ↓
1. 果蝇的观察         雌雄果蝇的观察和辨别
   和性别鉴定
         ↓
                     失恋组：12组
2. 失恋组和交配组     已交配雌蝇 1  ┐
   果蝇的培养         未交配雄蝇 1  ┘ 混合培养3天

                     交配组：3组
                     未交配雌蝇 16 ┐
                     未交配雄蝇 4  ┘ 混合培养3天
         ↓
3. 取食装置的         学生讨论：
   设计和制作         取食装置的设计和展示
         ↓
                     将失恋组和交配组雄蝇取出，
4. 雄蝇的取食         分别放入取食装置培养3天，
                     每天称取食物重量
         ↓
5. 数据分析和讨论     汇总全班数据，分析讨论
```

图1

五、实验教学目标

（一）知识与技能

（1）概述实验探究动物行为的基本方法。

（2）收集果蝇的相关信息，设计并评价失恋对果蝇取食的影响的实验思路。

（二）过程与方法

（1）通过实验的设计、前期准备、实施和分析，提高提出问题、分析问题、解决问题的能力。

（2）通过整个实验的探究过程，加强动手操作和团队交流合作的能力。

（三）情感态度与价值观

（1）通过整个实验的探究过程，体验科学是一个不断探究的过程。

（2）在实验的探究过程中，增进爱护动物的情感，尊重生命。

六、实验教学内容

本节课是学习蚂蚁的取食行为之后的拓展研究——动物行为之间的影响。果

蝇是生物学中的模式生物，已有研究（Science，2012）表明果蝇近期是否进行交配行为会影响日后的行为。

本课以人类失恋后的酗酒行为引入，引发学生思考这种行为是否在其他动物上也有发生，引导学生逐步进行整个实验的设计和探究过程。

在完成了实验的初步设计后，学生们先进行果蝇的结构观察和雌雄果蝇的分辨，分别挑出实验所需要的雄蝇和雌蝇。实验中将 24 只雄性果蝇分成两组，第一组是取未交配的雄性果蝇，每 4 只放入 1 只小玻璃瓶中，每支小玻璃瓶内有 16 只等待交配的雌性果蝇，雄性果蝇可以和多个雌性果蝇交配，为交配组果蝇，共 3 组；第二组的 12 只雄性果蝇被单独放在小玻璃瓶中，每个瓶内只有 1 只已经交配过的雌性果蝇，由于已经交配过，雌性果蝇会排斥任何求爱的行为，为失恋组果蝇。分别将雌蝇和雄蝇混合好后，放在一起培养 3 天。

这两组的雄性果蝇在 3 天的交配或者交配被拒后，被移到学生设计的取食容器中，经过前期的讨论和改进，容器内分别装有添加酒精和不含酒精的糊状的食物，每只果蝇都可以选择要吃哪种的食物，随后学生们每天测量果蝇的进食量。最后获取全班的数据，来进行数据统计和分析。

七、实验教学过程

教学阶段	教师活动	学生活动	设置意图
新课引入 提出问题	提出问题：我们发现，人类当受到外界的答疑或者情感上的刺激时，常常会喝酒来麻痹自己，这种行为在其他动物身上是否也会发生呢		提出问题，引起学生的探究兴趣
第一部分 果蝇介绍	2017 年诺贝尔生理学与医学奖授予了 3 位杰出的科学家，他们发现了昼夜节律的分子机制。他们的研究对象是果蝇。这些小家伙们在近 1 个世纪里获得了 5 次诺贝尔生理学与医学奖，不仅在遗传学，在动物行为和生理方面都作出了重大贡献 提问：那么为什么科学家都钟爱果蝇呢 简介果蝇作为遗传学材料的优点 （1）生存环境及食性 （2）大小，及野生型雌雄果蝇的分辨 （3）果蝇的生长和发育过程（时间） （4）果蝇的培养条件	倾听、交流	介绍选择这种生物的原因以及其特征

续表

教学阶段	教师活动	学生活动	设置意图
第二部分 实验设计	实验材料：5%酵母培养基、乙醇、毛笔、野生型雌果蝇、雄果蝇、体视镜、恒温培养箱、分析天平、培养瓶、试管、小培养瓶、透气棉塞、毛笔 引导学生设计实验 如何设计实验组（失恋的果蝇）和对照组（交配的果蝇） 如何获取未交配的雌性果蝇和雄性果蝇（联系果蝇的生长发育过程） 如何确保果蝇交配或者失恋 如何设计取食装置 取食装置的要求：小、能够测量 交配时间（被拒时间）和进食时间如何控制	进行实验设计，提出问题，思考和讨论，解决问题	引导学生进行实验设计，在过程中不断提出问题、查找资料、解决问题，提高理性思维的能力，真正体验科学探究的思路
第三部分 实验过程	果蝇的观察和性别鉴定 观察：果蝇的结构特征 雌雄果蝇的区别 个体大小　　　　　　　　　雌大、雄小 背面条纹　　　　　　　　　雌5、雄3 腹部形态　　　　　　　　　雌尖、雄钝 交配器官　　　　　　雌产卵器、交尾器 性梳有无　　　　　　　　　雌无、雄有 观察并分辨雌蝇和雄蝇	倾听，在体视镜下观察果蝇，辨别雌雄	培养学生的观察能力和显微镜操作能力
第三部分 实验实施	失恋组和交配组果蝇的培养 失恋组：3个培养瓶，每个瓶子中放入4只未交配的雄蝇和12只未交配的雌蝇，混合培养6小时/天，连续3天 交配组：12只未交配的雄蝇和12只已交配的雌蝇分别单独放入1个培养瓶，混合培养6小时/天，连续3天		培养学生的实验操作能力和解决问题的能力
	取食装置的设计和制作 取食装置的要求 （1）设计2种食物的取食装置（可选择） （2）定量装置 （3）设计为12只果蝇的取食装置，注意果蝇的食量、大小和取食的位置，以及排除排泄物的干扰 学生设计、交流和改进	学生课下自主设计，课上进行交流和改进	鼓励学生设计多样、巧妙的取食装置 培养理性思维的能力和创造力

续表

教学阶段	教师活动	学生活动	设置意图
第三部分 实验实施	(4) 雄蝇的取食 将失恋组和交配组雄蝇取出，分别放入取食装置培养3天，每24h称取食物重量，记录果蝇的进食情况	每天测量食物减轻的重量	培养学生的自主参与意识和动手操作能力
第三部分 实验实施	收集数据，进行分析 (1) 分析实验数据；（汇总全班数据） 学生分组汇报 全班汇总结果，分析 | | | 第一天 | 第二天 | 第三天 | | --- | --- | --- | --- | --- | | 交配组果蝇 | 正常食物 | 0.180 | 0.175 | 0.181 | | | 含酒精食物 | 0.220 | 0.212 | 0.213 | | 失恋组果蝇 | 正常食物 | 0.189 | 0.199 | 0.178 | | | 含酒精食物 | 0.288 | 0.267 | 0.223 | (2) 分析实验中出现的问题 1) 实验中果蝇的死亡和飞出，影响了数据组的有效性 2) 实验中的食物的自然风干，可能会导致食物重量的减轻 3) 实验中果蝇的麻醉是不是会对食物的取食造成影响 4) 实验中实验装置的密闭性可能与果蝇的存活率有关	分组汇报实验数据，进行分析讨论 学生提出问题	课下取数据，课上进行展示和交流，加强理性分析的能力
第四部分 实验总结	深入思考：如果果蝇对于食物的取食受到了交配行为的影响，那么是否这种性状受到基因的调控 果蝇大脑中一个名为神经肽F的化学物质发挥了作用，此前的研究发现，这种物质可以调节生物的酒精偏好	思考	科研实验并没有结束，体验科学探究是一个不断深入的过程

八、实验效果评价

（一）优点

本节课教学设计的主要优点如下：

（1）实验全程由学生主导，体验完整的科学探究活动。本课从提出问题、实验设计、实验装置的设计和使用、实验数据的取得都是由学生自主完成的，学生体验了很多的困难和失败，不断提出问题，不断重新开始，在教师和学生之间的讨论和碰撞将实验逐步推进，体验了真正完整的科学探究过程；

（2）选题有趣，激发了学生极大的兴趣和创造性。来源于生活现象的选题，一开始就引起了学生的浓厚兴趣和讨论热情，教师鼓励学生在课下完成实验装置的设计，学生展现了丰富的想法和创造性，并自己寻找材料、制作和改进装置，利用中午和放学时间来称量和获取实验数据。

（3）在初中阶段引入模式生物果蝇，与高中课程衔接，贯通学生的知识。果蝇作为生物研究领域的模式生物，在遗传学、动物行为和生理学方面作出了重大贡献。其体型小、繁殖力强、世代周期短、易饲养等特点，保证了实验过程的可控性，增大了实验的可信度，且在初中阶段引入果蝇，与高中课程衔接，贯通学生的知识。

（二）不足

（1）实验探究中还有很多的因素可以挖掘。

（2）有些组的实验数据由于果蝇的死亡失去了有效性，实验的重复组次数不够多。

酒精对水蚤心率的影响

上海市蒙山中学　景小军

一、使用教材

上海教育版初中《生命科学》第三章"健康与疾病"第二节"常见病及其预防"第三部分"生活方式与常见非传染病"。

二、实验器材

自制教具：基于无线传输技术的显微镜图像视频采集电子目镜。

常规器材：清水中的水蚤若干，滴管，吸水纸，浓度分别为5%、10%、15%和20%的酒精，载玻片，显微镜，平板电脑。

三、实验创新要点/改进要点

本实验主要想让学生通过探究不同浓度酒精对水蚤心率的影响，学会科学的实验方法，进而引起学生对酗酒等不良生活方式与健康关系的关注。要达成这些目的，以往的实验教学中主要存在如下3个难点：

难点一：水蚤心跳太快，如何精准计数？

难点二：课堂时间有限，如何更加高效？

难点三：实验教学评价，如何更加精准？

因为这些难点，导致以往的实验在40min内目标达成度不高，针对以上难点，我采取了如下的方法进行突破，达到了更好的教学效果。

（一）实验改进之一

针对难点一，我们普遍采用的是打点计数法，但是精度不高。曾经有老师想出了用手机对准目镜，拍摄120帧高速录像慢速回放的方法来精准计数。但是此方法存在如下问题：①对手机硬件要求较高，学生自带手机能满足要求的很少。②安装调试比较费时间。③手机屏幕小，观察不便。④学生自带手机很难管理，部分学校严格禁止学生带手机。我采用自制的"基于无线传输技术的显微镜图像视频采集电子目镜"（见图1）解决了以上问题。

图1　自制电子目镜安装在普通学生用显微镜上

利用自制的电子目镜和平板电脑无线连接，让普通显微镜起到了数码显微镜的效果，既可以拍摄高清晰度的静态图像，又可以录制120帧的高速视频，安装快捷，效果更佳。

（二）实验改进之二

针对难点二，为了更高效地利用课堂时间，我借助"互联网+"环境，利用微信公众号（见图2）开展课前预习素材推送、课后分享实验操作视频等，有效提高了课堂教学效率。

实验数据的收集和实验图表的生成也是课堂教学中比较耗费时间的环节。通过"云协作"的模式进行全班实验数据的同步汇总，利用自制的Excel表，把学生提交的数据自动生成散点图，既高效又直观。

（三）实验改进之三

针对难点三，利用视频实录技术解决了实验教学中异常数据分析以及评价困难的问题。学生开始实验操作时，教师按下录制键，录下学生实验操作的全过程。在实验数据分析环节，如果遇到学生实验数据异常的情况，可以调取学生的操作视频进行回放来分析原因。实验结束后，学生可以扫描二维码，打开网页查看全班同学实验操作的视频，并进行评价和留言（见图3）。

图2 微信公众号截图

图3 学生扫描二维码、观看视频和点评

综上所述，教学中微信公众号的创新运用、自制数码显微镜、实验数据汇总、图表的自动生成、实验过程操作视频实时录制和回放等环节，对学生信息素养的提升和创新能力的培养起到了积极的推动作用。

四、实验原理/实验设计思路

作为探究性实验，本实验的重点是培养学生自主设计对照实验和重复实验，记录并分析实验数据的能力。初二年级学生在实验设计中初步具有设置对照实验和重复实验的思想，但仍缺乏细致思考，实验实施能力较薄弱，记录数据和汇总分析实验数据的效率较低。

课前通过微信公众平台推送自学素材，让学生了解水蚤生活环境以及心脏的位置等信息，并由水蚤神秘死亡的现象引发学生思考：酒精是造成了水蚤死亡的凶手吗？为了进一步探究，让学生在课前自学的基础上交流实验方案；利用视频实录技术，录制学生实验操作的全过程，便于后续分析和评价；利用自制的基于无线传输技术的显微镜图像视频采集电子目镜，高速拍摄显微镜下水蚤的心跳情况，再通过慢速回放以达到精准计数的目的；在精准计数的基础上利用云协作技术，全班同步进行实验数据的提交并自动生成散点图；学生在散点图的基础上进行现象分析，进而关注酗酒等不良生活方式与人体健康的关系。

五、实验教学目标

（1）通过讨论和交流实验方案，关注实验细节，学会设置对照实验与重复实验。

（2）通过收集、整理、分析实验数据的过程，提升实验数据获得和处理的能力。

（3）通过对实验结果的分析讨论，直观感受不同浓度酒精对水蚤心率的影响，从而关注酗酒等不良生活方式与人体健康的关系。

六、实验教学内容

本实验是"生活方式与常见非传染病"内容的一部分。本课从师生校外采集水蚤的生活情境引入，设计实验方案并探究不同浓度酒精对水蚤心率的影响，并在此基础上进行数据分析，引发学生对酗酒等不良生活方式与健康关系的关注。

七、实验教学过程

（一）创设问题情境，激发探究兴趣

本课从师生校外采集水蚤的生活情境引入，由其中某一瓶水蚤全部死亡引发学生的好奇和探究欲望（见图4）。

图 4 微信公众号分享带学生校外采集水蚤场景

（二）组织讨论交流，确定实验方案

学生交流实验方案，明确"对照性原则"和"平行重复原则"，教师引导学生关注实验中的变量，水蚤在酒精中的浸泡时间、水蚤的大小活力等，最终确定完整的实验方案。

（三）分组合作实验，收集记录数据

学生分小组，按照确定的实验方案，分别进行 5% 浓度酒精、10% 浓度酒精、15% 浓度酒精、20% 浓度酒精对水蚤心率影响的测定和计数。由于水蚤心跳太快，为精准计数，教师自主设计了可以配合平板电脑进行高速录像慢速回放的显微镜电子目镜。学生利用电子目镜进行 10s 高速视频拍摄，慢速回放计数（见图5）。

图 5 学生实验操作场景

（四）提交实验数据，自动生成图表

学生扫描二维码打开云协作平台，登录并找到教师共享的 Excel 表，可全班同步录入实验数据，录入情况可在教室前面的大屏一体机上同步呈现。教师复制学生录入数据，打开本地自制的 Excel 表，粘贴数据，表格自动生成基于学生数据的图表（见图6）。

图6 学生同步录入实验数据场景

（五）利用信息技术，开展基于实证的实验分析与评价

教师就生成的散点图进行解释，对于个别异常的实验数据，在调取学生实验操作过程录像的基础上，引导学生分析原因（见图7）。

图7 调取实验操作视频，对异常实验数据进行分析

然后，引导学生读图，发现其背后的规律。学生交流本实验的收获，教师在学生回答的基础上强调，仅由这个实验我们还不能得出酒精是否会影响人体心脏的结论，还需要其他实验来验证，但已知酒精会麻痹我们的神经，过量饮酒会使我们反应变慢，所以千万不能酒后驾车，我们青少年正处在青春发育期，也应该尽量避免饮酒。

最后，学生利用平板电脑扫描二维码，观看所有同学本节课实验操作的录像，并从实验操作规范程度、实验课纪律等角度进行点评（见图8）。

图8 学生回放同学实验操作过程录像后，输入自己的评价意见

八、实验效果评价

（一）设备创新，有效破解水蚤计数难题

自制的"基于无线传输技术的显微镜图像视频采集电子目镜"，高速录像慢速回放，解决了学生找不准水蚤心脏以及因水蚤心跳过快而计数不准的难题。

（二）手段创新，有效提升课堂教学效率

微信公众号在课前学习素材分享、课后教学资源分享中的创新运用，云协作技术全班同步录入数据、自制 Excel 表自动生成图表技术的运用，有效地提升了课堂教学的效率。

（三）评价创新，有效解决实验评价难题

基于视频实录回放技术的新型评价方式，学生扫描一下二维码就可以看到本节课所有同学实验操作的过程，并且看完后能在视频下方进行评价。对于在课堂上来不及回放的视频，学生还可以通过微信公众号输入关键词，回家下载后继续观看评价。这种方式有效解决了传统实验教学中无法对学生的实验操作进行精准评价的难题。

（四）反思

关于水蚤心跳的研究结论，究竟如何更好地联系酒精与人体健康的关系，还可以进一步研究。

模拟探究水污染对生物的影响以及生物的净化作用

福建省厦门第一中学　黄春晓

一、使用教材

本实验是人教版《生物学》七年级下册第四单元第七章第二节"探究环境污染对生物的影响"关于水污染的拓展创新实验。

二、实验器材

水蚤、水蕴草、硝化细菌制剂、洗衣粉、洗洁精、洗手液、蒸馏水、250mL烧杯、10mL量筒、玻璃棒、胶头滴管、棉絮、载玻片、电子秤、药勺、镊子、数码显微镜、计数器。

三、实验创新要求/改进要点

教材第七章第二节"探究环境污染对生物的影响"前半部分内容围绕大气污染安排模拟探究活动"酸雨对生物的影响",后半部分则介绍了我国的水污染情况及水污染防治措施。

受"酸雨对生物的影响"探究实验的影响和启发,不少学生要求再试一试水污染对生物的影响。为了满足学生的探究热情,教师组织学生小组合作设计并实施实验"探究水污染对生物的影响"。有一组学生在实验方案中提出"水草能不能净化污水"的问题,受到该组学生的启发,教师将实验拓展到"生物对污染水质的净化作用",这有利于帮助学生深刻理解生物与环境的关系。本实验充分体现了学习中教学相长的乐趣。

由于这个实验是学生自己"要来的"实验,学生自主性强,参与度高,积极参与共创最优实验方案。从发现问题、选取实验材料,设计实验思路,再到数据统计和作图分析等,在科学探究过程中运用理性思维,实现了在教材基础上的深度学习。

四、实验原理/实验设计思路

(一) 实验一:探究水污染对生物的影响

家庭洗涤类污水是学生最常见的污水,本实验在学生讨论的基础上,选取洗涤剂溶液(洗衣粉、洗手液、洗洁精)模拟洗涤污水。选取水蚤作为水污染指示生物,水蚤身体透明,对污染物敏感,在短时间内就能表现出变化,是污染生态学领域的模式生物。选取水蚤,受到人教版八年级下册"探究酒精对水蚤心率的影响"的启发,也为该实验积累经验。

(二)实验二:探究生物对污染水质的净化作用

结合家庭养鱼的经验,选取沉水植物、硝化细菌制剂对模拟污水进行净化,观察水蚤的心率变化。

(三)小组合作设计并实施实验

学生小组根据兴趣选择模拟洗涤污水的种类及净化生物(见表1),体现了实验的开放性,极大地调动了学生积极思维、主动参与学习的积极性;选取同种模拟洗涤污水的小组之间可共享实验数据,不仅节省了重复实验的时间,还可进行生物净化效果的横向对比。

表1 学生分组实验

	硝化细菌净化	沉水植物净化	细菌+植物净化
洗衣粉	第3小组	第2小组	第4小组
洗手液	第7小组	第1小组	第5小组
洗洁精	第6小组	第9小组	第8小组

(四)收集和分析数据

在数码互动实验室组织实验观察,收集水蚤在培养液、模拟污水及净化水中的心率变化,进一步在Excel中完成作图分析,有效提高课堂效率。有3个亮点:一是运用数码显微镜的实时拍摄技术,突破水蚤心率计数难点;二是有助于教师实时反馈各小组的实验进度,及时给予指导和帮助;三是有利于学生之间的共享和交流。

五、实验教学目标

(1)设计并实施模拟探究活动,分析水污染对生物的影响,以及生物对污染水质的净化作用。

(2)在探究活动中与同伴合作解决问题,进一步理解科学探究,提升科学探究能力。

(3)关注生活中的污染问题,从爱护生物圈的角度,提升改进生活习惯,减少生活排污的自觉性。

教学重难点:小组合作设计并完成探究活动。

六、实验教学内容

(一)配置模拟污水梯度溶液

选取一种生活洗涤用品(见图1),根据预实验(以出现水蚤致死效应为界)

确定污水浓度梯度，如洗衣粉选取 0.25%、0.5%、1%、2%4 个浓度。

图 1　配置模拟污水梯度溶液

（二）第一次水蚤心率计数

观察水蚤在对照组（培养液）和实验组（模拟污水）中的心率变化，具体操作如下：用胶头滴管吸取培养液中的水蚤置于载玻片中央，撕取少量棉絮置于液滴中，静置 1min 后置于数码显微镜下观察，用计数器辅助记录水蚤心率；吸干载玻片上的培养液，迅速向水蚤滴加污水，静置 1min 后置于数码显微镜下观察，记录水蚤心率（见图 2）。

图 2　水蚤心率计数

（三）生物净化处理

选取沉水植物（水蕴草）或硝化细菌制剂或两者混合进行污水净化，分别向 200mL 污水中加入 20g 水蕴草或 2mL 硝化细菌制剂，静置 24h（见图 3）。

图 3　生物净化

（四）第二次水蚤心率计数

方法同步骤二。

（五）数据处理与绘图

将水蚤在培养液、模拟污水、净化水中的心率记录整理在 Excel 实验报告里，绘制折线图（见图 4）。

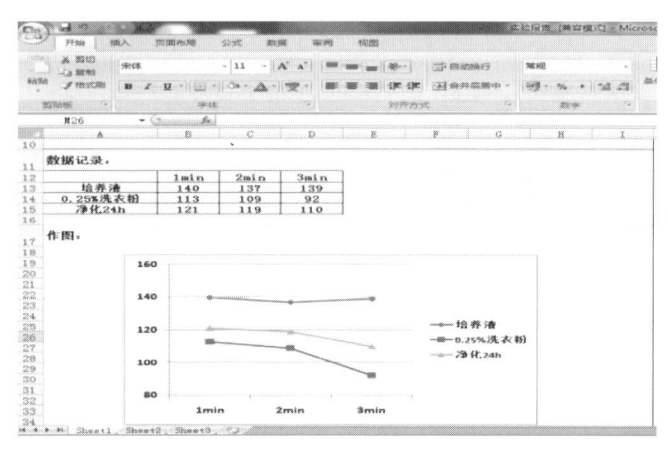

图 4　用 Excel 绘制水蚤心率变化图

（六）分析数据

对比分析水蚤在 3 种溶液中的心率变化，以下以水蕴草净化洗衣粉溶液为例（见图 5）。

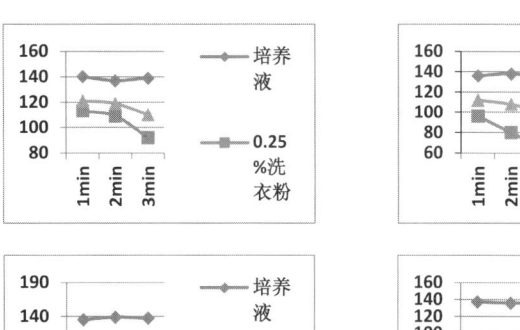

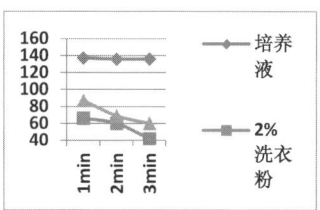

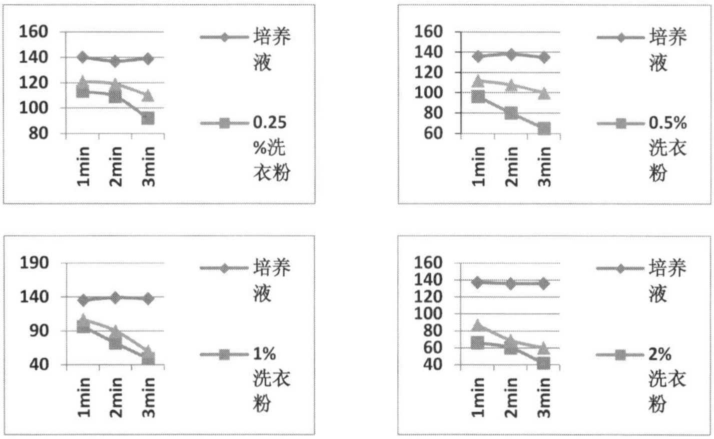

图 5　水蚤心率变化图

其他模拟洗涤污水（洗洁精、洗手液）对水蚤心率的影响与洗衣粉溶液相似，生物净化效果也相似。实验结果显示，生活洗涤类污水（洗衣粉、洗洁精、洗手液等）对水蚤心率有明显的抑制作用，经生物净化后的污水对水蚤心率的抑制作用减弱。

七、实验教学过程

教学环节	教师活动	学生活动	教学意图
第一课时			
导入	针对课前学生提出的问题，汇总各组讨论结果，一起探索实验材料：从哪里收集被污染的水用于实验？选取何种生物作为水污染的指示生物	全班讨论，达成共识 （1）选择家庭洗涤类污水，以洗涤剂溶液模拟洗涤污水 （2）分析不选绿豆种子、金鱼的原因，最终确定对污染物敏感、在短时间内就能表现出变化的水蚤作为水污染指示生物	拓展思路激发兴趣深度学习
探究1：水污染对生物的影响	实验方案讨论 （1）只选用一种模拟污水浓度可行吗 （2）是否需要设计对照实验？如何设计 （3）如何保证在对水蚤心率进行计数时污水不被培养液稀释 （4）只选取一只水蚤记录心率，结果准确吗 （5）为方便记录心率，如何限制水蚤的运动 （6）只做一组模拟污水实验，结果可靠吗 指导学生分组实验	思考讨论，全班达成共识 （1）参考酸雨实验，设置模拟污水浓度梯度 （2）将培养液作为对照组，模拟污水作为实验组 （3）先将载玻片上的培养液吸干，再迅速向水蚤滴加污水 （4）每组至少选取3只水蚤计数，取平均值 （5）撕取少量棉絮平铺在液滴中 （6）需做重复实验，小组之间可形成重复组 分组操作，运用数码显微镜的实时拍摄技术，观察记录水蚤在培养液和模拟污水中的心率变化	引发学生思维碰撞 全员参与共创最优实验方案 小组成员分工合作
探究2：生物对污染水质的净化作用	针对学生小组提出的问题水草能否净化被污染的水启发全班进一步探究生物对污染水质的净化作用，引发学生思考选取何种生物用于污水的净化指导学生分组实验	小组讨论：结合家庭养鱼的经验，确定选取沉水植物和硝化细菌制剂进行污水净化 分组操作，完成生物的净化	联系生活创新设计
第二课时			

续表

教学环节	教师活动	学生活动	教学意图
探究2：生物对污染水质的净化作用	指导学生分组实验 通过数码互动实验室系统发放实验报告给各小组 引导全班共同讨论实验结果，得出结论	分组操作，运用数码显微镜的实时拍摄技术，观察记录水蚤在净化水中的心率变化 汇总实验数据，在Excel中绘制水蚤心率变化图，完成并提交实验报告 分析讨论，表达交流，得出结论：洗涤污水对水蚤心率有明显的抑制作用，经生物净化后的污水对水蚤心率的抑制作用减弱	组内分工 组间合作 理性思维
情感升华	引发学生根据实验结果谈谈如何保护环境 展望未来，介绍新兴科技：无需洗涤剂的新型环保洗衣机，如离子洗衣机、超声波洗衣机、新概念超能洗衣机等	确立保护生物圈的意识：生活中应减少洗涤剂用量；衣物尽量做到少次多量清洗	感悟生命 社会责任

教学流程：实验回顾、导入新课→发现问题、引发探究欲望→联系生活、师生共创最优方案→小组合作、探究水污染对生物的影响→小组合作、探究生物对污染水质的净化作用→汇总全班数据、得出结论→情感升华、保护生物圈。

八、实验效果评价

学生受"酸雨对生物的影响"探究实验的影响和启发，提出"探究水污染对生物的影响"的探究设想，在教师的指导下，合作设计解决方法，进而利用科学、技术、数学等知识解决问题，并运用理性方法验证解决效果。从实验设计到实施，班级成员汇聚集体的理解、努力和分工来寻求问题的解决。总的来说，本实验的创新价值主要表现在以下4个方面。

（一）源于生活

关于人类活动对环境造成的影响，相对于大气污染而言，家庭洗涤类污水更贴近学生的生活。本实验选取洗涤剂溶液作为模拟生活污水，模拟探究水污染对生物产生的影响，同时调动学生家庭养鱼经验提出污水净化方法，有效激发了学生的探索欲望。

（二）创新思路

在教师的指导下，学生从生活中的真问题出发，改进已有研究方法用于解决新问题，组内分工、组间分享，从模仿"探究酸雨对生物的影响"所做的"探究水污染对生物的影响"实验，到进一步"探究生物对污染水质的净化作用"，拓展出全新的实验。同时，借助数码互动实验室大大提高了实验教学的效率，体现出技术创新对教学的促进作用。

（三）深度学习

生活中的问题往往是复杂的问题，本实验立足于培养学生在真实情境下通过合作解决现实问题的能力，在实验过程中，学生小组合作、充分运用理性思维共同完成实验的设计、实施、分析和交流，并进一步深刻理解生物与环境的关系，这种深度学习正是学生成长所需要的。

（四）感悟责任

通过对本实验的探究过程，学生直接观察到生物与环境相互影响的现象，感悟到生活中习以为常的习惯也有可能对环境造成不良影响，需要作一些改进。从小处说，这是个人习惯的小改变，从大处看，如果人人都自觉践行环保生活，那么人类对生物圈产生的负面影响一定会大大降低，由此增进学生的社会责任。

▶高中生物

植物细胞的吸水和失水实验的探究和改进

柳州市第一中学 易沭彤

一、使用教材

人教版高中《生物必修1》第四章第一节。

二、实验器材

数码显微镜、Motic 数码显微交互系统、载玻片、盖玻片、镊子、培养皿、烧杯、滴管、切丝器；黑墨水、蓝墨水、红墨水；细叶蜈蚣草、洋葱、葱花、萝卜；学生自带的实验材料等。

三、实验创新与改进要点

（一）创新点一

自制"心花怒放"魔术实验导入，激发兴趣（见图1）。

图1 "心花怒放"魔术实验

（二）创新点二

教材实验材料紫色洋葱鳞片叶表皮细胞，不能清晰地观察原生质层，也不能直观地看出外界溶液是否透过细胞壁，经过将多种材料比较之后，选择了细叶蜈蚣草为实验材料。

（三）创新点三

配上学生学习生活常用的红墨水为实验试剂，观察原生质层和细胞壁，指示清晰、现象明显。能更好地证明原生质层相当于一层半透膜，细胞壁具有全透性。

（四）创新点四

选用萝卜和葱花为实验材料，从宏观方面观察植物细胞的吸水和失水。用切丝器代替打孔器，节约时间，提高效率（见图2）。

图2 用切丝器切割的形态大小相同的萝卜丝

（五）创新点五

Motic 数码显微交互系统的使用融入互动教学（见图3）。教师可以及时监控、同步示范、交互反馈、效果共享。

图3 Motic 数码显微交互系统

四、实验原理、实验设计思路

（一）实验原理

内因：原生质层的伸缩性大于细胞壁。

外因：当细胞液浓度小于外界溶液浓度时，细胞液中的水分就透过原生质层进入外界溶液中，使细胞壁和原生质层都出现一定程度的收缩，进而质壁分离。当细胞液浓度大于外界溶液浓度时，外界溶液中的水分就会透过原生质层进入细胞液中，整个原生质层就会慢慢恢复成原来的状态，使植物细胞逐渐发生质壁分离的复原。

（二）实验设计思路（见图4）

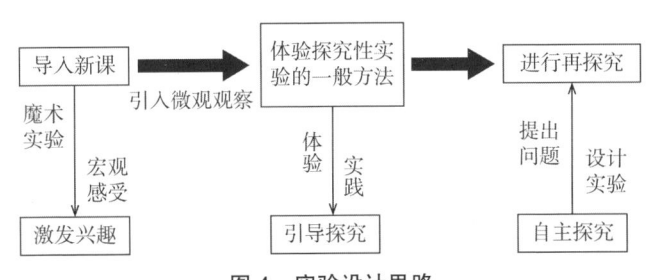

图4 实验设计思路

五、实验教学目标

（一）知识与技能目标

（1）简述原生质层的概念。

（2）探究水分进出细胞的方式及原理。

（二）过程与方法目标

（1）学生的探究性思维和实验探究的能力得到提升。

（2）学生在实验操作过程中增强动手能力。

（三）情感态度与价值观目标

（1）学生养成质疑、求实、创新的科学态度和精神。

（2）学生通过合作、分享和表达，提升沟通和交流的能力。

六、实验教学内容

（一）教材实验

观察洋葱鳞片叶表皮细胞的吸水和失水。

（二）创新实验

（1）观察细叶蜈蚣草细胞的吸水和失水。

（2）观察葱段、萝卜丝的吸水和失水。

七、实验教学过程

（一）环节一：实验准备

课前进行实验分组，准备实验仪器材料并发放实验卡。

（二）环节二：实验过程

（1）利用"心花怒放"魔术实验导入，引发学生兴趣。

（2）展示成熟的植物细胞显微结构示意图，引出原生质层的概念。

（3）提出问题，原生质层是否相当于一层半透膜？

（4）进行实验：学生体验探究实验的一般过程。

实验中，学生制作临时装片，在数码显微镜下观察，可利用平板电脑进行拍照和录像来记录现象，教师利用主机监控每台平板的图像变化情况，将优秀作品同步示范；学生可使用"作业上交"功能提交作业，及时反馈。

学生在观察洋葱鳞片叶表皮细胞时，发现不能清晰观察原生质层（见图5），进而引导学生思考：通过更换实验材料来进行改进。

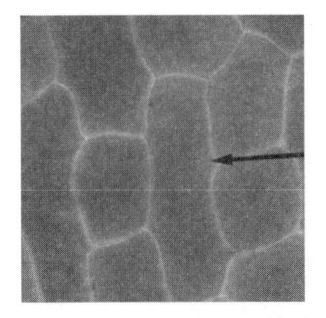

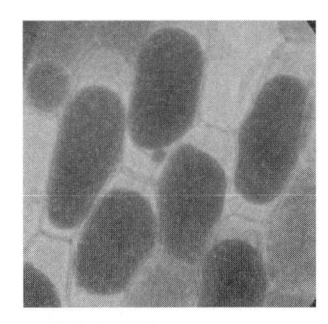

图 5　洋葱鳞片叶表皮细胞及失水情况

学生用自带的实验材料进行实验并观察，发现细叶蜈蚣草叶片细胞发生质壁分离后，原生质层清晰可见，是较为理想的实验材料（见图 6）。于是，全班同学以此为实验材料进行实验，在 0.3g/mL 蔗糖溶液中细叶蜈蚣草叶片细胞发生质壁分离后原生质层清晰可见，同时学生还发现，质壁之间有空隙。

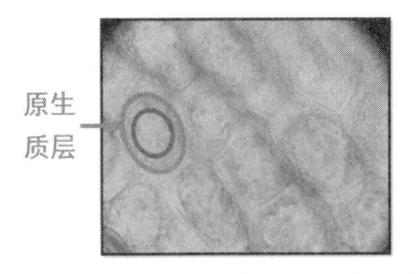

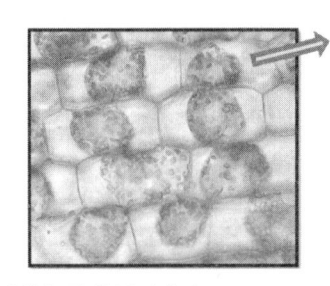

图 6　细叶蜈蚣草叶片细胞的质壁分离

在教师的引导下，学生很容易想到用墨水进行颜色标记。经学生探究发现，蓝色、黑色因和底色相近，效果较差。在含红墨水的 0.3g/mL 蔗糖溶液中，观察的效果较好，可以清晰地看到 3 个不同颜色区域：无色、绿色、红色（见图 7）。无色区是细胞液，红色区是外界溶液透过细胞壁后所处位置，绿色区域外边界是细胞膜，内边界是液泡膜，再加上两膜之间的细胞质，就是我们所说的原生质层。

图 7　浸在含红墨水的 0.3g/mL 蔗糖溶液中的细叶蜈蚣草叶片细胞

（三）环节三：结果分析与交流

学生展示实验结果：当植物细胞在 0.3g/mL 蔗糖溶液中时，因外界溶液的浓度大于细胞液的浓度，水分从细胞液进入外界溶液中，植物细胞失水，发生质壁分离现象，能观察到植物细胞的细胞壁和原生质层分离开；接着，将该植物细胞浸泡在清水中，因外界溶液的浓度小于细胞液的浓度，水分从外界溶液进入细胞液中，植物细胞吸水，发生质壁分离复原现象。水分子能自由进出原生质层，但蔗糖分子不能。

结论：原生质层相当于一层半透膜。

（四）环节四：发现新问题，进行再探究

通过观察现象，引导学生分析原因，提出新问题：植物细胞在高浓度蔗糖溶液中，发生质壁分离不复原，请同学们来分析原因。长时间质壁分离也会导致植物细胞失水死亡，怎样的状态才适宜植物的存活？能否找出溶液的某种浓度，使植物吸水和失水达到平衡？请同学们根据探究性实验的一般方法进行探究，完成实验卡任务。

学生设计、进行实验，记录现象并进行分析（见表1）。

表1 探索蔗糖溶液引起植物细胞发生质壁分离的最低浓度

所选植物：＿＿＿＿	清水	0.1g/mL 蔗糖溶液	0.2g/mL 蔗糖溶液	0.3g/mL 蔗糖溶液	0.4g/mL 蔗糖溶液	0.5g/mL 蔗糖溶液
实验前观察的图像						
实验后观察的图像						
对水分的吸收情况						
质壁的位置变化						
该植物细胞液浓度大致范围						

学生展示探究方法、实验结果，得出实验结论。有学生选了葱花为实验材料，经实验前后对比，分析得出葱花对水分的吸收情况，并推断原生质层和细胞壁的位置变化关系，从而得出葱花细胞细胞液浓度的大致范围。除了葱花，还有以萝卜丝、洋葱鳞片叶表皮细胞、细叶蜈蚣草叶片细胞为实验材料的，分别从宏观和微观两个方面进行探究。

（五）环节五：课堂小结

实验结果进行整理汇总，发现植物细胞在不同浓度的蔗糖溶液中吸水情况不同；相同浓度的蔗糖溶液中，不同植物细胞的吸水情况也不同（见表2）。

表2 探索蔗糖溶液引起植物细胞发生质壁分离的最低浓度

实验材料	清水	0.1g/mL 蔗糖溶液	0.2g/mL 蔗糖溶液	0.3g/mL 蔗糖溶液	0.4g/mL 蔗糖溶液	0.5g/mL 蔗糖溶液
葱花	−	+	++	+++	++++	+++++
萝卜丝	−−	−	+	++	+++	++++
洋葱鳞片叶表皮细胞	−−	−	+	++	+++	
细叶蜈蚣草叶片细胞	−−	−	+	++	+++	++++

注：表中"+"表示质壁分离的程度，"−"表示不发生质壁分离。

比较蔗糖溶液引起不同植物细胞发生质壁分离的最低浓度（见图8），可以基本推断出不同植物细胞的细胞液浓度有所区别。在此，如果要确切地找出植物细胞液的浓度值，学生还需设计实验进一步探究。

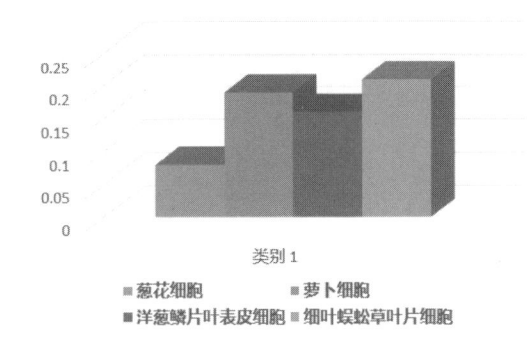

图8 蔗糖溶液引起不同植物细胞发生质壁分离的最低浓度

（六）环节六：学以致用

通过实验，联系生活，有学生提出希望能找到细胞液浓度足够大的某种植物来治理盐碱地，改善生态环境。

八、实验效果评价

（一）观察能力的提升

本节课通过对实验材料用具的创新，学生在观察中，去发现问题，不断改进，直到能更清晰直观地观察相关细胞结构，利于养成质疑、求实、创新的科学态度和精神。

（二）操作能力的提升

通过实验，制作临时装片、切萝卜丝等环节，学生的动手能力、操作能力得以提升。

(三) 探究性思维能力的提升

整个实验是按照探究性实验的一般方法设计，学生可以很好地体验探究的过程，最后，学以致用，设计实验进行探究。在这一系列实验过程中，学会分析，学会思考，在思维和智慧上得到培养。

(四) 合作交流的能力的提升

学生通过合作、分享和表达，提升沟通和交流的能力。

探究植物细胞液渗透压与植物抗寒性的关系

武汉市第三中学　刘微涓　曾璐

一、设计理念

本实验是在人教版高中《生物必修1》课本实验"观察植物细胞的质壁分离及质壁分离复原"的基础上，按照生物学科核心素养的培养要求设计的一个拓展试验。本实验的创新之处是基于课本实验但高于课本实验，将课本的定性观察实验提升为定量探究实验。

本实验充分体现了生物学核心素养的要求：

（1）通过让学生探究植物细胞液渗透压（结构特点）与植物抗寒性（功能特点）的关系使学生建立"结构和功能相适应"的生命观念。

（2）引导学生用实验数据阐述植物抗寒能力，并从这个过程中锻炼理性思维能力。

（3）让学生亲身经历发现现象、提出问题、设计实验、寻找证据、得出结论的探究过程，领悟科学探究的真谛。

（4）通过学生用所得出的实验结论对生产生活提出建议，明确生物学科应该承担的社会责任。

二、实验目的

探究植物细胞液渗透压与植物抗寒性的关系。

三、实验原理

（1）当外界溶液渗透压高于细胞液渗透压时，细胞会发生质壁分离现象。

（2）植物冻伤的原因之一是自由水在低温下结晶对原生质造成伤害（其他原因高中阶段无法完成其探究）。

（3）不同植物含水量不同，在相同外界溶液的处理下，渗透压高的质壁分离程度低。

四、实验材料、试剂及仪器

（一）材料

紫背孔雀竹芋、紫甘蓝、鸭跖草。

（二）仪器

数码显微镜。

（三）试剂

0.3g/mL 蔗糖溶液、清水。

（四）器具

滴管、烧杯、刀片、镊子、载玻片、盖玻片。

五、实验教学过程

（一）创设情景

首先复习教材中"自由水与结合水的比值与抗逆性的关系"。再为学生介绍植物冻伤的原理，即自由水在低温下结晶对原生质造成伤害。最后为学生介绍3种抗寒能力不同的植物（见表1）。

表1

植物	紫背孔雀竹芋	鸭跖草	紫甘蓝
冬季种植情况	室内过冬，套保温薄膜	室外过冬，套保温薄膜	抗寒能力强，能耐受-7~-5℃低温

（二）提出问题

（1）引导学生思考：为什么不同类型的植物抗寒能力会不同呢？学生的回答思路是：不同的植物自由水的含量不同，含水量越低，抗寒能力越强。

（2）进一步引导学生思考：联系高中阶段我们所学的知识和实验，我们怎样通过实验来测量不同植物的含水量的高低呢？学生的回答思路是：含水量不同，渗透压不同，相同外界溶液处理相同时间后质壁分离的程度不同。

（3）让学生分组讨论观测质壁分离的程度的具体指标，同时确定实验目的和实验方案。

（三）实验过程

（1）分组：两人一组。

（2）进行实验，收集并数据。

图1~图4是各组学生设计的实验数据记录表格。

分组	紫背孔雀竹芋			紫甘蓝			鸭跖草		
	1	2	3	1	2	3	1	2	3
相同时间发生质壁分离的百分比									
平均值									
结论									

图 1

分组	紫背孔雀竹芋			紫甘蓝			鸭跖草		
	1	2	3	1	2	3	1	2	3
细胞初始发生质壁分离所需时间									
平均值									
结论									

图 2

分组	紫背孔雀竹芋			紫甘蓝			鸭跖草		
	1	2	3	1	2	3	1	2	3
相同时间不同植物原生质面积/细胞面积									
平均值									
结论									

图 3

分组	紫背孔雀竹芋			紫甘蓝			鸭跖草		
	1	2	3	1	2	3	1	2	3
相同时间不同植物原生质长度/细胞长度									
平均值									
结论									

图 4

（四）得出结论

见图 5~图 10。通过讨论，同学们得出的结论是：不同植物细胞含水量越低，渗透压越高，抗寒能力越强。

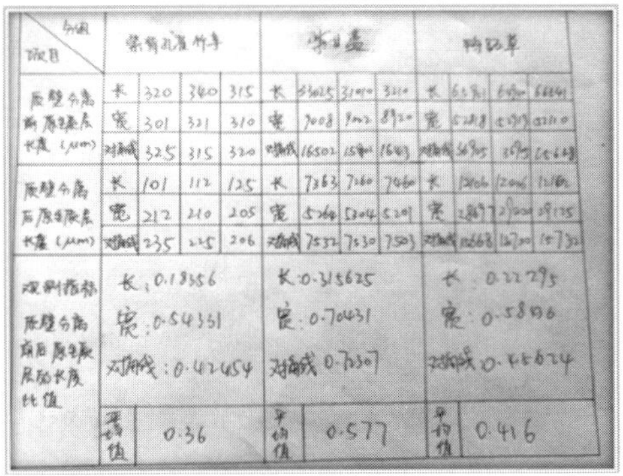

图 5

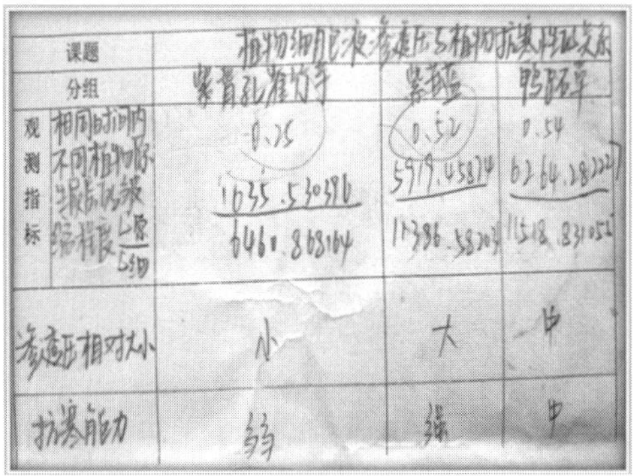

图 6

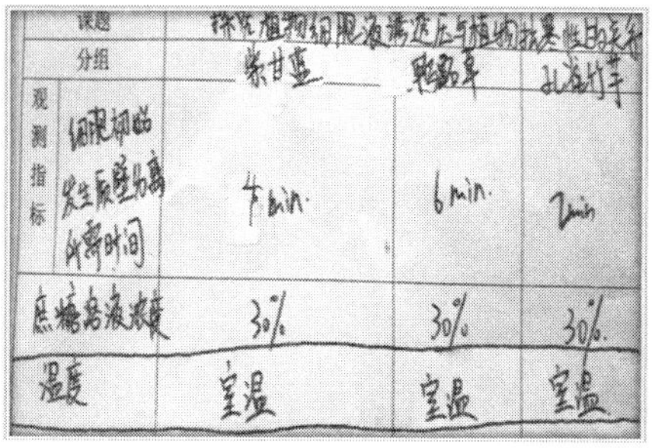

图 7

图 8

图 9

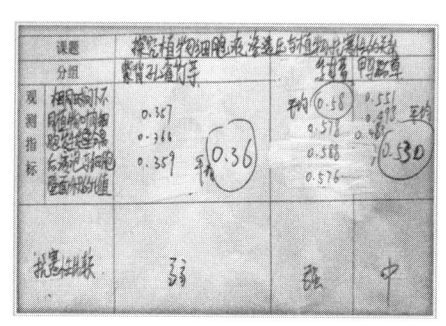

图 10

（五）误差分析

学生讨论分析得出：

（1）没有控制无关变量的一致性。

（2）不规则细胞长度测量不准确。

（3）细胞发生初始质壁分离的时间点不易记录。

（六）实验结论的实际运用

（1）利用基因工程将抗寒基因导入到农作物。

（2）因地制宜，不同气候的地区种植不同抗寒能力的植物。

（3）抗寒能力弱的植物渗透压较低，施肥浓度应该较低。

（七）实验效果

（1）所有小组都观测到 3 种材料的质壁分离现象。

（2）能够用数据说明相同浓度外界处理后 3 种植物细胞的不同质壁分离程度。

（3）能够得出科学的探究结论。

六、教学评价

（1）本实验贯彻了核心素养的培养理念。

（2）学生参与度高，体验了发现现象、提出问题、设计实验、寻找证据、得出结论的全部探究过程，科学探究热情被激发。

七、教学反思

（一）把握实验教学阵地，培养生物核心素养

这节课是一节基于教材实验又高于教材实验的拓展课，学生不仅建立了结构和功能相适应的生命观念，还锻炼了理性思维，体验了实验探究的过程，畅谈了自己的研究成果在生产生活中的利用。这节课达到了培养生物核心素养的目标。这也说明生物这一门实验科学，必须立足于实验，作为教师更应该把握好实验教学。

（二）打破教学思路定势，拓展学生创新空间

在确定观测指标的过程中，我发现学生的思维远比我预想的要活跃，他们提出的实验方案非常新颖，这说明学生的创新能力是不可估计的，所以我们在教学中应该给予学生足够的思维空间，不要用自己的思维定式去约束学生。

（三）加强数据处理训练，提高理性思维能力

10个小组的数据处理表格中只有2个小组注意了平行重复原则，计算了平均值。这说明学生的数据处理经验不足，应该在将来的教学过程中加强训练。

关于"膜透性"的探究实验

哈尔滨师范大学附属中学　范世一

一、使用教材

人教版《生物必修1》第四章第一节"物质跨膜运输的实例"第一课时。

二、实验器材

（一）自制教具

漏勺、注射器、去壳鸡蛋、模具、手机支架。

（二）实验器材

马铃薯块茎，清水，红墨水，9°米醋，3%、5%、8%氯化钠溶液，30%、50%、饱和蔗糖溶液等；电子天平，长颈漏斗，玻璃纸，铁架台，烧杯等。

三、实验创新点或改进要点（见表1）

表1　实验创新点或改进要点

创新设计	改进效果
材料选择：鸡蛋、马铃薯块茎、米醋等	成本低廉
材料处理：米醋浸泡鸡蛋14h去除鸡蛋壳；用模具切出统一大小薄厚的马铃薯圆片	方便有效
实验器材：电子天平、自制漏勺、绘图纸等	定量研究
课前资料上传网盘；实验现象手机与屏幕镜像	结果共享 无线同步
作业盒子及时检测	教学辅助
实验报告单	多元化合理评价
渗透装置改进	改进目的
用鸡蛋壳膜代替玻璃纸	体会生物膜与半透膜的关系
提供3种浓度梯度蔗糖溶液	总结渗透速率与浓度差关系
提供蔗糖酶和斐林试剂	探究蔗糖能否透过玻璃纸

四、实验原理或实验设计思路（见图1）

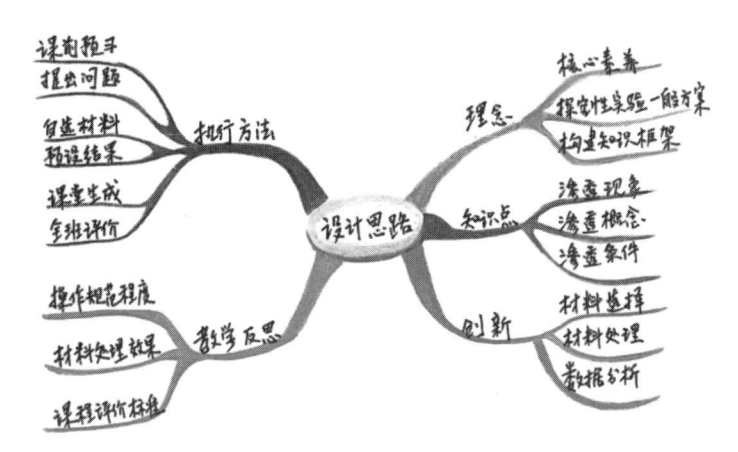

图1 设计思路思维导图

五、实验教学目标

（一）知识与技能

（1）举例说出细胞膜是选择透过性膜。

（2）掌握渗透作用发生的概念和条件。

（3）能够将数据转换成曲线图，理性分析数据与误差。

（二）过程与方法

（1）学习并体会科学探究的一般方法和思维路径。

（2）通过自学、小组合作等学习方法，形成科学探究能力。

（三）情感态度与价值观

（1）认同科学探究的严谨与艰辛。

（2）提高对生命观念的认同感，提高学生的社会责任感与使命感。

六、实验教学内容（见表2）

表2 实验教学内容

学生活动	探究活动内容	目的
探究活动一	马铃薯块茎细胞膜透性探究实验	体验植物细胞吸水和失水现象（感性认识）
探究活动二	鸡蛋壳膜透性探究实验	体验动物细胞吸水和失水现象（理性分析—定量研究）
探究活动三	渗透装置系列实验	总结渗透作用的概念及条件

七、实验教学过程

（一）情境引入

袁隆平海水稻试验田的科学进展新闻。

（二）探究活动

学生设计实验方案，小组完成探究"膜透性"（马铃薯、鸡蛋、玻璃纸）。

（三）学以致用

利用所学知识，设计实验方案探究生物膜的选择透过性，理解情境的科学原理，唤醒学生社会责任意识。

八、实验教学效果与评价

（一）生命观念的认同

细胞是最基本的生命系统，细胞对物质的选择依赖于细胞膜。所以本节内容是培养学生生命观念的良好素材。

（二）探究能力的提升

学生需要进行至少3项自主探究，发现问题，提出问题，设计并完成实验方案，以及得出结论。通过教师问题引导与自主实验提升探究能力。

（三）理性思维的培养

学生通过将实验数据处理成曲线图、误差分析等环节，从感性认识提升到理性分析，从定性到定量研究，有助于培养理性思维。

（四）社会责任的提升

通过分析渗透作用在作物育种方面的应用，唤醒学生的社会责任意识。

九、板书设计（见图2）

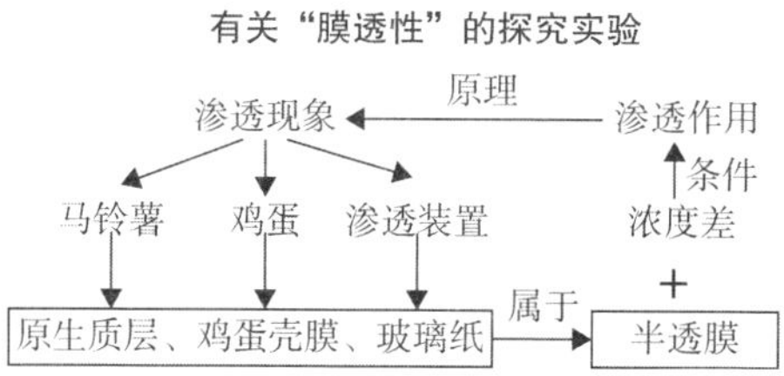

图2 板书设计

细胞大小与物质运输的关系

山东省日照实验高级中学　高华清

一、使用教材

人教版《生物必修1》中"细胞的增殖"。

二、实验器材

琼脂、碘液、直尺、刀、模具、烧杯、天平、注射器、玻璃棒、滤纸、胶头滴管。

三、实验创新要点（见图1）

亮点	教材原实验	改进实验
1. 原材料的选择	琼脂（均匀介质）	理性保留
2. 实验原理(颜色反应)	化学反应（NaOH+酚酞）：稍复杂	物理反应（碘液）：简单、安全
3. 实验的安全性	NaOH有腐蚀性	使用碘液，注意通风即可
4. 实验时长	10min	通过预实验，测得相应浓度的碘液扩散速率，确定染色时长为5min
5. 模拟细胞形态的模型	只有模拟植物细胞的正方体模型	增加模拟动物细胞的球体模型
6. 细胞模型的制备方法	不明确	创新琼脂块切割方式，获得标准正方体；使用模具，获得标准球体
7. 对照组的设置	不明确	增设一组扩散方向相反的对照实验
8. 实验结果的分析形式	表格数值计算	引入两种数学模型

图1　实验创新点

四、实验原理

简单的物理反应，深棕色碘液能将透明琼脂染色。

五、实验教学目标

（一）知识目标

通过对本实验的探索，掌握实验原理，理解相对表面积的意义，理解细胞不能无限长大的原因。

（二）能力目标

提高学生科学探究、严谨设计、动手操作、跨学科解决问题的能力。

（三）情感态度价值观目标

培养学生质疑、求实、创新精神，体验科学探究的思维过程和方法，以感受漫游科学的快乐。

六、实验教学内容

掌握教材实验过程，创新实验思路。

七、实验教学过程

按照科学探究的流程，分5个环节：提出问题，作出假设，设计实验，进行实验，得出结论。

（一）提出问题

细胞大小与物质运输两者是什么关系？

（二）作出假设

呈正相关或负相关。

（三）设计实验

这一部分是师生共同交流完成的，主要涉及以下4个问题。

问题一：NaOH在酚酞中变红的原理是什么？学生普遍知道是酚酞已溶解在琼脂块中，当把琼脂浸在NaOH中时，NaOH与琼脂中的酚酞发生化学反应呈紫红色。但NaOH有强烈的腐蚀性，所以有些同学可能会有心理压力而降低实验积极性。那么从安全角度考虑，可否换用其他显色反应呢？大部分学生会搬来刚刚所学的知识，蛋白质遇双缩脲试剂变紫色，还原糖与斐林试剂呈现砖红色沉淀等。但有一个小组同学说其实可以打破思维定式，不只利用化学反应，完全可以在物理层面上直接用染色剂染琼脂，如碘液。考虑到物理反应更加简单，加之后来实验效果明显，我们采纳了这个建议。

问题二：可否换用其他材料代替琼脂？如感温变色杯材料、豆腐、面包、面团、馒头等。其他同学虽然不置可否，但指出材料的内部必须是均匀的，才能保证同种物质在材料中的扩散均匀。很好地使用了单一变量原则！我们来看一下这些材料，豆腐、面包、馒头等在制作过程中会产生气泡形成不同大小的蜂窝，断然不是均匀介质！变色杯表面上有蓝色的退却或呈现，但只有能量传递，没有物质运输。而此时我也适时说明琼脂的制作方法和特性，最后仍然保留教材既定材料琼脂。

问题三：为了避免后期实验的盲目性，有一组学生提出设立预实验，通过一系列梯度实验发现：0.5g/mL的碘液在琼脂中扩散10min，扩散深度为8mm。

问题四：既然模拟细胞物质运输，实际情况是细胞向内向外都有物质运输，可否增加一组扩散方向相反的对照实验？图2中左图是原实验向内扩散的示意图，右图是对照实验的示意图，典型的对照原则。设计理念不错，那么实际操作应该如何设计呢？有一组学生提出可以将不同大小的3块已浸透碘液的琼脂块同时放入盛有洗脱剂乙醇的烧杯中，统计3块琼脂洗脱干净的时间进行比较。很快有人质疑，3块琼脂，不同体积，不同体积的琼脂中的碘分子的数目和扩散起点也不同，违背单一变量原则。由于种种限制因素，所以我们最终转为以半球为研究对象。

综上，我们确立了3处改造：①显色反应改造：从安全性和简便性考虑，用物理反应代替化学反应。②细胞模型改造：用球体和正方体模型分别模拟动物植物细胞。③对照实验改造：设置对照实验，模拟物质由内向外扩散。

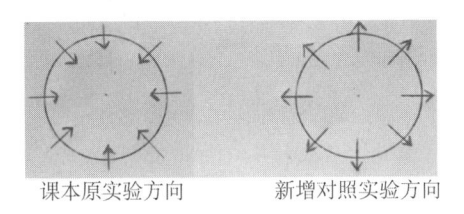

图2 对照实验示意

（四）进行实验

创新方案落定，我们就可以进行实验了。首先制备材料琼脂，制备正方体模型，琼脂质地较软有弹性，难切割，我注意到有一组学生采用如下方法：刀面与两直尺垂直，保证直线切下。制备球体模型，我们借用模具，两个半球扣在一起即可，但在使用之前我们要烙制小孔，便于注射器将琼脂溶液缓缓注入，避免产生气泡。模拟扩散实验，同时放入同时取出，我们以球体为例（视频），观测一下碘液的扩散情况。切半球也是较难的操作，我发现有一位同学把整个球放入半只模具中，就可完全保证沿直径切开（见图3）。大家看一下扩散效果，还是非常明显的。

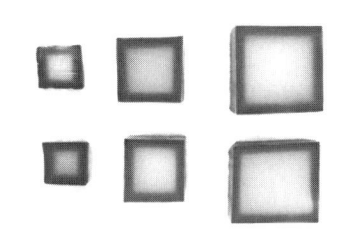

图3 实验实物效果

边长/cm	表面积/cm²	体积/cm³	蓝色扩散的深度/cm	比值①：(棕色扩散体积/球体总体积)	比值②：相对表面积(表面积/体积)
6	6²×6	6³	0.4	0.349	1
5	5²×6	5³	0.4	0.407	1.2
4	4²×6	4³	0.4	0.488	1.5

图4 实验结果（以正方体为例）

图4是实验数据，其中还有两个比值①、②，那么这两个比值谁能直接反映物质运输效率呢？学生普遍回答比值①。对！但比值①只有做实验得到这些数据才能计算出来，而比值②不管做不做实验，都是存在的一组数据，同时我也引导学生建立数学模型发现比值①和②的变化趋势是同步的。所以，完全可以用比值②来反映物质运输效率，当然还可以建立其他数学模型说明问题。经计算发现，随着球体半径或正方体边长的增大，相对表面积变小。为了使实验更加完备，我们进行第三处改造：设置对照实验模拟由内向外扩散，以半球为研究对象，待琼脂溶液半凝状态时，分别预埋同体积小球颗粒，凝固后可取出。这是最终的结果，我们分别从俯视图和侧视图两个角度观测（见图5）。

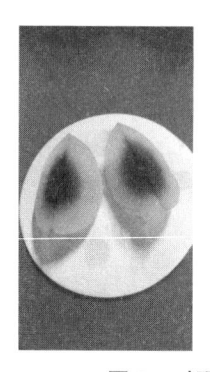

图5 对照实验结果实物

（五）得出结论

细胞大小与物质运输效率呈负相关！所以细胞不能无限长大。

八、教学评价与反思

（一）亮点

本节课的亮点我总结为以下几点：

（1）坚持采用原材料琼脂，改进创新并非就是一味抛弃原教材。

（2）实验原理，物理反应较化学反应更简单、安全。

(3) 实验安全系数更高。

(4) 通过预实验,染色时间精确。

(5) 用正方体和球体模型分别模拟植物、动物细胞形态。

(6) 创新模型的制备方法,获得标准模型。

(7) 设置对照实验,使实验更加完备。

(8) 引入两种数学模型,分析实验结果。

(二) 反思

实验过程中,学生的能动性、严谨性充分体现,且很注重各种实验原则的应用,整个实验难易适中,学生的积极性被充分调动。但是设计实验环节对学生的思辨力要求高,有些学生沦为被动者,在进行实验环节,有些学生有抵触懈怠现象。

细胞呼吸

北京市第十四中学　李婷婷

一、使用教材

人教版高中《生物必修 1——分子与细胞》第五章第三节。

二、实验器材

pH 试纸、小烧杯、试管、锥形瓶、吸管、洗耳球、针管、细胶管、闭气夹等。

移液枪、水浴锅、恒温振荡培养箱、离心机、超高速低温离心机、超声破碎机、超净工作台、高压蒸汽灭菌锅、电子显微镜、电脑、电子秤、氧气传感器等。

三、实验创新要求/改进要点

（1）自主开发探究实验，让更多学生参与分子与细胞水平实验。

1）差速离心获取离体线粒体，染色后直观观察。

2）利用澄清石灰水及斐林试剂显色结果推导有氧呼吸第一阶段。

3）利用澄清石灰水结果来推导有氧呼吸第二阶段。

4）通过氧气传感器测定氧气消耗来直观感受有氧呼吸第三阶段。

（2）利用多种仪器设备来辅助科学探究。

（3）简化实验流程使其更适于高中教学。

（4）学生利用已有实验方法进行结果检测。

（5）学生自主探究逐步构建重要概念。

四、实验原理/实验设计思路

进行探究实验：让学生获得第一手材料，用实验证据来说话，突出实证思想，让学生体会研究方法，在探究的过程中引导学生自主构建概念。

五、实验教学目标

（一）知识与技能

（1）说明有氧呼吸的过程和场所。

（2）阐明有氧呼吸的概念。

（二）过程与方法

（1）尝试设计探究有氧呼吸场所的实验。

（2）进行实验结果的分析讨论，得出合理推论。

（三）情感、态度、价值观

（1）形成生命的物质观和能量观。

（2）联系生活实际。

六、实验教学内容

细胞呼吸是人教版高中《生物必修1——分子与细胞》第五章第三节的内容，是在初中阶段以及前面学习了细胞部分生命活动的基础上，进一步学习有关细胞呼吸的知识。本部分教材内容由三大知识块构成，即有氧呼吸、无氧呼吸和细胞呼吸的意义。其中有氧呼吸是高等动物和植物细胞呼吸的主要形式，故有氧呼吸是一个重要的基本概念，在教学中应受到重视。本节主要介绍细胞呼吸的有氧方式、原理、过程及其应用。有氧呼吸是生物异化作用的一个重要过程，为学生了解不同生物生命活动的过程奠定了基础。由于有氧呼吸的过程和原理内容较复杂，学生在学习上有一定的困难，因此在教学设计时，本着深入浅出、循序渐进的精神，选择通过实验探究自我构建概念的方式帮助学生理解。让学生在探究中学习科学探索的方法，逐步自主构建有氧呼吸概念。

七、实验教学过程

（一）情境引入

面包的制作加入酵母菌。

（二）自主探究

设计实验，探究有氧呼吸场所及过程。

（三）构建概念

构建有氧呼吸概念理解实质。

（四）学以致用

分析如何提高面包蓬松度。

八、实验效果评价

（一）探究能力的提升

通过引导学生分析确定研究目标，理清研究思路，设计实验，预期结果，观看实验操作以及分析实验结果得出结论的过程，培养学生科学探究的能力。

（二）进一步探究欲望的激发

联系无氧呼吸与有氧呼吸，以及实际生活中酵母菌的作用，第四环节激发了学生进一步思考及探究的欲望。

需要学生具备实验探究能力越来越高，需要考虑的问题越来越复杂，实验用到的仪器越来越多，操作步骤更多，创新空间也更大。

(三) 理性思维的促进

第二环节到第三环节过程中，需要学生理清研究思路，不断根据结果，分析推导出结论，并根据结论进一步设计实验进行验证，这样的过程有效地促进了学生利用理性思维去解决科学问题。

探究酵母菌细胞呼吸的方式

西电附中　周彤

一、教材分析

课标要求：学生通过探究酵母菌的细胞呼吸真切地体会细胞物质和能量的变化，感受生命的本质，这也是达成人教版高中《生物必修1》整体课程目标的重要环节，因此课标在活动建议中作出了具体要求。

教材对于本实验的内容作出了具体的描述，取材容易，但作为学生实验来讲，它耗时长，装置连接复杂，有氧、无氧条件难以控制，所以学生很难利用一节课时间完成自主探究。加上二氧化碳检测结果带有很强的主观性，不够准确，会影响学生的结果分析。

二、学情分析

学生在知识方面已有一定的基础和铺垫，在实验能力方面，缺乏独立探究能力。所以本节实验采取小组合作、探究学习的模式，利用学生的差异，通过任务驱动来体验、学习、自主获得新知。

依据课标的具体要求，结合我对教材和学生的分析，我制定了以下教学目标。

三、实验教学目标

最终目标就是实现核心素养的提升。为了实现以上教学目标，我引导学生利用课前预实验对教材中的实验加以改进，以下是学生的改进方案。

四、实验创新和改进

（一）学生对实验材料的优化

材料的更换，源于预实验中酒精的检测过程，学生发现持续通氧的情况下依然检测到重铬酸钾的颜色变化，可并没有闻到酒味，因此发现了材料的两方面问题：

（1）选用无添加剂的啤酒酵母。很多改进方法中选择了超市中购买的高活性干酵母，其活性高，实验效果明显，我们学生刚开始也是选择的这种酵母。但通过查阅资料，发现其中含有的某种食品添加剂是可以和重铬酸钾反应的，因此我们更换为无添加剂的啤酒酵母。

（2）采用蔗糖溶液代替葡萄糖溶液。葡萄糖是还原糖，其醛基能被酸性重铬酸钾氧化，发生变色反应，故改为非还原性的蔗糖。

就这样，学生用理性思维解决了实际问题。

（二）学生对实验装置的改进

（1）教材中的实验反应条件难以控制，耗时长，无氧条件要通过放置 6~8h 来实现，还不能保证完全无氧。学生想到了油封的方法来快速制造无氧条件，还讨论了食用油和石蜡油的区别，结合他们的化学知识，他们认为石蜡油更稳定。这个讨论过程实现了学科的交叉，培养了学生的综合素养。有氧条件则通过鱼缸中常用的气泵实现持续通气，整个实验的完成 10min 左右。

（2）结果检测主观性强。通过预实验，他们认为澄清石灰水对二氧化碳量的检测带有很强的主观性，不够准确，很难区分。所以一致认为使用传感器更好。传感器的使用要保证整个装置的密封性，装置的设计也是数字化探究中很重要的一个环节，我引导学生动脑设计。学生找来了孔径合适的锥形瓶，并用压强传感器测试了其密封性，还想到了他们平时经常玩的黏土，结果证明它的密封性非常好，使有氧装置实现了通气的同时保证密封。玩以致用，完成了装置设计。

（3）大量气泡污染传感器。学生实验过程中发现尤其是有氧组由于释放了大量二氧化碳导致气泡量非常大，会污染传感器，数据一度降为 0，于是同学们想到平常生活中倒啤酒后如果给杯中放一根筷子，气泡就会很快消失，所以他们在瓶内放置了一根塑料棒，阻断气泡的效果非常好。学生结合生活常识，巧妙地解决了难题。

使用上述改进，我进行了本节实验课的教学，下面将过程作一简介。

五、实验教学过程

课堂教学从学生常见的生活经验、生产实际导入，激发学生兴趣和思考，并结合资料作出合理的假设。进而请学生使用现有的材料用具来设计实验，并填写实验方案。学生通过讨论，体会对比实验的设计。通过有氧组和无氧组的实验，获得实验数据。

我选取一组的数据来进行说明：首先教师引导学生尊重实验事实，提问学生从你的实验数据可以得出什么结论？其次鼓励学生再次仔细观察，敢于质疑，提出疑问：①为什么有氧和无氧组的 CO_2 浓度初始值差距很大？②为什么有氧组的 CO_2 浓度上升到 5600ppm 后不再上升？

第一个问题：学生经过讨论，发现当时空气中 CO_2 浓度大概是 700ppm，无氧组正常，而有氧组的浓度刚开始时已经大于 3000ppm，推测是由于有氧呼吸进行了一段时间才开始测的，两组初始测量时间不同。

第二个问题：学生重复实验好几次，发现还是一样的结果，他们表示结果不可信，因为糖不可能如此短的时间就耗尽，有氧呼吸一定还在继续，那为什么呢？学生们通过查参数，发现这个二氧化碳传感器的最大量程就是5000ppm，因此超出量程后结果已经测不出。经过激烈讨论，学生提出 ppm 是浓度单位，我们更换大量程的传感器不太容易实现，但可以减少酵母和糖的量。经过试验的再改进，他们再次重复试验，获得了更加严谨的数据，得到结论。

实验做完了，得到了结论，但学生探索之心不灭，有学生设计出了新的装置进行酵母菌呼吸方式的再探究。将酵母菌培养液两等份，一份连接 CO_2 传感器，一份连接溶解氧传感器，两个传感器共同连接于一个数据采集器，使电脑上同时显现出氧气和 CO_2 的变化。我对此赞不绝口。进而将数据投影到大屏，请大家分享数据共同分析，屏幕上出现了与我们原有认知相矛盾的实验结果，氧气下降到一定程度不再下降，而不是被酵母菌一直消耗降为0。这种矛盾激发了学生更激烈的讨论，他们认为可能酵母菌不会利用过低浓度的氧气。再通过教师提问，教材上原有的抽象知识"酵母菌是兼性厌氧菌"变成了活生生的数据，进而内化为学生的自主认知。

最后教师引导学生进行反馈评价，组内评价各小组成员的表现，总结本次合作过程中做得比较好的方面。利用电子白板组间交换共享数据，相互评价，进行误差分析，促进共同提高，最后教师肯定同学们本次探究活动的表现，并提出进一步可探究的问题。

六、实验效果评价

（1）反应条件控制严格，设计更加严谨。

（2）从定性到定量，结果一目了然。

（3）传统实验与数字化实验相结合，技术和思维相结合。传统实验中的锥形瓶、导管和数字化实验相结合，使实验课成为技术和思维的融合，综合多元化评价，最终实验课不光有技术和思维，也有情感和温度。

（4）结果分析中发现新问题，不断探究中提高素养。

最深的感触就是，我的大胆放手给了学生更大的思维空间。从材料选择，到装置设计，再到结果分析、发现新的问题、再探究，都是学生自主完成，老师引导。学生利用理性思维完成了一项完整的科学探究活动，真正实现了科学素养的提升。

探究培养液中酵母菌种群数量的变化

石家庄第一中学东校区　乔玄

本实验选自人教版高中《生物必修3——稳态与环境》第4章第2节"种群的数量变化",是其中的一个探究活动,目的让学生通过探究培养液中酵母菌群的动态变化,建立数学模型,分析酵母菌种群变化规律。同时利用我校显微镜教学系统的优势,充分拓展学生的探究能力,践行新课标理念。我主要从以下几个方面来简单说明对本节实验课的设计和开展过程。

一、实验器材

(一)实验仪器

超净工作台、高压蒸汽灭菌锅、恒温振荡培养箱、冰箱、光学数码显微镜试管。

(二)实验用具

培养皿、锥形瓶、量筒、玻璃棒、载玻片、盖玻片、微量移液器、血细胞计数板。

(三)实验材料及药品

酵母菌、马铃薯、葡萄糖、美蓝染色剂、氢氧化钠、乙醇。

二、实验方案的改进与创新

一节成功的实验教学课程离不开完备的实验设计方案,我们首先对传统的实验方案作了改进与创新,主要有以下4点。

(1)教材中酵母菌培养时间不合理,将酵母菌培养时间缩短为15h。教材上给出的实验方案是:对酵母菌连续培养7天,每天取样计数。这是按照教材要求绘制的酵母菌种群数量变化的曲线(见图1),没有体现出典型的S形变化规律。通过分析结果以及查阅文献,我们确定将酵母菌连续培养的时间缩短为15h,每隔2h取样计数。这是改进之后我们再次根据实验结果绘制的曲线图(见图2),呈现出了S形种群数量变化规律。

探究培养液中酵母菌种群数量的变化

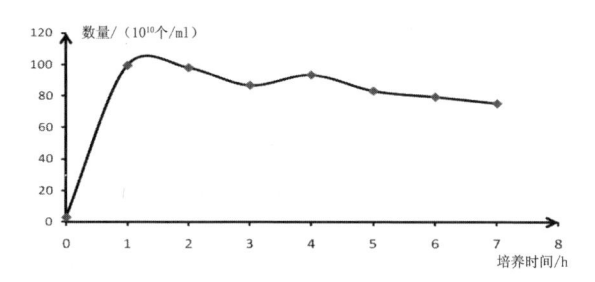

图1 按教材培养酵母菌种群数量变化曲线

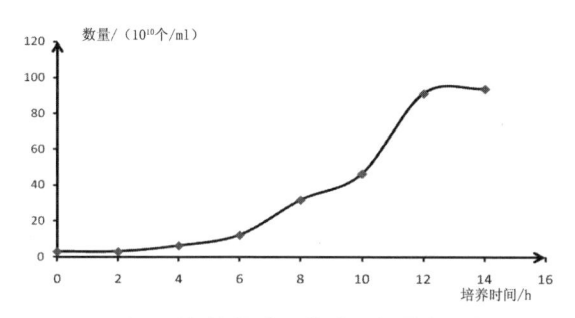

图2 改进时间培养酵母菌种群数量变化曲线

（2）实验全过程耗时长，不符合教学实际。通过低温保存样品，统一时间对所有样品计数，解决了与实际课程安排的矛盾。本节实验课共涉及微生物的培养、抽样检测、显微计数和模型构建等多项内容，实验的全过程在一节课很难完成。酵母菌培养是一个连续的过程，每隔2h就要取样，并完成计数，这显然与学生上课时间产生很大的冲突。根据"低温条件下，微生物暂不增殖但仍旧保持生命力"的原理，我们采取的方法是：每次取样后置于4℃低温冷藏，可以暂时抑制酵母菌的增殖。最后让学生在一节课内对所有样品统一进行计数，这样不仅将实验最核心的部分集中一节课呈现给学生，同时也解决了实验方案与课程安排冲突的问题。

（3）死亡的酵母菌影响实验结果的准确性，计数前补充美蓝染色法区分活细胞与死细胞。根据本实验的内容，我们认为，在显微镜下对酵母菌计数时，只统计活菌数目才是更准确的结果，尤其在培养后期，大量死亡的酵母菌必然会影响对种群数量的统计。但是教材的实验方案是：取样后直接计数统计。针对于此我们也作了改进：在计数之前补充美蓝染色的实验步骤，来达到区分活细胞与死细胞的目的。这是我们预实验的结果（见图3），无色的细胞是有活性的酵母菌，蓝色或淡蓝色的是死细胞或代谢作用微弱的衰老细胞，在计数过程中不统计在内。

图3 酵母菌美蓝染色实验结果

（4）学生难以在显微镜下快速找到计数室，影响实验进度。利用简单快速的新方法进行酵母菌计数。教材中的计数方法是通过血球计数板进行计数。血球计数板对学生而言是非常陌生的一种实验器材，所以操作起来也非常困难。学生在使用过程中，往往要花费很长的时间才能找到血球计数板的计数室，极大地影响了实验进度。针对于此，我们查阅了很多文献，不断摸索，反复实验，最终确定采用另外一种更为快速简单的计数方法：直接将样品滴加到普通载玻片上，依据采样方法的原理，在数码显微镜下的微观视野中划取多个样方（数码显微镜操作系统可实现直接测量样方的实际面积），求出每个样方中酵母菌的平均数量，再根据相关公式就可以计算样品中所含酵母菌总数。

$$酵母菌数量 = \frac{每个样方中活菌数平均值 \times \frac{盖玻片面积}{样方面积}}{加样量} \times 放大倍数^2 \times 稀释倍数$$

我们分别用快速测定法和血球计数板法对同一样品进行计数。结果显示，虽然新方法与血球计数板法相比结果有一些差异，但用快速计数法对同一样品重复计数，结果并没有明显差异（见表1）。

表1 快速测定法与血球计数板法计数结果

方法 次数	快速测定法/（10^{13}个/mL）	血球计数板法/（10^{12}个/mL）
1	6.21	4.82
2	5.73	4.79
3	6.17	5.01
4	5.95	4.93
5	6.04	5.16

我们进一步采用快速计数法对不同培养时间的酵母菌样品进行数量统计，绘制的曲线也符合典型的S形种群变化规律（见图4）。因此我们认为，这种计数方法在本实验中是可行的。

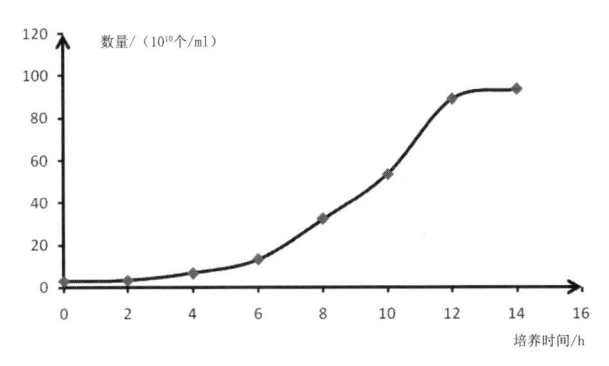

图4 采用快速计数法统计的酵母菌种群数量变化曲线

三、实验原理

（1）在含糖的液体培养液中酵母菌繁殖很快，迅速形成一个封闭容器内的酵母菌种群，通过细胞计数可以测定封闭容器内的酵母菌种群随时间发生的数量变化。

（2）养分、空间、温度、pH和有毒代谢产物等是影响种群数量持续增长的限制因素。

（3）活细胞具有较强的还原能力，能使美蓝由蓝色的氧化型变为无色的还原型，呈无色。死细胞或代谢作用微弱的衰老细胞则被染成蓝色或淡蓝色。

（4）利用样方法的原理，在光学数码显微镜下的微观视野中划取多个样方，通过相关公式计算出样品中酵母菌的数量。

四、实验教学目标

（一）知识目标

说明构建种群数量增长模型的方法，用数学模型解释种群数量变化。

（二）能力目标

通过探究培养液中酵母菌种群数量的变化，尝试构建种群增长的数学模型。

（三）情感态度与价值观目标

关注种群数量变化对人类生活以及人类活动对种群数量变化的影响。

五、实验教学内容

教学内容包括两个课时。第一课时课前通过学案预习实验内容，课上确定实验方案并练习两种计数方法的操作过程，课下根据实验方案进行培养基的配制、分装、灭菌、酵母菌的接种、培养以及取样。第二课时用新方法对所有样品中酵母菌数量进行统计，构建种群数量变化的数学模型，分析种群数量变化规律。

六、实验教学过程

具体的教学过程包括3个环节：设计并完善实验方案，课前完成相关实验准备，统一计数、构建模型并分析种群数量变化规律。

（一）设计并完善实验方案

由于学生缺乏系统的设计实验方案的经验，所以我们首先利用学案的形式，指导学生了解探究性实验的一般步骤，明确实验的假设，围绕着实验目的，通过组内合作，共同完成初步实验方案。大多数小组展示的实验方案，流程大体相同。再通过创设问题情境、向 iPad 推送资料等手段推进教学过程，引导学生对最初的实验方案进行完善与创新。

确定了实验方案之后，小组成员相互合作，利用显微镜练习两种计数方法的操作。老师先作教学示范，将调好的标准图像发送给每个小组，然后在学生练习过程中来回巡视，及时发现问题，规范学生的实验操作，并且鼓励同伴交流，大家共同分享经验。图5、图6是上课过程中学生们拍摄的一些显微视野照片。

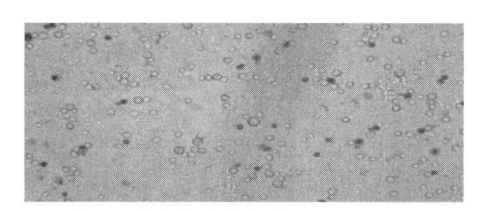

图5 酵母菌美蓝染色图（10×10） 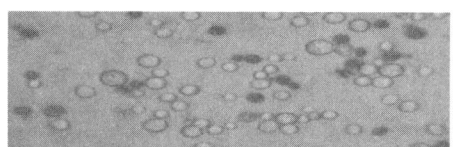　　图6 酵母菌美蓝染色图（10×40）

（二）课前完成培养基的配制、酵母菌接种、培养、取样等工作

在老师的指导下，同学们利用课下时间完成准备工作。包括培养基的配制、灭菌（见图7）、分装、酵母菌的接种（见图8）与培养（见图9）。在实验过程中，老师指导组长对组内同学统筹安排，定时取样，并做好样品的标记与记录等细节工作。

图7 灭菌 　　图7 接种 　　图9 培养

（三）进行酵母菌的计数和模型构建，分析酵母菌种群变化规律

首先，分小组完成酵母菌计数与统计。每组成员分工合作，在计数过程中及时将统计结果记录在数据表格中，求出平均值。整理完相关数据后，让学生直接在显微镜的平板电脑上利用 Excel 表格建构数学模型，作出酵母菌种群数量变化的曲线图（见图10）。一个小组的实验数据可能会有误差，比如这是其中个别小组根据自己的实验数据绘制的曲线，与实验假设并不符合（见图11）。但对于不同小组来说，组间重复，将每3个小组的数据汇总，求出平均值，数据共享后再次绘制出的曲线图就和实验假设一致了（见图12）。

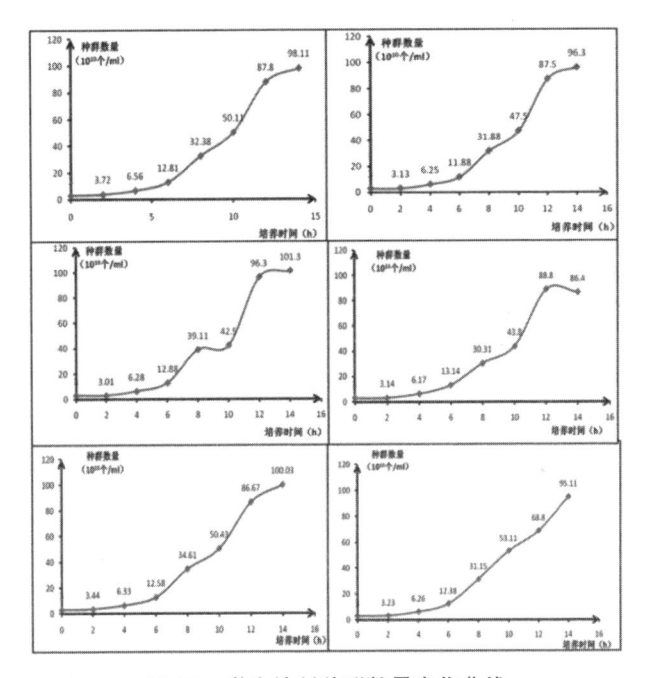

图10　学生绘制种群数量变化曲线

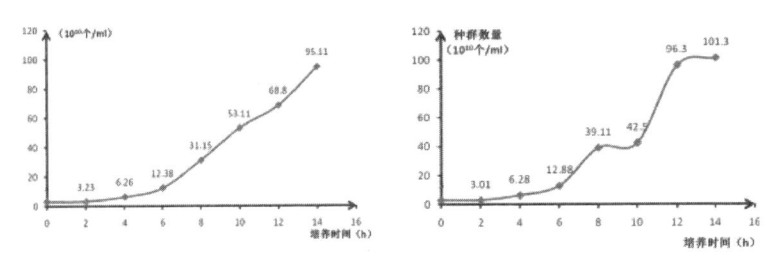

图11　种群数量变化曲线（误差）

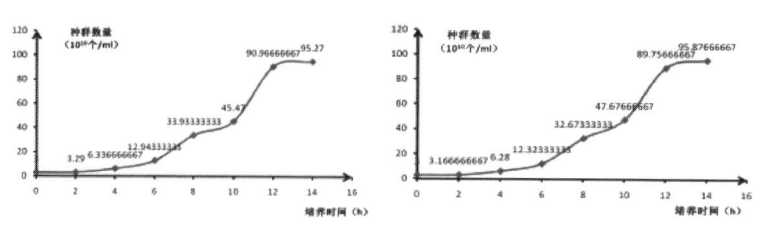

图 12　种群数量变化曲线（成果共享）

完成酵母菌的计数和模型构建后，还要引导学生利用手中的资料分析酵母菌种群变化的规律，总结影响数量变化的因素，预测酵母菌数量变化趋势。这样可以进一步强化学生的探究意识，让他们在上完实验课之后真正的有所收获。

七、实验效果评价

（1）实验教学时，不拘泥于教材，要勇于创新，积极改进。我认为我们这个实验课程的优点是：通过缩短培养时间和低温保存样品解决了实验教学与有限的课堂时间的矛盾；补充美蓝染色的步骤，使实验结果更接近酵母菌的真实变化规律；采用更为快速方便的新方法进行酵母菌计数，充分发挥了先进教学手段的优势。

（2）实验中我们使用的菌种是联系大学微生物实验室获得的。如果时间和条件允许，可以将选修一中有关微生物分离纯化的实验内容也融入进来，让学生自己去倒平板、稀释涂布或平板划线挑取单菌落，这样的话实验效果会更好、学生的收获会更多。

（3）学生在上完这次实验课后，也有很深的体会。比如，刘赵乐佳同学认为："教材上的内容不一定百分百正确，要勇于创新，但理论要与实践相结合。"苑怡泽同学说："我不仅掌握了血细胞计数板的操作，还学会了更加简便的新方法，收获良多。"祝照阳同学做完实验后非常兴奋："今天的实验课十分有趣，让我产生了强烈的学习欲望！"

在这节实验课的实施过程中，我们经历了诸多的困难，甚至一度想要放弃，但是当我带领学生们制定出实验方案时看到他们的激动与憧憬，看到他们在显微镜下找到计数室时的欣喜，以及使用新方法作出曲线图时的兴奋等等，这些都给予了我莫大的鼓励，让我觉得自己付出再多的辛苦也是值得的。当然教学方法没有最好只有更好，这需要在以后的实践中进一步探索与改进。

"探究培养液中酵母菌种群数量变化"改进实验

深圳大学师范学院附属中学　杨丹燕

一、使用教材
人教版高中《生物必修3》第四章第二节。

二、实验器材

（一）实验器具
显微镜、血球计数板、恒温培养箱、冰箱、电子天平、锥形瓶、滴管、盖玻片、电脑等。

（二）实验试剂及药品
马铃薯培养液、安琪干酵母（从超市购买）、无菌水、亚甲基蓝溶液。

三、实验创新要求/改进要点

（一）科学探究的能力培养
通过对学生设想的层层引导，提升了学生的实验设计能力；同时因为科学探究是一种综合的能力，其本质是提出问题和解决问题，其核心内涵包括探究的问题、方法、过程、结果和交流。以往的探究更多是一种在教师引导下进行的论证式探究，但在本实验中学生发现和提出了自己的问题，进行开放式的探究，体验真实的探究过程，锻炼了他们的探究、创新和设计能力，并让学生充分体验合作的重要性。通过整个探究过程、学生合作完成了对实验方案的改进，从而突破教学难点。

（二）实验方法的创新
同一焦距下不同视野快速调焦法操作简单、效果明显，可以实现几乎所有学生在显微镜下快速找到计数室的网格线和酵母菌菌体。同时该方法发现过程也让学生对生物学重要仪器——显微镜的结构和原理有了深入认识。

（三）信息技术的合理运用
利用学生本身的计算机编程能力，通过组织学生编辑 cell_count 软件，用该软件进行计数，使学生不再需要非常费眼神地在显微镜下数细胞，操作简便快速，且细胞计数结果较精确、学生不会因为重复的计数而失去耐心放弃实验。
当采用显微数码互动系统时，学生可以更好地分工：一些组员进行取样拍照，同时照片立马同步到电脑上；另一些组员可以进行照片中细胞的快速计数，节约了实验操作时间。

同时编辑软件过程也让学生充分体验到学科交叉、技术运用对科学问题的解决起到的重要作用。

四、实验原理/实验设计思路

实验原理为血球计数板的使用原理和数学模型的建构。实验设计思路按探究实验的步骤（提出问题、设计实验、进行实验、结果与讨论）进行，从课本实验方案问题引入，引导学生对实验的方案设计进行改进。在实验过程中针对学生遇到的调焦、计数方法问题，让学生大胆设想、进行实验方法的创新。

五、实验教学目标

（一）知识与技能目标

（1）解释种群数量增长的一般规律。

（2）说明建构种群数量增长数学模型的方法。

（二）过程与方法目标

（1）掌握在显微镜下对酵母菌进行抽样检测的方法。

（2）尝试建立酵母菌种群数量增长的数学模型。

（3）探究实验方案的改进。

（三）情感、态度与价值观目标

激发科学探究的兴趣，培养严谨、创新的科研精神。

六、实验教学内容

包括血球计数板的使用、计数方法和注意事项以及以下三个探究过程。

（1）探究一：实验方案优化——统计数量变化更节约时间。

（2）探究二：改进调焦方法——在显微镜下快速找到计数室和菌体。

（3）探究三：改进计数方法——简单快速地统计菌体数量。

七、实验教学过程

（一）提出问题

（1）基础知识讲授。教师首先教授血球计数板的使用方法，如何在显微镜下进行计数，包括选取几个中方格，取样时应注意"取上不取下、取左不取右"和公式换算等基本知识点。

设计意图：帮助学生建立知识基础。

（2）提出问题。教师："课本第69页提到的实验方案是首先通过显微镜观察，估算出 10mL 培养液中酵母菌的初始浓度，在此之后连续观察 7 天，分别记录下这 7 天的数值（见图 1）。如果这么计数，实验很费时间，大家能否优化课本的实验方案？"让学生充分讨论问题，讨论过程教师进行适当引导，并鼓励学生提出自己的创新设想。

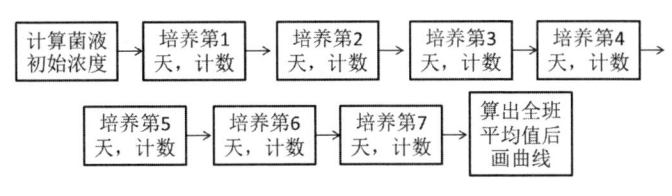

计算菌液初始浓度 → 培养第1天，计数 → 培养第2天，计数 → 培养第3天，计数 → 培养第4天，计数 →

培养第5天，计数 → 培养第6天，计数 → 培养第7天，计数 → 算出全班平均值后画曲线

图 1 课本实验方案流程图

设计意图：通过问题驱动学生思考，激发学生进行科学探究的兴趣。

（二）设计实验

（1）探究一，实验方案优化：统计数量变化更节约时间。

1）提出猜想。学生："能否像低温诱导洋葱根尖细胞染色体数目加倍实验一样，采用加固定液的方法？也就是将同一批酵母菌培养液分为 7 组后，每天在固定时间将酵母菌固定，活的酵母菌都死了，数量就不再增长了，然后最后一天同时取出所有组的酵母菌培养液进行计数，这样就可以实现在短期内同时计算多组酵母菌培养液的数量，方便实验操作。"（见图 2）

计算初始浓度，分7组培养

培养第一天 → 固定杀死第1组
培养第二天 → 固定杀死第2组
培养第三天 → 固定杀死第3组
培养第四天 → 固定杀死第4组 } 全班对7组菌液共同计数
培养第五天 → 固定杀死第5组
培养第六天 → 固定杀死第6组
培养第七天 → 固定杀死第7组

图 2 学生初步猜想

2）质疑猜想。

教师："酵母培养液中本来就有一些细菌和一些活菌，如果用固定液把它们都杀死了，固定结果统计的是总菌数还是活菌数？"

学生："总菌数。"

教师："计算种群数量变化应该用总菌数还是活菌数？"

学生不易想出，教师用生活实例进行类比："人口增长率用活着的人口还是算上死去人口？"

学生："用活着的人口。所以计算种群数量变化应该用活菌数。"

教师："如果用固定液把酵母菌全部杀死了，如何准确判断每个时间点的活的酵母菌数？"于是他们又陷入了思考。

3）修订猜想。

教师想到并补充提示："不过倒是有一个办法让酵母菌不繁殖，那就是把酵母菌放在4℃冰箱中，所以刚刚××同学提出的这个方案也可以改一下然后采用呢！应该怎么改？"

学生："老师，把原来的固定液固定杀死改为4℃环境下培养。这样就可以不用每天都计数，又可以只统计活菌数。"

教师："那如何鉴定死细胞和活细胞？大家回忆必修一中我们是如何鉴定活细胞和死细胞？"

学生："可以用台盼蓝染色，死细胞膜的通透性会改变，染色剂可以进入被染成蓝色，但是活细胞染色剂进不去因此呈现无色。"

教师："很好！不过我们染酵母菌通常用亚甲基蓝，效果好点，它跟台盼蓝染色原理是一样的。"

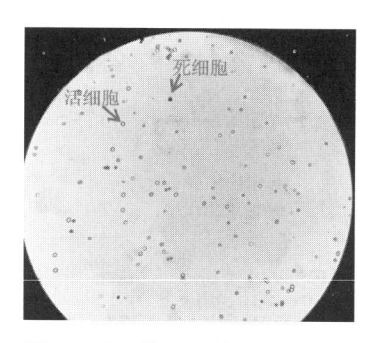

图3 酵母菌亚甲基蓝染色结果

设计意图：通过对学生提出的设想层层引导，不断启发学生思考、利用学生已有知识和部分学生的特长，从而帮助学生设计、改进实验方案，运用已有概念知识解决实际问题。

4）初次实验受阻，再次修订。课后学生首先用从超市购买的活性干酵母进行了酵母菌的培养，但发现经过3天后，酵母菌的数量大大增加，两天后其数量就可以达到稳定。教师提示学生查阅资料发现原因。学生通过查阅资料，在李勤的论文《3种酵母菌生长曲线的对比研究》中发现，活性干酵母菌的生长周期确实并没有1天那么长，大约是2h就分裂1次，其生长曲线为0~4h为迟缓期，4~20h为对数期，20~32h为稳定期，于是学生再次修订了实验方案。最后学生确定实验方案如图 4 所示。

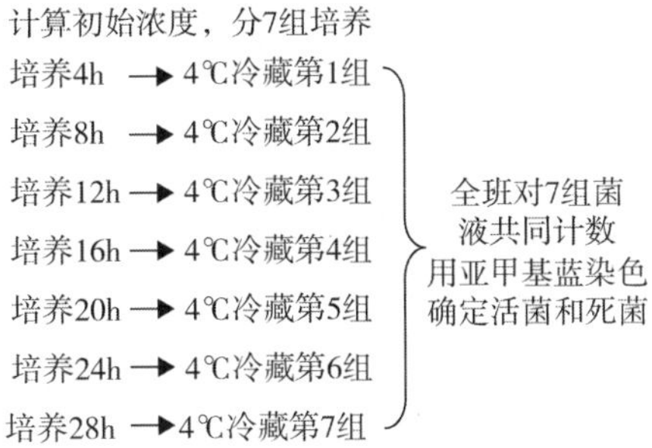

```
计算初始浓度，分7组培养
培养4h  → 4℃冷藏第1组 ⎫
培养8h  → 4℃冷藏第2组 ⎪
培养12h → 4℃冷藏第3组 ⎬  全班对7组菌
培养16h → 4℃冷藏第4组 ⎪  液共同计数
培养20h → 4℃冷藏第5组 ⎪  用亚甲基蓝染色
培养24h → 4℃冷藏第6组 ⎪  确定活菌和死菌
培养28h → 4℃冷藏第7组 ⎭
```

图 4　优化实验方案流程图

①配置菌液：配置马铃薯培养液，高压蒸汽灭菌；取安琪干酵母，用培养液配置酵母菌液（酵母浓度为 0.3%）并于培养箱（35℃）中培养 12h，活化酵母。

②获得不同培养时间的酵母菌液：将酵母菌液分为 8 组，在 35℃条件下分别培养 0h、4h、8h、12h、16h、20h、24h、28h 后，再取出放在 4℃冰箱中。

③计数：分别从 8 组培养液中取出少量菌液，课上学生共同计数（视情况进行稀释）。计数时注意取部分样品进行亚甲基蓝染色，置于普通载玻片上统计死菌所占比例。同时取样品于血球计数板上进行总菌计数。

④收集数据填表，公式换算，建立曲线。

设计意图：学生实验过程总会遇到各种各样的问题，教师引导学生通过查阅资料的方法解决问题，从而不断优化实验方案，提升学生解决问题的能力。激发科学探究兴趣的同时，培养严谨、创新的科研精神，实现情感目标。

（2）探究二，改进调焦方法：在显微镜下快速找到计数室和菌体。

1）提出问题。学生在课上初次尝试血球计数板的使用时，发现实验存在的第二个问题，即使用较小光圈和较暗视野，在显微镜视野中找到血球计数板的网格线和酵母菌菌体依然比较困难，大概只有不到 1/4 的同学在显微镜下找到血球计数板的网格线和酵母菌菌体。对于学生提出的问题，教师鼓励其积极思考。

2）知识补充。

教师："有没有什么办法可以对实验方法进行改进，从而解决问题？"

有学生问："老师显微镜是怎么成像的啊？"

教师进一步向学生讲授了显微镜的原理和构造。

教师："因为显微镜的成像是根据凸透镜的成像原理，要经过凸透镜的两次成像（见图 5）。第一次先经过物镜（凸透镜 1）成像，这时候的物体应该在物镜的一倍焦距和两倍焦距之间。然后以第一次成的物像作为物体，经过目镜（凸透镜 2）的第二次成像。"引导学生从显微镜的成像原理着手，思考问题。

图 5　显微镜的成像原理

3）讨论及操作。学生通过教师讲授后发现，寻找血球计数板的网格线和酵母菌菌体困难主要是因为调焦存在困难，通过与教师多番讨论后，有学生提出了一个很棒的解决办法。

学生："可以选取跟酵母菌处在几乎同一焦距点的血球计数板的其他位置，并且是容易在显微镜下识别的有印刷文字的位置（见图 6）。然后再将有印刷文字的位置在低倍镜下先对准通光孔进行调焦（见图 7），在目镜中看清楚印刷文字（见图 8）。然后移动血球计数板，使通光孔正对计数室（见图 9），轻轻旋转细准焦螺旋，就可以很快在视野中找到网格线和酵母菌接近透明的菌体（见图 10）！"并且学生自豪地命名这个方法叫"同一焦距下不同视野快速调焦法"。

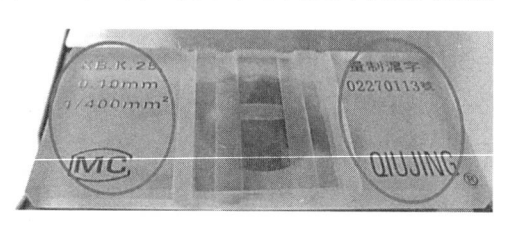

图 6　选取对焦视野（圆圈内文字）

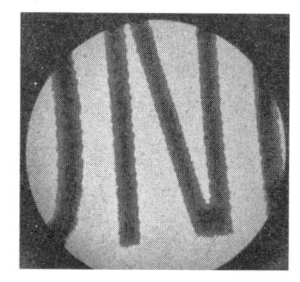

图 7　印刷文字对准通光孔　　　图 8　目镜中清楚的印刷文字

"探究培养液中酵母菌种群数量变化"改进实验

图9 计数室对准通光孔

图10 同一焦距下不同视野快速调焦法实验结果

4）改进及展示。教师拍照并让学生在课上进行展示，然后全班在课上尝试新的调焦方法，发现原来只能有不到1/4学生能够快速找到血球计数板的计数室和酵母菌菌体（见图11），改进方法后可以实现几乎所有学生都能快速找到血球计数板的计数室和酵母菌菌体（见图12）。

图11 采用一般调焦方法

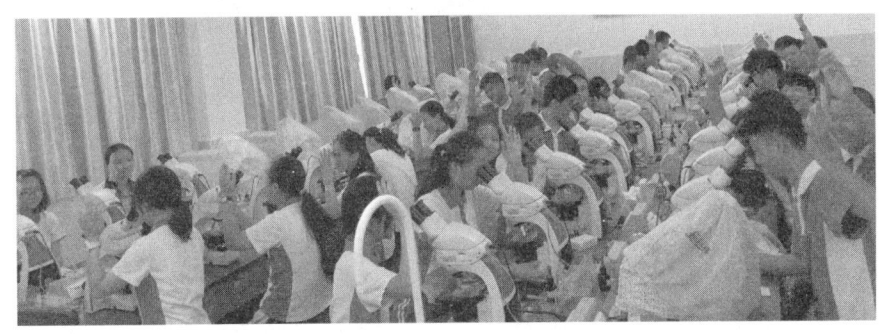

图12 采用同一焦距下不同视野快速调焦法

设计意图：对于学生在实验中遇到的问题，教师先给学生提供知识的"脚手架"，帮助他们建立知识基础，并鼓励他们用知识解决问题。从而培养学生的知识运用能力、创新能力等。

（3）探究三，改进计数方法：简单快速地统计菌体数量。

1）提出问题。课上在显微镜下对酵母菌菌体进行初次观察时，学生发现了实验存在的第3个问题：在显微镜下进行酵母菌的种群数量统计更困难，感觉非常费眼神，且易出错，容易失去耐心放弃实验。

2）提出设想。班里面热爱计算机编程的几个学生讨论后开始大胆设想："能否用计算机软件对图片上的酵母菌数量进行统计呢？"

3）专业帮助。学生想法一提出，教师就予以肯定和大力支持。教师让他们组成了一个探究小组，课后为其请到了一名生物细胞计数软件开发的专业人员，由班里编程基础较好的学生与软件开发专业人员学习，设计了一款可以快速计算图片上酵母菌细胞的软件cell_count。该软件可以在任何一部64位的电脑安装，没有特殊的硬件条件要求。

4）编程及改进。该软件是用MATLAB软件把其他的细胞计数软件改编而成。一开始开发的软件操作麻烦，需要先选定细胞检测其RGB值，再输入RGB值进行计数，因为不同细胞RGB值不太一样，所以计数不精准、只能识别整张图片但无法选择特定区域进行计数等（见图13）。

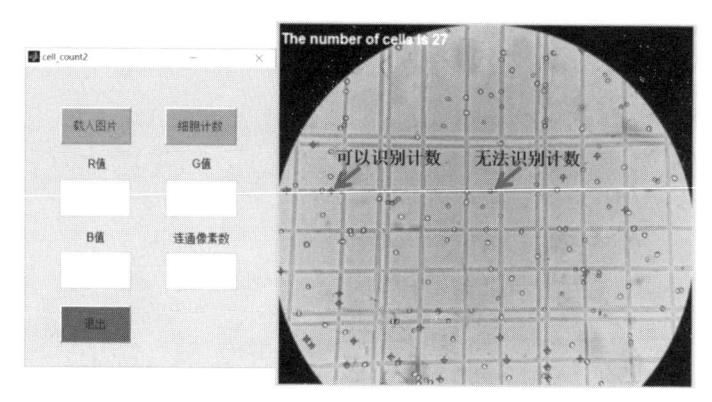

图13 初始cell_count软件操作界面、操作结果

专业技术人员提出的建议是可以设计软件自动调整图片颜色后识别细胞进行计数。最后在小组成员的不断改进中，该软件可以精准识别图片上的细胞，选定某个区域进行快速计数，且操作简便。

那么我们应该选择大方格进行计数还是中方格呢？教师组织同学们进行了激烈的讨论和多次尝试实验，发现大方格计数要在低倍镜下取图片，图片上细胞太小容易导致计数不精准，同时为了使同学们充分地体验抽样检测法，学生最终决定不设计软件用于计算整个大方格中的酵母菌细胞,而是选取大方格中的 5 个中方格,使用该软件计数每个中方格中酵母菌的数目,再用公式算出培养液中酵母菌的数量。

使用该软件进行计数的过程可以简单概括为 3 步:点击"读图"→点击"截图"选中方格→得到细胞数,具体操作过程如下。

点击"读图":直接在低倍镜下观察计数室中的酵母菌细胞,找到要取样的五个中方格,转到高倍镜下,调整细准焦螺旋,用显微数码互动系统或手机拍照,一次性保存多个样本图片。然后导入电脑,打开软件(见图 14),点击"读图",选择一张图片,系统首先自动进行图片颜色调整,再自动识别和读取整张图片中的酵母菌细胞(见图 15)。

图 14 改良版计数软件界面

点击"截图":识别和读取中方格中酵母菌的数量。截图中方格时注意"取上不取下,取左不取右"(见图 16,取右下边)。

得到细胞数:由软件左上角数值显示直接读出该中方格中的酵母菌数量。得到多个中方格的数据后,再通过统计、公式计算得出培养液中酵母菌的数量。

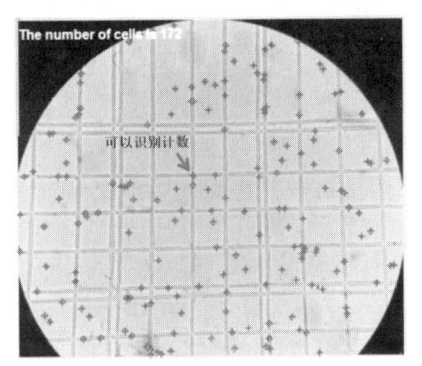

图 15 识别整张图片中的酵母菌细胞

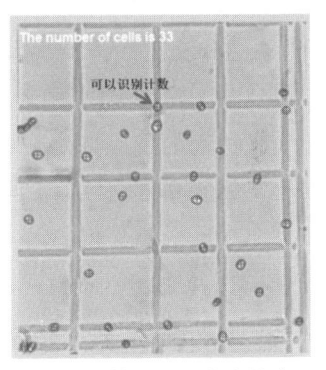

图 16 截图识别中方格中酵母菌的数量(数量为 33)

设计意图:对于学生在实验中遇到的问题,教师鼓励他们大胆设想、创造性解决。特别是一些有特殊才能的学生,教师帮助他们请来专业人员指导,给他们提供丰富的学习资源,让他们的技能在生物学习上得意运用。通过帮助全班同学解决实验存在的问题,也可以提高特殊才能学生生物学习的兴趣,让他们体会学科交叉的优势。同时软件的设计过程也让其掌握在显微镜下对酵母菌进行抽样检测的方法,实现方法目标。

（三）进行实验

最后，学生用新的调焦方法、计数方法和新的方案实验，得出了 0~28h 内酵母菌的数量，建构了酵母菌种群数量变化的数学模型（见图 17）。

（四）分析结果，得出结论

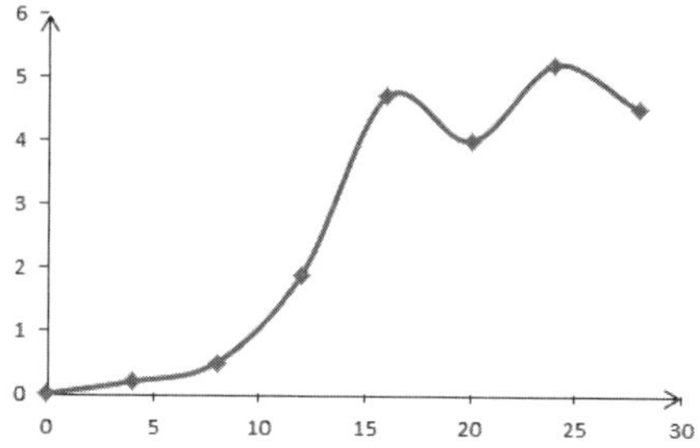

教师引导学生分析酵母菌的种群数量增长模型，可以分为 3 个时期：迟缓期、对数期、稳定期。并提问：哪些因素会影响酵母菌种群数量的变化？引导学生从温度、pH、营养和氧气等角度进行具体分析：

图 17 酵母菌种群数量增长模型

迟缓期：营养和氧气等充足，pH 等条件适宜，酵母菌代谢活跃；

对数期：营养和氧气等充足，pH 等条件适宜，酵母菌代谢旺盛，繁殖速度快；

稳定期：营养和氧气不足，有害代谢产物积累，pH 较低，新增酵母菌数目与死亡酵母菌数目达到动态平衡。

从而实现"解释种群数量增长的一般规律"的知识目标，突出教学重点。

（五）表达和交流

让学生对整个数学模型建构和实验方法改进的过程进行了总结和反思，交流他们改进实现过程的成功与失败原因，从而实现"说明建构种群数量增长数学模型的方法"的知识目标、"尝试建立酵母菌种群数量增长的数学模型"和"探究实验方案的改进"过程目标。

八、实验效果评价

（一）科学方法的训练

学生用改良版方案完成了酵母菌种群数量变化的实验过程，建构了酵母菌种群数量增长模型，充分训练了模型建构、显微观察、微生物的实验室培养和抽样检测等科学方法，对种群数量增长的一般规律也有了深入的理解。

（二）生物学概念和方法的巩固

在这个过程中，学生充分体验了科学探究需要严谨的设计，比如个别学生忘记酵母菌的代谢类型为兼性厌氧型，培养基瓶口密封以至于酵母菌进行酒精发酵，实验失败。还有学生没有设计好酵母菌培养的初始浓度，以至于菌液太浓、计数困难等。通过实验的失败体验，学生更好地理解生物实验需要充分查阅资料，同时也更深入理解课本的生物学概念和方法。

探究 pH 对酵母菌发酵的影响

山东省青岛第五十八中学　姜珊

一、使用教材

本节课是综合人教版高中《生物必修 1——分子与细胞》第五章第 1 节和第 3 节的创新性实验，课程开设在高一上半学期，面向高一学生，1 课时。

二、实验器材

（一）用具

注射器、软管、流速调节器、试管架、水浴锅、烧杯（见图 1）。

（二）试剂

10%葡萄糖溶液（pH 3.0）、10%葡萄糖溶液（pH 4.0）、10%葡萄糖溶液（pH 5.0）、10%葡萄糖溶液（pH 6.0）、10%葡萄糖溶液（pH 7.0），8%酵母溶液（pH 3.0）、8%酵母溶液（pH 4.0）、8%酵母溶液（pH 5.0）、8%酵母溶液（pH 6.0）、8%酵母溶液（pH 7.0）。

图 1　实验的材料用具

三、实验创新要点

（一）课题创新

本着"从生活中来，到生活中去"的思想，将课本中的两节课内容整合，来探究 pH 对酵母菌发酵的影响。

（二）装置创新

选用注射器为反应容器节省试剂，反应迅速，结果可量化。为使实验更加精确，让反应体系同时反应，对试管架进行了改造，发明了新用法，既解决了本实验同时加样的问题，又能隔绝空气，并且还能用于其他实验，如测酶活的实验，一器多用。

（三）试剂创新

使用科学研究最常用的柠檬酸缓冲液，通过调节磷酸二氢钠和柠檬酸的比例来调节 pH，比传统用强酸强碱来调节更加科学合理。

（四）科学实验思维

为了严格控制酸碱度，将葡萄糖和酵母溶液均用缓冲液配制成相应 pH，学生对设计实验时控制变量的原则体会更深；学生自主设计实验方案，并大胆推测材料用具的用法，极大地提高了想象力与创新力；通过这个实验，学生更深刻地感受到了预实验对于科学实验的重要性，并学会使用梯度法探究最适条件。

四、实验原理

酵母菌细胞内葡萄糖在酶的催化作用下生成酒精和 CO_2，pH 通过影响酶的活性进而影响反应。

五、实验教学目标

（一）知识与技能

理解 pH 影响酵母菌无氧呼吸的实质，深入理解细胞呼吸在生活中的应用。

（二）过程与方法

体验科学探究的思路，掌握设计实验的方法，了解数据记录的技巧。

（三）情感态度与价值观

通过实验探究，使学生形成合作意识，养成尊重事实和证据的科学态度。

六、实验教学内容

（1）课前温故知新：拓展酵母菌的相关知识，回顾酵母菌的无氧呼吸过程以及 pH 影响酶活性的曲线，为本节课的学习作好准备。

（2）根据导入的视频确定实验课题；回顾实验原理：酵母菌细胞内葡萄糖在酶的催化作用下生成酒精和 CO_2，pH 通过影响酶的活性进而影响反应。

（3）学生根据课题，自主设计实验方案并分享，随后教师总结。

（4）基于给出的材料用具，推测各材料用具的用途。

（5）给出实验流程，强调实验操作要点。

（6）完成实验并记录数据。

（7）总结实验过程，得出实验结论。

七、实验教学过程

（一）课堂导入

教师活动：珊姐发面失败了，请同学们猜测发面失败的原因（见图2）。

学生活动：学生猜测发面失败的原因。

设计目的：通过展示精彩图片来提高学生的参与热情，学生根据结果作出假设，为后续实验作好铺垫。

图2 理想的馒头与现实的死面馒头的区别

（二）设计实验

教师活动：引导学生写出实验设计思路。

学生活动：在学案上写出实验设计思路，并小组讨论完善方案（见图3）。

设计目的：让学生学会自主设计生物实验，提高学生的科学探究素养。

图3 写出并完善实验思路

（三）实验过程讲解

教师活动：展示材料用具，介绍新装置的原理，讲解实验流程和操作要点（见图4）。

学生活动：学生推测实验器材的用法，仔细听教师的讲解，学会新装置的使用方法。

设计目的：通过推测实验器材的用法，拓展学生的思维；学会使用梯度法来探究最适条件。

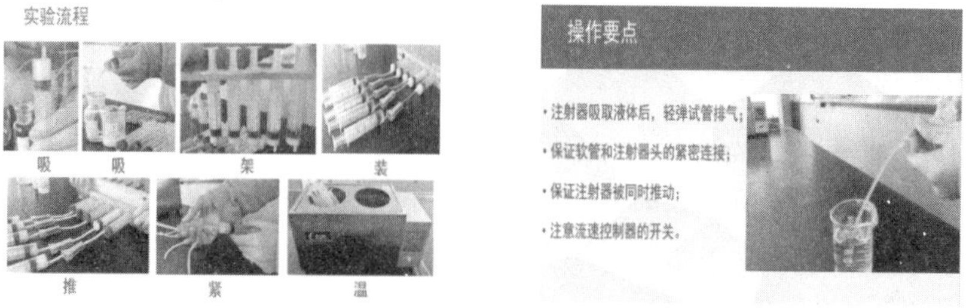

图4 讲解实验流程和操作要点

（四）完成实验

教师活动：强调操作要点，指导学生完成实验。

学生活动：根据实验步骤完成实验，将数据同时记录在实验记录册和 Excel 表格中（见图5、图6）。

设计目的：通过动手实验，提高学生的实验操作能力与团队合作能力，并学会使用不同的方法来记录整理数据。

图5 学生分组实验过程 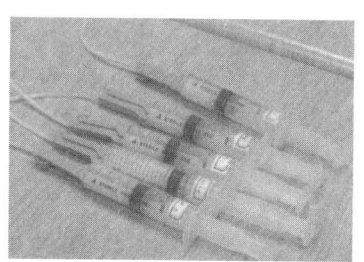　　图6 学生的实验结果

（五）实验总结与拓展延伸

教师活动：鼓励学生大胆想象本套实验装置的其他用途，说出实验结论，分析实验中出现的问题，并总结整个实验。最后鼓励学生为发面提出建议。

学生活动：推测本套装置还可以应用于哪些实验，总结实验结论，分析实验中的问题数据，分享实验心得并为发面提出建议（见图7、图8）。

设计目的：学会根据实验结果总结实验结论，懂得实验规范操作的重要性，并敢于尝试将实验结果应用于生活。

图7　推测装置的其他用途　　　图8　分析实验数据并得出结论

八、实验效果评价

整节课中始终以提高生物核心素养为目标：

（1）学生以酵母菌的呼吸作用为指导，分析发面现象，体现了生命观念素养。

（2）能利用细胞呼吸原理，通过逻辑推理解决发面问题，体现了理性思维素养。

（3）基于给定的材料用具，设计并实施探究实验体现了科学探究素养。

（4）通过本节课的学习，学生将发面的知识与身边人分享，体现了社会责任素养。

探究 pH 对酶活性的影响

青海省西宁市第十四中学　寇晓洁

一、使用教材

人教版高一《生物必修 1——分子与细胞》第五章第一节"降低化学反应活化能的酶"第二课时"酶的特性"。

二、实验器材

（一）学生实验器材

试管架、试管、试剂瓶、滴管、研钵。

（二）改进实验器材

啤酒瓶、5mL 注射器、彩色卡纸、研钵、数字化信息系统实验室及配套装置。

三、实验创新要点/改进要点

（一）学生实验中的不足

本节课中设计了两组学生实验，分别是：①以淀粉为底物，探究 pH 对唾液淀粉酶的活性的影响；②以过氧化氢为底物，探究 pH 对过氧化氢酶的活性的影响。第一个实验中存在的问题是：NaOH 与碘液发生反应无法和淀粉结合显色，故无法用于判断淀粉的有无以及淀粉在酸性条件下会水解，影响实验结果。第二个实验中存在的不足是：其属于定性分析，学生绘制曲线图时不准确，速度较慢。

（二）教师改进实验的优点

（1）实验现象明显，实验装置简单。

（2）学生可以快速、准确地绘制曲线图。

（三）实验再改进的优点

利用了数字化信息系统实验室及配套装置可以定量探究 pH 对酶活性的影响。

四、实验原理/实验设计思路

（一）实验原理

$$2H_2O_2 = 2H_2O + O_2 \uparrow$$

在加入酶之后会加速过氧化氢的分解，加速氧气的释放。

（二）改进实验装置的设计思路

购买 5 个等大的啤酒瓶，分别加入 pH 为 1、4、7、10、13 的缓冲液，分别向啤酒瓶中放入被猪肝研磨液浸泡过 30min 的小纸片，等待 5min 后，向啤酒瓶中同时缓慢加入等量过氧化氢，过氧化氢会与小纸片上的过氧化氢酶接触促进过氧化氢分解，酶的活性越强，产生的气泡越多，纸片飘起得也越快、越多。

（三）实验再改进的设计思路

前两个实验都是定性分析，那么为了科学严谨地探究 pH 对酶活性的影响，我利用数字化信息系统实验室及配套装置，快速、准确地探究了 pH 对酶活性的影响。

五、实验教学目标

（一）知识目标

理解酶的作用条件：温和，pH 过高过低都会使酶失活。

（二）能力目标

（1）能够进行有关实验和探究，学会控制自变量，观察和检测因变量变化以及设置对照组。

（2）通过以小组为单位的学习，使学生学会与人交流和合作的能力。

（三）情感态度与价值观

通过设计实验、实验观察，亲身体会科学发现过程，领悟科学研究方法，培养崇尚科学的态度和实事求是的精神。

六、实验教学内容

（1）学生实验设计。

（2）学生实验操作。

（3）教师改进实验。

（4）实验再改进。

七、实验教学过程

（一）新课导入

设计一段视频，引起学生兴趣。

视频内容：A 同学因为吃太多消化不良导致胃痛、腹胀，去医务室就诊。医生询问过缘由后给 A 同学开了一盒复方胃蛋白酶颗粒，并且提出了许多服用要求。A 同学产生疑问：为什么该药禁忌如此之多，并向同学们求助来分析原因。

设计意图：观看西宁市第十四中学学生拍摄的视频，通过视频对酶的特性产生兴趣。

（二）环节一：实验设计

教师活动：请利用已学知识设计实验，探究pH影响酶活性（时间：3min；4人为1小组）。

学生活动：实验设计（见图1、图2）。

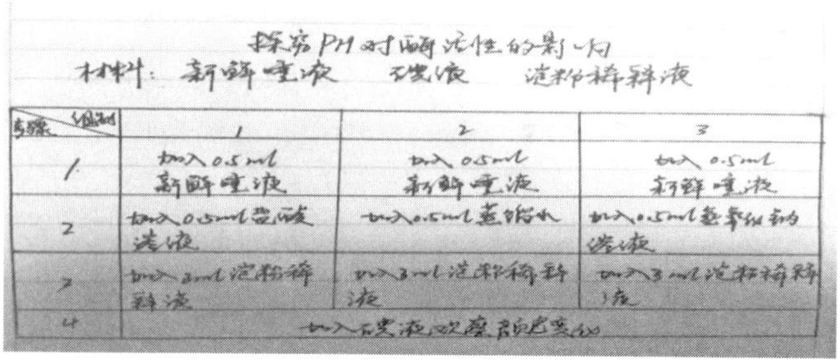

图1　学生实验设计1

图2　学生实验设计2

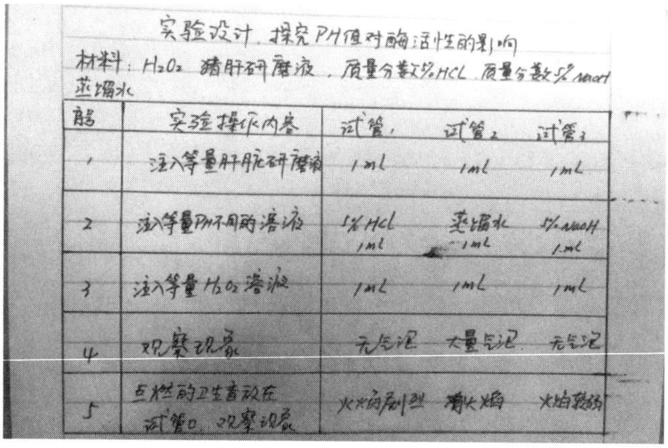

教师活动：学生实验设计分析。

（1）实验设计不完整（实验名称、实验原理、实验材料、实验过程、实验结果、实验结论）。

（2）自变量设计不严谨。

（3）对无关变量考虑不周。

（三）环节二：实验操作

教师活动：对学生的实验设计给予指点，学生改进实验设计进行学生实验。

学生活动：实验操作（视频）。

探究 pH 对酶活性的影响

第一组实验。底物：淀粉；酶：唾液淀粉酶。分别加入盐酸、蒸馏水、氢氧化钠创造酸性、中性、碱性环境，加入碘，以颜色变化为指标探究不同 pH 对酶活性的影响。

实验结果：加入盐酸组和加入蒸馏水组颜色差别不大，加入氢氧化钠组没有显色，原因是碘与氢氧化钠反应，无法与淀粉结合（见图3）。

实验结论：淀粉和唾液淀粉酶不适用于探究 pH 对酶活性的影响。

图3 学生实验1

第二组实验。底物：过氧化氢；酶：猪肝研磨液中的过氧化氢酶。分别加入盐酸、蒸馏水、氢氧化钠创造酸性、中性、碱性环境，以气泡产生量为指标探究不同 pH 对酶活性的影响。

实验结果：蒸馏水组中产生的气泡多，盐酸组和氢氧化钠组产生的氧气少（见图4）。

实验结论：酶的作用条件温和，pH 过高过低都会降低酶活性。

绘制 pH 对酶活性曲线图发现问题：速度慢，准确率不高。

（四）环节三：改进实验

图4 学生实验2

教师活动：为了快速、准确地绘制 pH 对酶活性的影响，对学生实验2进行了改进（实验视频）。

装置：分别向体积相同的 pH 为1、4、7、10、13 的啤酒瓶中同时缓慢加入过氧化氢，啤酒瓶中有被猪肝研磨液浸泡过的小纸片，过氧化氢会与小纸片上的过氧化氢酶接触促进过氧化氢分解，酶的活性越强，产生的气泡越多，纸片飘起得也越快、越多（见图5）。

图5 教师改进实验

学生活动：根据实验结果绘制曲线。

教师活动：为了科学、严谨地探究 pH 对酶活性的影响，变定性为定量，对该实验进行再次改进。

装置：数字化信息系统实验室通用软件、数据采集器、氧气传感器、注射器、传感器配套装置（瓶中有等量 pH 为 1、4、7、10、13 的缓冲液，每瓶中有被猪肝研磨液浸泡过半小时的小纸片 2 片）。

过程：①将传感器与传感器配套装置相连，电脑显示器上会呈现初始氧含量即 14.8%；②缓缓注入过氧化氢，过氧化氢会与纸片上的过氧化氢酶接触催化过氧化氢分解；③在 3min 时停止实验，显示器上会呈现终结氧含量；④作出差值，绘制曲线。

学生活动：分组实验操作，数据采集，绘制曲线，曲线分析，得出结论：酶的作用条件温和，pH 过高过低都会降低酶活性甚至失活。

（五）环节四：结论

酶的作用条件温和，pH 过高过低都会使酶失活。

（六）环节五：练习

问：为什么胃蛋白酶口服溶液忌与抗酸药物（碱性药物）同服。

答：胃蛋白酶的最适 pH 是 1.5~2.2，碱性药物会破坏胃蛋白酶的空间结构使其失活，无法发挥作用。

八、实验效果评价

（1）本节课为了引起学生的兴趣，注重与现实生活的联系。我在导课时用了学生自己设计录制的视频。

（2）充分发挥任务驱动和设计提示的作用，达到了使学生在充分的时间内进行有效的探究。

（3）为了体现教学与信息技术的融合，以及避免课堂实验中出现不可预知的突发事件，我将实验录制成了视频，在课堂中播放时效果直观明显。

（4）我将 pH 对酶活性的实验进行了改进，通过改进之后的实验可以很直观且定量地观察到 pH 如何影响酶的活性，并且绘制出曲线图。

（5）学生实际操作实验可以提高学生的动手能力，体现学生的主体地位。

STEM 视野下的实验教学
——探究影响酶活性的条件

四川省成都市华阳中学　吴书玥

一、使用教材

人教版高中《生物必修 1——分子与细胞》第五章第 1 节 "降低化学反应活化能的酶"。

二、实验器材

（一）实验材料

α-淀粉酶、淀粉、琼脂粉、凉粉、碘液、滤纸、冰袋、发热袋。

（二）实验仪器

冰箱、恒温箱、微波炉、锥形瓶、培养皿、微量移液器。

三、实验创新要点/改进要点

（一）定性实验转变为定量实验

利用淀粉—琼脂培养基代替淀粉溶液，使酶促反应在固相环境中进行，滴加碘液后形成分解圈，测量分解圈直径即可定量计算 α-淀粉酶的活性，促进思维水平的提升。

（二）材料创新

利用"四川凉粉"（米豆腐）代替淀粉—琼脂培养基，利用"自热火锅"模拟不同温度环境探究温度对 α-淀粉酶活性的影响，材料来自生活，实验无毒无刺激，学生可在家进行探究，提高学生的探究兴趣。

（三）反向实验，实验效果更明显

正向实验：在淀粉—琼脂培养基上加入 α-淀粉酶，再加入碘液检测剩余淀粉，被酶分解的区域不变蓝。反向实验：在淀粉—琼脂培养基上加入碘液染成蓝色，再加入 α-淀粉酶，被分解的区域颜色消退。反向实验可直接看到 α-淀粉酶分解淀粉的过程，实验结果更明显。

四、实验原理/实验设计思路

将蘸有 α-淀粉酶溶液的滤纸放于固体的淀粉—琼脂培养基上，滤纸上的淀粉酶可将培养基中的淀粉水解，再加入碘液检验剩余淀粉，滤纸周围的淀粉被水解遇碘液不变蓝形成透明的分解圈。通过测量分解圈直径的大小即可定量反应酶活性（见图1）。

五、实验教学目标

（一）知识与技能

（1）探究影响酶活性的因素，了解pH、温度等因素对酶活性的影响。

（2）理解实验设计原则，掌握实验设计的一般方法，学会实验数据的基本分析。

图1 实验原理

（二）过程与方法

（1）通过引导实验，掌握实验设计的一般方法。

（2）通过自主探究，鼓励学生自主开展课题，掌握基于项目的学习模式。

（三）情感态度价值观

（1）加深学生对合作学习的体会和认识，培养学生的团队合作精神。

（2）了解生命科学是在不断的探索、实践、创新中前进，养成质疑、实践的科学态度。

重点：探究温度对酶活性的影响；探究其他因素对酶活性的影响。

难点：学会实验探究的一般方法；自主进行课题研究。

六、实验教学内容

（1）探究温度对酶活性的影响。

（2）探究其他因素对酶活性的影响。

七、实验教学过程（STEM课程）

（一）环节1：情境引入

童话《国王的种子》：老国王发给全国每个儿童一粒煮过的种子，宣布谁种出来的花最美，就选择谁做未来的国王……后来选了手捧空花盆的孩子当国王，因为煮过的种子是不会发芽的。提出问题：为什么煮过的种子不会发芽呢？

提供资料：种子发芽前会合成大量α-淀粉酶，分解淀粉为种子萌发提供能量。提出课题"探究温度对α-淀粉酶活性的影响"。

（二）环节2：工程设计

全班同学头脑风暴设计实验方案进行解说，并投票选出最优方案3（见图2）。

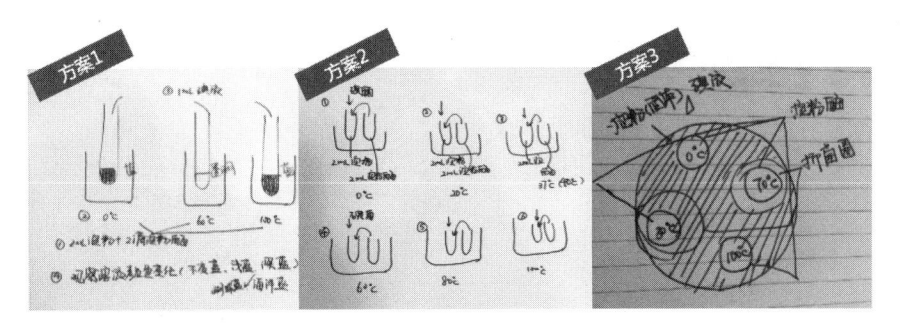

图 2　实验方案

（三）环节 3：合作探究

配制淀粉—琼脂培养基，在滤纸中加入 α-淀粉酶，放于 0℃ 的冰箱，25℃、50℃、70℃ 的恒温箱，100℃ 的水浴锅中保温 10min，加入 20mL 碘液检测分解圈大小。

（四）环节 4：分析解释

（1）实验结果见图 3。

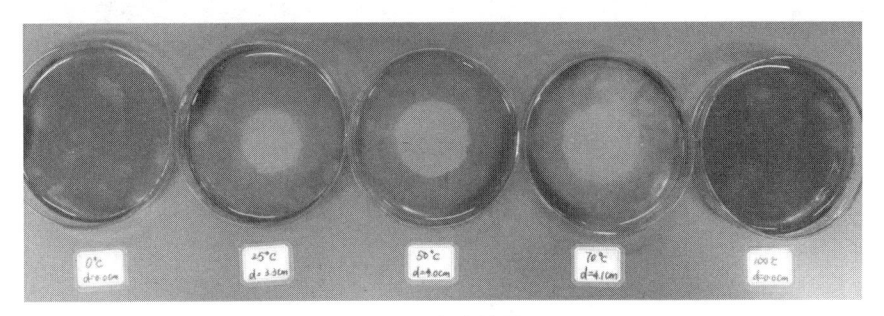

图 3　实验结果

（2）结果记录见表 1。

表 1　不同温度条件下 α-淀粉酶分解淀粉的分解圈直径比较

分解圈直径/cm＼温度/℃	0	25	50	70	100
平行组 1	0.90	3.30	4.00	4.10	0.00
平行组 2	0.70	3.20	4.20	4.20	0.00
平行组 3	0.60	3.10	4.40	4.60	0.00
平均值	0.73	3.20	4.20	4.30	0.00

（3）结果分析见图4。

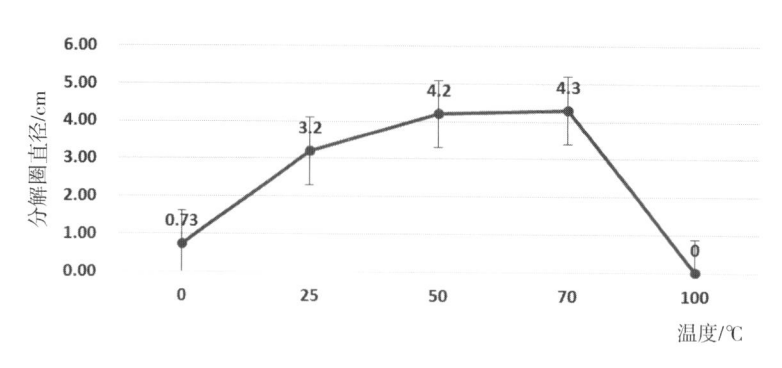

图4 α-淀粉酶活性随温度变化曲线

（五）环节5：交流评估

汇总实验结果，回答课堂开始提出的问题，提出用α-淀粉酶在淀粉—琼脂培养基上画图的方法并进行艺术创作（见图5）。

图5 学生利用α-淀粉酶在淀粉—琼脂培养基上作画

（六）环节6：进一步探究

改进1：利用凉粉代替淀粉—琼脂培养基，在滤纸中加入α-淀粉酶，用自热饭盒模拟不同温度环境，检测分解圈大小（见图6、图7）。

改进2：配制淀粉—琼脂培养基，加入碘液，再用α-淀粉酶在培养基上"画出"分解圈（见图8）。可用此实验验证温度对酶活性影响的机制，即低温抑制酶活性，高温使酶失活。

| 图6 自热火锅盒 | 图7 凉粉 | 图8 方向实验 |

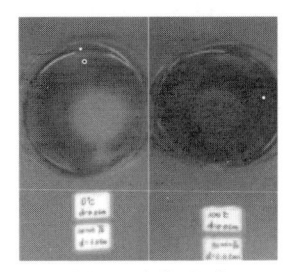

进一步研究的方向：探究温度对 H_2O_2 酶活性的影响；探究酒精对 H_2O_2 酶活性的影响；探究 NaCl 溶液对凤梨酶活性的影响；探究影响酶活性的条件实验装置的改进；一种手持式定量测量 α-淀粉酶活性的装置的设想。

八、实验效果评价

（1）实验方法通用，灵感来自抑菌圈实验，促进初中—高中—大学课程融合。

（2）实验结果量化，定性转化为定量，促进学生思维水平发展。

（3）实验效果明显，结果可视化，提升学生探究兴趣。

（4）实验材料易得，与生活联系紧密，让研究更有用。

利用"DIY+DIS"系统自主探究过氧化氢的分解

湖南师大附中　向阳

一、使用教材

人教版高中《生物必修1——分子与细胞》第五章第一节"降低化学反应活化能的酶"。

二、实验器材

（一）实验器具

DIY反应器、DIS系统、试管架、试管、玻璃盐水瓶、量筒、滴管、烧杯、火柴、卫生香等。

（二）实验试剂

新鲜的质量分数为20%的肝脏研磨液、体积分数为3%的过氧化氢溶液、质量分数为3.5%的$FeCl_3$溶液、清水。

（三）实验材料

各小组自主探究所需材料（20%冷冻猪肝研磨液、20%不同辣度的辣椒研磨液、20%土豆研磨液、5%氢氧化钠、5%盐酸等）。

三、实验创新要点/改进要点

（一）DIY反应器

DIY反应器由图1中的5个部分组成。图中①为反应容器。选用50mL翻口塑胶塞盐水瓶，与一般试管相比，盐水瓶能有效防止气压过高时瓶塞爆出的现象。图中②为三通管。选用输液针管的穿刺器改造而成，可以在保障气密性的前提下实现三通效果。图中③为单向阀。由输液针管改造而成，既可以单向注入底物，有效防止瓶内气压增大时，注射器活塞回退现象。图中④为底物加注器。选用5mL注射器针筒，直接用注射器吸取过氧化氢溶液，既可以简化等量取样的程序，又为同时加注底物提供可能性。

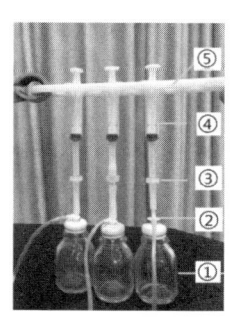

图1　DIY反应器

图中⑤为同时加注支架。选用小号试管架的部分部件，当实验组较多时，可实现底物同时加注，实现反应同时开始。

（二）DIY 反应器改进要点

（1）教材原型实验分析。教材上的实验原理为过氧化氢分解后可产生具有助燃功能的氧气，但在常温下分解速率很慢，用带火星的卫生香检验，卫生香不复燃；单独加热过氧化氢溶液，用带火星的卫生香检验，长时间加热沸腾后，带火星的卫生香火星变得明亮但不复燃，说明过氧化氢在加热时分解了，但速率较慢；在过氧化氢溶液中加入不同的催化剂，通过对比卫生香的燃烧程度比较不同催化剂的效率，燃烧越剧烈，效率就越高（见图2）。

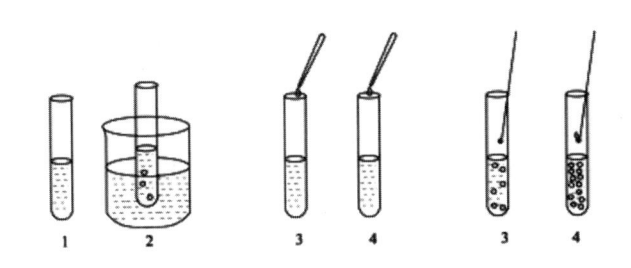

图 2　教材原实验过程图

在实践中发现，教材实验原型存在以下几点不足：

1）该实验使用的实验仪器是敞口试管，新鲜的肝脏研磨液（含大量的过氧化氢酶）催化分解过氧化氢的速度极其迅速，如果滴加的量稍多，瞬时产生的大量泡沫有时会飞溅出来，有安全隐患；

2）2~3min 后，将点燃的卫生香分别放入 3 号和 4 号试管内液面上方，观察哪支试管中的卫生香燃烧猛烈，从而比较无机催化剂和过氧化氢酶的催化效率。由于该实验用的是敞口试管，等待时间稍长，试管内的氧气已有部分泄露到空气中，导致观察到的现象不明显。若缩短等待时间，由于过氧化氢分解后会产生含水量很高的气泡，带火星的卫生香深入试管，不但不复燃，反而会熄灭的现象。

3）该实验是将过氧化氢溶液置于不同的环境中，实际操作时难以实现同时进行，从控制无关变量的角度考虑，还有改进空间。

（2）DIY 反应器改进要点。

1）开放改为密闭。将原本敞开反应器改为密闭的反应器，避免产生泡沫飞溅、氧气泄露等问题。

2）"目测"改为"传感"。将反应器与数字化信息系统相连，精确测量气压值，通过比较曲线图，直观体验酶的高效性。

3）特殊装备"防爆"。如果用试管、分支试管或小锥形瓶作为反应器，按照教材上过氧化氢的浓度和用量，加入猪肝研磨液的试管，很快就会出现橡胶塞爆出的现象。一旦"爆瓶",瓶内气压迅速下降,实验失败(见图3)。降低过氧化氢浓度或者增大反应器体积可以解决"爆瓶"问题,经实验反复验证,在体积为50mL的反应器内,2滴20%的新鲜猪肝研磨液和3%过氧化氢溶液1mL混合后,基本不会"爆瓶",但是如果增至2滴新鲜猪肝研磨液或者2mL过氧化氢溶液,则极易发生"爆瓶"现象。然而,在降低底物浓度的同时,要考虑到总反应速率过慢,而课堂时间有限。盐水瓶的反口橡胶塞承受气压值的能力远远高于普通单孔橡胶塞,可以有效防止"爆瓶",减少学生自主探究的条件限制。

4)巧设单向阀门。在实验探索的过程中,发现反应开始后,试管中气压升高会使注射器活塞出现回退现象,必须一直按住。在注射器和试管之间增加单向阀,可以有效防止气体导致活塞回退。

5)实现实验同时开始。如果实验组比较多,"同时加注支架"就可以发挥作用,实现实验同时开始。首先让所有注射器处在同一平面上,然后同时按压,减少时间差带来的误差。

6)气密性标准高。由于要精确记录反应器内气体压强的变化,对数据进行定量分析,如果容器气密性不够好,实验难以成功。本实验的反应器瓶口可以同时满足既有入口添加底物,又有气体出口与气压传感器相连,达到三通效果。

由分支试管搭配单孔橡胶塞、锥形瓶搭配双孔橡胶塞和玻璃导管(见图4),就能实现三通,但很难达到增压条件下的气密性要求。以分支试管为例,在其分支上加橡皮管与传感器相连,试管口用玻璃导管和橡皮管与注射器相连。实践时发现,一是管口玻璃管与橡胶塞接缝在气压较高时容易出现气体泄漏,二是该试管分支上的橡皮管与传感器软管难以实现无缝对接。我曾尝试用滴管玻璃头,勉强匹配实现要求,但是每次重复实验都要将分支试管的橡胶塞以及传感器接口拆除,且清洗时分支内不能有水分残留,以免下次实验时污染传感器。玻璃导管和滴管玻璃头都是玻璃制品,学生操作容易出现破损,不够安全。

本实验采用一次性输液穿刺器与翻口塑胶塞,并且选用各种尺寸的透明软塑管进行连接,能有效防止气体泄漏,气密性标准高。

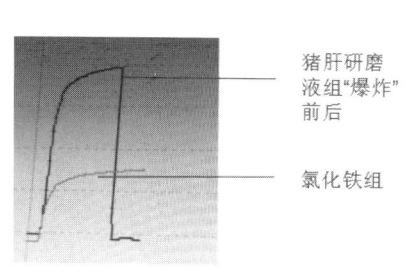

图3 "爆瓶"前后气压曲线 图4 锥形瓶和分支试管

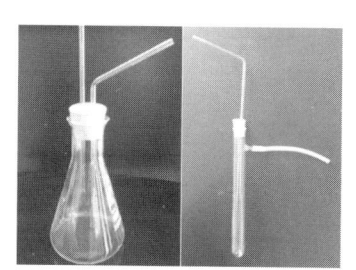

（二）DIS 系统的应用

（1）DIS 系统的组成。DIS 系统（Digital Information System）即数字化信息系统，由传感器、数据采集器、计算机三部分构成。该实验系统最根本的特点是将实验过程或现象转化为可检测的物理信号。本实验中，就是利用压力传感器将不同组反应器内的气压变化值转化为曲线图，使反应结果的呈现实时化、精细化（见图5）。

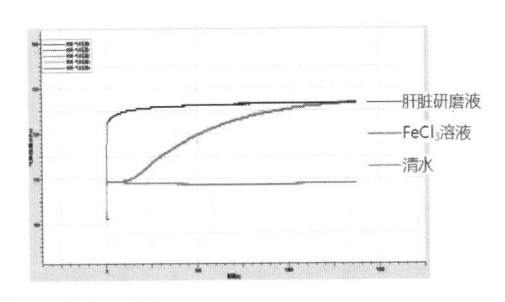

图5　DIS 系统显示数据示例

（2）使用 DIS 系统的主要优势。

1）将定性实验改为定量实验。2017 版高中生物新课标提出："生物学的研究经历了从现象到本质、从定性到定量的发展过程。当今，它在微观和宏观两个方向的发展都非常迅速，并且与信息技术和工程技术的结合日益紧密，正在对社会、经济和人类生活产生越来越大的影响。"本实验采用先进的 DIS 实验系统，通过气压传感器实时测量过氧化氢分解反应放出氧气的气压，利用气压变化快慢与氧气放出速率成正相关的关系，实时显示不同条件下过氧化氢分解速率的差异。

2）结果呈现直观、迅速。系统及时记录反应开始后每一时刻反应器内气压的变化值，并可以以表格、曲线图等不同形式展现，且有利于提高学生获取信息、分析数据的能力。

3）操作简单，易于重复。重复实验只需更换反应器内的底物即可，与排水集气法和利用 U 形管液面高度差来研究为例，实验结束后不需要处理集气端仪器或使液面恢复平衡，因此，从时效性来看，更适合在课堂上开展小组合作探究。

4）数据精细，利于分析。能够观测到猪肝组和氯化铁组气压值，在一段时间之后趋向一致，能够帮助学生理解酶的催化作用只改变反应速率，不改变气体产量（见图6）。

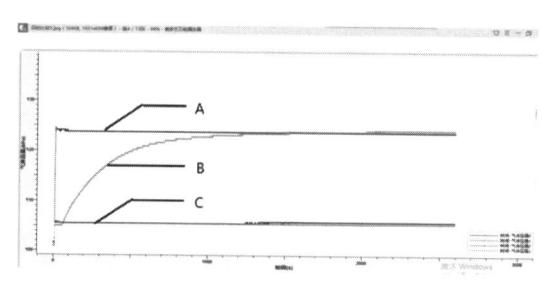

图6 ABC 三组过氧化氢分解速率的比较

A—猪肝组，B—氯化铁组，C—清水组

（三）自主合作探究的授课形式

（1）问题分析。教材中实验是给定实验材料、实验方法和步骤，学生只需按部就班进行实验，通过对实验方案的分析，掌握设计对照实验的原则，理解对照实验、变量等概念。学生没有自主探究的机会。

（2）改进与创新。将探究性实验与验证性实验相融合，首先通过教材原方案的新实践，理解酶的高效性，理解对照实验的设计原则等，再通过小组合作，完成自主探究。

由于对装置的改进，学生可以运用该装置开展很多定量实验，学生探究积极性高（见表1）。探究性试验与验证性实验相比，有利于学生克服思维定式的束缚，更有利于学生的探索精神和创造性思维的培养。实验的成功与失败都会引起学生注意，进而探索实验材料的选择等，培养了学生的思维能力、分析解决问题能力以及实验创新能力（见图7、图8）。

表1 某班部分兴趣小组探究的问题

组号	探究的问题
1	不同浓度的过氧化氢溶液在相同条件下分解速率有何差异
2	土豆和猪肝中过氧化氢酶含量有差别吗
3	冷冻过的猪肝和新鲜猪肝，其过氧化氢酶催化效率相同吗
4	香蕉皮和香蕉果肉中过氧化氢酶含量有差别吗
5	过氧化氢酶活性会受酸碱环境变化影响吗
6	不同辣度的辣椒中过氧化氢酶含量有无区别

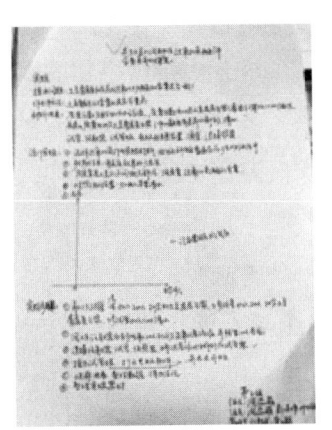

图 7 部分小组设计的实验方案

(左、中为课前自主设计的方案，右为课堂讨论调整后的方案)

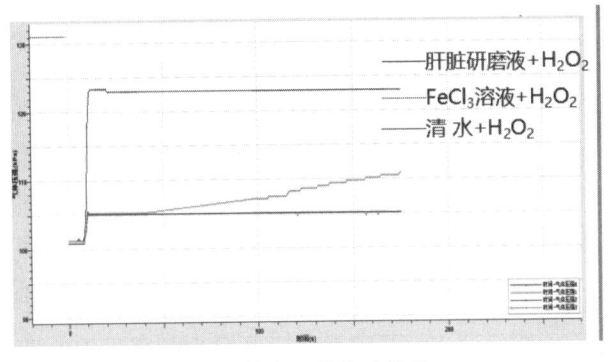

图 8 某小组的实验结果

四、实验原理/实验设计思路

(一) 实验原理

(1) 过氧化氢可以分解产生氧气，加热让过氧化氢分解释放氧气的速率大于常温下过氧化氢分解释放氧气的速率。

(2) $FeCl_3$ 催化过氧化氢分解释放氧气的速率大于加热分解的速率，但低于肝脏研磨液分解速率，酶的催化效率高于无机催化剂，酶的催化作用具有高效性。

(3) 催化剂只改变反应速率，不改变总反应中气体的产量。

(二) 设计思路

根据 2017 年高中生物新课标指出，生物学教学的基本理念应包括：学科素养为核心、课程内容少而精、教学内容重实践、学业评价促发展。新课标对生物实验教学专门提出实施建议，实验设计应该多样化。在重视定性实验的同时，也应重视定量实验，让学生在量的变化中了解事物的本质。教师应给学生提供机会学习生物学研究中的测量方法，实事求是地记录、整理和分析实验数据，定量表述实验结果等。根据新课标的理念和要求，本堂课的具体设计见图9。

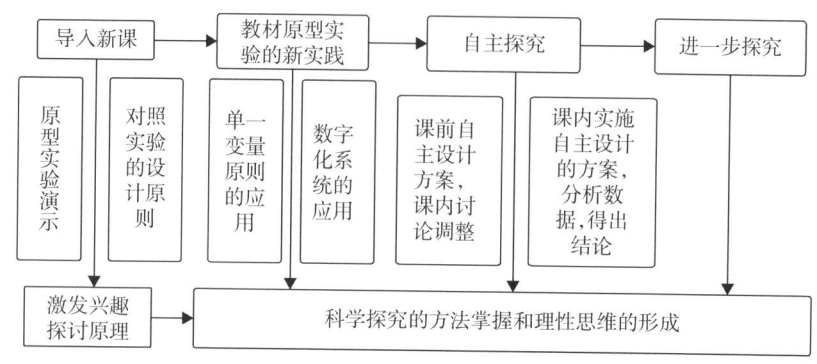

图 9　设计思路

五、实验教学目标

新课标要求，教师要组织好各种观察、实验等探究性学习活动，帮助学生增加感性认识，克服对微观结构认识的困难，使学生领悟科学研究的方法并习得相关的操作技能。结合生物个体水平的知识、化学和物理学知识以及学生的生活经验，突破学习难点。鼓励学生搜集有关细胞研究和应用方面的信息，进行交流，以丰富相关知识，加深对科学、技术、社会相互关系的认识。

通过本实验，期待学生主要在理性思维的形成和科学探究意识等方面得到发展。

（一）理性思维

（1）能够基于教材原型实验演示现象，通过归纳和概括，理解酶的高效性。

（2）尊重事实和证据，以严谨务实的求知态度，在设计并实施实验中探讨与过氧化氢及过氧化氢酶相关的问题。

（3）养成用科学的思维方法认识事物、解决实际问题的思维习惯和能力。

（二）科学探究

（1）能够发现生活中与过氧化氢分解相关的问题，并能小组合作，进行实验设计、方案实施以及结果的交流和讨论的能力。

（2）在探究中，乐于并善于团队合作，勇于创新。

六、实验教学内容

（1）通过观察演示实验，分析实验结果，学习对照实验设计基本原则，理解酶的高效性。

（2）利用DIY反应器和DIS系统，对教材原型实验进行新实践，让学生体验数字化装备的优势，学会根据曲线变化进行分析，得出相应的结论。

（3）小组合作，利用新装备进行自主探究，设计实验方案时，注意单一变量原则的应用。

（4）拓展研究。如何利用新装置研究温度对过氧化氢分解速率的影响？如何使反应整体加速，尽早看到各组气压峰值？

七、教学过程

本课分为课前准备、课堂教学和课外延伸三个阶段。

（一）课前准备

布置所有同学课前自主预习教材核心概念及教材原型实验的方法和步骤；小组长熟悉数字化信息系统的基本操作，组织组员对本组想要探究的问题进行讨论，并且仿照教材实验，设计基本实验方案；生物兴趣小组的同学准备演示实验。

（二）课堂教学

演示原型实验：兴趣小组同学演示教材原型实验，其他同学分析实验现象，得出结论，并讨论确立对照实验设计的原则。

原型实验新体验：学生利用DIY反应器和DIS系统，体验比较酶和无机催化剂催化效率的差别实验，观察现象，引导学生分析实验所得数据，得出相应结论。

自主探究：小组对本组课前的实验方案进行修订，选取某一组修改后的方案全班评价或小组互评，确保实验方案符合对照试验设计的基本原则等。各小组利用数字化信息系统完成本组探究实验，分析所得数据，尝试得出结论。

（三）课外延伸

课后进一步思考。如何利用新装置研究温度对过氧化氢分解速率的影响？如何使反应整体加速，尽早看到各组气压峰值？

八、实验效果评价

（1）数字化信息系统的应用将传统实验和现代信息技术有效整合起来，拓展了科学实验探究的手段和方法。利用传感器对生物反应进行监测已经有一定的研究成果，然而在具体实施过程中，如何让实验装置和操作更简捷，更符合中学课堂需求，这应该是实验教学研究的方向之一。利用本实验中的DIY反应器能够很好地改进实验过程中反应器"爆瓶"、气密性要求高、各组反应需同时开始等问题，并且通过预实验对反应底物的浓度和用量提出建议，显著提升了实验的可行性、直观性和时效性。

（2）将教材中简单的定性实验变为定量实验，给学生提供学习生物学研究中的测量方法的机会，实事求是地记录、整理和分析实验数据，定量表述实验结果等。

（3）以科学方法训练为重要线索的探究活动，有利于培养学生创新思维和实践能力。学生通过小组合作探究，既发展了探究能力，又提高了实验操作技能和数据采集、分析能力。部分小组探究的结果还能为实验教学提供参考，比如其他替代性材料的选用、冷冻储藏肝脏对酶活性有无影响等。

（4）体现学科间的联系，自然界是一个统一的整体，自然科学中的物理学、化学、生物学等各门学科，其思维方法、基本原理、研究内容等有着密切的联系。同时，生物学和数学、技术、工程学、信息科学是相互作用、共同发展的。此实验课将物理、化学、生物以及现代信息技术横向联系起来，有利于学生理解科学的本质、科学的思想方法和跨学科的科学概念和过程，这将有利于建立科学的生命观，逐步形成正确的世界观，发展生物学核心素养。

"绿叶中色素的提取和分离"实验改进及拓展

广西桂林市桂林中学　廖永梅

一、教材分析

本实验是人教版高中《生物必修1——分子与细胞》第5章第4节"能量之源——光与光合作用"学生实验。叶绿体是植物光合作用的场所，做好叶绿体中色素的提取和分离实验，有助于学生了解光合色素的种类和作用，是对第3章细胞结构知识的提升，是学习光合作用原理和应用的基础。按课标安排1课时。

二、实验器材

（1）研钵、天平、剪刀、玻璃漏斗、尼龙布、50mL锥形瓶、玻璃棒、试管、保鲜膜、试管架、药勺、10mL量筒、滤纸条、毛细吸管、250mL烧杯、硬纸盖、铅毛、尺子、超声波清洗机、头灯、铁架台、比色皿、泡沫台、光盘、镊子、滴管瓶。

（2）无水乙醇、石油醚、丙酮、苯、碳酸钙、二氧化硅。

（3）新鲜菠菜等。

三、学情分析

学生在初中已学习了光合作用的有关知识。在前面第3章学习了细胞结构，知道叶绿体是进行光合作用的场所，对叶绿体中色素对光合作用的贡献有浓厚的探究兴趣。在实验操作方面，学生能进行研磨和过滤等操作，但纸层析法是首次接触，需要教师给予直观正确的操作和示范，才能熟练掌握。本节课还涉及许多理化知识，如光的色散现象和色素的吸收光谱，学生理解有一定困难。

四、教学目标

（一）知识目标

（1）能概述绿叶中色素提取和分离的原理及方法。
（2）明确光合色素的分布和种类。
（3）理解不同色素能够吸收不同色光。

（二）能力目标

（1）能独立完成植物中色素的提取和分离实验。
（2）能针对实验提出相关问题，设计并实施方案，完成探究过程。

（三）情感态度与价值观目标

（1）体会科学方法的应用是探究的利器。

（2）感悟探究过程，享受探究的乐趣。

五、学法指导

合作学习、探究学习。

六、教学重点和难点

（一）教学重点

色素的提取和分离；色素吸收光谱的观察与分析。

（二）教学难点

色素提取液的画线；光合色素吸收光谱的理解。

七、教学设计理念（依据）

（1）布卢姆"认知、技能、情感"三个目标领域，预期学生的学习结果。

（2）皮亚杰的"建构主义"教学理论。

（3）美国行为心理学家马杰关于教学设计的模式，解决三个问题：①把学生带到哪里？②怎样把学生带到那里？③如何确信已经把学生带到那里？

（4）新课标的四大理念和高考大纲的四大能力要求实施有效教学。

八、实验教学设计思路（见图1）

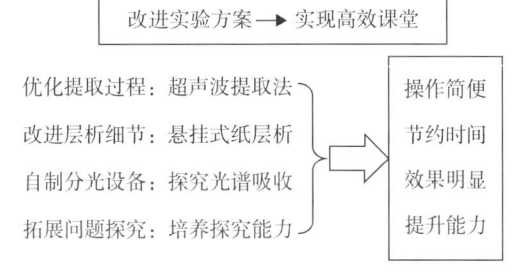

```
              改进实验方案 → 实现高效课堂

优化提取过程：超声波提取法 ┐      ┌ 操作简便
改进层析细节：悬挂式纸层析  │  ⇒  │ 节约时间
自制分光设备：探究光谱吸收  │      │ 效果明显
拓展问题探究：培养探究能力 ┘      └ 提升能力
```

图1　实验教学设计思路

九、实验教学内容

（一）原课本实验分析

课本实验涉及4种试剂（无水乙醇、$CaCO_3$、SiO_2、层析液）、5个步骤（称量→剪碎→研磨→过滤→层析）。其过程繁琐，操作耗时，实验中研磨的程度不易把握。色素提取液浓度不够，层析效果不明显。课本实验注重了技能的训练，忽视了探究性思维的培养。

"绿叶中色素的提取和分离"实验改进及拓展

（二）实验的 4 点改进或创新

（1）创新一：优化提取过程，采用超声波提取法。使用超声波清洗机（见图 2），加速破坏叶肉细胞膜和双层叶绿体膜，利于色素提取。改进后的操作为：研磨 1min→超声波处理 3~5min。不需添加二氧化硅和无水乙醇，超声波具有加速颗粒沉降作用，提取液不需过滤，有效地实现了简化程序、节省试剂、节约时间、提高效率，并且扩大了选材范围（见图 3）。

图 2　超声波清洗机　　　图 3　研磨法、超声波提取法

（2）创新二：改进层析细节，采用悬挂式纸层析。教材中采用烧杯和培养皿的方式，简便易行，缺点是滤纸层析后会变软，易发生相互接触或贴壁，再加盖培养皿时也容易导致滤纸条移位，影响层析的效果。针对这些实际情况，学生利用废弃硬纸片，裁剪成大于烧杯口径的纸盖，上面开多条狭缝，将滤纸插入小缝，进行悬挂式层析（见图 4），有效解决了以上问题，且易得到平行色素带（见图 5）。

以上两项改进，使实验更加便捷、顺利。应用超声波提取法，层析后的 4 条色素带非常明显，进一步体现了超声波提取法的优势。

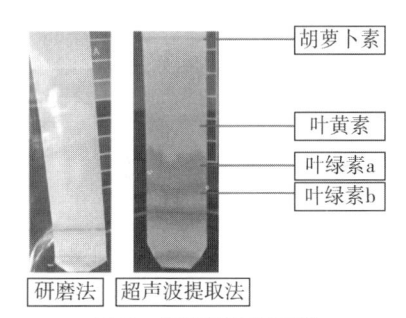

图 4　悬挂式层析　　　图 5　得到平行色素带

（3）创新三：自制分光装置，探究光谱吸收。通过色素的提取和分离，学生对绿叶中光合色素的种类、含量、颜色有了一定了解，但是还不能认同色素吸

收光能的事实。如何能直接看到色素吸收光谱的事实？教材中提到用三棱镜将白光分成单色光，马上有学生想到平常见到的光盘也能出现"彩虹"，岂不是也可以分光！他们找来光盘，把太阳光反射到白色墙壁上，分出的七色光比较弱，不规则。为了方便观察，学生找到铁架台，又想到家中所用的头灯非常明亮，于是把头灯固定在铁架台上，把光盘斜插在废弃泡沫板上，调整角度，拉上窗帘，七色光非常清晰（见图6）。分光的问题解决了！我们把提取液装入试管，把试管移到光源前面，希望看到相应色光被吸收的现象，遗憾的是无论怎么调整角度，哪怕装入的是清水，要么离光源太近，光发散绕过试管，墙上的七色光全部没有变化；要么离光源稍远，形成一条黑影，都不能看到红光和蓝紫光单独被吸收的现象。经过教师查阅资料，引导学生用比色皿装溶液查看吸光情况，问题得到圆满解决。

吸光结果展示：两只比色皿，左边装的是无水乙醇，右边是色素提取液，通过对比，学生很容易得出，色素主要吸收红光和蓝紫光这个结论（见图7）。

图6　自制分光装置　　图7　色素吸光结果

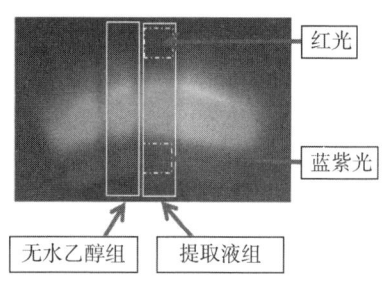

（4）创新四：拓展问题探究，培养探究能力。

1）探究1：探究胡萝卜中色素的种类及光谱吸收情况。因胡萝卜较硬，先用搅碎机打成小颗粒。用石油醚进行超声波提取。

实验结果：胡萝卜提取液中只含有胡萝卜素，胡萝卜素主要吸收蓝紫光（见图8、图9）。

推测：叶绿素吸收红光。

图8　胡萝卜中色素与绿叶中色素层析的结果比较

图9 胡萝卜中色素与绿叶中色素的吸光情况

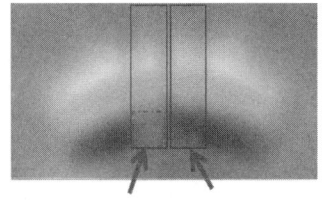

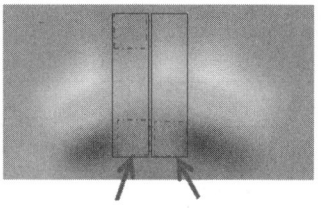

（胡萝卜素组 石油醚组 光合色素组 胡萝卜素组）

2）探究2：探究叶绿素的光谱吸收情况。

资料：酸性条件下，叶绿素易受破坏，从而失去功能。实验设计见图10。实验结果见图11。

结论：叶绿素可以吸收红光。

组别	提取液	盐酸	吸光情况
对照组	+	−	
实验组	+	+	

（+表示加入；−表示不加入）

图10 实验设计

（不加盐酸　加盐酸）

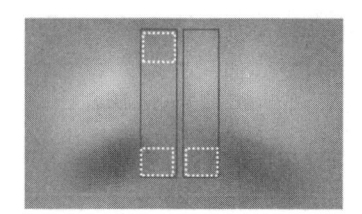

图11 实验结果

3）观察分析色素的荧光现象（见图12）。

图12 观察色素的荧光现象

749

使用头灯时，同学们发现，光直射提取液时，溶液呈绿色，反射时，看到是棕红色。对于叶绿素的这种荧光现象，教师没有直接给出答案，鼓励学生查阅资料，解释机理，并对全班汇报说明。

十、实验教学过程

上课，同学们好！

直接引入：今天我们来学习必修一第 5 章第四节"光与光合作用"，绿叶中色素的提取和分离，实验的改进及拓展。首先，一起来回顾实验的原理：

提取的原理：绿叶中的色素能够溶解在有机溶剂无水乙醇中，可用无水乙醇提取绿叶中的色素。

分离的原理：不同色素在层析液中的溶解度不同，溶解度高的随层析液在滤纸上扩散得快，溶解度低的扩散得慢，从而把不同色素分离开。

师：用什么方法来提取色素呢？

生 1：我们组用的是研磨法。采用了无水乙醇、二氧化硅、碳酸钙，操作过程为称量—剪碎—研磨—过滤。

师：其他组都是用研磨法吗？

生 2：我们组用的是超声波提取法，不需要加入二氧化硅，只需要轻微研磨 30s，打开开关，超声波处理 3~5min，就可以倒出提出液，不需要过滤。操作简单方便。

师：超声波真的能提高绿叶中色素的提取浓度吗？你们是如何开展研究的？

生 2：我们首先假设：超声波能提高绿叶中色素的提取浓度。

师：如何证明这个假设是否正确？你们的设计思路是？

生 2：设计了两组对照实验：一组研磨法；一组超声波提取法。

师：根据你们的设计思路，其他同学想一想，可能有几种实验结果？

生 3：3 种吧。如果 A 组比 B 组浓，说明研磨法好；如果 B 组比 A 组浓，说明超声波提取法好；如果 A、B 组差不多，说明两种方法效果一样。

师：到底哪一种预测符合实际情况呢？让我们开始实验，寻找答案吧！

教师下来巡视和指导。

对照组：称量—剪碎—研磨—过滤。

实验组：称量—剪碎—超声波。

大部分组都做得差不多了，教师拿起两组溶液的试管放在大家前面对比。

师：同学们都完成了实验，看，哪支试管色素更浓？

生：左边那支！

师：嗯，这是超声波的提取液，看来，第二个预测符合实际情况，假设正确。知道了超声波能提高色素提取浓度，有同学还探究提高绿叶中色素提取浓度的最适功率。有请生4。

生4：首先，我们用的超声波清洗机，它的功率是200W，功率使用可以从40%到100%调节，于是我们将课本实验，设置了7个组，用不同功率的超声波提取，但是提取液没有明显的区别，都比较浓。我们很疑惑，什么原因呢？你们觉得是什么原因？

生5：可能是叶片太多了，色素浓度大，所以颜色没什么区别。

生4：我们也分析到这点，降低了叶片质量，从5g改为1g，继续做实验。（PPT呈现图片）现象很明显，功率越大，色素浓度越大。这就是我们组探究出的结论。

师：这个组的研究很细致，很严谨啊！感谢分享。

师：色素提取好了，我们接着分离色素。对于课本的纸层析，兴趣小组也作了一点改进。

各小组开始划滤液细线，层析。普通用培养皿盖进行层析。改进后用悬挂式纸层析。

师：为什么改进后效果更好？

生6：我们做实验时发现，用培养皿盖在烧杯上层析，滤纸条很容易贴在烧杯壁上，滤纸条之间也很容易重叠在一起，影响效果。我们把硬纸片剪成烧杯的盖子，上面用小刀划一些小孔，把滤纸条像这样放进去，可以进行悬挂式层析，还可以随时取出来，很方便！这就是我们组的一点改进。

师：讲得非常好！这个小细节的改进非常有用！我们看到，绿叶中一共有几种色素啊？

生：4种！

师：从上至下，分别是？

学生齐答：胡萝卜素、叶黄素、叶绿素a、叶绿素b。

同时，我们也发现，超声波提取法得到的提取液确实色素含量更高。

师：我们知道，色素吸收光能，不同的色素吸收不同的色光，如何来确定绿叶中色素具体吸收什么类型的色光呢？有请我们的发明家闪亮登场！

生7：（拿出装置，介绍装置组成）我们这个装置，利用了铁架台、头灯、光盘、废弃的泡沫板来制作的，打开头灯，光经过光盘，可以分出七色光，把色素提取液放进比色皿（放在光源前面），大家仔细观察，跟不放有什么区别？

生8：有些地方变暗了。

生7：红光和蓝紫光的地方变暗了！

师：是什么原因？

生9：可能色素吸收了红光和蓝紫光啊。

师：有没有可能是乙醇吸收了红光和蓝紫光？如何证明？

生10：再加一个乙醇的对照组看看！

生7：哈哈，我们也想到了！（把无水乙醇组放进去，对比）

生7：同学们看，无水乙醇组没有变暗，色素提取液组的红光和蓝紫光被吸收了，说明色素主要吸收红光和蓝紫光！这就是我们小组和老师一起发明的分光装置。

师：感谢发明家的分享！让我们直接看到了色素吸收光谱的变化，有助于理解色素的主要功能。

师：我们知道不同的有颜色的生物组织中都含有色素，有同学用超声波提取法，从胡萝卜中也得到了一些提取液，想不想知道，里面含有什么色素啊？（想！）可能有什么色素？（胡萝卜素！）用什么方法证明？

生11：纸层析试试看！

师：来，请大家把胡萝卜提取液进行纸层析。

师：层析结果怎么样？请生11展示。

生11：（展示层析纸结果）通过对比，可以知道，胡萝卜中含有胡萝卜素，无叶绿素。

师：同学们，要不要看一下胡萝卜素吸收什么光？来，你给大家演示吧。

生11演示分光，指着白板上的分光情况，分析实验，得出结论：胡萝卜素主要吸收蓝紫光。

师：既然胡萝卜素主要吸收蓝紫光，那红光是哪种色素吸收的呢？

生12：叶绿素吧。

师：对，科学家发现叶黄素也主要吸收蓝紫光，推测，红光就是由叶绿素吸收的。

师：现在，让我们来探究叶绿素的吸光情况吧。要从绿叶中分离纯的叶绿素，不太容易啊。先看资料。请同学思考，如何设计实验，来探究叶绿素的光谱吸收情况呢？

师：生13，你们组准备怎么做？

生13我们设计了两组，一个不加盐酸的提取液作为对照组，一个加盐酸的作为实验组。

师：好！其他组也是这个设计吗？（齐答：是的！）那你们组来操作，看一看实验结果。

生13演示：两支试管，一支加盐酸，一支不加，振荡一下，走下来给前两排的同学看，问：大家看，有什么改变？

生 14：变黄了！

生 13：溶液由绿色变成了棕黄色。

生 13 给大家演示下吸光情况。把加了 HCL 的和不加 HCL 的进行分光。

生 13：（指着白板上的分光）不加盐酸组，红光和蓝紫光都被吸收了，加盐酸组红光没有被吸收。通过资料，我们知道，加盐酸主要是破坏叶绿素，叶绿素被破坏了，红光不能被吸收，间接说明，叶绿素可以吸收红光。

师：分析很准确！科学研究还表明，叶绿素也吸收蓝紫光。

因此，结合这两个探究，可以发现，类胡萝卜素主要吸收蓝紫光，叶绿素主要吸收红光和蓝紫光。

师：哎，有一个组还跃跃欲试，看来还有一些发现，来，生 15 说说你们还有什么发现？

生 15：我们有一个发现，让我变给你们看。上来讲台，拿头灯对着色素提取液直射，问：什么颜色？绿色！拿头灯反射，问：什么颜色？棕红色！

生 15：很神奇吧！角度不一样，颜色不一样哦！我们查阅资料，发现这种就叫作叶绿素的荧光现象。由于叶绿素提取液吸收的绿光最少，因此我们用肉眼看到是绿色。叶绿素分子吸收光能后，就由能量较低的稳定状态提高到能量较高的不稳定状态，这种状态是激发态，激发态不稳定，叶绿素就会将能量以红光的形式发射出来，因此我们就会看到红光。

师：解释得很透彻！非常棒！

实验进行到这里，相信同学们都掌握了绿叶中色素提取、分离的原理和方法，其中超声波提取法和悬挂式纸层析优化了提取过程，改进了层析的细节，并且还有分光装置的发明，利用这些装置，同学们还进行了一系列有意义的探究实验，希望同学们在今后的学习过程中，继续保持这份探究的热情，再接再厉，争取更大的发现！

本节课就上到这里！下课，同学们再见！

十一、教学设计反思与自我评价（见图13）

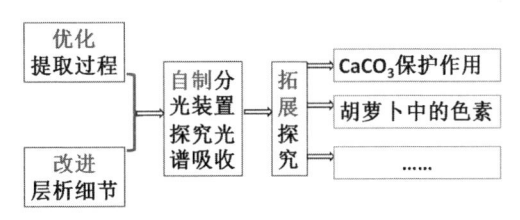

图 13　教学设计反思

（1）超声波提取法的应用简化了实验操作，节省了试剂和时间，为后续的探究奠定了基础。

（2）光盘自制分光器的发明，使学生直观地看到了色素吸光光谱的变化，有助于学生理解实证在科学研究中的重要意义。

（3）学生能够利用超声波提取法和光盘自制分光装置，自主进行实验设计，实施实验方案，交流展示研究成果，这些过程锻炼了学生的语言表达能力，合作探究能力，知识迁移的能力，提高了学生的生物科学素养，体现了自主、合作、探究的新课标理念。

探究环境因素对光合作用的影响

浙江省德清县第一中学　田华

一、使用教材

浙科版高中《生物学必修1——分子与细胞》第三章第五节"光合作用"中的实验"探究环境因素对光合作用的影响"。

二、实验器材

自制教具多功能光合作用实验箱、新鲜叶片、碳酸氢钠溶液、烧杯、培养皿、镊子、量筒、针筒、打孔器等。

三、实验改进要点

笔者自制的多功能光合作用实验箱，该装置既可用于教师的课堂演示实验，也可以用于学生的分组实验。使用本装置进行实验，可使实验条件可控化，尽量避免外界因素对实验的干扰，加快实验进程；辅助实验教学效果明显，缩短实验时间。使用手机同屏技术将学生的实验情况在课堂上投影，达到信息共享。利用实验任务单和实验反馈单对学生进行全面评价。另外学生还可使用虚拟实验室、传感器等对实验进一步进行探究。

四、实验原理

植物在不同的环境中光合速率不同，本实验利用新鲜叶圆片，将叶圆片抽真空后沉入烧杯底部，而光合作用过程中产生了氧气可使叶圆片上浮。通过观察在相同时间内，叶圆片的上浮情况来体现光合速率的快慢，从而了解哪些环境条件更有利于光合作用的进行。

五、实验教学目标

本实验是高中生物浙科版教材中有关光合作用的经典探究实验根据课程标准，我确定了如下教学目标。

（一）知识与技能

（1）利用光合作用的相关知识探究影响光合速率的环境因素。

（2）利用实验设计的基本原则，评价和理解实验方案。

（二）过程与方法

（1）尝试提出问题、作出假设和设计实验。

（2）以小组为单位讨论确立实验课题、实验步骤、合作完成实验，并对实验结果进行讨论分析。

(三) 情感态度和价值观目标

（1）交流对实验方案的理解、评价和修改建议。

（2）体验科学探究的一般过程，学会合作学习。认同探究实验的方案可以多种多样，多方面探究。

六、实验教学内容

根据本实验名称，重点词语在探究上，因此我遵循了探究活动的八个步骤进行展开：提出问题，作出假设，设计实验，进行实验，分析结果，得出结论，表达交流，进一步探究。

七、实验教学过程

结合我校教学现状，尝试在七方面进行改进和创新。

（一）自制模式化光合作用实验装置

在实验前，我自制了多套模式化的光合作用装置（见图1）提供给学生做实验。利用 LED 灯泡作为光源，减小温度变化对实验的影响。采用单向玻璃和不透光黑箱，减小外界光照对实验的影响。所谓模式化是指使用该装置可以探究多种环境因素对光合作用的影响。如果探究 CO_2 浓度，可用不同浓度的碳酸氢钠溶液；如果探究温度，可以在保温的双层玻璃杯中分别加入冰水、常温水和热水；如果探究光照强度，可以把灯泡换成不同瓦数；如果探究光质，将不同颜色的滤色片，插入到灯下。这是学生使用装置探究光质对光合作用影响的，（开始播放视频）可以看到叶圆片的上浮情况。使用该装置，使实验条件可控化，尽量避免外界因素对实验的干扰，加快实验进程。本装置既可用于学生实验，也可用于课堂的演示实验。

图1　实验装置

（二）实验前设计并下发实验任务单

在实验前我设计了实验任务单（见图2）给学生填写。让学生在进入实验室之前明确学习任务，做到有目的地进行实验，这是学生填写的实验任务单。

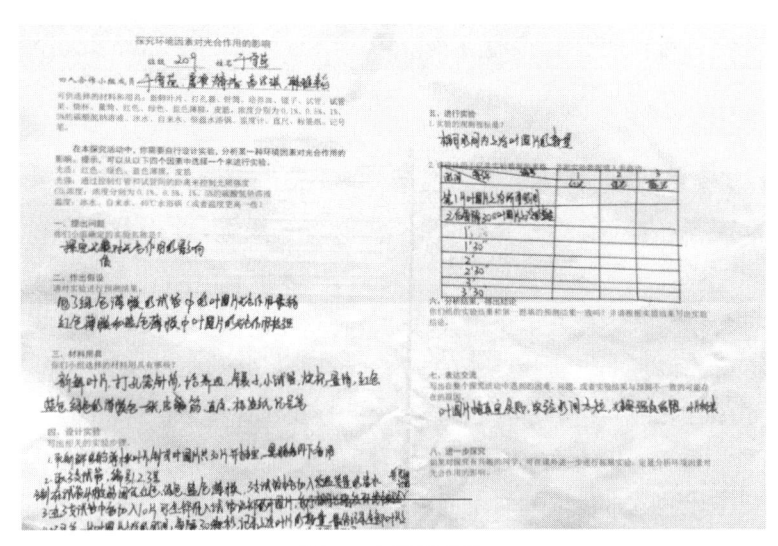

图2　实验任务单

（三）课堂上学生选择材料分组实验

（1）以学生为本、将课堂交给学生自主探究。在实验过程中，我让学生自行分组，4人为1个小组。让学生自己选择材料用具来探究某一环境因素对光合作用的影响（见图3），以学生为本、将课堂交给学生自主探究；分别选择光强度、光质、CO_2浓度进行实验。这样的全开放性探究实验，非常考验学生的实验设计能力以及小组合作学习的能力，这对学生核心素养的培养有很大的提高。

（2）引导学生合作学习。在图4中，左图中，右侧同学打叶圆片，左侧同学把叶圆片放进针筒内；中图中，右侧同学修改实验任务单，左侧同学取冰块；右图中，右侧同学帮助左侧同学将叶圆片抽真空。

图3　学生选择不同环境因素进行实验

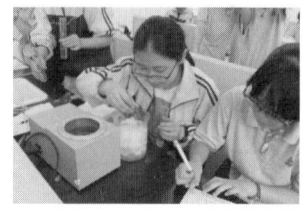

图4　学生合作

（四）实验中利用手机进行辅助教学

（1）利用手机同屏技术实时反应各组的实验情况。在实验中，利用手机同屏技术实时反应各组的实验情况（见图5）。让手机和电脑处于同一 WiFi 网络，并将电脑连接投影仪，打开手机摄像功能，将学生的实验情况实时投影到大屏幕上。学生在自己位置上做实验以外，还可通过屏幕观看到其他组的同学做实验的情况。这也是互联网+互动课堂的体现和实际应用。

（2）利用手机 APP 光照检测器等软件，定量测定光照强度（见图6）。使光照强度变成具体的数据，比如不同瓦数的灯泡可以用手机将具体的光照强度测量出来。

图5　手机同屏展示实验现象　　　图6　手机测定光照强度

（五）学生操作虚拟实验室促进学习

我给学生提供了两个虚拟实验室软件或 Flash，学生可以在实验室或者家里的电脑或者平板电脑上进行操作（见图7）。如果学生在课堂上探究的是光照强度对光合作用的影响，那么可以使用虚拟实验室，（开始播放视频）探究其他因素对光合作用的影响。

学生在课堂实验中出现的疑问或困惑，可以通过另一虚拟实验室来解决，（开始放视频）加深对实验的理解和掌握，提高学习效率，促进学习。

若学校有相应的设备，则可利用虚拟实验室开展智慧课堂教学，教师在终端机上便可面掌握每个学生的操作、学习情况。

图7 学生操作虚拟实验

（六）利用传感器定量测定光合速率

一部分对生物有兴趣的同学继续做实验，定量测定光合速率的强弱。使用朗威溶解氧传感器，将传感器与电脑相连，定量测水生生物，这里是黑藻的光合作用释放氧气的情况，并从电脑屏幕上进行观测（见图8）。

图8 传感器定量测定光合速率

（七）改变传统的学业成绩评价方式

在实验课后我给学生下发了实验反馈单（见图9），通过学生自评、学生互评、教师评价来改变传统的评价方式。每个学生都得到了客观全面的教学评价，（开始播放视频）学生对于实验中使用的装置和评价方式觉得比较新奇和合理，每个学生对于本次探究实验都收获满满。

图9 实验反馈单

八、实验效果评价

回顾整个实验，有多处创新和改进，使得实验达到了预期的效果，学生保持了较高的学习兴趣，锻炼了实验探究能力。

过　　程	创新点或改进点
自制模式化光合作用实验装置	使学生实验过程可控化，也可用于演示实验
实验前设计并下发实验任务单	使学生明确学习任务和要求，并知道探究活动的基本步骤
课堂上学生选择材料分组实验	让学生自主探究、设计并合作完成实验，培养学生核心素养
实验中利用手机进行辅助教学	使信息化技术手段应用于教学，实现无线同步效果共享
学生操作虚拟实验室促进教学	是对实验教学的拓展和提高，并可用于智慧课堂
利用传感器定量测定光合速率	数字化定量测定，使实验更加直观科学准确
改变传统的学业成绩评价方式	评价方式多元化，使每位学生都受到客观全面的教学评价

探究环境因素对光合作用强度的影响

安徽省铜陵市第一中学　陈昌园

一、使用教材

人教版高中《生物必修1》第五章第4节。

二、实验器材

自制教具：光照培养箱（LED筒灯型、LED点阵型）。

溶解氧传感器固定板（4孔或单孔）；溶解氧传感器、光照传感器、电子天平、真空泵、抽气盘、打孔器、镊子；烧杯（250mL、500mL）、量筒（100mL）、玻璃棒、培养皿、滤纸、纱布等；$NaHCO_3$溶液、黑藻、菠菜。

三、实验改进/创新要点

（一）真空渗入法

（1）自制光照培养箱（LED筒灯型）：LED光源亮度高，发热量小；安装在箱体底部，使叶圆片受光更充分；通过侧面观察，保护视力。

（2）自制光照培养箱（LED点阵型）：发光均匀。

（3）纱布包裹叶圆片+真空泵抽气渗水：相较于针筒抽气，效果好且统一，方便数取叶圆片。

（二）溶解氧传感器法

（1）溶解氧传感器：能更准确直接地定量测量。

（2）传感器固定板：将4个传感器并联，统一传感器探头测量的位置和时间。

（三）Excel软件

统计分析数据，确保结果的有效性。

（四）教学方法创新

（1）自主、合作、探究理念。

（2）通过预实验与课堂实验的结合，利用学科特长生以点带面，实现共同发展。

（3）课堂由小组介绍预实验探究情况，激发其他同学的探究热情。

四、实验原理

（一）真空渗入法

减压逐出叶圆片内部气体并将水渗入，使其密度增大，沉入水底。光合作用产生的氧气在水中溶解度小，会在组织间隙积累，从而使叶圆片密度减小，重新上浮。

（二）溶解氧传感器法

水生植物光合作用释放的氧气，溶于水体导致溶解氧含量增加。

五、实验教学目标

（一）知识目标

概述环境因素对光合作用强度影响的变化趋势及应用。

（二）能力目标

（1）设计可行的实验方案并实施，记录数据。

（2）处理、分析数据，得出结论。

（三）情感、态度、价值观目标

体验科学研究的复杂性和严谨性。

六、实验教学内容

探究光照强度和温度对光合作用的强度影响，包括两种方法和材料：

（1）真空渗入法探究菠菜叶圆片在不同光强或温度下上浮的速率。

（2）溶解氧传感器法探究黑藻在不同光强下的光合速率。

七、实验教学过程

由问题"农业生产中的增产措施有哪些，你能说出依据的原理吗？"导入。

八、实验效果评价

（1）通过预实验改进方法、装置和程序，减少了实验的误差。

（2）运用统计学方法，与数学等学科融合，保证了实验结果的有效性。

（3）利用预实验，实现了学科特长生的培养与面向全体学生的结合。

（4）由于本实验开放度较大，对学生有挑战性，但是通过实验创新，取得了满意的效果。

探究生长素类似物促进插条生根的最适浓度

宁夏吴忠市回民中学　苏晓燕

一、使用教材

案例课题选自中图版《生物学必修3——稳态与环境》第一单元第1章"植物生命活动的调节"第1节"生长素的发现及其应用"。

二、实验教学目标

（1）构建生长素生理作用特点的数学模型，形成个体水平稳态与调节的生命观念。

（2）解释生长素两重性的实例，提升学生比较与分析、抽象与概括等理性思维。

（3）体验科学探究的方法和步骤，培养学实践与创新、合作与交流等科学探究能力。

（4）通过探索性选材、改进装置及溶液配制、探讨与交流，培养学生的实证意识和严谨的求知态度。

三、实验教学分析

学生已经学习了生长素的发现、产生、运输等知识，也具备了一定的科学探究能力，此外我校学生多为农村和郊区学生，有丰富的生活实践经验，比如给蔬菜打顶、果树修剪、除草剂的喷施等，这些都为学生理解生长素生理作用及特点奠定了坚实的基础。学生对实验设计的原则理解不深入，导致在设计可行方案、控制实验变量等方面仍有不足。本节教学内容对于学生的比较与分析、抽象与概括等理性思维要求较高，学生不容易理解生长素的两重性。

通过本节的学习，学生更全面地理解了个体层次生命系统稳态与调节，为后续群体层次生命系统的学习作铺垫，有助于学生认识生命系统的整体性，形成科学的稳态与平衡观。学生在体验知识的形成过程，领悟了科学研究方法和科学思维方式，形成了一定的科学探究能力和科学态度与价值观，也为学生从事科学研究打下了良好基础。

根据课标要求和学生已有情况，特制定以下教学重难点。

重点：生长素的生理作用及特点；生长素生理作用两重性的实例。

解决策略：引导学生比较分析实验现象和数据，构建数学模型；探讨实验新发现，切身体验理论知识的迁移。

难点：实验周期较长，成功率低；保障自主探究实验的时效性。

解决策略：充分发挥任务单的驱动和反馈作用，教会学生科学的探究方法；鼓励学生选材、用具的创新；集实验图片、视频等过程的资料，便于展示和交流。

四、实验器材

（一）材料

各种花卉等植物插条、蒜、各种豆子。

（二）试剂

萘乙酸（NAA）、蒸馏水、1mol/L 的 NaOH 溶液、1mol/L 的盐酸。

（三）用具

烧杯、量筒、玻璃棒、pH 试纸、尺子、干燥器、多孔圆盘（自制）。

五、实验设计思路

萘乙酸（NAA）是人工合成的具有植物激素活性的植物生长调节剂，使植物插条韧皮部的细胞分裂加快形成节瘤，然后在节瘤处生出许多不定根。NAA 的浓度对生根影响很大，最适浓度下生根数量最多，生长最快。本实验尝试探究不同 NAA 浓度对同种插条生根的影响，构建生长素两重性的数学模型；探究不同植物、同一植物不同器官、细胞对 NAA 的敏感性，深入理解生长素的两重性。

本实验周期较长，影响因素多，导致实验结果差异大，故在高中实验中开设率不高。为了保证学生实验顺利进行，本设计采取 3 个环节，如图 1 所示。

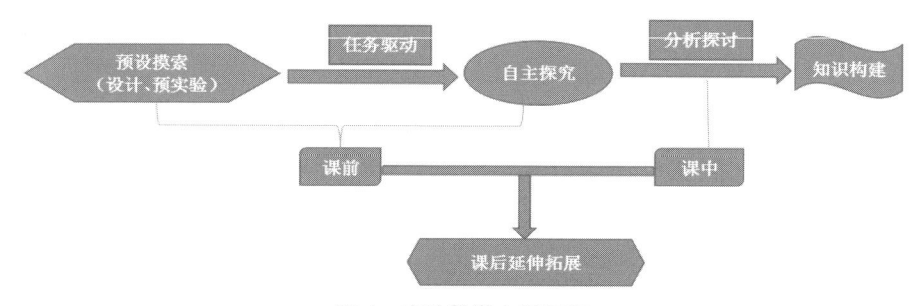

图 1　实验教学主要环节

六、实验创新要点

（一）任务驱动，递进生成

课前发放任务单，学生分析实验变量后设计实验，小组讨论确定实验方案。在讨论中产生的问题通过任务单反馈，学生查阅资料或教师解决指导等措施改进方案，使得实验更顺利的实施，提高的实验的时效性。

（二）改进 NAA 的配制，科学准确表述

本实验通常用 95% 酒精溶解后加蒸馏水配置成母液，再用蒸馏水稀释母液来配制出一系列的浓度梯度。根据 NAA 的弱酸性改进配制方法，可滴加少量 1mol/L 的 NaOH 溶液充分溶解萘乙酸，最后调整溶液 pH 为 6~7，加水配置成 NAA 母液（见图2）。改进的方法不仅使 NAA 充分溶解，还避免了酒精对生根的影响，同时使配制的 NAA 浓度更精确。

图2 不同方法配制的 NAA 溶液

教材呈现促进植物生根的最适生长素浓度在 10mol/L 左右（即 1.86×10^{-5} mg/L），但学生查阅资料发现描述 NAA 溶液浓度的单位还有 mg/mL、mg/kg、mg/L、ppm 等，在科研中通常选用的是后两个。ppm 表示百万分之几，利用 ppm 作单位，记录方便、科学，使学生更深刻地体会到植物激素的微量高效性，拓宽了学生的学科视野，为他们以后进入科学研究奠定基础。

（三）探索性选材，多方探究

受北方季节、气候的影响，木本植物插条生根慢（一般在 30 天左右）、易腐烂、易干枯（见图3），很难随时开展实验。本实验中学生自选材料，有种子、大蒜的鳞片茎、宽叶吊兰走茎、绿萝的攀缘茎及其他生根能力较好的本地花卉。经过比较发现大蒜的鳞片茎非常适用于学生的大规模实验，取材方

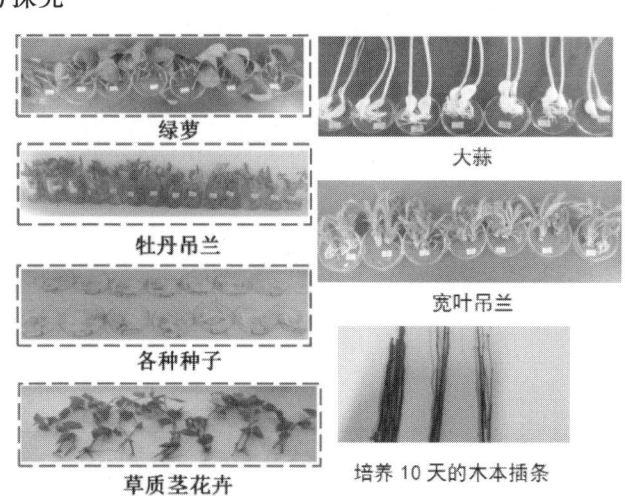

图3 学生自选的实验材料

便，无关变量易于控制，用适宜浓度的 NAA 处理后两天节就会出现白色根原体，第四天就可以开始统计生根数目了。

学生选材的多样化，使实验方案和结果分析呈现了多样化，能清楚地比较不同植物对生长素类似物的敏感性。在插条的选择和处理过程中，学生意识到插条自身因素对实验的影响，进一步分别探究了取材部位和叶片数量对生根的影响；在统计生根情况时，学生发现清水组宽叶吊兰主根细长且有较多的侧根，但所有NAA 处理组的宽叶吊兰主根数目多、粗壮且没有侧根，说明侧根对生长素很敏感，也使学生领悟到幼嫩材料应选择浓度更低的 NAA 溶液处理。

（四）设计装置，便于计量

在烧杯中培养的大蒜，根会缠绕且处于底部，不便于观察；在测量时，除了对根造成机械损害外，手的碰触会使根发黑和腐烂。学生想到将大蒜用线固定在一次性吸管上，或者放在试管口上，为蒜的生长提供足够的空间，但多组多个实验材料操作极不方便。为了更方便、准确地测量和观察，学生设计了专门的装置

图 4 根的培养和测量装置

（见图 4），利用干燥器大胆改装，在透明缸体内放置多孔圆盘，将蒜放置在孔上培养，由于根会向地直立生长，在缸体外就可以估测根的长度，取出圆盘后对根进行计数，减少了人为触碰对生根的影响。

（五）巧用多媒体，高效有趣

学生不仅利用 Excel 软件分析数据和绘制曲线，还利用手机拍摄实验照片和视频，通过希沃软件或者 PPT 更直观真实地展示本组的实验研究过程和成果，使所有学生身临其境，真正达到了分享和交流的目的。传统教学中，教师先向学生教授生长素的两重性及实例，介绍生长素的应用中才进行实验探究。本设计将探究实验提前，通过实验的汇报和交流，利用希沃的数学工具课上构建生长素生理作用两重性的数学模型，利用不同材料的比较理解生长素的敏感性问题，利用实验中的新发现、生活实践来感悟生长素两重性的应用。

（六）课内激趣，课外探索

经过这次的研究性学习，激发了学生对科学的热情，学生们发现了很多自己感兴趣的科学问题，如花卉的无土栽培、豆芽是否还有植物生长调节剂、植物怎样生根等。鼓励学生查阅资料、实地调查、撰写报告、开展科学普及活动等。学生们的研究项目在宁夏第 32 届科技创新大赛科学实践活动项目中获全区二等奖 1 项、市级二等奖 2 项。

七、实验教学过程（见图5）

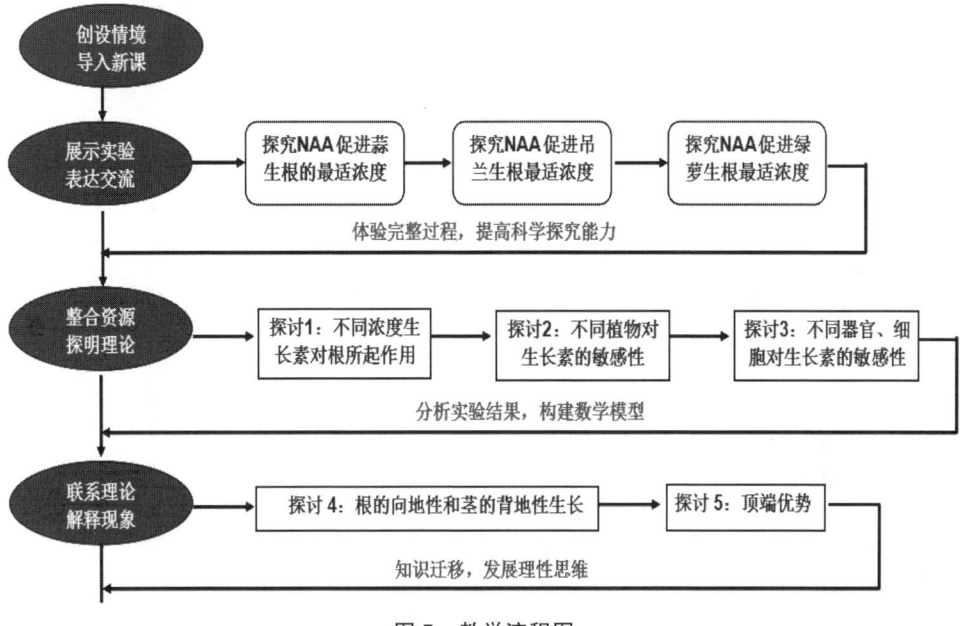

图5 教学流程图

（一）创设情境，导入新课

近年来，我国多地的大蒜价格疯涨，网友调侃"蒜你狠"。农业生产中怎么才能使大蒜快速生长和生根呢？学生提出建议：利用生长素促进生根，生长素可以促进植物生长和生根。

（二）展示实验，小组交流

凸显学生的自主性和能动性，促进学生在探究活动中能力的多元化发展。

（1）教师展示：学生课前探究的精彩瞬间；学生观看照片，感知探究实验一般步骤；激发课后继续探究的兴趣。

（2）小组展示。

1）第一组：NAA促进蒜生根的最适浓度。

学生利用希沃的思维轴（见图6）来展示实验图片、中国知网查询方法、实验视频、数据、曲线等，体会预实验的重要性；培养学生敢于质疑的科学精神和尊重事实、善于反思的科学态度。

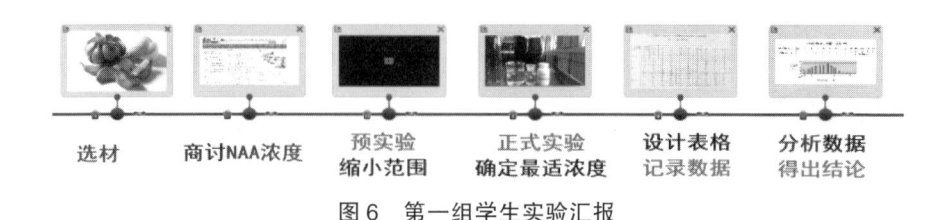

图6 第一组学生实验汇报

2）第二组：NAA 促进绿萝生根的最适浓度。

学生介绍前期选择多种材料进行实验，发现了不同器官、不同叶片数量、不同取材部位对生根的影响，描述述了最终确定绿萝为实验材料的原因。

（三）整合资源，建构模型

点面结合，促进师生、生生的交流和思维的碰撞。利用学生的内在动机及同伴激励，使学生最大程度上获得学习的成功。

（1）利用学生对实验结果的分析，探讨生长素在植物生根中所起了作用，引导学生构建模型（见图7）。学生掌握方法后，构建不同植物对生长素敏感性的模型（见图8）。

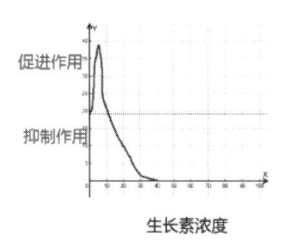

图7 学生自主构建两重性模型 　　图8 不同植物对生长素敏感性的模型

（2）根据图片资料、学生实验的新发现来分析生长素敏感性的大小（见图9）。

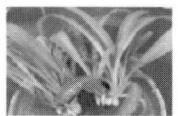

图9 主根、侧根对生长素的敏感性

（四）联系理论，解释现象

（1）学生介绍设计测量根的装置的过程。

（2）学生介绍实验中的新发现——根的向地性生长和茎的背地性生长（见图10）。

图10　根的向地性和茎的背地性

（3）引导学生分析原因。

八、实验效果评价

（1）本案例采用任务驱动，优化材料，改良方法，改进装置，使原本开设率较低的实验走进了高中生物课堂，有效地解决了课时有限的难题。此外，本节课实现了实验课与多媒体信息技术的深度融合，极大地调动学生的感官，增强了课堂直观性，突破了教学的重难点。

（2）在实验探究中学生能不断提出问题—发现、思考—解决问题，从而生成大量宝贵的教学资源，为学生知识建构提供了支架。学生在体验科学探究中理解科学知识，学会科学方法，领悟科学思想，并将理论知识运用到生产实践。

（3）实验同时存在有待改进的地方，NAA低毒，可以利用低浓度处理、长时间浸泡法处理插条，减少药液对人的毒性和环境的污染。

压榨+蒸馏
——橘皮精油提取的改进探究

江西省赣州中学　李庆嫒

一、使用教材

人教版高中《生物选修1——生物技术实践》专题六课题（一）。

二、实验器材

榨汁机、烧杯、漏斗、玻璃棒、离心机、圆底烧瓶、直行冷凝管、牛角管、锥形瓶、酒精灯、铁架台、滴管、收集瓶。

三、实验创新点/改进要点

（1）选用化妆用吸油纸检测肉眼难以分辨的微量精油。

（2）结合赣南特色，选用脐橙、甜柚等多种材料进行实验。

（3）将压榨法和蒸馏法进行整合，提高出油率、缩短实验操作时间。

（4）通过分析比较，让学生体验实验室提取和工厂大规模生产的区别。

（5）前往赣南师大脐橙中心和农夫山泉工厂学习实践，进行情感态度价值观教育。

四、实验原理/实验设计思路

（1）选用化妆用吸油纸检测肉眼难以分辨的微量精油。

（2）结合赣南特色，选用脐橙、甜柚等多种材料进行实验。

（3）去除白皮层，提高出油率。

（4）将压榨法和蒸馏法进行整合，提高出油率。

（5）前往赣南师范大学国家脐橙工程技术研究中心进行成分鉴定。

（6）体验实验室提取和工厂大规模生产的区别。

五、实验教学目标（核心素养的培养）

（一）实验与探究

通过改进精油提取实验的教学，培养学生发现问题、解决问题、实验设计与实验探究的能力。

（二）理性思维

根据教材，结合当地实际，综合比较分析，制定实验设计方案，拓展实验思维。

（三）生命系统观

重新认识柑橘的果皮。

（四）社会责任

通过教学改进和实验动手操作，培养学生学以致用，科学联系生活、科学服务当地经济建设的意识和能力。

六、实验教学内容

本节内容为人教版高中《生物选修1》的实验之一，注重操作和技术，学生按课本方法进行操作，油水分层现象非常不明显，更达不到提取的目的。本节课以探究的一般方法为主线，引导学生发现问题，思考对策，实验检验，再提问题，从而完成对课本实验进行改进和再探。

七、实验教学过程

（一）课前改进探究

引导学生按按课本方法和流程进行实验操作，选用橘子作为实验材料，进行分小组实验，在实验过程中遇到一系列问题，指导学生思考讨论、大胆尝试、提出改进意见，并操作实施。

提出问题1：课本中用到的压榨机为工业用手动压榨机，需要耗费大量原料，在学校现有的实验室条件下操作困难。

思考：选用小型榨汁机替代。

尝试改进：选用家庭用小型榨汁机、豆浆机等替代。

结果：可以压榨。

提出问题2：按课本操作，几乎看不到水油分层的现象，这是为什么呢？

思考：看不到并不代表没有，也许是油量过少，肉眼很难发现，如何检测到微量的精油？

尝试改进：找到一种物质，可以明显区别油和水。

结果：一种常见的化妆用吸油纸（不吸水，吸油），能灵敏地区别水和油（见图1）。

提出问题3：用吸油纸对橘子离心液上层进行检测，依旧看不到油迹。

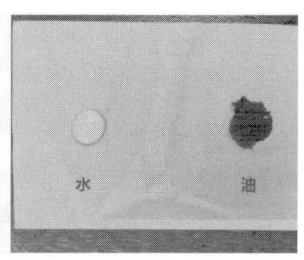

图1 吸油纸检测水和油

思考：实验材料是否合适？有没有材料比橘子更合适作为实验材料？

尝试改进：选用家乡特产赣南脐橙、南康甜柚为材料，与橘子一起压榨并检测。

结果：橘子无明显油迹，脐橙和甜柚出现了淡油迹（见图2）。

提出问题4：脐橙和甜柚出现了淡油迹，说明材料换得对。可是油迹还很淡，说明出油率低，如何再提高？

思考：观察果皮结构，尝试对操作的改进。

尝试改进：观察后发现果皮外侧为黄皮层，含油囊，而内侧为白色海绵组织，会吸附精油。提出改进意见为去除白皮层（见图3）。

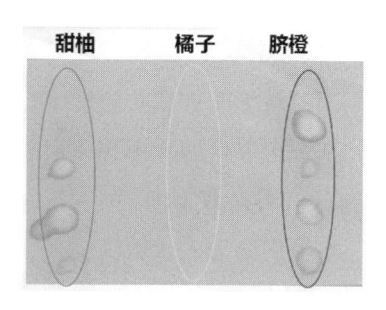

图2 三种材料的油迹对比

结果：三种材料都出现了油迹；脐橙和甜柚的油迹加深，明显好于橘子（见图4）。

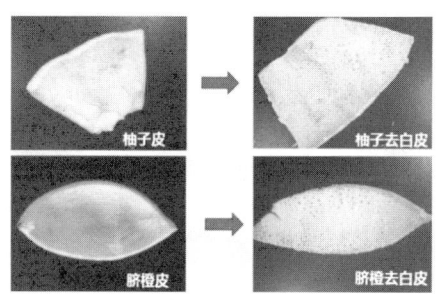

图3 去除白皮层，只保留黄皮层

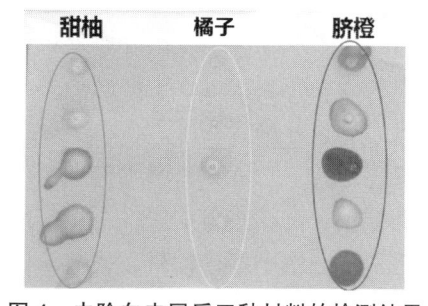

图4 去除白皮层后三种材料的检测结果

提出问题5：油迹虽然加深，但离心管内依旧无法看到水油分层，无法收集到精油，如何大幅度提高出油率呢？若采用出油率高的蒸馏法，则可能导致焦糊，如何克服？

思考：从焦糊的原因找突破口。

（1）果皮的白皮层中含有大量纤维，纤维易燃，去除会减少焦糊。

（2）提前破碎细胞，将物料变成小颗粒，水沸腾后上浮，不焦糊。

尝试改进：将压榨法和蒸馏法进行结合，在石灰水浸泡后，用家用榨汁机破碎细胞，然后转移蒸馏，收集蒸馏液（见图5）。

结果：两小时左右，能收集到1~2mL精油；脐橙和甜柚的油量明显高于橘子。

压榨+蒸馏——橘皮精油提取的改进探究

图5 改进后的实验流程

提出问题6：原料和水的配比如何能较好地提取到精油呢？

思考：原料过多易焦糊，原料不够则出油率不佳。

尝试改进：多次试验。

结果：100g 果皮去白皮层，加 250mL 水，蒸馏 2h，得到 1~2mL 精油（见图6）。

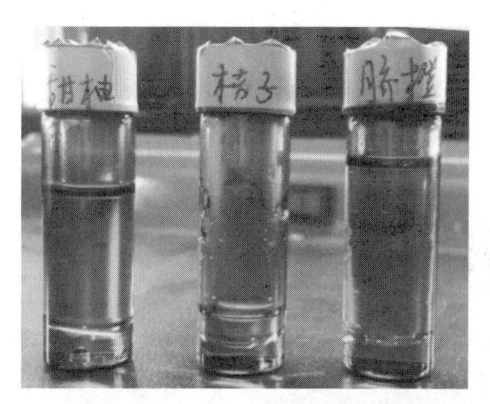

图6 三种材料采用新方法收集到的精油

（二）课堂环节

（1）展示。展示实验改进过程，肯定学生勇于挑战、敢于探索的精神；展示自己动手提取的精油，全方位感官刺激，鼓励学生积极性。

（2）交流。交流实验改进收获；交流生活实际应用。

（3）提出新问题，进行再探究。

再探问题1：有效成分是否在蒸馏中被破坏？

尝试：送往赣南师范大学国家脐橙工程技术研究中心进行气相色谱质谱分析。

结果：高温下破坏了少量的香味分子，但主要成分柠檬烯含量丰富，不含色素和杂质，品质较纯（见图7）。

再探问题2：为何课本将橘皮精油的提取作为压榨法的实例呢？

尝试：走进农夫山泉赣州信丰工厂，了解实际生产中的压榨技术原理。

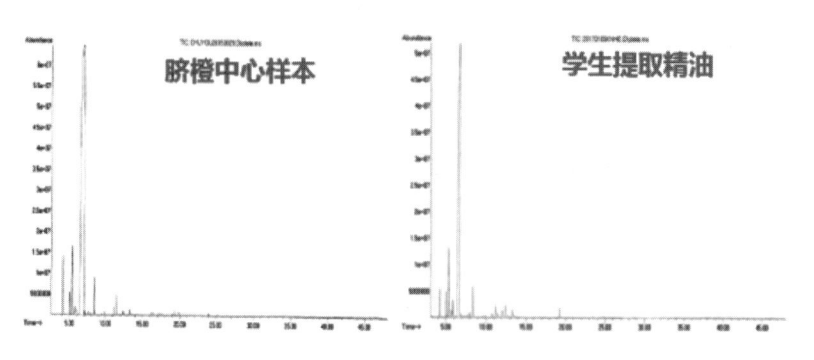

图7 气相色谱质谱分析图

结果：工业生产要考虑成本、利润等诸多因素，压榨法经济实惠、操作简单，更广泛应用于工业生产（见图8）。

图8 学生参观农夫山泉赣州工厂

八、实验效果评价

（一）实验方面

通过实验材料、实验操作、技术方法等方面的改进，提高了出油率，效果明显。同时，多次实验后，发现最佳物料配比，实现从定性观察转为定量分析。

（二）教学相长

在教学中，将课堂延伸到科研中心和工厂，拓宽了教学模式。在陪着学生一步步探究改进的过程中，教师也收获颇多，教学相长。

（三）学生收获

学生在实验过程中，不断改进创新，提升了探究能力；在现象不明显、假设失败时能客观分析，培养了理性思维；在参观研发中心和知名企业后，萌发了振兴家乡的社会责任，最终落实了核心素养的培养。

基于核心素养的探究实验
——设计实验鉴定转基因大肠杆菌

浙江省杭州第十四中学　张静

一、使用教材

内容取自浙科版高中《生物学选修3——现代生物技术专题》第一章第三节"基因工程的应用"。教材处理中巧妙整合了校本选修教材《基因工程技术》——浙江省首批普通高中精品选修课程（浙江省杭州第十四中学张静编）。

二、实验器材

（一）自主构建质粒及菌株

学生运用选修课所学技术自主构建质粒 pcDNA 3.1-GFP，该重组质粒含有 GFP（绿色荧光蛋白基因），再将该质粒导入受体细胞 E. coli 菌株 DH5α，得到转基因大肠杆菌（含 pcDNA 3.1-GFP）。

（二）试剂

香柏油（上海生工 Order NO. A502219）、QuickCut^{TM} EcoR I（TaKaRa Code No. 1611）、QuickCut^{TM} Xba I（TaKaRa Code No. 1634）、琼脂糖（上海三杰 130101）、50×TAE 缓冲液（上海生工 Order NO. B548101）、DL10000 DNA Marker（TaKaRa Code No. 3584A）、DL2000 DNA Marker（TaKaRa Code No. 3427A）、6×Loading Buffer（TaKaRa Code No. 9156）、ddH2O。

（三）仪器

血球计数板（上海求精 XB.K.25）、光学显微镜（Motic BA200）、荧光显微镜（Motic MoticamPro 205B）、移液枪（Eppendorf 2.5/10/200/1000μL）、电子分析天平（上海衡平 JA3003）、恒温水浴锅（上海博讯 DK-8D）、高速离心机（Eppendorf centrifuge5418）、电泳仪（Tanon EPS300）、水平电泳槽（Tanon HE-120）、凝胶成像仪（上海培清 JS-2012）。

三、实验教学创新

（一）教学设计创新

对浙科版教材《生物选修3——现代生物科技专题》与校本选修教材《基因工程技术》进行创新整合，使得实验教学内容更加充实、更具操作性。选择基因工程活动进行现代生物技术实验教学，既有效地落实了课本活动"提出生活中的疑难问题，设计用基因工程技术解决的方案"的教学及考试要求，又进一步发展了学生的动手实践能力、认知能力、合作能力和创新能力。教学设计在教材处理、实验切入点等方面的创新，体现了对学生能力、对社会科技热点的关注。

（二）评价方式创新

实验评价采用了实验量规进行过程性量化评价，并贯穿于整个教学过程中。教师可以利用量规进行实验重难点的讲解，开展实验指导与探讨。学生可借助实验量规自主学习，规范实验操作，记录实验过程、结果，进行多维度量化评价与分析。实验量规的使用很好地实现了"教—学—评"一体化，是一种高效新颖的实验评价方式与教学方法。

（三）实验材料创新

实验材料选择了本实验室自主构建的导入了绿色荧光蛋白基因（GFP）的大肠杆菌。将社会争议的转基因生物如何鉴别的问题转化为实验室可操作的实验，让学生在实践中提升科学判断的能力。

（四）实验技术创新

高中生目前对于现代生物技术的实验还是比较陌生，所以将基因工程技术结合课本教材引入学生实验课堂既是一种实验教学的创新，又是对实验技术的一次大胆挑战。本节实验课在技术层面整合了我校浙江省优秀创新实验室各种先进设备，如数码显微镜、荧光显微镜、电泳装置、凝胶成像系统等，有效地为现代生物技术实验教学服务。

四、实验设计思路

从社会关注的热点问题引入，以真实开放的生活情景激活学生的探究思维，形成各种解决"如何鉴别转基因生物"的实验法案，并结合实验室技术条件对这些科学、创新的实验方案开展可行性分析与完善。学生分组完成所负责的实验内容，通过操作基因工程技术以及实验量规的使用，科学探究如何鉴别转基因大肠杆菌，形成清晰准确的实验结果，如显微镜的观察结果，质粒经酶切后目的基因条带的成像分析结果等。同时引导学生基于量规中记录的实验问题开展有效的交流探讨，提升理性思维、科学探究与社会责任。

五、实验教学目标

（一）知识与技能

（1）概述基因工程的原理及技术，收集基因工程应用的相关信息。

（2）应用已学知识，设计鉴别转基因大肠杆菌的实验方案。

（二）过程与方法

（1）借助实验量规规范操作基因工程实验。

（2）利用实验量规对实验结果进行归因分析，发展理性思维。

（3）通过实验探究掌握科学探究的基本思路和方法。

（三）情感、态度、价值观

（1）参与科学探究实验，认同"科学本质上是一种解决问题的活动"。

（2）通过对转基因等社会热点问题的解释、实践与思考，渗透生物学科核心素养。

六、实验教学内容

本节实验课是基于浙科版高中《生物学选修3——现代生物科技专题》中第一章第三节"基因工程的应用"中的活动"提出生活中疑难问题，设计用基因工程技术解决的方案"来展开实验教学的，同时整合了相关的校本选修教材。实验教学的内容主要包括：基因工程技术的网络课堂自学、实验方案的设计及完善（第一课时）；小组实验操作（显微镜组、酶切组、凝胶组、电泳组）、量规问题分析及评价等（第二课时）。通过科学实验来实现对转基因大肠杆菌的鉴别，体验运用现代生物技术解决实验难题的过程。通过实验量规规范实验操作，体验量规在实验指导、评价、分析等环节的重要作用。

七、实验教学过程

（一）第一课时

课前准备：任务驱动，自主学习。通过网络课堂的形式开展自主学习。学生可登陆杭州第十四中学网站，点击彩虹学堂，观看由我主讲的网课、微课，也可进入浙江省普通高中选修课网络课程平台（http：//xxk.zjer.cn/estudy/estudyIndex.action），在网上点播学习由我主编的《基因工程技术》，完成相关任务。

情境驱动：创设情境，激活思维。通过真实、开放的生活情境激活学生的生活经验与探究思维，促使学生在认知冲突中提出"我们该如何鉴别转基因生物呢"？

设计方案：集思广益，探究创新。基于问题的提出，运用生物学知识提出实验方案。首先学生小组讨论，然后各自在学案中整理实验方案，最后由教师组织讨论各个方案，鼓励学生从不同的层次提出科学、创新的见解。

分析完善：理性思考，助力探究。对之前提出的实验方案，结合实验室的实验条件，进行实验可行性分析、方案完善与小组分工。

以上为第一课时完成的教学内容。

（二）第二课时

分组实验：科学实践，合作探究。各小组从实验方案中挑取一项实验任务，分为显微镜组、酶切组、凝胶组、电泳组，同步开展实验。显微镜组使用数码显微镜和荧光显微镜观察大肠杆菌，现象直观，可以非常清楚地看到大肠杆菌的形态，但是未见荧光，需要记录在量规上作分析讨论。酶切组使用软件分析质粒图谱，设计双酶切位点，采用 QuickCut™ 限制性核酸内切酶进行酶切。凝胶组则根据待检测的目的基因片段的大小配置相应浓度的琼脂糖凝胶，以供电泳组使用。电泳组的实验包括对酶切质粒的上样、电泳、成像以及软件分析。我们可以非常清晰地看到转基因大肠杆菌的质粒在酶切后出现了预期的 750bp 左右的条带，成功的鉴定出转基因大肠杆菌。

量规评价：规范操作，严谨负责。学生可以在量规的"自评""互评"栏中参照实验规范的具体细则打钩，也可在"分析"栏中进行过程性记录与归因分析。教师可根据量规对学生实验进行全面的评价，收集教学信息，实现"教—学—评"一体化。

交流探讨：量规分析，理性探讨。基于量规中所记录的实验问题，师生之间开展有效的多种形式的讨论研究。有生生互助式的量规分析，有师生互助式的交流探讨，也有集中形式的量规问题交流。每个小组都提出了很多值得思考的问题。

课后提升：提供转基因食品调查的视频资料，组织学生课后观看，开展讨论活动，引导学生正确、客观地认识生物技术所取得的成绩以及所引发的社会问题，增强对科学、技术、社会相互关系的认识。

以上为第二课时完成的教学过程。

八、实验效果评价

（一）探究能力的提升

通过创设生活情境激活学生的生活经验与探究思维，引导学生针对社会热点和生物学现象，能够运用所学知识进行实验方案的设计。通过小组讨论和师生交流，学生能够科学地对实验方案进行整理、分析与完善，培养发现问题、设计方案、分析本质的能力。同时，学生可进一步操作基因工程技术开展探究实验，并借助实验量规指导实践过程，全方位地实现了探究能力的提升。

（二）操作能力的提升

通过本节实验课的实践操作，学生熟悉并操作了基因工程所涉及的多种先进设备,提升了在现代生物技术领域的操作能力。同时通过小组合作以及实验量规的使用,使得实验操作更加规范。科学严谨的实验操作是实验教学的核心。

(三) 评价能力的提升

实验教学往往缺乏有效的评价机制,学生也很少有自我评价、互相评价的机会,很难在评价过程中实现对实验过程、实验结果的反思与改进。通过实验量规在实验教学中的使用,学生能够清楚掌握实验过程,学会对实验操作进行量化评价,并依托量规进行深入分析。评价能力是我们在培养学生实验能力的过程中不可忽视的一种素养。

(四) 核心素养的提升

本节实验课主要基于科学探究的核心素养,通过设计方案解决问题、动手操作合作探究以及量规分析理性交流等环节进行渗透提升。学生在探究过程中,乐于并善于合作、创新与思考,认同科学本质并关注社会热点,不仅发展了理性思维,更促使了社会责任等核心素养的提升。

调查厦门鳌园海滩招潮蟹的种群密度及其分布特点

厦门集美中学　汪会喆

一、使用教材

人教版普通高中课程标准实验教科书《生物必修3——稳态与环境》第4章第1节"种群的特征"中的探究实验"用样方法调查生物的种群密度"。

二、实验器材与试剂

自制取样框、取样标记签、筛子、铁锹、卷尺、绳子、水桶、石膏粉、清水。

三、实验改进要点

基于"培养学生解决真实问题的能力，发展学生生物学科核心素养"的目标，我们对"用样方法调查草地中某种双子叶植物的种群密度"实验进行如下改进。

（一）调查对象及调查方法的创新

结合本校为海滨学校的实际情况，我们选择以动物（招潮蟹）代替课本建议的某双子叶植物为调查对象，创造性地使用样方法对"潮间带清道夫"——招潮蟹进行种群密度的调查，既具有浓厚的本土特色，又能高度激发学生关注生态、保护环境的社会责任感。

（二）实验技术的创新

用"石膏塑形法"研究招潮蟹的巢穴形态，确定了取样的深度；通过使用专业数据分析软件 Medcalc 对预实验的数据进行分析，确定了调查招潮蟹种群密度的最佳取样面积。

（三）课程理念与形式的创新

高度贯彻了教育部教育装备研究与发展中心曹志祥主任提倡的"未来教育，要培养在真实环境下解决复杂问题的人"的理念，实验中设置了真实的问题情境，培养了学生利用所学知识解决实际问题的能力。同时还打通了课内和课外的界限，拓展了课堂的外延。

四、实验原理

（1）标志重捕法适用于活动能力强、活动范围大的动物；而样方法适用于某些植物及活动能力弱，活动范围小的动物。本实验调查的招潮蟹虽然活动能力较强，但由于其营穴居生活，活动半径很小，更适宜以样方法调查其种群密度。

（2）液体石膏具有良好的流动性及较快的凝固时间，可用于对招潮蟹巢穴形态进行塑形研究。

五、实验教学目标

（一）知识与技能

（1）列举种群的基本特征。

（2）概述样方法与标志重捕法调查种群密度的适用范围和操作要点。

（二）过程与方法

（1）能结合文献检索的方法，制定调查某物种种群密度的实验方案。

（2）能利用数据分析软件，对实验数据进行分析处理。

（3）能通过小组合作，利用样方法完成对某物种种群密度的调查。

（三）情感态度与价值观

（1）通过设计和完成实验，体会科学研究的方法，产生对生物科学研究的兴趣，逐步树立严谨的实验态度。

（2）通过分析招潮蟹分布特征，初步形成生物与环境相适应的生命观念。

（3）通过对具有本土特色的招潮蟹的调查，增强关注家乡生态环境的意识。

（4）在小组探究合作过程中，增强探究意识和合作意识，形成团队合作观念。

六、实验教学内容

"用样方法调查生物的种群密度"是人教版高中《生物必修3》第4章第1节"种群的特征"一节中设置的一个探究型实验，旨在让学生理解调查种群密度的实践意义，掌握使用样方法调查种群密度的基本方法。本实验以弧边招潮为调查对象，通过样方法调查厦门鳌园海滩弧边招潮的种群密度及其分布特点。

在教学过程中遇到了以下问题：如何选择合适的调查方法？如何确定招潮蟹的巢穴形态？如何确定取样面积？对此我们进行了——探究，利用文献检索、石膏塑形、数据软件分析等方法解决了这些问题，最终计算出了厦门集美鳌园海滩弧边招潮的种群密度并绘制出其空间分布图。同时还对弧边招潮的性别比例进行了拓展研究。

七、实验教学过程

（一）调查对象的选择

结合海滨学校的本地的实际，我们选择调查招潮蟹的种群密度。招潮蟹是一种广泛分布在我国海滩的一种蟹类，是潮间带重要的组成物种，以海滩上的碎屑为食，是"潮间带清道夫"，其摄食、爬行和挖掘行为对潮间带的物质循环和能量流动有重要的意义，被誉为"潮滩湿地的生态系统工程师"。同时其生活对海水水质要求严格，其种群密度可反应海水污染的程度。因此调查其种群密度具有重大的现实意义。

通过文献检索以及实际调查发现厦门鳌园海滩有弧边招潮（Ucaarcuata）和清白招潮（Ucalacteus）两种招潮蟹，但清白招潮数量极其稀少，因此本实验确定弧边招潮为调查对象。

（二）制定实验方案

确定了调查对象之后，学生便尝试制定实验方案。首先进行文献检索和阅读，然后在课外对招潮蟹进行实地考察，制定了初步实验方案，提出了调查的方法，取样方法的建议及可能会遇到的问题，经讨论修正后确定了最终的实验方案。

（三）调查方法的确定

标志重捕法适用于活动能力强，活动范围大的动物；而样方法适用于某些植物及活动能力弱，活动范围小的动物。招潮蟹的活动能力虽然较强，但其营穴居生活（见图1），经文献查阅和兴趣小组的实地观察发现其有固定的巢穴，活动半径小，一般不超过其洞穴半径1m。根据其生活特点，若以标志重捕法则捕获标记后无法在样地内随机混合均匀，所以更适宜以样方法调查其种群密度。

图1 招潮蟹洞穴图

（四）样方的选择

选择学校旁边的厦门集美鳌园旁的海滩为样地进行调查。该地海滩地势平坦且有大量招潮蟹分布。兴趣小组进行实地考察，通过目测发现，距海岸线的距离不同招潮蟹的分布有差异，在距海岸线的末端招潮蟹分布的边缘地带其密度明显较少。通过测量发现招潮蟹的分布范围为至低潮时水位线约50m处。根据样地特点，设定退潮时最低水位线为0m线，在0m、10m、20m、30m、40m、50m处分别进行取样，在每一样线内每隔10m取样1次，共取100m，最后在50m×100m的样方内共取66个样点（见图2）。

图 2　样方示意图

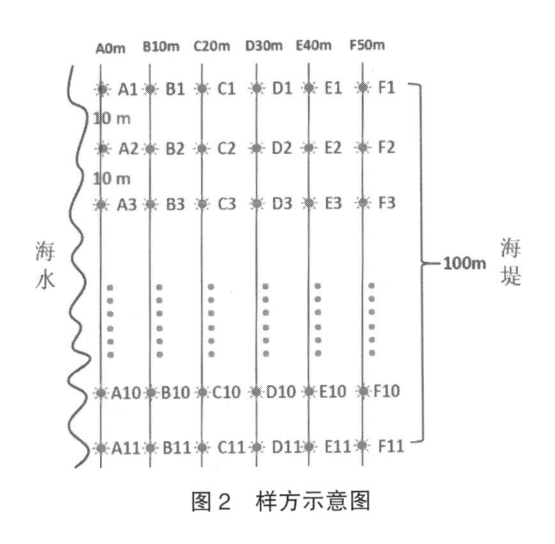

（五）计数方法的选择

如何对招潮蟹进行计数？学生提出能否依据招潮蟹在沙滩上的洞穴数，进行"数穴计数法"，以洞穴数来表示招潮蟹的数目。

兴趣小组进行了预调查，调查过程中学生发现存在着一穴多蟹的现象（见图3）。随后，有学生提出涨退潮会将沙滩表面的穴孔覆盖，人类对洞穴有践踏破坏的行为。经文献的检阅，学生发现招潮蟹有特殊"封洞行为"。据于这些理由，将"数穴计数法"舍弃。

后有学生提出能否利用"挖掘法"，将样方下的沙子掘出后，对其中的招潮蟹进行逐个计

图 3　一穴多蟹现象

数。随后马上有同学提出疑问，我们挖掘的深度多少合适？学生通过上网查找资料，未能发现相关数据。随后我们的兴趣小组对招潮蟹的巢穴形态进行了研究。

（六）招潮蟹洞穴形态研究

用清水和石膏粉配置液体石膏（水和石膏的质量比约为1∶1.5），将现配的液体石膏注入招潮蟹的洞穴之中，待其凝固后得到了其洞穴的结构模型（见图4）。对大量的模型进行分析，发现该样地内弧边招潮巢穴深度一般不超过20cm，因此确定样方的挖掘深度为20cm。

图 4　弧边招潮洞穴模型

（七）计数方法的确定

通过以上的讨论和研究，为"挖掘法"提供了理论依据。学生确定了计数的方法：取样，将样方下的近 20cm 的沙子掘出，放入筛网中，在海水中过滤掉沙子，再对样方内的招潮蟹进行逐个计数（见图 5）。

图 5　计数方法示意

（八）取样面积的选择

样方的大小多少适宜？样方越大结果越准确，但是工作量也相应越大。样方太小，随机性太大，实验结果的准确性下降。文献检索没有发现相关的研究数据，我们使用铁丝制作了边长分别为 20cm、30cm、40cm、50cm 的正方形取样框进行预实验。在同一区域内分别用 4 种规格的样方进行统计，共统计 10 个区域。得到数据见表 1。

表 1　各取样框在 10 个样地的取样数据

种群密度/（只/m^2）	区域1	区域2	区域3	区域4	区域5	区域6	区域7	区域8	区域9	区域10
20cm×20cm	55	51	37	54	71	60	52	41	83	46
30cm×30cm	78	63	75	80	76	73	65	71	73	60
40cm×40cm	81	68	58	76	71	72	77	85	64	62
50cm×50cm	86	66	81	78	79	80	73	75	79	71

指导学生使用 Medcalc 数据分析软件进行数据分析，50cm×50cm 样方的结果应最接近真实值。我们将各组数据与 50cm×50cm 的数据进行方差分析和 T 检验，并作出数据分布图，得到结果见表 2~表 4、图 6~图 8。

表 2　20cm×20cm 样方数据分析结果

取样框	20cm×20cm	50cm×50cm
采样尺寸	10	10
算术平均值	55	76.8
95% CI 平均值	45.1915~64.8085	72.7281~80.8719

续表

方差	188	32.4
标准偏差	13.7113	5.6921
平均值的标准误差	4.3359	1.8
等方差的 F 检验	$P=0.015$	
T 检验（假设等方差）		
差异	21.8	
标准误差	4.6947	
差异的 95% CI	11.9368~31.6632	
检验统计 t	4.644	
自由度（DF）	18	
双侧概率	$P=0.0002$	

表 3　30cm×30cm 样方数据分析结果

取样框	30cm×30cm	50cm×50cm
采样尺寸	10	10
算术平均值	71.4	76.8
95% CI 平均值	66.6405~76.1595	72.7281~80.8719
方差	44.2667	32.4
标准偏差	6.6533	5.6921
平均值的标准误差	2.104	1.8
等方差的 F 检验	$P=0.650$	
T 检验（假设等方差）		
差异	5.4	
标准误差	2.7689	
差异的 95% CI	−11.6344	
检验统计 t	1.95	
自由度（DF）	18	
双侧概率	$P=0.0669$	

表 4　40cm×40cm 样方数据分析结果

取样框	40cm×40cm	50cm×50cm
采样尺寸	10	10

续表

算术平均值	71.4	76.8
95% CI 平均值	65.2537~77.5463	72.7281~80.8719
方差	73.8222	32.4
标准偏差	8.592	5.6921
平均值的标准误差	2.717	1.8
等方差的 F 检验	$P=0.236$	
T 检验（假设等方差）		
差异	5.4	
标准误差	3.2592	
差异的 95% CI	-13.6946	
检验统计 t	1.657	
自由度（DF）	18	
双侧概率	$P=0.1149$	

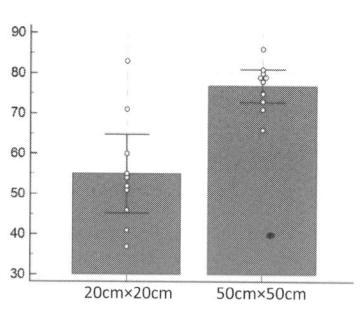

图 6　20cm×20cm 与 50cm×50cm 数据分布比较

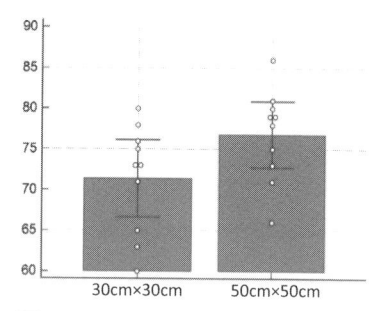

图 7　30cm×30cm 与 50cm×50cm 数据分布比较

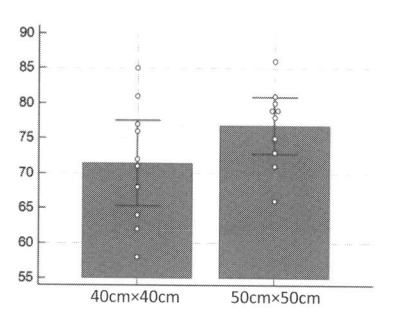

图 8　40cm×40cm 与 50cm×50cm 数据分布比较

　　由上述结果可以看出 20cm×20cm 样方与 50cm×50cm 样方的方差 P 值小于 0.05，差异显著，T 检验结果小于 0.01，差异非常显著；而 30cm×30cm 样方、

40cm×40cm 样方与 50cm×50cm 样方的方差分析结果 P 值均大于 0.05，无显著差异，T 检验结果均大于 0.05，无显著差异。因此，我们可以得出 20cm×20cm 样方与真实结果差异较大，后 3 组无显著差异。综合考虑得出：样方大小为 30cm×30cm 最为适宜。

（九）学生实施实验

首先，兴趣小组完成样方的划分和标记工作。再分组实验，每组 4~5 人，共 10 组，每组完成 6~7 个样方。实验完成后汇总数据，分析结果，得出结论，并进行实验成果汇报。

（十）实验结果及结论

汇总各组数据，得到结果见表 5。

表 5 各取样点弧边招潮数量

	1	2	3	4	5	6	7	8	9	10	11	均值
0m	8	6	1	0	7	9	6	10	3	4	8	5.6
10m	8	8	5	1	0	6	12	7	0	4	7	5.3
20m	6	5	11	0	0	0	8	12	6	8	6	5.6
30m	3	9	7	2	0	0	8	8	11	2	1	4.6
40m	5	7	4	0	0	0	7	5	5	9	4	4.2
50m	1	0	8	4	4	5	2	5	1	1	5	3.3

统计得出该样地弧边招潮的种群密度约 53 只/m^2。其空间分布图见图 9。

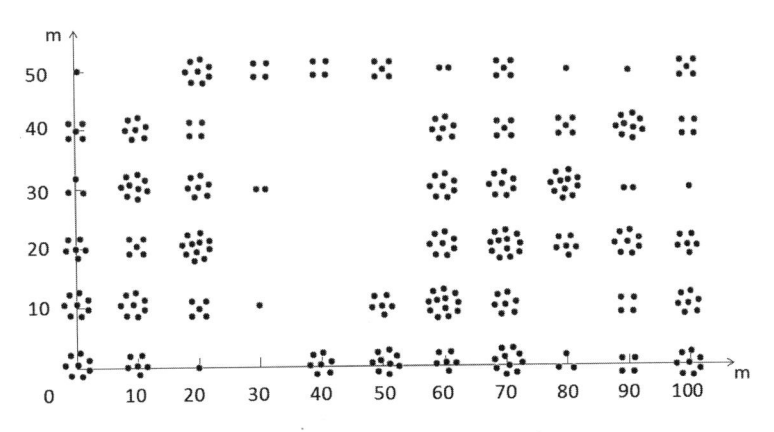

图 9 样方内弧边招潮的空间分布图

由图 9 可知，样方内的弧边招潮有集群分布的特点。结合招潮蟹的生境进行分析，我们发现弧边招潮喜欢生活在泥沙混合的土壤条件中，这可能与其食物条件和栖息环境有关，体现了生物与环境相适应的现象。

（十一）拓展研究

（1）将所捕获的弧边招潮统计其性别：雄性 246 只，雌性 69 只，雄雌比约为 3.6∶1。

（2）兴趣小组使用标志重捕法统计了 30m 样线处的种群密度：在 30m 样线附近的 100m² 内捕获标记 53 只弧边招潮，两天后重捕 65 只，其中 3 只有标记，经计算得出该样方内种群密度约为 11.5 只/m²。而经样方法统计该区域内弧边招潮的种群密度约为 51 只/m²。两者差异很大，与我们之前的分析相匹配。

八、实验效果评价

（一）学习动机的激发

本实验探究的是"真问题"和"真情境"，特别有利于激发学生的探究热情，虽然实验耗时较长，但是学生们都积极主动地要求开展实验，参与实验的热情特别高。

（二）科学探究素养的提升

学生在检索文献后，分析发现未有对招潮蟹种群密度进行研究的先例，于是自主设计并完成实验方案，包括作出假设和预期、确认变量、设计可行的研究方案、处理数据、根据数据作出合理的推断、得出结论并表达交流。实验过程中学生遇到了许多问题，通过观察、假设、质疑等方法逐步解决了这些问题，体验到了科学探究的一般过程，各项能力都得到了极大的锻炼，科学探究素养得到了较大的提升。

（三）社会责任的培养

本实验结合本地资源开展科学实践，调查了具有本土特色的招潮蟹的种群密度，同时结合招潮蟹在潮间带生态平衡中所起的重要作用，形成了关爱生命，爱护环境的生态意识。

附录

第五届全国中小学实验教学说课活动优秀作品名单

说课题目	学科	说课教师	工作单位
测量不规则物体的体积	综合	贾瑜	合肥一六八玫瑰园学校
有趣的定格动画	综合	钱世伟	浙江省宁波市北仑区绍成小学
黄土高原的水土流失实验探究	综合	倪敏	安徽省安庆市开发区实验学校
光的折射	综合	金漪芸	宁波东海实验学校
近视的形成原因及矫正	综合	李岚	上海市兴陇中学
探究液体对容器底部的压力	综合	陈良阳	杭州市文海实验学校
梁式桥的承重测试	综合	谷科	上海市敬业初级中学
结构的稳定性	综合	韩英魁	北京师范大学附属实验中学
结构的稳定性及其定量测评方法探究	综合	林震苍	福建省厦门实验中学
创意收纳盒的设计与制作——基于激光切割技术	综合	普静	乌鲁木齐市第十九中学
闭环控制系统的工作过程	综合	刘平	永安市第三中学
可穿戴户外安全系统设计	综合	漆俊	南昌市第二十三中学
见识饮料中的甜蜜——直接滴定法测量还原糖	综合	刘佳	北京市第二十五中学
雨下得有多大	小学科学	赵秋燕	厦门市云顶学校
降水量的测量	小学科学	潘伟锋	余姚市第一实验小学
探索土地被侵蚀的因素	小学科学	杨秀冬	广西柳州市德润小学
探索土地被侵蚀的因素	小学科学	吴逢高	四川省威州民族师范学校附属小学校
蚯蚓的选择	小学科学	赵君丽	新疆乌鲁木齐市第五十六中学
有趣的食物链——拯救松树林	小学科学	赵昱	西安新知小学
我们是怎样听到声音的	小学科学	潘昌明	湖北省武汉市武汉小学
探索尺子的音高变化	小学科学	刘俊良	湖南省怀化市锦溪小学
小孔成像	小学科学	郭莹莹	南京外国语学校仙林分校
照镜子	小学科学	毛维佳	扬州市广陵区滨江小学
光和影	小学科学	姚武荣	广西贵港市港南区木松岭学校
光和影	小学科学	任亚伟	甘肃省天水市建设路第二小学
光和影	小学科学	李娟	深圳市宝安区宝民小学

续表

说课题目	学科	说课教师	工作单位
影子为什么会变化	小学科学	李彩云	湖北省襄阳市宜城市南街小学
穿越激光网——光反射的运用与操作	小学科学	李菁	西山小学
研究透镜	小学科学	何星源	厦门市仙岳小学
摆	小学科学	常宇华	内蒙古自治区乌兰察布市兴和县民族小学
钟摆的秘密	小学科学	李毓	郑州市金水区南阳路第三小学
摆的组合创新实验	小学科学	黎泽斌	贵州省黔南州都匀市第二完全小学校
轮轴	小学科学	沈文炎	北京市通州区永顺镇中心小学
找拱形	小学科学	康玉婵	天津市河西区湘江道小学
在斜坡上	小学科学	段宝华	牡丹江市立新实验小学
用控制变量法探究影响小车运动快慢的因素	小学科学	张保	山东省潍坊市临朐县第一实验小学
黑板擦为什么会吸到黑板上	小学科学	李丹	营口市特殊教育学校
降落伞下降的秘密	小学科学	袁萍萍	渭滨区经二路小学
改变物体在水中的沉浮	小学科学	任婷婷	西藏林芝市第二小学
液体的热胀现象	小学科学	陈滔	杭州市教育科学研究所附属小学
探究热在空气中的对流——暖和的房间	小学科学	罗炜	北京市东城区和平里第四小学
热传导	小学科学	张凌燕	上海市徐汇区徐汇实验小学
太阳能热水器	小学科学	苑少梅	石家庄市金马小学
怎样得到更多的光和热	小学科学	童含	宁波市海曙区镇明中心小学（实验校区）
能量的控制	小学科学	马宁	河北省石家庄市桥西区育英小学
模拟月相变化	小学科学	高黎英	绍兴市北海小学教育集团
看见声音——声音的产生与传播	初中物理	巩昊	宁夏特殊教育学校
声音的特性	初中物理	罗砚馨	深圳中学龙岗初级中学
光沿直线传播	初中物理	孔涛	吉林省长春市吉大附中高新慧谷学校
光的折射	初中物理	姚小勇	重庆市开州区德阳初级中学
光的色散	初中物理	郭艳辉	福建省厦门双十中学
用电流表准确测量水透镜焦距及其应用	初中物理	赵宁	银川唐徕回民中学宝湖校区
电流的测量	初中物理	毕记朋	山东青岛第五十九中学
家庭电路	初中物理	孙强	大连市第三十九中学

附录　第五届全国中小学实验教学说课活动优秀作品名单

续表

说课题目	学科	说课教师	工作单位
电动机	初中物理	谢芳	石家庄市第十九中学
摩擦力	初中物理	王锋	湖北省襄阳市宜城市郑集镇实验初级中学
探究物体不受力时怎样运动	初中物理	廖安康	广西桂林市奎光学校
空气的"力量"——托里拆利实验的改进	初中物理	李应亮	云南省昆明市第十中学
大气压强实验创新	初中物理	李磊	新疆石河子第十中学
阿基米德	初中物理	文亚龙	重庆市第二十九中学
简易汽油机	初中物理	侯兆军	广东省东莞市桥头中学
力的分解——三角支架悬物拉力的分解	高中物理	纪梅清	山东省青岛第十七中学
超重和失重	高中物理	王毅	河北省保定市第二中学
"平抛运动"创新实验教学设计	高中物理	徐忠岳	舟山市东海中学（杨羲纪念中学）
生活中的圆周运动	高中物理	齐放	辽宁省大连市庄河市高级中学
向心力	高中物理	和晓东	中山市第一中学
探究向心力	高中物理	徐翠香	广西桂林市阳朔县阳朔中学
探究功与速度变化的关系	高中物理	高晓楠	沈阳市第一二〇中学
探究动能定理	高中物理	江秀云	湖北省武汉市新洲区第三中学
外力作用下的振动	高中物理	蔡姝	江西省宜春中学
查理定律	高中物理	贾静	琼海市嘉积第二中学
光的衍射	高中物理	张凯	重庆市江津中学校
光电效应实验设计	高中物理	陆光华	江苏省兴化中学
电容器和电容	高中物理	闫芳	北京市第二十二中学
电势差与等势面	高中物理	郑健	福州格致中学鼓山校区
探究带电粒子在电场中的偏转	高中物理	杨海娇	宁夏长庆高级中学
描述磁场的方向和强弱	高中物理	刘静	湖南师范大学附属中学
磁感应强度	高中物理	韦清漓	南宁市第三中学
安培力大小的定量研究实验	高中物理	李静	天津外国语大学附属外国语学校
测定空气中氧气的含量	初中化学	任竞昕	长安区第一民办中学
再探过氧化氢溶液的催化分解	初中化学	韩露	洛阳市第二十六中学
"氧气的实验室制取与性质"实验改进	初中化学	刘建敏	云南省昆明市第十中学
水的净化	初中化学	杨艳伟	北京市大兴区红星中学

续表

说课题目	学科	说课教师	工作单位
燃烧的条件	初中化学	温桂兰	广东省东莞市万江第三中学
燃烧条件的探究	初中化学	叶婉	江西育华学校
探究燃烧条件的"3+X"	初中化学	刘亮荣	合肥市第四十六中学
蜡烛及其燃烧的观察与研究	初中化学	王洪亮	大连市第四中学
粉尘燃烧及其爆炸 ——易燃易爆物的安全知识	初中化学	韩冬	河北民族师范学院附属中学
木炭还原氧化铜	初中化学	王震	长春市清华实验学校
二氧化碳收集方法再探究	初中化学	胡德辉	郑州市第十九中学
探究二氧化碳与氢氧化钠溶液的反应	初中化学	魏凡博	山西省阳泉市第三中学校
形数合一,让化学更美 ——以氢氧化钠和二氧化碳反应为例	初中化学	朱青	福州第七中学
中和反应	初中化学	陈磊	上海市民办明珠中学
手持式电解质试剂导电 演示仪测试剂导电性	初中化学	赵全丽	贵州省遵义市第十六中学
二氧化硫的制备及性质的 一体化微型实验	高中化学	王伟	龙岗区横岗高级中学
氨的制备与性质组合创新实验	高中化学	傅宏霞	天津市南开大学附属中学
碳酸钠和碳酸氢钠溶解性差异的 创新实验设计	高中化学	林丹	宁波市北仑泰河中学
基于数字化实验对影响盐类 水解因素的探究	高中化学	邓阳洋	武汉大学附属中学
探究外界条件对化学反应速率的影响	高中化学	李欢	西安市铁一中学
铁的性质	高中化学	曾德琨	上海复旦大学附属中学
探究氢氧化亚铁的制备	高中化学	陈起香	江西省赣州市第三中学
铜与硝酸反应实验装置改进	高中化学	崔莉	甘肃省武威第一中学
银镜洗涤方案优化	高中化学	矫可庆	天津市第四中学
金属的电化学腐蚀	高中化学	王杰	浙江省长兴中学
探索提升原电池的综合性能	高中化学	杨明华	重庆市求精中学校
电解饱和食盐水的实验改进	高中化学	张亚文	湖南省长沙市第一中学
电解实验拓展	高中化学	于菲	河北定州中学
应用电化学原理降解某些污染物	高中化学	王姝玮	北京市通州区张家湾中学

续表

说课题目	学科	说课教师	工作单位
实验室重金属废弃物的毒性探究及污染处理	高中化学	刘娜	山东省青岛第十七中学
烷烃的取代反应	高中化学	申妮	遵义市第四中学
乙烯的实验室制法及性质检验	高中化学	王晓	贵州省安顺市第二高级中学
乙醇化学性质	高中化学	贾莹	河南省郑州市第十四中学
谁吹大了"棉花糖"？	高中化学	张莲	重庆市南开中学校
水分在植物体内的运输途径	初中生物	殷登秀	贵阳市第二十三中学
植物的蒸腾作用	初中生物	于宏清	大连市第二十二中学
气孔开闭实验改进	初中生物	王星月	石家庄市裕华求实中学
探究植物呼吸作用释放二氧化碳	初中生物	张曹悦	合肥市第六十三中学
探究绿色植物呼吸作用的过程	初中生物	吴呈香	厦门大学附属实验中学
模拟胸部呼吸运动的实验	初中生物	田玉贞	宁夏隆湖扶贫经济开发区中学
探究肺与外界气体交换的过程和原理	初中生物	王丽	郑州一八联合国际学校
血液循环	初中生物	王培	商丘市第六中学
模拟血型鉴定	初中生物	朱航雨	青岛实验初级中学
观察小鱼尾鳍内血液的流动	初中生物	段龙凤	内蒙古包头市蒙古族学校
观察鸡卵的结构	初中生物	高燕	天津市第三中学
探究蚯蚓适应土壤生活的特征	初中生物	袁莉莉	徐州经济技术开发区实验学校
探究影响普通卷甲虫分布的非生物因素	初中生物	颜承祐	南京郑和外国语学校
光对黄粉虫的影响	初中生物	朱巍巍	贵州省安顺市紫云苗族布依族自治县白石岩乡白石岩中学
失恋的果蝇也酗酒吗？——动物的行为探究实验	初中生物	程兆洁	中国人民大学附属中学朝阳学校
酒精对水蚤心率的影响	初中生物	景小军	上海市蒙山中学
模拟探究水污染对生物的影响以及生物的净化作用	初中生物	黄春晓	福建省厦门第一中学
植物细胞的吸水和失水实验的探究和改进	高中生物	易沭彤	柳州市第一中学
探究植物细胞液渗透压与植物抗寒性的关系	高中生物	刘微涓	武汉市第三中学
关于"膜透性"的探究实验	高中生物	范世一	哈尔滨师范大学附属中学
细胞大小与物质运输的关系	高中生物	高华清	山东省日照实验高级中学

续表

说课题目	学科	说课教师	工作单位
细胞呼吸	高中生物	李婷婷	北京市第十四中学
探究酵母菌细胞呼吸的方式	高中生物	周彤	西安电子科技大学附属中学
探究培养液中酵母菌种群数量的变化	高中生物	乔玄	石家庄市第一中学东校区
"探究培养液中酵母菌种群数量变化"改进实验	高中生物	杨丹燕	深圳大学师范学院附属中学
探究 pH 对酵母菌发酵的影响	高中生物	姜珊	山东省青岛第五十八中学
探究 pH 对酶活性的影响	高中生物	寇晓洁	青海省西宁市第十四中学
STEM 视野下的实验教学——探究影响酶活性的条件	高中生物	吴书玥	成都市华阳中学
利用"DIY+DIS"系统自主探究过氧化氢的分解	高中生物	向阳	湖南师大附中
"绿叶中色素的提取和分离"实验改进及拓展	高中生物	廖永梅	广西桂林市桂林中学
探究环境因素对光合作用的影响	高中生物	田华	浙江省德清县第一中学
探究环境因素对光合作用强度的影响	高中生物	陈昌园	安徽省铜陵市第一中学
探究生长素类似物促进插条生根的最适浓度	高中生物	苏晓燕	宁夏回族自治区吴忠市回民中学
压榨+蒸馏——橘皮精油提取的改进探究	高中生物	李庆媛	江西省赣州中学
基于核心素养的探究实验——设计实验鉴定转基因大肠杆菌	高中生物	张静	浙江省杭州第十四中学
调查厦门鳌园海滩招潮蟹的种群密度及其分布特点	高中生物	汪会喆	厦门集美中学